第 二 卷
1906.1—1911.12

孙中山史事编年

主　编　桑　兵
副主编　关晓红　吴义雄

安东强　著

中华书局

目　　录

1906 年(光绪三十二年　丙午)四十岁

1月

1月1日(乙巳年十二月初七日)　以"总统"(The President)名义,发行中国革命政府一百元军债券。

债券面值一百元,上印"一九〇六年元月一日总统孙文",下刊白日徽章,两面分别为英文与法文,语意相同,每张各有编号,内容为:"中国革命政府约定付给持券人一百元。本政府在中国成立一年后,由广东政府官库或其海外代理机构支付。"[①]该债券系委托在西贡波列华查纳街九十号(90. Boulevard Churnet,Saigon)的法国朋友李安利(Leoni)负责印刷。这批债券印成后,在新加坡从法国轮船上取回,复加盖蓝色小章,然后发出。(《乙丙两年印行之革命军债票》,冯自由:《革命逸史》初集,第179页;《中国革命政府债券》,《孙中山全集》第1卷,第292

---

①　债券内容的译文据《孙中山全集》,唯其将"The President"译为"总理"。冯自由的译文为"中国革命政府许持券人于政府成立一年后向广东政府官库或驻外代理取回一百元"。与《孙中山全集》所译大体相同。译文用辞较不同者,为当时清朝官方的探报:"孙汶国债票原文称:第七万三千一百三十号,革命政府今允凭票支洋银一百元,一年后在广东革命政府之官库支取,或在广东附近之官库亦可一律支用。一千九百零六年正月一号,伯理玺天德孙汶。"(《广东致两江总督端方电》,中国第一历史档案馆等编:《清宫辛亥革命档案汇编》第27册,第220—221页)

页;张永福:《南洋与创立民国》,第 14—15 页)

　　该债券的实际发行时间当在本年七八月之间。秋间,乘法国邮船自南洋赴日本,途经香港时,将三箱债券交付前来会面的冯自由。另嘱同船的香港鸦片承饷公司总办、南洋吉隆坡同盟会员陆秋杰给冯自由一张英文手谕,称"谕烟公司差役知悉,内件经余阅过,并无禁品,不必搜查",以免泄密。此后,孙有数函嘱冯自由通过邮局分寄海外各埠发售。在黄冈、镇南关、河口诸役中,这批债券被用来筹措经费,"以一种百元钞票诱人入会,言二年后可持票取银,故从之者颇众,并闻在南洋一带散放最多"。河口起义失败后,所余债券移送新加坡,后遭当地的英国警察干涉发售,除检出一束交由张永福保存外,其余所藏债券全部付之一炬。(《乙丙两年印行之革命军债票》,冯自由:《革命逸史》初集,第 179—181 页;《领事报告革命党之举动》,《申报》1907 年 6 月 18 日,"琐事栏";左松涛:《孙中山发行的"中国革命政府债券"史实考》,《中国钱币》2009 年第 4 期)

　　清政府极为关注革命党在南洋发行债券一事。巡警部史云密报:"窃卑局顷据访员报称,现闻革命党魁孙文近创一军务债票,在日本及南洋各岛及香港等处发售,每票一张,注明俟军务事毕凭票给银十元,现时卖价,每张银一元,业印有数万张。卑职已饬访员设法往购该票。"奉旨内外厅稽查处速查有无此事。(《巡警部史云密报孙中山在海外发售军务债票禀文》,《历史档案》1985 年第 1 期)

　　10 月 2 日,岑春煊据新加坡领事孙士鼎所得有关债券消息,致电外务部。次日,外务部为此致电驻英、荷各使,指示与所驻各国政府交涉:"岑督来电,据新嘉坡领事孙士鼎禀称,闻孙文在南洋各岛售军务票数百万张,收银一元,功成还本息十元字样,以和属各埠及英属大吡叻吉隆为多"。"该逆在南洋各埠售卖军务债票,亟应设法禁止解散,以免煽惑,而保公安。希即向英国、和国外部切实商办,并电复枢。"(《光绪三十二年八月十五日调补云贵总督署两广总督岑春煊致外务部请代奏电》,中国史学会主编:《辛亥革命》第 1 册,第 134 页;《外务部为禁孙中

山发售军务债票致驻英何使电》,《历史档案》1985 年第 1 期)

1月2日(十二月初八日) 《民报》杂志简章刊于广东汕头《岭东日报》。

《岭东日报》所载《民报》杂志简章共九条,内容与《民报》上的文本略异,出入最大者如"第一条 本杂志以为民族的国民讲求政治上、社会上之改良进步为宗旨",原作:"一、本杂志之主义如下:一、颠覆现今之恶劣政府;一、建设共和政体;一、维持世界真正之和平;一、土地国有;一、主张中国、日本两国之国民的连合;一、要求世界列国赞成中国之革新事业。"不知系《岭东日报》编者有意改拟,抑或《民报》在国内宣传的委婉表述,避免清政府的干涉。第九条亦略有不同:"第九条 本社于上海、香港、天津、汉口、美洲、南洋各大埠皆设有代派所,此外有愿经售本杂志者,十分以上九折,三十分以上八折,报资按期汇付。如三期未清者,即行停寄清算,幸为原谅。"原作无"本社于上海、香港、天津、汉口、美洲、南洋各大埠设有代派所"字样。(《岭东日报》1906 年 1 月 2 日;《民报》第 1 号,1905 年 11 月)

1月22日(十二月二十八日) 宋教仁到东新译社,从曾拊九处取回陈天华遗稿,内有陈所译未完的《孙逸仙传》,拟"续竟其功"。

因出洋考察政治大臣载泽等抵日,"日政府派有巡查三人守《民报》社,云因载泽来东,防掣革命党甚严密,故出此手段",并称若宋教仁等出门,亦尾随于后。宋教仁以为"日本政府亦太小心矣"。23日,日本警察仍终日守《民报》社。(《我之历史》,陈旭麓主编:《宋教仁集》下册,第 566 页)

1月31日(丙午年正月初七日) 派同盟会会员胡毅生偕同法国军官赴桂黔川各省,调查革命形势。

1905 年,法国陆军部长贝尔托(Maurice Berteaux)设立中国情报处,受命于印度支那总督,任命法国武官布加卑(Capitaine Boucabeille)为处长。10 月,布加卑奉命与孙中山在上海吴淞口会晤,约定双方共遣员赴各地共同调查、联络革命之事。

至此,胡毅生奉命先是偕法国军官调查南京等地后返港,约定赴桂黔川各省再行调查。是日,"由粤起程赴梧州,旋至桂林,知黄兴在郭人漳处,乃按址访之,并约定偕法武官同赴郭管相见。时郭由桂抚李经羲调桂任新练军统带,虽有兵一营,而自辟僚幕,蔡锷在此任参谋,队长林虎、杨九如、杨允文等,皆江西武备学堂出身。时士论方主张革命而诋湘军为汉奸,郭亦能迎合舆论,故一时名士多与之往还。兴赴桂林,即欲运动郭之军队以为用,变名张守正,除官长外无知其真姓名者。法武官晤谈后极为满意。蔡锷虽为梁启超学生,然素主张排满革命,且与毅生有旧,故亦允为赞助;且修书介绍毅生往见黔川之同学而可与联络者。毅生与法武官在桂留数日,再至贵阳,时黔省尚无新军,乃往重庆。因赴成都尚须十日旅程,法武官不拟再往,只嘱觅定负责通讯人,遂转往汉口。法武官去北京,毅生则去上海。"(胡毅生:《记布加卑与吾党之关系》,中央党史史料编纂委员会编:《中国国民党五十周年纪念特刊》,第57—58页)

△ 报载南昌有革命党活动,称"近有孙逸仙羽党,散布长江一带,串通会匪,乘间起事,并有各省拐匪皆由水路来江,逞其狡谋。抚宪胡中丞委郭司马朱二尹带领警察多名,会同水师营哨严密稽查上下水轮帆船只"。(《南昌》,《申报》1906年1月31日)

1月至2月(正月) 日知会在湖北武昌成立,后与同盟会合作开展革命事务。

先是,科学补习所成员刘静庵在协统黎元洪部任书记官。补习所失败后,受嫌疑辞职出营,得曹亚伯之助,在位于武昌候补街高家巷、由黄吉亭主持的圣公会服务,并以该会阅报室日知会为联络处。"丙午正月,始开成立会",即以日知会为名,成立革命组织,到会者百余人。本年春,同盟会总部派余诚为湖北分会会长,与日知会刘静庵合作,援日知会会员加盟,即日知会旧址为会所,仍推刘静庵为总干事。(《湖北革命知之录》,严昌洪、张铭玉、傅蟾珍编:《张难先文集》,第88—89页;冯自由:《中华民国开国前革命史》,第139页)

2月

2月20日(正月二十七日)　署两广总督岑春煊奏惠州时有革命党活动,请调陈兆棠署惠州知府。

奏称:"查惠州为广东极繁极重之区,斗劫成风,会党滋蔓,复以逼近香港,时有首逆孙汶党与勾结煽惑蠢动,堪虞管领。斯郡实非寻常人员所能胜任,臣与藩臬两司在于广东实缺候补府州各班内,逐加遴选,实无知兵堪署惠府之员。"四川候补直隶州知州陈兆棠现在惠州督办清乡事宜,甚为得力,请以之署惠州知府。(《署理两广总督岑春煊奏片》,中国第一历史档案馆等编:《清宫辛亥革命档案汇编》第19册,第172－173页)

△　协助创建同盟会的留日学生程家柽回国,"自赴北京实行革命之志,谓不入虎穴焉得虎子。抵北京后,恃其曾数任东游满廷诸亲贵译员之因缘奔走豪门,颇得肃亲王善耆及尚书铁良之信任",期间亦为革命党尽力谋事。(《我之历史》,陈旭麓主编:《宋教仁集》下册,第577页;《宋教仁遗著程家柽革命大事略补述》,冯自由:《革命逸史》第6集,第44页)

3月

3月4日(二月初十日)　自法国马赛东返①,拟与张继在新加坡会商同盟会事宜。

---

①　据吴相湘《孙逸仙传》,孙中山在此次行船途中与张静江相识,张表示愿为革命尽力。冯自由则记两人相识于1905年。(陈锡祺主编:《孙中山年谱长编》上册,第367页)

　　3月20日,冯自由在香港致函陈楚楠、张永福等谓:"中山君已于西三月四号在马些发程,此函到时大约亦将抵叻,请留张君在此稍待,以便会商一切,实为至要。"张君即张继,时任同盟会东京本部庶务长,与同盟会员曹亚伯途经新加坡,张拟赴爪哇,曹拟往英国留学。冯同时告知将此前寄上的几封重要信件妥为收藏,务必待孙中山抵新加坡时转交。(《冯自由之通信》,冯自由:《革命逸史》第6集,第171页)

　　3月25日(三月初一日)　梁启超在《新民丛报》第77号继续阐发《开明专制论》,抨击孙中山的革命理念。

　　梁启超注意到孙中山的民生主义及其将政治革命与社会革命毕其功于一役的思想,与约法的成败息息相关,称:"吾不知其将来之军政府与其将来之领土内人民所约法者如何,度此主义亦其一也。而土地国有之单独税,即军政府莫大之财源,而恃以给军实兴民治者也。"不过,梁启超从理论上否定实行土地国有的现实性,并谴责孙中山提出社会革命与政治革命同时并行的动机。

　　梁启超称,曾问孙中山"'何以以社会革命同时并行?'彼曰:'缓则无及也。大革命后,四万万人必残其半,少亦残其三之一,积尸满地,榛莽成林,十余年后,大难削平,田土之无主者十而七八,夫是以能一举而收之。余所以必主张大流血者,诚以非此不足以达此目的也。'吾当时闻其言,恶其不仁,且悯其不智,而彼今犹揭橥此义以号召天下,明目张胆以欺学识幼稚之人。即论者当亦亲炙之而与闻其政策之所存矣。而独怪其昔之所以语我者曰,四万万人死亡过半后,此主义最利于实行;今之所以语论者曰,军政府徇得一县即立一县之地方议会。其已变前说耶,即所谓民生主义,所谓社会革命者,固大张于其机关报中。其未变前说耶,吾不识此两现象何以能相容也!呜呼,岂憔悴之未极,宁灭亡之不恤,其忍更以此至剧烈至危险之药以毒之而速其死也!故吾于他端可以让步焉,若此一端则寸毫不能让也。非吾之不让,而论者断无从自完其说也"。(《开明专制论》,《新

民丛报》第 77 号,1906 年 3 月)

对于梁启超的指责,孙中山斥为"未知其中道理,随口说去",并称"革命之目的,以保国而存种,至仁之事,何嗜于杀！彼书生之见,以为革命必以屠人民为第一要着,故以其所梦想者而相诬"。"吾所主张终始一贯,惟以梁氏反复无恒,故不告以约法若民生主义。梁氏至今梦如数年前,更难语以实行之方法,彼乃向壁虚造,乌足诬我"？"以余之意,则中国民族主义日明,人心之反正者日多,昔为我敌,今为我友,革命军之兴必无极强之抵力"。(辨奸:《斥〈新民丛报〉之谬妄》、民意:《纪十二月二日本报纪元节庆祝大会事及演说辞》,《民报》第 5 号、第 10 号,1906 年 6 月、1906 年 12 月)

朱执信《论社会革命当与政府革命并行》称,此前孙中山与梁启超谈论时,"实只云政治革命之际,人多去乡里,薄于所有观念,故易行。左证具在,何尝如彼云乎？妄诞不已,继以虚诬,吾不知其所谓信良知者果如何也"。(《民报》第 5 号)戊戌以后,梁启超与孙中山在日本多次深谈,论及社会革命或不止一次,参与者亦前后有别,故此事之是非曲直难以遽断。梁启超故意曲解的可能性较大。(桑兵:《孙中山的活动与思想》,第 297－298 页)正是梁启超的此次发难,引发了《民报》与《新民丛报》的论争。

3 月 29 日(三月初五日)　光复会成员徐锡麟改为留日陆军官费生。

此前,绍兴府副贡徐锡麟、陈成章、陈志军、陈德谷等自备资斧赴日陆军学校肄业,据《奏定选派陆军学生赴日就学章程》第十一条载:"学习兵事为国家振武之用,自应由官遣派,不得私往学,其有现时业经在日习武之自费生,应由驻日公使大臣及监督,察其志趣向上,学业精勤,年限未满者,随时咨明练兵处,贴给旅费,改为官费生。"经清朝各方沟通,徐锡麟等于本日改为官费生。(《浙江巡抚张曾敫致外务部之咨呈》,中国第一历史档案馆等编:《清宫辛亥革命档案汇编》第 19 册,第 386－388 页)

4 月

4月5日(三月十二日)　《民报》刊发胡汉民撰写的《〈民报〉之六大主义》[①]：一、颠覆现今恶劣政府；二、建设共和政体；三、土地国有；四、维护世界真正之平和；五、主张中国日本两国之国民的联合；六、要求世界列国赞成中国之革新事业。(《民报》第 3 号)前三者即民族主义、民权主义及民生主义；后三者为对外之手段。(《胡汉民自传》，《近代史资料》总 45 号)

4月6日(三月十三日)　在新加坡成立同盟会分会[②]。

因新加坡政府原颁五年不准入境的禁令期满，故此次东返得以登岸，并在下榻之所晚晴园成立同盟会新加坡分会。最初宣誓者为陈楚楠、张永福、李竹痴，以及林义顺、尤列、黄耀庭、林镜秋、许子麟、萧百川、刘鸿石、蒋玉田、吴业琛、何心田、林航苇等人。(《同盟会成立初期(乙巳丙午两年)之会员名册》，《革命文献》第 2 辑，第 73—74 页)

张永福回忆称："那晚孙先生就先同李竹痴商量起稿写盟书，写

---

①　据称，这些主张系孙中山在日期间与胡汉民等人商定。(罗刚编著：《中华民国国父实录》第 2 册，第 857 页)如何商定，未见记载。有学者以为"这六条其实仍是孙中山提出的三大主义的具体化"。(金冲及、胡绳武：《辛亥革命史稿》第 2 卷，第 392 页)据胡汉民自称，因被推举为编辑，拟政纲六条，"前三者即民族主义、民权主义、民生主义也，后三者则为对外之手段"。(《胡汉民自传》，《近代史资料》总 45 号)

②　关于新加坡分会的成立日期，有多种记载。冯自由《革命逸史》《华侨革命开国史》等书记为 1905 年(乙巳冬)；陈楚楠《晚晴园与中国革命史略》记为 1905 年底。张永福记作 1905 年阴历七月中旬。《辛亥革命史事长编》作者据陈楚楠称孙中山"到这里三四天，这里的同盟会亦就成立了"，判断分会最初成立的时间应在 1906 年 2 月 19、20 日左右。(左松涛编：《辛亥革命史事长编》第 5 册，第 13 页)不过，此时孙中山似尚未到新加坡。《孙中山年谱长编》据 1905—1906 年间新加坡同盟会分会之早期会员名单，注明大多数会员在 1906 年阴历三月十三日(公历 4 月 6 日)入会，故取此日为分会成立日期。(陈锡祺主编：《孙中山年谱长编》上册，第 367 页)《中华民国国父实录》亦取是日。今仍从《孙中山年谱长编》。

了又改改了又写好一回工夫。然后招余与楚楠、李竹痴三人在晚晴园楼上商议,各人自己把盟书缮抄,依照入党手续,就联盟起来"。"孙先生自己亦写备了盟书,他自己先行起立,举起右手,以最庄严的态度,在我们的面前宣誓。我们心中志忐,看着他宣读誓书毕,就是李竹痴及永福、楚楠均照孙先生仪式轮流做去。宣誓之后,他就解释那誓章上三民主义的意旨,并严重的说:我这同盟会的组织,是希望发展得很大很大的;我们的责任,当然是牺牲,但是牺牲到什么程度,我们总不能预说。设使牺牲到剩二个人存在,亦算是同盟会存在的一日。"当时举陈楚楠为正会长,张永福则副之。"孙先生的盟书交楚楠兄收去,我们的盟书交孙先生取去。最后又授给我们握手符及会话的秘诀,以上手续完了,即嘱我明日请林义顺加入"。后林义顺、李晓生、李幼樵、谢心准、林中、谢仪仲、林受之陆续加入。团体渐渐充实起来,召开大会,并拍照留念。不久,留下密码暗约及通信方法、通信地址,偕胡汉民等赴日本。(张永福:《南洋与创立民国》,第10页;桑兵:《孙中山的活动与思想》,第212页)

4月16日(三月二十三日)　乘船抵香港海面,在船上会晤陈少白、郑贯公等,解决同盟会香港分会的内部纷争。

上年,全国各界掀起反美运动,香港商工学报各界亦组织拒约会响应。冯自由记:"是冬驻美国商会特派代表向港粤各代表磋商转圜方法,港代表为何启、曹善允、李煜堂、吴东启、陈少白诸人。双方议定解决条件九款,郑贯公代表报界一部分,指为未经众议通过,认为无效。"因此,陈少白主持的《中国日报》与郑贯公主持的《有所谓报》大开笔战。经冯自由多方调解无效,"适孙中山由南洋赴日本,途经香港时乃召陈、郑二人至法轮,劝令各解,二人从之。然中美双方代表议决之九条件遂尔搁浅,诚属憾事。是时粤港人士之对美外交,竟为革命党两报言论所左右,是亦可见革命党势力之一斑矣"。(《香港同盟会史要》,冯自由:《革命逸史》第3集,第222页)

次日,乘原船赴日本,临行前嘱冯自由致函新加坡同志,告以"公武"即孙中山抵日本后,将再赴新加坡、河内布置革命事宜。(冯自由:《中华民国开国前革命史》下编,第 118—119 页;段云章编著:《孙文与日本史事编年(增订本)》,第 140 页)

4 月 19 日(三月二十五日)　禹之谟由留日归国的湖南同乡易本羲主盟加入中国同盟会,后创建同盟会湖南分会。(严昌洪主编、左松涛编:《辛亥革命史事长编》第 5 册,第 26 页)同盟会成立后,禹之谟接黄兴密函,嘱其在湖南设立分会,并推销《民报》,"湘中民党由之谟介入会者,颇不乏人。《民报》亦由其一手经理,销路甚盛"。(《丙午靖州禹之谟之狱》,冯自由:《革命逸史》第 2 集,第 170 页)

4 月 22 日(三月二十九日)　船经上海,与法国驻上海领事约见。

化名高野,乘坐法国邮轮"波利尼西亚号"途经上海海面,"中国当局对他在吴淞口逗留的情况一无所知,所以一切都平安无事地过去了"。在法方看来,自孙中山"在法国和英国同一些人、尤其是一些政治家会晤后,他前往东京无疑是要为中国革命党力争博得目前日本当政的自由党内阁某些成员的好感"。至于"他将得到日本政府怎样的接待呢? 这却很难预料,因为中国总的局势显得那么混乱",日本政府不会感情用事,只会按照其利益行动。孙的理想是建立一个共和国,但在法国驻上海总领事巨籁达看来,"还颇不相信革命党能取得最后的胜利,但不管发生什么情况,日本都是这一事件中惟一的获利者"。(《巨籁达致外交部长先生》,章开沅等主编:《辛亥革命史资料新编》第 7 卷,第 31—33 页)

4 月 27 日(四月初四日)　抵日本横滨,寓居横滨山下町百廿一番馆,后往来于东京、横滨之间。(《孙逸仙氏再渡来》,《东京朝日新闻》1906 年 5 月 5 日)

4 月 28 日(四月初五日)　下午赴《民报》社,与宋教仁等同仁相谈,言此次自欧洲经新加坡、香港始至日本,谈良久,共进晚餐。(《我之历史》,陈旭麓主编:《宋教仁集》下册,第 602 页)

△　《民报》第三号发行"号外",提出《民报》与〈新民丛报〉辩驳之纲领十二条,称:"近日《新民丛报》将本年《开明专制论》《申论种族革命与政治革命之得失》诸篇合刊为《中国存亡一大问题》。本报以为中国存亡诚一大问题,然使如《新民丛报》所云,则可以立亡中国。"宣布自第四号起与《新民丛报》分类辩论:

一、《民报》主共和;《新民丛报》主专制。

二、《民报》望国民以民权立宪;《新民丛报》望政府以开明专制。

三、《民报》以政府恶劣,故望国民之革命;《新民丛报》以国民恶劣,故望政府以专制。

四、《民报》望国民以民权立宪,故鼓吹教育与革命,以求达其目的;《新民丛报》望政府以开明专制,不知如何方副其希望。

五、《民报》主张政治革命,同时主张种族革命;《新民丛报》主张政府开明专制,同时主张政治革命。

六、《民报》以为国民革命,自颠覆专制而观,则为政治革命,自驱除异族而观,则为种族革命;《新民丛报》以为种族革命与政治革命不能相容。

七、《民报》以为政治革命必须实力;《新民丛报》以为政治革命只须要求。

八、《民报》以为革命事业专主实力,不取要求;《新民丛报》以为要求不遂,继以惩警。

九、《新民丛报》以为惩警之法,在不纳租税与暗杀;《民报》以为不纳租税与暗杀,不过革命实力之一端,革命须有全副事业。

十、《新民丛报》诋毁革命而鼓吹虚无党;《民报》以为凡虚无党皆以革命为宗旨,非仅以刺客为事。

十一、《民报》以为革命所以求共和;《新民丛报》以为革命反以得专制。

十二、《民报》鉴于世界前途,知社会问题必须解决,故提倡社会主义;《新民丛报》以为社会主义,不过煽动乞丐流氓之具。《民报》第

3 号号外)

据留日的吕祖绶称,上年孙中山在日本的演说,对学界影响颇大。《民报》亦销路畅旺,连北洋大臣袁世凯衙署亦托振武学生购寄全年五份。然而,梁启超《中国存亡一大问题》出版以来,《民报》销量颇减。(《吕祖绶条陈》,上海图书馆编:《上海图书馆藏稀见辛亥革命文献》第 1 册,第 66 页)此后,两派论战全面展开,前后持续两年之久。

是年春　同盟会江苏分会、上海分会合二为一,因蔡元培赴德留学,任命高剑父为分会会长。(《记上海志士与革命运动》,冯自由:《革命逸史》第 2 集,第 89 页)

5 月

5 月 1 日(四月初八日)　《民报》发行第 4 号,在"告白"中称:"本社自出报以来,已及四期。蒙内地各埠欢迎,已销至万份。惟是本社筹款为艰,望各代派诸君将第一期至第三期所售报赀,速邮寄下为荷。"(《民报》第 4 号)

5 月 6 日(四月十三日)　改订同盟会章程①。(邹鲁:《中国国民党史稿》,第 47 页)

在新宿朱凤梧寓所议定同盟会改章事。宋教仁下午 3 时赴会,会已将终,30 分后即散会,复坐良久。12 日,柳聘农告宋将于次日上午召开同盟会湖南分会。13 日,宋于"九时至《民报》社,赴湖南□□会,余遂将余辞职之事及当组织新分会事报告,即退去"。下午三时至朱凤梧处,赴同盟会。因同盟会改定新章,裁去经理干事,宋决定

---

①　《孙中山全集》第 1 卷所收《中国同盟会总章》(1905 年 8 月 20 日)即为此次的改订章程,而非初章。同盟会改章日期,《孙中山全集》编者据《中国国民党史稿》,却误作"5 月 16 日"。(《孙中山全集》第 1 卷,第 284 页)诸多论著均沿袭此误。

退职,但又有举他为书记,亦固辞之,遂免。(《我之历史》,陈旭麓主编:《宋教仁集》下册,第603、605页)

同盟会新章程内容:

第一条 本会定名为中国同盟会。设本部于东京,设支部于各地。

第二条 本会以驱除鞑虏,恢复中华,创立民国,平均地权为宗旨。

第三条 凡愿入本会者,须遵守本会定章,立盟书,缴入会捐一元,发给会员凭据。

第四条 凡各地会员盟书,均须交至本会收存。

第五条 凡国人所立各会党,其宗旨与本会相同,愿联为一体者,概认为同盟会会员。但各缴入会捐一元,一律发给会员凭据。

第六条 凡会员皆有实行本会宗旨,扩充势力,介绍同志之责任。

第七条 凡会员皆得选举、被选举为总理及议员,及各地分会长,被指任为执行部职员,及支部部长。

第八条 本会设总理一人,由全体会员投票公举,四年更选一次,但得连举连任。

第九条 总理对于会外,有代表本会之权;对于会内,有执行事务之权,节制执行部各员,得提议于议会,并批驳议案。

第十条 执行部设庶务、内务、外务、书记、会计、调查六科。庶务、内务、外务、会计,每科职员各一人。书记科职员无定数。调查科设科长一人,科员无定数。各科职员,均由总理指任,并分配其权限。但调查科员,由总理与该科长指任。

第十一条 议事部议员,由全体会员投票公举,以三十人为限,每年公举一次。

第十二条 议事部有议本会规则之权。

第十三条 凡选举总理及议员,以本部当地为选举区。

第十四条　凡在本部当地之会员,有担任本部经费之责。

第十五条　本部当地之会员,得按省设立分会,公举会长,但须受本部之统辖。

第十六条　本会支部,于国内分五部,国外分四部,皆直接受本部之统辖。其区画如左:国内之部——

西部:重庆——贵州、新疆、西藏、四川、甘肃;

东部:上海——浙江、江苏、安徽;

中部:汉口——河南、湖南、湖北、江西;

南部:香港——云南、广东、广西、福建;

北京:烟台——蒙古、直隶、东三省、陕西、山西、山东。

国外之部——

南洋……新嘉坡——英荷属地及缅甸、安南、遏罗;

欧洲……比利时京城——欧洲各国;

美洲……金山大埠——南北美洲;

檀岛……檀山大埠——檀香山群岛。

第十七条　各支部皆须遵守本部总章,其自定规则,须经本部议事部决议,总理批准,方得施行。

第十八条　各支部皆设部长一人,由总理指任。

第十九条　各支部当地会员,有担任该支部经费之责。

第二十条　各支部每月须报告一次于本部。

第二十一条　各支部及其所属分会会员盟书,及入会捐一元,皆由支部长缴交本部,换给会员凭据,转交本人收执。

第二十二条　各地分会皆直接受其支部之统辖。

第二十三条　各分会会长,由该分会会员选举。

第二十四条　总章改良,须有会员五十人以上,或议员十人以上,或执行部提议于议事部,经议事部决议后,由总理开职员会修改之。(邹鲁:《中国国民党史稿》,第48—50页)

新章程取消司法部,只设执行部和议事部,同盟会东京总部不再是"三权分立"的体制。同盟会成立之初至改订总章，其"三权分立"的体制，"经历着一个名存实亡到名实俱亡的变化过程"。（沈渭滨：《孙中山与辛亥革命（增订本）》，第286页）

改订新章后，任命原福建"汉族独立会"代会长郑祖荫为同盟会福建分会会长，"将汉族独立会取消，全体会员依同盟会誓词，加入为同盟会会员"。（严昌洪主编、左松涛编：《辛亥革命史事长编》第5册，第50页）

5月8日（四月十五日）　《复报》在日本东京出版，与《民报》相呼应。8月4日，留日学生黄尊三购《民报》《复报》各一册，"二书俱为革命党机关报，专鼓吹革命，但《复报》为小品，不如《民报》材料之丰富，其价值亦远逊之"。（黄尊三：《三十年日记》第1部，第63页）

5月9日（四月十六日）　在横滨山下町一百二十一番地C·3寓所致函菅原传，告知将离开日本，拟于下周往访并晤平田，询于何时何地会面为便。（《致菅原传函》，《孙中山全集》第1卷，第293页）

5月20日（四月二十七日）　时论评述清朝改革与革命之关系。

台湾时论指出，国家处腐败衰弱之际，救治之法有二，一曰革命，一曰改革。中国的"一部廿四史，皆以脓血充塞，而成为革命之历史也。近因爱新觉罗之子孙，积弱之余，无复蹴踏神州之概。天下英雄皆磨刀霍霍，以待时机之至。而国民中遂有梦想革命，欲为同胞立一新纪元者。南清一带秘密结社，蜂起林立，如兴中会（孙逸仙为其首领）、哥老会、大刀会、小刀会、双刀会、天地会、英雄会、太平会、安清道友会等，不一而足。一朝有变，遍地皆是，言之实可寒心。居今日而论清国之时势，及其四围之情形，革命一事，固不敢谓其必能，亦不敢谓其必不可能"。（逸涛译：《袁世凯（廿五）》，《汉文台湾日日新报》1906年5月20日，"杂报"）由此可见领导的革命事业所产生的影响，及当时的革命大势。

至于权倾朝野的袁世凯，其政敌为康有为、孙中山。"汉人之于

袁世凯,其反对派亦有二三焉,即一为保皇会,一为光汉会是也。保
皇会倡之者为康有为,因不满西太后之听政,而愿光绪帝之亲政,纠
合同志而为此,嗣见袁世凯频与西太后接近,汲汲以买其欢心,恐于
光绪帝之亲政有所妨碍也,尝思乘机排斥之,毕竟其中有无满人参与
之,固未详也。光汉会主之者为孙逸仙,中南部诸革命党亦加之,绝
对否认满洲政府,欲倾覆之,而新建汉人政府。既见袁世凯贪缘满洲
政府,以擅作其威福,将以此为其活动之第一着手,极力排除之,其信
否仍未深知也。"(逸涛译:《袁世凯(六十三)》,《汉文台湾日日新报》1906 年 7
月 11 日,"杂报")所谓"光汉会",实应为"中国同盟会",此论较早将孙、
袁视为政敌。

5 月 29 日(闰四月初七日) 由同盟会湖南分会负责人禹之谟
发起,湖南长沙学界在岳麓山公葬陈天华、姚宏业。(杨世骥:《辛亥革
命前后湖南史事》,第 123 页)

6 月

6 月 15 日(闰四月二十四日) 法国驻广州领事致印支总督函
称已拒绝署两广总督岑春煊引渡孙中山的要求。

本年春,署两广总督岑春煊通过其幕僚温宗尧等,与法国驻广州
领事甘司东(G. Kahu)交涉,曾要求法国当局将孙中山从印度支那
引渡给中国方面,因为他在十一年前就是犯有叛逆罪的刑事犯,"总
督请您要求西贡当局逮捕并引渡他。总督将把谋杀案的证人派往西
贡,前去验明"。是日,甘司东在致印支总督函中称:对于这一要求,
"我回答辩他说他们找我找得太晚了。如果衙门眼线说的迹象是假
的,那便可能造成任意逮捕,要是那个旅客并不曾打算到西贡去,他
便会控告非法扣押,因为延误了他的旅行",后又补充称"我们大家都
知道孙逸仙是一个政治煽动者,而不是普遍的罪犯,而像这样的人肯

定是不能引渡的"。

　　然而,甘司东并不同情孙中山,他认为"在目前情况下逮捕孙逸仙可能会导致一场暴动,他们并不想逮捕。另一方面,他们又害怕煽动者在两广附近活动,因此孙的被跟踪是当然的"。因此,他认为"让孙逸仙留在印度支那或逮捕他显得同样地危险"。(《甘司东致印支总督先生》,章开沅等主编:《辛亥革命史资料新编》第7卷,第34—35页)

　　6月29日(五月初八日)　派代表到上海迎接章太炎赴日本①。

　　据章自述:"夏,余监禁期满,中山自东京遣使来迎,遂赴东京,入同盟会,主民报社。"(汤志钧编:《章太炎年谱长编》上册,第209页)同盟会特派仇式匡、龚炼百、时功玖往上海欢迎。而中国教育会则于事前数日预购其前往日本的船票。本日上午,蔡元培、叶瀚、蒋维乔等十余人,集于河南路工部局门前守候。十时②,太炎出,皆鼓掌迎之,即由叶瀚陪乘马车,先至中国公学。当晚登日本邮船。(田桐:《革命闲话》,《太平杂志》第1号;《生章炳麟与死邹容》,《复报》第4号;蒋维乔:《中国教育会之回忆》,上海通社编:《上海研究资料续集》,第97页)

　　△　派乔义生陪法国军官欧极乐(Ozil)③上尉赴湖北、湖南等地调查,抵汉口,用英语演讲革命事宜。

　　乔义生称:1904年冬与孙中山在伦敦认识,加入革命党,三月后奉其命返国,在湖北新军三十一标任军医长,参加创立日知会。本年6月,接电称:有同志法国军人欧极乐来武汉调查革命党情形,请妥为招待。乃与吴昆等到汉口迎接,并在武昌圣公会内开欢迎大会。

---

　　①　同盟会所遣迎接章太炎的代表,各家记载有所不同。《总理年谱长编》记为龚炼百、时功玖、胡国樑、仇亮;张篁溪《苏报案实录》记为龚炼百(功玖);冯自由《章太炎事略》记为邓家彦、龚炼百;熊克武《辛亥前我参加的四川几次武装起义》记为熊克武、但懋辛。(陈锡祺主编:《孙中山年谱长编》上册,第370页)

　　②　上引《复报》记为"十一时"。

　　③　又作欧吉罗、欧几罗、奥琪尔,其外文名,《孙中山年谱长编》作"Capitain Ozel",今据法国驻汉口领事信改。Capitain非姓名,而是军衔。

欧用英语演讲革命为救国之良策①,到会者 400 余人。其中有清吏侦探,遂为湖广总督张之洞所知,日知会旋被封。讲演次日,陪欧先后赴长沙、沙市调查,返武汉,因日知会被封,同志不知下落,乃去南昌、九江、南京、上海,各处均有同志招待。后又去福州、厦门。欧在厦门返上海后赴天津,余则因张之洞通缉,亡走日本。欧之行动为清吏所注意,其与南方党人通信亦被偷,"不久北京政府忽致电法国政府严重交涉,大意谓贵国不应派人干扰我国内乱。而欧君即因此事被调往安南"。"其后孙先生语余,谓北方及长江各省皆不可去。旋派余及方君汉城赴广东汕头,与潮州许雪秋同志等同谋起事。"(冯自由:《中华民国开国前革命史》第 1 册,第 299—300 页)

是日,欧极乐抵汉口,受到刘静庵等人的欢迎。(《湖北革命知之录》,严昌洪、张铭玉、傅蟾珍编:《张难先文集》,第 89 页)殷子衡称:农历五月初四日,孙中山派来的法国民党的领袖欧吉罗"由烟台拍电报到武昌日知会,定于本月初八日到武昌来。我就与刘静庵、朱松坪、季雨霖等商量怎样欢迎。到了初八日,欧吉罗果然来了,到会的人约有数百。欧吉罗演说,朱作梅翻译,言辞激烈,听众多受感动。后闻会场中有清巡警冯启钧派来的侦探,密查日知会究竟有无革命的举动"。(殷子衡:《狱中记》,中国人民政治协商会议湖北委员会编:《辛亥首义回忆录》第 3 辑,第 4 页)

时任法国驻汉口领事的喇伯第称,一名法国军官于 7 月途经武昌时,曾在美国基督教布道团建立的一个学校作过讲演。他坐在一张桌子后面,由刘静庵等人陪坐,被该校学生围在中间。他"所作演讲内容仿佛是法国大革命,并乘此机会对中国现状作了许多影射。其中有一句话大致如此:'跑遍了你们美丽的国土,尤其是欣赏了人口众多、物产丰富的长江流域风光后,我感到惊讶的是你们居然还在忍受满清的桎梏!'"不过,对于这些情况的了解并不确切。(《喇伯第

---

① 乔义生称自己充作翻译,而殷子衡称朱作梅为翻译。

致法国驻华公使先生》,章开沅等主编:《辛亥革命史资料新编》第 7 卷,第 51 页)

不久,乔义生陪同欧极乐赴湖南调查革命形势。据湖南巡抚庞鸿书电称"本月初,汉口有人函报沿江匪党,拟趁新军合操、各省城空虚之时起事。此间亦有人密报,前年漏纲之黄轸,与孙汶联络一气,勾结□人来湘布置一切。当派员密查"。庞鸿书遂委托侦探秘密跟踪查控,后据侦探报告:"十五日,果有□人偕通事乔立生,并钟姓三人同来",该□人住府正街高盛栈,"到岳至□□二次,通事另住一米店,闻店有学界中人"。住一日,乘昌和轮返岳,闻该人与船上德人言:"我此番至湘,诡称英人。"次日至宜昌,侦探亦随往,与乔义生攀谈,"乔自称山西人,曾在鄂省军界,此番跟洋人至湘,实为将来图谋"。后,欧极乐由宜返汉。(《湘抚庞致鄂督张电》,《申报》1906 年 8 月 9 日)

6 月 30 日(五月初九日)　报馆接到新加坡专电:"得秘密消息,考政大臣泽公等将次到坡,孙文党羽甚多,恐生变故。"(《本馆接到革命党谋不利于考政大臣专电》,《申报》1906 年 7 月 1 日)

是月(五月)　布加卑考察团结束。

布加卑对中国南方反清运动有深刻印象。他认为"孙中山的支持者是无数的,十分之九的中国留学生支持孙中山,运动已深入到中国社会的各阶层,包括政府官员和各省驻军司令。孙中山没有夸大他影响的范围,他自己的情报是准确可靠的"。"中国南方的起义不久将会爆发,并将导致清朝的垮台,至少会在长江以南建立起以孙中山为总统的共和国。法国对这一事态不应当忧心忡忡,如果法国允许让河内作为孙中山发动起义的基地,就更没有理由感到忧虑。"他强调孙并无排外情绪,"孙中山已说服某些法国议员同情他的事业,其中包括印支副总督德隆克勒(Deloncle)先生;孙甚至同外交部的贝特洛先生讨论过他的计划"。法国驻华使馆武官指出,"布加卑少校把孙中山的主张看作是神圣的真理"。

布加卑的结论是"中国革命有成功的可能。故他极力主张法国政府作出同情孙中山的姿态,以便为未来的法中关系铺平道路"。但是,"考察团的沃代卡上尉和布里索—戴马伊埃(Brissaud—Desmaillet)少校则不认为法国支持孙中山会从中得到任何好处。法国驻华使馆武官及新任驻华公使埃德蒙·巴普(Edmond Bapst)也反对布加卑与孙中山有密切关系。由于法国殖民部和外交部都对布加卑采取不愿支持的态度,而乐意于维持中法两国关系的现状,故布加卑考察团的活动只是使孙中山产生虚幻的希望,也使中国政府对法国的政策丧失信任"。([美]金姆·曼荷兰德著,林礼汉、莫振慧译:《1900—1908年的法国与孙中山》,《辛亥革命史丛刊》第4辑)

据李卓峰回忆,在布加卑活动结束前,安南总督请其至署,言彼国政府,将有枪五千杆交与党人,预备接收。后因法国新政府反对作罢。(邓慕韩:《孙中山先生传记》,《革命先烈先进诗文选集》第3册,总1341页)

7月

7月2日(五月十一日)　报载因风闻"孙文党羽"将于长江一带举事,清廷严加戒备。

署两江总督周馥"以近来长江一带时有票匪、哥老会匪出没,内地枭盗之案又复层见迭出,且闻有孙文党羽潜入长江勾引匪类之事",秘密派员弁查访踪迹,并委员"带领乡团及巡警兵,来往长江一带,巡缉匪类,并拟派干练哨弁分路逡巡"。(《江督拟委李定明巡缉长江匪类》,《申报》1906年7月2日)《中外日报》则称周馥接到密告,"上星期及星期六等日,有千余人或七八百人聚集朝阳门外明陵地方,开会演说革命",遂怀疑"有大宗会党潜来内地,除密饬文武严密访查踪迹外,复深虑各学堂、军队或有受其煽惑者",故对学堂、军队秘密调查。

各学堂正值暑假,学生分散,难以彻查;"至军队纪律极严,无故不准出营",使其与会党无法通气。(《纪江督密查会党事》,《中外日报》1906 年 7 月 12 日,"官事汇录")后经派员密访,未见踪迹。(《江督责成李定明严缉沿江匪类》,《申报》1906 年 10 月 25 日)

传闻亦引起清廷高层注意。政府大老听闻"孙文羽党甚众,隐匿长江一带,谋为不轨,意图乘机起事,并有不利于考求政治大臣","拟密电沿江督抚认真访察,并饬所属清查长江户口商船,以免匪徒溷迹,一面加派兵弁巡逻,俾防不虞"。(《电饬各省清查长江户口》,《申报》1906 年 7 月 19 日)

7 月 7 日(五月十六日)　与孙毓筠介绍章太炎加入中国同盟会。(罗刚编著:《中华民国国父实录》第 2 册,第 883 页)时住东京牛込区筑士八幡町二十一番地,与新小川町二丁目《民报》社相去不远,常与到访的章太炎、汪精卫、张继、田桐等人高谈革命。(《孙总理之文学》《章太炎事略》,冯自由:《革命逸史》初集,第 14、56 页)

是月初　离日本赴南洋,船经上海时,约请同志相会①。

熊克武忆述:"五月,中山先生化名高野,乘法国邮船由日本经上海去南洋,约我们上船去见他,报告内地的情况。临走时,中山先生说他需要一千块钱,我们答应设法筹措,后由秋瑾送去一千元。"(熊克武:《辛亥前我参加的四川几次武装起义》,中国人民政治协商会议全国委员会文史资料研究委员会编:《辛亥革命回忆录》第 3 集,第 4 页)

此次南行,有胡汉民陪同,仍以新加坡为活动中心。离开日本前,已电告张永福等人行止,由张永福与陈楚楠筹备一切,并由林义顺到码头迎接。上岸后,先到张永福的铺子新长美号座谈,然后下榻

---

①　据熊克武回忆的阴历"五月",暂系于阳历 6 月。(陈锡祺主编:《孙中山年谱长编》上册,第 372 页)有学者指出,考虑到孙中山派人来接章太炎来日,而冯自由记载称孙、章随后在日本多次晤谈,故以章太炎 7 月初抵日本的行踪来看,孙中山离日本的时间应该在 6 月末 7 月初。(段云章编著:《孙文与日本史事编年(增订本)》,第 141 页)如果《中华民国国父实录》所记孙中山介绍章太炎加入同盟会的时间无误,则孙离日本的时间应在 7 月初,仍在熊克武所谓阴历五月的范围之内。

晚晴园，当晚即在晚晴园会见已入党的同志。为了壮大组织，提议把前届职员重行组织和选举，先张永福为正会长，陈楚楠为副会长兼财政主任，林义顺为外交主任，谢心准、李晓生为文牍科主任，同盟会的规模又比前届扩大一点。在新加坡期间，因得胡汉民协助，每日发出和接收十封以上中文西文函电，与当时法国巴黎的政客廊泥君等亦时有密电来往，均有关党务军事及筹饷。故胡汉民称"南洋是本党的策源地，是本党革命的根据地"。张永福称："星加坡政府方面亦知道此中消息，请孙先生到华民政务司处会谈。政府同时就派了华籍便衣暗探十多人，由巡长侯坤管理。日夜轮班在晚晴园处四处梭巡。名为保护，实则侦察我们行动。我们觉得保护上虽是安全，但也有许多不便当。孙先生就主张叫我们把华人巡长某某请来秘密商量，交托他许多任务。孙先生答应每月加给他酒资，那巡长以后就把外间风声时时传递过来。因其时当地政府对我们的行动十分注意，同时保皇党亦常谋不利于我们。我们所处的环境，是受着多方面压迫的，巡长做我们密探中之密探，亦算于我们有利的。"（张永福:《南洋与创立民国》，第13—14页）

7月15日（五月二十四日）　《民报》社及中国留日学生界在神田锦辉馆召开大会欢迎章太炎，与孙中山交往密切的宫崎寅藏、萱野长知等日本人均出席。

章太炎自记："时孙逸仙与善化黄兴克强，已集东京学子千余人设中国同盟会，倡作《民报》，与康氏弟子相诘难。主之者，溥泉及桃源宋教仁遁初、番禺胡汉民展堂、汪兆铭精卫、朱大符执信也。余抵东京，同志迎于锦辉馆。来观者七千人，或著屋檐上。未几，以寿州孙毓筠少侯之请，入同盟会，任《民报》编辑。余以胡、汪诘责卓如，辞近诟谇，故持论稍平。"（汤志钧:《章太炎年谱长编》上册，第208页）

据密探向日本政府报告称："清国留学生何天炯、田桐以及此外二十名发起人，本日上午九点在神田锦辉馆召开大会欢迎章炳麟。"章"系清国改革派康有为、梁启超之同仁"。到会留学生约一千六百人,每人征收会费十文。日人清藤幸七郎、清藤高、宫崎寅藏、萱野长知等四人列席会议。其中,清藤、宫崎均系熊本县人,"与孙逸仙、康有为有交往"。作为发起人之一的何天炯致开幕辞,之后章太炎以及宫崎寅藏、覃鲤门、田桐、吴弱男等人先后演说,下午一时散会。

章太炎演说称:"吾曾以本国文明进步为目的向政府进谏,然以意见触犯当权者之大忌。吾知自身难保,便遁入上海英租界,并向领事自白,遂依英国政府法律,受到处罚,并于前不久释放","吾依然坚持应取之主义,并应为逐步达成之而努力"。具体而言,一方面"应该发行机关杂志,交换吾辈之意见,养成文明思想","使本国的普通学生能了解该主义"。另一方面,不主张立即实施极端过激行动,"对于过激行事应万分谨慎,等待时日。吾辈极端过激只会徒增忌惮,为避免误解就须采取审慎的态度"。他劝告留日学生"应学会自珍自重之道以待时机成熟"①。

宫崎寅藏的演说,旨在撮合孙中山、章太炎等人联合图事。他表示"今天来参加章炳麟先生欢迎会的,我相信,当然都是信奉同一主义的人们"②,"诸位作为留学生东渡日本来求学,无非是为了日后的抱负,或是为了掌握一些资料。因此诸位必须养成文明思想,以彻底变革顽固不化的清国政府。担此重任者即诸位。我相信,一方面有孙逸仙,这里还有章炳麟先生,二人协力,渐次图之,在不久的将来,建树一个文明国度。任诸位之意志,定可达此目的"。

---

① 《民报》第 6 号详细刊载了章太炎的演讲。章在演讲中提及留日学界与孙中山的旧交往与新认知:"壬寅春天,来到日本,见着中山,那时留学诸公,在中山那边往来,可称志同道合的,不过一二人。其余偶然来往的,总是觉得中山奇怪,要来看看古董,并没有热心救汉的心思。间想我这疯癫的希望,毕竟是难遂的了,就想披起袈裟,做个和尚,不与那学界、政界的人再通问讯。不料监禁二年以后,再到此地,留学生中助我张目的人,较从前增加百倍,才晓得人心进化是实有的。此前排满复汉的心肠,也是人人都有,不过潜在胸中,到今日才发现。"
② [日]近藤秀树编、禹昌夏译:《宫崎滔天年谱稿》,《辛亥革命史丛刊》第 1 辑,第 141 页。

覃鲤门、田桐的演说,则积极倡导革命。覃称:"吾辈一介学子,其意见确无什么可取之处,然而也妄自菲薄。现在吾辈所求,是清国政府之大革命,如不为之,再也不能救国。为此,作为改革之次序,必须养成道德思想并采取进取的行动。我们平素所称'排外主义者'之'排外',并非意指诸国,而是指满洲之爱新觉罗氏之辈。此辈如不能除之,则终无成为文明国之一日。希望诸位奋起为国尽力。"田称:"吾乃《民报》记者,《民报》以清国革命之企划为使命,作为机关杂志而创刊。现在我还想说一句,清国任职之官吏,并未将国家置于眼中,而是为了一己私利私欲。如海关税等高额收入均不过中饱私囊而已。于各国而言,实乃莫大耻辱。清国之腐败已至巅峰,应该说革命时机临近了。奋起吧! 诸位!"

作为女性,吴弱男表示"勿论立身处世,言及国家大事非女子所为。虽外部之事不得不寄望于男性,但致力于内部之事却是女性之义务。因而,吾辈女学生在《民报》创刊之时,应该付出劳力,并担当起募集馈赠资金之任。希望得到诸位的支持"。

日方密探称,章太炎此番赴日,宿于东京府内丰多摩郡内藤新宿番众町三十一号,今后主要在清国革命派的机关杂志《民报》执笔。(《清国人章炳麟欢迎会》,章开沅等主编:《辛亥革命史资料新编》第 6 卷,第 115—116 页)

章太炎主持《民报》后,令读者重新认识《民报》。1905 年 12 月 18 日,抵日不久的钱玄同"晚看《民报》。此为兴中会(孙文所组织者)之机关报。内容不甚佳,《江苏》杂志之俦耳"。至章主持《民报》后,钱玄同于 1906 年 10 月 12 日记:"购《民报》。《民报》首有章太炎《无神论》一篇,驳耶稣之自相矛盾,极好。次为□□ノ《道德》,亦佳绝,迥非时流诸人可以言及之也。"甚至重读《民报》第一号,以为《民族的国民》"惟媲之章氏则远弗如,然较之松江一班词章新党及《江苏》之口头禅,则不可同年而语也。盖纯遵学理以立说,非空谈之比,当今社会污下至此,是等提倡公论之报,诚不可少

也"。(杨天石主编:《钱玄同日记(整理本)》上,第 10、62、70 页)

7 月 17 日(五月二十六日)　自新加坡抵马来西亚芙蓉埠(Ser-emban)活动。

拟前往欧洲,本日途经南洋芙蓉埠,寓矿务会馆。原本要开演讲会讲述革命宗旨,因当地政府的干涉,且欢迎革命主义的只有朱赤霓、黄心持、李梦生等数人,故改作谈话会。略谓"近一二年,内外赞成革命者,大不乏人,大有一日千里之势。彼满虏处此,万不能与风潮抗拒,而又不能守一成不变之法,以保子孙帝王之业,乃始下诏维新,以觇汉人之志向,继则公然宣布立宪,预备九年之开国会,为笼络人心之手段,实假立宪之美名,以实行中央集权,稍有眼光者,多能知之。是所谓非我族类,其心必异,亦无怪乎其手段之辣矣!"①有同志问:"中国通商口岸无省无之,若革命军起事,外国有无干涉,藉口于内乱,而行瓜分中国,何法可以抵御?"答曰:"瓜分之原因,由于中国之不能自立,以中国不能自立,则世界和平不可保也。《民报》精卫有论说《驳革命可以召瓜分说》,可购一份《民报》,便知其道理也。"(邓泽如:《中国国民党二十年史迹》,第 1 页)

8 月

8 月 7 日(六月十八日)　抵吉隆坡,设立同盟会分会。

此次吉隆坡之行,经过杜南的安排,得到了马来亚联邦华民政务司的允准,并在该市大舞台剧院(Grand Theatre)举行一次公众大会。(颜清湟著、李恩涵译:《星、马华人与辛亥革命》,第 115—116 页)

当时"一面找到当地一位有名望的陆姓绅士,请他出面欢迎孙中

---

①　此文亦收在《孙中山全集》。然核文内容,如谓"预备九年之开国会"应为 1908 年后事。暂系于此。

山先生；一面通知中山先生来时不用真姓名，以免英政府干涉"。因此，以化名抵吉隆坡，并发表演讲，大意谓："我们要推翻帝制，建立民国。什么样的国家才能称为民国呢？就是国家为人民所公有，国家之事由人民共同办理，不能由少数人甚至一人一家所得而私。国家好比一个公司，人民都是股东，政府的官吏就像公司雇用的职员，公司的事情应该听命于股东；国家事情亦如此，应该听命于人民，不能由一个人、一家人专制。"（陈其瑗：《辛亥前后彭泽民先生和吉隆坡华侨的革命活动》，中国人民政治协商会议全国委员会文史资料研究委员会编：《辛亥革命回忆录》第 1 集，第 395 页）

为扩大同盟会会务，又与李竹痴、陈楚楠、林义顺往吉隆坡在青年益智社居住，认识了陈占梅、陆秋泰、陆秋杰、阮英舫、王清江、邱怡领、彭镜波、刘襟等人。借用陆秋泰的花园开会，举出王清江任会长，阮英舫君的儿子阮德三、阮卿云兄弟闻风兴起，相继加入。（张永福：《南洋与创立民国》，第 15—16 页）。该日宣誓入会者十六人，包括杜南、杜冠雄、杜著新、阮英舫、阮卿云、阮德三、王清江、陆秋泰等。数天后，另有十四人集体入会，包括著名侨商陈占梅。全体会员在一次大会上选举锡矿主陆秋泰为会长，王清江为副会长。（颜清湟著、李恩涵译：《星、马华人与辛亥革命》，第 118 页）

在吉隆坡时，"促请华侨社会，大家应该团结合作，因为不团结对于侨社全体将造成灾祸，所有的人都将受损；他举例说，蜜蜂和蚂蚁身体最弱，力量最小，但因靠团结而生存；强而有力的虎、豹反而易落到猎人所设设设的陷阱而被捕捉，乃因缺乏团结的关系"。（邓慕韩：《记孙总理丙午年至吉隆坡事》，颜清湟著、李恩涵译：《星、马华人与辛亥革命》，第 116 页）

当时革命党在英属海峡殖民地影响甚微，遂筹措在槟榔屿发展组织与成员，沿途往大霹雳、怡保进行会务。怡保与新加坡不同，受康党势力控制，大资本家胡子春与岑春煊、康有为关系较近，"一闻孙先生到来，就想给我们以极大的打击。然而我们因同处于他人治下，力量比较薄弱,敌不过这海外土豪劣绅的胡子春,当然以避免冲突为上策;所以孙先生看出风声不对,乘夜偕林义顺、陈楚楠、李竹痴搬迁行装往别家旅馆暂住,这显见我们办理党务在在所遇的困难"。越日早晨,与陈楚楠、林义顺折回吉隆坡商议,委林义顺、陈楚楠带亲笔手札由吉隆坡港口搭船往槟榔屿,晋见在槟城商界上有很高地位的吴世荣。吴招待林、陈二人在小兰亭居住,旋通知他的朋友黄金庆等许多人,由陈、林两人主盟,秘密加入同盟会,选举吴世荣为会长,黄金庆为财政员,成立了同盟会槟城分会。(张永福:《南洋与创立民国》,第15—16 页)

同盟会在南洋华侨社会的发展,推动了国内革命形势。是年,在新加坡晚晴园筹划一切,接见先后来新加坡的黄乃裳、许雪秋、陈芸生、萧竹漪等同志,听取关于闽、粤潮两地革命运动的报告,并计划在闽粤交界的黄冈起义,交给他们秘电码、暗约及军事策略,开始实际行动。(陈楚楠:《晚晴园与中国革命史略》,《辛亥革命史料选辑续编》,第 38页)

8 月 10 日(六月二十一日)　同盟会湖南分会负责人禹之谟被捕。

据称清吏欲逼供为"孙文党羽",再四刑讯,至体无完肤。翌年被惨杀于靖州东门外。(姚渔湘:《禹之谟就义记》,中国史学会主编:《辛亥革命》第 2 册,第 533 页)报载"禹之谟自被拿后,寄监靖州,讯明供入孙党,为湘省头目,正在禀办间,忽谣传劫狱,即在靖州正法"①。(《禹之谟正法》,《申报》1907 年 2 月 22 日,"专电")《孙文学说》中称禹之谟与萍浏醴义士的死难,为同盟会成立后会员第一次流血。

---

①　关于禹之谟就义日期,各记载颇有出入。姚渔湘《禹之谟就义记》与《禹之谟传》、冯自由《革命逸史》等书均谓丙午年"十一月二十日",即 1907 年 1 月 5 日就义。后来诸书多沿用此说。然而,当时《申报》报道称:"谣言四起,谓有内外勾结,意图劫狱之事,刺史恐酿大变,不及电禀,即于腊月二十四日将禹之谟提出正法。"核之当时各方记载,禹之谟似应为丙午年腊月二十四日,即 1907 年 2 月 6 日就义。

9 月

9月1日(七月十三日) 清廷颁诏,预备仿行宪政,从官制改革入手。

8月26日,出使各国考察政治大臣戴鸿慈等奏请改定全国官制,预备立宪。本日,上谕:鉴于"各国之所以富强者,实由于实行宪法,取决公论,君民一体,呼吸相通,博采众长,明定权限,以及筹备财用经画,政务无不公之于黎庶,又兼各国相师,变通尽利,政通民和,有由来矣。时处今日,惟有及时详晰甄核,仿行宪政,大权统于朝廷,庶政公诸舆论,以立国家万年有道之基"。因"目前规制未备,民智未开,若操切从事,涂饰空文,何以对国民而昭大信? 故廓清积弊,明定责成,必从官制入手,亟应先将官制分别议定,次第更张,并将各项法律详慎厘订,而又广兴教育,清理财政,整饬武备,普设巡警,使绅民明悉国政,以预备立宪"。谕令内外臣工妥议具奏。(中国第一历史档案馆编:《光绪宣统两朝上谕档》第32册,第128页)

9月4日(七月十六日) 报载湖广总督张之洞深虑革命党在长江一带借秋操之机起事。

据称,张之洞接到两江总督的电报警示,称"长江一带有孙汶党羽谋为不轨,并有秋操乘机起事之谣"。张之洞即传警察总办冯启钧进见,"言谈之际,深以匪党阴谋可虑"。冯启钧则谓"若辈万难成事,实不足虑"。(《鄂督深虑匪党之阴谋》,《申报》1906年9月4日)

9月5日(七月十七日) 《革命评论》在东京发刊,呼应《民报》。

8月12日,支持中国革命的日本志士宫崎寅藏邀集萱野长知、清藤幸三郎、和田三郎、池亨吉及青梅敏雄等人商议,决定创办日文杂志《革命评论》。9月1日,将《日本评论》社事务所设于东京神田区美土代町的萱野长知住宅,发行所设在东京府多摩郡内藤新宿番集町的宫崎住宅,印刷所设于东京神田区中猿乐町的秀光社。该杂志主编为宫崎寅藏,发行兼印刷人为青梅敏雄,定为半月刊。([日]近藤秀树编、禹昌夏译:《宫崎滔天年谱稿》,《辛亥革命史丛刊》第1辑)关于杂志的宗旨,据创办者之一萱野长知自述:"当时我们参加中国同盟会的同志间,认为中国和俄国为世界两大专制国,欲图世界和平与文明的发展,必须在这两大专制国实行革命。因此为了助成中国和俄国改变政体的革命,发行每月两次的杂志《革命评论》与中国同盟会的机关报《民报》相呼应,大力鼓吹革命主义。"(王晓秋:《改良与革命:晚清民初史事新探》,第237页)

是日,《革命评论》第1号发行。应当出于宫崎手笔的《发刊辞》称:余辈热望完全的和平,故欢迎彻底的革命。欲破坏社会沉滞腐败的要素,欲开拓清新的新天地,唯有革命才能毕其功。《发刊辞》还提出,要打破经济上的不平等,实行土地公有;反对帝国主义的军备扩张,反对战争。这与孙中山的三民主义及《民报》宣扬的六大主义比较接近。(《革命评论》第1号,段云章编著:《孙文与日本史事编年(增订本)》,第143页;王晓秋:《改良与革命:晚清民初史事新探》,第237页)

宋教仁阅《革命评论》第1号后,称该刊所记皆有关政治革命、社会革命的论文、小说、记事,尤注重于中国革命运动,其中有论支那留学生一篇,言中国革命主义之盛及留学生之不可侮。读至所论吴樾、陈天华、史坚如为国捐躯、慷慨就义之处,甚受感动。(《我之历史》,陈旭麓主编:《宋教仁集》下册,第640—641页)

9月11日(七月二十三日)　黄兴自广西来新加坡会商事宜,后返日本,是日抵东京。(《我之历史》,陈旭麓主编:《宋教仁集》下册,第649页)

此前黄兴赴广西运动郭人漳,迄无成效,乃"径赴新加坡,与孙总理筹商方略"。后转香港,与湖北日知会所派代表吴崑会晤,协商鄂省军事进行,以筹款未甚得手,嘱其归候时机。黄兴自港赴日期间,曾在上海停留,与童俊、马君武、吴超澂及张蓉川创立广艺书局于四马路,以为交通机关。返日本后,召集干部会议,称"自《民报》输入国内以来,各界人士与吾党表同情者日众,革命机会,各省皆具端倪,惟须多有负责党员,联络而促进之",派多人赴国内运动。(刘揆一:《黄兴传记》,饶怀民编:《刘揆一集》,第146页)

9月14日(七月二十六日)　传闻革命党潜入京师,清廷在京师搜查党人,曾误将台湾人藤堂调梅认作孙中山逮捕。

据《字林西报》称,北京官场"因传闻孙逸仙偕其党羽入都,匿迹他处,意图破坏立宪",清廷大为惊恐,在颐和园召开会议,"竟为严重警戒",到处搜捕革命党,"京城四围各庙宇殆已搜遍,凡华人洋装者皆不免启人之疑"。据报,"巡警部之右侍郎张氏,特派侦骑四出,复由天津召来刑事巡查三百名,共努力搜索。风声鹤唳,往往有检举及无辜者,如日前有台湾某甲行于道,侦探误认为孙逸仙,遂捕缚之。其后因由我公使为严重之照会,始释放也"。(《北京官场搜捕革命党》,《申报》1906年9月14日;《北京之搜索改革党》,《汉文台湾日日新报》1906年9月16日,"杂报")"后经核查,此人是台湾人陈福,又名任文毅、藤堂调梅,又作藤堂条梅,穿洋装进京,入《京话日报》社,常往来官绅家,作政治及改革谈。当路者遽派巡捕三十余名,包围新闻社,捕之到案。及查系误认,确在日本国籍,始放免之。"(《北京通信·清政府禁止新闻发行》,《汉文台湾日日新报》1906年10月27日,"杂报")

据称,此次误会实由北洋侦探员引起。16日,日本驻华公使函外城巡警总厅,略谓藤堂条梅籍隶台湾,实为日本国民,请于翌日午后三点钟送交本使馆。袁世凯坚执送交日使之说,巡警总厅以为既非孙,亦无革命党证据,由厅径行开释,派委员黎宗岳、丁春皋送入日本使署。(《误疑党犯已释》,《香港华字日报》1906年9月18日,"中外新闻")

9月20日(八月初三日)　《革命评论》发行第2号,刊有宫崎寅藏撰写的《中国留学生的责任》及《中国立宪问题》等文,通过比较中日两国国情,指出清政府的预备立宪计划难以实现,不可能制止革

命。(王晓秋:《改良与革命:晚清民初史事新探》,第 238 页)

9 月 26 日(八月初九日)　在西贡致函苏汉忠,希望苏氏唤醒爪哇华侨,合力救国,利用爪哇地方富庶,为革命筹集军资。

函称:如果中国能够有更多像苏汉忠一样具有爱国热忱且愿意为国效劳的人,必不致被满人统治如此之久,"现正是中国国民驱逐衰落的征服者之时机,若失此机会,中国将迅即瓦解。我们的事业重大,但并非难以完成,因为满族已在衰落和死亡之中。他们将不能久留在中国。我们如不急起驱除之,外国列强则将在不久替我们赶走满族。那么,我们将成为另一统治民族的奴隶"。因此,希望苏能在爪哇从事两方面的事务:一是唤醒华人的爱国心,使其与革命党人合作救国;二是在爪哇等富庶地区始能筹集军费。(《致苏汉忠函》,《孙中山全集》第 1 卷,第 294 页)

10 月

10 月 2 日(八月十五日)　署两广总督岑春煊电奏孙中山派遣邓子瑜秘密回港,拟于八月底九月初在广州举事。

岑春煊据新加坡领事孙士鼎及德国驻广州领事称:孙文"派党人邓子瑜乘日邮船回港",图谋举事,"欲在八月底九月初起事"。岑春煊希望外部照会英总领事转致香港总督,若邓子瑜"潜行回港,图谋不轨,务饬拿办,并将诡谋密为知会,以遏乱萌"。另一方面,则饬地方文武妥为防备,严密缉拿革命党。(《光绪三十二年八月十五日调补云贵总督署两广总督岑春煊致外务部请代奏电》,中国史学会主编:《辛亥革命》第 1 册,第 134 页;《外务部为禁孙中山发售军务债票致驻英何使电》,《历史档案》1985 年第 1 期)岑春煊"密札巡警局通饬各管长目兵加意巡缉,遇有形迹可疑之人,随时盘诘获究,毋稍疏懈,一面访查邓子瑜确踪,以免在省滋事"。(《粤督密查革命党踪迹》,《申报》1906 年

10 月 2 日）

　　9 日,岑春煊因广东水师提督咨文,札行九龙关税务司,严防孙中山及其党私运军火到粤。水师提督咨文中详言各地防范革命党的措施,称:"闻孙逆前月曾来港一次,现在早已离港。近日惠州之往星架坡者,每船动辄千人。逆党潜谋不轨,必在惠州、归善、新安一带起事",均已派员巡查提防。"查水路由香港到惠,以沙鱼涌、澳头、平海一带最为紧要,前已派有镇涛轮船巡缉。现经札饬邱、林两分统加派广庚兵轮会同梭巡。镇涛在平海、澳头、沙鱼涌一带,广庚在神泉、甲子、汕尾一带。遇有来往渡船、渔船,均须切实搜查,以防匪徒私运军火,并多购眼线,如有形迹可疑之人,随时拘拿讯究。"此外,诸如归善、博罗、海丰、陆丰一带均关紧要。"香山毗连澳门,又系逆首故里,会匪滋多,难保无勾串滋扰,亦已分饬香山协副将施光廷、香山县郑令及清乡委员陶令严密稽查。省城北路会匪,往年曾有通同孙党之事,现在中协张副将在番禺北路清乡,花县以上亦有李参将驻扎,亦经饬令留心防察,以免疏虞。"水师提督指出,革命党此前举事,即用保安夜火船载惠州游民五百余人来省,"现在孙逆图谋起事,难保不故智复萌,应请札饬广州协黄副将、水巡警局及杨副将洪标,如有此等形迹可疑之人,必须查明来踪去迹"。

　　除了严防举事的革命党人行踪,还需搜检私运军火。水师提督认为"私运军火,必须由洋关严查",请岑春煊札饬粤海关、九龙、拱北关税务司注意搜检。岑春煊接文后,"查核所议布置防范情形,尚属妥协,亟应照办",分札各税务司遵照办理,"严饬司巡认真搜查军火,毋稍懈弛"。(广东省档案馆:《两广总督等查缉孙中山革命活动密札》,《历史档案》1986 年第 3 期)

　　10 月 4 日(八月十七日)　自西贡赴日本途经上海,法方派人进行采访。

　　法国驻上海总领事巨籁达查知法轮都兰号上有一位"高野博士"的旅客,"不敢在此上岸,在吴淞口依靠期间,他一直待在船上",即是

"孙逸仙"，随即采取安保措施，并委托同情他事业的人对他进行采访，不使其知道是被法领事派去的人所采访。

通过谈话，"他始终认为中国的总形势和精神状况对于他所支持的事业都相当好。他肯定地说他的信奉者人数与日俱增。但他也不得不承认，由于缺乏起码的资金，他被迫推迟发起革命的日期"。在资金方面，他最近还在报上呼吁公众购买革命债券，"以一元票据的形式，许诺在革命成功后归还十元"，但仿佛成效不大，"伟大的革命家在这方面显得相当失望"。

此行赴日本，将停留三四个月，静待事变，"尤其是要同在日本上学的大量中国留学生进行接触，这些留学生几乎全部是他的信徒。他的目的仿佛是要把他们按省份组织成精悍的地方宣传单位。他的注意力将全部放在这项组织工作上"。

总之，"孙逸仙对他的计划能否在最近成功已不如上次经过上海的时候那么有信心了，他大不如过去那么乐观"。他知道自己的支持者受到严密的监视，尤其是在长江流域。而清政府拟预备立宪，受到国内知识阶层及开放港口、新加坡、巴达维亚与海峡殖民地等侨民的欢迎，这"很可能就是使对高野博士的宏业必不可少的会费来源枯竭的主要原因之一"。(《巨籁达致外交部长先生》，章开沅等主编：《辛亥革命史资料新编》第 7 卷，第 44—45 页)

在此期间，清政府接到消息称来华轮船中有乘客"状类昔年欲在羊城举事之孙逸仙，立即知照各省督抚严为防范，一体查拿"。(《捕孙逸仙》，《香港华字日报》1906 年 10 月 29 日，"中外新闻")

10 月 5 日（八月十八日）　宫崎寅藏在《革命评论》第 3 号上发表《中国革命和列强》一文，呼应孙中山所论中国革命不致召分之说，称"中国实有独力左右世界命运之能力，即以革命的成就号令宇内，传播万邦。列国如来干涉，必引起世界革命。呼呼！中国之前途大有希望哉。生为中国人而幸福矣，余辈实不胜欣羡之至"。(段云章编著：《孙文与日本史事编年（增订本）》，第 144 页)

10月8日（八月二十一日）　清外务部大臣那桐、瞿鸿禨拜访法国驻华公使巴思德，交涉法国军官参与孙中山革命活动事宜。

那桐、瞿鸿禨将谈话的主题"引向孙逸仙煽动暴乱的阴谋，以及此人与外国驻华军队的某些军官串通之事"，提出了好几个法国人的名字，"由警察截取的信件中了解到，这些人与秘密社会有联系，并且还有人看到他们与反清朝的阴谋分子密谈"。法方否认法国军官与革命行动有接触，"曾向中国政府提示孙逸仙的密使企图在东京购买武器，这已经表明了我们对中国政府的关切"。那桐表示，请法国政府"不要放弃这样的关切态度，并问我是否已确切了解到我驻华部队中某位军官的偏离行为"，应提醒该军官，"使之明确了解外国人对于中国主权和统治王朝的应有的尊重"。有鉴于此，巴思德提醒法国外交部长，清朝"已经突然间发现了陆军部所属的专门情报处与孙逸仙及反王朝党的关系的秘密。如果该情报处最终被中国政府发现了踪迹，我如同刚到中国时所做的那样，保留不承认它的权利。目前已揭露的情况还不致使公使馆感到为难，但如果同类的阴谋行为仍由同样的人继续下去，处境可能会变得尴尬"。（《巴思德致外交部长先生》，章开沅等主编：《辛亥革命史资料新编》第7卷，第47页）

10月9日（八月二十二日）　乘船抵日本横滨①。

据神奈川县知事周布公平的10月22日报告称：9日到，居住在市内山下町的临时住宅，此番动静与此前不同，保持缄默，除时有来自东京的学生模样者造访外，与居留当地的中国人来往甚少。午前多在家中，午后经常外出散步。（《关于孙逸仙之动向》，章开沅等主编：《辛亥革命史资料新编》第6卷，第116—117页）

16日，函告张永福："已与各同志相见，得悉日东机局之进步，较前益甚。自弟离日本以来，会员增多千余人，各省运动布置亦大进

---

①　有研究者指出，孙中山赠送日本人秋山定浦"得一知己可以无憾"的条幅，落款为本年"10月6日"。因此日孙尚在赴日途中，时间确否待考。（段云章编著：《孙中山与日本史事编年（增订本）》，第144页）或即为孙赴日途中书写，抵日后才赠送秋山。

步，无怪清政府迄来之警惶若此也。"（《致张永福函》，《孙中山全集》第 1
卷，第 295 页）

是月初　同盟会香港分会机关报《中国日报》改组，报社迁往上
环德辅道 301 号，社会及香港分会会长由冯自由接替陈少白。本年，
香港分会"党务无显著之进步，对外仍取极端秘密主义，故新进会员
寥寥可数"。（莫世祥：《中山革命在香港（1895－1925）》，第 157 页）

10 月 12 日（八月二十五日）　在东京牛込区筑土八幡町二十一
丁目会见来访的《革命评论》社同人。（［日］近藤秀树编、禹昌夏译：《宫崎
滔天年谱稿》，《辛亥革命史丛刊》第 1 辑）

10 月 13 日（八月二十六日）　到《民报》社。

上午至《民报》社，与宋教仁晤，告抵日情形，又问宋病情。后与
宋教仁论述烟草即"淡巴孤"传入中国经过，"谓此物先至日本，盖当
葡人殖民美洲时，其商民营业亦甚盛，先运至日本，后乃至中国闽广
各处，其后又从日本流入满洲，故明末之际满洲烟草甚盛也。至于淡
巴孤、タバコ、吗姑等名称，皆不过随地方之译音而变"。（《我之历
史》，陈旭麓主编：《宋教仁集》下册，第 674－675 页）

10 月 15 日（八月二十八日）　清廷电饬各督抚查拿革命党羽。

据《字林西报》的北京访事员称，因岑春煊电奏孙中山"特遣心腹
党羽二人，由新加坡前往中国南北各境侦察情势，望政府迅速咨会近
畿及各省大吏遴派得力员弁严密查察，不令宵小匿迹，庶匪徒无从乘
间生事"。（《西报纪京津等处严拿革命党情形》，《申报》1906 年 11 月 6 日）

本日，军机处致各督抚电："辰密，奉旨：闻逆匪孙汶蓄谋不轨，在
南洋各埠及内地各省并沿江一带，勾结会匪，私运军火，希图起事，并
有煽惑官场及营伍、学生等情。着各该抚严密查拿，随时认真防范，
不得视为寻常文件，仅以通行了事，致有疏虞。"（《苏抚通行各营密拿孙
汶文》，《中外日报》，1906 年 10 月 29 日"紧要新闻"）

次日，江苏巡抚陈夔龙获电，"略谓访闻逆犯孙汶业已潜回中国，
应饬各督抚严饬各属一体密拿"，即令书吏赶办加紧公文，飞饬各属

遵照办理。不久,上海道员亦收到京师密电,同样称"近闻逆党孙汶潜回中国,务须严密查拿惩办"。(《电饬密拿要犯传闻》《电饬查拿钦犯》,《申报》1906年10月19日、25日)受此影响,诸如太湖等"向为枭盗渊薮"的地区,往往被清廷官员巡视严查,"恐有该党潜藏,暗结内匪,为患大局"。湖广总督张之洞获电后,"通饬文武员弁将江防切实整顿,并于各要隘派重兵驻守,严密防范"。上海县县令奉松江府排单,称"逆党孙汶其羽党甚夥,有在内地散放票布、诱人入会之举,不可不先事预防",遂通饬文武各官各哨各卡,严查革命党,"免致逆党支蔓,酿成大患"。(《苏抚巡视太湖之原因》《鄂督通饬严防逆党》《松府札饬密拿革命党》,《申报》1906年10月27、10月28日、11月5日)

直隶总督袁世凯"电饬天津、保定及直隶全省人员搜捕逆犯孙汶,如能捕获,或知风报信因而捕获,均当酌量奖以升阶,给以赏银"。北京警察专门赴"烟寮酒馆及下等客寓巡察,使匪徒无处藏身"。(《西报纪京津等处严拿革命党情形》,《申报》1906年11月6日)

两江总督周馥早已风闻革命党"党魁孙文又在内地各省沿江一带,勾结会匪私运军火,希图起事,并有煽惑官场及营伍学生"。接军机处八月二十八日俭电后,即"通札各道府营县一体严缉,并责成李定明随时密访,及另派善于缉捕之哨弁分赴各处坐探"。(《江督责成李定明严缉沿江匪类》,《申报》1906年10月25日)

不久,周馥电复清廷,谓革命党在沿江起事系谣传。电称:"孙汶上年曾到日本演说一次,后因日本禁阻,遂往南洋各岛。嗣谣传私来上海、芜湖一次,查无影响。数月前,谣传德商瑞记洋行私买军火三百箱,接济沿江土匪。馥派员日夜严查,并饬各关道与税司密防,实未见有此事。前因风甚重,馥电派已革总兵李定明巡缉长江一带,上至汉口,下至上海,无处不有坐探,无日不有行探,并时与鄂、皖、赣、苏各督抚、长江提督程文炳密筹防范。间有拿获会票各匪,皆系散票图利之蠢人,从未供有孙汶党羽在内,均经随时讯明,分别惩办。至营兵、学堂学生勾匪一节,前有此谣闻,系从日本留学生传来，俱经严密搜查，实无形迹。新练征兵，皆有家室，有保人，岂肯为匪。旧营勇丁难保无一二当过会匪之徒，此本湘军、哥老会旧习。近年严整营规，匪类不敢托迹，从无犯案。至学堂间有年轻喜事好发议论者，无非意图立宪自强，绝无排满、革命、自由一切谬论。至私买军火之事，如租界洋行私售短洋枪械，难保其必无，若长枪炮体弹药等件，照章非有督抚护照，不准进口，至今遵行唯谨。正经洋商从无犯案，惟恐有奸商夹于他货之中，不可不虑。现与沪道等商定严查之法，前曾咨请外务部饬赫德妥订章程，现准税务大臣咨复，已饬赫德转饬各关税司严查，违者充公。馥已通饬南洋各关严密搜查，总使枪炮不得私运进口，严拿会匪，无从联合孙汶党羽，自无从煽惑。馥现拟缉匪重办章程，俟议定即具奏。按照现在办法察看情形，孙汶断不敢在长江纠众滋乱，请纾宸廑。"
（《补录周督致军机处电》，《申报》1906 年 11 月 21 日）

△　建议创办的《云南》杂志在东京出版[①]。

此前，云南因受英法侵略，形势岌岌，加以清吏剥削压迫，社会矛盾极为复杂。该省留东学生二百余人，其中不少人已加入同盟会。为扩大宣传阵地，唤起人民革命意识，孙中山于本年在日期间会见李根源、吕志伊、杨振鸿、赵伸及罗佩金，建议创办《云南》杂志，指出"云南最近有两个导致革命之因素：一件是官吏贪污，如丁振铎、兴禄之贪污行为，已引起全省人民之愤慨；另一件是外侮日亟，英占缅甸，法占越南，皆以云南为其侵略之目标。滇省人民在官吏压榨与外侮凭陵之下，易于鼓动奋起，故筹办云南地方刊物为刻不容缓之任务"。又嘱陶成章、宋教仁等予以支持。阴历四月，云南杂志社成立，至本

---

①　《云南》杂志出版时间，《孙中山年谱长编》原系于 1906 年 4 月。（陈锡祺主编：《孙中山年谱长编》上册，第 369 页）核之李根源的回忆，"四月"为云南杂志社的成立时间，且系阴历四月。据《云南》杂志创刊号的出版时间为 1906 年 10 月 15 日，改系于此。

日,《云南》杂志创刊号出版①。该杂志因尽情揭露清政府的贪污腐化与帝国主义的侵略野心,受到云南民众热烈欢迎。(李根源:《辛亥前后十年杂忆》,中国人民政治协商会议全国委员会文史资料研究委员会编:《辛亥革命回忆录》第1集,第322页;李根源:《序》,中国科学院历史研究所第三所编:《云南杂志选辑》,第1—2页)

10月16日(八月二十九日)　致函张永福,鼓励努力革命事业,促印《革命军》一书。

随函寄去河内印刷的《革命军》一册,要求按此版式,集款速印,分派各处,必能大动人心,他日必收好果。又谓“南洋各埠现下风气初开,必要先觉之同志多用功夫,竭力鼓吹,不避劳苦,从此日进,不久必风气可以大开,则助力者当有多人,而革命之事容易进行矣。以弟见内地各省及日本东京留学之进步,若南洋能有如此,则大事不难成矣。南洋今日初得风潮,进步不速,若再有公等鼓吹之,使风潮普及,则人非木石,想他日之进步亦不逊他方也”。(《致张永福函》,《孙中山全集》第1卷,第295页)

△　偕黄兴及《革命评论》社同人赴大又楼出席峰川晴次郎的宴会。([日]近藤秀树编、禹昌夏译:《宫崎滔天年谱稿》,《辛亥革命史丛刊》第1辑)不久,大约在十七日前后,由宫崎寅藏将1册《革命评论》送交神奈川知事周布公平处。该知事正派人监视孙赴日后的言行。(《关于孙逸仙之动向》,章开沅等主编:《辛亥革命史资料新编》第6卷,第117页)

10月18日(九月初一日)　偕小室友次郎访问《革命评论》社。([日]近藤秀树编、禹昌夏译:《宫崎滔天年谱稿》,《辛亥革命史丛刊》第1辑)

10月19日(九月初二日)　因法国萨里安内阁解体,失去法国高层的支持。

---

①　据《孙中山年谱长编》指出:李根源《辛亥前后十年杂忆》(《辛亥革命回忆录》第1集)记此次谈话为丙午正月。查孙中山当时不在日本,谈话应早于杂志出版时间。(陈锡祺主编:《孙中山年谱长编》上册,第369页)本年孙中山先后两次赴日,一为4月下旬至6月,一为10月上旬(即本刊出版之月)。如果李根源在《序》中所谓杂志社成立于本年“阴历四月”可信的话,那么此次谈话很可能就是孙中山本年4月下旬至5月期间进行的。

先是，布加卑在法国陆军部长支持下，设立中国情报处，派出克劳代尔上尉、沃德卡准尉及欧极乐上尉随同孙中山所派同志赴内地调查，欧在武昌的活动，为鄂督张之洞所侦知，引起清廷注意。本年 9 月，孙中山为发动边境起义，与河内法国商人拉夏尔谈判购买一大批法国多余的步枪，因交涉许可证之事，清廷答复法国公使，说明此非中国政府的定单。他们认定这"是孙中山所干的事"，因其曾经宣布于 10 月 18 日起事。这与法国驻香港领事发来的电报一致，称孙中山已派三合会徒众去广西，正在香港和新加坡定购大批武器。

由于清政府的极端恐慌，尽管法国公使极力为布加卑代表团辩护，还是不得不与外交部联系中止该项规划，法国外交部通知陆军部：1906 年 10 月 7 日中国情报处宣告解散。恰好 10 月 19 日萨里安内阁解体，克里蒙梭内阁继任，艾蒂安离开政府，法国扩张主义者院外活动集团即"殖民党"在内阁失势，越南总督府内扩张主义者亦无法继续庇护孙中山。由于克里蒙梭内阁把德国看成是法国对外政策首要的、几乎是唯一关切的事项，因此抵制法国殖民主义者的帝国冒险扩张，故孙中山不能获得法国的直接援助。（［美］杰弗里·巴洛著，黄芷君、张国瑞译，章克生校：《1900－1908 年孙中山与法国人》，《辛亥革命史丛刊》第 6 辑）

10 月 20 日（九月初三日）　午后 6 时由横滨乘电车赴东京。（《关于孙逸仙之动向》，章开沅等主编：《辛亥革命史资料新编》第 6 卷，第 116 页）

当日，偕坂本志鲁雄、峰川晴次郎访问《革命评论》社。（［日］近藤秀树编、禹昌夏译：《宫崎滔天年谱稿》，《辛亥革命史丛刊》第 1 辑）

△　《革命评论》发行第 4 号，刊有宫崎寅藏化名火海的《孙逸仙》一文及照片。

该文介绍了孙中山的履历、主义、思想及精神，论称他的"这半生是战斗的历史，同时也是失败的历史"，"近数年来，他的主义主张以燎原之火的声势在中国内部传播，更赢得欧美人士非常的尊敬"。他要把中国变成自由、共和的新天地,不达到目的不罢休,具有战斗到底的命运和自觉降生此世的战斗人物,以人类同胞主义,拟在世上建设天堂,凡是违背人道者,不论满汉,不分黄白,均将以革命之火予以彻底的洗礼。

该文还赞扬称:他"据理义而建立主义,以救苍生于危困之中为己任之革命真英雄","彼乃身着自由、平等、博爱甲胄之革命化身"。"熟知孙逸仙之部分日本人士曾云:彼为中国人之卓越者。试问,超乎孙逸仙以上之人日本何处有之?余辈不幸,实未曾见。孙逸仙堪称旷世之才也"。(段云章编著:《孙文与日本史事编年(增订本)》,第 145 页)

10 月 21 日(九月初四日)　在《民报》社与宫崎寅藏、和田三郎、池亨吉谈话。([日]近藤秀树编、禹昌夏译:《宫崎滔天年谱稿》,《辛亥革命史丛刊》第 1 辑)

10 月 22 日(九月初五日)　湖南始禁《民报》。

报称,湖南按察使庄赓良于本日刊发告示,禁售《民报》,略谓:"访闻近日各书坊发售《民报》一种,语多悖逆,亟应示禁不准售买,如有阳奉阴违者,由警务局严密查拿"。(《示禁〈民报〉之野蛮》,《香港华字日报》1906 年 11 月 7 日,"中外新闻")

10 月 24 日(九月初七日)　由东京抵横滨。

神奈川县知事周布公平报告称:"关于此人来我国之目的,闻已向人透露,其此次来横滨系为与香港《中国日报》主笔陈白商量事情,拟在横滨会面,约数周内陈白当来横滨。然后考虑再次去英属殖民地旅行。"(《关于孙逸仙与陈白之联系》,章开沅等主编:《辛亥革命史资料新编》第 6 卷,第 117 页)

10 月 27 日(九月初十日)　由横滨到东京。

东京警视厅报告:"清国流亡者孙逸仙,于本月 27 日由横滨市迁至牛込区筑土八幡町二十一番地。"(日本外务省档案,1906 年 10 月 29 日警视总监致外务大臣林董,机受第 2222 号;陈锡祺主编:《孙中山年谱长编》上册,第 379 页)牛込区即今新宿区,黄兴当时住东五轩町 19 番地"林馆"，《民报》编辑部在同区新小川町 2 丁目 8 番地，与"高野寓"相距很近，据说只需步行 10 分钟左右就能到，革命党的骨干几乎无日不去"高野寓"聚议。（李吉奎：《孙中山与日本》，第 210 页）

△　与平山周、伊藤京重访问《革命评论》社。（［日］近藤秀树编、禹昌夏译：《宫崎滔天年谱稿》，《辛亥革命史丛刊》第 1 辑）

11 月

11 月 6 日（九月二十日）　清廷谕令厘定各部院官制，并续订各直省官制。

11 月 7 日（九月二十一日）　宫崎寅藏请宋教仁删改原由杨勉卿所译的《孙逸仙传》。

宫崎寅藏嘱宋教仁代为取回前所托杨勉卿汉译的《孙逸仙传》，遂至王让耕寓，问知杨勉卿之行李均寄存此处，遂开其书箧，寻得所译之《孙逸仙传》。后将《孙逸仙传》交与宫崎。宫崎甚喜，即嘱宋为之删改，以便付诸刊印。（《我之历史》，陈旭麓主编：《宋教仁集》下册，第 685-686 页）宋的日记对此事不断记述，至次年 1 月 3 日，仍记"改《孙逸仙传》"。该稿原拟刊于《革命评论》，后因宋教仁离日赴东北，《革命评论》亦停刊，该传后于 1908 年在日本《目觉新闻》上连载。

11 月 8 日（九月二十二日）　致函鲁赛尔，希望他向世界说明，中国的复兴，将是全人类的福音。

鲁赛尔（Руссель），原名苏济洛夫斯基（Н. К. Судзиловский），时侨居日本，任俄国民粹派《民意》报主编。去年十月，孙中山在长崎与鲁氏结识，在读了其《中国之谜》一文后，认为作者思想卓越，胸襟宽阔，在西方人物中，很少见到有像他那样能为中国复兴和实际保证中国千百万受苦受难居民生存条件的思想主持正义的人。本日，致函鲁赛尔称："您相信在您再三对他们提出这些号召的美国资本家和专家中间,会有许多能被劝说来参加这一高尚事业的人吗?""我深恐中国问题是绝不能引起欧美人士注意的,但是我希望由于您的善意号召,全世界大公无私的人们将会逐渐理解:占世界人口四分之一的国家复兴,将是全人类的福音。"(《致鲁赛尔函》,《孙中山全集》第1卷,第318—319页)

26日,又去函对鲁赛尔16日的回信进行解答,表示不相信美国资本家会帮助中国拥有自己的工业威力而成为独立的国家,并就中国的革命问题与社会问题、经济问题的关系进行一番说明。称:"可能我未曾正确理解您对美国资本家的呼吁,但是,如果不是纯粹的利他主义态度的话,我认为这种呼吁是没有任何好处的。他们不至于笨到这般地步:实行商业的自杀,来帮助中国拥有自己的工业威力而成为独立的国家。我坚决相信:如果我们稍微表现出要走向这条道路的趋向时,那么整个欧美资本主义世界就会高嚷着所谓工业的黄祸了。因此,他们的利益首先在于使中国永远成为工业落后的牺牲品,这也是十分明白和容易理解的。"

在解决社会问题时,中国比西方具有更多的有利条件。因为在现代文明的发展方面,中国还处在未开垦的境况,还没出现自己的金融寡头,因此也就没有在现代文明高度发展的国家里那种重大的障碍。"中国是一个相当清一色的贫穷国家,大多数居民过着贫困的生活……凡是想改善公众生活条件的任何愿望,都会受到一致的赞同。直到最近几年,现代文明还没有触动过中国,直到目前我们还没有尝到它的善果,也没有受到他的恶果。而且当我们在我们社会生活中确立现代文明时,我们有可能选择那些符合我们愿望的东西。我们不指望外来的援助(不管这种援助的愿望如何),它如果不是出于真正利他主义动机的话。"近年来的中国革命运动具有单纯的政治性质,而不是经济的性质。但是它将为中国未来的经济发展打下基础。

最后表示并没有出版出鲁赛尔提及《社会主义》报(Шихуэйчжуэй),"也不知道该报在此间我国同胞中间有否转播。我的同志们每月所出版的报纸，这里叫做《民报》，意思就是'人民'。它只出中文版"。
（《复鲁赛尔函》，《孙中山全集》第1卷，第322－323页）

11月10日（九月二十四日） 《革命评论》发刊第5号，刊有《兴中会章程》全文及清廷悬赏捉拿孙中山等革命党人的告示。（王晓秋：《改良与革命：晚清民初史事新探》，第239页）

11月13日（九月二十七日） 接见于右任，由胡汉民等介绍加于右任加入中国同盟会。

经陕籍留日学生康心孚推荐，接见了由上海来日本游历考察的于右任。同日，于在胡汉民、康心孚的介绍下加入中国同盟会，并由此结识杨笃生，后邀杨参加办理《神州日报》。（罗家伦主编、黄季陆增订：《国父年谱（增订本）》上册，第235－236页）

11月15日（九月二十九日） 在八幡寓所会见宫崎寅藏、和田三郎、萱野长知、清藤幸七郎、池亨吉以及该鲁学尼（G. A. Gershuni）、波德巴赫（Leontij Pavlovich Podpakh）等人。（［日］近藤秀树编、禹昌夏译：《宫崎滔天年谱稿》，《辛亥革命史丛刊》第1辑）

该鲁学尼系俄国社会革命党首领，从西伯利亚越狱逃往日本，转赴美国，波德巴赫为同行者。关于中国未来实行的共和政治，对该鲁学尼称："希望在中国实行的共和政治，是除立法、司法、行政三权外还有考选权和纠察权的五权分立的共和政治。"

该鲁学尼则对单独设立纠察权与考选权表示不解，问："纠察权本属于国民，并非由议会行使。中国为什么需要特别设立这种制度呢？况且，考选事务不是作为行政的一部分就够了吗？凭什么理由还需要单独设立呢？"

答称：这两种制度本为我国固有的两大优良制度，只是长期以来考选权被恶劣政府所滥用，而纠察权又长期埋没而不为所用，"我期望在我们的共和政治中复活这些优良制度，分立五权，创立各国至今所未有的政治学说，创建破天荒的政体，以使各机关能充分发挥它们的效能"。

关于考选权,具体而言,"因为要通过考试制度来挑选国家人才。我期望能根据这种办法,最严密、最公平地选拔人才,使优秀人才掌管国务。如今天的一般共和民主国家,却将国务当作政党所一手包办的事业,每当更迭国务长官,甚且下至勤杂敲钟之类的小吏也随着全部更换,这不仅不胜其烦,而且有很大的流弊。再者,单凭选举来任命国家公仆,从表面看来似乎公平,其实不然。因为单纯通过选举来录用人才而完全不用考试的办法,就往往会使那么有口才的人在选民中间运动,以占有其地位,而那无口才但有学问思想的人却被闲置。美国国会内有不少蠢货,就足以证明选举的弊病"。

至于纠察权,"纠察制度,是除了要监督议会外,还要专门监督国家政治,以纠正其所犯错误,并解决今天共和政治的不足处。而无论任何国家,只要是立宪国家,纠察权归议会掌管,但其权限也因国家不同而有强弱之别,由此产生出无数弊端。况且从正理上说,裁判人民的司法权独立,裁判官吏的纠察权反而隶属于其他机关之下,这是不恰当的"。(《与该鲁学尼等的谈话》,《孙中山全集》第1卷,第319—320页)

11月22日(十月初七日)　致函张永福、林义顺,告东京党务及筹款等情形。

函告在日本的通信、急电地址,并称:"此间现拟设一大事务所,为各省会员交通之地,每月经费数百元,皆由会员担任,可见人心之踊跃也。《民报》于下月二号开一年纪元祝典,租一大会堂为庆祝所,想到时来会者当必有数千人也。""到日本以来,已谋得数路,有可筹款之望。惟何日可以到手,仍未能决。此事一得,便可大开拳。清廷现在恐慌非常,到处械〔戒〕严,然断无如吾人何也!领事之如此干涉吾党之事,固为欧贼之怂动,而亦为清政府之号令也。各省督抚亦如是。由北京运动以去其位,现近日恐无从得其机,然想彼等亦不能为吾人之大碍也。若能去欧贼,诸事无妨矣。""欧贼"指欧榘甲,系康门弟子,时在新加坡办《南洋总汇报》。

函中还询问:李竹痴原答应在西贡从邱八处取得五百元邮来日

本,何以月余不见此款? 嘱张、林二人,吉隆坡、槟城两地之军用票,不再发售,所余者寄交二人收存,已售者其钱务必催收尽数寄来日本。又问:"弟离贵地以后,同志进步如何? 外间舆论如何? 甚念,务望时时示悉。所询章程批好否,当查干事,另当公函复答也。"(《复张永福林义顺函》,《孙中山全集》第 1 卷,第 320—321 页)

11 月 24 日(十月初九日)　报载江苏巡抚陈夔龙禁售《民报》。

江苏巡抚陈夔龙以《民报》中有悖逆之词,特札行各属一体查禁,如有书贾售卖渔利,定严究不贷。22 日,该札行到上海道,即转饬上海县暨英法两公廨一体查禁。县令缮具示文,不日晓谕通衢。(《禁售民报》,《申报》1906 年 11 月 24 日)

12 月 5 日,上海租界工部局召开董事会议,议及禁售《民报》一事。代理领袖领事意大利国总领事聂腊济尼君来函,内附会审公廨谳员关太守请禁《民报》公信一件。此项印刷物业经捕房报告稽察。董事谓:"租界以内并无发售者,传闻此报为著名孙逸仙之机关报,内有因《苏报》案判禁西牢、近甫释放之章炳麟所撰之文字,曾在日本购得一本,察得报内论说皆有孩杂之气,狂妄之言。"故工部局董事决议通知领事,饬令捕房设法禁止《民报》不得入租界。(《工部局议定禁售民报》,《申报》1906 年 12 月 14 日)

11 月 26 日(十月十一日)　中国同盟会要员秦力山病逝于云南干崖。据称:"孙公之在东国,羽翮未具,力山独先与游。自尔群士辐辏,岁逾百人。同盟会之立,斯实为维首焉。"(章太炎:《秦力山传》,《制言》第 15 期)

11 月 28 日(十月十三日)　在《民报》社为返国同志黄立君①饯行,并与宋教仁谈译小说事。

---

①　"黄立君",《中华民国国父实录》亦据宋教仁的日记却记为"黄兴",称"黄兴将有归国赴广东之行,《民报》社为之饯行",并称黄兴于次月二十日始成行。(罗刚编著《中华民国国父实录》第 2 册,第 912 页)查《孙中山年谱长编》即书为"黄立君",今仍之。(陈锡祺主编《孙中山年谱长编》上册,第 382 页)

宋教仁称,"十二时复至《民报》社,适逢黄立君将归国,社中为之饯行,余遂亦入座,孙逸仙、章太炎等皆在座"。胡汉民称"法国近出一小说,其新奇,乃拟为德国与英战,直败英而入伦敦之实事者。孙逸仙欲汉译之,而不得暇,欲余就孙逸仙口说而译为汉文,章太炎与孙逸仙亦赞其说,余不得已,遂诺之"。(《我之历史》,陈旭麓主编:《宋教仁集》下册,第693页)

△　章太炎在《对二宋》中记述与宋教仁"计光复事"。

内称:"主者不深信教仁,教仁尝叹曰:'今世固无英雄,其人才之匮绝,将犹有蛰隐未襮者耶?'"章答称:"夫英雄者,内有识度,亦其所据时地就之。阻奥之壤,尊信之民,下不无文学,而上不能郁然,有智略者御之,则群奉以为工宰,其将不在大江之岸也。大江之岸,文学已盛,人人各自以为高贤,从其以势羁靮,退则有后言矣,势去则遂崩,虽以文武季叔,生处其地,不能人人奉戴之也。诚有英雄,意者将在领背之南,牂牁之上游耶? 必非大江矣!"(汤志钧编:《章太炎年谱长编》上册,第226—227页)

11月29日(十月十四日)　台湾报纸访查孙中山行止及生平。

报称"孙逸仙氏,今回于牛込筑土八幡前,暂构一缘滞在。同氏自医士出身,因慕幕府末造之志士医师高野长英氏——后藤男之伯父,遂更名高野长雄"。(《孙逸仙氏之卜居》,《汉文台湾日日新报》1906年11月29日,"杂报")

是年秋冬间　与黄兴、章太炎等在东京编制《中国同盟会革命方略》,以应国内革命运动之需。

《革命方略》包括《军政府宣言》《军政府与各处国民军关系条件》《军队之编制》《战士赏恤》《军律》《招军章程》《招降清朝兵勇条件》《略地规则》《因粮规则》《安民布告》《对外宣言》《招降满洲将士布告》《扫除满洲租税厘捐布告》等篇,将未来中国的革命程序划分为三个时期:一是实行"军法之治"时期,由军政府督率国民扫除专制积弊,以三年为限;二是实行"约法之治"时期,由军政府总揽国事,而授地方自治权于人民,以六年为限;三是实行"宪法之治"时期,军政府解除权柄,宪法上国家机关分掌国事,由国民公举总统及议员,一切政事依宪法而行。(《中国同盟会革命方略》,《孙中山全集》第 1 卷,第 296—318 页)

不过,《革命方略》中没有直接指明"约法"一期的用意和目的,特别是与此前强调约法的主要目的在于防止拥兵割据相比,似乎约法不再有制约军帅割据称雄的作用,而主要是培养国民资格。其实,孙始终未动摇其革命程序的设想,《军政府宣言》亦曾宣布"敢有帝制自为者,天下共击之"。《革命方略》的部分主张,之所以与孙中山早期思想有所差别,可能是因为主要参与者黄兴、章太炎、胡汉民、汪精卫等人,他们对于孙中山的主张或有不同理解,如汪精卫曾谓"今后之革命,将不免于沿历史上之自然的暴动乎?抑果能达民族主义、国民主义之目的乎?"他认为须以革命之主义与革命之纪律解决革命之前途,"纪律者,当立此主义以求达此目的之时所不可缺之手段也。而纪律本于主义而发生,使其主义为帝制自为,则其纪律或宽仁大度,以收人心,或恣为残酷,以慑民志;使其为民族主义、国民主义,则其纪律必本于自由、平等、博爱之精神,以为民主立宪之预备,即孙君所言约法是也"。但汪对约法的认识,实与孙中山不同,"约法者,革命时代,革命团体与人民相约者也……约法者,规律革命团体与国民之关系,使最终之结果,不悖于最初之目的者也。由是故与历史上之自然的暴动异。彼之暴动,持其事者,以宰制万类为目的;而此则国民相约,向于政治革命之目的而进行,故无相轧轹之患。且尤与法兰西大革命时异。彼之革命,民党之间,初无规律其关系之准则,故终相戕杀以成恐怖时代;而此则互相信任,各有职司,有法定之关系,为共同之活动,故无恐怖时代之惨状。约法之为用如此"。这使得约法防止割据称雄的本意变得模糊,而防范暴民政治的新解十分突显,与孙中山的原意有区别。可是,汪精卫关于革命团体与人民相约的说法,在一定程度上似乎影响到孙中山,为后来改"约法"为"训政"埋下伏笔。(精卫:《再驳〈新民丛报〉之政治革命论》,《民报》第 6 号,1907 年 1 月;桑兵:《孙中国的活动与思想》,第 301 页)

12 月

12 月 2 日(十月十七日)　出席东京神田锦辉馆《民报》周年纪念大会,作讲演。

是日上午 8 时至下午 2 时,中国同盟会在东京神田锦辉馆开《民报》周年纪念大会,到会者五千人左右①。上午 8 时开会,黄兴主持并报告开会,次由章太炎致祝词,然后孙中山演讲《三大主义之要素》,章太炎演说《运动□督抚之不足恃》。日人池亨吉、北一辉、萱野长知及宫崎寅藏出席并讲话。后又有会员数人演说。下午 2 时散会②。(杨天石整理:《钱玄同日记(整理本)》上,第 72 页;《我之历史》,陈旭麓主编:《宋教仁集》下册,第 694 页)

据景梅九记述,大会会场"四壁悬挂欢迎及庆祝的对联,万国旗帜,交悬在中间"。某女士集一联赠孙中山:"岂有蛟龙愁失水? 不教胡马度阴山。"与会者如潮涌,及开会,满场寂然,有万木无声待雨来的光景。孙中山讲演两个小时,"态度安详,声音清爽,不愧为演说名家,听众欢迎,自不待言"。(景梅九:《罪案》,《辛亥革命资料类编》,第 59 页)众人发言既毕,"有一人提议捐助《民报》经费,则皆赞成,一时投钱者、书名于册者不知若干人,良久讫,始散会。散会时发《民报临时

---

① 关于大会的到场人数,各方记载不一。宋教仁记为近万人,景梅九记为数千人,胡汉民记为六七千人。若据当场发售《民报临时增刊》书券五千余张计,则为五千余人。(陈锡祺主编:《孙中山年谱长编》上册,第 385 页)时在现场的钱玄同记为"陆续来者约五千人"。(杨天石主编:《钱玄同日记(整理本)》上册,第 72 页)

② 据钱玄同记:"日人宫崎滔天等演说。宫崎氏至今尚束发,末了乃的以一般不髡国民狗血喷头痛哭国人一顿收场,殊扫兴。"(杨天石主编:《钱玄同日记(整理本)》上册,第 72 页)

增刊》赠书券人一枚,合计发出五千余枚,合其外未及发券及未得入
场者计之,盖将近万人矣,亦未有之盛会也,亦足见人心之趋向矣"。
(《我之历史》,陈旭麓主编:《宋教仁集》下册,第 694－695 页)

大会记录胡汉民撰《记十二月二日本报纪元节庆祝大会事及演
说词》,载《民报》第十号。孙中山的演说,重在解释民族、民权、民生
三大主义与五权宪法内涵。略谓:"民族主义,并非是遇着不同族的
人便要排斥他,是不许那不同族的人来夺我民族的政权","惟是兄弟
听人说,民族主义是要尽灭满洲民族,这话大错。民族革命的原故,
是不甘心满洲人灭我们的国,主我们的政,定要扑灭他的政府,光复
我们民族的国家。这样看来,我们并不是恨满洲,是恨害汉人的满洲
人。假如我们实行革命的时候,那满洲人不来阻害我们,决无寻仇
之理。

"至于民权主义,就是政治革命的根本。将来民族革命实行以
后,现在的恶劣政治固然可以一扫而尽,却是还有那恶劣的根本,不
可不去。中国数千年来都是君主专制政体,不是平等自由的国民所
堪受的。要去这政体,不是专靠民族革命可以成功。""研究政治革命
的工夫,煞费经营。至于着手的时候,却是同民族革命并行。我们推
倒满洲政府,从驱除满人那一面说是民族革命,从颠覆君主政体那一
面说是政治革命,并不是把来分作两次去做。讲到那政治革命的结
果,是建立民主立宪政体。照现在这样的政治论起来,就算是汉人为
君主,也不能不革命。""因为凡是革命的人,如果存有一些皇帝思想,
就会弄到亡国。""今日中国,正是万国眈眈虎视的时候,如果革命家
自己相争,四分五裂,岂不是自亡其国? 近来志士都怕外人瓜分中
国,兄弟的见解却是两样。外人断不能瓜分我中国,只怕中国人自己
瓜分起来,那就不可救了。所以我们定要由平民革命,建国民政府。"

关于民生主义,认为"社会问题在欧美是积重难返,在中国却还
在幼稚时代,但是将来总会发生的。到那时候收拾下来,又要弄成大
革命了。革命的事情是万不得已才用的,不可频频伤国民的元气。

我们实行民族革命、政治革命的时候，须同时想法子改良社会经济组织，防止后来的社会革命，还真是最大的责任"。又说，欧美不能解决社会问题，是因为没有解决土地问题。他批驳所谓"民生主义是要杀四万万人之半，夺富人之田为己有"的谬论，指陈自己的法子，是定地价，"行了这法之后，文明越进，国家越富，一切财政问题断不至难办。现今苛捐尽数蠲除，物价也渐便宜了，人民也渐富足了。把几千年捐输的弊政永远断绝，漫说中国从前所没有，就欧美日本虽说富强，究竟人民负担租税未免太重。中国行了社会革命之后，私人永远不用纳税，但收地租一项，已成地球上最富的国。这社会的国家，决非他国所能及的"。

"总之，我们革命的目的是为众生谋幸福，因不愿少数满洲人专利，故要民族革命；不愿君主一人专利，故要政治革命；不愿少数富人专利，故要社会革命。这三样有一样做不到，也不是我们的本意。达了这三样目的之后，我们中国当成为至完美的国家。"

关于将来中华民国的宪法，应当研究，因"'宪法'二字，近时人人乐道，便是满洲政府也晓得派些奴才出洋考察政治，弄些预备立宪的上谕，自惊自扰。那中华民国的宪法，更是要讲求的，不用说了。兄弟历观各国的宪法，有文宪法是美国最好，无文宪法是英国最好。英是不能学的，美是不必学的。英的宪法所谓三权分立，行政权、司法权、裁判权各不相统，这是从六七百年前由渐而生，成了习惯，但界限还没有清楚。后来法国孟德斯鸠将英国制度作为根本，参合自己的理解，成为一家之学。美国宪法又将孟氏学说作为根本，把那三权界限更分得清楚，在一百年前算是最完美的了。一百二十年以来，虽数次修改，那大体仍然是未变的。但是这百余年间，美国文明日日进步，土地财产也是增加不已，当时的宪法现在已经是不适用的了。兄弟的意思，将来中华民国的宪法是要创一种新主义，叫做'五权分立'。"即在西方通行的行政、立法、司法三种之外，加上考选权、纠察权。这五权分立，"不但是各国制度上所未有，便是学说上也不多见，可谓破天荒的政体。兄弟如今发明这基础，至于那详细的条理、完全的结构，要望大众同志尽力研究，匡所不逮，以成将来中华民国的宪法。这便是民族的国家、国民的国家、社会的国家皆得完全无缺的治理，这是我汉族四万万人最大的幸福了。想诸君必肯担任，共成此举，是兄弟所最希望的"。(《在东京〈民报〉创刊周年庆祝大会的演说》,《孙中山全集》第1卷,第323—331页)

　　△　宋教仁于纪念会后至古今图书局王薇伯处,坐谈最久,获赠《孙逸仙传》及《文信国指南录》等书。(《我之历史》,陈旭麓主编:《宋教仁集》下册,第695页)

12月4日(十月十九日)　萍浏醴起义爆发,在日本闻讯后策划救济,未果。

　　春,同盟会员刘道一、蔡绍南由日返国,图谋起事。道一在长沙水陆洲船上召同志会议,决定运动军队,联络会党,旧历年底发难。会后,道一留长沙,绍南返萍乡与魏宗铨会合。旋集萍浏醴哥老会百余首领在萍乡会盟,行开山堂大典,设六龙山洪江会,举龚春台为大哥,称"奉孙中山先生命,组织机关,以备驱策"。随后各路码头分境开堂散票。(邹鲁:《中国国民党史稿》,第1277页)据湖广总督张之洞在平息起事之后的奏称:"此次会匪总名曰洪江会,伪称革命、平心两军,匪首姜守旦、龚春台,均系浏阳县人,与同伙之李金其,各立山堂",散布于乡间、市镇及码头,相互勾结,行踪甚秘。(《湖广总督张之洞等奏折》,中国第一历史档案馆等编:《清宫辛亥革命档案汇编》第25册,第71页)

　　7月,绍南等在萍乡属历慧寺召集各路码头官议集资购械,联络哥老会大头目冯乃古及洪福会首领姜守旦,约同举义。10月7日,萍浏醴三县官军突袭麻石机关。绍南、宗铨偕宁调元急速返湘,于12月3日在萍属高家台集各首领会商起义日期及办法,决定立即起义。

是日,龚春台在上栗起义①,称中华国民军先锋队都督,以极强的民族主义口吻,宣布清廷十大罪状:"鞑虏逞其凶残,屠杀我汉族二百余万,窃据中华,一大罪也。鞑虏以野蛮游牧之劣种,蹂躏我四千年文明之祖国,致列强不视为同等,二大罪也。鞑虏五百余万之众,不农不工,不商不贾,坐食我汉人之膏血,三大罪也。鞑虏妄自尊大,自谓天女所生,东方贵胄,不与汉人以平等之利益,防我为贼,视我为奴,四大罪也。鞑虏挟汉人强满人亡之谬见,凡可以杀汉人之势,制汉人之死命者,无所不为,五大罪也。鞑虏久失威信于外人,致列国乘机侵占要区,六大罪也。鞑虏为借外人保护虏廷起见,每以汉人之权利赠给外人,且谓与其给农奴不若赠之邻封,七大罪也。鞑虏政以贿成,官以金卖,致政治紊乱,民生涂炭,八大罪也。鞑虏于国中应举要政,动以无款中止,而宫中宴饮,颐和园戏曲,动费数百万金,九大罪也。鞑虏假颁立宪之文,实行中央集权之策,以削汉人之势力,冀固虏廷万世帝王之业,十大罪也。"并揭橥建立民国、平均地权口号。姜守旦在浏阳起义,称新中华大帝国南部起义恢复军,不受龚节制。龚部攻陷上栗、案山关等地。醴陵防营士兵相率反戈相应。浏阳文家市等地会党发难后,连占西乡、潭塘等处,波及宜春、万载各县。(刘揆一:《黄兴传记》,饶怀民编:《刘揆一集》,第149页;《丙午萍浏醴革命军实录》,冯自由:《革命逸史》第6集,第88—89页)

清廷闻报后,于10日命张之洞、岑春煊、吴重熹等急调两湖、江西、江苏四省新军及防营、团勇近五万兵力会剿,又调建威等四舰分泊九江等处镇慑,"务将各匪伙党迅速扑灭,毋任蔓延,致贻后患,并将路矿及各处教堂洋人认真保护,勿稍疏虞"。(《电旨》,中国第一历史档案馆等编:《清宫辛亥革命档案汇编》第22册,第352页;冯自由:《中华民国

---

　　① 　冯自由《革命逸史》记为"萍乡县属之高家台等处","二十一日攻占萍乡县属之上栗市"。(冯自由:《革命逸史》第6集,第88页)据江西巡抚吴重熹奏称"廿一日三次电禀,与醴陵、浏阳交界之麻石、高家台地方,初闻有窜匪千余聚集,抢劫四家。继得探报,匪势甚炽,边境上栗市亦被抢劫"。(《清宫辛亥革命档案汇编》第22册,第342页)

开国前革命史》第 2 册,第 56 页)

此番举事者达三万余人,以素乏训练,又无有力领导,且未与清军队伍中的同志进行联络,斗争坚持到次年 1 月中旬,归于失败。刘道一、蔡绍南、魏宗铨等先后被捕牺牲,群众死者达万余人。后《孙文学说》中称此为"同盟会员之第一次流血"。

此次行动系会员个人主动。当起事时,刘道一曾密电东京,但为湖北电局扣压。12 日,东京同志始从日本报纸获悉起义消息,于是纷纷要求归国。孙中山即与黄兴等计议,相继派朱子龙、梁钟汉、孙毓筠、权道涵、段沄等返国,分赴鄂、皖、苏、浙等省运动新军、会党响应,然缓不济急,于事无成。(《丙午南京党狱实录》,冯自由:《革命逸史》第 6 集,第 108 页)

18 日,黄兴、宋教仁、刘揆一至孙中山寓所谈湖南举事情形,刘揆一询问归国之事,黄兴不劝其去,谈良久遂散。(《我之历史》,陈旭麓主编:《宋教仁集》下册,第 699 页)

清朝官员将萍浏醴起义视为孙中山影响下的运动。两江总督端方致电军机处,称经审讯拿获的会党,"该匪正龙头为东洋士官学校自费学生刘震即刘春江,副龙〔头〕为黎兆梅即〔黎〕肃清,该匪袁有升为会办,江佑泉为执堂元帅,龙见田为圣贤,傅义成为盟证。会中经营费按年由孙汶接济,令在沿江各处煽诱"。同时,端方又拿获"票匪曾斌一名,据供在会为坐堂大爷,其票系康逆党羽滕元寿散给"。(中国第一历史档案馆、北京师范大学历史系选:《辛亥革命前十年间民变档案史料》上册,第 317—318 页)江西巡抚吴重熹电奏称:"萍乡地方之暴徒,为孙逸仙之革命派,军器皆由香港、汉口各地之党类供给之。"(《中清暴徒及革命派》,《汉文台湾日日新报》1906 年 12 月 22 日,"电报")据《文汇报》的北京访事员称,"政府皆信以为出于著名革命党孙汶之计,已严饬该省大吏迅即剿办"。(《政府以萍乡乱事出于革命党》,《申报》1906 年 12 月 22 日)

△ 沿江各督抚在镇压萍浏醴起义的同时,亦严防革命党潜入

长江滋事。

长江水师提督程从周"近以沿江水灾饥民甚众,且访闻孙汶党有潜入长江滋事之说。日昨特派差弁四人,分往长江上下游认真查缉,并委前充浙西缉私营管带黎受田督同办理"。(《委员查缉匪徒》,《申报》1906 年 12 月 4 日)镇江文武官员奉两江总督饬札:"革命党领袖孙汶有开堂放票之事,故近日巡防严紧。"各属查禁各处各业会堂随意借用,因为"各业会堂平时类多空置,颇有下流社中人可疑者,向看堂司事硬行借用,以便焚香结拜,是诚有干例禁,且难免无散放票布之事"。(《严查会党焚香结拜》,《申报》1906 年 12 月 17 日)

两江总督端方密委员弁巡缉会党,"闻宁坦内北门桥某烟馆有形迹可疑之人,即派人前往拿获匪徒龙、袁、江、曾、傅五名,龙姓系巡警中路某区某所巡长,讯据供认存有票布两箱,系通孙党不讳。十月念五日即将龙、袁、江、曾四匪先行就地正法,尚有傅姓一匪,因供词牵涉某某等数匪,交县监禁,以备质讯。至所供之人,亦密饬严行缉拿矣"。(《江督严惩匪徒》,《申报》1906 年 12 月 22 日)又访闻"江北一带现有孙汶党羽潜至各处散放飘布",饬即严密查拿,务期必获,以保治安。(《端午帅饬拿革命党》,《时报》1906 年 12 月 22 日,"地方新闻·杂记")11 日,武昌拿获票匪,"搜出飘布,已填有姓名者十余张,又未填空白数十张。上注师兄孙鸿钧、武湖坐南北堂,内号青龙安天下,外号白虎定家邦等字,并有密语,暗含湖北常备军字样,当即供出三十标弁兵多名,亦已拿获解送谳局严讯"。(《鄂省拿获票匪》,《申报》1906 年 12 月 22 日)

因此,两江总督端方 21 日致电军机处,称江西乱事渐平,应调兵巡防长江各埠,查拿潜入的革命党人。(中国第一历史档案馆、北京师范大学历史系编选:《辛亥革命前十年间民变档案史料》上册,第 318—319 页)

12 月 21 日(十一月初六日)　《字林西报》馆接东京 21 日电称:"孙逸仙现在东京,曾告人云中国乃中国人之中国,因应归中国人管理。俄人常与北京政府联络亲密,我曹改革家运动势力不仅及于中

国,当兼及于日本也。"(《孙汶之大言》,《申报》1906 年 12 月 23 日)

12 月 31 日(十一月十六日) 萍浏醴起义的主要策划者、同盟会会员刘道一在长沙遇害。南京临时政府成立后,颁布《临时大总统令》,由陆军部奖恤刘道一。(严昌洪主编、左松涛编:《辛亥革命史事长编》第 5 册,第 159—160 页)

是月(十一月) 请章太炎为《红十字会救伤第一法》再版作序。

萍浏醴起义爆发后,考虑到对清作战,"义师之中,庶事草创,固不暇编卫生队,良医又不可得,一受创伤,则能全活者寡矣",将旧译的《红十字会救伤第一法》再版发行,"其以简易之术,日训将士,使人人知疗治,庶几有济",请章太炎作序①。(《与章太炎的谈话》,《孙中山全集》第 1 卷,第 332 页)

是年 派黄格鸥、魏会英归国创建同盟会江西支部,以黄格鸥为支部长,会址设于南昌鸭子塘。同盟会云南分会在日本成立,以吕志伊为会长。同盟会会员黄复生、熊克武、佘英等人归国,在四川叙州府泸州创建革命机关,组织革命活动。(严昌洪主编、左松涛编:《孙中山史事长编》第 5 册,第 163、164、165 页)

△ 据日本《日本与亚细亚》记载,孙中山于本年游说日本朝野人士时称:满蒙可任日本取之,中国革命的目的在于灭满兴汉,中国建国在长城以内,故日本亟应援助革命党。(杨天石:《从帝制走向共和——辛亥前后史事发微》,第 282 页)

1906 年至 1907 年 南洋荷属各埠同盟会分会及外围组织迅速发展。

中国同盟会新加坡分会成立后,东京本部于 1906—1907 年先后派谢良牧、李柱中、李天麟、陈方度、曾连庆、梁墨庵等人赴南洋荷属各埠组织分会,为避免荷属官员干涉,多称书报社或某某学堂。各埠主持党务同志为:泗水刘亚泗,巴城梁墨庵、李天麟,八打威甲太许金

---

① 《中兴日报》代售书广告记为《赤十字会救伤第一法》,每部三角六占,在新加坡、星洲、槟榔屿、吉隆坡、芙蓉埠、坤甸等地有售。(《中兴日报》1907 年 8 月 23 日)

璋，文槟港温庆武、李柱中、曾连庆，双溪烈黄庆元，勿里洋伍连忠，勿里洞吗吃埠欧阳福成，武陵埠徐云兴，流石埠蓝瑞元，日里棉兰梁瑞祥、欧水应、李增辉，坤甸沈复权，三宝垄李载霖。

1902—1903 年间，各埠学堂及书报社陆续设立。当时某学堂向日本早稻田大学留学生要求介绍教员，早大方面推荐董鸿祎，董又介绍王嘉矩、王文庆、沈钧业、魏兰等人分赴各埠创设学堂。到 1905—1906 年，新加坡中兴公司主义张诚忠受荷属文岛各埠华侨委托，聘用教员多人，张商诸陈楚楠，陈为介绍香港冯自由，于是冯分函东京、汉口、安庆、广州各机关，请推荐同志赴海外任教。先后应聘者有易本羲、张继、李柱中、时功璧、田桐、陈方度等二十余人，逐渐将革命学说灌输于学生及其家长。他们多在校内附设书报社，即以学校之名称之，书报社亦成为变相的革命机关。各类书报社达五十余处，其中著名者，有苏门答腊亚齐埠书报社、坤甸图存书报社、泗水书报社、三宝垄乐群书报社、老巴杀书报社、野横埠书报社、巴城书报社、日里棉兰华崇书报社、日里氏中华书报社、文岛横港中华书报社、文岛双溪烈启智书报社等，均与该地同盟会员有直接关系。（《海外各地中国同盟会史略》，冯自由：《革命逸史》第 4 集，第 163—164 页）

1907 年(光绪三十三年　丁未)四十一岁

1 月

1 月 1 日(丙午年十一月十七日)　在寓所与宋教仁、田桐、章太炎等人共进午餐,商谈同盟会事务。(《我之历史》,陈旭麓主编:《宋教仁集》下册,第 703 页)

△　《革命评论》第 7 号以"中国革命特集号"为名,在《中国革命党大会情景》中报道了《民报》创刊一周年纪念大会的盛况,并刊载了孙中山演说的全文。(段云章编著:《孙文与日本史事编年(增订本)》,第 151 页)

1 月 4 日(十一月二十日)　会晤黄兴、宋教仁,委宋教仁代理同盟会庶务。

宋教仁于本日"9 时至《民报》社,坐良久。黄庆午言,明日往□□①去,将有起义之举,此间庶务干事欲交余代理,并属余可迁至伊处居之云云。余思余现在养病,既不能作他事,庆午此去关系甚重,若不应之,殊为非是,且此职现亦无多事。亦可任也,遂应之"。"夜 8 时至孙逸仙寓,庆午亦在。逸仙与余言代理庶务事,余问其一

---

①　似为"香港"。《中华民国父实录》作"黄兴即启程赴香港"。(罗刚编著:《中华民国国父实录》第 2 册,第 928 页)

切事务如何,逸仙不多言及。"(《我之历史》,陈旭麓主编:《宋教仁集》下册,第704页)

△　报载清廷饬谕各关口严密查验货物,防范革命党私运军火。

据称,萍乡之乱后,清政府认为"此次乱事,乃出于排满党之计谋。首领即系数年前在广东谋乱排满之孙逸仙"。加之武昌某外国官员称革命党已联合哥老会、三点会取于沿江各省,三点会蔓延于广东、广西、福建、浙江等省,有合并之势。清朝"皇太后、皇上已饬令端、周、崇、锡四督会同张督"查拿要犯。湖广总督张之洞与海关总税务司赫德认为"革命党常将枪械军火藏入书籍纸张之箱,或匿入布匹之内,由外洋私运至华","传谕各关税务转饬沿江及中国南境各关卡华洋扦验司员,遇有此等货物经过,详加查验"。(《西报纪鄂督查拿乱党添练陆军事》,《申报》1907年1月4日)

1月5日(十一月二十一日)　赴池亨吉寓所,邀池亨吉赴中国参加起义活动,向外界介绍有关中国革命的见闻。

面告池亨吉,自萍浏醴起义后,国内革命形势紧急,"湖南、曾州、江阴、东阿、辽河以西等地接踵响应,到处箪食壶浆,以迎革命赤旗"。如不乘时起事,革命党又何时能如陈吴之救国?志已决,即将传檄十八省会党,联络声气,立刻举事。黄兴代表同盟会将于11日搭船自横滨启程返内地,故请池亨吉作为见证人亦前往,将亲身见闻,自始至终,笔之于书。希望池亨吉仿照当年英国人吟唎撰写《太平天国革命记》的先例,务将天下人对革命党的误解之处,为革命同志阐明,并使革命党人值得赞颂的地方,为世所知。(《与池亨吉的谈话》,《孙中山全集》第1卷,第332—333页)后池亨吉赴中国西南边境战事现场,撰成《支那革命实见记》一书。

1月6日(十一月二十二日) 湖南巡抚岑春蓂电奏查拿革命党①。

电称:"前据湖广总督咨直隶总督函,查得逆首孙汶谋为不轨,其党为黄近午、柳际贞、刘林生诸人,当分饬地方文武严密防缉。"其后缉获刘林生之弟刘道一,据供:"刘林生,名揆一,又名棣华,是其胞兄。逃犯均系留学日本官费生。林生与孙汶曾商议革命事。上年,孙汶到日本开会,该犯慕孙名亦往,与黄近午、柳聘侬、张继,又湖南人廖公明、广东人汪兆铭、冯自由、湖北人曹亚伯、日本人白浪庵滔天及不认识者四五十人均入会为革命人。其会名曰中国同盟会,办法以广收党与为要,孙汶为会长,黄近午为副会长。"革命党人欲往南洋诸群岛开办中文学堂,藉此诱引学生入党,并筹款购买枪械。柳聘侬与章太炎办理《民报》,"孙汶现在日本东京牛达区《民报》社左近地方"。岑春蓂一方面在湖南禁售《民报》,并致电日本公使,勒令涉及的留日湖南学生退学,由上海道截留。(《为剿办孙汶党众情形事》,中国第一历史档案馆藏,电报档,档号:2—04—12—032—1563)

奉旨:"即着飞咨沿海沿江各省督抚,将该会党一体严缉惩办,并饬各关认真密查,以消隐患。"(《电旨》,中国第一历史档案馆等编:《清宫辛亥革命档案汇编》第23册,第280页)

△ 电称清朝驻日公使近期禁留学生归国参与革命活动。

据东京来电称:"中国政府命驻东京公使注意留学生,不准其回国度年。其原由则因近来留学生多至一万七八千余人,恐其回国助革命党,则势焰愈烈。孙逸仙、章炳麟曾在东京开会,到者五千余人,

---

① 冯自由《革命逸史》第6集《丙午萍浏醴革命军实录》收入此电,时间记为"十二月十七日"。《辛亥革命史事长编》第五册的编者根据中国第一历史档案馆藏《电报档》收入此电,时间记为"十二月二十二日"。经核查《电报档》原文为"收湖南巡抚致军机处请代奏电 十一月廿三日"及落款为"二十二日",故改系于此。《辛亥革命史事长编》的编者经过核对《电报档》与《革命逸史》所收电文,指出两电文字有出入,"尤其是涉及的重要人名有异。档案中'与黄近午、柳聘侬、张继,又湖南人廖公明、广东人汪兆铭、冯自由、湖北人曹亚伯、日本人白浪庵滔天及不认识者四五十人均入会为革命人'一句,冯书作:'遂与黄近午、柳聘侬及湖南人万飞鹏、广东人冯自由、湖北人刘家运、日本人白浪庵滔天及不认识者四五十人均入会为革命'"。(左松涛编:《辛亥革命史事长编》第5册,第191—192页)

其中有三千余人愿担责任,为孙、章效力。故政府防之甚密也。"(《中政府严防留日学生》,《申报》1907 年 1 月 8 日)

1 月 7 日(十一月二十三日)　因叛徒郭尧阶告密,上年萍浏醴起义时返国的朱元成被捕。次日,又相继捕胡瑛、刘静庵、梁钟汉、季雨霖、李亚东、吴贡三、殷子衡①、张难先诸人。静庵被指为"长江上下游匪首"刘家运,酷刑定谳,瘐毙狱中。(《湖北革命知之录》,严昌洪、张铭玉、傅蟾珍编:《张难先文集》,第 91 页)

据称,殷子衡被捕时,随身携带有与孙中山来往的书信,以及其他革命书籍。(《警员捕获要匪》,《申报》1907 年 2 月 19 日)

关于刘静庵一案之情形,见诸报端者则称:"鄂垣拿获革命党刘静庵即刘家运,向在文华书院充当汉文教习,拿获后,当谳局委刑讯时,鞭背至四千余,体无完肤。不能熬刑已供认萍醴匪乱,实与闻其事,并与孙汶通气。业由武昌府赵守及督审委员冯汝钧,具详鄂督拟定斩决罪名。"

在外国人看来,刘静庵被逮捕,实与去年欢迎法国布加卑考察团的欧极罗有关。据法国汉口领事喇伯第称,刘静庵"曾在美国传教士那里避难,美国传教士们把他视作自己的基督徒,对他的命运十分关心"。刘受到的指控,"最为严重的罪行起源于他同一个外国人的关系,那个外国人于去年 7 月②途径武昌时曾在美国基督教布道团建立的学校里作过一次讲演"。美国传教士杰尔曼(Gilman)神甫曾去找法国领事询问有关此人的情况。法国领事假装不认得此人,实际上,当即就认出了他,他是布加卑考察团的奥琪尔上尉,且肯定中国当局不用多久就会知道此人是谁。同时,美国传教士还联合英美教会牧师要求美国驻汉口领事,与湖北官员交涉,无果。此后,他们"即请美领事电致驻京美公使,与外部交涉,坚请释放。现外部已有电至鄂,嘱令缓办并有不得用刑之语。

---

① 文献中又有作"殷子珩"。
② 实为 6 月 29 日。

张冶秋尚书亦有电来，谓须得确实证据，以免外人借口等语。故此案尚未定议。现闻刘之伤痕，经西医诊治渐愈。前认之供，均不作准，须另行派员复讯"。（《喇伯第致法国驻华公使先生》，章开沅等主编：《辛亥革命史资料新编》第 7 卷，第 51 页；《鄂省拿获革命党之交涉》，《申报》1907 年 3 月 7 日；《鄂省拿获革命党之交涉》，《汉文台湾日日新报》1907 年 3 月 27 日，"杂报"）

此案牵涉面甚广。由于此案主要"人犯"名单为直隶总督袁世凯开列，1 月 19 日，湖广总督张之洞专门致电袁世凯，确认刘静庵是否即为刘家运。略谓："昨据拿获匪党朱子龙等供称，武昌运动革命机关，仅有刘贞一即刘敬庵，并无刘家运其人。当将刘贞一拿获，得有悖逆佐证极多，迭讯，仅据供认名贞一，号敬庵，在武昌省高家巷圣公会充当教习，曾经办日知会，聚众演说多次，夏间并有法国人到会演说等情，似与来函有法人分头来武昌运动之说相符，惟该匪坚不承认为刘家运……所报何自得来，所称湖北全省总会首刘家运，与敝处现拿之刘贞一即刘静庵是否一人？"（《致天津袁宫保》，赵德馨主编：《张之洞全集》第 11 册，第 318－319 页）

对于美国教会通过外交手段之干涉，25 日，张之洞致电外务部称，刘案已定，请据约拒绝美使要求。电谓："去冬间探悉孙汶派人来鄂，潜谋与萍匪接应，复准袁慰帅函开：孙汶之同盟会党分布长江一带，湖北之总会首为刘家运。"即派员先后拿获朱元成、刘静庵、吴之铨等，供称"刘贞一即刘静安在圣公会为教习，素与军人、学生熟习，阴谋革命"，"为同盟会内湖北总会首"。而刘亦供认"平日倡言革命，售卖孙汶同盟会党所著劝人为逆之《民报》，及借银布置革命等事"。刘行为诡秘，"虽其父刘淇且不得而知，况以谋逆重情，安有告知教会之理。该教会恐损名誉，未免过于顾虑，前已允将供内牵涉教会字样全行删除，并将刘贞一一犯所认供词照送美总领事转给该主教阅看，已属格外通融，系为保全美教会声名起见，舍此别无他法"。总之，"中国谋逆重犯于外国教会无涉，案情已定，即须惩办，事关大局利害,设稍有迁就,允其逾约要求,后患不堪设想"。现附呈刘案画押供词,请贵部据约驳辩,转复美使,大局幸甚。(《湖广总督张之洞致外务部电报》,中国第一历史档案馆等编:《清宫辛亥革命档案汇编》第 23 册,第 380—387 页)

1月10日(十一月二十六日) 与革命同仁谈如何对待舆论问题。

在寓所会见日本《国民新闻》记者,以该报前日为萍浏醴起义事,对中国革命军加以恶评,与该记者辩论。适宋教仁亦来,参与辩论。宋称:"前日贵纸对于支那革命军加以恶评,此甚为两国所不取,何也? 支那革命乃国民的革命,贵社而加革命之恶评,即伤感情于支那国民。新闻为一国舆论之代表,贵国新闻如是,是即贵国舆论如是,是即贵国国民对于支那国民伤感情也。两国国民而有恶感,则影响于将来之外交不少也。"该报记者问:"支那土地广大,语言不一,革命虽起,能统一乎?"宋答:"革命之事原非一人之事业,乃国民之事业也。全国国民而有此思想,以起革命,则可成矣,何不能统一之有乎?"(《我之历史》,陈旭麓主编:《宋教仁集》下册,第705—706 页)

在此前后,亦就日本某些报纸诽谤中国革命的言论,与东京同志谈话,称:"常人毁誉,无足重轻者。昔拿破仑战胜欧洲时,违法称帝,法人不特无非之,反尊为神圣。后为列国所败,放逐海外,法人举国骂之。未几,拿氏突由戍所回法,其国又转而欢迎,态度为之大变。终为敌人所执,置之荒岛,法人又怨之。至拿破仑死,灵柩归至巴黎,人民观者,举国若狂。同是一人,后先毁誉若此,则常人评论,实无定准。"又谓:"吾党行事,一本义理,义理所在,虽毁何伤? 悬此目的,务使达到而后已。天下后世,自有定评。日报所称,何足芥蒂!"(《与东京同盟会员的谈话》,《孙中山全集》第 1 卷,第 333—334 页)

1月11日(十一月二十七日) 拒绝梁启超停止论战的要求。

自同盟会成立以来,革命形势发展迅速,与梁启超为首的《新民丛报》展开论战。梁启超为图抗拒,筹组新党,拟与海外保皇会另成系统,所物色之人为杨度、张謇、郑孝胥、徐应奎、熊希龄、汪康年、麦孟华、蒋观云等人。而以袁世凯、端方、赵尔巽为暗中赞助人,欲拥载沣、载泽为正副总裁。梁氏认为,"今日局面,革命党鸱张蔓延,殆遍全国。我今日必须竭全力与之争",不然将无其党立足之地;"革党现在东京占极大之势力,万余学生从之者过半。前此预备立宪诏下,其机稍息。及改革官制有名无实,其势益张,近且举国若狂矣。东京各省人皆有,彼播种于此间,而蔓延于内地,真腹心之大患,万不能轻视者也。近顷江西、湖南、山东、直隶到处乱机蜂起,皆彼党所为。今者我党与政府死战,犹是第二义,与革党死战,乃是第一义。有彼则无我,有我则无彼。然我苟非与政府死战,则亦不能收天下之望,而杀彼党之势。故战政府亦今日万不可缓之着也。今日有两大敌夹于前后,成立固甚难,然拼全力以赴之,亦终必然得最后之胜利"。(丁文江、赵丰田编:《梁启超年谱长编》,第372—373页)

当时《民报》已出刊十号,梁氏与《民报》论战,痛感穷于应付,他致函徐应奎说:"公所谓得一来函登报,以停止论战者,此甚妥,望早成之。"(丁文江、赵丰田编:《梁启超年谱长编》,第363页)徐既受梁氏之托,乃往说《民报》主编章太炎。(汤志钧编:《章太炎年谱长编》上册,第208页)旋又见宋教仁,谓梁"已改变方针,其保皇会已改为国民立宪会矣,君可与《民报》社相商,以后和平发言,不互相攻击",教仁答以改日将有答复。

是日,宋教仁与章太炎谈及昨日徐应奎所言之事,章太炎认为可以由徐调和。后宋赴孙中山寓所,"与逸仙及胡展堂言之,则皆不以为然,余遂已"。31日,教仁答徐应奎,调和之事不谐。2月1日,宋接徐言,言将邀蒋观云同往梁启超处,劝告其不加恶口于《民报》。(《我之历史》,陈旭麓主编:《宋教仁集》下册,第706—711页)

对于两派之论战,外界并非全然以革命派为是,如台湾舆论称,"近日支那志士之奔走国是者,不外两种,一为保皇党,一为革命党。

保皇党则欲融和汉满,以行君主立宪,如康梁是也。革命党则欲排满兴汉,以行共和立宪,如孙文是也。不幸种界之说大兴,畴昔之入保皇党者,亦变而归革命党"。"今日革命党之于康梁,固视之如蛇蝎矣,丑诋万端,令人难忍。惟试问康梁未出现以前,革命党有如斯之气焰乎?若饮水思源,康梁尤为若辈之先导者矣。第清政府腐败既极,康梁则痴心以望光绪帝之复辟,革命党攻之甚力,遂并保皇党人亦多背附之耳。然近读章炳麟氏致康氏书,竟指康本为革命党,徒急于得富贵,依违两可,且历举其谋为革命之事,皆言之有物,持之成理,几使康无以自明。则此中千奇百怪之隐情,尤非吾辈眼光如豆者,所能洞测。"(《又出一烈士》《革命之半面相》,《汉文台湾日日新报》1907年1月20日、7月11日,"杂报")

1月13日(十一月二十七日)　台湾报纸评议孙中山、留日学界与萍浏醴起义之关系。

报称:"南清之骚乱,或谓是暴徒也,或谓是百姓一揆也,观察各异,言人人殊。然革命党首领孙逸仙氏,乃继言曰:是实为有秩序、有统系之革命军也。孙于未起骚乱之一个月前,即集南清留学生于东京某某地,预言今后不出三个月,故国必有大革命之起,有志者当此之时宜归国,大为革命军壮声势云云。就中有尊崇孙氏者,深信其言,遂相牵束装归国矣。及此次留学生之归国者,愈不乏人,且有利用休假而归省者。是等归国学生,虽不可概断为孙党,然留学生中有崇拜孙氏而任进退一身者,为数实多,尤不可谓无其事。然则此次之骚动,实留学生为之动其机欤?"(《清国骚乱及留学生》,《汉文台湾日日新报》1907年1月13日,"杂报")

报载湖广总督张之洞接到一份外国人提供的探报,称"在清国之秘密结社,其最有势力者,莫如哥老会及三合会。哥老会之首领,为王胜之,系蔓延于长江一带者。而三合会则以福建、广东及贵州为根据,其首领即孙逸仙也。此次王、孙两人共谋,组织一同盟会,造成排斥满人之大团体"。据闻"孙逸仙曾向新嘉坡、香港等处之清商募集军资三百万圆,购有武器甚夥"。(《清国之秘密结社》,《汉文台湾日日新报》1907 年 1 月 15 日,"杂报")

1 月 17 日(十二月初四日)　在寓所与宋教仁谈党务。

自宋教仁出任同盟会庶务干事后,赴孙中山寓所晤谈次数增多。昨日接汤松来函称"有日本人有毛瑟枪数万枝及弹药,称是吾党可购之,又有维新时一人愿教授吾党以炸药术"。本日下午,至孙寓所,与章太炎、胡汉民等谈甚久。次日复函汤松称"枪弹事可俟后日,惟炸药事可订定之"。(《我之历史》,陈旭麓主编:《宋教仁集》下册,第 707 页)

1 月 20 日(十二月初七日)　杨度等创办《中国新报》,倡导召开国会及君主立宪之说,参与对《民报》的辩论。(严昌洪主编、左松涛编:《辛亥革命史事长编》第 5 册,第 181 页)

1 月 22 日(十二月初九日)　报载各国公使力辩无助革命活动之事。

因上海某报登载湖广总督张之洞致外务部电文,称"革命党孙文游说各国承认,并有某国允为接济"。该国驻华使节遂约同其他各国使节,"赴外部请问,并言各国均无此等举动,不可误信谣言,有伤交谊"。(《各国并无接济革命党之实事》,《申报》1907 年 1 月 22 日)"某国"疑为日本。数月后,又有德、日两国有"接济革命党军火"的传闻。两国公使特地向外务部诘问,"言本国实无此等举动,不可听信谣言,有伤睦谊"。外务部"亦力向申辩,并未闻知此事,亦决不至为浮言所动,以伤两国感情"。(《德日两国声明并未接济党人军火》,《申报》1907 年 7 月 19 日,"紧要新闻")

1 月 23 日(十二月初十日)　在寓所会见匡一,应允代出援救两湖革命党人的电报费。

自 21 日以来,东京同志相继获悉胡瑛在汉口被捕、刘道一在长沙遇害。是日,匡一与宋教仁议,拟以湘鄂二省同乡会名义致电张之洞以救胡瑛,因缺电报费,宋介绍匡一与孙中山商议。是日 7 时,在

寓所会见匡一,允代出电报费用。(《我之历史》,陈旭麓主编:《宋教仁集》
下册,第 708 页)后胡瑛被判永远监禁,因在与某狱吏交好,故能时常与
外界革命党人保持联络,共议革命计划。(陈锡祺主编:《孙中山年谱长
编》上册,第 393 页)

　　1 月 28 日(十二月十五日)　　上年受命归国的宁调元在岳阳
被捕。

　　宁调元原为参加萍浏醴起义,归国后至湖南时,起义已被镇压,
不得已转赴他处,在岳阳被捕。报称“此次萍醴匪乱,牵涉日本东京
《民报》社员宁调元,各处捕拿甚急。宁匿于岳州府城内任姓家中(任
亦留学生)”。是晚,宁调元、任智诚拟乘利汉轮船离岳,在船上被捕。
(《〈民报〉社员被拿》《拿获匪首》,《中外日报》1907 年 2 月 23 日、24 日,“直省新
闻·匪乱”)

2 月

　　2 月 3 日(十二月二十一日)　　因革命党人在东京举办刘道一追
悼会,题挽诗:“半壁东南三楚雄,刘郎死去霸图空。尚余遗孽艰难
甚,谁与斯人慷慨同? 塞上秋风嘶战马,神州落日泣哀鸿。几时痛饮
黄龙酒,横揽江流一奠公。”①(《挽刘道一诗》,《孙中山全集》第 1 卷,第 334
页)该诗后来发表在 1912 年 1 月 1 日《民立报》上,题为《孙大总统旧
作〈吊刘道一〉》。(《民立报》1912 年 1 月 1 日,“文范”)

　　△　报载湖南、江西禁售《民报》。

　　先是,湖南巡抚岑春蓂电咨江西巡抚:经审讯所拿获的刘道一招
供,“入会为革命人,名曰中国同盟会,匪党柳聘侬与章炳麟同办《民
报》,以冀鼓惑人心。查核所供逆迹昭著,即饬就地正法,用昭炯戒。

---

　　①　关于此诗的作者,另有他说。据汤钟琰记述,此诗为乃父汤增璧代拟。(汤钟琰:
《斯诺〈西行漫记〉唐某姓氏事迹考略》,《青海师范学院学报》1981 年第 3 期)

此等会党行踪诡秘,到处勾结煽惑,实为大局之患。《民报》,湘省早经查禁,电咨沿海沿江各省一体严缉,认真密查,以期消患未萌,并电请代奏"。江西巡抚接电后,即扎饬各属:"江西省现已改设《日日官报》,所有《民报》馆及假冒洋商者,立即严拿究办勿违。"(《赣抚扎司通饬查禁民报文》,《申报》1907年2月3日)

2月6日(十二月二十四日)　两江总督端方饬各属搜捕革命党人。

报载,两江总督端方近期注意搜捕革命党人,寄权行营中军官及巡警总局、两首县,各属迫于命令,又寄权武弁、警兵及差役诸人,"近来省中官绅军学各界中人,均慄慄危惧,深虑无端祸及,虽欲辩护而已迟也。目下之现象,则人人相戒,毋轻言,毋泛交,减少宴会酬酢之事"。至于总督府,则防范极严,卫队日夜擎枪环守,"有午帅之恐慌,而后有上下士民之恐慌。盖自制军以下,已无不同在恐惧中,而岌岌不可终日"。(《南京人心因拿革命党颇不自靖》,《中外日报》1907年2月6日,"紧要新闻")

2月8日(十二月二十六日)　直隶总督袁世凯为消除革命党在海外活动,向清政府献拔本塞源以遏祸萌的四策,并请更换驻日公使杨枢。

袁氏所献四策,第一策为对日交涉,驱逐孙中山,查禁革命党。他称"革命排满之说,以孙汶为罪魁。该逆寄居日本,裹胁华人无识者流,随声附和,亟应设法解散以靖乱萌"。查国际公法内载"人民干犯国政之罪,外国虽可容纳,要不可任其借地谋害本国之君主,或隐怀扰乱彼国之政务。故遇有逃犯潜踪图害其国者,必当定律以治其罪"。又有载"国境之内,官民所办之事,或忍而未办之事,致损害他国或他国人民,皆可由该国责问也"。诸如"国事人犯逃往友邦,在彼国虽可容纳,但只可听其偷生,仍不容妨碍友邦治安,致伤交谊而违公法"。因此,应请旨饬下外务部向日本驻华公使切实诘问,"并责成驻日使臣随时查访逆情,向日政府按公法理论,不可丝毫迁就,尤不可畏葸隐忍"。此外,"凡华人在彼国购办军械有谋为不轨实迹者,固须切实查拿惩办。即捏造悖谬之词,倡言排满革命,煽惑人心,妨我治安者,亦应一律严禁"。日本号称文明国,理应顾全邦交,"使逆酋无托足之区,则其徒党亦无所依附"。

第二策为派员赴海外华侨中宣传,使拥护朝廷。海外侨民人数甚多,或经商数世,或游学未归,均日望本国振兴,痛恨外人凌辱,"徒以隔绝内地,消息难通,致朝廷励精图治之苦心,一视同仁之至意,概乎未闻"。革命党所至之处,广开会场,倡言革命之说,"并醵金捐助"。应请旨饬下外务部招选明白事理、长于口辩的人员,优给费用,派赴各国使馆,改装束作为游历绅商,分赴各埠,招集华商,演说国家自强与国民同舟共济之义,使海外商民心向国家而抵制革命党。

第三策为限制出国留学生,在留学生中"安插眼线"。查各省出洋游学之官费、自费学生,以日本最多,约有八千人。"此辈少年皆血气未定,易为逆说所蒙",或为革命党助资,或为革命党提供场所,虽有限制与审查各省留学生,但并非良法。应请旨饬下各省严查出国学生,不论前往何国,如无咨送文凭,概不准自行前往。并令驻日使臣、留学生总监督以重赏购买眼线,一旦查明有学生附和革命党,即咨该生原籍官员责成该生家属招回。如此,则使革命党处于孤立无助之势,其党自衰。

第四策为取缔革命书报。近时"悖逆书报率由外洋印行,附彼国邮局递寄至清国","内地虽行严禁,而贪利刊书贾倚租界为护符,若按户严搜,必多骚扰,听其渐蔓,则隐患无涯"。查国民教育之义,在于从人爱国思想以养成敌忾之风。日本明治初年,民国、自由之说达于四境,至后有德国学派持国家主义之说隐然民风,易阋墙为御侮。应请旨饬下学部"编写教科书,将忠君、爱国之义,进化、合群之理,反复申明,俾家弦而户诵之,庶淫辞邪说不得行其蛊惑之方"。

奉旨:"外务部、学部认真办理。"(《直隶总督袁世凯奏为密陈大计以

遏制祸萌事》,中国第一历史档案馆藏,军机处录副奏片,档号:03—5472—116,

缩微号:413—3052)

　　袁世凯还指出,"驻日使臣兼有监督学生之责,斯任綦重",现任使臣杨枢持重有余,干济不足,"于逆党聚众演说之事若罔闻知,请简素饶干略大员以充此选"。(《直隶总督袁世凯奏为特参出使日本大臣杨枢于逆党聚众演说若罔闻知请简素饶干略大员充派事》,中国第一历史档案馆藏,军机处录副奏片,档号:03—5472—117,缩微号:413—3052)

　　2 月 9 日(十二月二十七日)　因同盟会会员李善良在扬州被捕,其妻闻讯后拟返国援救而少川资。本日,宋教仁来求助,允助数十元,于 11 日取去。(《我之历史》,陈旭麓主编:《宋教仁集》下册,第 712—713 页)

　　2 月 11 日(十二月二九日)　报载清廷拟招抚革命党众。

　　日本《东京日日新闻》刊载《招抚孙逸仙》的新闻,称清国政府以为过去的萍乡之乱、山东之刀匪、沈阳之胡匪,皆为革命党暗中协助。现特派侦探于四方,严查该党员之行迹。湖广总督张之洞借鉴此前招抚之例,曾寄说当局说,孙逸仙为革命党之党魁,各种会党则假借其名于彼煽惑愚民。事虽不成,各地之煽惑,尤增隐患。若不绝其根株,乘间窃发,国势益危,列强环伺,将何以堪。助长此内忧的孙逸仙,罪本不容于死,但其远窜外洋,不能逮捕治罪,可从权羁縻之也。倘招安党首,余党自解散矣。"今逸仙如能悔悟,亦不妨赦其既往之罪,并予以录用。如能经允谕,可嘱某国公使并与该党员有交往之某洋人前往招抚。"(《革命评论》第 9 号,[日]宫崎滔天等著、陈鹏仁译:《论中国革命与先烈》,第5—6 页)

　　不久,《汉文台湾日日新报》亦转载此新闻,前半段文本大致相同,惟缺少"今逸仙如能悔悟"至"某洋人前往招抚"之语。并在最后增加"当路之王大臣似多赞成此说者"之语。(《孙逸仙之招抚》,《汉文台湾日日新报》1907 年 2 月 21 日,"杂报")

　　2 月 12 日(十二月三十日)　因近日"有偶语秘密于不可信之人

之事",宫崎寅藏嘱宋教仁劝告。(《我之历史》,陈旭麓主编:《宋教仁集》下册,第713页)

2月13日(丁未年正月初一日)　康有为将保皇会改为帝国宪政会。

2月17日(正月初五日)　日本当局应清朝驻日公使杨枢之请,开除了早稻田大学、中央大学等校与革命党有关的中国留学生三十九人。(冯自由:《中华民国开国前革命史》第1册,第201页)

此事起因于外务部致电驻日公使杨枢,令其查留日学生有无参与革命党之事。杨枢曾复电称:"自孙文逃后,退学党人深知愧奋,其中虽有形迹可疑,及不守约束学生,业经分别办理外,所有在学诸生均极安分,并开学会随时劝导,尚无党匪情事。俟年假满时,仍当详细稽察,以防流弊。"(《电复学生并无党匪情事》,《申报》1907年2月17日)

因长江一带革命党蜂起,清朝外务部一方面"照会驻京各国公使,准由清官在租界查缉",据闻"各公使为保清国治安起见,业已复准,拟即会订交犯章程"。另一方面,由于"留学生东京学生之附和孙逸仙及章炳麟者,设法集款,备购大宗军械,其举动大有仇满之状。该学生之举动,北京官场颇为惊惶"。(《清政府注意革命党》,《汉文台湾日日新报》1907年2月20日,"杂报")

2月19日(正月初七日)　委派许雪秋等策划的潮州饶平举事,以布置未就而中止。

上年,委任许雪秋为国民军东军都督,策划在广东潮州举事。为增强起义指挥力量并延揽同志,本日,又函告函萱野长知:革命举事"欲得于军事上有学问经验之人以为顾问",请萱野长知担任"东军顾问","谨以东军顾问之任相托,望襄助都督,以建伟业;并恳延揽同志,以资臂助"①。(《致萱野长知函》,《孙中山全集》第1卷,第

_____

①　此函时间,《孙中山全集》原定为"夏秋间",学者根据《国父与日本友人》所载订正为2月19日。(段云章编著《孙文与日本史事编年(增订本)》,第154页)

337—338 页)

广东潮州饶平县属黄冈为三点会活动地区,领导人有余丑、陈涌波、余通。许雪秋夙与余丑等人有联络,冬间又偕余等赴香港见冯自由,加入同盟会。正月初,余丑奉雪秋命,在饶平浮山墟聚众千余人预备发难,因布置不及而止。饶平知县郑瑞麟闻警,禀府道请防患未然。道府派员往查,委员以所禀不实报。随后余丑等运动益力,专候香港机关部命令发动。(《丁未潮州黄冈革命军实录》,冯自由:《革命逸史》第 5 集,第 88 页)

事后不久,许雪秋、方笑龙等人避居香港,来函详细报告饶平之事,谓:"初是众议调齐各处于三月同日举事,使官兵不暇兼顾,以备我军易于从事。讵料元月秘机微泄,官查颇急;又值饶平预备已妥,遂议乘此机泄之时,而官场尚在疑似之间,拟不若神速举事,袭其不备。先取潮城兼占汕头,以固边防,然后从事于各县。遂询于众,众均认可。故派张烜、郭公接两君往饶,后加李思唐、向大昌两君副之。拟约此处之兵赴潮袭潮城,方姓两君则急往黄冈埠,调兵往占汕头。瑞麟、良牧两君则同仆带三百人埋伏城边,六十人预伏城内,以为破门内应。是日则为元月初七日也。是夕两点候至黎明,饶众不至,故仆等不得不暂散回。"

许、方二人认为此次举事不成的原因,一是传令失误,二是用人不当。"向、李两君到饶已睡,是事公事不之商及。初六日传令云:初七四时齐兵。饶之头目正音不熟,误听为十点。在该头目虽错误之罪,而向君等亦难免有不以午后详示之愆。"至举事时,部分兵众因不见同人,遂散去。尽管如此,各处所存之众合有千余人,"若此攻潮,尽有余力。无料张、郭、李、向四君胆惊心怯,不敢举事。李君即拟私逃,不通知同人,即先逸去。郭、张、向三君见李先逃,亦从而偕循。郭君尚劝李君等将散存之兵先夺饶平,以作根据而谋再集。而李君不听,决于〔定〕逃遁,而所存之兵紧随其后,请问所向。李君见势不美,恐难私逃,即将国票诈云银票,分发众人回去。仆派去之头目薛

君见他等如此仓皇,故不得不保其出饶"。许、方二人对此感到遗憾,
"调度若是周密,而竟被误! 若如苟张、郭、向、李四君肯实心任事,肯
先分两人驻于浮山,则事亦免致此"。

此外,许、方将继续运动饶平举事,同时提醒小心黄乃裳的门生
陈芸生,称陈出卖同道,"刻潮中官场其见疑于仆者,一因下等社会被
执两名,供出者有之;一因陈芸生私递一函与潮镇道及饶平之事是仆
为首"。陈"刻下将前镜秋兄所送与他之先生照片作为口实,藉先生
之名以骗潮人,此辈诚有碍于大局不浅"。(张永福:《南洋与创立民国》,
第115—118页)

2月24日(正月十二日)　黄兴、宋教仁、张继在东京风乐园与
日人末永节、古河某议东三省马贼及韩登举等事,黄兴拟派宋与古河
前往联络。(《我之历史》,陈旭麓主编:《宋教仁集》下册,第716页)

2月25日(正月十三日)　在寓所会见日本海军士官富泽氏,由
宋教仁翻译。(《我之历史》,陈旭麓主编:《宋教仁集》下册,第717页)

△　即将被日本政府驱逐出境,与同仁参加内田良平的宴别。

"清廷知先生实为革命主谋,乃力与日本交涉,放逐先生。"(《胡
汉民自传》,《近代史资料》总45号)掌外务部的庆亲王奕劻奉旨致函日本
韩国总监伊藤博文,请求日本政府驱逐孙中山出境。2月13日,伊
藤召内田良平商议,并示以清廷密函。内田答称:"孙文自前年以来,
向我朝野诸人游说,言日本若能援助革命……庆亲王之致此书于阁
下,恐系闻此情报。"内田还提出:此时日本政府若徇清政府之请,打
压中国革命党,于将来不利,应以劝孙自行离开为良策。伊藤表示赞
赏,请内田与日本外务省政务局长山座园次郎交涉。内田与山座晤
商时提出:外务省应允许孙文在外洋游历两三年后,可以再来日本。
山座答应,但条件是当孙再来日本时,不能在东京活动,只能在横滨
一带做革命工作。他们又商定由日本政府向孙文提供七千元离日费
用,其中一千元供告别宴会。内田与宫崎寅藏将此交涉结果告知孙
文,孙表示同意。([日]藤井昇三:《孙文の研究:とくに民族主義理論の発展

を中心として》,第 47—48 页;段云章编著:《孙文与日本史事编(增订本)》,第153—154 页)

庆亲王奕劻得知日本允许驱逐孙中山,即发电致谢。(《电谢日本允逐孙党》,《申报》1907 年 3 月 4 日)22 日,清廷致电驻日公使杨枢,令其赴日本外务省致谢。25 日,杨枢赴外务省,"适大臣次官公出,晤山座局长,据称此系格外通融办法,只能劝孙出境,未能公然驱逐。现孙拟下月起程,仍请秘密",后"复往谒伊藤,握谈良久,所嘱与山座之意略同"。(《为外部称只能劝说不能驱逐并孙汶拟下月起程事》,中国第一历史档案馆藏,电报档,档号:2—05—12—033—0026)

由于日本官方持"只能劝孙出境"的立场,遂由伊藤博文授意内田良平宴请孙中山等人,劝其离去。24 日,孙中山告知宋教仁等人,"明日内田良平接余等至赤坂三河屋开晚餐会"。据宋教仁记述宴会情形,"三时至逸仙寓。四时同逸仙、章枚叔、刘申叔、鲁文卿、胡展堂等至赤坂三河屋,时内田偕宫崎、清藤、和田诸氏等已至"。酒席至夜九时始罢[1]。(《我之历史》,陈旭麓主编:《宋教仁集》下册,第 716—717 页)日人所记出席宴会名字相同,且谓"孙文根据由内田转述的在日本驱逐之前离国的劝告,决定离开日本"。([日]近藤秀树编、禹昌夏译:《宫崎滔天年谱稿》,《辛亥革命史丛刊》第 1 辑)

△ 《革命评论》发行第 9 号,刊有署名葭湖[2]的《中国革命的过去、现在及将来》一文,认为孙中山是中国集革命之大成的人物,将"在亚洲创立唯一的共和民主国"。该号还刊有《中国革命之大势》《中国革命之管见》《滑稽的中国立宪问题》等文,宣传中国将迎来革命风潮的时代,通过革命而非清朝实行预备立宪来建立新国家。(王晓秋:《改良与革命:晚清民初史事新探》,第 239 页)

---

① 汪东在《同盟会和〈民报〉片断回忆》(《辛亥革命回忆录》第 6 集)中记参加宴会者尚有黄兴、汪精卫、乔义生、田桐、汪东,仅二日人,地点在赤坂红叶馆。似系误记。(陈锡祺主编:《孙中山年谱长编》上册,第 395 页)

② 葭湖应为池亨吉,或和田三郎的化名。(王晓秋:《改良与革命:晚清民初史事新探》,第 239 页)

2月27日（正月十五日）　告知宋教仁，不日将赴南洋。

是夜，宋教仁来访，听闻"不日将往南洋去"。宋称，此前因黄兴离日，故代任同盟会干事，现黄兴已来，同盟会干事一职，仍当移交之于黄，因他不日将往他处。孙答称可与黄兴商之。（《我之历史》，陈旭麓主编：《宋教仁集》下册，第717页）

2月28日（正月十六日）　与黄兴就革命军国旗的图式问题发生分歧。

此事引发了东京革命党人的内部分歧。宋教仁记述：是日七时至《民报》社，与黄兴谈其辞职事，黄兴不应。良久，黄兴忽称欲退出同盟会，并断绝关系，"其原因则以□□□①以己意制一新国旗，而庆午以为不善，请其改之，逸仙固执不改，并出不逊之言，故庆午怒而退会。时诸人均在，皆劝之。余则细思庆午不快之原因，其远者当另有一种不可推测之恶感情渐积于心，以致藉是而发，实则此犹小问题。盖□□素日不能开诚布公，虚心坦怀以待人。作事近于专制跋扈，有令人难堪处故也。今既如是，则两者感情万难调和，且无益耳，遂不劝止之。又思□会自去年成立以来，会员多疑心疑德，余久厌之，今又如是，则将来之不能有所为，或亦意中事，不如另外早自为计，以免烧炭党人之议。遂决明日即向逸仙辞职，庆午事亦听之"。（《我之历史》，陈旭麓主编：《宋教仁集》下册，第718页）

章太炎称："逸仙自南洋还东京，作青天白日旗，张之壁上。克强欲作井字旗，示平均地权意。见逸仙壁上物，争之曰：'以日为表，是效法日本，必速毁之。'逸仙厉声曰：'仆在南洋，托命于是旗者数万人。欲毁之，先摈仆可也。'克强怒，发誓脱同盟会籍。未几，复还。"（汤志钧编：《章太炎年谱长编》上册，第340页）

胡汉民回忆称："濒行，议定革命军国旗"，"克强争之不能得，则意颇怏怏。余既与克强分道行，克强犹有书致余，谓'名不必自我成，

---

①　应指孙中山。下"□□"亦同。"□会"应指同盟会。

功不必自我立,其次亦功成而不居;先生何定须执着第一次起义之旗? 然余今为党与大局,已勉强从先生意耳。'"（《胡汉民自传》,《近代史资料》总 45 号）

　　除青天白日旗、井字旗外,还有党人主张用五色旗、十八星旗、金瓜钺斧旗等,意见纷纭,经章太炎与刘揆一调解,暂搁争议,由刘揆一保存各种旗式方案以待日后处理。（《中华民国旗之历史》,冯自由:《革命逸史》初集,第 18 页）

　　至于黄兴欲退出同盟会之事的解决,似在 3 月 4 日孙中山离开日本之后,由宫崎寅藏为之调和。据宋教仁记述,3 月 1 日"十时至孙逸仙寓,言辞职事,并以一切文件交之。逸仙初犹不允,余固言之乃已,遂皆交代清楚"。"晚八时至《民报》社,知黄庆午事尚未调和,阅报良久而回。"（《我之历史》,陈旭麓主编:《宋教仁集》下册,第 718 页）3 月 9 日,宫崎"在凤乐园宴请黄兴等,出席者尚有章炳麟、宋教仁、张继,可能是为当时因革命国旗案问题及离日饯别问题引起的激化进行调和"。（〔日〕近藤秀树编、禹昌夏译:《宫崎滔天年谱稿》,《辛亥革命史丛刊》第 1 辑）

3 月

　　3 月 1 日（正月十七日）　传闻清廷拟招抚革命党人。

　　《申报》访事人称:清"政府近以革命党所在多有,大半受孙汶煽惑,徒事拘拿,转恐激变,故议招抚孙党,以保治安"。（《政府议招孙党》,《申报》1907 年 3 月 2 日）

　　3 月 4 日（正月二十日）　应日本当局要求离开该国。

　　是日,乘德船"阿里斯王子号"离开横滨。汪精卫、胡汉民、池亨吉及萱野长知同行。（〔日〕近藤秀树编、禹昌夏译:《宫崎滔天年谱稿》,《辛亥革命史丛刊》第 1 辑）

　　行前接受日方赠款，因款项使用问题，引起党内纠纷。谭人凤《石叟牌词》记此事称："日政府交涉员劝中山出境，送以程仪万金，中山受之；并于神户巨商铃木处借得万金，遂去日本。临行之际，招重要党员，宴会于歌舞伎座，颇尽欢。后章太炎先生闻中山得日赂，去时引党员宴会，以为一去不返之保证，颇不平。幸同人调停解释，表面尚得曲全，惟同志之精神，则由此稍形涣散矣。东京为全国志士荟萃之区，《民报》又为同志总机关，最重要之处所。中山身为总理，囊贮多金，仅以五百金予之，以后遂听其自生自灭。异哉！且丈夫重义气，日政府既无理干涉，堂堂总理，受此万金何为？厥后日人对我党，日存鄙夷之见，何莫非因此事以启轻侮之心耶？"①（《石叟牌词》，石芳勤编：《谭人凤集》，第343页）

　　由于接受日方馈赠款项及款项用途之事，事前并未与同盟会骨干商议，全由个人决定，引发部分会众不满。章太炎甚至将挂在《民报》社内的孙中山相片扯下来，并批文称"卖民报之孙文应即撤去"，且将相片寄去香港。（《胡汉民讲述南洋华侨参加革命之经过》，冯自由：《革命逸史》第5集，第191页）

　　离日本后，同盟会总部工作由黄兴负责。黄以留日学生入军校者日多，为日后在新军中掌握力量以推倒清廷，乃在会员中选择一批坚贞同志组织"丈夫团"。（李书城：《辛亥前后黄克强先生的革命活动》，中国人民政治协商会议全国委员会文史资料研究委员会编：《辛亥革命回忆录》第1集，第183—184页）

　　另一方面，在孙离日后，日本驻华公使林权助赴外务部面告："孙汶已逃往版图以外，两国宜各加防范，使彼自知醒悟。以国法论，本

---

　　① 孙中山接受日本朝野金额之数，记载颇有出入：日本官方给予七千元无异议，但关于铃木久五郎赠款之额，一说为一万元，一说为三十万元（铃木女儿加藤文子述其父于1907年向孙中山资助三十万元）。此外，关于孙中山留给《民报》之费亦有分歧，谭人凤记为五百元，而另有说法是孙将所得六千元（七千元中有宴别费一千元）交二千元给《民报》。（段云章编著：《孙文与日本史事编年（增订本）》，第154—155页；《孙文与铃木久五郎》，《国外辛亥革命史研究动态》第4辑）

属未能赦逸,姑且从宽令彼自投归国。"(《日使面告孙汶已经离日》,《申报》1907 年 3 月 11 日)

留日学生钱玄同对此事件颇为愤懑,在听讲法国大革命历史的课程时,感叹"正不知吾国之孙公"何日再"撞革命之钟,卷三色之旗,以灭虏而朝食,殊为焦盼"。(杨天石主编:《钱玄同日记(整理本)》上,第 88 页)

3 月 6 日(正月二十二日)　《民报》刊载胡汉民所撰的《告非难民生主义者》一文,回应梁启超在《新民丛报》第 14 号发表的《社会主义论》。(《民报》第 12 号)

3 月 12 日(正月二十八日)　报载清廷饬令各省禁售《民报》等革命书报。

据此前《字林西报》的北京访员函称:北京政府接驻日公使杨枢电文,谓在东京发行的《民报》等报纸昌言革命政策,故一面咨照海关税务司赫德,不许该报进口及通过邮局寄送,一面饬令各省督抚刊行告示,晓谕书坊及售报人不得出卖此报纸,禁止民众观看此报,违者究办。(《政府饬各省禁售革命报》,《申报》1907 年 3 月 12 日;《禁止民报进口》,《香港华字日报》1907 年 3 月 12 日,"京省")

直隶总督袁世凯颁布札文晓谕民众,自海外流入之汉文书籍及新闻纸中常有悖逆之论,现在札饬禁制。札称:"照得近年编辑之书日出不穷,渐流庞杂,其足以益人之新智者,固属不少,而足坏人之心术者,亦时有所闻。在海外不逞之徒倡革命排满之邪说,如《民报》妄论新灭汉种策,种种悖谬,骇人耳目,恃其遁逃远方,声气不及,妄肆言论,蛊惑良民,流入内地,贻误青年。若听其流传,则其有害风俗人民,比于洪水猛兽尤为惨酷。查此等悖书逆报,多由外洋托人出版,诚恐书贾但知射利,不辨内容,应由提学使派员检查各书铺,凡类似前项悖逆书报,宜会同巡警局勒令销毁,并出示晓谕严禁,嗣后如再贩运,照原价加罚百倍,以儆效尤。"(《直督札饬严禁革命书报之文》,《香港华字日报》1907 年 3 月 16 日,"京省";《直督严禁悖逆书报札文》,《申报》1907

年3月21日）

3月15日（二月初二日）　抵香港海面后，未登岸，乘原船继续南行①。

所乘之船先抵上海海面，未登岸，"孙即于日前往横滨，附乘德公司阿利司号船，遄往新嘉坡。日前抵上海吴淞停轮，旋即解缆，开向新嘉坡进发"。（《清国革命党领袖之消息》，《汉文台湾日日新报》1907年3月29日，"杂报"）关于抵上海海面与革命同仁交流的史事，据冯自由记述：1906—1907年间，"孙总理常来往日本南洋，舟过沪江时，每由在法租界公董局服务之法国友人向同志传达音讯，于是剑公、葆康、陶怡、亚子诸人，恒至吴淞舟中相见，兼请示进行办法"。（《记上海志士与革命运动》，冯自由：《革命逸史》第2集，第81页）后，清朝外务部听闻"孙文由日本至吴淞，并秘密上岸一事"，电诘江苏大吏缘何疏忽纵释。（《电诘疏忽孙文过沪》，《香港华字日报》1907年3月26日，"京省"）其实，孙并未登岸。但传闻愈演愈烈，甚至称"孙文前被日人迫令出境，闻近日潜返中国"，镇江官吏奉两江总督之命捕拿。（《孙文回国之传闻》，《香港华字日报》1907年5月14日，"译电"）

抵香港海面时，原计划在停留期间约许雪秋一晤，欲询问许在潮州一带经营情形。但许因故未能至。孙虽未登岸，但同行的黄兴、汪精卫和日本志士萱野长知、池亨吉等人在香港登岸，后萱野长知、池亨吉和同盟会会员方瑞麟、方汉成、乔义生等人赴往潮汕，协助许雪秋发动起义。黄兴、汪精卫原拟赴内地，后迫于清朝侦查，亦赴越南与孙会合。（莫世祥：《中山革命在香港（1895—1925）》，第161—162页）

3月20日（二月初七日）　两江总督端方等电奏拿获革命党事宜。

---

①　孙中山抵港日期，《中华民国国父实录》认为此前冯自由所记的3月14日（二月初一日），实误，据后来许雪秋的报告，订正日期为3月13日（正月二十九日）。（罗刚编著：《中华民国国父实录》第2册，第951页）《孙中山年谱长编》将抵香港事系于3月15日，（陈锡祺主编：《孙中山年谱长编》上册，第398页）盖取本日乘船南下之意。今仍沿用。

先是,杨卓林闻萍浏醴事起,返国活动。在南京活动时,自称"孙文之副将军",用孙中山名义撰写致南洋淮扬等处革命军都督刘、总执法兼参议事萧等照会数件。不久,杨卓林及同志李发根、廖德璠被捕,卓林被杀,李、廖判永远监禁。在此前后被捕的孙毓筠、权道涵、段沄亦被判监禁。上海同志所运动的会党袁有升等四人被杀。此为两江总督端方制造的"丙午南京党狱",嗣后该督对南京军界设法防范,第九镇新军营弁受嫌撤职者颇多。(《丙午南京党狱实录》,冯自由:《革命逸史》第6集,第108—115页)

本日,南洋大臣、两江总督端方、江苏巡抚陈夔龙致电军机处,称:自上年萍醴之乱后,即选派得力人员严密侦缉,将"逆党头目袁有升等审明惩办",后又近闻"孙逆大头目杨恢即杨卓林现来上海,密派眼线萧刘二姓佯投入会,诱至扬州,拿获杨恢及李发根、廖子良",及炸弹、弹药。另由金陵巡警局拿获从日本归来的孙少侯、权道涵、段沄。经审讯,"杨恢即杨卓林,李发根即李芋禅,廖子良即孙德璠,均籍隶湖南;孙少侯即孙毓筠,又即孙筠,权道涵、段,均籍隶安徽"。杨卓林早年投江南福字营当勇,后在张香发营中充当随员,入江南将备学堂肄业,于光绪三十一年赴日本游学,加入同盟会。"因议论兵事,孙汶深加称许,授为伪副将军,令往各处运动。上年十月萍醴匪徒作乱,即系孙汶主谋,并派杨恢赴广东起事响应,因萍浏事败中止。李发根、廖子良游学东洋,素喜政治革命议论,被杨恢煽诱入会,未授伪职,亦未参预逆谋。"

端方等根据审讯获知,"孙汶所设之会,分为三部,一造药、一筹款、一实行。所谓实行部者,以舍身暗杀为能。孙汶为三部总会长,未获之黄兴即黄轸为副会长,权道涵、段沄与未获之湘人王延旨、柳聘农、黄赞亭、皖人金旭、陶茂宗等,先后投入实行部。权道涵、段沄均未受有伪职,亦未辗转纠人。孙少侯向有文名,并未为匪,上年二月游学东洋,被人煽惑,忽变为政治革命宗旨,此次来宁,系欲调查江南陆军警察是否得力,并欲利用陆军中人,因程度不齐,难资利用。

又供称孙汶军火本拟运入镇江,交哥老会朱姓存储,因查禁甚严,难以入口。江北饥民,孙汶亦拟联为内应,乏人可托,未遂其谋"。经审讯后,六犯均已分别惩办①。(《为拿获孙汶党众六犯分别惩办事》,中国第一历史档案馆藏,电报档,档号:2—04—12—033—0123;《南洋大臣端方等致军机处电报》,中国第一历史档案馆等编:《清宫辛亥革命档案汇编》第24册,第102—111页)后,端方又奏称:"拿获匪党袁有升、杨卓林等,讯据供称系由孙汶暗中勾结,倘或日久未平,潜运精械,为患何堪?"(《两江总督端方奏折》,中国第一历史档案馆等编:《清宫辛亥革命档案汇编》第25册,第317页)

22日,清廷谕令端方、陈夔龙"侦缉逸匪黄兴等,务获惩办,并随时认真防范,以销隐患"。(《电旨》,中国第一历史档案馆等编:《清宫辛亥革命档案汇编》第24册,第122页)

3月23日(二月初十日)　宋教仁偕白逾桓赴辽东,欲运动马贼李逢春等。4月1日抵安东(即今丹东),不久成立同盟会辽东支部。旋以白在碱矿被捕,教仁乃东渡。(《我之历史》,陈旭麓主编:《宋教仁集》下册,第726—728页)

3月24日(二月十一日)　两广总督周馥致电外务部请防范孙中山私运军火。

电称:"前闻孙汶逆党有私购军火运内地之事,已密饬各关局严查。正有人自沪来询,据笃信洋行德商何福满云:去冬有他国洋人引荐广东人购买快枪子药等项,因无护照未允。该广东人遂自赴葡国购定快枪三千五百枝、枪子五十万粒、的那密炸药二千五百磅,并他项炸药。准今春三四月在澳门相近地方交付。"周馥已饬各关、局严查,并告葡萄牙领事查拿,后"又派员到澳门葡督处商议严禁,均已应允"。此外,周馥以为"葡国如果私运军火,或与逆党密商在中国海面交付,未必明运澳门堆储",请外务部"密告葡使转行沿海各葡官密谕

---

① 《申报》亦报道此事,但是与端方电奏颇有出处,如将黄兴误为王兴,王延旨误为王延等。《又饬密拿革命党》,《申报》1907年4月9日,"本埠要闻")

各商一体禁运,倘有抗拒及黑夜私运,遇有意外危险,惟违犯律章人担错,并请电刘驻使向葡外部相商严禁"。(《两广总督周馥致外务部电报》,中国第一历史档案馆等编:《清宫辛亥革命档案汇编》第 24 册,第 124—126 页)

外务部即于二月十三日致电驻法公使刘式训称,有关葡国与孙文党羽秘运军火之事,"除由本部面告葡使外,希再向外部切商严禁"。(《致出使法国大臣刘式训电报》,中国第一历史档案馆等编:《清宫辛亥革命档案汇编》第 24 册,第 142—143 页)

另一方面,鉴于本年 2 月初广东水师提督李准曾在澳门至香山洋面上拿获数十名"孙汶党羽","因探闻粤商年底回家,带银二十余万,欲劫夺购买军火作乱,不料被拿"。周馥根据新加坡领事孙士鼎及访事人称,"孙汶时往南洋,勾引华侨入会,先收银元若干,俟某处起事,有信再收若干",此为"孙汶谋乱,诱人入会,购买军火,毫无疑义"。且有传闻"孙汶近来贫窘,假此入会名目骗财物,以资度活",以及"其谋乱地方并无一定处所,总在省会及大市镇为多,以便事起易于呼应"。总而言之,"孙汶一日不死,总宜严防一日"。周馥并电咨两江总督端方、湖广总督张之洞一并严查。(《粤督密请严查孙党私购军火》,《申报》1907 年 4 月 12 日,"紧要新闻")

3 月 25 日(二月十二日)　《革命评论》发行第 10 号,也是最后一期,刊有《革命问答》《天诛主义》及章太炎的《邹容传》等文。由于社内的资金问题与内部分歧,以及日本政府的打压,《革命评论》停刊。宫崎寅藏在《清醒之语》中称:"编辑此志此后将因故终止。众多读者来书,要求本社继续发行本刊,然与本社来往人士之中,因其名与孙逸仙、盖尔修尼为伍,殊感为难者,亦属不少。本社同人已经一致议决,与其扬此而秘彼,不如将全部名单藏之于保密柜中。"(段云章编著:《孙文与日本史事编年(增订本)》,第 157 页;王晓秋:《改良与革命:晚清民初史事新探》,第 239—242 页)

是月下旬(二月中旬)　在河内设立指挥粤桂滇三省起义的领导

机关。

此前由香港至新加坡,协助筹办《中兴日报》。随行的胡汉民记称:"我记得是先到香港再到新加坡,再由新加坡到西贡,转到海防的。这是我第一次到南洋。"在新加坡和张永福、陈楚楠、林义顺会面,"此回见面,就是想把这个报纸重新确定方向标定革命宗旨,报纸名字就改为中兴报。我当晚就替他们作一篇发刊词。后来中兴报就成为本党在南洋的重要宣传机关。我们为这些耽搁了二三天,又转船到安南去了"。(《胡汉民讲述南洋华侨参加革命之经过》,冯自由:《革命逸史》第5集,第186—187页)

先至西贡,吸收广西三合会首领王和顺为同盟会员,后偕至河内。在西贡时,曾得到曾锡周、马培生、李竹痴等人的帮助,在堤岸则有李亦愚、李晓初、李卓峰、刘易初、颜太恨、关唐、黄景南等人的资助。(陈春生:《南洋华侨与革命》,《中华民国开国五十年文献》第1编第11册,第495页)

既抵河内,将兴中会分会改为同盟会分会,机关设于甘必大街62号。先后加盟者有杨寿彭、黄隆生、吴梓生、张奂池、甄吉亭、黄明堂、关人甫、曾克齐、罗锌、李福林、谭义、黎广、李菱、李佑卿、刘岐山、甄璧、梁秋、高德亮、麦香泉、何海荣、饶章甫、李应生、张邦翰、卢仲琳、张翼枢、林焕廷、陈耿夫、彭俊生、黎量余、刘梅卿、梁建葵、梁瑞廷、陈二华、梁恩等数百人。后又成立海防分会,以刘岐山为会长,设于台湾街32号万新楼①。(《海外各地中国同盟会史略》,冯自由:《革命逸史》第4集,第158—159页)

为从事秘密活动,与胡汉民均改姓陈。因筹措款项刻不容缓,曾电西贡曾锡周及巴黎张静江。张静江依前约邮来六万元。事后,指示胡汉民复函张静江,告两广边境情形、发动经过与今后计划。(《胡汉民讲述南洋华侨参加革命之经过》,冯自由:《革命逸史》第5集,

---

① 另说孙中山于三月离日本,经香港、新加坡、西贡,约于四月抵河内。(《孙中山全集》第1卷,第334页)

第 188—189 页）

4 月

4 月 2 日（二月二十日）　《神州日报》在上海发行，寄予为革命机关报。

创办人为同盟会员于右任。筹备过程中，孙中山曾予以支持，并要求"把《神州日报》办成革命的机关报，并以此为基地，联系'东南八省'的'党务'，开展革命的宣传工作。"（方汉奇：《神州日报》，丁守和主编：《辛亥革命时期期刊介绍》第 2 集，第 190—192 页）在留日学生钱玄同看来，《神州日报》胜《中外日报》《时报》等，"且不用满奴纪年，又口气之间露种族感慨，而言又颇含蓄。意者在内地，亦不得不投鼠忌器"。（杨天石主编：《钱玄同日记（整理本）》上，第 100 页）

4 月 6 日（二月二十四日）　两广总督周馥札饬防范孙中山联合会党运送军械。

4 月 2 日，署理广西巡抚张鸣岐咨照两广总督，据湖南巡抚岑春蓂称："会匪、孙文联党肆乱，在外洋购买军械，于书籍、仪器以及洋杂货箱夹带运入内地。"张鸣岐已通饬梧州、龙州、南宁等处关卡，"无论何项商人，务必逐箱开看，即刊刷验讫并无军械关单，注明年月日，盖用该监督关防"。本日，周馥亦札饬粤海关等税务司，务必遵照办理。（广东省档案馆：《两广总督等查缉孙中山革命活动密札》，《历史档案》1986 年第 3 期）

4 月 12 日（二月三十日）　两江总督端方密咨江浙等巡抚严密稽查孙中山等人运送军械。

两江总督端方接访闻员密报："本年正月二十六日，孙汶来沪，偕葛德明到新加坡运动军火。黄近午、仇锡昌、郑先声在东办事"，"先将银四五万两，到金山卫浏河、常熟及江浙等小码头，招集盐枭八九

千人,计船千余艘",然后聚众,暗传口令,举枪起事。由于时局不靖,
"去年直隶督部堂据洋员报告,即有孙汶逆党,暗中勾结盐枭之语",
端方以为访闻所得探报,恐非无因,遂即密咨江浙各巡抚,"一面恶棍
接济军火,方足以弭隐患,而靖地方","一面设法购线,将盐枭中之渠
魁头目,及暗中主谋之人,按名拿获,解交地方官审办"。(方裕谨:《清
政府迫害孙中山黄兴史料选》,《历史档案》1996 年第 4 期)报载,端方"闻革
命党首领孙汶又于前月回华运动,诚恐密布党羽,到处煽惑,特札
常镇道荣观察留心侦探",遂派委人员常驻通衢要道,稽查党人有
无举动。(《委员驻扎要地稽查革命党》,《申报》1907 年 5 月 13 日,"紧要新
闻")

4 月 25 日(三月十三日)　由章太炎编辑的《民报》临时增刊《天
讨》在东京出版,并以"中华国民军政府"名义刊发多种革命文件。

是月(三月)　章太炎、张继等人与印度人士钵罗罕等,在东京发
起"亚洲和亲会",旨在反对帝国主义,期使亚洲已失主权之民族,获
得独立。"凡亚洲人,除主张侵略主义者,无论民族主义、共和主义、
社会主义、无政府主义,皆得入会。"(汤志钧编:《章太炎年谱长编》上册,
第 243 页)

△　黄兴奉指示赴香港,拟往肇庆运动郭人漳部。既至,因郭部
已移驻他处,且因在香港活动不便,仍返回日本,与刘揆一等筹商购
械,接济秋瑾等人策划的皖浙起义。(刘揆一:《黄兴传记》,饶怀民编:《刘
揆一集》,第 150 页)

是年春　同盟会成员杜潜由日本返国,在开封成立同盟会河南
支部,公推刘纯仁为支部长,是为河南有革命团体之始。(周源:《同盟
会河南支部成立时间考》,《中州学刊》1985 年第 4 期)

△　同盟会湖南分会重新成立。

先是,宁调元由日返国,同盟会本部委托他成立湘分会。宁转委
刘谦、李隆建办理。刘、李于是联系黎尚雯、刘劲、刘钺、曾广轼、李振
锷、彭一湖、李剑农等,在长沙妙高峰卷云亭开成立会;其后曾杰、焦

达峰、文斐、龙毓峻等加入，规模日以扩充。（刘谦：《宁调元先生事略》，《建国月刊》第 3 卷第 2 期）

5 月

5 月 1 日（三月十九日）　致函陈楚楠、张永福，询问《中兴日报》、同盟会分会等事务进展，及李水龙行止。

抵河内后，曾致陈、张，嘱对其行止保守秘密，"惟法京使馆随员张人杰君，有事相约，闻近将返国，若过星坡，定访兄等，则宜告知弟之近踪，并通电之处"。本日，又去函询问："《中兴报》已开办否？《天声报》能合并否？分会改章后，同人热力定增，所举新职员几人？"由于未得答复，遂于是日再致函，询问"贵埠团体进步若何"，并告此前与李水龙所约北海之事，因已有人办理，不必来，"惟港中需材至亟，水龙兄若仍复有心，望即速往港，相助为理，请两兄代为致意，俾其早定行止"。后，李水龙仍赴河内，并多带二人，因"只约李君一人来此，今渠竟偕他友二人同来，已为失约"，且所带的林干廷不足信，故避而不见，托称已离河内赴香港。（《致陈楚楠张永福函》《复张永福函》，《孙中山全集》第 1 卷，第 335－336 页）

5 月 12 日（四月初一日）　三那反清斗争失败。

广东钦州所属那黎、那彭、那思三墟人民以乡绅刘思裕为首，反抗官府苛重糖捐，组织万人会，遭钦廉道镇压，死数十人；粤督周馥派统领郭人漳、标统赵声率兵，会同总兵何长清往剿。是日，占三那，杀刘思裕及乡民无数。钦廉人民乃派代表赴河内向孙中山乞援，愿为内应。（《丁未钦州防城革命军实录》，冯自由：《革命逸史》第 5 集，第 104－105 页）

当钦廉举事时，孙中山曾派邝敬川往见刘思裕、黄世钦、唐浦珠等，劝与革命党一致进行，刘等赞成。又派胡毅生入赵声营，约郭、赵乘时起义,至则队伍已开拔。又派陈油送信告毅生,"言钦廉用兵,已与党人联,勿相杀"。但陈抵北海时,郭、赵已经出发,陈畏葸不敢赶递,至郭不悉内情,派兵镇压。毅生在军中以消息不通,乃往河内见孙中山,始知误会之由。(邓慕韩:《书丁未防城革命军事》,中国史学会主编:《辛亥革命》第 4 册,第 546—547 页)

5 月 14 日(四月初三日)　直隶总督、北洋大臣袁世凯电奏孙中山谋划购置军火,由洋商潜运内地。

电称:"近来迭据探报,孙汶逆党购办大批军火,潜运谋乱",即电知各省关严查防范。据津海关道禀:"德商瑞记承运吉林订购毛瑟枪四千余枝内,夹带潜运曼利快枪七千八百枝枪、刺五千把、子弹三十万余颗,当经查获,既无官发专照,又不能指明何人所运,照章扣留"。"查孙汶逆谋方张,洋商夹运大批军火,显有隐谋,已批饬悉数充公",应电饬沿海沿江各省重悬赏格稽查潜运军火事宜。(《北洋大臣袁世凯致外务部电报》,中国第一历史档案馆等编:《清宫辛亥革命档案汇编》第 25 册,第 7—9 页)

15 日,清廷电谕袁世凯:"私运军火,本干例禁,着该督即行严饬究办,并着沿江沿海各省督抚认真稽查,重悬赏格,如获有私运大批军火道税司,均准请奖。各该督抚等务当随时防范,以销隐患。"(《电旨》,中国第一历史档案馆等编:《清宫辛亥革命档案汇编》第 25 册,第 18 页)

18 日,袁世凯又电奏:据津海关道禀称,"风闻瑞记洋行在德国定购老毛瑟枪三万枝,限六个月由德运出,恐其中有私运来华之物",应饬各关道严密查访,凡由该行从德国来华轮船到口岸,务必加意严查,以杜私运。(《北洋大臣袁世凯致外务部电报》,中国第一历史档案馆等编:《清宫辛亥革命档案汇编》第 25 册,第 37 页)

后驻华德使专为此事照会外务部,称:"前日津海关查获德商瑞记洋行军火一事,据该商称此项军火系一英人在上海订购,本系言明由英人设法包运,后英人不至,故只得自运至津,以至为关吏所得。

否则如果知情,岂有贸贸然自运至津之理? 尚需查勘。"(《德使不认私运军火之照会》,《申报》1907年7月2日,"紧要新闻")

5月16日(四月初五日)　两江总督端方电奏探闻孙中山赴新加坡购买军火,并收买沿海盐枭协助贩运。

电称:自直隶查获德商潜运大批军火后,奉旨严饬各关各属认真办理。在上年已获闻"孙逆谋,即派多人严密侦察",今年二月间,"访闻孙汶于正月二十六日曾经来沪,偕葛德明到新加坡运动军火,黄造午、仇锡昌、郑先声在东办事。闻其办法,谋以银数万两到金山卫、浏河、常熟江浙等小码头招集盐枭数千人,船千余艘,每船给银三十两,为贩私之本,以贩私盐,激动官兵来捕,即同时拒捕起事。更以重金购死士于官署掷放炸弹,以乱人心"。此消息未敢遽断真伪,只得严加防范,严饬各关及各属文武密派得力员弁查拿。(《两江总督端方致军机处电报》,中国第一历史档案馆等编:《清宫辛亥革命档案汇编》第25册,第28—31页)

5月21日(四月初十日)　两广总督周馥电奏孙中山将由葡属回华举事。

周馥于15日接新加坡总领事孙士鼎电称:"孙汶前一礼拜同八人由葡属地那经萨摩岛回华谋作乱,过广东省城",后经询问,知萨摩岛即苏门答腊,地那即日里,"乃苏岛一城,华侨皆苦工,必无力资助孙汶"。本日,周馥致电外务部,认为孙由苏门答腊回国,"非到广东,即到厦门"。据拿获的孙党陈纯供:"未闻孙汶回华谋乱之说,孙汶每回过香港,多住法国船,不上岸。在安南常有三五人同行,在厦门不回避,可以拿他。"现已饬将陈纯正法,并密函闽浙总督、厦门道密防。至于孙党至广东举事,周馥以为不大可能。"近日香港有为孙汶管外事之邓子瑜开一客栈,必谋煽诱,已派人侦察,并托英官设法防制。按广东现在布置情形,孙汶未必遽能起事,惟处处防备,不容稍懈。惠州府会匪最多,时虞勾结,已密属惠州府守陈兆棠严防。惟孙汶党羽众多,未必专在广东谋乱,各省皆宜侦缉,诚恐百密一疏。"周馥同时建议由外务部密商英国、葡萄牙驻华两使,"电属香港、南洋各督,或不准孙汶上岸,或圈住一地,免其来往各岛摇惑人心,于商务、民情、邦交三者均益"。并请达军机处。两天后,即23日,外务部始收到奏电,而黄冈起义已于22日爆发。(《为孙汶欲由葡属回华起义等事》,中国第一历史档案馆藏,电报档,档号:2—05—12—033—0284)

5月22日(四月十一日)　潮州黄冈起义爆发。

本年正月,黄冈起事未发而止,许雪秋赴港报告,"并电知总理。旋得总理复电,谓起义须惠、潮、钦、廉同时发动,以便牵制清军。万勿孟浪从事,致伤元气"。(邹鲁:《中国国民党史稿》,第718页)起义前,孙中山曾致函香港富商陈席儒、陈赓如、杨西岩,请筹十万元军饷,为陈等所拒绝。(《丁未潮州黄冈革命军实录》,冯自由:《革命逸史》第5集,第88—92页)有传闻称,孙中山在举事之前,计划由此而"据广西、福建、江西等省"。(《西报纪潮州大乱情形》,《申报》1907年6月2日,"紧要新闻")

许雪秋即在港策划,命令余既成、陈涌波等在黄冈活动,专候香港命令。因党人聚众开会,为清吏注意,潮州镇总兵黄金福派守备蔡河宗带队赴黄冈,于21日晚在城北门外演戏时捕去余姓二人,指为党人父兄。既成等即议定于次日晚率众千余起事。既发,往扑协署,并分兵攻城内各衙署,各署官员或逃或死或被执,协署头门焚毁,蔡军降。革命军入拓林司署,擒司官巡检王绳武、城守把总许登科,诛之。因执都司隆启,同知谢兰馨逃走。

占领黄冈后,党人按革命方略所规定布告安民,令各行店照常开市,铲除一切苛捐。以首领未来,未进兵攻略他处。兵备道沈传义逃至汕头,电粤督告急。周馥令统带胡令宣带兵一营、水师提督带亲兵三营续备队一营往救,并商闽督调兵会攻。电令黄金福立功自赎,黄率队扼洪洲。25日,方汉城、陈宏生由汕头赶到,余既成等即推宏生为临时司令长。以孙文名义布告一切。24日香港机关始知事起。由汕头赴港的方次石偕许雪秋见冯自由、胡汉民报告各事。25日雪秋等十余人往汕头;是晚陈涌波率部攻洪洲,不利,颇有死伤。涌波命蔡德回黄冈求援,众闻耗几溃,既成誓众死战,蔡德复率众往救。旋以清军游击赵祖泽率兵由水路至,夹击革命军,死伤数十,势不支,乃退却。

27 日,余既成等开会议进止,皆以械劣弹乏,不能再战,宣布解散,留一部退入乌山岭,释放隆启、蔡河宗。黄金福入城,惨杀乡民二百余人。当时许雪秋、乔义生及萱野长知在汕头幸阪旅馆,计划丰顺揭阳等处起事,后移礐石医院;方汉城来报告失利经过。以事无可为,于是同乘苏州丸赴港。不久,余、陈等人亦到香港。孙后称“此为予第三次之失败”。

台湾报社在汕头社友记此次“南清暴动别报”,对于党人则称为“暴徒”。关于起事情形,称“黄岗北距汕头百二十八清里,为福建境之都市,人口十万,为殷盛之区。去二十二夜二时前后,黄岗城内,俄然暴徒蜂起,袭击诸官衙,放火焚毁。黄岗同知谢某并黄岗都司王某及税务官吏,均为杀害。贼势极为猖獗,官兵与战不克,遂揭白旗,降于贼军。该地方一带,为贼军所占据”。

关于清政府的应对,“警报之达于潮州也,沈道台立命黄镇军出兵。二十四日,黄镇军就各地之兵,挑选百五十名来抵汕头,乘小轮船,驰赴战地。是等之兵勇,一见与苦力无异,兵器生锈,到底非堪一战者。其自本月廿六日拔队者,皆俄然召集之兵,其兵器则由潮汕铁道借出统砲五十杆,弹丸数千个。如此之兵,实不满人意。故沈道台电请广东总督,乞派兵来援。又接广东报道,谓有六千之兵,自厦门来援云”。

关于革命党人的组织,称“由来在黄岗地方,有秘密结社之三点会,其势力及于福建地方,从来称为难治之处。此三点会之主义,与孙逸仙相同,欲图革命者,此际暴徒之首领,虽未知为何人,然谓为孙逸仙之党羽邱某。又谓孙逸仙现寓新嘉坡,募集军费六十万圆,购买军器。故今日多疑两者之间,必有何等之消息,在此次之蜂起,虽为实行从来之主义,然其近因则在设置厘金也,观彼等之行动,则与从来之匪徒不同其趣。则彼等经布告曰:吾等虽与官构兵,然非欲犯商民者,须各安其堵,以勤常业也。为此该地之商业,不受何等之影响,又匪首因市中之米价,昂贵至八十文,即发命令禁各米商,不得售过五十文。此举大得人民之欢心,加盟于此暴动者,忽增数千人,既一方占领东陇,又于他方陷浮于心。饶平城亦亦归彼等之所有此次之暴徒,则插白布于辫发,附红布于两袖,以为其记号云"。

至于起事者的领袖问题,"第一信谓暴徒之首领为孙逸仙之党羽邱垂,然闻系孙逸仙自己,谓彼自新嘉坡归来,待军备充实,而始举事也。又孙逸仙之幕僚,为由该地方及广东地方前往日本留学者,巧于揽收人心,且优于战略云。其在黄岗所揭告示,大书革命政府大都督孙,载明游手好闲者杀,强买强卖者杀,奸淫邪盗者杀,吸食洋烟者杀,临阵退缩者杀云云。且曰各生理如常交易。彼等蓄藏多数之兵器弹药,且行使军用票以收集粮食。而地方之富豪供给军用金军用米者,亦为不鲜云。即此可知其势力之如何矣"。(《南清暴动别报》,《汉文台湾日日新报》1907 年 6 月 1 日,"杂报")

当时关于黄冈起义的领导人,言人人殊,有所谓指挥者为日本人之说。"据真野秋津洲舰长所云,闻上海地方所谣传,谓暴徒为孙逸仙部下,当指挥之任者,则为日本人,众口一辞。"(《南清暴动后闻》,《汉文台湾日日新报》1907 年 6 月 26 日,"杂报")

5 月 26 日,两广总督周馥电奏平定乱事情形,至于举事者是否与孙中山有关,仍未得确报,仅称"东江一带,向多三点会匪,此次如何起事,是否孙汶煽惑,未据查报。惟既戕官聚众,应即痛剿,已派提督李准亲带四营前往速剿,凡彼处各营全归调遣"。另电闽浙总督松寿,请速派兵截堵。(《为筹剿黄冈股众事》,中国第一历史档案馆藏,电报档,档号:2—04—12—33—0400)

5 月 25 日(四月十四日) 出使意大利大臣黄诰电奏已知会意国禁止洋商私运军火,"该外部面允饬禁"。(《出使意大利大臣黄诰致外务部电报》,中国第一历史档案馆等编:《清宫辛亥革命档案汇编》第 25 册,第

130 页)

5 月 28 日（四月十七日）　两江总督端方札饬防范孙中山由苏门答腊运回军火。

此前因直隶津海关道查出德商夹带军火事件,清廷令沿海沿江各督抚认真防范孙中山等革命党密运军火入境,图谋举事。两江总督端方传饬各属访查革命党活动。(《江督电奏访查逆党布置情形》,《申报》1907 年 5 月 30 日,"紧要新闻")本日,端方秘密札饬新胜营统领徐宝山:"孙汶党羽,私运外洋军火,勾通内地盐枭,希图暴动,已通饬严密防缉在案。兹经本部堂访闻确实消息,该匪孙汶,将由苏门答腊回华谋乱,运来中国毛瑟快枪,计有三万杆之多。除被津关查获七千余杆外,尚有未获快枪二万二千余杆,已分运至各口岸。现在事机急迫,必须处处严防,时时侦察,断不容稍有疏忽,致生意外。"(方裕谨:《清政府迫害孙中山黄兴史料选》,《历史档案》1996 年第 4 期)不久,江苏巡抚陈夔龙于 6 月 4 日收到周馥来电,略谓:"新嘉坡领事缉严孙汶羽党陈纯一名,供出孙汶在新嘉坡私购军火,分运回华,现孙已由苏门答腊地方改装易服,潜回中国,至各处煽诱入会,约期五月或七月间起事,应请饬属一体严密缉拿,加意防堵。"陈夔龙即通饬各属文武官员,认真缉查,不得疏忽。(《粤督电请严缉逆党》,《申报》1907 年 6 月 5 日,"紧要新闻")

△　两广总督周馥因革命党在黄冈起事而开缺,由岑春煊补授。(中国第一历史档案馆编:《光绪宣统两朝上谕档》第 33 册,第 58 页)

此次人事变更的导火索是潮州黄冈起义。据称:"黄冈之乱作,清廷以周馥为无能,特简岑春煊以代之。盖以岑之政策军略颇优,有乃父风,能杀同胞以媚彼族。恐孙逸仙非洪秀全之比也。"慈禧太后敕语岑氏曰:"现在广东匪乱,闻排满党之王胜及孙文亦在其内,撒布军票,纠结愚民。各国派遣军舰,大局堪虑。卿世世诚忠,宜努力赴任,灭此匪徒。"闻岑氏对曰:"匪乱不足忧,两宫请安宸襟。"(《新月旦·黄冈》《南清暴动谈》,《汉文台湾日日新报》1907 年 6 月 9 日、23 日,"杂报")周馥则将此次开缺视为党争的余绪,称"朝臣党争,互相水火,枢臣疆吏有因之去位者,遂波及于余。传闻某枢奏广东匪多,周某年衰,恐筋力不可及,可以某某代之,实挤某某出京也"。(周学熙等校:《民国周玉山先生馥自订年谱》,第117页)

岑春煊奉命后,以假未满为借口滞留上海,广州粤商电请政府促岑速来粤。后南洋等处粤籍商人,又联名电禀外务部、农工商部恳请代奏,略谓:"粤省余匪尚少,伏莽蔓延,革命党孙文潜布党羽,分散票布造为谶纬之说,四处播煽谣言,以惑人心。从者日众,民情惶惧,生计艰难,若不从速解散,恐祸延旦夕,为患不堪设想。请饬岑春煊迅速赴任。"据称已奉旨将原电录交岑氏阅看,"并饬假满即赴新任"。(《南洋粤商渴望岑督来粤》,《汉文台湾日日新报》1907年8月3日,"杂报")

29日,清廷谕岑春煊:"广东地方紧要,现在廉、钦等处均有土匪滋事,潮州府属之饶平县境,竟有聚众戕官重案,周馥恐难胜任,非得威望素著、情形熟悉之人,不足以资镇慑。该督向来办事认真,不辞劳怨,前在该省筹防,一切深合机宜,是以特加简畀,务当迅速赴任,通筹布置,安良除暴,消患未萌。"(中国第一历史档案馆编:《光绪宣统两朝上谕档》第33册,第60页)

6 月

6月2日(四月二十二日)　邓子瑜等发动惠州七女湖起义。

孙中山命许雪秋在潮州运动时,原计划惠、潮两府同时举事,以分清军之势,先后遣黄耀庭、余绍卿及邓子瑜从新加坡返香港,负责惠州等处军事行动。

4月下旬,黄耀庭至港,从陈少白处获悉港英政府已注意其行动,畏葸不前,即从冯自由处领得一千二百元返新加坡。余绍卿亦领取公款一千五百元,返回内地后不知去向。邓子瑜返港,原任黄耀庭助手,后因黄离港赴新加坡,遂负全责,与陈纯、林旺、孙稳等在归善、博罗、龙门等处起事。结果仅七女湖一路发动。

七女湖离惠州府城二十里,系归善县属一墟场。是日,陈纯等集合少数会党起事,劫夺清军防营枪械,击毙巡勇及水军巡船哨弁多人。5 日进攻泰尾,克杨村、三达等墟。7 日至柏塘,杀清军哨弁一名,尽缴营勇枪械。然后分攻八子爷、公庄等处,各乡会党纷纷来会,声势大振,府县急电广州营务处拨兵驻扎。

两广总督周馥迭接惠州知府陈兆棠请兵电,檄调驻惠各路营勇东路巡防各营管带洪兆麟、李声振、吴鳌等率所部会剿,复调新会巡防营钟子才赴援。时党军二百余人,转战水口、横坜等处。12 日,林旺在八子爷邀击洪兆麟部,洪中枪落马,所部死伤颇众,李、钟各部亦连战败北。周馥又电饬水提李准从黄冈移师惠州,由澳头登陆,与党军战。十余日后,得邓子瑜从香港派人来报,知黄冈失败,他处未响应,且械弹缺乏,乃移队至梁化墟附近,埋械解散。(《丁未惠州七女湖革命军实录》,冯自由:《革命逸史》第 5 集,第 99－102 页)孙后称"此为予第四次之失败"。

6 月 4 日(四月二十四日)　开缺两广总督周馥要求外务部与英国交涉驱逐孙中山。

广东官员在黄冈起义爆发后,极其注意孙中山及邓子瑜动向,后"查得惠州府人邓子瑜,系为孙汶党内著名头目,行踪诡秘,到处勾煽。特咨会水师提督李准,谓访闻邓子瑜现在潜匿香港,请密饬查探。是否确在香港,请详细查明咨复"。(《咨会查拿孙汶党羽》,《申报》1907 年 6 月 13 日,"琐事栏")

经确认后,周馥于本日致电外务部称:"前接新嘉坡总领孙士鼎电,探闻孙汶有回华作乱之谣,当经电达大部。现访闻孙汶改洋装住香港公益报馆。又有同党邓子瑜住香港安祥客栈。前获逆党陈纯供,邓子瑜为孙汶管外事,现闻招集香港匪徒,入内地勾引乱民滋乱。前日黄冈戕官案,即是逆党。昨日惠州府拿获十三匪正法,即供从香港来。务求大部速密电商英使,转电英政府饬港督速将二逆逐出,非此不足保护中外治安。"①(《为访闻孙汶在港希商英使转饬港督将其驱逐事》,中国第一历史档案馆藏,电报档,档号:2－04－12－033－0317)

7日,外务部复电称:"顷官商英使,允电询港督查察实在情形,并电驻广州领事与粤督接洽,俟复到再行商论。但孙来去不定,应由粤督将其实在下落告知领事,转告港督。"因此,外务部希望周馥先"径与英领接洽,并将查访情形随时电达"。(《致开缺两广总督周馥电报》,中国第一历史档案馆等编:《清宫辛亥革命档案汇编》第25册,第248－249页)

6月5日(四月二十五日)　函告张永福国内起事情形:潮起于东,钦廉应于西,全省风动,此外尚有数路义军次第俱发,合广、韶、惠、潮、钦廉诸军,以联为一气,大有可为。望导掖诸人以接济。

又告同盟会河内分会已经成立,诸会员多热心之士,办事认真。当下在河内行踪极秘密,除三四办事人外,无人知也。"兄处如有书信至河内分会,不可提及弟之所在。其与弟往复信件,若系公函,可寄至香港转交。若系兄等秘密函件,则寄来此处。因现在有事之时,较诸早日更当机密,方便于筹策。兄对于星坡同志亦望守此秘密为要。"(《复张永福函》,《孙中山全集》第1卷,第336页)

外界似亦洞悉孙中山数路起事的策略,"其计划殊深,亦有策谋之编制"。此计划始于"去四月孙逸仙与山本大将同船去本邦,渡航南清。尔时革命军揭旗所关,准备略整,然尚窥时机,待入六月举事。乃广东省同志者,错记其约,遂以五月下旬发觉,致计画颇龃龉,首领辈亦不能如何,只任其决心奋斗而已。据在京同志者来信,谓最初之计画,南清各省无论矣,至陕甘山西地方革命派互通气脉,所定一时揭旗,因误时机,顿失各省之应援。且如广东附近开炮火,起于饶平

---

① 该电此前有整理刊载,文字有改订,如将"新嘉坡"改为"新加坡""孙汶"改为"孙文",并缺漏"转电英政府"一句。(《两广总督周馥为孙中山现住香港致外务部电》,《历史档案》1985年第1期)

县,亦计画龃龉之一"。(《南清叛党揭旗之龃龉》,《汉文台湾日日新报》1907年 6 月 17 日,"杂报")

6 月 7 日(四月二十七日)　致电平山周,希望在日本寻求军援。

函告:"两广义师已分道并起,云南、四川皆可响应。现□资械为联合之要需,日本义士能否相助?若助资,可电寄河内,用 LongSang 名收;同时以电通电 Chantung。若助械,可托三上船运来。得回电,当再定授受之地。"LongSang 即黄隆生,亦作黄龙生,河内殷商;Chantung 即胡汉民,化名陈同,时在香港。14 日,又电平山,告"订购一万。先送铳二千,弹二百万"。(《致平山周电》,《孙中山全集》第 1 卷,第 337 页)

6 月 8 日(四月二十八日)　开缺两广总督周馥为孙中山及党羽在香港、河内活动一事电外务部,要求与英使、法使交涉驱逐。

周馥电称,经派员赴香港查探孙文行踪,"查孙现不在港,惟其党魁邓子瑜仍住港旅安祥栈","邓子瑜乃孙文党首,邓若留港,党伙均有所附,其为害实无异孙文。务乞大部迅商英使电港督将其驱逐,于彼此商务大局均益"。(广东省档案馆编译:《孙中山与广东——广东省档案馆库藏海关档案选译》,第 698 页)外务部亦收驻奥地利代办吴宗濂电,称"逆首孙汶道出香港,与法报、时报访事杨鲁特畅言乱事,并渠漏网事,于西七号电达报馆刻登。查前英相抄照会龚使允饬港督禁阻该匪登岸,大部若诘英使,当能驱逐"。(《为孙汶道出香港若诘英使当能驱逐事》,中国第一历史档案馆藏,电报档,档号:2-05-12-033-0345)

同日,周馥又电称"顷接龙州庄道电称,据探报,有言孙汶已到河内十日,终不露面,秘密之议甚多,寻常会友,均不能入。会党中人,近甚忙碌"。"查河内距滇、粤最近,近日钦、廉事未平,深恐孙党乘机煽诱。孙到河内,似非无因。乞大部迅商法使,饬查驱逐。"(《开缺两广总督周馥致外务部电报》,中国第一历史档案馆等编:《清宫辛亥革命档案汇编》第 25 册,第 257-258 页)

外务部随即照会法国驻北京公使波普斯卓氏(又译巴思德),希望其告知越南总督在越南协助逮捕中国革命党人,文称:"接粤督密电,言革命党孙汶近日滞在越南地方,招聚会匪,勾结钦廉乱民,谋为不轨。查广东钦廉府与越仅隔一衣带水,现余匪尚未靳平,诚恐死灰复燃,治安大有妨碍。请密商越南总督为中国除灭巨蠹,实于中法交谊大有裨益,深望俯念邦交,以维大局。"(《清国议捕革命者》,《汉文台湾日日新报》1907年7月6日,"杂报";《电请法使转饬越南总督协拿巨匪》,《申报》1907年6月19日,"紧要新闻")而法国公使亦向清朝外交部交涉,因革命活动的影响,"外国居留民、宣教师、教会等,俱有多少被害","欲配兵保护自国民","美国亦有意将派遣保护兵"。(《南清暴徒及列国》,《汉文台湾日日新报》1907年6月17日,"杂报")

6月9日(四月二十九日)　两江总督端方差委何宸章赴香港查探孙中山及党羽行踪。

札称:"近闻革命党头目孙汶等,在广东省地方,私出安民告示,煽惑愚民,潜谋不轨。该逆等既以提交逋逃之薮,而转运军火,亦以提交根据之地。香港为各国轮船来华要道,并无中国官员驻扎其间,非专派精干得力之员,常川驻港,密秘侦探,不足以伐其诡谋,消弭巨患。"特委分省候补知府何宸章赴香港设法秘密探访,"每月应给薪水银一百两,邮电、夫马等公费银一百两,均由巡警总局开支",务必认真侦探,不得摭拾浮言塞责,"亦不得稍有泄漏,致有贻误"。(方裕谨:《清政府迫害孙中山黄兴史料选》,《历史档案》1996年第4期)

6月10日(四月三十日)　因两广总督岑春煊奏拟预备立宪实施步骤,请旨施行。本日,上谕内阁、各部院会议具奏。至于各省应设谘议局的问题,由督抚妥议具奏。(中国第一历史档案馆编:《光绪宣统两朝上谕档》第33册,第68页)

6月11日(五月初一日)　驻奥地利代办吴宗濂电告交涉港督驱逐孙中山。

电称:"逆首孙汶道出香港,与法报《时报》访事杨鲁特畅言乱事,并渠漏网事,于西七号电达报馆刻登。查前英相沙照会龚使,允饬港督禁阻该匪登岸,大部若诘英使,当能驱逐。并电粤督伺隙密拿,容可就获。"（《驻奥地利代办吴宗濂致外务部电报》,中国第一历史档案馆等编:《清宫辛亥革命档案汇编》第 25 册,第 296 页）

　△　同盟会成员刘思复谋炸广东水师提督李准,不慎意外爆炸受伤被捕,粤吏研讯多次,均无佐证,判解香山原籍监禁。（《心社创作人刘思复》,冯自由:《革命逸史》第 2 集,第 190—195 页）

6 月 13 日（五月初三日）　清政府向法国方面要求引渡孙中山。

黄冈、七女湖起义后,清政府再次提出将孙中山引渡给中国法庭的要求,法国公使埃·巴普也在他的紧急信件中敦促印支总督,即使按照国际惯例,孙中山作为政治流亡者不应被引渡,至少也应将他驱逐出越南。印支总督保尔·博回答说,据传孙中山已动身去云南,但不知其行踪;对于是否应按法律引渡孙中山,他表示拿不准。但他表示,一旦获知孙中山的行踪,我将直截了当地请他离开法国领土。但在 6 月 8 日,法国《时代》杂志刊载了记者在河内访问孙中山的报导。（〔美〕金姆·曼荷兰德著,林礼汉、莫振慧译:《1900—1908 年的法国与孙中山》,《辛亥革命史丛刊》第 4 辑）

本日,法国驻华公使巴思德致函本国外务部长,谈及他对孙中山的看法,颇不以为然。他称:"孙逸仙真的如外务部说的那样是一切革命运动的灵魂吗? 我个人认为,这个按照欧洲方式生活在国外的煽动分子的作用被过分地夸大了,如果他在中国冒险,那他还远远不能激起人们对一个正在进行一场苦战的党派领袖应有的狂热崇拜。他太注意使自己远离危险,而其他人却在冒着风险。可是,中国政府终究是用他的名字来指称那股威胁它的力量的,而给这个人以庇护就成了中国政府眼里明显的敌对行为。所以如果我们不想使中国政府不满,那我们就得同孙和他的事业分开。也许是我弄错了,反正我不能相信,我重申一遍,我不能相信孙逸仙是一股有前途的力量,同他联合有什么好处。在我看来,即使满清皇朝垮台了,他也不会被请

来当中国的领导人。"(《巴思德致外交部长先生》,章开沅等主编:《辛亥革命史资料新编》第 7 卷,第 56 页)

20 日,法国殖民部部长称印度支那总督认为"我们不能把一个被指控为暴乱煽动者,而又多次受到英国和日本礼遇的人交给中国。如果再次见到孙逸仙的话,他将谨慎地请他离开印度支那"。(《殖民部长致外交部长先生》,章开沅等主编:《辛亥革命史资料新编》第 7 卷,第 57 页)

6 月 14 日(五月初四日)　报界预计留日学界又将起风潮。

由于广东潮州黄冈、惠州七女湖之事暴发,"有谣传创议者即系留学生,而孙逸仙及章炳麟诸人又发行《民报》,鼓吹革命风潮,致中国政府惧疑不已,遂授意杨使从使馆派出秘密员至大阪等处,伪称考察学校,实则窥探留学生是否与革命党联络"。此端一开,恐怕又将引起大风潮。(《申报》1907 年 6 月 14 日,"东京通信")

潮州、惠州举事之时,黄兴在日本发表言论,称"清国之革命,将经过十年之际可得实行。如来日留学的学生,大多寄望于回国后当官,不足为革命实行时的朋友。但身在本国的友人及其他革命党派正等待时机。即如张之洞亦知晓清国革命早晚不可避免,当他对现政府企图反抗的时候,即是吾等能够实行革命之时"。后黄兴于 6 月 13 日秘密赴香港。(《清国流亡人士黄兴之言论》,章开沅等主编:《辛亥革命史资料新编》第 6 卷,第 117 页)

6 月 15 日(五月初五日)　外界舆论开始对革命党近期起义给予肯定,亦对今后革命活动寄以希望。

台湾舆论称:"侨寓当地之某氏,于去十三日接得孙逸仙之密电,谓我革命军在贵州独山举事,其势极优,威震广西,钦廉二州连日开战,我革命民军大胜,官军弃铳械而走。又惠州之方面,七女湖之革命党员奋起,其势日增云。某氏对于此事,谓孙逸仙既往十年间,尽瘁苦心,方得广东、广西、云南、贵州、湖南、湖北、四川等处之联络完成,以胜算可操,骤然而起。是今后之运动,真有可刮目之价值也。"

《南清之风云》,《汉文台湾日日新报》1907 年 6 月 15 日,"杂报")此消息又得
《字林西报》及《申报》转载。(《西报纪南方乱事日甚》,《申报》1907 年 6 月
18 日,"紧要新闻")

　　6 月 18 日(五月初八日)　外务部致电滇督、桂抚,严防孙中山
入云南。

　　电谓:"前准粤督电,孙汶窜入河内,当商法使查拿。顷该使据越
督复电,该逆道出北圻,派捕密侦,已溯红江而上,想系赴滇。等因。
希密饬防范,倘有赴滇情事,应即严行查拿,毋任漏网,并电复。"(《为
孙汶已溯红江而上倘赴滇省即严拿事》,中国第一历史档案馆藏,电报档,档号:
2—05—12—033—0354)

　　6 月 19 日(五月初九日)　报载直隶总督袁世凯派高等侦探获
得孙中山散票起事的确证。所获即为 1906 年 1 月 1 日所发的军债
券,袁世凯即将此票印刷,发各属查禁。(《北洋查孙汶散票确据》《直督通
饬严查孙文银票》,《香港华字日报》1907 年 6 月 19 日、8 月 20 日,"京省")

　　6 月 20 日(五月初十日)　开缺两广总督周馥电奏邓子瑜被逐
出港,及革命党拟从越南入两广边界。

　　电称:昨日,港督已将孙党头目邓子瑜押上轮船,送往新加坡。
"孙汶实未在港,闻港官言,如上岸,亦必驱逐。至前闻孙汶在河内,
请大部密商法使,告越督驱逐,未知有回信否? 近日探得越南忽有革
命党之人私入两广边界,欲到三那煽惑,前日攻那彭时,已获一名正
法,现仍密拿。"(《为探闻越南有革命党私入两广边界事》,中国第一历史档案
馆藏,电报档,档号:2—05—12—033—0362)

　　次日,外务部电告周馥,来电已悉,关于河内事,"本部已商法使
电越督,昨准法使称,接越督电:孙于前日道出北圻,并未聚徒演说,
当派巡捕密瞴该逆行止"。(《为越督称孙汶道出北圻溯江而上已电闽省密
拿事》,中国第一历史档案馆藏,电报档,档号:2—05—12—033—0367)

　　6 月 22 日(五月十二日)　由张静江、李石曾、吴稚晖等人创办
的《新世纪》周刊在法国巴黎刊行。

据李石曾称,孙中山为《新世纪》创刊的"扶导员"。该杂志"冀为一种刻刻进化,日日更新之革命报",羽翼革命思潮,"纯以世界为主义",举凡能发起"与世界种种之不平等者为抵抗,一切自包其中"。(《新世纪主人张静江》,冯自由:《革命逸史》第2集,第211—212页;《新世纪发刊之趣意》,《新世纪》第1号,1907年6月)

不久,《新世纪》遭留学生举报。据称,有"欧洲留学生某密禀政府某大员,并寄呈《新世纪》丛书一册、《萍乡革命军马福益》一册、《社会学书报绍介目录》一册"。清廷电告驻法钦使刘式训查明该报宗旨若何,是否主张革命,从速与法外部交涉,立即查禁,以遏乱萌而睦邦交。(《电饬法使商禁革命书报》,《申报》1907年8月11日,"紧要新闻")

6月24日(五月十五日)　安徽巡抚恩铭饬属严防革命党举事。

据报载,安徽巡抚恩铭本日接直隶总督袁世凯、两江总督端方电,传闻"孙文党羽在长江一带勾结匪徒,暗谋起事,沿江各埠务须严加防范"。恩铭接电后,密饬芜关道文仲云观察暨沿江各营汛,一体防备。(《皖抚慎重江防》,《申报》1907年6月25日,"内治部")

6月25日(五月十五日)　近期行踪被云贵总督锡良电告外务部。

锡良电称:接桂抚转电,获部电称"孙汶潜赴越南,称有入滇之说,嘱严防密缉"。即密电沿途文武遵办。兹据蒙自魏道电禀,密饬黄守河源拣派巡弁张鸿玮改装搭车前往河内、海防密探。据称:"探得孙汶随带十余人前月廿一日到河内,住西人乌巅饭馆四日,旋往海防住三日,即往新嘉坡。河、海两埠,广人尽多入会商议甚密,无从探悉。据相识之越人告以孙党甚众,有人保护,往来无阻,潜商虽密,微闻系接叛党函,现夺踞三城,速设法接应,盖拟借洋款购兵轮、置枪炮,遣党目苏林往广东,关仁辅往河阳,孙往新嘉坡、槟榔屿,大概亦邀约举事等情。查孙汶潜往新嘉坡,自未入滇,惟早遣党分赴广东等处,自应严密查办,以消隐患。除电饬魏道仍随时设法探访,毋稍疏懈外,应电请酌核办理。"(《为探闻孙汶由河内潜往新加坡未入滇省等事》,

中国第一历史档案馆藏,电报档,档号:2－05－12－033－0384)

29日,庆亲王奕劻就锡良电向法国驻华公使发出正式通告,在引述锡良电后,向法方提出抗议:"叛匪孙文在其同党的帮助下不时从一处流窜到另一处,把他驱逐出这块土地,他便立即到另一块土地上去了。然而他的活动领域很少超出南海诸地区的范围,诸如印度支那、交趾支那、西贡、河内、新加坡和香港,这都是他近几年来跑得最多的地方。"对于"一个如此不肖的中国国民,像这样把友邦领土变成叛匪巢穴和阴谋的策源地,我相信,法国不可能不赞同由如此可恶行径所引起的愤慨之情和强烈谴责"。庆亲王请求法国驻华公使再次致电印度支那总督,"请总督下令,当那个叛匪头子或其党羽一旦来到印度支那总督辖下,即予拘捕和送交中国地方当局,他们将对案情作出裁决,铲除祸根,以保国家平安"。庆亲王也向英国驻华公使发去一文,"请他给他属下人员发出指令,让他们积极和秘密地寻找和逮捕孙文"。(《庆亲王致法国驻华公使先生》,章开沅等主编:《辛亥革命史资料新编》第7卷,第58－59页)

同日,广西巡抚张鸣岐致电外务部称:"顷准粤督转钧部十一电敬悉,前据边道探报孙逆潜来河内,当经密饬严拿。准电前因,已加电饬拿矣。惟钧部电云分电桂抚,查未奉到。"外务部称"孙逆事于初八日电滇督转尊处,未经转到,已由本部电滇督饬查"。(《广西巡抚张鸣岐致外务部电报》《致广西巡抚张鸣岐电报》,中国第一历史档案馆等编:《清宫辛亥革命档案汇编》第26册,第39－63页)

是月(五月) 在河内接受《时报》(*Le Temps*)记者罗德(Jean Rodes)的访问。

告罗德:革命党在两广地区的活动,是想要建立一个"社会主义共和国"的计划,只是"由于中国思想和风俗的特性,这计划将会和欧洲的概念有很大的差别"。当革命成功地废除专制制度、礼仪制度之后,"我们也是要求人权,像法国大革命所作的一样"。因此,他希望革命党在两广地区即将采取的行动,能够得到法国舆论的支持,以及法国政府给予一定帮助。罗德以为孙中山此次谈话的内容,较之此前的演说,专门涉及人权方面的内容,但在以前向法国争取支持时却"从来没有讲及人权这么重要的一点"。([法]巴斯蒂:《法国的影响及各国共和主义者团结一致:论孙中山与法国政界的关系》,中国孙中山研究学会编:《孙中山和他的时代——孙中山研究国际学术讨论会文集》上册,第462页)

△　黄兴再赴香港,旋入钦州郭人漳营策动举事。不久即应孙中山之召赴河内,会商防城发难事宜。(刘揆一:《黄兴传记》,饶怀民编:《刘揆一集》,第151页)

时值钦廉两府有抗捐之事发生,清吏派郭人漳、赵声二人各带新军三四千人往平之。孙中山命黄克强随郭人漳营,命胡毅生随赵声营,"而游说之以赞成革命,二人皆首肯,许以若有堂堂正正之革命军起,彼等必反戈响应。于是一面派人往约钦廉各属绅士乡团为一致行动,一面派萱野长知带款回日本购械,并在安南招集同志,并聘就法国退伍军官多人,拟器械一到,则占据防城至东兴一带沿海之地,为组织军队之用"。(《建国方略》,《孙中山全集》第6卷,第239页)

△　《大同报》在日本东京创刊,主张君主立宪政体,与《新民丛报》《中国新报》声应气求,参与了《新民丛报》与《民报》的大论战。

7 月

7月3日(五月二十三日)　传闻拟回潮州密谋举事。

据《申报》的广东访事人称:广东水师提督李准"据秘密侦探电告,孙汶潜于前日暗行来潮,与某国人同住,图谋煽乱。并闻军火亦已运到,藏于潮属有小河可通之大山"。李准密电潮州知府严切侦查,通饬各县严密防缉。(《密报孙汶潜到潮州图谋煽乱》,《申报》1907年7月3日,"紧要新闻")

江苏巡抚陈夔龙亦接各处来电,担忧"孙汶党羽私运大批军火暗济匪党",且有官兵被枪击死之案,"此种军火,难保非暗中勾结外匪私运接济而来"。陈夔龙饬官兵水陆严搜素称"枭匪窟穴"的太湖等地。(《苏抚严饬搜查太湖匪窟》,《申报》1907 年 7 月 6 日,"紧要新闻")

7 月 6 日(五月二十六日)　光复会成员徐锡麟在安庆击毙安徽巡抚恩铭后被执遇害。

同盟会成立后,革命风潮开始弥漫全国,"其时慕义之士,闻风兴起,当仁不让,独树一帜以建义者,踵相接也。其最著者,如徐锡麟、熊成基、秋瑾等是也"。(《建国方略》,《孙中山全集》第 6 卷,第 238 页)

徐锡麟字伯荪,浙江山阴人,光复会成员,起义前主安徽巡警学校;巡抚恩铭以为能。浙东义师将起,秋瑾命陈伯平告锡麟,锡麟乃定是日举事。以巡警学校行毕业礼,省中大吏毕集,欲尽杀之。既发,锡麟开枪击恩铭,率巡警学生百余人,攻破军械局。旋败,伯平死,锡麟被擒。(《浙案纪略》,汤志钧编:《陶成章集》,第 371—374 页)

徐供称:"我本革命党大首领,捐道员到安庆,专为排满而来,做官本是假的,使人无可备防。满人虐我汉族,将近三百年矣。观其表面立宪,不过牢笼天下人心,实主中央集权,可以膨胀专制力量。满人妄想立宪,便不能革命,殊不知中国人的程度,不够立宪。以我理想,立宪是万万做不到的,革命是人人做得到的。若以中央集权为立宪,越立宪的快,越革命的快。我只拿定革命宗旨,一旦乘时而起,杀尽满人,自然汉人强盛,再图立宪不迟。我蓄志排满已十余年,今日始达目的,本拟杀恩铭后,再杀端□、铁□、良□,为汉人复仇,乃竟于杀恩铭后,即被拿获,实难满意。我今日之意,仅欲杀恩铭,与毓钟山耳。恩铭想已击死,可惜便宜了毓钟山。此外各员,均系悮伤。惟顾松系汉奸,他说会办谋反,所以将他杀死。赵廷玺他要拿我,故我亦欲击之,惜被走脱尔等言。抚台是好官,待我甚厚,诚然。但我既以排满为宗旨,即不能问满人作官好坏。至于抚台厚我,系属个人私恩,我杀抚台乃是排满公理,此举本拟缓图,因抚台近日稽查革命党甚严,他又当面教我拿革命党首领,恐遭其害,故先为同党报仇,且要当大众将他打死,以表我名。只要打死了他,此外文武不怕不降顺了。我直下南京,可以势如破竹,我从此可享大名。此实我最得意之事。尔等再三言我密友二人,现已一并拿获,均不肯供出姓名,将来不能与我大名并垂不朽,未免可惜。所论亦是。但此二人皆有学问,日本均皆知名。以我所闻,在军械所击死者为光复子陈伯平,此实我之好友。被获者或系我友宗汉子,向以别号传,并无真姓名。若尔等所已获之黄福维系浙人,我不认识。众学生程度太低,无一可用之人,均不知情。你们杀我好了,将我心剖了,两手两足剁了,全身砍碎了,均可。不要冤杀学生,是我诱逼他去的。革命党本多在安庆,实我一人为排满事,欲创革命军,助我者仅光复子、宗汉子两人,不可拖累无辜。我与孙汶宗旨不合,他也不配使我行刺。我自知即死,可拿笔墨来,将我宗旨大要亲书数语,使天下后世皆知我名,不胜荣幸之至。"(《皖抚恩新帅被刺七志》,《申报》1907 年 7 月 17 日,"紧要新闻")

事发当日,安徽布政使冯煦电奏称:"安徽抚臣恩铭今晨赴巡警学堂考试卒业,陡被道员徐锡麟率外来死党轰击三伤,枪子入腹,延至未刻出缺。徐锡麟在军械所拒捕,刻已就获。据亲笔供,系革命党首,蓄志十余年,以杀尽满人为宗旨,先杀恩铭,后杀端方、铁良、良弼等",经与学、臬两司商议,"即将该犯在抚辕前正法,援张汶祥刺死马新贻办法,剖心致祭"。(《为安徽巡抚恩铭被革命党伤毙请简放事》,中国第一历史档案馆藏,电报档,档号:2—05—12—033—0418)次日,徐锡麟被害,挖心以祭恩铭,同志马宗汉亦被捕牺牲。

此案还引起外媒关注,《纽约时报》刊文称清国安徽巡抚在安庆被人刺杀,刺客竟是该省警察局副局长。刺客被立即抓获,承认属于极端革命组织的成员,被就地处决。案发后,无进一步骚乱发生。(郑曦原编,李方惠、胡书源、郑曦原译:《帝国的回忆——〈纽约时报〉晚清观察记(修订本)》,第 320 页)

　　不久，徐锡麟的革命军文告亦被搜出，并咨呈军机处，文曰："革命军首领徐为晓谕大众，光复汉族，剪严满夷事。窃我大汉民族立国千年，文明首出，维古于四邦。乃自满夷入关，中原涂炭，衣冠扫地，文宪无遗，二百余年偷生姑息虐政之下，种种难堪数不可罄。近则名为立宪，实乃集权中央，玩我股掌，禁止自由，杀戮志士，苛虐无道，暴政横生，天下扰扰，民无所依，强邻日逼，不可终日。推厥种种罪由何，莫非满政府愚黔首、虐汉族所致。以是予等怀抱公愤，共起义师，与我同胞共复旧业，誓扫妖氛，重建新国，图共和之幸福，报往日之深仇，义兵所临，兴民更始，毋庸多疑，有不从者，是甘为化外，自取罪戾，当表之天下，与吾族诸父兄子弟共诛之。此谕。革命军纪元元年五月。"（《徐锡麟文告》，中国第一历史档案馆等编：《清宫辛亥革命档案汇编》第 27 册，第 119－120 页）

　　关于徐锡麟与孙中山之关系，章太炎谓："伯荪性阴鸷，志在光复，而鄙逸仙为人。""其党会稽陶成章焕卿时在日本，与余善，焕卿亦不喜逸仙，而李柱中以萍乡之败，亡命爪哇，焕卿旋南行，深结柱中，遂与逸仙分势矣。"（汤志钧编：《章太炎年谱长编》上册，第 240 页）

　　尽管徐、章极力澄清徐锡麟举事与孙中山的关系，清朝官方、外界却将徐、孙视为一体，甚至可能将徐撇清与孙的关系，视为掩饰同党之词。"恩抚中弹事，因孙汶密运军火来华，均由长江一带大通等处潜运，恩得信最早，即分咨各省严查，故该党怀恨甚深，有此报复。"（《电二》，《申报》1907 年 7 月 8 日，"专电"）且称锡锡麟枪击恩铭后，"其党立时逃逸，带有革命军用手票甚多，以便沿途应用"，新升任巡抚的冯煦"恐党首孙汶得此消息，潜行来华接济，爰即飞电江督，转饬沿江海各关道移请税司，俟洋轮进口时，严密防查"。（《电三》，《申报》1907 年 7 月 10 日，"专电"）袁世凯电告端方：探报革命党现会议，"专定暗杀之议，徐锡麟或逆党耶"？（《济南杨士骧致两江总督端方电报》，中国第一历史档案馆等编：《清宫辛亥革命档案汇编》第 26 册，第 116 页）

　　7 月 8 日，端方致电冯煦令查"徐锡麟去年到省，系由何人荐引得差？同该匪到省并未携眷在寓同住者为谁？平日往来最密者为谁？其所放手枪系何洋行所购？同时放枪者共若干人？所用枪是否一种？随往军械所人若干人？已否攻踞？有无失去军装？毕业者共若干人？同叛者共若干人？有无别堂学生、外来匪徒及他项人？在内枪杀者若干名？拿获若干名？在逃若干名？系何姓名籍贯？"至于徐供称"蓄志排满已十数年，芜湖文道电谓系孙汶党，有无证据？事后是否至该匪等住处搜查函件？究竟往来通信者系何等人？有无谋逆函据？"(《两江总督端方致安徽巡抚冯煦电报》，中国第一历史档案馆等编：《清宫辛亥革命档案汇编》第27册，第28—30页)后人乃至伪造孙中山致徐锡麟函在报刊登载及在纪念馆展出，努力将徐、孙联为一体。(《孙中山致徐锡麟函》，《绍兴文史资料选辑》第4辑《徐锡麟史料》，第92—132页)

为防范革命党继续在长江各埠举事，清廷令沿江督抚妥为布置。7月9日，江西巡抚瑞良称："窃虑该匪党难保不潜匿各埠，即电饬九江地方文武，及湖口镇总兵官一体严密查拿防范，谨当遵旨妥为布置，冀消隐患。"(《为遵旨严缉九江等处并赣省安静事》，中国第一历史档案馆藏，电报档，档号：2—04—12—033—0597)

7月10日，新任安徽巡抚冯煦电奏善后事宜，称："宁、鄂水陆军队昨已到齐，领宁军者为朱道恩绂、余道大鸿，领鄂军者李道孺、张镇彪，均经扼要安驻，分段防巡。"安庆藩库、军械所、火药库、支应局，由宁军守护；芜湖、大通一带，由宁军江元、南琛两兵轮，及鄂军楚材、楚有两兵轮巡游震慑。(《为布置皖抚恩铭被戕案善后各事》，中国第一历史档案馆藏，电报档，档号：2—04—12—033—0609)

7月13日，江苏巡抚陈夔龙电奏遵旨饬属严缉沿海革命党。电称："长江一带，各帮匪徒本众，孙汶逆党亦多，不独联络勾结，固属滋蔓难图，即使各不相谋，而闻风响应，为患何胜道？"自到任后，"奉命治枭，并密拿孙汶党"。办理办法，"不外杜外匪、清内匪二端，江苏所属沪、镇两关，系属通省咽喉，而由江海入内河，尤以吴淞、江阴两口为最要门户。太湖毗连浙境，港汊纷歧，亦为枭匪出没之所。以上各处,均须注重布置。省会为铁路、小轮往来冲途,居者撺节,行者辐凑,奸宄最易混迹,诘禁更不容稍疏"。经通属"司、关、道、局、府、厅、州、县及水陆各营,一体认真防范,严定考成","各学堂、各军队人员,尤须不动声色,加意考核"。(《为遵旨布置苏省严缉革命党事》,中国第一历史档案馆藏,电报档,档号:2—04—12—033—0617)

17日,军机处电寄两江总督端方、长江水师提督周文炳、湖广总督张之洞等沿江各省督抚、提督,会奏防范章程。电称:"近来沿江一带,匪徒充斥,引诱勾结,藉端生事,摇惑人心,亟应严密查缉。水师提督本有巡查长江之责,着端方会商沿江督抚及该水师提督,妥议巡缉章程,详细具奏。并着程文炳即行常川梭巡沿江各处,认真查缉,勿得拘守分阅上下游常例,总期有匪必获,不准稍涉疏懈,以专责万而弭隐患。"(《奉旨沿江匪徒充斥勾结着端方妥议章程具奏事》,中国第一历史档案馆藏,电报档,档号:1—01—12—033—0116)此外,端方还致电其他各省督抚防范、擒拿在逃革命党人。

7月7日(五月二十七日)　外界论留日学生与革命之关系。

留日学生与革命党关系密切,"支那人士之留学日本者,近已逐年加多,而支那革命风潮,亦随之而益澎湃。学生中多领取官款者,岂即以子之矛攻子之盾耶?曰:大不然。闻其学成归国者,政府以留学英法等国者为尤适用,全留学日本者于不取。夫人愿为我用,我既不用,则流血之他,固情之常也"。(《革命之半面相》,《汉文台湾日日新报》1907年7月7日,"杂报")

传闻亦有某侍读学士奏请召回留洋学生,"废留学生之试验,将学校生徒讲习以四书、五经,而留学生归国不得任用为教官"。两江总督端方亦称"于日本留学之清国学生,今后三个年间可召还","后又提言一切不可派遣留学生于日本之旨"。清朝驻日公使杨枢虽称"近日在日本留学生,为孙逸仙一派从日本放逐以后,毫无受革命党之煽动,一意勉学,不失学生之本分,又能结学术的之团体,有互相奖励之旨"。但清政府并未全信,令新任公使李家驹严密调查。(《清国复古主义者之上奏》《留学生禁止说》《留学生及清政府之警戒》,《汉文台湾日日新报》1907 年 8 月 29 日、9 月 8 日,"杂报")

7 月 8 日(五月二十八日)　报载保定拿获孙中山的盟弟。

北京探访局近来密派侦探搜捕革命党。8 日至保定府,"捕获二人,一为陆军学堂某教习,一为董姓,均获之于思罗医院,系袁督传电饬捕者。据云董与孙汶为结义兄弟,惟现在尚未查出确证。其陆军学堂之某教习,则多谓其向无革命形迹,现该党总办已赴津为之具保"。(《思罗医院查获孙汶盟弟》,《申报》1907 年 7 月 9 日,"紧要新闻")

7 月 9 日(五月二十九日)　山东巡抚杨士骧饬各属缉拿革命党。

电称:接电传谕旨及两江总督来电,"以变出意外,深虑该匪必有外应,沿海一带匪党尚多,飞饬烟台道暨沿海各州县文武严密查缉,格外防范"革命党。(《为遵旨饬属严缉沿海革命党事》,中国第一历史档案馆藏,电报档,档号:2—04—12—033—0593)

7 月 13 日(六月初四日)　秋瑾谋划在绍兴起义,未果,被捕,15 日遇害。

1904 年春,秋瑾赴日留学,次年加入同盟会,为浙江主盟人。"取缔规则"事件发生,秋瑾返国。当时江浙光复会仍存在,1906 年,秋瑾加入该会,为负责人之一,往来各处组织光复军。本年春,主持绍兴大通学堂校务,利用官准军式体操使用的械弹,准备发难。3 月初,赴金华、处州等地联络会党,并函招各首领到绍兴议事。4 月,拟制光复军军制,与徐锡麟等通过。又规定军服、旗帜、钤记、行令等,起草檄文、告示,部署行军路线及起义日期:初定于 7 月 6 日,后改为 19 日。

因出师令泄露,1 日至 4 日间,武义等处党案相继发生,起义亦先后失败。9 日,杭州府获闻武义党众有供称"绍郡学堂司账赵洪富勾结大通学堂党羽,希图接应起事,除密缉赵洪富外,合请严密查办"。10 日,在皖抚恩铭被刺后,因搜查徐锡麟信箱,其中"有徐匪之父诫子家书,内言绍郡学堂散学、大通学堂停讲,尔勿回绍调变,渡为冯妇"之语,遂坐实彼此联系。两江总督端方致电浙江巡抚张曾敭,严查徐锡麟在绍兴所办大通学堂事。(《杭州致两江总督端方电报》《安庆致两江总督端方电报》《两江总督端方致浙江巡抚张曾敭张抚台》,中国第一历史档案馆等编:《清宫辛亥革命档案汇编》第27册,第55、139-140、175页)另据陶成章称,系江督端方从徐锡麟行李中搜得秋瑾为徐所作《金缕曲》,作株连佐证。10日,秋瑾从报上得悉安庆事败,既不逃,亦不发令。浙抚张曾敭既得知府贵福报告,派幕友某询浙巨绅汤寿潜,汤答以"是等人不杀何待?"张乃决计,使贵福先归,预为措置。13日,清兵包围大通学堂。是日上午,王金发从嵊县来,协商善后。当清兵入绍兴时,大通学生劝秋瑾离堂暂避,不听,反令学生及办事人先走。清兵入学堂,学生死二人。秋瑾被捕后,贵福令山阴令李宗岳提讯,秋瑾不作一语,遂于翌晨四时就义于轩亭口下。(《浙案纪略》,汤志钧编:《陶成章集》,第357-358页)

15日,浙江巡抚张曾敭电奏称:"前据金华府禀办匪情形,内称武义县获匪供,系大通学堂学生勾结起事,当查绍兴大通学堂,系逆匪徐锡麟所办,电饬该府贵福查办。去后,并据江督、皖抚电录匪供,情节略同,贵福星夜来杭面禀,据郡绅密报,大通体育会女教员党匪秋瑾及吕凤樵、竺绍康等谋于六月初十起事。竺本党首,羽翼万余人,近往嵊县纠约来郡等语。当派常备兵两队赴绍,会府查办。初五日据该府电禀,初四日申刻搜查大通及嵊县公局,该匪等开枪拒捕,兵队击毙数匪,并获秋瑾及余匪六人,起出后膛枪廿五枝,子弹数百。秋瑾供不吐实,查有亲笔悖逆字据,获匪程毅亦供系秋瑾为首等语。已电饬将秋瑾正法,仍搜捕未获各匪。"(《为查获秋瑾等革命党事》,中国第一历史档案馆藏,电报档,档号:2-04-12-033-0631)

△ 两江总督端方致电湖口杨镇台:探闻逆党密运铜炮三座、快枪五百枝,"潜赴南昌,请派船严密查缉,并饬所属营汛一体查拿,勿稍疏懈"。(《两江总督端方致安徽巡抚冯煦电报》,中国第一历史档案馆等编:

《清宫辛亥革命档案汇编》第28册,第37页)

　　次日,又致电上海萨镇冰称:接直隶总督袁世凯电,探闻革命党因内地严查军火,改租小兵船五艘、小鱼电艇十艘,"装运伪军及军械",用各国旗号夜入长江,各关道应早作布置。"前船已订用犹太人驾驶,七月由大西洋陆续东来","逆党屡次暴动,均被扑灭,势必更出诡谋"。(《两江总督端方致上海萨镇冰电报》,中国第一历史档案馆等编:《清宫辛亥革命档案汇编》第28册,第81—82页)

　　7月14日(六月初五日)　近期行踪引发两江总督端方的警惕。

　　端方先致电闽浙总督松寿、云贵总督锡良等称:"探闻孙汶于本月中旬由河内潜往蒙自,藉赈为名,结党作乱,经过汕头,恐其必须上岸,祈密饬查拿为要。"又致电直隶总督袁世凯称,孙潜往蒙自一事虽未必确实,然亦不可不防,已电滇、闽两帅究查。(《两江总督端方致闽浙总督松寿等电报》《两江总督端方致直隶总督袁世凯电报》《两江总督致云贵总督锡良电报》,中国第一历史档案馆等编:《清宫辛亥革命档案汇编》第28册,第87、90、93页)

　　7月18日(六月初九日)　广西巡抚张鸣岐致电外务部,要求与法方交涉驱孙一事。

　　内称:"孙逆逋逃海外,屡思乘机窃发,自香港见逐,失其根据。近乃转趋越南,托庇法人,求逞于边地。海防、河内各处均有该逆党羽,饬据龙州庄道密查,其最著名者有:江子山等五十余,香山人,业矿;谭立亭卅余,业火柴公司;甄吉庭四十余,业衣庄;邝敬川卅余,开酒馆,均广州人;关仁甫四十余,上思人,无业;吴镜约四十余,为致公堂经纪,在河内经理日新楼酒馆①,与海防桥万新楼同为党中招待机关,多入法籍。论若辈行径于大局原无足深虑,惟越边相逼过近,若竟长听此辈倚为窟穴,酿纵日久,终于治安有防,目前既无法可以歼除,倘能屏之远方,使与内地隔绝,则亦无可逞其伎俩。拟请钧部援

------

　　① 《申报》作"基新酒楼"。

照香港成案,电令驻法刘使与法海部交涉,或径由钧部与法使交涉,将该逆及其党羽一律驱逐出越南境,永远不准潜回,以保全边境治安,于两国均有裨益,法使当亦无词可拒。"三日后,外务部始收到电文。(《为请照案与商法使将孙汶及其党众驱逐出越南事》,中国第一历史档案馆藏,电报档,档号:2—05—12—033—0472)张鸣岐复致电护理两广总督胡湘林,因江子山、谭立亭、甄吉庭、邝敬川四人,均为广东人,"且均有行业,其平日有无往来内地及港澳等处,家属是否仍在内地,各该党在东省曾否犯案,有无他术可以诱拿,不难逐一根查,妥筹办法"。后接胡电,已札行司局转各该地方营县,认真缉查,并委熟悉港澳情形的副将杨洪标前往秘密侦探。(《桂抚电请密查革命党》,《申报》1907 年 7 月 30 日,"紧要新闻")

　　△　护理两广总督胡湘林札行九龙关税务司等严防革命党人利用棺柩偷运军火。

　　先是,粤海关关务处报送两广总督称:"窃近日会党蠢动,各省沿江沿海时有匪徒私运军火,希图揭竿起事。遵奉札饬,业已照会税务司及行税口委员,于华洋船只、往来货箱货件认真搜检稽查,防患未然,办理已形周密。惟是贼情诡秘,贼计环生,既知货箱、货包无从夹带,难保不暗用棺木私运救济,以掩众人耳目。意想所及,又不可不预为之防。拟请嗣后出口棺柩,无论官绅士庶,凡到关请领护照者,在官取具同乡官印结,在绅与民取具殷实店铺保结,方准填给护照。其未请有照据,擅行运出,由关扣留,以杜弊混。至入关棺柩,已饬九、拱两关按月查验具报,毋虞假借,应仍照旧办理。其运入内地及由内地运赴隔省者,则关粤关所能查察,应札善后局,由局取结填照。无照私运,一体扣留严究,庶奸究无从隐匿,百密不致一疏。"护理两广总督胡湘林接文后,即札行九龙关税务司等:"查匪徒私军火一事,迭经本护部堂通饬严行查缉在案。据称,匪情诡秘,难保不暗用棺木私运接济,自不可不严为之防。"应如粤海关关务处所议办理。(广东省档案馆:《两广总督等查缉孙中山革命活动密札》,《历史档案》1986 年第 3 期)

此外,胡湘林还特传布政使、按察使、提学使三司至署,"谕令速拣干员数人,密查政界、学界有无革命党潜匿其间",后议定由警察局坐办朱之英、裁判王世钊清查政界中人,由宜勋、陈正华清查学界中人。(《粤省密查政学两界有无党人》,《申报》1907 年 7 月 30 日,"紧要新闻")

7 月 19 日(六月初十日)　报载天津侦探局搜获革命党克期举事之札文。

天津侦探局日前拿获廖姓革命党人,并搜出一道札文、七颗关防。札文称:"大中国共和政府大总统孙为札饬事。照得□□无道,天怨民离,本大总统现已游历□□□□等□连盟允为保护。长江上下游会合本军队八十万余名,克期大举,仰该统领严密图谋,应用军火枪械,自当源源接济,不误要需。"下书"右札□□军统领赵□□,准此附去关防七颗"。所谓赵统领已逃未获。(《搜获革命党孙汶克期大举之札文》,《申报》1907 年 7 月 19 日,"紧要新闻")

直隶总督袁世凯恐革命党人接济内地会党军火,特命侦探员严密查探。传闻"查得党首孙汶潜用兵轮五艘、鱼雷艇十艘运载大宗军火来华,将在隐僻海口上岸,分运内地,以期与长江上下游匪党勾结,一起克期大举"。袁世凯即致电沿江海各督抚加意密防,并"飞派南北洋各兵轮,驶往海口,严行堵截,以防意外"。(《孙汶购用兵轮潜运大宗军火》,《申报》1907 年 7 月 24 日,"紧要新闻")

不久,湖北果有传闻搜获私运的大批军火,且拿获自称孙中山从侄之人。据称,湖广总督张之洞于本月 10 日接到匿名电,"历数其庚子年来诛锄革命党之罪,谓不出六七月,必以炸弹断送尔命"。张之洞遂严饬各关、道、局员及洋关人员认真稽查大包捆载之件,逐一开包查验。警察后发现一批洋装断发之人新租武昌大朝街房屋,遂"入内搜查,果获快枪二千余杆,子药五万余颗,并拿获四人,有三人口操绍兴音,一人口操粤语,自认孙汶从侄不讳。问其快枪、子药何时运到湖北,则答以昨日。问其何以未被关卡查出,则笑曰我自有私运军火之法,非若辈肉眼所能侦破。严刑讯之,坚不吐实,遂正法于督辕东辕门内之墙下"。(《武昌拿获孙汶从侄并大宗军火》,《申报》1907年7月27日,"紧要新闻")

7月22日(六月十三日)　两江总督端方电饬秘密查拿军界、学界的革命党。

致安徽巡抚冯煦电称:"近闻谣言,军界学界均有匪党一事,固宜设法查办,以弭隐患。然事须格外秘密,幸勿稍有宣扬,别生枝节。"(《两江总督端方致安徽巡抚冯煦电报》,中国第一历史档案馆等编:《清宫辛亥革命档案汇编》第28册,第330页)

7月26日(六月十九日)　直隶总督袁世凯奏陈赶紧实行预备立宪管见十策。

十策之一,为"满汉必须融化也"。略谓:立宪之国,首重合群,清朝统治中国已历数百年,时时以满汉畛域为诫,近又弛满汉通婚之禁,海内民众早已忘有满汉之界矣。"乃自逆徒孙汶倡乱,造为革命排满之说,以煽惑海外侨民。初意亦不过因途穷无归,藉口敛财,以供其挥霍之用,继而流播稍远,声势渐张,遂欲恣行其险毒之计,或盗兵潢池,或阴谋暗杀。适当我内政多缺,外侮侵陵,彼所藉以造谤者愈多,彼之幻为诪张也亦愈甚,其处心积虑所在,尤欲使满汉互相猜忌,因猜忌而生防范,而防范而致冲突。"影响所及,"士大夫中容或有不识大体,不谙大计之人,慑于逆说,妄生猜忌,逞一时之意气,而未及深图,挟一孔之见解,而不复远虑,此风若长,大局可忧",故应请饬下枢阁部院大臣,将近年所上融化满汉各条陈进行采择,订立切实可行的办法,使国内民众合群进化,达于宪政。(《密奏请赶紧实行预备立宪谨陈管见十条》,骆宝善、刘路生主编:《袁世凯全集》第16卷,第334—342页)

7月30日(六月二十一日)　日本与沙俄订立密约,划分双方在我国东北的势力范围,并规定沙俄承认日本对朝鲜的占领,日本则承认俄国在外蒙古的特殊利益。

是月(六月)　章太炎、张继等人在东京发动倒孙风潮,经刘揆一、黄兴等人主持调解,党内同志多以大局为重,事始寝①。

章太炎称:"时日本人入同盟会者八人,自相克伐。汉人亦渐有异同。孙、黄、胡、汪南行,遁初亦赴奉天。数月,遁初复来。同志闻逸仙与日本西园寺侯阴事,渐相攻击,异议如起。"(汤志钧编:《章太炎年谱长编》上册,第240页)所谓"西园寺",实为伊藤博文。

刘揆一则称:章太炎、张继、宋教仁、谭人凤、白逾桓等人,对于孙中山离日接受日本政府及商人赠款,颇不以为然。及潮州、惠州举事失利,反对者日众,欲开大会,改选黄兴为总理,以刘揆一为庶务代行总理职事。此赠款除留给《民报》社维持费二千元外,余悉以供潮惠党军急需。黄兴素以实行革命为务,绝不居此空虚总理之名,且正共谋粤东首义,万一因总理二字而有误会,非独陷害孙、黄二公,实不啻全体党员之自杀,故力排众议。"乃急函在香港之彭邦栋转告公知。又致冯自由、胡汉民,'引万方有罪、罪在一人'之譬语,请劝孙总理向东京本部引咎。孙总理复函,谓党内纠纷,惟事实足以解决,无引咎之理由可言。公亦来书,言革命为党众生死问题,而非个人名位问题,孙总理德高望重,诸君如求革命得有成功,乞勿误会,而倾心拥护,且免陷兴于不义。会众遂欣然安之。"(刘揆一:《黄兴传记》,饶怀民编:《刘揆一集》,第151—152页)

此次风潮之起,背后亦有日本人的挑动。北一辉、平山周及和田三郎等人原不清楚孙中山接受赠款之事,得悉后即与宫崎吵闹,并告章太炎、张继等人,称此事全由内田、宫崎经手,他们并不知情,而孙可能与日本政府之间别有隐情。遂引发章、张等众的不满。当时不少日本同志将此归咎于北一辉。北一辉曾于1906年出版《国体论及纯正社会主义》一书,同年11月加入《革命评论》社,经宫崎寅藏介

---

① 章太炎倒孙风潮一事,《孙中山年谱长编》的编者原系于本年"6月"。后,编者在专著中改为"7月"。(李吉奎:《孙中山与日本》,第225页)又因《章太炎年谱长编》亦未明言几月,而《黄兴年谱长编》将黄兴的回应定为7月。综合现有资料,今姑且亦改为7月,实际时间待考。

绍,加入同盟会,但与孙中山关系疏远,与章太炎、宋教仁近。后,北
一辉在《支那革命外史》中称:"当时所发生之内讧,诸友皆以发生于
不肖入党数月之后,因而归罪于不肖之行动。然而不肖方以彼等各
自之色彩逐步趋向鲜明为快,深希彼等各自贯彻其思想之所向,因此
敢于置不肖一身之毁誉于不顾。""以孙君英美化之超国家观视之,当
其被逐时,日本政府赠予之数千金,未尝不可视为对亡命客所给予之
国际怜悯;然以太炎国粹之自尊心视之,则深以孙君率留学生离去而
不示威为憾,且认为孙君实不应密收金钱,如丧家犬之被逐,故迫其
辞去总理职务是可以理解的。"目击此事的日本人竹内善朔则称:"其
实,我们当时都有这样一种感觉:孙文看来,对于当时留日青年中的
这种思想变化情况,继续在日本呆下去也已无能为力了。因此可以
可以说,当时的社会主义思潮研究在一部分中国同志之间构成了发
生内讧的原因。如果这种看法是对的话,这和日本社会主义者之间
的派别问题如出一辙。可以说,思想的成长引起了他们之间的分裂,
而且其中又搀杂了感情活动。"(杨天石、王学庄:《同盟会的分裂与光复会
的重建》,《近代史研究》1979 年第 1 期;李吉奎:《孙中山与日本》,第 225—226
页)

在此风潮中,刘师培欲借机将孙中山置于死地,曾令北一辉、清
藤幸七郎与程家柽密商,"欲以十万金而鬻孙文之首"。程将此事转
告刘揆一、宋教仁等,引发刘的不满,令人诱程于僻隐处,与北一辉、
清藤幸七郎殴击之,幸未丧命。(《宋教仁遗著程家柽革命大事略补述》,冯
自由:《革命逸史》第 6 集,第 58、63 页)

8 月

8 月 9 日(七月初一日) 直隶总督袁世凯鉴于"近日革命排满
之谬说,淆惑人心,指斥朝廷,离间骨肉,凡稍明义理者自不堕其术

中。但恐少年血气未定,宗旨未坚,为所传染",特拟示谕一通,刊刻百张,饬谕天津各属学堂、工厂并各局处、道、府、州、县,于朔望召集生徒演说。(《袁世凯为肃清排满革命谬说消惑人心札发示谕事札津商会》,天津档案馆编:《袁世凯天津档案史料选编》,第 292 页)

8 月 10 日(七月初二日)　清廷饬谕内外各衙门妥筹化除满汉畛域之道,抵制革命之说。

8 日,军机处接湖广总督张之洞电称:整理内政为抵制外患之根本,"方今革命党各处横行,人心惶扰",须探源政务扼要,方能靖人心而伐逆谋,请特颁谕旨,布告天下,化除满汉畛域。"此旨一颁,人心自定,乱党莠民无可藉口。"(《湖广总督张之洞致军机处请代奏电》,《清光绪朝中日交涉史料》卷 71,第 8 页)

本日上谕:"我朝以仁厚开基,迄今二百余年,满汉臣民从无歧视。近来任用大小臣工,即将军、都统,亦不分满汉,均已量材器使。朝廷一秉大公,当为天下所共信,际兹时事多艰,凡我臣民方宜各切忧危,同心挽救,岂可犹存成见,自相分扰,不思联为一气,共保安全。现在满汉畛域应如何全行化除,着内外各衙门各抒所见,将切实办法妥议具奏,即予施行。"(中国第一历史档案馆编:《光绪宣统两朝上谕档》第 33 册,第 133 页)

时人以为此诏"盖鉴于革命党之事也。虽然,党人岂少休哉"。(孙宝瑄:《忘山庐日记》下册,第 1059 页)与此同时,民政部探闻"有革命党人潜入京城,图杀某某大员"之事,严谕各区厅实力清查户口,并车站、会馆、客栈等处,凡有洋装薙发、僧道、客商并形迹可疑之人,一律严密查探,免蹈安徽覆辙。(《京师严查革命党》,《申报》1907 年 8 月 11 日,"紧要新闻")

8 月 11 日(七月初三日)　报载云贵总督锡良拟边界增兵,防范孙党举事,电请与法国交涉。

据《申报》及《大阪朝日新闻》载,云贵总督锡良为防范"孙逸仙一派之革命党暴发事,曾在云南及安南境界驻军,镇守蒙自",遭到法国领事反对。致电外务部称："近因孙党到处潜滋，自应严加防范，现拟于越交界设卡添兵驻守，以资巡防。惟蒙自法国领事出为干预，坚持禁阻，实属有碍治安，务请速与该国公使交涉。"（《电请禁阻法国干预滇界添兵》，《申报》1907 年 8 月 11 日，"紧要新闻"；《安南境驻军之交涉》，《申报》1907 年 8 月 24 日，"外交录"）

报界以为，清外务部屡以利权许法使，希望以此作为捉拿孙中山的条件，以除大患。滇事因之大坏。（《恳法使拿孙文》，《香港华字日报》1907 年 8 月 12 日，"京省"）

8 月 13 日（七月初五日）　清廷饬查法国《新世纪》杂志。

外务部致电驻法公使刘式训：据驻德吴代办函称，巴黎华人创设《新世纪》报馆，倡言革命，且由印字馆刷行。"刊布逆说报纸，妨害公安亦为西律所当禁。该报馆为何人所设？希查明密商外部转饬印字馆，勿代刊刷，并禁止售卖。一面晓谕中国学生、商人等毋被煽惑。"（《外务部致驻法国大臣刘式训电报》，中国第一历史档案馆等编：《清宫辛亥革命档案汇编》第 29 册，第 309—310 页）

17 日，驻法国公使刘式训电称《新世纪》系革命党托名代印。电称：《新世纪》"系乱党托法报馆出名代印，散布邪说，煽惑人心，情殊可恶。法系言论自由之国，于妨碍他国治安，报律亦无禁阻明文，容婉商外部密筹办法，并当随时诚谕留学生，冀弗为所惑"（《为巴黎华人新世纪报系革命党托名代印现商外部事》，中国第一历史档案馆藏，电报档，档号：2—05—12—033—0611）

19 日，两江总督端方致电外务部称："闻近日法国巴黎都城有中国学生数人，出有《新世纪》报及《自由杂志》报章二种，其宗旨为无政府主义。当此异说横流之际，若任我国在外洋之人于此等诼辞，昌言无忌，诚恐无知之辈为所煽惑，陷成巨患，不可不防。"现已电驻法公使，"将主笔之中国学生严加诰诫，令其停办"，其中"如有江南学生在内，即撤回"。（《两江总督端方致外务部电报》，中国第一历史档案馆等编：《清宫辛亥革命档案汇编》第 30 册，第 18—19 页）

30 日,刘式训复电外务部称:"与法外部商禁《新世纪》尚无端倪,拟请先行总税务司通饬海关、邮局,将该报严密查扣,俾免入境煽惑。"(《驻法国大臣刘式训致外务部电报》,中国第一历史档案馆等编:《清宫辛亥革命档案汇编》第 30 册,第 179 页)

《中兴日报》讥讽清朝此番举动,称"清政府闻革命党孙文派其党羽在法兰西发行《新世纪》报,电饬驻法公使禁止不果,乃饬各省督抚转饬所属一体禁阅该报,以免摇惑人心而维大局"。(《是谓无聊之极》,《中兴日报》1907 年 9 月 12 日,"内国")

8 月 14 日(七月初六日) 江苏巡抚陈夔龙得直隶总督袁世凯电,防范孙中山密派党羽活动。

据《申报》称,本日晚,江苏巡抚陈夔龙得直隶总督袁世凯电,"得秘密侦探报告,革命党首领孙汶,由新嘉坡密派倪某等四人,潜赴江浙内地,煽诱新旧军学二界中人,谋为不轨,应请饬属严密查拿,以弭隐患"。陈夔龙即传藩、学、臬三司至署会议,通饬各属文武严缉。(《直督又有电请严缉革命党》,《申报》1907 年 8 月 18 日,"紧要新闻")《中兴日报》亦称两江总督接北洋电称,革命党刻下购置各国兵器,密谋运入内地,希图大举,"有某国为之暗中援助甚力"。(《又布告孙汶大谋光复》,《中兴日报》1907 年 8 月 26 日,"内国")

山西《晋报》亦载类似报道。刘大鹏记称:"东洋游学毕业生,多系革命党,装束皆为洋式,私运军火回华,专与国家为仇,各省学堂之学生入其党者亦众。该党魁孙文,广东人,出游日本,遂倡革命,现在声势甚大,行踪诡秘,封疆大吏饬各属文武,一体严密防范,认真搜捕,凡获该党,即行正法。"(刘大鹏遗著、乔志强标注:《退想斋日记》,第 162 页)

8 月 20 日(七月十二日) 《中兴日报》在新加坡出版。

《中兴日报》为同盟会南洋支部宣传喉舌,由同盟会新加坡分会筹办。在未组织有限公司以前,该报主席张永福、监督陈楚楠、司理林义顺。孙中山对该报出版极为关注,曾对该报取名"中兴"颇不以为然,经胡汉民解释为"与兴中会的名上下倒转及汉业中兴的意思",始首肯。(张永福:《南洋与创立民国》,第46页)先后主笔政者,为胡汉民、汪精卫、居正、田桐、林时塽、张西林、王斧、何德如、方瑞麟等。因经费等问题,该报维持至1910年停刊。期间,该报与《南洋总汇(新)报》进行了持续论战。

胡汉民撰写发刊词,揭橥宗旨,略谓:"吾人之宗旨,在开发民智,而使数百万华侨生其爱种爱国之思想者。惟夫言论之始,则务求平和,以徐导之,子其不以为谬。予维今日之讥薄吾种民者,辄谓英伦之氓,所至之地,虽百数十人,而自治整齐,俨如敌国。若我侨之居南洋者数逾百万,而所至恒不免为人臧获。其言不可谓非事实矣,然彼实未深思所以然。"胡进而总结华侨之所以颓弱不振之故,一是"国力不足以覆之,而政府亦无意于覆之也",二是"教育之不及也"。因此,"救之之道,惟在日聒以言,提撕其自尊之心,使求自立之道。其智之未开,则觉之;其智既开,而惑于邪也,则正之。人人自发挥其能力,以爱种爱国,则异族罔得为制于内,而我华神明之胄,光复中兴,以此民族,厕于他种人之间,则无或敢轻视。举凡今兹所含忍不敢以为不平者也,他日将勿争而自祛。是而《中兴报》所为奋然黾然思尽其言责者也。惟夫吾同志所谓平知,则当与世俗之论差异。俗论所谓平和者,曰责人以还我山河,此强以所必不应也,非平和也。又曰以就现在之君主,而修其政治为宜,盖以争言民族之辨者为非平和,而为姑息偷安于他族宇下为平和也。若《中兴报》则以爱国爱种为惟一之揭橥,惟平和其声,而引道以渐,譬之行路,此虽徐行而必至于大道,彼则以歧途为趋者耳。故平和与激烈为程度之分,而非性质之别。或昔以为激烈而今日为平和者,则今日所激烈,转瞬亦视为平和,因乎其时代,因乎其时代社会之观察,而非一定不易之故"。(汉民:《中兴日报发刊词》,《中兴日报》1907年8月20日,"论说")

8月21日(七月十三日)　报载直隶总督袁世凯电各督抚注意革命党活动。

袁世凯获悉孙中山的革命党联合各处帮会及贩卖私盐者,编成数队,拟南北同时举事,使官军不能兼顾,遂电南京、武昌、山东、苏州等处各督抚密饬所属文武留意戒备。后又称"孙逸仙等之革命军有整顿,欲阴谋企图暗杀大官,且运动于军队,使其加入;哥老会、三合会及食盐密卖者,似有与之关系。支那官宪为欲防遏其暴动,十分画力。严庆及林鸡两革命党员潜伏上海,故袁世凯氏遣代理人往上海,欲逮捕彼等,命上海道台向外国官宪求其援助"。(《直督电告各省戒备孙党起事》,《香港华字日报》1907 年 8 月 21 日,"京省";《清国革命党注意》《清国革命党阴谋》,《汉文台湾日日新报》1907 年 8 月 22 日、29 日,"杂报")

23 日,《中兴日报》又称直隶有退伍军人加入革命党,复入此前驻所,结党谋乱。总督袁世凯饬各标严加查防。(《军人入革命党》,《中兴日报》1907 年 8 月 23 日,"闽粤")同日,清廷饬谕各督抚务须设法解散革命党,称:"近来匪徒谋逆,往往假借革命名词摇惑人心,奸狡情形尤堪痛恨。虽随时破获,而地方已被其扰害,后患不可胜言。惟有破其诡谋,直揭其叛逆之罪,不使藉词革命,巧为煽诱。着各省督抚妥酌情形,处以镇定,务须高潮解散,勿任勾串固结。凡属不法之徒,尤当严密查拿。"(中国第一历史档案馆编:《光绪宣统两朝上谕档》第 33 册,第 155 页)

各省督抚奉旨后,均严密查拿革命党人。28 日,天津巡警道在直隶总督袁世凯的饬谕下严密稽查革命党,"查孙汶〔文〕创立革命党,到处煽惑,谋逆作乱,必须严密筹防",应对之道在于"添募妥实侦探,分派在各要隘常川巡驻,密探一切情形"。(天津档案馆编:《袁世凯天津档案史料选编》,第 295—297 页)

8 月 23 日(七月十五日)　复函张永福、陈楚楠,答所询事四端:一黄燕南其人,二望再支持许雪秋在潮州起事,三祝《中兴日报》创刊,四林干廷反侧已有确证。

关于黄燕南,"庚子年有人介绍见弟于台湾,介绍人盛称其才,而黄亦厚自期许,以为海陆丰一带渠力大可发起。当时弟给以三千元,使往办事。黄去后,杳无信息,事固未起,而运动之情形、开销之数目亦未报告。自兹以来,其人之踪迹久不闻矣。今接来信,乃始知在星坡也。如兄以为可用,望与商榷,嘱其尽力以谋力所能为之事"。

至于"许雪秋兄再办潮事,深望各同志竭力扶助。前次雪兄办潮事,子瑜兄办惠事,皆能发起。弟谋运动军火以为接济,惜潮、惠皆一起即蹶,其散太骤,故不能应手。今者运动得手,可得大宗军火,已与雪兄定议,如潮事发起,当拨新式快枪数千,弹百数十万以应之,则此次军力充实,必非前比。惟雪兄尚缺运动费,前在星坡得各同志捐助三千元,其数实不敷用。弟已筹备军火,则运动之费不能不望之于他同志。以星坡会员之众,风气之开,而气雄力厚,诚能奋发义侠,所得必不止三千元之数"。"事在人为,望有志者极力提倡之。潮事只欠运动费,若能得数千元之数专为潮用,更得数千元交子瑜兄再举于惠州,以谋牵制,则东路之师必大盛。此万余元之运动费,不能不望之星坡同志也。至于西路之师,预备厚实,旦夕可举,勿劳诸君忧矣。"

闻《中兴日报》开张在即,此后新加坡又多一文明导线。前谓林干廷不足信,实因其前来河内时,形迹可疑,今则林之反侧已有确据。
(《复张永福陈楚楠函》,《孙中山全集》第 1 卷,第 338－339 页)

△　清政府饬谕严密查拿革命党人,但对胁从之人予以从宽。

上谕称:"近来匪徒谋逆,往往假借革命名词摇惑人心,奸狡情形尤堪痛恨。虽随时破获,而地方已被其扰害,后患不可胜言。惟有破其诡谋,直揭其叛逆之罪,不使借词革命巧为煽诱。着各省督抚妥酌情形,处以镇定,务须设法解散,勿任勾串固结。凡属不法之徒,尤为严密查拿。至获犯应得之罪,叛逆即以叛逆论,盗匪即以盗匪论,俱各科各罪,随时宣布,毋任信口妄供,致使遁而之他。果系著名首恶,或竟甘心从逆,仍予尽法惩治,弗稍轻纵。其被威胁迫及家属之不知情者,均为网开一面,概免株连,俾释疑惧,咸与相安。似此以静制动,以宽济猛,庶可渐化人心之不靖,潜消逆迹于无形。"(中国第一历史档案馆编:《光绪宣统两朝上谕档》第33册,第155页)

8月25日(七月十七日)　直隶总督袁世凯致函庆亲王奕劻,告革命党在日本倡言革命的书报,请派员与日外面商查禁。

函称:"据探访员查呈各种逆书逆报,均系昌言革命,其狂悖叛逆情形,实堪发指。此种书报传播境内,诚恐煽惑人心,关系匪细,已密饬海关督同税司、邮局,暨饬巡警、探访各局一律查禁,不准运售。惟检阅各报,或系日本邮便认可,或系日本东京刷行,而其输入中土,率由日本邮局寄来。查日本出版法及新闻纸条例,皆有禁止妨害安宁秩序及坏乱风俗之条,违者按律惩罚。日本政府与我国夙敦友谊,亲睦有加,此等逆书逆报,有损中国治安,其妨害秩序,坏乱风俗,同在应行禁止之列",今将探访员所呈书报寄上,应由外务部派员面告日使转达日本政府,密商查禁刷印寄售办法,并密饬驻日公使向日本外部面商查禁办法。

所呈"逆书逆报"先有:《民报》五本、《天讨》一本、《洞庭波》一本、《鹃声》一本、《天义报》一本、《大江》一本、《汉帜》二本。后续呈《无政府主义》一本、《新灭汉种策》一本。(《直隶总督袁世凯致庆亲王奕劻信函》,中国第一历史档案馆等编:《清宫辛亥革命档案汇编》第30册,第112—116页)

9月4日,清朝照会日本驻华临时代办阿部守太郎[①],要求日本政府查禁《民报》等七种杂志。照会称:"此项杂志均系本国乱党在贵国境内出版发行之件。其中倡导革命、措词狂悖者,不胜枚举,若听其展转流传,煽惑人心,实于本国治安大有妨害""此项杂志专以革命煽乱为主义,按诸贵国法规,亦同在应行处罚之列。除饬本国地方官随时严禁递送售卖外,拟请贵代理大臣转达贵国政府,将另单开列之各项杂志,严禁印刷递送。"但日本政府当时并未对《民报》查封。

---

①　有将"阿部守太郎"误作"阿部宋太郎",特订正。

《请将民报等杂志七种严禁印刷递送由》,"中研院"近代史所档案馆藏,外务部档案,档号:02-10-011-01-007)

8月27日(七月十九日)　传闻拟在内地举事。

袁世凯电告东三省总督徐世昌,"闻有孙逆实行革命,排满人,乌目山僧同《民报》馆之张济,不日由沪赴烟台往营口。又逆党杨子康即杨子群,西装,广东南海人,年三十余,已由沪赴营口,恐潜来京、津",应留意密查。(《致东三省总督徐世昌电》,骆宝善、刘路生主编:《袁世凯全集》第16卷,第459页)湖广总督张之洞电奏"孙文密谋七月大举起于长江,清政府大惊,饬各省部署海陆军备征调查"。又有护理两广总督胡湘林电奏"会党运军火入粤省,派员往缉,业已闻风逃遁"。(《七月果有革命党起义耶》,《中兴日报》1907年8月27日,"内国")

8月29日(七月二十一日)　就梁兰泉活动事致函张永福、陈楚楠,告梁负义反噬,罪不容诛,新加坡同志应加防备。

梁兰泉又名梁秀春,"本广西武官,平日纵勇殃民,无所不至。及为岑春煊所查办,乃逃来河内,郁郁不得志,始有作反思想。河内同志见其久在边防带兵,且多招游勇为咕哩,于军界及会党中颇有势力,虽知其心术不端,而以为才尚可用,遂招入会。及弟来河内时,本欲不令兰泉知觉,继因须在此办事,不能不用人,兰泉虽不端,而结识有用之人尚多,则见之以用其所荐引之人,亦是一策。且兰泉爪牙既多,弟在此间既欲用人谋事,必被其探觉。兰泉前时屡有信来,求备任使,若来此而不见之,则彼绝望之余,或生异志,潜谋反侧,后患甚多,故遂决然见之"。后使其集众返国举事,曾给五千元,迟迟不行,又欲裹胁孙中山,引起同志人人愤怒。"弟以西事诸路皆已布置妥当,兰泉跳梁小丑,不能为恶,不当以与之争持之故,致坏大局,故始终和平处之"。然而"弟在间谋事,除防清朝之外,兼防此人,西事棘手多因此故,已被其破坏不少。今日所布置诸路,皆由密防慎谋,始不为兰泉所误"。现此人由河内西贡赴新加坡,"临行时,本欲求书介绍见星坡分会中人,河内同志告以弟已他往,渠今又哀求河内同志作书介绍,其意欲到星坡后,又出其棍骗手段",望诸同志一律抵制,不可为所陷害。"如清朝与星加坡政府交涉提解此人,不必助之。如同志之力能除此人,则大善;不能,亦须声明其罪恶,使彼无立足地。又须密访其在星坡如何作为,报告弟处,至以为望。"(《致张永福陈楚楠函》,《孙中山全集》第 1 卷,第 340—342 页)

8 月 31 日(七月二十三日)　社会主义讲习会第一次会在东京举行。

先是,6 月 10 日,由何震主编的《天义报》在东京创刊,"以破坏固有之社会,实行人类之平等"为宗旨。于是议设社会主义讲习会。是日,在牛込赤城元町清风亭开第一次会,出席者有刘光汉、何震、张继及日人幸德秋水等九十余人。宣布其宗旨"不仅以实行社会主义为止,乃以无政府为目的者也"。(公权:《社会主义讲习会第一次开会记事》,《天义报》第 6 期,张枬、王忍之编:《辛亥革命前十年间时论选集》第 2 卷下册,第 944 页)

《中兴日报》亦为《天义报》宣扬宗旨,称"此报为留学东京之爱国志士所创,其目的在发扬正当之女权,使二万万女子共享平等之幸福外,丁民生、民族、民权之三大主义,小鼓吹不遗余力,诚一最良之杂志"。(《天义报问世》,《中兴日报》1907 年 8 月 20 日)

是月(七月)　共进会在东京成立。

东京部分同盟会成员以孙中山的革命重心在于两广,于长江流域未遑兼顾,加以东京同志涣散,缺乏领导,乃取急进主张,成立共进会,以联络会党。(吴玉章:《吴玉章回忆录》,第 48—49 页)先是,张伯祥、邓文翚、焦达峰、方潜等人会于神田舒祖勋寓所,决定所取会名,推舒、邓为宣言、章程起草人。数日后即在清风亭开成立会,各省参加者计百余人,举张伯祥为会长。会址在居正罗杰寓所,后迁青山区华群学会。会章宗旨一如同盟会,惟改平均地权为平均人权。宣言有文言、白话两种。会中设参谋、文牍、交通、参议、党务、理财、调查、纠察各部,并以十八星旗为会旗。后又设省都督,先期计划组织领导负责人,以备各省革命同时发动之需。(李白贞:《共进会从成立到武昌起义前夕的活动》,中国人民政治协商会议全国委员会文史资料研究委员会编:《辛亥革命回忆录》第1集,第497—503页)谭人凤称共进会之成立,乃"拟结一有实力之团体,照绿林开山立堂办法,分道扬镳。刘霖生极表赞成,适克强与余先后返,克强不甚同意;余以为反文明而复野蛮,尤力持不可"。(《石叟牌词》,石芳勤编:《谭人凤集》,第351—352页)黄兴恐因共进会的成立引发同盟会的分化,向发起人质问。经焦达峰解释称"并无别意,只期内地与边区同时举事,或可缩短革命时间"。(杨玉如:《辛亥革命先著记》,第15页)共进会在国体问题上主张推翻帝制,效法共和,建立欧美共和政府议会制度,在限制资本、平均地权、平均人权、民族平等方面亦有相关法规。(邓文翚:《共进会的原起及其若干制度》,《近代史资料》总10号)

9月

　　9月1日(七月二十四日)　同盟会成员王和顺奉命在钦州王光山起义,4日曾占防城,宣布"扫专制不平之政治,建民主立宪之政体,行土地国有之制度",至17日失败。

　　钦、廉两府抗捐之事发生后,托人从日本购置器械,拟武器一到,即占东兴至防一带沿海之地,集结党军,集合乡团,策动郭、赵新军反正,可成一声势甚大之军队,"再加以训练,当成精锐。则两广可收入掌握之中,而后出长江以合南京、武昌之新军,则破竹之势可成,而革命可收完全之效果矣"。(《建国方略》,《孙中山全集》第6卷,第239页)

　　于是,令黄兴入郭人漳军;又委王和顺为中华国民军南军都督,专任钦廉军务,令随胡毅生至廉州,取道钦州至三那。时梁建葵、梁少廷已奉命在该地发动。刘思裕之侄显明率众数百人来会。

　　王和顺与赵声约定,先率众进南宁,赵部尾随暗助。惟和顺在三那待机,刘显明以久无办法,引众去。居数日,和顺得悉防城驻军刘辉廷、李耀堂有意反正,乃决计取防城,派员请示孙中山,获准后,分电冯自由、萱野,令雇船将在日预购之军械运至白龙溪起岸,备起事之用。嗣以道远且辗转传递消息不便,乃另觅适当地点接械①。

　　王和顺以运动成熟,即于是日在三那王光山起义,袭取防城。4日,以中华国民军南军大都督名义发表告示,宣布奉孙中山之命起义的宗旨。5日,防城清军连长刘辉廷、团长唐浦珠起义响应,驻对河之连长李耀堂继之,革命军入城,杀知县宋鼎元等十九人。和顺即日率部五百人向钦州府城进发,行一日抵城外,知有备,扎城外二十里之处。黄兴在城内闻和顺兵至,商郭人漳,以出巡为名,带兵一连至城外与和顺议进取。黄述郭意,城中钦廉道王瑚率部多营作梗,拟使和顺取南宁后,杀王瑚反正。和顺不允,仍主攻城。黄兴只得私约夜间暗袭,居时开城接应。不料王瑚已得郭部有通敌之报,是夜亲自巡城,黄兴计不得行;和顺兵至城外,见无接应,仍退原地。于是改攻灵山,取道入广西,行三日半抵灵山城外十二里之檀墟,令该处同志陈发初制竹梯以备攻城。梯成二具,选精兵两百人先登,登者仅刘梅卿等数十人,后到者因梯折而退。刘等在城内作战一日,伤亡颇众,城外之军因城不易下,退驻小山。次日清军援兵二千余人到,革命军抵拒之后,以弹药告乏,退回三那。和顺以一时无力进取,下令解散,并令梁建葵一部退入十万大山,以备后图;本人则赴河内报告。孙对之勉慰有加,仍令任桂边军事。(《南军都督王和顺》,冯自由:《革命逸史》第2集,第200—202页)

　　钦州举事之际,革命党人颁发《报告粤省之同胞》《中华革命军四言告示》等文告,提倡民族振起、国民合作之义。其中四言告示称:

---

　　① 学者指出:"关于此次由日本运械未抵白龙港一事,《孙文学说》《胡汉民自传》均作系东京本部同志干扰所致,是记忆有误。"(陈锡祺主编:《孙中山年谱长编》上册,第411页)

"革命军起,驱逐满清,兹将大义,布告人民。自彼满洲,夺我中国,生民无衣,惨受暴虐。租税抽剥,刑罚苛繁,贪官污吏,毒如豺狼。内则肆虐,外则召侮,割民弃民,旦夕不保。嗟我同胞,死伤憔悴,同心合力,吊民伐罪。万众一心,各省分起,立军政府,合群共治。义师所指,我武维扬,驱彼鞑虏,还我河山。离我父老,与诸弟昆,激发忠义,除旧布新。战士奋勇,闾阎馈粮,拯民水火,收彼凶残。以申天讨,风起云从,其各自勖,成此大功。"(《中华革命军四言告示》,《中兴日报》1907年10月8日,"军书代论")

广西巡抚张鸣岐电奏钦、防之乱情形,谓:"钦乱自本年二月即已萌芽,匪首刘思裕等名虽聚众抗捐,实则乘机构乱,地方文武办理未能得法,迁延日久,匪焰愈张。三四月间,迭据各路探报,即有防城居民同约入会,灵山匪党携枪往投,并有逆党孙汶到河内开会,密谋潜图勾结之语。迨东军统领郭人漳等先后攻破三那等处匪巢,大致虽近肃清,股匪并未扑灭,四散窜扰,几于遍地皆是。五月十一日,有围扑钦城,焚烧对河将弁讲堂、抢掠店铺之事。六月初五日,又有匪党复距下那里湖,与官军拒敌之事。六月廿三日,又有匪党六七百人,啸聚梁屋、木梗等湖,与官军在家塘地方相遇开仗之事。此外,零星股匪东奔西突,为数尚多,官军虽屡斩擒,从未全股歼灭,旋扑旋聚,尤以大寺一股为巨,闻系孙党梁秀春暗中接济枪械,经署廉钦道王瑚亲往督击。昨据电称,匪窜马兜山,恐窜入十万大山,窜赴西界。"至防城兵变,据王瑚等人电禀:"此股匪徒,人多械利,钦城复有大股匪徒攻扑,虽经官军击退,离城仅十余里。匪党复散布谣言,称由越南购到洋枪七千余枝,后仍续到,四处招人,每月先给银三两,俟枪运到,凡持枪者每名月给银七两二钱。莠民闻谣,咸以饷重枪足,遂为所煽惑,暗相招引,东西两省沿边各属,人心俱为骚动。"张鸣岐严饬广西文武认真防堵,免致窜扰。(《为防城衙军兵变事》,中国第一历史档案馆藏,电报档,档号:2-04-12-033-0815)因各方奏报不一,续命张鸣岐查明防城之变的缘由,究系丁愧电奏所言"防城失守,系股匪突至,致有焚署戕官"，还是胡湘林所称"有匪七八百人分路来攻，先勾通驻防衡军左右两哨为内应"？并令其"督饬各军，分路追剿，搜捕余匪，以净根株。其被胁平民，亦应设法解散"。(《奉旨着张人骏确查防城失守据实电奏并搜捕余匪事》，中国第一历史档案馆藏，电报档，档号：2－05－12－033－0146)孙后称此为"予第五次之失败"。

9月13日(八月初六日)　函告宫崎寅藏防城军事进展，并委以在日本全权筹资购械。

函谓：平山周、北一辉、和田三郎等人不顾公义，立意破坏团体，几至全局为之瓦解，凡此皆不法举动，公义之蠹。通知宫崎，"弟以后不复信任此数人，其关于日本之运动，当托足下全权办理。宜秘密行事，不特平山、北、和田数子不可使之闻知，即本部中人及民报社中人亦不必与之商议"。委其为"在日本全权办理筹资购械，接济革命军，所有与资主交涉条件，悉便宜行事"。并告宫崎，"在日本之助力，以犬养毅君为最适宜，今缮一函致犬养毅君，祈即转交，相与谋议。现时最急者军饷、军械两大宗，望悉力筹划，以相接济"。又嘱转告萱野，"西军已发，东军之事望速经营"。(《致宫崎寅藏函》，《孙中山全集》第1卷，第342－343页)据冯自由记述，在日购械，"正进行间，太炎在民报社偶闻日人平山、和田等言，谓吾党所购枪械属明治十八年式，陈旧不堪作战，遽用民报社名义以明电告香港《中国日报》，谓械劣难用，请停止另购。余得电，乃转告孙总理，总理以事属军事秘密，而太炎竟以明码出之，深为不怿"。(《记章太炎与余订交始末》，冯自由：《革命逸史》第2集，第35页)

9月19日(八月十二日)　清廷饬谕长江一带会党繁多，宜严加防范。

据天津探访局称："近日访闻党首孙文与各省会党联络，约期举事，以满洲之马杰为北军，以广东之三点会等为南军，以山东、河南之大刀会党为东军，以扬子江沿岸各省之哥老会、安庆道友为中军，联成一气，图谋不轨。"袁世凯将此急电清政府及两江总督端方，谓孙党近期图谋起事,并借外国军舰转运军火,请饬各地严加防范。(《南北洋密饬防孙党》,《中兴日报》1907年9月16日,"内国")

本日,军机处字寄陆军部,及直隶、两江、湖广各总督,江苏、安徽、山东、江西、湖南各巡和云南提督等,上谕称:"现在长江一带,地方盗贼充斥,会堂繁多,亟宜严加防范,免致滋生事端。着云南提督夏辛酉,迅即统带所部酌量添募营队,前往沿江一带扼要屯扎,专作为长江游击之师,并会商沿江各督抚筹办江防事宜。无论何处小有蠢动,一闻警报,该提督即带得力营队迅赴事机,立即扑灭,勿任蔓延。平时仍须加意巡防,毋稍松懈。沿江各督抚等尤当协力维持,认真筹画,以期销患未萌,共保治安。"(《上谕》,中国第一历史档案馆等编:《清宫辛亥革命档案汇编》第31册,第82—83页)

9月20日(八月十三日)　清政府决定设立资政院,作为议院的基础。

上谕称:"立宪政体,取决公论,上下议院实为行政之本。中国上下议院一时未能成立,亟宜设资政院,以立议院基础。"溥伦、孙家鼐出任总裁,会同军机大臣拟订章程,请旨施行。(中国第一历史档案馆编:《光绪宣统两朝上谕档》第33册,第192页)

10月19日,又谕令各省督抚于省城筹设谘议局,"慎选公正明达官绅创办其事,即由各属合格绅民公举贤能,作为该局议员,断不可使品行悖谬、营私武断之人滥厕其间。凡地方应兴应革事宜,议员公同集议,候本省大吏裁夺施行。遇有重大事件,由该省督抚奏明办理。将来资政院选举议员,可由该局公推递升。如资政院应需考查询问等事,一面行文该省督抚转饬,一面径行该局具复。该局有条议事件,准其一面禀知该省督抚,一面径禀资政院考核"。并令预备设立各府州县议事会。(中国第一历史档案馆编:《光绪宣统两朝上谕档》第33册,第219页)

保皇党人徐勤认为清朝迫于日俄、日法协商及徐锡麟暗杀等事,连下预备立宪、开资政院、平满汉等谕,"其出于敷衍,非真诚自不待言。然既定开资政院,则显授国民以可乘之隙,他日国会之成立在此,吾党之成立亦在此"。特别是北京设资政院、各省设谘议局,"授吾党以可乘之隙矣。现合各报之力,极力鼓吹言论一致,不出三年,国会必成立矣"。(《徐勤致康有为》,上海市文物保管委员会编:《康有为与保皇会》,第383页)

9月22日(八月十五日)　收到公记捐助中华革命军军需洋银八千元。承诺待军政府成立后,酬偿如下:一、列于为国立功者;二、照数四倍偿还;三、给以国内各□路矿优先利权。(《给公记捐助军需收据》,陈旭麓等主编:《孙中山集外集》,第665页)

9月25日(八月十八日)　为防范革命党途经香港运军火入广东,经过中英之间交涉,英政府令香港总督严查洋商私运军火事。

本年,有关孙中山私运军火入境的传闻甚嚣尘上,言之凿凿,以致沿江沿海各督抚、提督及所属官员甚为惶恐。八九月以来,如长江各督抚、提督布置防务时称"近来革命党匪到处煽惑,复有孙汶为之党魁,时自外洋接济军火、财用"。而广东潮州府知府亦称,所辖各处,伏莽尚多,"加以孙汶党羽甚众,时有私运军火来华,潜谋不轨",被视为地方治安的最大威胁。揭阳县接两广总督札,"据潮海关税务司夏立士申称,孙党现又密运军火至潮、嘉两属,用渔船、石船装载"。该县令"拟仿照光绪八九年间总理衙门所定船钞驳艇章程给牌挂号,饬即将海口渔船编号,严密逡巡"。(《长江各督抚提督电奏查缉匪党办法》,《申报》1907年8月27日,"紧要新闻";《潮属新军暂缓裁撤》,《申报》1907年8月30日,"军事界";《札饬密查孙党私运军火》,《申报》1907年9月23日,"紧要新闻")

因此,清廷谋求切断革命党私运军火的运输线。本日,外务部致电两广总督张人骏称:"驻英陈代办电称,前商准英政府电港属查实。现港督议办法五端:一、出口货皆须领准单,单即寄交中国驻港税司;二、出口货有需格外留意者,即令送交所至之口之领事查收,以便稽查去路;三、澳门来往商务暂行停止;四、港中渔船向有以枪济匪情

事,现概不准携带后膛枪;五、悬赏以励缉私。"(《为洋商私运军械港督现
议办法五款事》,中国第一历史档案馆藏,电报档,档号:2－05－12－033－
0777)

是月(八月)　清政府与法国交涉引渡孙中山,法国方面表示可
对革命党人作永久性拘留。

防城起义后,清政府又一次要求法国引渡孙中山及在河内的其
他中国革命者,保尔·博表示愿在国际惯例允许的范围内进行合作;
但法国新任外交部长斯特凡·毕盛(Stephen Pichon)却急于按照清
政府的愿望采取行动。尽管他明明知道引渡孙中山是不符合国际惯
例的,办不到的,但他认为法国政府这一次应该使中国政府感到满
意,以为"某此法国人对中国南部革命党人的两面手法,必然引起中
国政府对我们的敌视"。他敦促法国政府采取措施,以便让中国政府
相信越南河内决不会成为中国革命者的避难所。法国殖民部也指示
印支总督,必须采取人道主义范围内所允许的一切措施来满足中国
政府的要求。关于法国在国际法范围内对政治避难者应负什么责任
的问题,殖民部与外交部进行了讨论,最后,由外交部官员菲力浦·
贝特洛(Philippe Berthelot)起草了一个原则性的声明,表示法国将
尊重中国政府的意愿,最大限度地限制了中国反叛者进入法国殖民
地;法国方面诚然不会对这些反叛者进行引渡,但愿意对他们实行多
少带永久性的拘留,直至清政府将他们逮捕。这就意味着法国政府
将这些流亡的中国政治犯当作战俘看待。([美]金姆·曼荷兰德著,林
礼汉、莫振慧译:《1900－1908 年的法国与孙中山》,《辛亥革命史丛刊》第 4 辑)

10 月

10 月 1 日(八月二十四日)　函告何佩琼两广军事进展,嘱设法
筹集巨款接济。

函告革命军已一举破防城,入广西,"以义军屡破虏兵,清朝尽调广东、广西之兵来战,我军虽勇,惟军火粮饷尚须源源添足。初起之际必须持重,故据险固守,日日操练,以成精兵,专候各省之响应及海外同志之接济,两者有一能如意,则长驱以定两广,出师湘鄂,革命前途大有可望也"。又通知特派汪精卫与河内殷商黄龙生、海防殷商刘岐山前来西贡、堤岸,与各同志面商,设法速筹巨款,接济军需,"惟必须埠中平日热诚重望之人尽力担任,然后众人有所率循",希望何不辞艰巨,为国民肩此重任。(《致何佩琼函》,《孙中山全集》第1卷,第344－345页)

10月2日(八月二十五日)　外界传闻清廷拟宽松处分疑似的革命党人。

此前张之洞入京面见两宫之际,即提出对"革命党处分不宜过严"。本日报载:"袁世凯与张之洞协议,谓以革命党嫌疑而罚罪者,是徒以陷人耳。以后若犯人之治罪,宜以其所犯之罪治之,甚不可以革命党嫌疑,为杀人之利器也。宜令长江一带,不可轻忽治罪",并将此旨电达端方。(《张大臣之面奏》《清国革命党之处分》,《汉文台湾日日新报》1907年9月27日、10月2日,"杂报")据称袁世凯所奏驱散革命党人之策,颇获称许。他称:"革命不止起于留东学生,查其原始,系由党魁煽惑所致,其他省散布羽党,亦皆少年盛气之人一时为其所惑,必先秘拿党魁,余党随时妥设善法解散,倘剿捕过严,其党不以生命为惜,恐人心激变,南省无宁日。"(《饬筹解散革命党方略》,《中兴日报》1907年10月5日,"内国")

关于庆亲王、肃亲王对革命党的态度,亦有传闻称:"前日清廷庆亲王问肃亲王曰:京城有多少革命党,曾派员密查否?肃亲王对以党人多少无从侦知,惟现值暑假,留东学生回国者甚多,而居京城者亦不下一百五六十人。庆亲王为之色变,叹息久之曰:然则奈何?肃曰:无伤也,余自有变付之法,当不致有他虞。"由此反映出庆亲王、肃亲王识量之高下。(《询问革命党多少》,《汉文台湾日日新报》1907年10月2

日,"杂报")

其实,肃亲王善耆曾派员赴日与革命党人、保皇党人暗中联络。本年8月,善耆派程家柽赴日,与宫崎寅藏往来较密,且协调革命党人对铁良的态度,据称"程奉肃亲王之密令,要求对《民报》之记事中有关铁良之评价加以更正,为此还带来了该亲王题字之照片及土产等作为礼物,进行运动"。(《关于清国人来日之事》,章开沅等主编:《辛亥革命史资料新编》第6卷,第119页)同时,善耆还派人密谒梁启超,"求进行方针",曾定由汤觉顿赴北京居中联络。后因善耆引用戢翼辉一事被劾,暂告中止。(《徐勤致康有为》,上海市文物保管委员会编:《康有为与保皇会》,第380—382页)

10月7日(九月初一日)　政闻社机关报《政论》刊行,梁启超撰《政闻社宣言书》,主张:一、实行国会制度,建设责任政府;二、厘订法律,巩固司法权之独立;三、确立地方自治,正中央、地方之权限;四、慎重外交,保持双等权利。(《政闻社宣言书》,《政论》第1号)

10月8日(九月初二日)　致函邓泽如等,介绍两广军事进展,并促筹款。

函告时马来西亚挂罗庇胜的邓泽如,表示对海外筹款颇寄厚望,已拟订详细章程,"凡捐资纳款者,计期必厚利偿还,从丰报酬,其助饷尤巨者,并于国中开浚各种利源时优给以权利"。嘱款电汇香港《中国日报》胡展堂收,并发回条。(邓泽如:《中国国民党二十年史迹》,第5—7页)

10月10日(九月初四日)　香港颁行禁止革命书报的新条例,名为《一千九百零七年禁止刻布煽乱文件则例》。(《港督禁止革命书报新例》,《时报》1907年12月7日,"地方新闻·杂记")

11日,外务部"访闻前香港政府接英使来文,颁行条款,嗣后港地所有刷印出版文件有害治安者,或售买散给报纸书籍等物,其内容足以耸动中国之纷扰,或耸动人在中国地方犯罪,或怂恿英民与中国政府为难者,其刊刻编辑人定监禁不过二年,有无苦工不等,或罚银五百元,或监禁罚镊并行"。令两广总督查"该条款是否属实,已否宣布"。(《外务部致两广总督张人骏电报》,中国第一历史档案馆等编:《清宫辛亥革命档案汇编》第32册,第135—136页)

13日,两广总督张人骏电告:"此例已由香港议例局于中历九月初四日宣布第三次,无人议驳,应以是日实行。"(《两广总督张人骏致外务部电报》,中国第一历史档案馆等编:《清宫辛亥革命档案汇编》第32册,第146—147页)

10月12日(九月初六日)　萱野长知雇幸运丸由日本运械至广东汕尾海面,后因无人接应且被清巡舰发现,不得不由原船运回,损失巨大。

萱野受托在日本购买军械。6月17日,返日购械,经山下汽船会社主人三上丰夷帮助,购得明治三十八年村田式快枪两千枝,每枝配子弹六百发,手枪三十支,每支配子弹百发,由香港汇去一万日元,余额由三上担保完清。雇船幸运丸,由三上租用,为节省运费,械弹由该船(装运三井洋行煤炭)运往香港。犬养毅所赠宝刀五十把,亦随船运出。

许雪秋向孙中山及胡汉民等人建议,将该件运至汕尾海面,由他召集海陆丰会党居时接运。后获准。

7月中旬,萱野以准备就绪告香港,由冯自由委托赴日读书的邓慕韩带引人二名赴神户听调度。10月8日,幸运丸离开长崎,随船出发效力日人有前田九二四郎、陆军大尉定平伍一、金子克己等人。萱野电告香港,船12日可达指定地点。(《日轮幸运丸二辰丸与革命党之关系》,冯自由:《革命逸史》第4集,第180—182页)

冯自由等得电,即通知许雪秋,雪秋偕柳聘农、谭剑英等于9日乘船去汕尾,刚下船而遇碣石镇总兵吴祥达的侦探,雪秋折回,仅遣聘农等先行,雪秋第二日复来。12日傍晚,船抵距汕尾约十里之海面,屡发信号而无应者,至13日上午10点,始有一小船来联系,且告昨晚已聚数千人,见船未到,已散去。决定下午4时派人来卸。至下午 2 时,清兵一小巡舰来查,众人采纳邓慕韩建议,船开往香港,俟卸完煤炭再往他处起卸。船抵港后,冯自由、胡汉民等商议补救办法,决定在平海起岸。但 17 日为日本领事干涉,令卸煤后速返日本。幸运丸既返日本,所载军械为日本警察扣留,三上既保证购械借款,又须承受该船未卸完的三井煤炭,两项损失至为巨大①。(邓慕韩:《丁未汕尾举义始末记》,《中华民国开国五十年文献》第 1 编第 13 册,第 349－352 页)

10 月 15 日（九月初九日）　函告张永福、陈楚楠等人近日河内党务状况。

函称:"此间之事,机局甚佳,日内又必有惊人之事,不久则大局可定矣。"星洲之林文庆,已去信托其力任筹款,在商人中活动筹济军饷,希望不论会内会外,皆尽力为之。对厘安呢约往法国一事,目前不能应命,已函告他,"杜郎君果任安南总督,则于吾等之事颇为方便,望其事之不虚也"。(《复张永福等函》,《孙中山全集》第 1 卷,第 348 页)

10 月 17 日（九月十一日）　梁启超等在东京举办政闻社正式成立大会,张继等人前往破坏。听闻梁被殴,留日学生以为"快事","保皇贼奴,宪政猾贼,今日吃了些眼前小亏"。(《政闻社员大会破坏状》,《民报》第 17 号,1907 年 10 月;杨天石主编:《钱玄同日记(整理本)》上,第 108 页)

不少人士对清廷立宪、开设资政院寄予希望,纷纷组织类似政党的团体。时论刊载保皇党人组织政闻社的缘由,"闻其计划之所由来,谓其议盖起于一昨年者。当时康有为氏,对清国献变法自强之策,其时康氏一派结一政社,名曰保皇会,是实今日政闻社之前半身也"。"及至一昨年,保皇会之同志者,再讲政社结合计画,近来其进

---

①　又据研究者称,"幸运丸"抵汕尾海面时,无人接应,次日被清军巡舰发现,未及卸货,即撤往台湾。([日]久保田文次编:《萱野长知研究》,第 69－73 页;桑兵:《孙中山的活动与思想》,第 214 页)

步,甚然著明。其组织旨趣,在于尊崇皇室,仿欧美而创设立宪政治。彼现时满洲大官铁良等顽迷派,只管排斥立宪,固执专制政治;而唱道革命之孙逸仙等之取共和主义者,徒欲倾覆满洲政府,驱逐满人。该政社即立在此者之间,组织欧美及日本流之政党,欲活动于政界者。该会系选举会员三名,俾总理党务,以后拟渐次立定主义纲领,发刊机关杂志于宪政树立,用以开始其运动。其组织主义,洵可谓和而得其正者。"(《清国组织政党》,《汉文台湾日日新报》1907 年 10 月 5 日,"杂报")

其组织者,如"马相伯及蒋智由者,在本邦称谓非革命派之巨擘,创设政闻社、宪政研究会等,以为研究我法典之具,而使将来得创成清国完全之宪法。当宪政考察大臣达寿氏之为宪法调查之来朝也,该学生团甚得其势力,于是频往清国公使馆,以助达寿氏之宪政调查,而达寿氏亦藉此得不少之利便"。达寿还常访日本宪法学名儒,着手调查之事。(《达寿氏及非革命派》,《汉文台湾日日新报》1908 年 1 月 15 日,"杂报")

是年秋　孙眉从夏威夷奉杨太夫人返九龙定居。

先是,1904 至 1905 年间,夏威夷政府改订租地年限条例,按新章对原租地者极为不利。为此,孙眉延请律师上诉,于本年春始由法院判决,以败诉告终。孙眉所租茂宜牧场须归还政府,损失巨大,即于秋间偕友人杨德初回香港,旋赴河内与孙中山筹商善后办法。因其无力支持,孙眉遂决定将在夏威夷所营事业全部收束,且迎眷属返九龙居住,杨太夫人、卢夫人等同居该处。孙眉在九龙牛池湾陈少白所有的荒地开辟农场,经营耕植果菜养鸡猪,修建房舍,躬自劳作。以后得悉夏威夷余产所得仅足供诉讼费用,无力偿还租借陈少白荒地款项,而陈重申前约,孙眉指责少白:"君办理中国日报时,吾得舍弟信曾汇款助君多次,今君乃忍以戋戋之数相逼耶?"陈告他人:"弟是华盛顿,兄是拿破仑;华盛顿可容易商量,拿破仑则真无法应付耳。"(《孙眉公事略》,冯自由:《革命逸史》第 2 集,第 7—8 页)

11 月

11月1日(九月二十六日) 两广总督张人骏、广西巡抚张鸣岐电奏革命党在越南密谋起事,并与法方交涉。

电称:"迭接龙州道龙济光电称,据报越南板捐、三嚣、九封等处均有匪徒,踪迹秘密。面晤法领,嘱其谅山公使确查。"后接各方来报,或谓"土匪秘密布置,欲乘机起事,窜扰拦岗闸、凭祥等处",或称"革命军即攻拦岗闸",或言"钦廉之匪欲由越边上窜,注意龙州"。张人骏等以为"越南久为游匪渊薮,时欲勾结内匪,图扰边境。现因钦廉营队密布,志不得逞,乃变而趋注龙州。业经严饬边军随时切实防范,匪如窜入,立即迎头痛击。惟匪党散布越境,我军只能在边界严防,不能越剿。按照会巡章程,越境之匪应由法汛设法捕拿,免令窜入我境"。但法方明知革命党在越南边境秘密布置,并不饬令捕拿,居心叵测,请外务部照会法使,请其转告越督。(《为革命党在越南密布起义事》,中国第一历史档案馆藏,电报档,档号:2-05-12-033-0989)

6日,张人骏、张鸣岐再次电称:"伏查本年六七月间,即有匪在越境备饷置械、潜图起事之谣,并闻系孙逆党羽。迭经电达外务部,与法使交涉,且虑及匪党日事煽结,迟早难免窃发。于龙济光赴任时,即经鸣岐饬令在柳州招募三队,遣员赴滇招募五队,带往龙州,沿边扼要分扎,合之原有巡防队及新军,共二十营。边境十九百里,头头是道,防不胜防。但目前兵力已厚,防虽难周,剿尚可恃。如窜入边境,尚足抵御驱除。谨当遵旨严饬沿边文武再行加意防范,随时密探匪踪,认真堵截,勿任稍有疏虞。法人居心叵测,阴则庇匿匪党,纵其窜扰;阳则责我不能平乱,藉词干预。一经酿成交涉,枝节丛生,难于收拾。应恳饬下外务部查照前电,预与法使声明,匪在越境煽聚,应由法员照章设法捕逐,勿任勾结窜扰,请其转致越督,严饬法汛各员遵章办理,以占先著,免他日为所藉口。"(《为已饬严加防范革命党等事》,中国第一历史档案馆藏,电报档,档号:2-05-12-033-1022)

8日,两广总督、广西巡抚联衔致电军机处、外务部称:"廿八日钦奉电传谕旨,遵即飞电沿边文武一体钦遵。"(《两广总督张人骏等致军机处等电》,中国第一历史档案馆等编:《清宫辛亥革命档案汇编》第33册,第175-178页)

11月6日(十月初一日)　前奉命回川组织革命活动的革命党人谢奉琦、佘英、熊克武等谋划在江安、泸州起义,未发动即告失败。14日,四川革命党人又计划在成都发难,事泄,失败。伍安全被杀,黄方等六人被捕入狱。(熊克武:《辛亥前我参加的四川几次武装起义》,中国人民政治协商会议全国委员会文史资料研究委员会编:《辛亥革命回忆录》第3集,第4-14页)

11月12日(十月初七日)　电告汪精卫等人维持《民报》及筹款事。

电称:"日本来函必欲派一人回东,以维报局,而固人心。已与克、展兄详议,电复公等勉支报事。精卫准西年底回东筹款,如何?"后又复汪精卫电:"偕往及得款回,叮再商回东事。"(《致汪精卫等电》,《孙中山全集》第1卷,第349-350页)

11月15日(十月初十日)　因稽考列国政事,托张永福在新加坡英书店代购本年英文政治年鉴一部。次月二十三日,又告"已近年底,可不必买一九〇七者,书店若有新到,必系一九〇八之物,买之可也"。(《致张永福函》,《孙中山全集》第1卷,第349、353页)

△　因清政府严厉查禁《民报》,导致《民报》运进国内更加困难。为了继续并扩大革命宣传,各省留日学生的革命党人,纷纷以本省名义创办革命刊物,主要面向本省进行革命宣传,从而分散输入国内。在此形势下,15日,吴玉章主持的《四川》杂志在日本创刊。20日,同盟会河南分会亦在东京创办《河南》杂志。(丁守和主编:《辛亥革命时期期刊介绍》第2集,第588、612页)

11月20日(十月十五日)　《新民丛报》停刊。

梁启超称:《新民丛报》本有继续之意,或与他报合并,最终决定本日出版最后一期后停刊,"一因党报将出,弟一人之力,不能兼顾此报,以余力办之,若赘旒然,无复精神,亦复何取。一因出报既屡衍期,则阅者生厌,销数亦窒,而经济不能支。以去年计之,既亏绌矣。故办之而反为私人经济之累,致种种不得自由"。(丁文江、赵丰田编:《梁启超年谱长编》,第386页)

《新民丛报》是否因论战而衰,乃至于停刊?论战双方的认识不一。革命党人固然坚持《新民丛报》因论战失败而停刊,康门弟子徐勤则称:"东京自去年《新民丛报》与《民报》剧战,大获全胜。"影响所及,中国留日学界的言论大变,杨度主持的《中国新报》、满人主持的《大同报》、山西人李君主持的《晋报》《云南》杂志诸报,皆对《新民丛报》表同情,"故革党之声势顿衰,孙文又被逐,《民报》记者又不和,政闻社遂乘时而起。入会者现有三四百人,皆东中学界之秀,会中职员皆诚朴可靠,他日吾党之发达,可为预料"。政闻社刊行《政论》,"数月后影响之大必过于《丛报》远甚。《丛报》出报甚延滞,现缩至二三千份而已"。《新民丛报》经营遇到问题,亦为不争事实。(上海市文物保管委员会编:《康有为与保皇会》,第380—382页)

12月

12月1日(十月二十六日)　命黄明堂在广西镇南关起义。3日,偕黄兴等离河内赴阵地,5日返回。8日,起义军撤往越南。

先是,命黄明堂、王和顺进攻镇南关,和顺至期队伍不集,因委明堂为镇南关都督,凭祥土司李佑卿为副,何伍为支队长,集合义勇团百余人举事。(《胡汉民讲述南洋华侨参加革命之经过》,冯自由:《革命逸史》第5集,第194页)

在举事之前，11月21日晨，与黄兴、胡毅生、池亨吉等人，在河内甘必达街61号本部楼中讨论镇南关起义事。众人坐在其周围，除三四位广东志士外，留有其他不知姓氏之人，"由孙氏的介绍，始知他是云南省开化府人，姓张，他是三合会的头目。其远道赶来的意志，是代表云南一带的革命派，要受孙统领的指挥，与广西革命军相呼应，而立刻举事"。(池亨吉:《中国革命实地见闻录》,第34页)

举事之际，又在镇南关对起义士兵发表演说，鼓舞士气，要"同全国同胞一起把满清皇帝民贼推翻，建立新的富强的共和国，四万万同胞都成为国家的主人翁，享受独立自由之幸福，外国人不敢欺侮我地了，大家都有田地耕种"。(《在镇南关对起义士兵的演说》,陈旭麓等主编:《孙中山集外集》,第41—42页)

革命军由越南那模、那浪进入国境内的弄环、弄尧而上炮台。守台哨官李福南与部属反正。(郑惠琪等口述:《镇南关起义见闻》,中国人民政治协商会议全国委员会文史资料研究委员会编:《辛亥革命回忆录》第2集,第435页)既占镇北、镇南、镇中三炮台，即报告河内。3日早6时，偕黄兴、胡汉民、胡毅生、卢伯琅、张翼枢，日人池亨吉、法国炮兵大尉D氏及随从十余人，奔赴前敌。陈瑞芬女士①等送行。下午4时至同登。至那模何伍家小憩后上山，晚9时抵镇北炮台，黄明堂等迎接，当晚住台中。4日早，由该炮台用克虏伯炮向敌垒拦关塞射击，毙伤敌兵六十余名。8时，各炮同时发射，随即有樵妇送来敌将陆荣廷密函，表示归顺之意，但又称清军明后两日各有五百及二千兵至，"乞为自重"。经密议，因炮台现有弹药可坚持五日，即于当晚下山回河内，

---

① 据吴相湘记述，自横滨即随同照顾孙中山生活的陈粹芬女士，原名香菱，又名瑞芬，广东人，生于1873年左右。她在横滨时即常为往来的同志洗衣做饭，且上下船只，协助同志密运军火，或传递消息，同志们都很称赞她的英勇和勤劳。民国成立以后，她不居功，曾住澳门及中山县石岐镇。(《孙逸仙先生传》上册,第589页)刘成禺《世载堂杂忆》《翠亨村获得珍贵史料》亦记述陈夫人事。1910年12月20日孙中山致孙娫、孙婉函，谓已抵苏夷士运河，"可告两母亲知之也"。(翠亨故居藏件)可知卢、陈二夫人在庇能同居。(陈锡祺主编:《孙中山年谱长编》上册,第417页)

筹集军饷,待与陆荣廷联系成熟,再图龙州。(池亨吉:《中国革命实地见闻录》,第41—46页)

5日,清廷致电广西巡抚张鸣岐:"上月二十九日转接龙州关电称,昨早乱党占据南关,并附近炮台。越南邮电不通,势焰颇炽,倘官兵不变,西人或不至受险等语。查南关为交界要隘,向有重兵防守,何至突被匪徒占据?亦未得贵省奏报,倘外人藉口干预,恐将牵动大局,望迅即督饬该处文武将领克日会合进攻,立即克复,毋得稍涉延缓,尤须严防营队,免生意外。一面将详细情形迅速电奏,切盼!!道员龙济光现驻何处?望先复枢。"(《为革命党占据南关事》,中国第一历史档案馆藏,电报档,档号:2—05—12—033—1193)当时,清军管带黄福廷驻镇南关,营务处陈炳琨驻隘口,统领陆荣廷驻凭祥,道台龙济光驻龙州,大连城管带曾少辉等,约八营兵力,围攻炮台。黄、陆均曾联络反正,以见革命军兵少而止。敌我兵力既悬殊,孤台不能久守。8日,黄明堂毁炮台缺口退入越南文渊。(郑惠琪等口述:《镇南关起义见闻》,中国人民政治协商会议全国委员会文史资料研究委员会编:《辛亥革命回忆录》第2集,第438—439页)

当孙中山在炮台时,曾为伤员包扎,并亲手发炮,表示"反对清政府二十余年,此日始得亲发炮击清军耳"。日后谈到此次战斗,告胡汉民称:"当战争时,为将者能屹立于战线最危之点,则众心自定。"(《胡汉民自传》,《近代史资料》总45号)

战事结束后,在河内对起义党人发表演说,以"胜利"鼓舞人心,称:"此次起义,我们以少数同志占领了三个炮台,与龙、陆数千人奋战七八天,已经显示了我们革命军人的大无畏精神。此次革命还有外国的革命同志同我们在一起。从表面看,好似我们遭受了失败,其实胜利仍属于我们。因为这次起义已震撼了满清王朝,中国专制政体不久一定会被我们革命党推翻。这不是胜利是什么?我们革命是合乎世界潮流,顺应全国人民期望的,所以一定会成功。我们要乘此胜利声威,继续不断地革命。这就是我们今后的责任。"①(《在河内对镇南关起义党人的演说》,陈旭麓等编:《孙中山集外集》,第45页)后谓"此为予第六次之失败也"。

本年谋划起义,均以越南为基地。据称,当时中国革命党人在越南的活动,"都得到越南人民竭尽全力的帮助和掩护。因此,孙中山几次进出越南,特别在镇南关之役,都平安无事"。东京义塾创办人、教师阮权回忆:镇南关起义失败后,"参加镇南关起义的几千名壮士又来北圻栖身","好像黄花探曾答应为他们的三千人军队提供粮食,如果他们失败并且有些需要的话。因此,在离开越南之前,孙文曾到北江探望黄花探"。义塾另一教师潘必遵说:"孙中山从镇南关前线回来后,曾要求东京义塾提供二千人的给养,东京义塾无此能力,曾介绍给黄花探,黄答应了。"

至于黄花探有无帮助同盟会解决上千人的给养问题,且时间多久,无充分的材料予以证明。"但有一点可以肯定的是:在镇南关失败后,同盟会军队退入燕子山并驻扎在那里,差不多五个月之后(一九〇八年三月二十九日)才出发攻打河口。河口之役,中国革命军由黄明堂、王和顺、关仁甫三人率领,从老街渡河,轻而易举地在河口攻占了一些哨所。另一不能否认的事实是:一九〇七年间,当孙中山在越南活动时曾和越南的爱国革命组织,如东京义塾、黄花探取得密切联系,并曾来往越南北方许多地方,例如有一次他曾到太平省建昌府陈廷立总督家里。""孙中山和东京义塾要人的接触。例如同阮权的那次接触,'在谈得很投机时,他们(指孙中山、黄兴)说,一旦灭清复汉大事告成,不论越南兄弟需要什么样的帮助,他们都乐意给以帮助'。"([越南]章牧:《孙中山与二十世纪初越南革命的关系》,《广东文史资料》第25辑)

---

① 演说及演说时间,均据梁烈亚的《镇南关起义回忆》,《孙中山集外集》系于1908年2月。其实,在1908年1月底已被迫离开越南赴新加坡。

12 月 12 日（十一月十六日）　发给池亨吉证明书。

从河内甘必达街六十一号 B 发给池亨吉证明书："证明日本友人池亨吉先生由我授予全权执行为中国革命事业筹款事宜，并为同一目的募集粮秣和军需品。"并称"池亨吉先生曾与我合作多年，为我党事业贡献其时间、精力及才能。一九○七年十二月四日当我率领党人炮击镇南关炮垒时，他曾与我并肩作战"。（《给池亨吉的证明书》，《孙中山全集》第 1 卷，第 351 页）

12 月 14 日（十一月初十日）　致函后藤新平，谋求支持。

函谓："暌别十年①，但闻阁下之勋业与誉望雀起，为东亚伟人。回忆穰〔曩〕年下走起事粤东，阁下曾赐非常之助力，后乃辜负期望，泂是〔足〕惭歉。虽然晚近数年支那民族思想丕变，革命风潮大盛，较之五年前，其气象不止十倍。下走今者由贵国南行，专为南清革命运动发端于两粤，广东广西其基础已觉可恃。盖内力之养成，良非偶尔；然东望友邦，求如阁下穰〔曩〕日之肯赐助力者，则已无其人。以阁下之热心支那革新事业，尔又见南清今日之事势之可为，必其不懈初志，若阁下能复相助如穰〔曩〕日之事，则支那革命可成，此非下走一人私言，度阁下高明，亦能洞见其机局也。贵国人士池亨吉君相与结托有年，今年下走督师攻克镇南关时，池君亦与共事，今使进谒阁下，若欲知下走最近所图事势之详，池君当能道之。"（李廷江：《孙文と日本人——14 通の未公開書簡・電報について》，《日本歴史》第 471 号；王魁喜整理：《日本新近发现和发表有关孙中山与日本的资料》，《孙中山研究论丛》第 5 集）

12 月 16 日（十一月十二日）　致函邓泽如，告广西军事状况及已派汪精卫、邓子瑜赴槟城等地筹款，以充军需。

函称："弟经营两广革命军事，自七月廿六日破防城以来，声势甚盛，各报登载想兄必已览及周知，故未驰书奉告。今者义军崛起已阅

---

①　应为"七年"。李廷江：《孙文と日本人——14 通の未公開書簡・電報について》，《日本歴史》第 471 号

五月,根据坚定,屡破清兵,满洲政府倾两省重兵聚于一隅,而皆不能与义军敌,则革命军之势力可知矣。弟谋事十余年,以为如此机会,实不易再得。今革命军尽心戮力,已足以对国民,所望者各省之响应与海外之接济耳。各省同志皆已实力预备,乘机继起,以为响应,海外同志度必热心属望其成功。"前派汪精卫赴河内、海防、西贡、星加坡、暹罗各埠会见同志,报告军事,劝募军需。各同志多慷慨仗义,筹资汇济。现汪精卫赴新加坡,请邓子瑜与精卫同赴庇能、吉隆城及各州府,与诸同志面商,设法速筹巨款,接济军需。(《致邓泽如函》,《孙中山全集》第 1 卷,第 352 页)

12 月 21 日(十一月十七日)　汪精卫、邓子瑜赴英属挂罗庇胜埠成立同盟会分会,以邓泽如为分会长。

孙中山对该分会总章程有批示,要求"注意:组织会众为营、二为队、为列、为排一条为极紧要,有此则会员之感情乃能密切,团体乃长坚固,不致如散沙。会中有事由职员通传于各营长或各队长,各转传于其所属之队或列长,则一人不过走报四人知,列长不过报四个排长,排长则报七人知,如此工夫易做。若收月费,会员交于排长,排长交于列长,列长交与理财员,亦事简而效大也。若不行此法,则他日每埠人多至一千或数千,则无人能遍识会员,而分会机关之职员,亦无从遍知各人之住址行踪也。故必当为排列,一排长识其所交好之七人不为难,一列长识三个排长更易。由营而队而列,犹身之使臂,臂之使指,节节脑筋,相连灵活"。(邓泽如:《中国国民党二十年史迹》,第 3 页)

12 月 23 日(十一月十九日)　致函张永福,托转交致沈胜芳、陈梦桃信件,促汇款以应军需。同函还介绍镇南关之役及其后攻取情况。

函称:"兹有寄沈联芳、陈梦桃二君之信,望费神交去。闻雪秋兄言,二君允肯捐助义款,惟须得弟言为征,故作书与之。言以人重,兄能助为催劝,使速交电汇尤感。"当下革命党人破南关后,复破水口关

及思州。起事日有进步,惟需款甚急,望速汇款至指定地址。"精卫
现在何处? 运动之消息佳否? 此间新军得占南关,大战七日,杀敌数
百。既而乘势进与钦州军合攻上思州,又战数日,虽以子弹不充,未
能即奏大功。"清统领陆荣廷负重伤,营官死者多人。且此次用事,因
外国人知悉革命党人宗旨,颇表同情。其中,法国报纸左袒尤力。
(《致张永福函》,《孙中山全集》第 1 卷,第 352—353 页)

12 月 26 日(十一月二十二日)　致函萱野长知,解释误会,表示
在日本运械仍界全权。

幸运丸运械失败后,萱野于 11 月 26 日电询处理办法,但回电不
清楚,使萱野"有不释然之点"。故特发长函解释误会。函谓:"查西
十一月廿六得精卫电,其文云:'遄电已收否? 昨到,当偕邓往各地运
动。今乃居无聊,且不得回书,欲回东,如何办法? 祈详电。'当接此
电时,以为精卫自述在星无聊,不指他人。而十一月十二日此间曾致
一电与精卫,其文云:'日本来函必欲派一人回东,以维报局,而固人
心。已与克、展兄详议,电复公等勉支报事。精卫准西年底回东筹
款,如何? 电复。'故廿六日电所谓回东如何办法,亦解为精卫问伊自
己回东理整〔整理〕报事、维持东京团体如何办法。遂复电与精卫云:
'收。偕往及得款回,可再商回东事。近事复杂,无关运动,故未回书
(其时亦得精卫星坡书未回)。德事略滞,待款急'。""今得精卫最近
来书,乃知前电系为阁下而问,原电有'萱久居无聊,且未得回书,欲
回东'云云。'萱久'二字误电作今乃,词意不明,遂致两俱误解,殊出
意料之外。"

又谓"东事之失败,其责任全在许雪秋一人。夫阁下之任务,以
能使军械载迅〔运〕送至目的〔地〕,即为完全无阙"。"而军械处置问
题及其他之各事,则弟实欲阁下一来河内面商其办法,故致电精卫:
'遄款及万,当邀萱、邓同来。'即系欲邀阁下商办东械各事。""后此运
械之事,则仍以属诸阁下之全权。"函中表示,急欲知军械之输入、领
取之安全与否,并考虑将械由日本运至澳门附近之海面,再转运至目

的地。函末并谓:"后兹所依托于阁下之事正多,愿阁下更为鼎力赐助是幸。"(《致萱野长知函》,《孙中山全集》第 1 卷,第 353－356 页)

是月(十一月)　同盟会槟港分会成立。

李燮和于本年 2 月赴新加坡,9 月到荷属爪哇属岛榜甲,创设中华会馆及学堂,"榜甲全岛八港,港一甲必丹,皆华人为之,以领华民"。"粤人温庆武者,为槟港甲必丹,及粤人黄甲元、蓝瑞源、曾连庆等,燮和皆说令入会。复闻庆武介绍七港甲必丹及诸巨贾,得会六十余人。十一月立同盟会分机关部于槟港中华会馆,南洋革党由此始盛。"(《李燮和陈述光复军成立并先后复上海南京等地咨呈》,《历史档案》1981年第 3 期)

1908年(光绪三十四年　戊申)四十二岁

1月

1月2日(丁未年十一月二十九日)　清廷饬谕广西巡抚张鸣岐速剿桂越交界的孙中山余党。

此前,张鸣岐电奏:"匪势日盛,革命党孙汶暗济军械,欲犯桂滇交界,桂省兵单,请饬直隶新军来剿,或由桂省自募部济饷需,并请动用赔款赶修路电。"(《电二》,《申报》1908年1月2日,"专电";《桂抚电奏防匪事宜》,《申报》1908年1月2日,"紧要新闻")本日,军机处廷寄张鸣岐,奉上谕:广西与越南交界绵长一千八九百里,该抚所请调兵分五路设防,易致兵力分散,深为兵家之忌。官兵现计一万数千,而举事者只四千数,"何得借口兵力单薄,为推诿粉饰之计"。着该抚督饬统兵各员速剿灭余党。至于张鸣岐请调拨直、鄂、江省新军,由部拨济饷项,动拨截留赔款修造铁路、电报,均着度支部、陆军部速议具奏。(《廷寄桂抚剿灭桂匪》,《申报》1908年1月11日,"紧要新闻")

1月3日(十一月三十日)　致函三上丰夷、萱野长知,处理幸运丸所运军械问题。

在致三上函中,询问萱野现在何处,嘱交一函,谓"此函乃关于军械事,请其与阁下妥商办理善后之法也"。

致萱野函中,再次重申"前此电报两方误会","关于惠州失败之事,认为非阁下之过误;又后此船械之问题,其事权仍属之阁下"。又告"比得东京何天炯兄及林时塽兄来函,具言滞留神户之械,当时有名古屋商贷出银三千五百元(系宫崎与蒲生立契约),已到期限,迫索至力,势将诉诸裁判。宫崎已为所困,东京如何サン等则勉强羁縻之,使稍缓以待命而已。今若能迅筹数千之款以理债务,则此物尚可暂时保存。然已为警察所知,三上之船亦碍难再为积载,以林サン计之,则不如卖却,一以塞警察之耳目,使谋事之人可稍得自由行动;二则可免名古屋商之严索,兴起诉讼。弟得东京信后,当与黄サン等熟商,计此械再来,办济债务及为再度运送之费最少亦在万五千元以上,而收接此械之地点如何经营预备,其费用尚不在内。而此间经济困难,精卫于南洋各处之运动俱无大获,故不特欲筹巨万之款为卷土重来之计划不能如意,即欲别筹数千之款以清名古屋商等之债务亦不可得。是经济问题为第一之原因,虽明知卖却之多所损失,亦不能不出此下策,惟此事始终为阁下经理,故谨将此情奉告。阁下此时或已返东,或尚留上海(传闻阁下尚留上海未归),均乞即速为办理,将此械卖却,为办济债务之用"。具体如何处理,均由萱野酌定。此番运械失利,虽徒劳无功,加以经济困难,无法救济,以致得如此结果,希望不要因此为之挫折。(《致三上丰夷函》,《孙中山全集》第1卷,第356—358页)

△　广西巡抚张鸣岐致电军机处、外务部,建议与法使交涉,将孙中山驱逐出越南。

电称:"秦炳直、龚心湛自钦州来电,龙济光自龙州来电,均称探得孙汶现在河内,行踪诡秘,意在扰乱。先已电广州法领转电越督,可否再由钧部照会法使,一并转电驱逐,乞钧裁。"(《为探闻孙汶现在河内可否照会法使电越督驱逐事》,中国第一历史档案馆藏,电报档,档号:2—05—12—033—1358)

报载张鸣岐接各路传闻:"西省各党皆集注龙州,该处地方官探得各党拟分路并举,约期扑攻,而别以一军入□山,以图牵掣东军。并查得孙文在龙州边界,以指挥各路会党,法人已驻兵同登(越南地与西省相连)地方。"(《西党约期并举警报》,《中兴日报》1908 年 1 月 20 日,"内国")

1 月 8 日(十二月初五日)　学部请禁倡言革命的《新世纪》。

学部咨陆军部文称:"护理山西巡抚咨称:窃于本月十一日据邮政局由英京寄到《新世纪》报一种,查阅该报发行于法京巴黎,纯用华文,革命排满,倡言无忌,种种荒谬狂悖,无不达于极点。稍有人心者,决不忍卒读。窃思报章之所以可贵者,为其能灌输文明,开通民智也,似此丧心病狂、专事煽惑,在心术纯正、确有把握之人,原不至为其动摇,所虑年轻子弟见异思迁,始则炫其新奇,渐遂引入迷途,必致身败名裂,甚或贻患国家,其为患何堪设想?"应通饬各地将此报章一体收取,切实查禁,以端士习而遏乱萌。(《学部致陆军部咨文》,中国第一历史档案馆等编:《清宫辛亥革命档案汇编》第 35 册,第 322-324 页)

1 月 11 日(十二月初八日)　汪精卫奉命在南洋宣传、筹款,由新加坡《中兴日报》在新舞台剧院举行的演说会,阐释民族主义等问题。

《中兴日报》记其盛况称:是日晚"本坡同志假座新舞台开演说大会,听者数千人。是夕会场极整肃,门遍缀生花,楼上高览汉帜。发言台上,灯光照耀如昼,繁花点缀,簇簇生新"。7 点钟,坐席已满,晚到的人都拥挤在门外,亦有数百女士出席。"先由主席林君义顺登发言台,唱革命万岁之第一声,随宣布开会缘由,并绍介演说员登台演说,首仁同先生,次航苇先生,再次则《民报》主笔精卫先生也。三君鼓其如焰之热诚,发为最庄重之言论,词源峡泻,声浪电流,慷慨激昂,悲壮沉郁,一种爱国真精神自然流露,溢于言表。其痛陈亡国惨状,满虏残酷,听者眦为裂,发上指。及提出救国手段与唯一之革命主义,踔厉奋发,语吐光芒,男座鼓掌,女座亦鼓掌。"10 点钟,由主席宣布散会,为新加坡从来未有之盛会。其可记者,约有数端:"会场之整肃,一也;女士出席之多,二也;听者无倦容,一一皆终席而去,三也。"由此可见"来会诸君文明思潮日涨高度,同抱一种爱国热诚而来,而对于吾党所执行之唯一革命主义深表同情可知也。夫新舞台,一演剧场耳,演说而假座剧场,正为革命思想普及起见耳。我等同抱亡国痛,其在内地,久蜷伏喘息于专制淫威之下,集会且不自由,遑论演说革命。今吾侪越在海外,得托文明宇下,为满清政府干涉所不及,尚剩此一块自由地,得以发挥民族主义,鼓吹革命精神,斯诚不易得之机会也。革命前途,郁郁葱葱,诸君勉乎哉"。(《记本坡新舞台演说大会事》,《中兴日报》1908 年 1 月 13 日,"纪事")

1 月 12 日(十二月初九日)　外务部告知广西巡抚张鸣岐:"卅电已告法使,顷准复称:电据越督复称,前已闻孙密抵北圻,当经饬属严加采访,俟探明即将孙勒交速开行之轮,驱逐出境等因。希即随时密查电复。"①(《为越督称已闻孙汶密抵北圻俟探明即逐境事》,中国第一历史档案馆藏,电报档,档号:2—05—12—033—1391)

1 月 13 日(十二月初十日)　报载清廷缉捕名单,以孙中山、康有为、梁启超为首,此外尚有保皇、革命两党约百人。

据称,有革命党人在天津被捕,幸获省释,据其亲见"党籍名单,除孙、康、梁三人,其居首者一张某(保党在横滨者也),一区某(教会人在香港者也),其余冯某、郑某、刘某、陈某,共计不下百数十人。其名次所列,俱有保有革。呜呼!彼挺身与满洲反对者,挂名党籍,何足为奇。独日言保皇,日颂立宪,依然不免。清政府亦太无情矣,保者亦太不值矣"。(《保革均不能免》,《中兴日报》1908 年 1 月 13 日,"内国")

1 月 15 日(十二月十二日)　在河内受到法国殖民当局传讯。

---

①　报载广西巡抚张鸣岐将孙中山在河内之事,报告北京政府,"于是外务部以孙氏与广西匪徒有通气脉之故,遂照会于法国公使,求其使河内知事追放之"。后外部照会法使称:"据张鸣岐电告革命党者孙汶仍在越南边界,密谋举事,请严逐出境。""法使答复谓清官布告毫无证据,辞甚决绝。"(《汉文台湾日日新报》1908 年 1 月 15 日、2 月 20 日)这与外务部所述河内法国当局的态度截然相反。

　　上年 12 月 4 日晚,与黄兴等人离开镇南关,午夜抵越南文烟,宿同志玛邯家,翌晨有法国武官到查,正午乘车抵谅山,河内侨商杨寿彭等来接。其行踪被法国殖民政府的警察发现后,经杨寿彭带警察至住所相见。本日,安南政府称:"现在别的办法没有,我们只有请你离开这里罢了!"答:"我也晓得你们认为不方便,离开就离开好了!"安南政府称:"那么可以坐我们的法国船,先到西贡,你要到什么地方都方便的。"答:"稍为等几天,就离开这里好了。"后来,安南政府派了一个书记官同走,先到西贡,再转赴新加坡①。(冯自由:《中华民国开国前革命史》第 2 册,第 195 页;《胡汉民讲述南洋华侨参加革命之经过》,冯自由:《革命逸史》第 5 集,第 198—199 页)

　　据称,自陆军部长贝尔托离任后,孙中山只获得以布加卑为首的中国情报处和印度支那殖民当局一定程度的容忍。([法]巴斯蒂:《法国的影响及各国共和主义者团结一致:论孙中山与法国政界的关系》,中国孙中山研究学会编:《孙中山和他的时代——孙中山研究国际学术讨论会文集》上册,第 462 页)镇南关起义后,法国再次面临对中国革命党人的政策问题,尤其是一名休假的法军上尉参与此役。保尔·博获悉起义发生后,"立即下令解除这些越境的中国叛乱者的武装。接着,他又取得法国外交部的同意,拘留了他们。驻北京法国公使得到指示后,立即把他的政府正在边境取缔中国革命党人活动这一坚决而又关键性的措施照会清政府。然而,一位法国军官参与此役使法国外交部长大发雷霆,下令处治该军官。保尔·博报告说,他正在采取有力行动",并"正在设法缉拿孙中山,一旦抓获就将其驱逐出境。1 月 15 日,孙

<hr>

　　① 法国巴斯蒂教授指出,法国殖民当局于1908年1月15日在河内逮捕孙中山。这个日期在所有直接通知巴黎和中国政府关于孙中山被捕的文件中。但是1908年1月22日驻北圻高级专员通知总督对中国叛乱分子采取的全部措施的报告却指出是1907年12月15日。这究竟是抄写错误,还是法国外交部迫于清政府的交涉压力向殖民当局再三施压,令殖民当局终于决定于1月15日宣布逮捕孙中山之前,孙中山已受监视了一个月,待考。(中国孙中山研究学会编《孙中山和他的时代——孙中山研究国际学术讨论会文集》上册,第469页)

中山果然在河内被捕。三天后,保尔·博宣布将孙中山逐出印支半岛”。([美]金姆·曼荷兰德著,林礼汉、莫振慧译:《1900－1908 年的法国与孙中山》,《辛亥革命史丛刊》第 4 辑)

另据杰·巴洛记载:“驱逐孙中山出境的决定是佩洛菲博士(按当时法国驻龙州领事)的活动和意见所造成的后果。佩洛菲向河内报告说,孙中山曾经参加镇南关起义,并且转达龙州道台所提出的对孙中山进行调查的要求”。“在一次接见中,显然由总督博亲自领导的法国当局,当面告知孙中山说‘没有选择余地,我们毫无办法,只得命令你离开这里’。”([美]杰弗里·巴洛著,黄芷君、张国瑞译,章克生校:《1900－1908 年孙中山与法国人》,《辛亥革命史丛刊》第 6 辑)

1 月 16 日,云贵总督锡良致电外务部称:据河口副督办王镇邦电称,孙中山等人仍在河内,“复集得快枪二千余枝,欲图再举,并遣小股头目张晚、梁金秀、谢亚南、李二、吕二等各率党百余,伏于越界之龙鲁、旁坡、芭蕉、平苋巷各处,均距河口不及三十里。现在昼夜戒严,如匪偷渡,即行截击等情。查河口现虽添兵,素无高台坚垒,良到任后,曾迭饬相度建置,尚未成就。而沿边数郡山径,皆处处可通,尤有防不胜防之势。已一再严饬各该文武加意防缉,勿稍疏虞。至居中策应之兵,亦已开拔新军一营前赴蒙自。顷又电饬魏关道酌度拟再派一营前往,此滇省现筹防务之情形也”。(《为河口探闻孙汶仍在东京等事》,中国第一历史档案馆藏,电报档,档号:2－05－12－033－1419)

21 日,张鸣岐又向外务部报告孙中山的行踪,称:“前承电示,越督允查明孙汶匿在何处,勒交最速开行之轮驱逐出境。近据探报,该逆仍在越境,纠集徒党,自系越督尚未查知该逆寓所,无凭驱逐。查该逆现寓河内火隅场直街进第二街头一间一屋楼洋房,门口有铁丝围墙,请告法使转电越督按址查拿驱逐。”(《为孙汶仍在河内希请法使转越督按址查拿驱逐事》,中国第一历史档案馆藏,电报档,档号:2－05－12－033－1435)

24 日,外务部复电张鸣岐:“昨准法使照称,孙汶在河内于本月十二捕获,俟西行最先开轮之船,即驱逐出境,越督已颁通谕,不准再入越境等因。该逆现经就获,闻有送往新嘉坡之说,已函致该使将开轮日期电询越督见复,以便与英使商办。得复再达。"(《为法使照称于本月十二日在河内捕获孙汶事》,中国第一历史档案馆藏,电报档,档号:2—05—12—033—1437)

1 月 24 日(十二月二十一日) 被河内法国殖民当局驱逐出境,前往新加坡。

离开河内的日期,据清外务部致电驻新加坡领事左秉隆,称:"准越督电,孙文于西历本月二十四日登坐法公司船萨拉西,开往新加坡等语,希随时查明速电外务部。"①(《为越督称孙汶于十二日乘船往新加坡希查速复事》,中国第一历史档案馆藏,电报档,档号:2—05—12—033—1450)

对于河内当局此举,同盟会河内机关通过同盟会法国支部负责人向法国政府提出抗议,"但无济无事,法国政府回答说,孙中山藐视敝政府对他的礼遇,煽动革命,博的处置是不可改变的"。([美]金姆·曼荷兰德著,林礼汉、莫振慧译:《1900—1908 年的法国与孙中山》,《辛亥革命史丛刊》第 4 辑)"孙中山被逐出印度支那半岛一事,表明法国政府有意摆脱与中国革命运动的任何联系。过去由下层官员越出指示范围与孙中山建立的暧昧关系,实际上违背了法国政府的亚洲政策的基本倾向。"保尔·博认为,法中两国政府都是反对孙中山的革命运动的,因为"革命党人在两国间的频繁活动,以及在边境发动的每次起义,都在越南河内引起反应,都会助长两国政治鼓动家及其追随者的危险倾向"。([美]金姆·曼荷兰德著,林礼汉、莫振慧译:《1900—1908 年的法国与孙中山》,《辛亥革命史丛刊》第 4 辑)

据称,孙中山在河内被法国殖民当局逮捕后,对此案不甚了解的

---

① 关于孙中山离开越南日期,《民国胡展堂先生汉民年谱》(台北 1981 年版)记为 1908 年 1 月 25 日,曼荷兰德《1900—1908 年法国与孙中山》记为 1 月 20 日。《孙中山年谱长编》作者"参考左秉隆报告,先生于'腊月念四'到坡(即 1 月 27 日)",认为"于 24 日起程较为可信"。(陈锡祺主编:《孙中山年谱长编》上册,第 425 页)

巴黎左派报刊《灯笼》(*La Lanterne*)于 1 月 18 日发表文章,要求殖民部长将孙中山驱逐到新加坡或香港而非移交清朝本土,因为在那里他将遭受极大的折磨。法国保卫人权及公民权同盟的河内分部向殖民当局提出抗议书,反对印度支那总督禁止孙中山进入印度支那领土的决定。([法]巴斯蒂:《法国的影响及各国共和主义者团结一致:论孙中山与法国政界的关系》,中国孙中山研究学会编:《孙中山和他的时代——孙中山研究国际学术讨论会文集》上册,第 462—463 页)后来,法国保卫人权及公民权同盟亦直接向法国殖民部发出抗议信,"信中抗议印度支那总督作出的禁止中国人孙逸仙在我殖民地逗留的决定"。(《殖民部转外交部》,章开沅等主编:《辛亥革命史资料新编》第 7 卷,第 98 页)

2 月 6 日,巴黎《人道报》以《耻辱》(L Remy)为题,斥责法国殖民地当局驱逐中国革命出境之事。该文首述中国革命情形,继谓中国革命之情状与俄国略同,彼中同志诸友之勇猛从事,牺牲己利,吾党闻之,焉能无愧? 而彼所谓共和政府者(指法国政府)反为无耻之行辱吾人也。又称"吾辈之志友孙文如何传布革命,已详本报,伊居不在清政权力范围之西贡,欲传布革命宗旨于内地",未尝有仰于法国政府要员,"孙氏所恃者,己之良心耳"。(《"人道"报言支那革命》,《新世纪》第 34 号,1908 年 2 月)

临行前,对河内党人称"中国革命经过此次镇南关起义,已深入国内外同胞的心里,为四万万人心所向,革命胜利快到了,希望各同志继续前进"①。(《离河内对同志们临别之言》,陈旭麓等主编:《孙中山集外集》,第 140 页)

1 月 26 日(十二月二十三日)　四川革命党人策划叙府起义,因叛徒告密,起义流产,领导人谢奉琦被捕牺牲。(熊克武:《辛亥前我参加的四川几次武装起义》,中国人民政治协商会议全国委员会文史资料研究委员会编:《辛亥革命回忆录》第 3 集,第 14 页)

———————

① 据梁烈亚的回忆,《孙中山集外集》系为 1908 年 3 月中旬,由于孙中山于 1 月 24 日离开河内,故暂系于此。

1 月 27 日(十二月二十四日)　抵达新加坡。

清廷电令驻新加坡领事左秉隆密切注意孙中山行踪。后,左秉隆电告孙于 27 日抵坡,住潮州人张永福家,"坡督知而不拒,派人窥其动静,愚民附之,巨商则否",请设法速驱逐之。(《为孙汶已到坡督知而不拒请速设法驱逐事》,中国第一历史档案馆藏,电报档,档号:2-05-12-034-0009)1 月 31 日,外务部致电两广总督张人骏、广西巡抚张鸣岐称:"除由本部函商英使电坡督,俟到坡即行驱逐,并不准入英国南洋各属,并电驻坡孙〔左〕领查明电部外,希随时密查。至该逆何日由坡出境,得复再达。"(《外务部为孙中山已乘轮离河内致粤督桂抚电》,《历史档案》1985 年第 1 期)

1 月 30 日(十二月二十七日)　广东分设水师、陆路提督。

此前,1906 年 5 月 1 日,署理两广总督岑春煊巡阅惠州府后,奏请裁并水陆提督,称:"粤省分设水师、陆路两提督,水师向驻虎门,陆路向驻惠州,距省皆近,而水陆营汛地段每多毗连,既有畛域之分,即易生推诿之见,一切转多窒碍。从前福建亦分设水陆两提督,现在业经归并。详加体察粤省,亦以裁并为宜。事权既专,控制亦便。"(《署理两广总督岑春煊奏折》,中国第一历史档案馆等编:《清宫辛亥革命档案汇编》第 20 册,第 127-128 页)

后因革命党私运军火入粤的传闻甚盛,"自风传党军私运军火入潮以来,迭经该处文武严查","惠潮吴道又电张督,谓现已查得党军确已配定大宗军火,拟用轮船直入潮海,惟潮州海面辽阔,巡轮无几,不敷巡缉,请速添轮来潮,严行查缉"。且广东素来海、陆匪患严重,易于革命党勾结,如"饶平之黄冈,地滨海洋,为闽粤之咽喉",已有革命党举事的前例,"近日复暗行勾煽,居民谣言百出,风声鹤唳,一夜数惊,恐不免仍蹈钦廉故辙"。(《严查私运军火》《函述黄冈余党又思起事》,《中兴日报》1908 年 1 月 24 日,"闽粤")两广总督张人骏奏请将水陆提督仍分两缺。本日上谕:广东海陆匪患亟宜加意防范,仅设提督一员,水陆难以兼顾,仍分设两缺,各专责成。广东水师提督以萨镇冰

补授,未到任前由李准署理;陆路提督由秦炳直补授。(中国第一历史档案馆编:《光绪宣统两朝上谕档》第33册,第328页)

是月(十二月)　在河内会见台湾同盟会会员罗福星,听其面陈抗日复台大计。(中国近现代史编委会编:《中国近现代史大事记》,第73页)

2月

2月2日(戊申年正月初一日)　醇亲王载沣补授军机大臣。

2月5日(正月初四日)　二辰丸事件发生,广州、香港等地相继开展反日运动。3月,何天炯、宫崎寅藏及内田良平等设法平息抵制日货运动。

上年12月间,同盟会香港负责人冯自由得邓子瑜助手温子纯等报告,澳门商人柯某从日本雇用商船贩运军火图利,可设法夺取以作起事之用。于是议定夺取办法。以后又获悉,该船仅载枪一千,弹十万发,且担任由船上运输起陆的是葡萄牙人,船泊葡界,若行夺取,易起交涉,于是停止夺械行动。(《日轮幸运九二辰丸与革命党之关系》,冯自由:《革命逸史》第4集,第183页)中国海关人员察悉日船有私运军火之事,且"闻此项枪支系孙汶党中所用者"。(《香港查获私运军火》,《申报》1908年2月8日,"紧要新闻")是日,二辰丸装运军械,在澳门附近的九洲洋海面,为中国海军巡船弋获,"经会商拱北关员见证上船查验,并无中国军火护照,该船主无可置辩"。"查洋商私载军火及一切违禁货物,既经拿获,按约应将船货入官,系照通商条约第三款并统兵章程办理",前将船械扣留。(《粤督张人骏致外部辰丸私运军火应按约充公电》,王彦威等纂辑:《清季外交史料》第3册,第3222页)由于将日本国旗卸下,因此引起一幕交涉。日方态度强硬,甚至欲行宣战,中国人民大愤,因有香港、广州各地的排货运动。(王芸生编著:《六十年来中国与日本》第5卷,第146页)

日本实业界因中国抵制日货运动遭受损失,委托内田良平协助平息,内田致电求助。复电谓:"排日团之在新加坡、暹罗、西贡者,已为吾党所打破。广东之主动者为唐〔康〕徒徐勤、江孔殷,出财者为李准(提督)、张督。彼辈财雄势大,所在鼓动,吾党财难与敌,若得三十万,则立能尽数打破,不知日本财团能出否?"(明治41年4月29日内田良平致石井外务省政务局长函所附先生由新加坡的回电,[日]藤井昇三:《孙文の研究:とくに民族主義理論の発展を中心として》,第52页;李吉奎:《孙中山与日本》,第240页)据称,二辰丸事件发生后,宫崎与孙中山联系,并与内田良平、何天炯一起为平息抵制日货运动而努力。([日]近藤秀树编,禹昌夏译:《宫崎滔天年谱稿》,《辛亥革命史丛刊》第1辑)

2月7日(正月初六日)　报载四川革命党人杨兆蓉抵新加坡报告川中举事失败详情。(《成都革命党狱纪略》,《中兴日报》1908年2月7日,"内国")

2月8日(正月初七日)　函告池亨吉,现已离河内,所遗工作由黄兴、胡汉民等处理,并点评清政府比较日、英、法三国的态度。

函中对池亨居中联络英人表示感谢,亦请向□□男爵代为转达"弟在远方的欣喜之情,并致问候"。告以"□□的状态较兄与弟等同居时更为□□。兄赴东京后不久,河内的秘密住所即被满洲政府的走狗所侦悉。北京当局立即点出甘必达街六十一号住所,向巴黎政府指控,许以重酬,要求将弟逐出安南。事已至此,弟不愿为法国总督带来烦扰,遂与印度支那暂别,更觅自由的新天地。于是飘然离开河内,重过沦落天涯的亡命生活。但留黄兴及胡氏兄弟,委以当地及广西一带的筹划事宜。黄兴君更为奋发,已进入某地点。尤以云南军着着准备,照其预定计划开展工作;但何时起事,现尚难以奉告"。

就清朝谋求列国驱逐出境一事而言,"区区五尺贱躯,适成为比较世界三大列强的最好准尺",遂详告池亨吉称:"北京政府比较日、英、法三国,以英为最强硬国家而抱畏惧,以法为强且智的国家而示尊敬,独以日本为易与且为最易受骗的国家而欺之,其理由实甚滑稽。北京政府认为孙文如在英属各地,不论使用何种手段对英政府提出要求,英政府亦将保护亡命客而拒之不理,故为最强硬的国家。法国则初表强硬,但如许以重酬,便渐可接受要求,如非强且智者断不能玩弄此等外交权术。日本则最易对付,只需我们一启口,它便不提任何条件,立将孙文驱逐,此非其外交拙劣,即为当局愚钝,兵力虽强,又何足惧!"(《复池亨吉函》,《孙中山全集》第 1 卷,第 358—359 页)

△ 外务部致电驻英公使李经方,应与英交涉,将孙中山从新加坡驱逐出境。电称:"逆首孙汶前匿河内,本部密商法使电越督捕获,已于公历正月念四送往新嘉坡,复经函商,英使电坡督一体驱逐在案。"后接驻新加坡领事电称:"腊月廿四日,孙汶到坡",住潮州人张永福家,"坡督知而不拒"。"除再函英使外,希切商外部迅电坡督,立即设法驱逐,并电英国南洋各属,不准该逆潜行阑入。"(《为希再函英外部切商坡督设法驱逐孙汶事》,中国第一历史档案馆藏,电报档,档号:2—05—12—034—0012)

在此前后,日方亦在打探其行踪,据 2 月 14 日东京电:"孙逸仙目下在新嘉坡。"(《孙逸仙所在》,《汉文台湾日日新报》1908 年 2 月 14 日,"电报")

2 月 12 日(正月十一日) 传闻清廷买刺客暗杀孙中山。

报载,传闻清廷招募刺客暗杀孙中山。时评对此不以为然,称:"革命党以暗杀手段倾覆政府,政府亦以暗杀手段倾覆革命党。革命党因无力倾覆政府,而出于暗杀。政府亦因无力倾覆革命党,而出于暗杀。革命党欲行暗杀手段,不必构募刺客。政府欲行暗杀手段,必先构募刺客。革命党之暗杀,去年徐锡麟案是也。政府之暗杀,今日募刺客杀孙文是也。上下以暗杀相竞,则暗杀风潮,将愈激而愈烈,国事尚可言哉。"不久,又有报道,清廷购人刺杀孙文,从北京派密探与两广总督派遣人员协同行事。(《第二杨衢云又将出》,《中兴日报》1908年 2 月 26 日,"内国")清廷晓谕全国,高额悬赏拿获孙中山,"再加二十

万金"。(毛注清编著:《黄兴年谱长编》,第127页)

△ 《申报》澄清革命党羽传闻不实。

此前,清政府接到访闻,"孙汶党羽启元、联兴、文炳等三人匿迹上海,饬由上海县派令马快至沪北各客栈,密为访拿"。后经查明,三人并不在上海。(《孙汶羽党并不来沪》,《申报》1908年2月12日,"本埠新闻")

2月13日(正月十二日)　报载两江总督饬查孙中山私运军火。

两江总督端方接访闻:"逆党孙汶近又遣派党羽私,将军火运往沿江沿海各口岸,接济匪徒,并有该逆党现由越南前往星加坡,乘机南来之说。"端方认为近来江浙一带枭匪猖獗,若再相互勾结为患,则难以收拾,遂电饬长江各关道转致税司谕饬海关扦手人等,"无论兵商各轮进口,均须严密稽查,如有私运军械等件,及形迹可疑之人,即予拘留禀请严办"。(《江督饬查孙汶私运军火》,《申报》1908年2月13日,"紧要新闻")

2月17日(正月十六日)　报载近期在新加坡的活动情形。

新加坡报纸称:"党魁孙汶为香港书院之旧学生,自西一千八百九十四年以来,即以维新著名。两礼拜前,由越南河内到叻。当其在越南时,中国官场欲请法官将其驱逐出境,法官不允。此次孙之到叻,系出自己之意,并非驱逐。惟孙之举动,常有间谍阴为窥伺。"又称,到新加坡后,并未隐匿行踪。清廷闻讯后,即电饬中国驻新加坡领事转请新加坡总督将孙驱逐出境。新加坡总督因清领事之请,即传讯其到署,略问数语,惟未闻下逐客令。"观北京政府之意见,以为既不能拿获此人置之于法,则欲中国附近各国地方将其驱绝,以免其耸动同乡,仇视满洲。然孙在叻埠,苟不为恶,以致牵动中英之交涉,则恐无例可以驱之出境。因英国土地本系为维新党之巢穴,不论何国之人,皆一律看待,断不能破例以待中国。"后《申报》转载此报道。(《纪孙汶到星架坡情形》,《申报》1908年3月7日,"紧要新闻")

2月20日(正月十九日)　外务部致电两广总督张人骏,称英方暂难驱逐孙中山。

电称:"英使复称,准坡督电,孙汶在新安分居住,碍难驱逐,惟须由本处警兵不时监察。并谕令如孙汶有自行扰害中国,及唆使他人倡乱之举,定即驱逐。"现已引英国颁香港条例,再致函英使,"该逆如再有聚众演说,及售票敛财情事,即先饬拿监禁,再加驱逐,将来永不准再在南洋各埠逗留生事"。(《为坡督称孙汶在新加坡安分居住碍难驱逐事》,中国第一历史档案馆藏,电报档,档号:2—05—12—034—0064)

张人骏复电外交部称:"现坡督竟准该逆逗留,有碍邦交,可否再由钧部函催英使电坡,从速驱逐,以免华侨为所煽惑。"(《为坡督允准孙汶逗留有碍邦交可否催英使驱逐事》,中国第一历史档案馆藏,电报档,档号:2—05—12—034—0068)

24 日,外务部致电张人骏,告以"英使复称,准坡督复电,已向孙汶儆戒,并经本处警察随时考查,如在坡有违犯本督所发禁令之处,定即拿办"。(《为坡督已向孙汶发儆戒事》,中国第一历史档案馆藏,电报档,档号:2—05—12—034—0090)3 月 2 日,驻英公使李经方亦致电外务部,告英"外部已允转催速复。再外部文称,已电饬坡督警告孙汶,如在英属谋不轨,抗拒中政府,定行驱逐。"(《为英外部已电饬警告孙汶事》,中国第一历史档案馆藏,电报档,档号:2—02—12—034—0004)

2 月 22 日(正月二十一日)　革命党在新加坡以演剧的形式宣传革命思想。

当晚,新加坡牛车水梨春园永寿年班排演徐锡麟枪毙恩铭之事,"其中情节,动人心目,并有秋瑾女士含冤被戮,更令阅者激发天良,亦由著名老倌勉力拍演,致当日之情景了然在目"。之后,"邓君毅登台演说,高唱民族主义,解释立宪之不能兴中国,必须由种族革命与政治革命并行,语气激昂,听者无不奋臂欲立,鼓掌之声不绝。可见南洋民智日开,人心思汉,此剧本之感化于人大矣"。(《剧本改良》,《中兴日报》1908 年 2 月 24 日,"本坡")

是月(正月)　同盟会香港分会改选干事,冯自由仍任会长,黄世仲任庶务,谢心准任书记,会所设于皇后大道马伯良药店 4 楼。4 月后,因同盟会停止在西南各省发动起义,原本"不便大张旗鼓,招揽党员,以避侦探耳目"的香港分会,转而关注本地党务,"改取开放主义,以广收同志为务"。本年,港粤两地加入同盟会者共有两千多人,尤以广州新军士兵居多。(莫世祥:《中山革命在香港(1895—1925)》,第 157—158 页)

△　政闻社本部从日本东京迁到上海,由总务员马良(相伯)、常务员徐佛苏(运奎、应奎)等主持社务。(丁文江、赵丰田编:《梁启超年谱长编》,第 289 页)

3 月

3 月 1 日(正月二十八日)　在晚晴园接见文岛纲加同志,讨论党务。

自西贡抵新加坡后,居住在张永福的晚晴园。本日,文致纲加同盟会诸同志黄甲元、曾壬龙、曾连庆、温昌基、陈维源、陈梦桃六人来新加坡,赴晚晴园见孙中山,接洽党务。旋与在新加坡的汪精卫、林文、余丑、陈楚楠、张永福、邓子瑜、黄耀廷、吴应培、许子麟、何心田等二十余人摄影留念。据称,孙中山在晚晴园起居简朴,平时沉默寡言,慎饮食,坐不倚椅,谈话时或行或坐,多操广州方言,或国语,对西语非必要时不轻出口,演说时亦然。每谓中文优于西文,象形易于记忆,西文以串字拼音,罕用时每易误拼。他劳于国事,平居非与外界接触,几忘年节日。(罗刚编著:《中华民国国父实录》第 2 册,第 1050—1054 页)

3 月 4 日(二月初二日)　致函苏门答腊流石埠(Batoe Rosa)同盟会同志。

函称:"昨日精卫、子瑜两君回,报告贵处同志热心公义,闻之甚慰。又晤黄甲元、曾壬龙、曾连庆、温昌基诸君,知各同志协力筹款以助革命军之用,并由甲元君等面交贵处同志义捐及收单存底,皆已妥收矣。各同志之慷慨好义如此,洵足为国民前途庆,深望始终勿懈,益求进步。凡团体之成,贵诸人同抱热诚,而各以公心任事,和衷共济,则一日千里。贵处有曾、蓝、黄诸君之维持,复有诸同志之协力,想必能固结团体,以申大义,此则非惟弟所厚望,亦一般同志所厚望者也。"(《致流石同盟会员函》,《孙中山全集》第1卷,第359—360页)

3月5日(二月初三日) 两广总督张人骏电奏黄兴等革命党在越南聚众,图谋举事。

致电外务部称:据统领郭人漳电禀,多次派密探赴海防、河内,并收买数名当地人往来查探,得闻"匪首梁季春、黄兴等现聚匪七八百人,在龙州距水口关不远之越地公武山等处,梁建葵、梁少廷等聚匪五六百人,在于洞中不远之越地板弼北甲地方。逆党新制黄旗布、军衣袖口一画红缠,并有洋号,所用枪支多系单响、九响及日本十九年式。刘逆岐山在海防制造大弹、地雷,王逆和顺潜赴太平一带招人。匪等传称欲分三股,一由南关取道,径攻南宁;一由洞中攻出;一由东兴攻出。现在正运枪、码、炸药、军衣等项,因陇西边防甚紧,不敢轻犯"。张人骏以为,"大股匪徒久踞图逞,实为边境之患,应请钧部照会法使转致越南总督,饬属严行捕逐,并与中国边军约期会剿,各清边界"。次日,外务部复电称:"匪徒潜匿越境,已照会法使转电越督严行捕逐,以遏乱萌。"(《为革党在越聚众图谋举事》,中国第一历史档案馆藏,电报档,档号:2—02—12—034—0011、0019)

为防范革命党盘踞越南与广西边境,3月13日,外务部与法国驻华公使补订《中越边界会巡章程》五条,防范革命党举事。其一,"法国官员如查知有匪党人等在越境或越属河内、西贡等处,成群结党,谋害中国治安,应即随时实力解散。又如有前项情事,由中国官员查出,一经知会法汛,或由领事转达,亦应立时照办"。其二,"如有匪党等人在越境或越属演说,及撰著革命悖逆论说,足使中国暴动不安,或造谣惑华侨者,均应由法国官员严行禁止,并将为首之人,从严罚办。此项罚办则例,应请法国另订专章办理"。其三,"现在或将来曾在中国与官军拒敌及扰乱中国治安之人,逃入法界,应即立时拘管,所有拘管一切用费,何项名目暨每项若干,由法国预行知照中国官担任拨还。又或将该匪党驱逐出境,应永远不准在越南或越属来往,并应设法使其人不能再入中国边界"。其四,"曾在中国抢劫或犯他项私罪人犯,一经中国官将其人犯罪案由提名,应即照中法条约第三十二款,将该犯交由中国官按律讯办,如其人托名国事犯,并应切实根究其所犯罪案,无任朦脱"。其五,"如有匪徒私运军火,两国边界官员均应设法实力查禁,以杜偷漏、接济等弊"。("中研院"近代史研究所编:《中法越南交涉档》第 7 册,第 4567 页)

9 月 25 日,法国驻华公使巴思德照会清朝外务部,大体以上述五条拟定为《中法滇越会防章程》草稿中、法文各一件。30 日,外务部以为"内开五条,与本部正月间节略,用意悉属相同",惟"章程内之第三条所称'在法界往来'五字,改为'曾在中国与官军拒敌及扰乱中安逃入法界'二十字,较为明晰",其余各条均照章程办法,一经商改之后,即可作为定章,以便两国边界各官有所遵守。("中研院"近代史研究所编:《中法越南交涉档》第 7 册,第 4575—4576 页)

△ 两广总督张人骏电奏孙中山以澳门为革命根据地。

电称:"叠据探报,孙逆本有五路起事之谣,惠、潮、肇庆、钦、廉在东省,实居其三,盖以港澳外附,政令不及,水陆交通,匪党倚为购械运济之地。今英人已于香港严禁购济,并断其由港运澳转济之谋。匪党始不得不专以澳为根据地,另图往东洋购运,避香港往达澳门。"证以二辰丸之案,张人骏以为"探报之言,实已信而有征"。"澳门水浅地僻,商务不旺,几同村落,恃娼寮、赌馆为命脉。娼、赌之薮,盗匪之窟,小者为劫贼之逋逃,大者即为匪党之外府。该处除制熟烟膏出口外,别无出产,平时只有来往广州、香港轮渡数艘及小轮出入,捕鱼、拖船、小船混集,附泊内地,良少莠多,向无外海大轮到澳,与香港情形迥不相同。即以澳门属葡领地,而论只指澳门方围数十里而言,四面原皆中国地界。先时每年尚须纳租于我本属租界,后因粤官漫不经心,致被任意占据,俨然视为属地,然于领海权初无所有也。又误于金登干分界之说,彼始占及十字门水面,然界址究未划定,且经声明未定界前,仍照旧址。广东官商士民现在仍不明认。即今澳门鸦片膏出口,盘上商轮亦须拱北关核给凭照,况枪枝枪码进口乎?"又,"澳门葡兵不及二百人,卖枪之店皆是。华人华官订购枪械向在香港,与澳门华商从无交易。此二千余枪,四万余码,非贩以济匪而何? 查察两粤匪情,澳门接济匪械之路不断,盗匪必无清日"。(《为孙汶之匪以澳门为根据地等情事》,中国第一历史档案馆藏,电报档,档号:2—02—12—034—0016)

3月19日,外务部致电两广总督称:"私运军火禁止办法,现正与日葡使商议香港禁运军火,并不准运往澳门办法。系何时所定,有无专章,即希详细电复。"(《外务部致两广总督张人骏电报》,中国第一历史档案馆等编:《清宫辛亥革命档案汇编》第37册,第116页)

3月7日(二月初五日)　函告邓泽如,已收到捐款一千元,因招降清军,需款孔亟,嘱向陆祐(字弼臣)劝募。

函谓"去腊星加坡同志汇来兄所捐军费一千元,已收。续得精卫、子瑜两君之报告书,备悉兄之热心好义,实深感慰"。自去年"攻破镇南关之后,默察广西全局大有可为,月来所图较前极有进步。盖我军苦战八月,未尝小挫,军心坚定,无虑涣散。而各乡人民,视革命军如亲友;不独乡民为然,即各处团练亦多暗附。以军心民心而论,诚可无忧,盖革命军之根本已立矣"。眼下有千载难逢的机会,"现时陆荣廷部下之兵多来约降,弟许以若每人携枪及子码来降,破龙州、南宁后每人予赏一百。而各兵则谓来降之时,即求赏三十元,俟破龙州、南宁再领厚赏云云,其所要求亦不为奢。弟料此军来降,则龙州、南宁确可以必破,因现时除此军外实无他军足以任战也。惟降之初每人给三十元,以四千人计之,为费当在十余万以上。夫费十余万之费,而兵不血刃以取南宁、龙州为革命军之根据地,可谓难得之机会;无如军饷奇绌,末由立集此数,故弟决意来星加坡一行,即专为此事而来也。现时陆军已有约降之意,则内地一二月内可无须恶战,故弟得抽暇来此一行。倘能得款二十万或十余万,则大事之成已在把握中矣"。请续筹款,并向陆祐处游说,请其相助。(《致邓泽如函》,《孙中山全集》第1卷,第360—361页)

3月9日(二月初七日) 康有为致函梁启超,主张联合肃王善耆排挤袁世凯,以及整顿上海广智书局、《时报》等事宜。(丁文江、赵丰田编:《梁启超年谱长编》,第290—293页)

3月10日(二月初八日) 报载孙中山曾秘密在香港海面停留①。

香港《德臣西报》刊文称:"孙逸仙医生是中国政府悬赏20万巨款的众所周知的叛乱领袖,他现在正在香港。他在泊港的一艘日轮上,该轮从日本前往新加坡途中路经香港,他的一些伙伴和他在一起。他在本港短暂停留期间不会登岸。向我们提供这一消息的是孙的一位同党,但他对孙的活动却缄默不言。"该文还称"自1901年3月4日放逐令期满以来,孙逸仙已访问过本殖民地,并对本殖民地的革命党事务具有影响力","他是一个精明的人,在他的同胞中有很大的影响"。(*Dr. Sun Yat-sen in Hongkong*, *China Mail* 1908.3.10,莫世祥《孙中山香港之行——近代香港英文报刊中的孙中山史料研究》,《历史研究》1997年第3期)

3月11日(二月初九日) 宪政编查馆奏定结社、集会律,作为预备立宪的基础。

3月15日(二月十三日) 派汪精卫、田桐出席新加坡新舞台第二次革命演说大会,讲演革命所以保性命、顾名誉之理由。

《中兴日报》记其事称:"是夕假座新舞台开演说大会,门外遍缀生花,楼上高竖汉帜,灯光照耀如昼,会场一切布置,与前此无稍异。

---

① 揆诸前后史实,这则报道应是追记孙中山此前从日本赴新加坡途经香港的史事。

但听者人数,视前此为进一级。此中程度,略有不同,差足为我同胞文明进步之幸也。"晚8点晚,坐席已满,仍先由本会主席登台发言,"唱革命万岁第一声",随后宣布开会缘由,并介绍演说人员。"首精卫先生演说,将我闽粤人所以流寓海外之原因,发挥尽致。知我祖宗皆缘受满虏残杀,不得已而避地于此。并举我汉族拒满虏之两英雄,一为闽人郑成功、一为粤人洪秀全故事。"全场反响激烈,"盖我胞于此,已各怀一愿作郑成功、洪秀全之想,恨不戮力同心,即灭此满虏而朝食矣"。"次本报主笔恨海先生演说,提出不可不革命之理由,将革命所以保性命、顾名誉两大主义,透发无遗。闻者动容,革命思潮,不禁不跃千丈。"其评论称:"满虏据我汉土二百六余年,肆行杀戮,暗无天日。我同胞复仇之志,未尝一日忘也。但彼虏防范甚密,我同胞皆敢怒而不敢言,斯民族思想虽富,究无从发现耳。今我华侨幸托文明宇下,得以集会演说,言论自由,出版自由,是天予我以光复之机矣。"(《记本坡新舞台开第二次演说大会事》,《中兴日报》1908年3月16日,"纪事")

3月17日(二月十五日)　致函苏汉忠,约在晚晴园会晤。(《致苏汉忠函》,《孙中山全集》第1卷,第362页)

抵新加坡后,先住晚晴园,后往东陵岛节律111号,以便与同志接触。该住房是各同志租的,隔邻住户为清廷驻新加坡副领事杨圻。因张永福、陈楚楠曾向季副领事学国语,故亦与杨认识。当时两广总督张人骏密派人行刺孙中山,刺客即住杨家。杨认识田桐,同情革命,将此事暗中通知孙中山,并对刺客晓以大义,陈说利害,刺客被说服他去,孙中山得以安全无事。经田桐介绍,杨圻曾秘密会见孙中山①。(陈楚楠:《晚晴园与革命史略》,《辛亥革命史料选辑

---

① 又据"七七"事变后杨圻亲告陆丹林称,他当日居所实系领事署,与孙中山住所毗连。因其系清廷官员,职责关系,始终未与孙见一面。杨在"七七"事变后从北京移居香港,生活费用由国民政府按月致送,迄去世为止。(陆丹林:《革命史谭·杨云史阻止凶手行刺总理》,荣孟源、章伯锋主编:《近代稗海》第1辑,第652—653页)

续编》,第 39 页)

3 月 19 日（二月十七日）　驻英公使李经方电奏仍向英方催办驱逐孙中山事宜,英国"外部文称坡抚报告,已派探侦伺孙汶举动"。（《为带海图向英外部指明中国海界并催办孙汶事宜事》,中国第一历史档案馆藏,电报档,档号:2—02—12—034—0113)

△　据本日的日本密探称,革命党人张继因此前与堺利彦、大杉荣等违反日本治安警察法,得程家柽之助逃离日本,"据说其路线是由神户经香港到新加坡,在该地与孙逸仙见面之后,赴目的地巴黎研究共和政体"。（《关于清国流亡人士张继之行踪》,章开沅等主编:《辛亥革命史资料新编》第 6 卷,第 126 页)

3 月 25 日（二月二十三日）　两广总督张人骏电奏应防范留在越南的革命党。

电称:自去年钦、廉之乱平定后,"西省边氛未靖,越南尚有匪警,廉、钦与之接壤,匪事甫定,防务难松,已饬各文武妥为筹防,一面布置善后,认真筹办"。（《为应防留越革命党事》,中国第一历史档案馆藏,电报档,档号:2—02—12—034—0130)

3 月 26 日（二月二十四日）　时论辨析革命党与会党之异同。

江浙会党举事被镇压后,报界评论将之与革命党进行比较,称"革命党侯衅数年,其头目除孙汶外,更有数百人,虽经政府迭次开单密拿,终不能弋其一二,何其难耶? 革命党蔓延遍全国,乃不能捕其一二。匪党扰乱仅两省,而已次第就拘。是足以占两党之程度。革命党头目悬金二十万而不能获,匪党头目悬金二万而即获,是足以占官军之手段"。（《革命党与匪党之比较》,《申报》1908 年 3 月 26 日,"清谈")

3 月 27 日（二月二十五日）　黄兴自越南进入国境,先后与清军战于钦州小峰及马笃山,是为钦廉之役。

此前,报载"孙逸仙所率之革命军,阴历端月七日已占领廉州,其别动队亦已进于露结山北麓之地,既而出没于江州罗白之间矣。而安南江之水利似亦全归于暴徒之手矣。三口浪州近海之支那军舰虽口上陆,出于如昔、古森之附近,无奈沿道士民反党与孙氏为抵抗官军之甚,于是每发其杀伤及其强制之手段,益以买其敌心。与陆战队驻屯之困难,故焚毁其地,而去之南方。而安南江亦全为暴徒及革命军所颉据之地。至于武器及党人之出入,亦安然自在也。当时该附近之湾内,支那军舰之巡逻,虽极严行,不幸为某邦之援助革命军,因不能达其目的"。(《南清革命军之发展》,《汉文台湾日日新报》1908 年 3 月 6 日,"杂报")

后黄兴、胡汉民等奉孙中山之命经营粤桂滇三省军事,准备再入钦廉。另一方面,黄明堂则奉命窥取河口,进取云南,以作革命根据地。黄兴在得到冯自由等人所准备的军械后,即偕黎仲实、刘梅卿、梁建葵等,率钦州民军二百余人,于是日进入国境,攻钦州,同清军两营遇于小峰。黄兴曾与清将郭人漳有约,不意此两营即为郭部,因事前并无联络,致成误会,郭以为黄有意攻击,遂遣全军与革命军为难。4 月 2 日,两军激战于马笃山。革命一部出绕左道,攻敌后方,一部从右攻其侧面,自率大部作正面进攻,毙敌八十余人,郭部三营全溃,督带龙某受伤,并获郭之军旗、坐马。黄兴遣人相告:"君与吾党主义,本表同情,徒以误会而致相战,亦属不得已之举。军旗关系君之责任綦重,故特奉还,聊补缺憾,而申友谊,马则暂请见赐耳。"(刘揆一:《黄兴传记》,饶怀民编:《刘揆一集》,第 154 页)

黄兴率所部转战钦廉、上思间,后以弹尽援绝,仍退回越南。经过此战,清军闻风丧胆,黄兴威名大著。孙中山对此称道不绝,认为"照这一次战事说,革命军就是用一个人去打一百个人。像这样的战斗是非常的战斗,不可以常理论"。(《对驻广州湘军的演说》,《孙中山全集》第 9 卷,第 501 页)后称此役"为予第七次之失败"。

4 月 13 日,两广总督张人骏电奏此役的善后事宜,称:"顷据秦提督炳直、龚道心湛来电,以匪徒由越界窜扰钦防一带,外人容庇,不交河间山禄马之匪,迭经东西两军追击,尚余一百余人,已窜上思、向那、禁墟而去,已电西军严防截剿。又据东兴急电,谓越界为溪地方,距望兴五十余里,有匪四百人,枪二杆,扬言由望言窜入中界,已饬防城李令暂督各营扼要堵截,并请郭统领回顾防地。其由扶隆、那勤等五隘西窜之警,亦经连筹防堵,钦东一带人心大定,并无匪从。"据报,4月7日又有"逃匪数十人到十五山,见潘成秀营到即避,不知所往"。总之,"此次匪虽深入,幸内地民心已定,并无被诱附和之人。惟越南又有股匪,欲从望兴窜入,实由法人养奸侵扰。似此络绎不绝,患伊胡底,除激励将士痛加惩创外,应请照会法领并请钧部转照法使,务祈与越督约明认真捕除,毋令股匪再有窜入中界"。此外,"日来私运军火之案迭获两宗,谣言尚盛,越匪复略有蠢动之意,应请钧部切实商请法使转致越督严行捕除,边防幸甚"。(《为转法方严行捕除越境革命党事》,中国第一历史档案馆藏,电报档,档号:2－02－12－034－0186)

4月

　　4月1日(三月初一日)　复函邓泽如,委托劝说陆祐捐款支持革命,"以热诚感之,以大利许之,或能有效也"。并告将派汪精卫赴芙蓉筹款。后汪精卫、邓子瑜奉命前往荷兰属殖民地筹饷,至文岛时,因大受光复会会员反对,无功而返。(《复邓泽如函》,《孙中山全集》第1卷,第362－363页;《光复军司令李燮和》,冯自由:《革命逸史》第2集,第217页)

　　△　王群奉命至缅甸仰光成立同盟会分会①。

---

　　①　关于仰光同盟分会成立日期,冯自由《海外各地中国同盟会史略》所记,与徐赞周所记同。但冯自由《南洋各地革命党报述略》则有不同。李德贤《同盟会在缅甸仰光活动概述》(《辛亥革命回忆录》第6集)记该会为杨思复、居正、吕天民所组织。《孙中山年谱》记4月1日,"奉孙中山之命到缅甸的汪精卫,在仰光建立同盟会分会"。(陈锡祺主编:《孙中山年谱长编》上册,第429页)

4月3日（三月初三日）　尤烈为安置革命党人被牵连入狱，后经孙中山致函当局保释。

由镇南关退入越南境内而被遣送至新加坡的革命党人，虽经安置，但他们颇不受约束，终因滋事而被当局关注。尤烈出而排解，亦被牵连入狱。孙中山获悉后，致书新加坡当局保释尤烈出狱。后，尤烈即赴泰国奔走联络华侨。（罗刚编著：《中华民国国父实录》第 2 册，第 1060 页）

△　北京《京华报》馆因转载《世界日报》新闻，涉嫌同情革命，遭查封。（《光绪三十四年三月中国事纪》，《东方杂志》第 5 卷第 4 号，1908 年 5 月）

11 日，顺天府奏称，访闻《京华报》馆屡次选录旧金山《世界日报》文章，"该日报托迹海外，素常立论不经，语多狂妄。闻内有革命党徒资本，专为煽惑人心而设"。其他报馆从不选入该日报之文，《京华报》馆却毫无顾忌，妄采其说。"臣当即票传该馆主唐继星到案，饬由发审局严加讯究，据供《世界日报》系由旧金山邮寄与该馆互换，别无勾通情弊等语。惟既互换报纸，则平日之潜通声气已可概见。况质之该犯，亦称《世界日报》或系革命，或系虚无，皆未可定，是《世界日报》之为匪党所出，该犯所知，乃敢明目张胆，屡为登录，实系明知故犯。"此外，唐并非善类，若不严惩，不足以息邪说而儆效尤，拟将唐继星监禁十年，查封报馆。（《顺天府奏折》，中国第一历史档案馆等编：《清宫辛亥革命档案汇编》第 37 册，第 224－225 页）

△　外务部致电广西巡抚，照会法使转电越督严禁私运军火。

电称："咨解枪枝照收，当经照会法使，转电越督严禁。旋准该馆武参谋伯利索称：枪枝有新有旧，旧枪，安南各铺均有，无从查悉；新枪系自用无卖者，或系偷出，或系逃兵卖出，现将枪之号码电知越督详查，仍请桂抚查明。此外，尚有若干枝等语。查新枪二枝，系属马枪，来文称三响勾枪，实系五响，此类新枪，所获共有若干，是何号码，希详查电复。"（《外务部致广西巡抚张鸣岐电报》，中国第一历史档案馆等编：

《清宫辛亥革命档案汇编》第37册,第186—187页)

△　外务部电饬各省督抚查禁私运军火事。

初五日,湖广总督复电称:"私运军火,隐患甚巨,鄂省早经分饬各关局严密查拿,仍恐匪踪诡秘,并广布侦探,上下访缉,务清匪械而遏乱萌。刻下鄂境均尚安谧。"四川总督赵尔丰电称:"前饬各关严察,尚无私运军火之事,仍当严饬各关卡严密稽查,不使偷漏。盗匪,则咨会邻省兜剿,已屡拿获巨魁,擒捕党羽,地方尚称安静。"(《湖广总督赵尔巽致外务部电报》《护理四川总督赵尔丰致外务部电报》,中国第一历史档案馆等编:《清宫辛亥革命档案汇编》第37册,第201、203页)

次日,云贵总督锡良致电外务部称并无查获私运军火事,电称:初三日接外务部电称:"查杜绝乱,首在严禁接济匪械。"查"滇边毗连外境,诚恐有匪徒私运军火情事,迭经札饬沿边文武严密稽查,并饬关道知照税务司将河口一带认真查验,曾于去腊十三日电陈在案"。"至滇边近日尚无警报,惟孙逆党羽,探闻仍聚河内等处,迄未解散。沿边游击乘隙思逞,仍饬各军一体严防,未敢松懈。"(《为遵电再查得尚无私运军火之事及孙汶逆党行踪事》,中国第一历史档案馆藏,电报档,档号:2—02—12—034—0174)

是月上旬(三月上旬)　函告林义顺,从速筹款以供广西龙州附近清军反正后之花红、饷项。

因接河内电:"摩角、水口两营约拾二杀官反,蓝军同起。红及饷三千。"遂函告林义顺称"摩角、水口在广西龙州城附近,蓝军乃在边界之军,刻要花红及饷三千元。望足下即走商各同志,立即设法筹此数救急,免失机"。并有复河内、精卫"着速筹款"两电,请代发。(《致林义顺函》,《孙中山全集》第1卷,第363页)

4月12日(三月十二日)　报载两江又密拿革命党。

此番密拿革命党的缘由,一是因为两江总督端方接到清廷电谕:"各处省会之区,皆有孙汶逆党溷迹其间,私运军火,意图不轨,亟宜通饬各属警探严密查拿",二是由于根据查获的革命党郑先声的招供,亦称有私运军火之事。因此,端方饬江苏巡抚转饬各关卡严密搜查,各属每晚率警探前往各客栈暗访。(《江督电饬密拿革命党》,《申报》1908 年 4 月 12 日,"杂记")

4 月 14 日(三月十四日)　报载东京革命党近况。

《申报》根据东京访事人通信,报道东京革命党近况。一是有关《民报》内部问题。传闻"主持《民报》社之章炳麟,现已延请南京某僧来东受戒,决意出家,《民报》事从此绝不顾问",大有废然自返之意,引起同党中人的愤恨。二是传闻孙中山赴东京开会。据称,"孙汶已抵东京,踪迹异常秘密",曾在《民报》社开一次秘密会议,同盟会外交、调查、侦探、实行各党员均到,只有经济部员赵某因去岁回国未能参加,而"党中经济目下异常困难,孙爱发电致赵,促令速来"。(《革命党之近状》,《申报》1908 年 4 月 14 日,"东京通信")此后不久,《申报》又据西文报称,两广总督张人骏致电外务部,称"革命党首领孙逸仙已由香港潜赴日本,粤省抵制日货风潮未息,请政府加意提防"。(《西报译要·穷捕党人之计划》,《申报》1908 年 4 月 30 日,"紧要新闻")

4 月 17 日(三月十七日)　函告邓泽如两广边境革命形势,促筹款应急。

函称"现下我西路义师在钦廉连战大胜,声势大张,广西边防营勇之思反正以为义师内应者甚众。今有数营已经定约与我广西别军同时起事,急需花红并月饷万元。精卫来函谓足下处力能筹五千,如此当可克期集事。务望足下早日筹便付来,以便转汇军前,令立行事。若于此时广西能大活动,以为钦廉义师之声援,则西路大局可定,而东路惠潮亦可预备再举矣。云南之局亦有布置,广西得手,则云南之师亦可随之而动。如此则两广、云贵可期恢复,而革命之根本固矣。全局关键系于广西边防营勇之响应,而响应之迟速又系于筹款之成否"。若筹款到手,请将得款汇新加坡张永福处。惟款项足,事可无忧,届时南方基础可定,而破竹之势成矣!(《致邓泽如函》,《孙

中山全集》第1卷，第363—364页）

4月19日（三月十九日）　两江总督端方电奏缉查私运军火情形。

电称：前奉江电查私运军火情形，屡经严饬查缉，"今粤省又缉获大批军火，匪类诡谋百出，难保不此拿彼窜，自应统筹办法以清匪械接济之源，即经电饬各属密寿布置，并查明所属近日情形"，责成所属文武暨缉私营队、常关、厘局随时严密查拿。（《两江总督端方等致外务部电报》，中国第一历史档案馆等编：《清宫辛亥革命档案汇编》第37册，第275—280页）

4月22日（三月二十二日）　函告挂罗庇胜埠同志目前边境形势，催促筹款。

函称："现时广西边防营勇已约降，而云南之布置又已妥，当可随时发起，所待者款耳。"最急需款项有：约降广西营勇的花红及饷万余元，接济云南举事万元，补充钦军子弹二万余元，总计约五六万元。"若能立得此数，则两粤、云南三省相连数千里之地可以同时活动，则虏兵虽有百万之众亦必难首尾兼顾矣，况彼虏倾国不过十余万之弱卒耶！广西、云南两省一起，则钦军无后顾之忧，可以长驱进取，而东路惠潮之义师可以再起，福建漳泉可以响应，如是则南七省之局定矣。此时则北军必可起于燕齐，中军必可起于吴楚，此弟数年之计划也。"今日之得失成败，在于能否速筹得此款。得此款，则吾军实力可立增十倍，则基础可固，则能持久，则军政府可以成立，则可因粮于内地，借债于外国，然后左右逢源，"虽数千万、数万万之军饷，国用可以无忧矣"。

对于资助革命款项，"革命军定章：凡出资助饷者，军政〔府〕成立之后，一年期内四倍偿还，即万元还四万元也。并给以国内各等路矿商业优先利权，及列为为国立功者，与战士勋劳一体表彰。公等为义而起，自不以此为计，然军政府酬庸之典则尔也。公等从此向各地劝励殷商助力，皆可以此为则。若更有大财力者，愿得他种之特别利

权,弟亦有权可以允许定约"。(《致挂罗庇勝同盟会员函》,《孙中山全集》第 1 卷,第 365—366 页)

4 月 29 日(三月二十九日)　黄明堂奉命在云南河口起义,起义坚持至次月 26 日始退往越南。

为发动云南起义,任黄明堂主持其事,以王和顺、关仁甫佐之。是日晚,明堂率二百余人在河口起事,当地防营一部反正,合兵约五百人,据河口。该处有清兵四营,防务处督办王镇邦率两营驻城外半山炮台,一营守城内,另一营黄元祯部守山上炮台。河口既破,王镇邦与管带岑得贵,及由城内逃出的张印堂等死守炮台,求援法军,被拒。起义军强攻,黄元祯率众降。王镇邦约降,但非真意,杀起义军说降代表黄华廷;王部守备熊通杀王反正。岑得贵被擒。起义军完全占领四炮台,得枪千余杆,子弹二十万发,用南军都督黄明堂名义布告安民,派兵保护法国领事与税关洋人,旋送往老街。起义军秋毫无犯,居民服悦,归附者至千余人。

5 月 2 日,王和顺率兵沿铁路进攻,铁路清军李兰亭、黄茂兰两营反正。云贵总督锡良命开广镇总兵白金柱带兵四营至八寨,接近开化城,王和顺袭古林箐以牵制之。3 日,关仁甫趋蛮耗,欲攻蒙自,驻霸洒管带李开美来降,遂占新街。因缺乏统一指挥,起义军计划多未执行。适黄兴由钦州返越南,4 日至先安。5 日,孙中山即电委黄兴为云南国民军总司令,节制各军。黄兴至河口,见兵不可用,决定回越南招钦州起义同志开赴前敌,11 日方抵老街,被法国警方疑为日本人,扣留遣送出境。清廷为镇压起义,以刘春霖督办云南军务,并调桂军龙济光及川、黔军赴援。5 月下旬,清军四集,进攻王和顺铁路大营。起义军既无统帅,黄明堂对袭取潜洱、思茅计划犹豫不决,越南方面后援又为法方所阻,黄明堂等派一部取道八角山入桂边,余六百人自率退入越南,后被法人遣送至新加坡。(冯自由:《中国革命运动二十六年组织史》,第 160—163 页)

河口起义爆发后,清廷紧急应对。据当时记者所获情报,10 日,云贵总督锡良电奏："孙汶自越窥滇,前带逆党二千余人,犯蒙自、河口官军。对敌两昼夜,竟至失利,王镇邦等阵亡,河口陷。现已派兵,会同临安道增厚妥为布置。"11 日,清廷接电后,即分电江、鄂、滇三督曰:"孙逆攻陷河口,毋任久踞,着刘春霖以三品京堂候补,准其专折奏事,云军统归节制,奋勇进剿。"然而,刘春霖甫到京,赴滇尚需时日,令开化镇总兵白金柱暂代,速赴前线,并随带银五万两,以备犒赏。同时又令锡良速速督师。锡良随即电奏:"刻革党到省会,密谋起事,城垣极可虞,故先派陆军协统陈宧,率防营往临安。又,开化、蛮耗已被革匪围攻,蒙自亦岌岌可危,党军所所用枪械异常精利,似有外人接济。滇省兵力单薄,乞速调他省军会剿。"可是清廷仍电催锡良"亲督师痛剿,其军械由江鄂两处接济,兵饷由度支部筹拨,迅调白金柱、龙济光两军"。

龙济光军未至,云贵总督锡良亲出督师,令白金柱军出击义军东西两路,初"大获胜仗",后"遂将不支"。13 日,锡良又奏"匪党进攻南溪,势颇盛,遵旨亲剿,惟饷项紧急,请川黔两省就近筹款,接济数千万"。清廷闻讯,又电广西巡抚张鸣岐,"令督促广西提督龙济光克日进兵,赴滇会剿,不得迟疑"。可是张鸣岐奏:"桂匪黄和顺现审江左,以牵制龙军,若调龙督兵赴滇,则桂省恐空虚。"清廷仍令张鸣岐急派龙济光赴滇。

据称,云南已调兵一万五千名赴蒙自,又由广西调精兵四营,只"因路梗故,不能前进",锡良大惊,又上急电:"匪党三路入寇,以南溪一路为最紧急"。慈禧太后亦忧,面谕袁世凯、张之洞:"云南警耗非常,宜调直隶、两湖之军赴滇助剿。"庆王、袁世凯亦以为"此次党势蔓衍全省,非一二省兵力可平,拟由江鄂粤数省调拨大军会剿",已电商端方、陈夔龙、张人骏三督抚速速筹划。而陆军部尚书铁良提出"起岑奏煊督办云南军务",赵尔巽则奏调黄忠浩赴滇助剿。经廷议:"滇匪紧急,饬黄星夜起程,俟匪平,然后入蜀。"(《革军四志》,《汉文台湾日日新报》1908 年 5 月 23 日,"杂报")

　　此外,清政府还要求法国殖民当局切断河口起义者的补给。5
月4日,云贵总督锡良致电外务部称:"要之,此时匪已内犯,自唯有
奋迅用兵,拦头痛击,然匪党雄悍且众,果能由我兜剿穷追,竭桂滇两
省之兵力,未必不能扫穴擒渠。无如有人阴实助之,非但坐观成败,
且唯恐其患之不深,祸之不烈。出界一步,匪可逍遥,我难过问,匪之
来,防不胜防,匪之过,剿无可剿,势成束手,祸已噬脐。此固不仅桂
滇之边患,实全局莫大切近之忧也。至滇省尤处其难者,莫如外人之
铁路。现火车仍照常通行,铁路亦未遭匪毁,然兵匪交战之区,即在
铁路线上,且更难保该匪不从火车运械、运兵,此时若商令停工、停
车,又虑别启要索。以前种种重要内容,不敢不据实官陈,务乞钧部
如何衡夺主持,一面示教,以挽危局而杜狡谋。"(《为与法方交涉阻止革
命党运械事》中国第一历史档案馆藏,电报档,档号:3—14—12—034—0010)

　　外务部"照会法国公使,请知照越南总督,协拿□界革党,禁止该
党在滇交界出入,严禁接济军火"。又电饬云南按察使世增"与越督
交涉,允以相当利权报酬"。(《革命四志》,《汉文台湾日日新报》1908年5
月23日,"杂报")5月6日,外务部致电驻法公使刘式训,令其与法政
府交涉。"查越境匪党如此举动,在越法人如此行为,殊有妨两国边
境治安,与法国名誉、两国交谊尤有关系,除已由本部切照法使,从速
分电法政府及越督严饬越官认真禁办,并查明纵容知情各员,从严惩
治,现行滇境火车准中国官随时登车检查,如将来确查法人有隐助或
纵容情事,则云南此次损失当由法政府负其责任外,希酌量并告法外
部,严电越督按照以上声明各节切实查办。"(《为查禁法人纵容革命党
事》,中国第一历史档案馆藏,电报档,档号:3—14—12—034—0014)

　　后法国殖民部长指示代理印支总督阿尔丰斯·邦乌尔
(Alphonse Benhoure)增加边境巡逻部队,捕拿任何可疑分子,禁止
一切革命活动式煽动,必要时应驱逐任何与起义有关的人。邦乌尔
回答说,除了直接干涉之外其他措施均已付诸实行。驻蒙自法国代
领事拉法埃·罗表示"尽快结束目前的骚乱是十分重要的,因为它已

经给我们带来了灾难性的后果"。在总结河口事件时,邦乌尔特别强调法国政府帮助镇压这次起义的重要作用。他说,如果没有法国方面的合作,中国朝廷将要花费相当长的时间才能平息这次起义。诸如逮捕黄兴,增加巡逻部队,在老街严密监视铁路线以及扣压发给起义者的所有电报,"所有这些,都对瓦解革命运动起了重大的作用"①。([美]金姆·曼荷兰德著,林礼汉、莫振慧译:《1900—1908年的法国与孙中山》,《辛亥革命史丛刊》第4辑)

　　后称河口起义"为予第八次之失败"。自经此役后,开始放弃以运动会党为主的方略,转而集中力量运动新军,尤其注重连排以下官兵。据胡汉民忆:收拾河口起义的残局后,赴新加坡与孙中山、汪精卫等会合,总结起义失利的教训,以为"安南华侨资助甚力,河口失败,绝不能以军费不给为解,其初已呈弱点;及克强被逐出境后,该军更无勇气前进,纵得多金,亦无益于事矣,余因与先生计划后此进行方略。余以所经验者证明会党首领之难用,与其众之乌合不足恃,谓当注全力于正式军队"。孙称:"会党性质我固知之,其战斗自不如正式军队;然军队中人辄患持重,故不能不以会党发难,诸役虽无成,然影响已不细。今后军队必能继起,吾人对于革命之一切失败,皆一切成功之种子也。"经胡汉民提出建议,"军队中标统(团长)以上官,往往持重,其部队未有革命之思想,则更无怪其然;军队运动,宜加注重

---

　　① 杰·巴洛记载不同,他认为韬美是云南铁路公司的主要促成者及其最初资金筹措的保证者,当时修至蒙自因债务问题陷于停顿,法越殖民当局的"进步党"(扩张主义势力)"准备公开和大胆地支援孙中山制订的任何有挽救铁路指望的方案"。罗氏是驻蒙自的领事,又是执行筑路规划的主要行政官。"云南铁路公司向起义者保证,一旦义军夺取蒙自,筑路的最后一段不会受到清军的报复性攻击,届时他们就能利用铁路把军队和军需给养运往前线。此外,安南银行也表示,一旦攻击蒙自,这将会支付起义军的饷银。""当时确曾有一二节装载枪枝弹药的车皮,停在东京站的一条侧线上,等待那座城市的陷落。"清政府指名罗氏和试图通过谈判使防务处督投降的法国商人,并指控滇越铁路曾经在某种程度上参与起义,指挥起义者曾经搭乘法国列车抵达前线,并且经由铁路一再得到军需补给。罗氏被判定为可能犯了轻微的言行失检的罪名。(《1900—1908年孙中山与法国人》,《辛亥革命史丛刊》第6辑)

于连排长以下。先生深以为然,于是密下数令于党员之负有任务者"。(《胡汉民自传》,《近代史资料》总45号)

是月(三月)　日本新创刊的《东亚月报》刊发《东亚时局辨》,分析日、清关系及共和制问题。

《东亚时局辨》署名为与孙中山颇有关系的内田良平,实为该刊主编、黑龙会成员权藤成卿执笔。该文称,清国内部政治上满汉对立,教育机构、交通运输都很不健全;外部又受到英、德、法等国经济上、领土上的侵略。因此。日本必须改革日、清之间的军事、经济关系,使日本与清国经济上相伴,国防上相托。文章最后指出,最近的将来,中国不可能实行共和制度或君主立宪制度,应当致力于清廷本身的改革。而内田良平本人亦是在革命党与清廷之间摇摆,他一方面对中国革命派加以积极的拥护和帮助,另一方面又对中国实现共和制不抱期望,实际上,他所期待的是革命派在中国即将发生的大动乱中遭到失败,使清朝体制以某种形式保存下来。(段云章编著:《孙文与日本史料编年(增订本)》,第169页;姜义华:《大道之行——孙中山思想发微》,第49—50页)

是年春　陈干等在青岛设震旦公学,宣传革命,旋为德国殖民当局查封。(《清季之西北革命运动》,冯自由:《革命逸史》第2集,第272页)

5月

5月7日(四月初八日)　报载清朝外务部谋求新加坡当局驱逐孙中山交涉。

报称:"清国外务部函告英国政府,以革命党领袖孙文流寓新嘉坡,与清国内地之同志者,互通气脉,请为驱逐出境。近者由驻清英国公使以新嘉坡总督之电报,转致于外务部。略云:现时孙于新嘉坡平稳居住,难以驱逐,然常派警察官吏监视其举动,若有扰害清国及

其教唆行为,则立命之出境。外务部接该通牒,立援引英国所布香港
条例,谓:若有可怪举动,应随时实行监禁或驱逐,且自后永不许逗留
南洋各港者。以之照会英国公使,请电知新嘉坡总督照办。"(《英国交
涉》,《汉文台湾日日新报》1908年5月7日,"杂报")

5月8日(四月初九日)　日本报载孙中山的革命活动及主张。

《东亚露伊洛》刊发《清国在野党及首领》一文,介绍孙中山生平。
后《汉文台湾日日新报》翻译此文,略谓:"革命党首领为孙文。孙文
号逸仙,常怀道义之革命主义,姓名早著于东洋,其经历多曲折而有
小说的趣味⋯⋯游日本盛鼓吹其所唱之革命主义,其同志者,自三合
会员、哥老会员始,暨学者、留学生等数千人。近于南清之革命举动,
殆无干于孙氏。其潜形之处,或谓新嘉坡,或谓比律宾云云者,概纷
纷不一。然除其二三亲近者而外,洵无有知之。今也,清政府竭其种
种手段欲得之而后快,如悬数十万金之重赏等,亦可云苦心之至,奈
何不从其愿。"

关于其革命主张,该报评曰:"孙文之主义,在乎覆本朝,变政体,
善者存,不善者去,即欲仿照北美合众国之共和政治、大统领制度。
诚如是则大开门户,假外邦之资造铁道,以速为万般之改革,使中国
得成文明之上邦。一言以蔽之,曰灭旧清国而造新中国者也。"在该
报看来,孙所统率的革命党对清朝的威胁最大,"主义在立共和政
体",孙为该派之首脑,而章太炎、黄兴、陶成章等人为参谋。(《清国在
野党及首领》,《汉文台湾日日新报》1908年5月29日、30日,"杂报")

5月9日(四月初十日)　电告池亨吉云南起义军进展。

5月1日,曾电告池亨吉,云南起义军已于29日晚按预定计划
行动,已攻占河口。是日,又电告,义军已攻陷临安、开化等十余城,
正进攻首府昆明,一切按计划顺利进行。(《致池亨吉电》,《孙中山全集》
第1卷,第366页)此电所述,与起义军行动不尽符合,因此前委池氏在
日本筹款,此项通告可能是供筹款宣传之用。稍后,收到胡汉民5月
8日的报告,曾抄示池氏,请他发表,"俾使天下人确知我们的行动"。

《致池亨吉函》,《孙中山全集》第1卷,第369－373页)

5月11日(四月初十日)　报界评论清政府与革命党之对峙。

时论对清政府与革命党的关系,并不纯然以官匪关系视之,颇持中立态度,谓"政府之惧革命党也,固俨若一敌国焉。夫钦浔之匪徒,政府力除数月之久,尚未能平,而孙汶之革命军又号召揭竿而起矣。自是而后,中国将无宁日何也,革命军势力大也"。只是担忧中国的前途问题。(《革军之势力》,《申报》1908年5月11日,"清谈")

15日,又评论革命党人能够不断举事的时势基础,称:"孙汶之持革命主义,欲揭竿起事也,固已久矣。自醴陵失败而后,其百折不回之志愿,更形壮烈。军火之搜起,日有所闻,若广西、若广东、若江苏、若浙江、若京师,暗输军械,秘密预备,挟其破坏方针,以起图大举,司马之心途人皆见。故朝廷亦以孙汶为莫大之竞敌,以为孙汶一日尚存,则朝廷有一日不得安卧之势,悬重赏,严缉捕,而终如黄鹤之不受绳缴,而果也。"近期,孙又举大军,械精饷足,在云南分三路进攻官军,党众响应,攻占河口,"与官军对敌二昼夜。官军败,会办王镇邦阵亡"。就此视之,革命党决非各地会党可比,乃一变革中国政体的政治力量。

评论以为孙中山为首的革命党,是主张立宪的两派之一。"今日之主张立宪者有二派,曰君主,曰共和。主张共和之说者曰:欲得共和立宪,非先行革命不可;主张君主之说者曰:主张革命者,不惟不能得共和,而反得专制。"革命党在云南举事,亦有一定的政治和社会基础。其一,清政府失人心。"近观朝廷之举措,其有不满于民意之处实多。对于国民,则施其束握之手段,若报律之颁布,若会社之取缔",故而"以此次孙汶起事,安知不借此民情浮动之时以图大举,内则结运钦浔之匪,外则借援于某国之械,南洋之华侨则借助其经费,乘时而起,缘机而动,良有以也"。其二,云南军政之窳败。时南北洋各军已略加整顿,西北、西南之兵仍然窳败如昔,加上云贵总督锡良无定乱应变之才,一旦事出非常,则惯眩而不知所措。"盖孙汶起事,从桂、滇人手，蓄意已久。桂未得志，改而犯滇，则滇之军事窳败可想矣。"其三，清廷未能实行立宪。国民期望立宪，"主张君主者多，而主张共和者少"。倘政府疾首蹙额示以实行立宪之决心，听诸舆论，不专断于一己之私意，"则孙汶虽狡，终亦无从借口。盖彼之得以大声疾呼，倡言起事者，皆由于政府之不能实行立宪，而彼得有词以鼓动徒党。是则孙汶之得以崛强于南洋各岛间者，无莫非政府酿成之矣"。

总之，评论希望借助革命党反抗政府之力，催促政府早日实行宪政，尤以素开国会为急务。苟能素开国会，"非特可以救滇省目前之危，而主张革命之说将由是而渐息，革命之祸，自此可稍舒"。（《论滇省革命党乱事原因》，《申报》1908年5月15日，"论说"）

《申报》评论借鉴了国际法，将孙中山领导的革命党不再视为叛乱团体，而偏向视为交战团体，以为他们"自云南河口失陷以来，攻南溪，犯蛮耗，窥蒙自，革命之势力滔滔进行，殆将以滇边为根据地，外与香港、新加坡联络，为创建独立国之原本"。由于交战涉及中法边界问题，法国是否将革命党视为交战团体，不仅关系到革命党的成败，而且与中国利益息息相关。评论担忧的是，法国借机索取在华特殊利益，成为鹬蚌相争的得益者。（《法人果认云南革命党为叛乱团体乎》，《申报》1908年5月17日，"论说"）

5月12日至6月13日（四月十一日至五月十五日）　数次致函邓泽如，促劝陆祐支持军费。

为支援河口起义军，曾多次致函邓泽如，促劝侨商陆祐兑现其所承诺的十万元捐款。5月12日函称"日来我云南军所至皆捷，清兵之归降者已盈四千有余。每日粮食、军火甚巨，必当源源接济，至破云南省城之后乃能自给。现在待济甚急之时，弟前日连有函电询及弼翁肯否助力，未审如何？此翁一诺，则大事成事〔矣〕。方今吾军正在声威大振之时，望足下与心持兄竭力动之，如能成就，则足下等之造革命军功德实无量也。前所谋加补钦廉军火及招纳广西营勇两事,皆以云南之急,未有余款兼顾,实大滞动机。如款项足以招呼三处同时大活动,则清虏之灭易如反掌矣!"(《复邓泽如函》,《孙中山全集》第1卷,第366—367页)

20日致邓泽如、黄心持函再称"吾党财政之困难,真为十余年来所未有","自云南义师起后,更急如星火。兹得河内总机关处来函,更知非急得十万之款,则不能进取如裕"。"惟此十万大款,将从何得?其能为力者,舍弼翁,实无其人。日来函电相托游说之,俱未获复示,想事未易入手也。"

自云南起事以来,革命声势日涨,似可为募捐增添把握。"素闻陆君老诚持重,不轻然诺,若一得彼之诺,彼必言出惟行。今于革命之事,吾知陆君非无其心,惟不详知革命事业之内容。闻日来吾党所传布云南革命军之事,彼亦不大深信,盖以西报不多论其事也。而不知云南与此地关系甚少,故英报不甚注意。又西报之言中国事者,其新闻多传自北京;今清政府力禁云南之事外传,故西报少知也。自云南起事后北京只传过一电,系西五月五日由北京发往上海者,言清军已复回河口,此后则无言矣。复回河口一事乃滇督虚报,因当时吾党尚未大进兵,故滇督犹可欺蒙也;而北京政府只报胜而不报败,故各国之西报寂然无闻也。惟安南法报《密迩》故多论云南革命军,然英报不译也(大约无法文之译者亦未定)。惟香港《南清早报》(英字报)有特派访员在河内,其五月十二日新闻有访函(五〔月〕九号来函)言云南军事颇详,盛称吾党之文明。河内离河口不过十二点钟火车,电报息息相通,北京五号之电言复回河口,而河内访员五月九号函犹言革命军一面守河口,一面分兵攻蛮耗、蒙自等处(今蛮耗亦已破矣),此访较之北京尤确,而且日子更迟。兹将五月五号北京报收复河口之西字新闻,并五月九号河内访员报香港之新闻二纸寄上,请代呈陆君一看,使彼先信云南之革命军已起,确有其事,不是虚传。然后请将河内来函以彼一观,使彼深知革命军今日之局面,有如此把握,乃可望之协力也。若秋君或弼翁肯任此十万,当酬以云南全省之矿权专利十年也。望如法先说肯秋杰君,然后同彼协力以说弼翁,事当有成也。"(《致邓泽如黄心持函》,《孙中山全集》第1卷,第367—369页)

原指望陆祐资助的计划,最终完全失败。胡汉民在讲述南洋华侨参加革命之经过时,讲到陆祐其人,死时财产达四五千万,因与邓泽如有交往,常求助于邓,因此孙中山促他去游说陆祐,但陆回答说"恐怕你们没有成功的把握吧? 等到你们有成功的把握时候,我来帮助好了!"终于不肯出一个钱,邓以这种人难相与,所以和他决绝了。此役,仅邓泽如等募得四千余元济急。(《胡汉民讲述南洋华侨参加革命之经过》,冯自由:《革命逸史》第5集,第214页;邓泽如:《中国国民党二十年史迹》,第13—14、18—19页)

5月13日(四月十四日)　胡汉民来函,告河口情形,并约定新暗语。

胡汉民时在河内,来函除报告河口举事情形外,并报告电报受阻状况,称:自河口占领以来,第二日法电报局即禁发密电,初犹止于加注汉字,随到随发;继则要求译为法文,又须法人由安南重译勘对,久之始为发电。又或不为发送,索要密电书,要明白事由方肯发送电报。虽请律师致书交涉,仍无法解决。因此,胡汉民通过书信来约定新暗语:军事之电皆用代字,如得蒙自,暗语"蒙即开张";得临安,暗语"临即开张";得云南府,暗语"云即开张",凡所得各地,均用其第一字为记号。枪为"冬衫料",每件抵百;子弹为"夏衫料";营盘来降为"得新伙伴",每人抵百;要款接济为"添工钱",进兵至某处则曰"派人至某记"。(《中华民国开国五十年文献》第1编第13册,第402页)

5月16日(四月十七日)　《中兴日报》刊文称法国对中国革命军持中立地位,反驳革命致瓜分之说。

田桐撰《法国对于革命之中立及革命军在国际法上地位》一文,反驳保皇党人在《南洋总汇新报》所论革命可致中国瓜分之说,略谓:

"有一种败类,溺于龌龊之利禄,甘为贼政府之爪牙,而故作危词,足以惶惑我国民之耳目者,莫如革命可以召瓜分之说。此说《民报》已辞而辟之矣。然而其时为理论,而非事实,今则成为事实,而非理论也。故申论之。今革命军起矣,各国对于革命军之态度,果何如哉?不观本坡前日太晤士报所载路打电乎?"(《中兴日报》1908 年 5 月 16 日,"论说")

5 月 18 日(四月十九日)　报载两江一带防范革命党乘机举事。

据称,河口起义使慈禧太后、光绪帝大为震动,曾与军机大臣商议对策。袁世凯提出"孙党窥伺滇、桂,蓄志已久,今又从滇起事,将以牵制桂军,不可不防"。至于其他省,亦不敢掉以轻心,外务部致电两江总督谓"逆党孙汶近在云南边境率党起事,势甚猖獗。查长江一带素为会匪各匪出没之处,更兼近来江浙内地时有枭匪滋扰,该逆党等羽党众多,随处皆有,深恐勾结为患,乘间暴动",转饬长江水、陆各营饬水师营弁严密梭巡,并饬沿江各关道转行各地方官加意防范,消弭隐患。(《议用黄忠浩督办滇军》《电请南洋防范革命党》,《申报》1908 年 5 月 18 日,"紧要新闻")

5 月 24 日(四月二十五日)　东京的中国留学生在神田锦辉馆开会,就河口起义作出云南独立等四项决定。

云南河口起义(时称关仁甫起义)的消息传到东京后,东京的中国革命党人于本日下午在神田锦辉馆举行"云南问题中国全体会",参加者约八百人。章太炎等人依次发表演说,至五时三十分顺利闭幕。

发言者谴责清政府借法兵镇压起义。根据日本方面的记录,略为:"云南发生暴动,清国外务部为镇压之而欲借法国军队之力,此举受到非难。云南虽只是清国南部的一个小地区,然作为清国的一部分,其祸福却关系到支那全国。对此云南问题,立宪党、保皇会、革命党并无二致,爱国心切,岂能熟视无睹?"其间,"一保皇会人士登上讲坛,场内稍有噪动,然而该人高呼此时并非党派相争之秋,又高呼抗法而不得不考虑云南之独立,场内遂镇静"。最终,会议决定:"本会名称为云南经营会,致力于云南独立保全之事宜",并拟四条大会告示:一、倡率全滇人士起独立军。二、哀告全国同胞助云南独立,以为中国独立基础。三、对政府宣告云南独立,并彼断绝关系。四、宣告于世界各国,凡清政府与他国借兵及一切交涉,云南绝对不能承认。若有他国兵入云南境内,则与清政府兵同等敌视。会上呼吁十八省人捐献募金,汇寄神田区骏河台町红梅町六号云南同乡事务所收。当场捐款人及金额:江西杨增圣,五十元;浙江潘某,十元;四川杨某,五元;江西邓文辉,十元;浙江陈树斌,五元;湖北华某,二元;台湾林女士,十元;章太炎,二十五元。(《云南问题中国全体会之状况》,章开沅等主编:《辛亥革命史资料新编》第6卷,第126—127页)

6月13日,驻日公使李家驹致电外务部:"上月革党及滇生在东刊布传单,开独立会,当经面传各生诘问。据总会学生声称,并未附和。又据滇生多人声称,此系一二败类捏称全体,出此悖举,生等绝不与闻,亟应辨明各等情。查沪报所载比京电文,显系革党捏造在东开会,亦确系革党主持。"他传询诸生,严加告诫,并通传学界,勿为所惑,"一面电达滇省,旋经滇督电复平定情形,传知诸生;一面报告学部,亦经学部复电,训诫诸生,并斥借外兵之确系谣言,切勿轻信"。(《为查明滇生参与革命党在东京刊布传单开独立会事》,中国第一历史档案馆藏,电报档,档号:2-04-12-034-0437)

5月27日(四月二十八日)　报载两广总督张人骏等悬赏缉拿革命党人:黄兴,五千两;胡汉民,四千元;汪精卫、田桐、刘揆一、谭人凤各二千元。(《购拿革党之赏格》,《神州日报》1908年5月27日,"要闻一")

△　香港报纸评论清政府驱孙失当。

评论称:"党人潮派,变幻万端,政府愈轻视之,则愈见静寂,愈重视之,则愈形嚣张。以重视党人之故,而至于有嚣张之日,犹复穷蹙之,苦追之,以求歼厥渠魁,永绝祸本。政府持此政策,以办理党人,虽有似于为一劳永逸之计,吾则谓其失策之甚者也。重视党人,穷追党首,岂徒无益,直取乱之道耳。孔氏有云:人而不仁,疾之已甚,乱也。以不仁之人,疾之犹当不为已甚,况于其人具有国家种族之思想,乃欲断其首领,以为安吾寝食之地,人虽至愚,有不拼性命以图相搏哉?至于党人思舍性命以图敌政府,则祸乱之随地窃发也,固在人人意计中事矣。

"孙文者,近日中国政府目之为革命党之魁首者也。政府恨其居留日本,乃出其国力,以求将之驱逐出境,比徙越南,乃转徙星加坡。又复以国力穷其所往,务使其无地以容身,复悬赏十五万以购其首级,旋加赏至二十万以羉其生命。以全国政府之力,对待一人,斯可谓为中国有历史以来所仅见之事矣。然自孙文去日以后,由是而黄冈乱,钦廉乱,镇南关乱。说者皆谓为孙文煽动所致。然前事已往,是非姑勿具论。至于近日云南河口之乱,不俨有孙文出头露角于其间乎?斯乱也,斯役也,谅非孙文蓄机已满、称心而发之举动,不过因政府迫之穷无复之,故乘虚一逞,出其能力,以稍杀政府穷追之势耳。

"不然,云南兵备虽虚,锡良总师虽庸,斩木揭竿,事易得手。然阻山之国,民穷则饷糈维艰,兵弱则军械亦缺,资粮械于敌人之说,既无取焉。官兵则生力日增,党军则死圈日蹙,所可恃者,其地尚与越境毗连,一败或能逃出生命耳。然试思崭然显露头角,敢与政府为仇,而其最终之参谋,乃仅以有路逃生为结局,此则岂孙文称心举事之地耶?毋亦政府终日穷追,使之不得不徼幸一击,以张党人之势,而遏政府之熖耶?故云南之乱,外观似为孙文造成之,实则政府自为造成之。窃谓非由政府之死力穷追,彼国有党人,乱局或终难免,而断不至近如日之东窃西发,贻政府以疲于奔命之忧也。

"观此而知滇乱由穷追孙文而成,吾言虽似凭理想而悬揣之,而按以政府近日之张皇,证以党人近日之剽悍,夫岂夫所见而云然。本报前月曾著一论,以'政府穷追孙文之无谓'为题,尝引穷寇勿追,及国狗之瘈,无不噬也等语,以警政府不可穷追孙文。盖逆料穷寇反斗,瘈狗反噬,穷追不已,祸乱亦必窃发于不及知,突起于不及防。迩者云南之乱,其即记者前言之首次效验矣。政府若不将重视党人,穷追党首之政府,大改方针。吾恐此次云南之乱,虽合数省之兵力,以竭力扑平之,而别地之革命烽烟,又将告警矣。须知一日纵敌,数世之忧,此为中国古昔时行兵之要言,而万不能混泥此语,以为近今办理党人之心法。穷追即取乱之道,识者谅不河汉于斯言。"(客星:《论滇乱由政府穷追孙文》,《香港华字日报》1908年5月27日,"内国")

5月28日(四月二十九日) 传闻在越南河内图谋大举。(《孙汶图谋大举》,《申报》1908年5月28日,"紧要新闻")不久又称前经法国驱逐出越南,送往新加坡,并令不许再入越南。"迨滇事起,孙又匿越境,法复助我驱逐。"且在此次交涉中,清军误打法国人员,引起交涉案。(《电一》,《申报》1908年7月29日,"专电")

5月30日(五月初一日) 汉口《江汉日报》开始译日本《大阪每日新闻》的《清国之革命党》一文①。

该文分五大部分,分别载于5月30日、31日及6月7日、9日、11日,6月7日后更名为《革命史》,内容涉及革命党的领袖、团体、主义、起义斗争及与立宪派的分歧。译者"冠春"在《附志》中声明,此稿"证之译者游东时耳之所闻,目之所睹,尤为详细。目今云南事急,因即据事直书,不假修饰,以备参考"。

本日首载"革命之勃兴",内称"近时世上所认为革命党者,实以孙文(号逸仙)等为嚆矢",历述了孙首次广州举事到近时在国内、东京等地掀起革命风潮的过程。31日,刊发"革命党之联结",述及革命团体的组合情形,认为孙起初靠三合会、华侨、商人而起。随着中国留日学生陆续投入革命党,革命党势力益涨。中国各省革命党以东京为中心,彼此交换意见,相约联合团体。"孙文未至东京时,尚未负清国留学生(指革命党员)之重望,宋教仁等相计划,开一大欢迎会

---

① 《大阪每日新闻》的《清国之革命党》一文,不知与1908年5月8日《东亚露伊洛》刊发的《清国在野党及首领》一文有何关系,待考。

以迎孙,聚集留学生千余人,以示为孙之人",革命党遂为之统一,而孙之名声亦大震,"组织其统一之革命党",即暗指同盟会。并"从出版物中以普及革命思想",初由宋教仁等经营《二十世纪之支那》,现改为《民报》,为该党的机关报。进而"联络内地各秘密会,扩充各地之势力",孙文赴南洋,黄兴赴香港,其他党员陆续赴长江上下游及其他各地,均设立支部,于是得以在广东、广西、云南等边境发动一连串的起义活动。

6月7日、9日、11日载"各派之主张及领袖",称"孙文等初起革命党之时,其时主张纯一以民族主义为唯一之目的。及其后党员渐次增加,而其主义亦不一致,或主张共和主义,或主张社会主义",具体而言则有(一)发扬国粹者的民族主义派,承继中国固有的"内诸夏外夷狄"的学说,恢复国权;(二)民族的民权主义急进派,法欧美之学说,倒现在之政府,建社会民主政体;(三)民族的民权主义渐进派,类似第二派主义,不徒用武力,俟党势扩张,国民程度发达,而后徐图事功;(四)无政府主义派,倒现在之政府,不再建后之政府。此外尚有倡女子复仇尊女主义派、主张社会平等社会主义派,势力较弱。由于孙"尽瘁于革命党之统一,遂推为首领","孙今年41岁,善英文,为人庄重,富于自尊心,又带坚忍之性。近日流布清国革命思想者,彼所负之力最多,彼实清国革命党之急先锋","标榜民族的共和主义,该时曾由农民而得实验,然彼从幼又淹留外国,崇拜欧美之式,疏略本国之风,往往受'不学无术'之讥,此则不可谓孙之缺点",近年来游说于南洋、安南一带,与该地商人、三合、哥老会员结纳,发展革命党势力,去岁以来各地的党乱,皆与孙有关系。现留新加坡,遥为指挥运动。(刘望龄:《黑血・金鼓——辛亥前后湖北报刊史事长编》,第150-152、162-164、165-168页)

5月31日(五月初二日) 清驻法公使刘式训照会法国政府,请严禁革命党假道越南以扰边境。法政府则索求别项利益以为酬报。
《光绪三十四年五月中国事纪》,《东方杂志》第5卷第6号,1908年7月)

6月

6月4日(五月初六日)　两广总督张人骏电奏孙中山离新加坡。

张人骏电奏:"现据旧金山领事许炳榛电称,闻孙经太平洋出埠直入京,乞电各堂宪"。次日,外务部收到此电。6日,外务部致电新加坡领事左秉隆,称:闻孙经太平洋出埠入京,"该逆在坡时,坡督是否照英使所称办理? 何时离坡? 许领所称是否属实? 即速探,电复外务部"。同时,外务部致电驻美公使伍廷芳,询问孙经太平洋出埠入京的消息,"究竟是否属实,尊处有无所闻,希探明,电复外务部"。(《为孙文行踪事》《为孙文到新事》《为探孙文行踪事》,中国第一历史档案馆藏,电报档,档号:2－05－12－034－0237、0244、0245)

7日,左秉隆复电称:"孙逆仍在坡,坡督照英使所称办理。"8日,伍廷芳亦复电称:"近年孙未在美,闻早窜东南洋,电询许领,复称得报馆密信及传言,如探有确音,再电闻廷。"(《为孙文在新事》《为探孙文行踪事》,中国第一历史档案馆藏,电报档,档号:2－05－12－034－0249、0263)

6月10日(五月十二日)　《中兴日报》针对《南洋总汇新报》发表的《立宪为今日救国之唯一手段》一文,提出辩论提纲和规则。

田桐提出五大问题,质问主张立宪说者:一、立宪与革命两问题,与一国人民性格及心理有何关系? 二、今日之中国,与各国当日立宪之时代及人心,果有无同异之点? 三、立宪事业,抑由于政府及二三儒者所愿意而成立乎? 抑亦由于一国民心理之趋向而成立乎? 四、今日汉人与满人组织立宪政体,必经如何手续而始得成功? 五、立宪之后,汉人得居如何地位? 得享如何权利?

关于辩论规则,则有:一、答辩不能清翻白描,须根据事实及法理。二、答辩不能故延时日,须于《立宪为今日救国之唯一手段》论文后即行登载,敝报之答辩亦如之。三、胜败决之于舆论。如以舆论无标准,则可在本坡开会,决之于举手之多寡。四、如经众人判断胜败后,败者即行闭门罢业。万一以股东之便宜而不能闭门罢业者,则须即行改变宗旨,以从胜者之所主张(例如《中兴日报》败,则从《总汇报》鼓吹保皇;《总汇报》败,则从《中兴日报》之所主张而立论)。五、如以上各项,贵报视而不见,则以不战而败论,得用上条约束。(恨海:《与总汇报书》,《中兴日报》1908 年 6 月 10 日,"论说")

关于论战结果,居正称:"戊申夏六月,《总汇新报》与《中兴报》战于新加坡,总师全溃,总将徐勤出奔唐山。"(《夏六月〈总汇新报〉及〈中兴报〉战于南洋新加坡总师全溃,总将徐勤出奔唐山》,罗福惠、萧怡编:《居正文集》上册,第 129 页)

6 月 22 日(五月二十四日)　报载已赴欧洲的传闻,得之于云贵总督锡良和广西巡抚张鸣岐的联衔会奏。(《电一》,《申报》1908 年 6 月 22 日,"专电")

6 月 30 日(六月初二日)　预备立宪公会会长郑孝胥,及张謇、汤寿潜等请速开国会,以两年为限。

郑孝胥等联名致电宪政编查馆,略谓:外界传言宪政编查馆以六年为限召开国会,舆情疑惧,以为太缓。"今日时局,外忧内患,乘机并发,必有旋乾转坤之举,使举国人之心思、耳目,皆受摄以归于一途,则忧患可以潜弭,富强可以徐图。目前宗旨未定,四海观望,祸端隐伏,移步换形,所有国家预定之计画,执行之力量,断无一气贯注,能及于三年之外者。若限期太远,则中国之变态百出,万一为时势所阻,未能践行,是转因慎重而致杌桅,纵秉钧诸老,心贯日月,亦何以见谅于国人。"郑孝胥等以为枢臣应当"上念朝事之艰,下顺兆民之望,乘此上下同心之际,奋其毅力,一鼓作气,决开国会,以二年为

限"。7 月 11 日,复电申之。(《宪政篇》,《东方杂志》第 5 卷第 7 号,1908 年 8 月)

不久,政闻社亦致电宪政编查馆,以为"国会一事,天下观瞻所系,即中国存亡所关。非宣布最近年限,无以消弭祸乱,维系人心","乞速宣布年限,期以三年召集国会"。(《政国社为国会期限致宪政馆电》,《申报》1908 年 7 月 3 日,"紧要新闻")广东、安徽、直隶、吉林、山东等省绅商及旗人恒福等亦先后呈递国会请愿书。

是月(五月)　会晤从日本回云南、路过新加坡的杨振鸿等人,指示云南革命问题。

河口起义爆发后,东京总部决议,"令各省同盟会员赴河口参加革命工作,或自动返国,潜谋响应革命军"。及闻河口失败,仅有杨振鸿、居正等决计赴滇西。是月,搭日本邮船向南洋新加坡,行抵新加坡住中兴报馆。"越三日会先生,谈滇西革命运动,以腾永为入手,极表赞同。"数日后,"孙总理请客宴于住宅,共三桌,汪精卫、胡汉民陪席,座中悉谈滇西革命进行之步骤。孙总理言:'此时仅能作补助路费,俟发动占据清政府城池后,我们将尽量筹助。'又言:'你们进滇西去作革命事业,我有《革命方略》一册,可以遵照办理,决不至错误'"。8 月,革命党人分四组出发赴滇。(何畏:《杨振鸿滇西革命纪略》,中国人民政治协商会议全国委员会文史资料研究委员会编:《辛亥革命回忆录》第 3 集,第 380—382 页)

7 月

7 月 8 日(六月初十日)　资政院奏定资政院章程。

7 月 13 日(六月十五日)　仍驻新加坡,函告张永福:"今日所看之屋,请兄向屋主定实租赁",及问明入住时间。(《致张永福函》,《孙中山全集》第 1 卷,第 375—376 页)

7月14日（六月十六日）　日本桂太郎第二次内阁成立,外务大臣初由陆军大臣寺内正毅临时兼任,继而由小村寿太郎专任。

7月18日（六月二十日）　张之洞兼充督抚粤汉铁路大臣,通筹鄂、湘、粤三省路务大局。

7月22日（六月二十四日）　清廷颁布各省谘议局及议员选举章程,限各省一年内设立谘议局。

7月26日（六月二十八日）　湖北军队同盟会在武昌洪山罗公祠成立。

自日知会失败后,由于官方侦探极严,"军学界年余无敢谈革命者",仅有公益社暗中维系。本年春,日知会党员任重远自蜀归鄂,与李长龄鉴于黄冈、惠州、防城、镇南关诸役,谋再结新社,"就武汉腹地,以铁备振之"。经联络组织,应和者达四百余人。

是日,于武昌洪山罗公祠召开开立大会,宣布宗旨,均赞成。关于组织,因有分歧,予以保留。复办《通俗白话报》。至十一月,改为群治学社。(《湖北革命知之录》,严昌洪、张铭玉、傅蟾珍编:《张难先文集》,第160－162页)

是月（六月）　为池亨吉《支那革命实见记》作序。

池氏自越南返日后,撰《支那革命实见记》,连载于本年五六月间《大阪朝日新闻》(1911年在东京出单行本)。是月,应池氏之请,为之作序。内谓:"客岁以来,吾党凡五举事矣,潮州之军,不旋踵而蹶;惠州继起,视前为劲;至于钦廉,则又进矣;镇南关之役,其势倍于钦廉;最近河口之师,则又足掩前者。由斯以言,吾党经一次失败,即多一次进步。然则失败者,进步之原因也。盖失败而隳然气尽,其不摇落者几希矣;惟失败之后,谨慎戒惧,集思补过,折而愈劲,道阻且长,期以必达,则党力庶几有充实之时。历观前事,足以气壮,此固吾党之士所宜以自策励,即池君作书之本恉亦不外是。故书此以质池君,并以质读池君之书者。"(《〈支那革命实见记〉序》,《孙中山全集》第1卷,第374－375页)

8月

8月1日(七月初五日) 致函邓泽如,促筹款济河内善后。

函称:所汇银五百元及麻坡认银二百元均收到,目前"所虑者,星坡同志,现无可设法,而河内银行,日内到期欠款五千元之多,虽不能全还,至少亦须还其半数,方足以再求展限。今所筹者,尚未足半数,焦急何似"。"烦转语蓉埠诸同志,为大局辛苦设法挪借二千元,以济眉急,准于年内筹还。现时仰光埠大势可以筹款,特不能急,若有同志先借出二千元,以还急债,而于年内筹还之,想必可办到。"(邓泽如:《中国国民党二十年史迹》,第20页)

8月5日(七月初九日) 新加坡星洲书报社请胡汉民、汪精卫讲演民族主义。

自1908至1911年,大约总数有五十多家书报社在星马地区设立。荷属东印度、印度、缅甸、法属印度支那、暹罗各地也群相仿效;至1911年辛亥革命爆发前,总数有一百多处书报社在这些地区设立。(颜清湟著、李恩涵译:《星、马华人与辛亥革命》,第140—141页)孙中山深知书报社有裨益党组织,鉴于党员既多,于1908年划分星洲同志为数帮,由胡汉民手拟分帮章程,即以方言为一帮,各创立书报社,如潮帮曰同德书报社,粤帮曰开明书报社,其他各埠如吉隆坡、槟城等地均仿照此例创建。其中,星洲报社为先锋地。(张永福:《南洋与创立民国》,第92页)

是日晚7时30分,星洲书报社延请胡汉民、汪精卫演说,并请吴应培翻译。"入社听讲者,约四百余人。"胡汉民演说大旨谓"满人以少数蛮劣之民族,而能征服、压制汉人多数文明之民族者,以满人有团体,而汉人无团体之故。汉人无团体,而以有汉奸破坏之故。汉奸有二种,或显借满人之势力以行破坏之手段者,如清初之洪承畴、吴三桂辈,咸同以来曾、胡、左、李辈,现时之张之洞、袁世凯辈是也;或并无势力,惟思献于满人,造作邪说,欲以破坏汉人团体者,则一班言保皇、言乞求立宪者皆是,辛苦艰难,为满人辩护,诪张多幻,而反对革命,彼实自离于汉人团体,而希冀附合于满人团体者也。故汉人欲求自由,谋光复,必先巩固我汉族团体,而除去败群之人,即自掊击一班言保皇、言乞求立宪者始"。

汪精卫演说大旨谓"人之有团体,本于爱人之心,由有爱人之心而生平等观念,以一少数民族为制于上,而多数大民族为所征服、压制者,即种族上之大不平等。吾辈言民族主义为革命者,即求汉满之平等也,发于爱人之心者也。人或以为请求满洲立宪,即可调和种族之不平,殊不知民族之既调和,而后可言宪法。犹之两军相对,既有休战之意,而后可提议讲和之条约。今若谓满人已迫于革命军之势力,而可休战讲和,相与订立条约者,则吾嫌其太早计矣"。与会四百余人皆赞成胡、汪所讲之民族主义。(《星洲阅书报社演说纪事》,《中兴日报》1908 年 8 月 6 日,"本坡")

当时有学问的革命党人到新加坡,如胡汉民、汪精卫、田桐等人,无不赴该书报社演讲。最受听众欢迎且最能令人感动者,当属汪精卫,"凡逢到他演说之夕,人未登台,而座已拥满。演讲时,鸦雀无声,每至一段精彩处,掌声如雷,足见听者注意及其兴奋"。(张永福:《南洋与创立民国》,第 92 页)

△　驻法公使刘式训致电外务部,告以《新世纪》不易严禁。电称:《新世纪》大概"系乱党私托法报馆出名代印,散布邪说,煽惑人心,情殊可恶。法系言论自由之国,于妨碍他国治安,报律亦无禁阻明文",只得委婉与法国外部密筹办法,并"随时诚谕留学生,冀弗为所惑"。(《为与法方密筹禁阻新世纪事》,中国第一历史档案馆藏,电报档,档号:02—05—12—034—0611)

8 月 6 日(七月初十日)　在此前后,日本《目觉新闻》连载宫崎寅藏所撰、经过宋教仁修改过的《孙逸仙传》。([日]近藤秀树编、禹昌夏

译:《宫崎滔天年谱稿》,《辛亥革命史丛刊》第1辑)

8月13日(七月十七日)　致函林义顺,促设法处理与《南洋总汇报》诉讼事。

《南洋总汇报》创刊于1905年秋,为革命派及中立商人群体各占股份之半,因陈云秋素来主张中立,反对该报刊载激烈文字,"编辑人不之恤,仍高谈革命如故"。1906年春,陈云秋提出拆股承让的协议,后改为抽签,"即抽得者接受报业",陈楚楠、张永福等党人不得不屈从要求,结果陈云秋一派抽得,并接收保皇会成员朱子佩加股合办,该报遂成为保皇派机关报,由徐勤、欧榘甲、伍宪子主持笔政,与革命派为敌。(《南洋华侨与革命运动》,冯自由:《革命逸史》第6集,第173页)双方为此展开激烈论战,诉讼事亦为论战的一个组成部分。

是日,函告林义顺称:"阅《总汇报》三□书于八号,依例倘八日不回,则作为败讼将来便不免名誉赔偿之事,弟甚为忧之,今已期迫,望兄即速对付,盖至过期而坐令彼党占胜,所失极大,且其损害兄实先受之也。兹事请于明日即与状师办妥为要,幸勿再迟。"(《致林义顺函》,《孙中山全集》第1卷,第377页)

据田桐记述:"清光绪三十三年[①],余主新加坡《中兴日报》,与《南洋总汇报》文战经年,争论革命、立宪不休。《总汇报》怒,诋孙公为海盗。孙公亦怒。有怂恿孙公在英属起诉,要求损害赔偿若干万元者,孙公允之,经请律师如英国之法已行诉讼矣。余谓孙公曰:'此事在他国,确实可行;在中国人心,不免视为儿戏。且公革命党魁,身份如何高尚,度量如何宽弘,置之不理,无损身威。一经诉讼,即令全胜,如公之所要求,赔偿名誉若干万元,不过如斯,内地闻之,将以公为凡人,其所损失者将令何人赔偿哉?'孙公曰:'业已为之矣,奈何?'余曰:'听其敝之,不追可也。'孙公曰:'善。'"(《革命闲话》,《太平杂志》第1卷第2号)嗣后,《南洋总汇新报》托人道歉,事遂了结。

---

①　田桐回忆的时间有误,实为光绪三十四年,即1908年。

△　清政府查禁政闻社。

此前,7月24日,清政府收政闻社成员法部主事陈景仁电奏,请定三年内开国会,革于式枚。次日,上谕将陈景仁革职,由所在地方官员传查管束,并谓"闻政闻社内诸人良莠不齐,且多曾犯重案之人,陈景仁身为职官,竟敢附和比暱,倡率生事,殊属谬妄"。(《政闻社陈景仁等致外务部电报》《上谕》,中国第一历史档案馆等编:《清宫辛亥革命档案汇编》第40册,第267、269页)

本日又上谕:"近闻沿江沿海暨南北各省设有政闻社名目,内多悖逆要犯,广敛资财,纠结党类,托名研究时务,阴图煽乱,扰害治安,若不严行查禁,恐将败坏大局",令民政部、各省督抚、步军统领衙门、顺天府等严密查访,认真禁止。(中国第一历史档案馆编:《光绪宣统两朝上谕档》第34册,第162页)

同日,军机处致电湖广总督陈夔龙称:"近见汉口《江汉日报》内登外洋二百余埠拟上请愿书,胪列多款,词意狂悖,殊足扰乱大局,妨害公安",应严行查禁。因该报托名洋名,或在租界内开设,一方面理应饬关道照商该管领事官查禁,另一方面通饬巡警道、邮政、轮船、铁路各局不准在华人处行销,尤不准寄送他处。湖广总督陈夔龙即派关道、巡警道会同前往将该报馆照律封闭,该报馆虽近租界,并未托名洋商。(《致湖广总督陈夔龙电报》《湖广总督陈夔龙致军机处电报》,中国第一历史档案馆等编:《清宫辛亥革命档案汇编》第40册,第371页;第41册,第12—13页)

8月14日(七月十八日)　两广总督张人骏电奏越南悬赏缉拿革命党事。

电称:"据钦州龚道电禀,据东兴县朱县丞感电,据芒街法使面称,现奉北圻统使训示,凡开报革党入境,立即严剿,擒获即行正法。如有土人斩获革党首级一颗,赏银八元;夺枪一枝,赏银六元。"(《为悬赏斩获革命党人事》,中国第一历史档案馆藏,电报档,档号:2—05—12—034—0504)

8 月 16 日(七月二十日)　两江总督端方奏请派员赴爪哇考查，伺机查处孙中山行踪。

奏称：闻孙中山在爪哇逗留，将乾隆年间清朝官方视侨民为海外弃民之事极力演说，"以为中国蔑视侨民之据，一时为所鼓动者剪辫改装遂居多数"。据拿获的革命党郑先声供称：有二人在爪哇为孙中山办事，一为乔义生，一为宋教仁，"该逆处心积虑，专在煽惑华侨，若不趁此时侨民内向方殷，尚不致全为所用，善为劝导，实行保护，以坚侨民爱国之心，而破逆党蓄谋之狡"，请派农工商部杨士琦赴爪哇岛考查劝导侨民。(《两江总督端方奏折》，中国第一历史档案馆等编：《清宫辛亥革命档案汇编》第 41 册，第 15—16 页)

8 月 27 日(八月初一日)　清朝颁布《钦定宪法大纲》及议院法要领、选举法要领等章程，定预备立宪期限为九年。

胡汉民在《中兴日报》上撰写《呜呼！满洲所谓宪法大纲》的长文，抨击清廷立宪之伪。略谓："满洲之言立宪，实行其排汉之政策者"，欲假此集军政、财政两权，"恒举全国政治上之权力，集于满洲政府，而各省行政机关，不过仰承意旨，为之隶役，是之谓'中央集权'"，恢复其乾嘉以前的权力格局。文章指出，排汉政策有二：其一，"专思以其兵权压制汉人，不为丝毫之假借"；其二，"欲以政体之变愚弄汉人，而阴制之，以为汉人激受外界之风潮，而思想大有变迁，非复如清初专用武力之可压制，故不若假大清立宪之美名，而行中央集权之实策"。并论述立宪党人的命运与前途，以及对《宪法大纲》进行批评。(《呜呼！满洲所谓宪法大纲》，《中兴日报》1908 年 9 月 21 日，"论说")

△　缅甸同盟会机关报《光华日报》在仰光出版，推荐居正等人担任主笔①。

----

①　《光华日报》创刊时间，居正回忆为该年农历九月。冯自由则记为阴历八月初一日。既往较多论述，多依据冯自由之说，系于八月初一日。因未见到原报，故仍从旧说，系于此。

　　河口起义失败后，革命党人黄子和、杜韩甫逃亡至缅甸，与徐赞周等商议设机关报，后"得槟榔屿同志陈新政函介仰光殷商陈玉著、张永福（与星洲之张永福同名）、陈金在、曾广庇多人入股，报社赖以成立"。本日，《光华日报》出版，主笔为云南人杨秋帆与湖北人居正，"均由孙总理自星洲推荐而来"。报社设于百尺路旧门牌六十二号，庄银安任经理，陈仲赫为副经理。该报"大倡革命排满，尤抨击康、梁不遗余力"，陶成章所撰的《浙案纪事》即刊于此报。（《缅甸华侨与中国革命》，冯自由：《革命逸史》第 2 集，第 232、237 页）

　　《中兴日报》在论战中胜出后，销路大畅，居正奉命留新加坡办理党务。"当日健将云集，余一马前小卒，实不胜任，且留此只多一食指，意往他埠，别开生面。适缅甸同志耳余名，征余前往创办《光华日报》，请命总理，得其许可"，遂往仰光。（《中兴与光华》，罗福惠、萧怡编：《居正文集》上册，第 198 页）

　　是月（七月）　分别致函同盟会流石（Batoe Rosa）分会会长蓝瑞元、槟港（Pangkal Pinang）曾壬龙，告知将在惠、潮、嘉起事，拟在文岛（Muntok）、滨港等地预刊革命军安民局护照。

　　因各港为惠、潮、嘉人侨寓之所，且同志日多，将来举事时，不可无特别保护，故预刊革命国安民局护照。"凡旅居外洋之人，平时藏此护照，及闻兵起即可将此护照寄回家中，军行所过，有得特别保护之利益。此护照不惟同志可以领收，凡一切人等，不论贫富，如能赞成革命，欲得此护照者，皆可领收，每给一张，取新加坡银二元；如此既可以护平民，又可以济军内。"护照所获款项，可随时汇寄给张永福。此议最终未能落实。9 月 13 日，致蓝瑞元信中称："护照一节，据他埠来书，亦云窒碍难行，现时可暂停止不办，俟他日党事更大进行时再议之亦可也。"（《致蓝瑞元函》《复蓝瑞元函》，《孙中山全集》第 1 卷，第 377—379、383 页）

9 月

9 月 6 日（八月十一日） 据称委托程家柽筹措资金。

据日本警视总监龟井英三郎向外务省报告，程家柽称接孙 9 月 6 日函，"请求给他一万元，但吾手头无如此大批金钱，打算不日向某方请求寄款"。又称，"以前孙逸仙及康有为两人被认为清国革命党首领，但今日康之势力降低，孙则至今仍不可轻视，此人眼下在新加坡，因缺乏运动费，不能扩展势力"。程则"计划首先对孙逸仙实行怀柔，俟至时机让肃亲王授予他高级官职，以便将来为吾国家致力"。（《关于程家柽之来京》，章开沅等主编：《辛亥革命史资料新编》第 6 卷，第 134 页）

9 月 11 日（八月十六日） 以"南洋小学生"笔名，撰文《平实开口便错》，与保皇派论战，刊于《中兴日报》[1]。

革命派与保皇派在新加坡分别以《中兴日报》《南洋总汇报》为阵地，进行论战。本月 9 日，《南洋总汇报》记者平实，发表《论革命不可强为主张》一文，将"时势"与"自然"混为一谈，移汤武灭桀，武王灭纣，华盛顿之受举于北美十三州，是人民大多数之所趋，是即所谓自然，"时势者，自然也"，"革命者，时势自然之所趋，圣人英雄顺时势之自然起而应之者也"。孙中山指出，平实此说乃大错特错，"夫时势者，人事之变迁也；自然者，天理之一定也"，灭桀、灭纣、华盛顿受举，此三者，皆系人事变迁，与自然无涉也。平实志在扶清灭汉，谬将"自然"二字附在时势之下，称"革命不可强为主张"，以为如此宣传，即"可以排汉族之革命，而奠大清国于万年无道之长基"。又指出："时

---

[1] 学者指出"此文系驳平实《论革命不可强为主张》而作，发表时间为'戊申八月十六日'，即 1908 年 9 月 11 日。或定为 10 月 9 日，编在《平实尚不肯认错》之后，误。"（陈锡祺主编：《孙中山年谱长编》上册，第 436 页）

势者非自然也,自然是自然,时势是时势,时势者纯乎人事变迁也。革命者,大圣人、大英雄能为,常人亦能为",即以南洋形势而论,革命主义之传布,使人如大梦初觉,"南洋一隅已如此,则中国十八省可知。且就近日清政府之恐怖革命,则可见内地革命思潮之高涨,当亦不逊于南洋矣。于此可证人心之趋向也"。

孙中山指出,中国人受专制之毒二千余年,受清廷之祸又二百余年,人心几死,今幸有革命者出而唤醒之,不使醉梦者长此以终古,平实却以为"革命不是奇事,是难事,大事","不度德不量力,均为无识",这实在是"以鸥鹀而测凤凰","尔之排斥革命,无理由可说,不过以为难事、大事而已,更见尔为卑劣中之最卑劣者。尔宜悔改,去邪归正,毋多言而多错也"。(南洋小学生:《平实开口便错》,《中兴日报》1908年9月11日,"论说")

9 月 12 日(八月十七日)　继续以"南洋小学生"名义在《中兴日报》发表论说。

本日刊行文章为《论惧革命召瓜分者乃不识时务者也》。他指出,精卫在《民报》上发表的《驳革命可以召瓜分说》及汉民在《中兴日报》所刊《驳某报惧召瓜分说》一文,已将革命决不至召瓜分之实据说明,尤以后者引土耳其、摩洛哥二国近事为证,"足证铁案如山,非惧外媚满者所能置辩也"。"中国问题之纷乱而不能解决者,自欧势东渐已百余年于兹,故有远东病夫之号也",今土、摩两国俱因革命而解决问题,"中国岂异于是哉"?

文章复为设问之词:"谓西人曾以中国人乏于爱种爱国之心,而富于服从媚异性质,倘列强有欲为中国之主者,中国人民必欢迎恐后","于是,俄、德遂试行其瓜分之政策于胶州、旅顺矣,然不见中国人民之欢迎,只见其仓皇失措,于是颇生疑忌,不敢立肆其蚕食鲸吞之志。无何,而扶清灭洋之义和拳起矣,其举虽野蛮暴乱,为千古所未闻,然而足见中国人民有敢死之气。同时又有革命军起于南方,举动文明,毫无排外,更足见中国人民有进化之机矣。各国于是尽戢其野心,变其政策,不倡瓜分,而提议保全支那之领土,开放支那之门户。惟俄尚恋恋于满洲之野,故卒遇日本之一击。近数年来,西土人士,无贤不肖,皆知瓜分中国必不能行之事;倘犹有言此者,世必以不识时务目之。不意中国人士至今尚泥于拳变以前之言,真可谓不识时务者矣”。(南洋小学生:《论惧革命召瓜分者乃不识时务者也》,《中兴日报》1908 年 9 月 12 日,“论说”)

9 月 15 日(八月二十日) 以“南洋小学生”名义在《中兴日报》发表《平实尚不肯认错》一文。

先是以科学资料批驳平实以为时势即自然的谬误,但平实尚不肯认错,又用孔孟天命之说以文饰。故又撰文辨析其非:“夫孔孟,古之圣人也,非今之科学家也。且当时科学犹未发明也,孔孟此言有合于公理者,有不合于公理者。尔平实诚泥古而不通今,若如尔必尽守孔孟之言,则孔子有曰‘不在其位,不谋其政’,又曰‘庶人不议’,尔今又何必偏要谋满人之政而上书乞求开国会,以为庶人之议邪?尔谓‘孟子言时势,以为莫之为而为者天也,莫之致而至者命也’,则尔又何必曰‘今为救亡图存时代’?夫天欲以此时代而亡尔所爱戴之满清矣,尔便可委心任远以听其亡可也,何救为?”

进而回答平实:自然与人事,固绝对之不同,其所引老庄,谓“合天地人皆以自然为归”,是以人为自然,则以人事亦为自然,此大错特错。时势者,西名曰 Cirgumstane,日本人译之为“周遭之情状”,而自然则曰 Nature,二者固截然不同。

针对平实不知赫胥黎学说,将《天演论》译文原意牵强附会,指出平实所谓“将人群家国之事,无不纳于天演自然之中”,在天演之下加上自然,以完其说,更是荒谬。因严复译 Evolution 为天演,其实,Evolution 在赫胥黎之书应译为“进化”乃合,译为“天演”则不合;“以进化一学,有天然进化,人事进化之别也。若曰天然‘天演’、人事‘天演’则不合也,因人事进化与天然进化有相因的,亦有相反的也”。

至于平实所谓“即以字义论‘时’字,属天乎? 属人乎”一说,强行拆字,将"时势"拆开,犹如将弄骨牌"打天九",将"天九"二字拆开,作"天者天也,九者数也,打天九即打天数"一样,大谬不通,不必置辩。(南洋小学生:《平实尚不肯认错》,《中兴日报》1908 年 9 月 15 日,"论说")

关于这场论战,胡汉民回忆称:"是年先生乃使同志刊行《中兴报》,以与保皇机关报之《南洋总汇报》对垒,革命保皇之论战,几若在日本之所为。然敌人较梁启超脆弱已甚,余与精卫只以余事应之,惟行文须至浅显,俾一般华侨认识耳。保皇派在星洲不敌,则急由美洲请徐勤至。徐亦庸陋,非劲敌,稿数续,不能终篇,托他故去。保皇军既墨,华侨乃渐趋于革命旗帜之下。"(《胡汉民自传》,《近代史资料》总 45号)

9 月 17 日(八月二十二日)　报载外务部又与驻英公使商议驱逐孙中山。

两广总督张人骏、云贵总督锡良、广西巡抚张鸣岐奏称:桂、滇边境之乱虽已平定,"然彼党聚而不散,终为大患,近多劫掠,希图尝试,党首孙汶是暗中资助,英国并不驱逐"。清廷令军机处、政务处商议办法。掌管外务部的那桐、袁世凯只得又与英国驻华公使再商请英政驱逐孙中山,但"英使不允"。那桐、袁世凯认为"驱逐既办不到,又恳其转饬该处严禁孙汶,不准暗通散匪,致滋后患"。英公使答称:"本国法律不逐国事犯,系指安分犯而言,故饬禁通匪一层,当可遵办。"(《电三》《电一》,《申报》1908 年 9 月 14 日、17 日,"专电";《英使不允驱逐孙汶》,《申报》1908 年 9 月 25 日,"紧要新闻")

9 月 19 日(八月二十四日)　香港报纸刊发评论,认为清政府驱孙有失国体。

评论称:"国与国并立,遇有事之日,则大开交涉;处无事之日,则专言交际。是二者均有国体存乎其间,而断不容懵于外交之一二颟顸人员,率臆妄行,以致丧失其体面,而徒取寰球之所讪笑也。拙哉迂也,其惟我国之外务部乎? 其平日交涉之失败,业已悉数而难终,至于今则并交涉之体统,而亦失之矣。

"于何见之？则以其请于英使，咨星洲总督驱逐孙文出境见之也。夫孙文以一介亡命，自河口退败，窜归越南。外部爰恿怂法人，驱之出境。而法人特欲借此小故，以为见好于外部之地，亦遂徇其所请，逐孙他去。孙乃以不能相容于法之越南之故，改窜星嘉坡。然星洲政府，究以其无妨害于治安也，姑优容之，则亦已矣。果何为又以此不规则之请托，渎陈于英使之前，致令自损其颜面而不顾乎。

"彼外部诸人，亦知凡国事犯之侨居人国，苟非有碍于法律上之治安，则固获有同享法律上保护之利益乎？今孙文所恃之宗旨，日以倾覆专制之政府，建立文明之政府为言，而于是鸠聚党徒，号召海外，勾串同志，肇事边陲，今日据某城，明日破某邑，因之戕害一方之生命，骚动一方之乡井，疲困一方之师旅，方谓藉是以直达其目的，而施行其政见也。讵知其言虽夸，而其力犹小，延至今日，一再蹶败，已几如釜底之游鱼。若律以本国之明条，则犯顺有诛，煽乱有诛，谋为不轨又有诛，是北京政府之欲穷蹙孙文也，似亦良无足怪。然在本国视之，则孙文为无般罪恶之首要犯。但自外国之普通公例，凡有在本国所犯罪名，有合于各国之所谓国事犯者，皆知享受外国公共之保护，诚以犯曰国事，有非三数侪辈所能肇举者也。脱令但加诛于一二人，而余皆漏网，则罪罚未免失均，而必欲其骈首受诛，则党徒既众，亦决无能悉数弋获之之理。此外国之对于私事犯，恒加以相当之重惩，而至对于国事犯，反得额外之保护者，其原因胥出于是也。

"今海外诸国，既公认孙文为国事犯，是则凡孙文所至之处，各国不特无留难，无拘逼，而且于法律上，有相应保护之权，但令该犯肯受法律之范围，不至妨害乎治安，而彼此已可以相安矣，宁复有驱之逐之，必令穷其所往而后快者。彼外部诸人，抑何懵懂乃尔，而竟不谙此情耶？

"虽则孙文之在今日，固为政府诸公之所欲得而甘心者。往者尝悬金二十万，购求孙文之首矣，比诸秦皇之购求樊将军，殆有过之。而第以孙文既远窜星洲，自忖朝廷势力，诚万不能及，且又以违章拘犯，为全球公法所不许，是以更不能因孙文一人，起事外之交涉，而开正当之谈判。然外部则固以为吾于交涉，或不能得志，而吾于交际，或未必不可以讨情也，于是谬以侥幸一试之请求，向英使而乞命，姑勿论英使之必不允许也，即令英使许焉，孙文逐焉，然而寰球之大，列强之众，宁遂无能容一孙氏者耶？且使谒政府之智力，就能除去一孙文，又安保此四万万人中，不更有联袂接踵，继起而为孙文之续者耶？是死一孙文，而孙文又生，去一孙文，而孙文犹在。其欲穷而蹩之也，正甚无谓矣。无益于事，适足以见笑于寰球，而自污其颜面耳，岂不哀哉？若而人者，以之办交涉，则可决其失败，以之言交际，则适增其羞污，对于外则有违公法而不自知，对于内则有失国体而不自愧，天下腼面厚颜者，诚无如今日之外部矣。初欲甘心于一孙文而不可得，转念乃欲借外人之力以穷蹩之。今则欲穷蹩之而又不可得，是徒见其术之自穷而已矣，亦愚矣哉。"（醒芸：《论外部请英使驱逐孙文之有失国体》，《香港华字日报》1908 年 9 月 19 日，"论说"）

是月（八月）　檀香山革命机关报《自由新报》创刊。

去年秋，推荐香港《中国日报》记者卢信（号信公）赴檀香山主笔《民生日报》。后，卢与该报社意见分歧，拟另创《自由新报》，筹备数月，于本月发行，自任社长，"黄堃（号时初）为司理，孙科为译员，曾长福、黄亮、谭遂、梁海、杨广达等为董事，每星期一、三、五等日出版"。该报论说不受股东约束，言论自由，"因得高谈革命排满，无所顾忌"。（《檀香山自由新报小史》，冯自由：《革命逸史》第 4 集，第 187 页）《中兴日报》为《自由新报》总结宗旨为："一、颠覆现在之异族恶劣政府；一、建立中华民国；一、土地国有；一、要求世界各国赞助中国之革新。"（《代理〈自由新报〉》，《中兴日报》1908 年 10 月 14 日）

是年秋　与胡汉民、汪精卫等总结武装起义经验教训，并成立同盟会南洋支部，另订分会总章及通信办法。

胡汉民记述："先生既在星加坡，余收束河口事件后，亦即由香港赴新加坡"，"余因与先生计划后此进行方略。余以所经验者证明会党首领之难用,与其众之乌合不足恃,谓当注全力于正式军队。先生曰:'会党性质我固知之,其战斗自不如正式军队;然军队中人辄患持重,故不能不以会党发难,诸役虽无成,然影响已不细。今后军队必能继起,吾人对于革命之一切失败,皆一切成功之种子也。'余曰:'先生所言,不啻革命之哲理,党人自应有必收最后胜利之确信。余宗军队中标统(团长)以上官,往往持重,其部队未有革命之思想,则更无怪其然;军队运动,宜加注意于连排长以下。'先生深以为然。于是密正数令于党员之负有责任者;而先生使余与精卫仍不废宣传工作。精卫著有外交问题,余著有立宪问题,皆由先生口授意义,两书编印为极小本,各数万,散布于各国。"(《胡汉民自传》,《近代史资料》总45号)

本年秋,鉴于英荷两属各地陆续成立分会及通信处者有百数十埠,乃更设立南洋支部以统治之,特派胡汉民为支部长,另订中国同盟会分会总章十六条及通信办法三条,通告各处团体一律遵行。(《海外各地中国同盟会史略》,冯自由:《革命逸史》第4集,第155页)

通告各埠同志称:"今在星加坡设立南洋支部,欲使南洋各处团体,互相联络,以成统一。夫欲联络情谊,必以消息相通为主。消息通则情谊洽,情谊洽则协力相扶,同心共济而党力滋伟,成事可望。"规定各团体两个月通信一次,地址移动即须告知支部,新团体成立,须致贺勉励。《中国同盟会分会总章》规定,各分会直接受支部统辖,"以实行赞助中国革命事业为职志"。规定选举、经费、发展成员、记功等办法。其组织形式,以八人为一排,三排为一列,四列为一队,四队为一营。实行此种编制,乃在使会员感情密切,团体坚固,运转灵活。(《南洋华侨与革命运动》,冯自由:《革命逸史》第6集,第175—178页)

10月

10月8日(九月十四日)　邮传部奏定举办一千万元公债,以十二年为期,赎回京汉铁路。

10月10日(九月十六日)　复函邓泽如,告"《中兴报》酌议旧股拨归新东,盈亏不与之说,系当时欲求一人出而以全力担任,故为此奖励之法。随后仅由陆秋露入股三千,故前议并未作实(并请通知各股友,现时股本虽加三千,尚未充足;能量力再添股本,尤为扶助之要务)。现时新旧股东及权利尚一律平等无异也"。(邓泽如:《中国国民党二十年史迹》,第22页)

10月11日(九月十七日)　致函林义顺,促设法开采石山,以解决河口之役后南来的兵众。

河口起义失败后,有六百余战士被法政府遣送出境,赴新加坡整顿与谋生。到埠时遇阻难,不准登岸。法国驻新加坡领事与新加坡总督交涉,称此六百余众,乃在河口战败而退入法境的革命军,彼等自愿来星,故送之至此。"星督答以中国人民而与其本国政府作战,而未得他国承认为交战团体者,本政府不能视为国事犯,而只视为乱民。乱民入境,有违本政府之禁例,故不准登岸。而法国邮船停泊岸边两日。后由法属政府表白:'当河口革命战争之际,法政府对于两方,曾取中立态度,在事实上直等于承认革命党之交战团体也。故送来星加坡之党人,不能作乱民看待'等语。星政府乃准登岸。"(关仁甫:《革命回忆录》,中国人民政治协商会议全国委员会文史资料研究委员会编:《辛亥革命回忆录》第7集,第249页)

众人到新加坡后,有病者,有欲回香港者,有欲速往做石山工者,纷纷扰扰,衣食无着落。若不能安置,恐有野蛮之举。有十余人曾到《中兴日报》社讨伙食,其势汹汹,殊不雅观。故函告林义顺,应速设法开设石山之局,以便众人安身。(《致林义顺函》,《孙中山全集》第1卷,第390页)13日、20日,相继致函张永福、吴悟叟,促派工人修盖棚厂,使工人有安身之处。嗣后战士多数在石山做工,至次年1月30日,胡汉民还将李福林等人找邓泽如帮助安置于安和矿场及宜春草堂等地。(蒋永敬:《胡汉民先生年谱》,第99页)

10月14日(九月二十日)　《阳明日报》在新加坡出版。

据称,"这时候侨生不认识中文的尚多,孙先生对他们的宣传尤认为要紧。乃命郑提摩太同志创办罗马文马来音日报名曰 *Chaya Mata Hari*(先生亲为定名曰《阳明日报》),日发行一纸,销路颇广,成绩颇著。侨生方面自后对国内之热忱,此报实为先河"。(张永福:《南洋与创立民国》,第58页)

《中兴日报》当日刊载文章,称"今日为《阳明报》出版之日,良足为吾人之纪念"。此前,新加坡虽有数家报馆,"以马来语论中国事,则自今日始现于世,此报盖专为我生长南洋之华侨而设"。该报以马来语论中国各事,"使得直接以知祖国情事,而间接以期复祖国之文献,昭祖宗之玄灵,振大汉之天声。使遗民之志,郁而复宣,爱国之潮,湮而忽涨"。此后,"爱国思潮,自祖国澎湃以及乎南洋。他日南洋思潮,必当复澎湃以趋于祖国。两潮合流,磅礴乎天地之间,斯则《阳明报》之旨"。(思华:《〈阳明报〉出版感言》,《中兴日报》1908年10月14日)

10月19日(九月二十五日)　因唐绍仪与日交涉,日本政府下令封禁《民报》。

本年7月20日,奉天巡抚唐绍仪奉旨作为专使赴美国,致谢美国减收庚子赔款,及联络美国政府,增进交谊,途经日本时,与日政府交涉封禁《民报》。

据称,"日本政府受唐绍仪运动,始则胁以清末同盟之威,继则唉以间岛领土,抚顺、烟台煤矿,新法铁道之利,遂令日本政府俯首帖耳",又或称"日本为沮中美联盟,乃徇清政府所请予查封"。当时《民报》已出版至第24号。至本日,日政府借口本期《民报》新闻纸条例被举发,"突发命令书,收没本期《民报》,并其所曾经认可之《民报简章》",命令停止发行销售《民报》,"临时予以押收,并勒令今后不得刊载与《革命之心理》《本社简章》内容相同之文稿"。(曼华:《同盟会时代民报始末记》,中国史学会主编:《辛亥革命》第2册,第444

页;中国革命党:《民报二十四号停止情形报告》,《近代史资料》总 26 号)《民报》因此停刊。"黄兴、宋教仁与章(太炎)谋,欲将《民报》迁往美国出版,旋因他事所阻,终不果行。"(《章太炎事略》,冯自由:《革命逸史》初集,第 56 页)

10 月 23 日(九月二十九日)　清政府命沿江沿海禁销《自由新报》。

此前,湖广总督陈夔龙将檀香山所出《自由新报》送枢廷查阅。本日,清政府致电沿江沿海各督抚:"该报倡言革命,无非以犯上作乱、诱人试法为宗旨,若令转相煽动,隐患何容。所有沿海、沿江各处,务将该报严禁行销,其津沪一带尤为入口要路,并饬各海关严加搜禁,毋任传播。"后,四川总督赵尔巽复电称,四川并无发现《自由新报》,根据之前查获革命书报的经验,"此类多系由邮局代寄,拟请钧处妥定稽查邮局章程,庶较扼要"。(《为严加搜禁革命党报毋任传播事》,中国第一历史档案馆藏,电报档,档号:2—03—12—034—0393、02—02—12—034—0227)

25 日,两江总督复电称:"逆党在外洋刊行之逆报,种类甚多",如《民报》《复报》《汉帜》《洞庭波》及近时在法国刊行之《新行纪》报、日本刊行之《日华新报》,均已饬令严密查禁,并饬海关遇有进口此类报章,立即扣留销毁。至于《自由新报》,已电饬沪道、税司严行搜禁,不准传播。(《两江总督端方致军机处电报》,中国第一历史档案馆等编:《清宫辛亥革命档案汇编》第 42 册,第 28—29 页)

因此,清政府又电谕沿江沿海各督抚查禁《新世纪》,称其为"乱党"张继、吴稚晖人等出版,语多悖逆,昌言革命,务将该报严禁。(《电饬查禁新世纪》,中国第一历史档案馆藏,电报档,档号:01—01—12—034—0158)

10 月 27 日(十月初三日)　报载广西查获革命党名册。

广西巡抚张鸣岐电奏称:因全区会匪田大禄等三名,搜出一本匪党名册,"举孙汶为首,列名者计及万人,驻长江一带者四千余名,驻东洋者六百余名",还搜得一张告示、一本征召录。(《桂抚电陈革命党悖逆情形》,《申报》1908年10月27日,"紧要新闻")

10月28日(十月初四日)　自新加坡抵芙蓉埠,筹集赴法旅费。

赴法之事,似早为外界侦知。6月22日,《申报》称云贵总督锡良、广西巡抚张鸣岐会衔电奏孙中山"已赴欧洲"。7月5日,《汉文台湾日日新报》亦转报此事,称"云贵总督锡良并广西巡抚张鸣岐近以孙汶潜在欧洲之事,报告于政府"。其实此时尚在新加坡活动,并未成行。9月,日本某报及《泰晤士报》《申报》与《汉文台湾日日新报》又报道即将赴法,且谓"侨寓新嘉坡之清国革命党领袖孙逸仙氏,近将遨游法国。闻孙某在广西省举动革命之际,曾入河内与佛国官宪会宴,今日之赴法国,谅必有深意存焉"。故而此次赴法之行,较早便引起中外各方异常关注。(《电一》,《申报》1908年6月22日,"专电";《孙汶游法》,《汉文台湾日日新报》1908年9月23日,"内外纪要";《西报译要·纪孙逸仙行踪》,《申报》1908年9月22日,"接紧要新闻")

据邓泽如称:"民国前五年戊申十月初四日,总理偕胡汉民、汪精卫、黄隆生,由新加坡抵蓉,寓于矿务会馆,该埠华侨,渐有倾向革命之势,请汪胡二君到戏园演说民族主义,听者逾千人。是晚,集同志数人会议,总理备述在安南有一法人之介绍往法国,运动一资本家借款千万,拟有条件,约我共与前往。事之成否,不得而知,惟来回川资,及津贴该人之月薪数月,共约需款八千元,望为设法筹捐,希望此条路之事成,则革命军需,可无忧矣。各同志对于答应外人之利益,有所讨论。后由总理解释,亦无疑义。惟急筹八千元盘费一事,似难筹捐,泽如担任筹半数,余半数请总理向吉隆坡、巴罗、庇能三埠同志筹之。总理又云:再要筹四百元与精卫、隆生往仰光之川资,泽如亦允照办。翌日,总理往吉隆坡,经巴罗,出庇能,后接总理书,以上三埠之同志,经济支绌,无力担任,拟往暹罗图之。因暹埠生活无何等

之牵动,热心而有实力者,不乏其人,数千之顷,筹措可得,亦在意中云。"①(邓泽如:《中国国民党二十年史迹》,第22页)

10月29日(十月初五日)　自芙蓉埠抵吉隆坡。

孙中山易名李竹痴,由芙蓉抵吉隆坡,当地同志为避免英国殖民当局注意,打龙旗前往欢迎。抵达后,住威山会馆。当地同志在某新开戏院举行盛大欢迎会,孙中山上台讲演,略谓:"我们要推翻帝制,建立民国,什么样的国家才能称为民国呢?就是国家为人民所公有,国家之事由人民共同管理,不能由少数人甚至一人一家所得而私。国家好比一个公司,人民都是股东,政府的官吏就像公司雇用的职员,公司的事情应该听命于股东;国家事情亦如此,应该听命于人民,不能由一个人、一家人专制。"(陈其瑗:《辛亥前后彭泽民先生和吉隆坡华侨的革命活动》,中国人民政治协商会议全国委员会文史资料研究委员会编:《辛亥革命回忆录》第1集,第395—396页)

有关其在吉隆坡活动情况,11月3日函告邓泽如:"该要件弟已与陆秋杰兄面商,秋杰兄亦极赞成,以为欲大事之易举,非此不办;即关于许与外人之利益,渠亦无甚疑义。惟预出数千款项一节,则彼自云现在窘乡,经济之困难有非外人所喻者。其如偓之饷无所出,已将物业押于王家,而月付九厘息;又其花园亦以支持为难,已拟出租。故此事为彼心意所极赞成,而彼力量则有所不副云云。在吉隆坡,人亦颇有知秋杰窘状者,其所言当非藉词推诿。故此事尚不能得良好之结果于吉隆坡。闻心持兄日间亲至吉隆坡,弟亦与秋杰道及,或心持兄别有良法以处,此只可俟与他埠同志再商之,或有一当耳。"又说:"现时弟经行之埠,以诸君子之勇毅,芙蓉新气自不待言。吉隆坡

---

①　关于10月20日至11月10日孙筹集资金的行程,日方本年11月21日《致驻日清国公使之备忘录》另有一说,称孙确有来日本筹集资金的想法,但于上月20日乘德国娜茵丹号轮自新加坡前往曼谷,滞留十五日后,于本月10日离开曼谷返回新加坡。(章开沅等主编:《辛亥革命史资料新编》第6卷,第140页)揆诸邓泽如、孙中山本人信函内容,以及孙后来赴曼谷的行程可知,该条材料所系时间有误,应为12月。

虽亦有热心之人,而团体散漫,弟已与各同志谋其改良扩充,以求其
进步。至巴罗则远胜吉隆,其进步殊速,论其精神尚可并驾于芙蓉
也。"(邓泽如:《中国国民党二十年史迹》,第 23 页)

11 月

11 月 2 日(十月初九日)　由吉隆坡赴巴罗,下午 5 点半钟到
埠。对于芙蓉、吉隆坡及马罗三埠的形势,"以诸君子之勇毅,芙蓉新
气,自不待言;吉隆坡虽亦有热心之人,而团体散漫,弟已与各同志谋
其改良扩充,求其进步;至巴罗,则远胜吉隆,其进步殊速,论其精神,
尚可并驾于芙蓉也"。(邓泽如:《中国国民党二十年史迹》,第 23 页)

11 月 3 日(十月初十日)　抵槟城,次日致函邓泽如①,告知行踪
及处理河内军火办法。

函称:"弟等抵巴罗后,曾将在吉隆坡时情形函告,想已阅悉矣。
巴罗小住三夜,即往庇能。昨日下午 5 点钟到埠,在此处拟驻三日,
即回星洲也。""在巴罗时,接星洲来函云,曾发电至芙蓉,托心持兄转
交。此电今未递到,惟函内已详言之。续又得星洲来电,言河内收藏
军火之事,洋行须立交一千五百元,即速电汇云云。电内并言已电芙
蓉心持兄转交。想心持兄处连得二电,必已辗转寄来,故今未得收到
也。该千五百元之件,弟已与螺生、源水兄等熟商,并告以收藏军火
之紧要,螺生兄等已慨允担任,日内如筹得即行电汇。故与法人商一
千万之件,虽与螺生兄等商量,但只询其意见,并未嘱其担任盘费。
因螺生兄等境况非裕,既竭蹶以应千五百元之急需,势难再有余力,
以顾他事也。容与庇能同志谋之,成否再复。"又告"后日精卫、隆生

---

① 　原函所署日期为"戊申十一月十一日",据前后信函日期及内容而断,应为阴历十
月十一日。(邓泽如:《中国国民党二十年史迹》,第 24 页)

搭船赴仰光。弟与汉民亦拟后日搭船回新加坡。余俟续陈"。（邓泽如：《中国国民党二十年史迹》，第23—24页）

　　△　在槟城小兰亭俱乐部发表演说，宣传"满清不倒，中国势必再亡"①。

　　略谓：就清政府内政而言，"中国亡于鞑虏已二百多年，我们汉人过了二百多年亡国奴生活，生命任满虏的摧残，财产任满虏的剥削，弄到民困财尽，颠沛流离，沦于万劫不复的境生。举凡满虏的举措，无一不为民害，亲贵弄权，舞弊营私，官场黑暗，惨无天日。他们所挟持以为残民之具者，为强权，为暴力，剥民之肤以为衣，吮民之血以为食，简直把四万万的民众，当作他们的鼎俎中物。在这种高压政策之下，谁也是忍气吞声，敢怒而不敢言。满虏既知民怨之沸腾，更不惜与民为敌，压迫加甚，居今日而为中国人，生命曾蚁蝼之不若，一举手，一投足，动辄必罹刑网，辗转呻吟，毫无生人乐趣。于是有〔不〕甘受压迫，略加反抗者，则立派大队进剿，清乡洗村，无论妇孺老弱，杀戮殆遍。然此等暴行，不但不足以已乱，而且适足以长乱。满虏未尝不知之。最近鉴于民怨之已深，民心之已去，因兼用阴柔政策，以济强硬政策之不及，乃倡君民合治之说，以假立宪相号召；而其实则欲以宪法巩固君权，美其名曰君主立宪，以瞒天下人之耳目，则凡种种专制罪恶，都可以假手于宪法以行之。他们既有所恃而无恐，则暴戾

_____

　　①　《孙中山年谱长编》："演说日期不明。据杨汉翔《槟城阅书报社廿四周年纪念特刊》（见《星、马华人与辛亥革命》，第431—433页），先生在1907年三四月间假槟城平章会馆讲'欲救中国必先推倒满清'。查1907年先生未至庇能，如有演说，应在1908年11月来访之际。两篇演说词内容大体相同，今仅收入一篇。"（陈锡祺主编：《孙中山年谱长编》上册，第444页）陈新政所记演说时间约为1907年，称："孙中山同黄克强、胡汉民、汪精卫、李竹痴再来槟屿，仍寓小兰亭。同人为欲传播三民主义，乃借平章会馆开演说大会，孙、黄、胡、汪、李俱有发挥伟论。"又称此次演说遭保皇党抵制，谓"革命党毁谤皇太后，平章为两省公共机关，不应演此无父无君是禽兽之语"。革命党人起而辩难。然平章会馆大董事恐得罪清廷，竟订章程，不准在平章会馆讲革命，凡欲借此馆演说，先将演说词呈阅审核，方准借用。"此次孙、黄、胡、汪诸先生，专为唤醒海外华侨，谋在国内举义，特来筹款。故召集同志，晓以大义，遂筹得数千元。孙、黄、胡遂入国内图谋举义，汪先生在海外筹款应接。"（陈新政著、杨光辉整理：《槟榔屿华侨革命回忆录》，《近代史资料》总77号）

恣睢，变本加厉，越法肆无忌惮，为所欲为，势必至不弄到我汉无噍类不止。其居心叵测，我们不难洞见"。

就其外交而言，"满廷以少数人入主中国，素抱闭关主义，呕呕于严禁国民出国与防止外人入境。乃自西力东侵以来，中国不得不卷入国际旋涡。满虏既不能独立自强，又没有外交上的准备，一遇对外交涉，便觉图穷匕见，失败自是意中事。故道光时有鸦片之役，咸丰时有英法联军之役，最近又有甲午之役、庚子之役……没有一次不是失败；以致领土被占，藩属尽撤。然此因战败关系，迫于城下之盟，还可以说得去。至于列强不费一兵一弹，只要一纸公文的照会与要求，而满虏则柔顺恭谨，惟命是听，举国防要地的大好军港，拱手而让之外人；这不是满虏的丧心病狂，又何致贻外交上以莫大的奇辱呢！列强既鉴于满虏的积弱，与其惧外媚外的心理，为求进一步的施行侵略起见，于是更划定势力范围于各省，充其极必至于瓜分中国而后止。而满虏犹昧焉不察，偷息苟安，揣其意似以为中国的土地人民财产，都是得诸汉人，而非其私有，虽尽数以转赠外人，也于满虏自身无所损失，'宁赠友邦，毋与家奴'，满虏居心的狠毒与荒谬，当为天下人所共见"。

因此，"诸君身为汉人，对此卖国卖民、罪恶滔天的满虏，难道眼巴巴地看着他们把祖宗遗留下来的土地，送归外国的版图；把四万万的炎黄裔胄，沦为他人的奴隶不成？故为今之计，在这创巨痛深，积重难返的局面，我全体汉人，惟有抱着革命的决心，发愤为雄，驱除鞑虏，光复旧物，挽回已失的主权，建设独立的基础，才可救中国。否则，二百六十年来亡于满清，势必由满清之手，转而亡于外人。到那时，我们汉人所受于满清的种种压迫，必再一一受于外人，则亡国奴生活的惨痛，或更有十百倍于今日者，那就非兄弟所忍言的了"。（杨汉翔编：《槟城阅书报社廿四周年纪念特刊》，颜清湟著、李恩涵译：《星、马华人与辛亥革命》，第 434—435 页）

11 月 10 日（十月十七日） 返抵新加坡，当日函告邓泽如等在槟城活动情况及以后行动计划。

函谓:"庇能(即槟城)同志亦甚热心,惟运动联络之人不及芙蓉、壩罗。弟因另派定主持各人为推广团体事,将来可企发达。至于揭款之事,则吴世荣、黄金庆二君皆以生意十分支绌,无力担任,自是实情(其经济困难之状,弟等所目睹)。适得暹罗同志书,招往彼埠,又星洲同志陈君烈武(陈于暹罗极有势力)亦适往暹罗,大约此件须于暹图之。因该埠生意无何等之牵动,热心而有实力者不乏其人,数千元之项筹措可得,亦在意中。弟于星洲尚有事未了(如与《总汇报》涉讼等事),将令汉民兄先往,并挈带尊处所筹得之款而行。一因在暹罗一筹足数,即可同汇越南,免于周折;二因既有得半之数,则对于彼方同志可示信,而愈坚其心也。故专函奉白,望兄等见信,即将惠诺之项速汇来星,俾汉民得以即发到暹,速成其事,不胜感幸。"又汪精卫、黄隆生已于"八号由庇能往仰光。闻该处会党私斗颇烈,惟粤人皆渴望精卫到彼,想运动自是易事"。(邓泽如:《中国国民党二十年史迹》,第24—25页)

11月13日(十月二十日) 醇亲王载沣之子溥仪被带入宫内教养,载沣授为摄政王。14日,清光绪帝爱新觉罗·载湉去世。15日,慈禧太后那拉氏亦去世。溥仪继位,由醇亲王载沣监国。次年改元宣统。

对此时局,孙中山称:"虏主子母,相继死亡,人心必大动,时局可为,惜财力不足赴之于目前。"(邓泽如:《中国国民党二十年史迹》,第25页)胡汉民撰文评论称:"一载湉死,即有一载湉继之,故汉人之明民族主义者,惟知以光复祖国为目的,推倒异族政府为手段,视满洲一酋长之生死,无异秦人视越人之肥瘠,无足重轻也。"有两类人对于光绪之死有特别感情,其一为保皇党,"指为康有为、梁启超所惑,而一心以保载湉为目的者";其二为康有为、梁启超之徒。"然在保党,既可发其迷梦,而使之觉悟,即康梁亦当以计无复之,或穷蹙而自投于革命。是载湉之死,非惟无损于若辈,抑且有益焉也。独是专制之国,其君主有'朕即国家'之思想,即吾国人民亦迷谬颇深,而有非常置重皇帝之观念(保皇会所以成立,亦未尝非此种观念有以启之),载湉一死,人心亦必皇皇。然吾人以为汉族振兴,胥视自力,若无实力以颠覆此异族之政府,则彼族特权如故,丧君有君,于我何补?"(《呜呼! 载湉死》,《中兴日报》1908 年 11 月 16 日、17 日,"论说")

日本《国民新闻》对于清朝变局,特别是醇亲王载沣出任摄政王之举颇表同情,以为选择得宜,并箴劝中国官民宜同心协力组织立宪,"并当保守现局"。又称日本对于中国,"惟主与各国协议保持中国之完全与其现处之地位"。(《西报译要·日报对于中国变局之言论》,《申报》1908 年 11 月 18 日,"接紧要新闻")

18 日,日本驻华公使伊集院彦吉致函外相小村寿太郎,认为当下时局被清国革命党及其他不法之徒视为良机,颇令清廷忧虑。日本政府应防范和约束在日本的清国革命者及日本人的反清活动,特别是孙中山、黄兴、熊成基、程家柽等人的行动。20 日,日本当局根据驻华公使伊集院的建议,将《关于清国事件取缔之文件》下达北海道厅长官、警视总监、各府县知事,内称:"清国皇帝驾崩,随之皇太后崩御,系清国重大事件。皇嗣问题,亟宜尽早解决,以免惹起扰乱。清国当局目下同心协力苦心保持局面,可以预见,事变最近不易发生。因此,此次危机可以安全渡过。由清国革命派或其他不逞之徒,似难乘此时机挑起何种危险之举动。今后对本邦人有与清国革命派暗通消息、给予援助者,应严加警戒,若有赴清者,宜加阻止,完成取缔。同时,若有直接或经其他地方间接向清国密运械弹之计划,应予严格取缔。此次由本大臣向北海道厅长官、警视总监并各府县知事发出训令,在贵大臣及台湾总督府发出同右内容之电训,武器弹药之输出,推定由本地直接运清或他处运者,若允准,须预先将其种类、数量、价额、输出人、发送地、接收人及所搭船只之国籍、船名等,上报大藏省;由该省协议是否准予输出,经大藏省照会办理。关于台湾各税关,需同右手续,由贵省及本省之间协议决定是否准予输出。至将来之撤销办法时间,当由本省预为通报。"(日本外务省档案1908年11月20日外务省致大藏大臣公文,李吉奎《孙中山与日本》,第246—247页)据《德华日报》称,驻美日使曾与美国外部大臣在纽约会议,"闻系关于中国嗣皇帝承统之事,暨满洲问题"。(《德华日报致外务部电报》,中国第一历史档案馆等编:《清宫辛亥革命档案汇编》第42册,第146页)

由于东京革命党员有归国动向,外界预测革命党将于南方举事。据东京方面电称,"孙汶党多名,自东京启程他往",康有为亦从纽约来电,谓"不日当亲抵横滨与诸同志会晤也。由此以观,革党之将有事于南清地方,亦不难想见"。(《西报译要·党人最近之举动》,《申报》1908年11月18日,"接紧要新闻";《革党消息》,《汉文台湾日日新报》1908年11月18日,"东京电报")台湾报纸发表评论称:光绪帝与西太后先后辞世,幼主即位,"当此之时,未破满汉之畛域,党派之分,竞争剧烈。又在野有革命党人,养精蓄锐,因利乘便,思欲颠覆满政府。如东电所云,孙逸仙自东京启程,不知向何处去。其有所运动也明矣……革命党人鼎沸以起,天下事将不可回矣。虽遗诏谓实行立宪,藉慰汉人之望,然革命党非此立宪所能平;满汉之界,亦非此立宪所得破也"。(《清国之大凶变》,《汉文台湾日日新报》1908年11月18日,"本报")

传言亦引起清朝官方重视。二十五日,两江总督端方致电军机处称:"据沪道电称,探得孙汶二十二日闻京电后,即由东京启行,闻有潜入内地及京师之说。乞飞电钧处及皖、鄂各省","严行侦捕防范",尤其是"京师地面,敬祈密饬有司预防密捕"。(《为闻孙汶由东京潜入内地及密电侦捕防范事》,中国第一历史档案馆藏,电报档,档号:2—02—12—034—0338)二十六日,驻日公使胡惟德亦电称:"日亦谣言甚多,市上股票价落,业将朝野安谧情形登报辨正,惟革党思逞匿名揭帖,并来函恫喝。除饬密侦暗查,并商外部严禁军火出口,又电南北洋、鄂、闽、浙密防"。(《为日本谣言甚多革党思逞并严禁军火出口事》,中国第一历史档案馆藏,电报档,档号:2—02—12—034—0342)

关于大丧可能引起的中外格局变动,浙江巡抚增韫电陈对策,称:"国有大丧,圣谟幸已早定,此间严密布置,绥静如常。惟顷接驻日胡使电称革党思逞开秘密会议数次,鄙意各省防御得力即可,勿虞胡电。又云日海军正在操练,忽然停止,鄙意此有两说,或因友邦大故,表示哀思,则其停操当不过三二日而止;或有叵测之举,如英、德、奥、意干涉埃及故事,则将利用革党。总之,国势积弱,隐患方长,鄙意唐使赴美谢减赔款,美舰来游,感情正厚,摄政王曾使外洋,德望隆重,倘以监国之命令密电唐使向美廷致特别之款洽,以成中美联盟,奥援既得建,威即可销萌。然此事为英日所忌,速定大计,他国自无从破坏。"(《为陈述胡惟德所称革党思逞事宜己见事》,中国第一历史档案馆藏,电报档,档号:2—02—12—034—0348)

11月19日(十月二十六日) 新加坡保皇党人为悼念光绪帝、慈禧太后去世,与革命党人发生冲突。新加坡当局请孙中山约束部属。

次日,致邓泽如函称:"日昨以保党联商全领事,邀人罢工志哀虏帝,而吾党则反对之。"因出现事故,当地警察捕去多人。"然华文为保党所惑,辅政司又以吾人势力大,党徒多,以为有心挑拨感情,转为地方妨害,乃要弟弹压所部,使无有举动。"孙中山辞以在坡人众,改以出训示告之,"想保党及满奴见之,转为骇然。英政府既认弟为有在星管束团体之力,则吾人势力,多有可藉此而谋扩充者"。(邓泽如:《中国国民党二十年史迹》,第25页)

△ "岳王会"成员、安庆炮营队官熊成基,率马炮两营起义。翌日失败。熊成基易名走日本。同志范传甲、张劲夫、田激扬为巡抚朱家宝所杀,其他党人、士兵、学生三百余人,牵连受害。(杨士道:《熊成基安庆起义的回忆》,中国人民政治协商会议全国委员会文史资料研究委员会编:《辛亥革命回忆录》第4集,第400—403页)

适值两宫先后逝世,此事引起朝廷重视。21日,上谕饬朱家宝认真追剿,电知各处严密防范。"至沿江伏莽素多,人心浮动,并着端方、陈夔龙、岑春煊、冯汝骙、朱家宝、陈启泰、王士珍、程文炳会商妥筹,切实严防,相机设法安定人心",倘各省再有乘隙叛乱之事,牵动大局,该督抚恐难当此重咎。(《电旨》,中国第一历史档案馆等编:《清宫辛亥革命档案汇编》第42册,第128页)

11月20日(十月二十七日)　赴曼谷,在该地组建同盟会分会。

因光绪帝、慈禧太后去世,时局大有可为,又获悉暹罗机会甚佳,惟闻徐勤递解出境后亦往暹罗,料"彼逋逃之余,陈景华已足对待之,不足摇惑人心"。于是日偕胡汉民、胡毅生、何克夫、卢仲珊等赴暹罗,以解决财力不足问题。(邓泽如:《中国国民党二十年史迹》,第25页)

日本驻新加坡领事铃木报称:"孙逸仙应曼谷有志人士电报之约",即于本日乘德轮赴曼谷,估计滞留一个月左右,"孙于曼谷之清国人中享有极高威望。据报,此次赴曼谷之目的,是为同党筹措活动资金。另有孙之部下三人,亦为同一目的而前往近邻诸国。孙现居住曼谷之中华会所",尚未见异常举动。(《孙逸仙、康有为之行踪》,章开沅等主编:《辛亥革命史资料新编》第6卷,第141页)

29日晚,赴曼谷当地同志在曼谷汇丰银行的宴请,并即席讲演①。12月1日,该市中文、暹文报纸均以头条消息加以报导。因暹罗方面受清政府要求进行干预,4日,得曼谷市长与警察局长面告,限一周内离境。"孙先生在曼谷,曾向驻暹美国公使金氏(Hamilton King)请求电报美国国务院是否存有孙是美国公民的纪录。并说明他出生于夏威夷,现在妻室并三子女仍在夏威夷居住。并提出夏威夷出生及居留证件,以及美国发给夏威夷属地人民的护照。"(吴相湘编撰:《孙逸仙先生传》上册,第686页)

关于孙中山的言行,金氏在1908年12月15日致函国务卿埃利胡·罗脱称:"一到本城,他便悄悄着手干起宣传工作。但当地的中文、暹罗文、英文各报立即开始登载有关评论中国革命和革命党人的

---

①　另据冯自由《华侨革命开国史》记载,侨商开欢迎会于中华会馆,越日暹罗政府即来干涉,限一周内离境。(陈锡祺主编:《孙中山年谱长编》上册,第447页)

文章,点名评论孙博士的活动,并报道了他直到暹罗前的经历。这些文章提醒作为同满清当局友好的暹罗政府应注意自己所应负的责任。因此当局便派出警察监视孙的行踪,并汇报他的聚会情况。"

12 月 4 日,曼谷市长和警察局长面见孙中山,"谈话中首先称赞他是一位彬彬有礼的上流人,随后指出,自他来曼谷以后,大量华人日益不安分,又说暹罗处境特殊,因此请他三日内离开曼谷。孙中山惊讶之余,表示时间过于仓促,恳请再宽限几天,以便安排一下自己的事情。市长问需要多长时间,他回答说至少一周。待到市长再次逼迫他要尽快离去时,他沉着地说,在他答复前还要先同他的公使商量一下。当局问他的公使是谁,他避而不答,接着就彬彬有礼地告辞了。

"看来,直到此时,暹罗政府还没有一个人知道这位中国人会受到另一个国家政府的保护。居住在曼谷的各国人士也几乎没有人怀疑此事。几小时后,孙中山在《暹华日报》一位友人陪同下来到美国公使馆拜访。这次谈话的时间很长,同来的那位友人一直留在门外等候。谈话中,孙博士表明这还是第一次在东方提到他同美国政府的关系。(谨请注意,暹罗是他发现的美国享有司法裁判权的第一个地方。)

"孙中山博士毕业于香港医学院,自幼就希望到美国接受教育,但因他笃信基督教而被他的父亲拒绝了,并送他回国。他现已不再信奉基督教。他的英语说得极好,略带口音,为人聪慧机警,坚毅刚强,相貌英俊,举止文雅,态度和蔼,彬彬有礼。他没有留辫子。

"孙中山博士生于夏威夷,双亲均为华人(随信附上他的护照和出生证明书)。他曾两次去美国,第一次是以华人的身份去的,1904年第二次去美国时,已改入美籍。正如文件所表明的,这一次入境遇到了麻烦——他说那次遇到的问题是因为所持的护照改变了身份,而前次则是以华人身份入境的。他最后离开美国的日期是 1904 年12 月 4 日,以后一直在各处旅行,'宣传共和体制,教育海外华人,鼓吹以共和政府取代满清政府,倡导汉人当政及华人治华'。他钦佩美国,演讲中常常援引美国治国方式为例。

"他在日本逗留了几个月,得到了各界人士的同情和资助。后来,在中国政府的请求下,日本政府要他离境。他在日本时发现在该国开展工作前途广阔,令人鼓舞。

"其后,他曾去法属印度支那,参与了云南边界的叛乱。他说,法国官员对他深表同情,但在北京政府的要求下,法国政府要他出境。交趾支那地区共有十六万华人,但在东京湾及中部安南一带寥寥可数。

"来曼谷之前,他曾在马来联邦和新加坡从事活动。由于事先得知中国政府已请求英国政府令其离境,他便主动离开了新加坡。

"他的父亲是夏威夷一位富有的种植园主。孙中山和他的哥哥共同拥有这些种植园,而由他的哥哥经营管理。他的妻和三个孩子都居住在那里。

"应他的请求,现将其登记申请书转呈国务院,他的申请书大大有助于我阐述这件事。鉴于他出生在当时尚不属于美国的领土,而其后该地才并入美国版图,我冒昧拟请引用本土出生公民原则。——此点敬请国务院裁夺。随申请书附去其护照及出生证明书。"

三个月后,美国国务院将孙中山提交的护照及出生证明书寄回曼谷,并函汉密尔顿·金,函谓:"看来,根据国会 1904 年 4 月 30 日通过的关于'夏威夷地区设立政府'法案第四款的规定,孙中山已经成为美国公民,但他现在是否有资格作为美国公民受到保护则是另一个问题。公民身份不仅包含权利,也包含责任与义务。孙中山必须在政治从属关系所涉及的义务和缘于他的血统决定的权利这两者之间作出抉择。很明显他选择了后者,自认为是中华民族的一员。他非但没有履行美国公民的义务,反而将全部精力投入了中国的政治斗争。更有甚者,他还是鼓动推翻满清政府的领导人。而满清政府是与美国保持友好关系的政府。

"对于孙中山是否确已放弃原国籍,也许会有争议,但只要他继续照目前行事,国务院就认为他没有资格持有美国护照或以美国公民身份进行登记,也不认为他有权受美国政府的保护。孙中山先生的证件随信寄出。"(〔美〕斯特林·西格雷夫著、丁中青等译:《宋家王朝》,第133—137 页)

孙中山在曼谷,因被限期离境,且不许谈及政治问题,遂不便在公开场合进行演说,惟秘密组织同盟会分会,以萧佛成为会长,陈景华为书记,沈荇思为会计,临时留胡毅生、卢仲琳二人助理《华暹日报》笔政。(《暹罗华暹日报及同盟会》,蒋永敬编:《华侨开国革命史料》,第409—410 页)

11 月 22 日(十月二十九日) 因传闻革命党来华活动,清廷饬谕各省督抚严密设防。

自光绪帝、慈禧太后先后去世,不时有传闻革命党由日返华,意图煽乱,江苏巡抚密电各属严加防范。(《苏抚密电各属严防革党》,《申报》"紧要新闻",1908 年 11 月 20 日)两江总督端方、安徽巡抚朱家宝电奏:"安庆兵变现经剿平,但孙汶有来华之说,难保非孙逆暗中主使,沿江沿海各省恐有逆徒响应。"20 日,外务部致端方等督抚电称:日本革命党人颇为活跃,应防止运军火来华,"希饬各关严密搜查,并密饬所属,一律严防为要"。本日,电旨:"国家新遭大故,逆匪正思乘隙蠢动,着各省督抚严密设法,一体认真防范查拿,万勿疏懈,贻误地方。但仍须慎密镇静,亦不得稍形张皇,致滋纷扰。"(《奉旨安庆兵变难保孙汶暗中指使著各省督抚防范事》,中国第一历史档案馆藏,电报档,档号:01—01—12—034—0178;《廷寄东南各省密防孙汶》,《申报》1908 年 11 月 28日,"紧要新闻";《外务部致南洋大臣端方等电》,骆宝善、刘路生主编:《袁世凯全集》第 18 卷,第 273 页)

沿江各督抚、提督鉴于马炮营兵败后余党四窜,且有传闻"孙汶等闻两宫大行,潜入长江,意图作乱"之说,均饬各属严密查拿。湖北

"地居上游,于长江形势最为紧要,特委派候补道钱绍桢驰赴下游安庆一带,秘密查探,遇有匪类即行拿办"。省城各城门"均于每夜二鼓一律关锁,如出入倘有执持官家名牌及肆意狂呼者,准该门官拘送地方官严惩。并饬武汉电政局于此一月内不得代商人传递密码电报,及有牵涉国事",又谕令巡警道转饬警局各巡士,凡有"街谈巷议国事者,即行阻止,以靖流言"。(《鄂省防范革党之严密》,《申报》1908 年 11 月 28 日,"军界";《鄂督委员侦探革党》,《申报》1908 年 12 月 4 日,"军界")

11 月 24 日(十一月初一日)　同盟会缅甸分会机关报《光华日报》停刊后复刊。

光绪与慈禧相继去世后,载沣以摄政王监国。《光华日报》上为"摄政王兴,摄政王亡,建房兴与亡两摄政"征集下联。党人卢喜福又发奇想,"私电袁世凯,请立汉人为帝,乘机革命以颠满祚"。清廷查究电报来源,遂与英公使交涉,《光华日报》社的大部分股东迫于威胁,将报社拍卖,被康党出资购买,易名《商务报》。经过同盟会会员筹集资金,至本日复刊《光华日报》,与《商务报》展开论战。最终,"《商务报》以寡助歇业,民党势力为之益涨"。(《缅甸华侨与中国革命》,冯自由:《革命逸史》第 2 集,第 237—238 页)

不久,《光华日报》引起清廷关注,"缅甸有《光华报》者,鼓倡革命,肆詈朝政,诚堪发指,其狂吠之处,竟敢以伪字相加"。云贵总督锡良称已在云南查禁,并拟与英领事交涉,设法查禁《京华日报》。(《云贵总督锡良致外务部电报》,中国第一历史档案馆等编:《清宫辛亥革命档案汇编》第 43 册,第 72 页)

△　清政府电告各省督抚,日本已禁运军火并弹压革命党。

电称:"接准日使伊集院节略小村外务大臣接见驻日各大使时言明,此次中国非常重大之变,当道者保维秩序,筹画善后,不遗余力,民心甚为安靖。现在情形如此,将来中国政治必能切实奉行。又准小村大臣来电,以恐革命党乘机作乱,兹电致全国地方官及台湾、韩国,并各海关等处,分别咨会,严为访查中国革命党,并串通党羽之日本人,极力弹压,阻其前往中国私运军火。"(《为日禁运军火并弹压革命党事》,中国第一历史档案馆藏,电报档,档号:2—03—12—034—0485)

同日,东三省总督徐世昌致电军机处称:"本日,署日总领事冈部米告谓:奉政府训电,中国近遭国丧,我日本深望大局安全,惟革命党造言生事,扰害治安,现已严饬各地方官留意访查,凡中国不逞之徒,禁其回国。日本少年喜事者,亦留心密探行为,禁赴中国所有各海口,不准运送军火出口。除密饬各地方官外,并知照台湾总督、韩国总监府、旅顺都督一体严防。其各租界内则责成各领事遵办等语。故特诣面陈,以表我政府宗旨之所在。"徐世昌谢其好意,并希望"日本各电局如有悖逆等报,祈勿递送"。冈部称会电达本国政府,请通饬各属电局遵办,"想我政府正与中国要好,必能极力相助"。(《东三省总督徐世昌致军机处电报》,中国第一历史档案馆等编:《清宫辛亥革命档案汇编》第 42 册,第 192—194 页)

27 日,两广总督复电称:日方此举难保非革命党乘机内窜,现拟通饬粤海各关严查防范。此前因二辰丸事件,引起粤民众公愤,"今日政府既有复阻私运之举,拟摘叙电语,出示晓谕开导,俾知日人于辰丸案已有悔志,风声所播,香港抵制日货之党,或可藉此解散"。(《两广总督张人骏致外务部电报》,中国第一历史档案馆等编:《清宫辛亥革命档案汇编》第 42 册,第 220—221 页)

△　清政府电告两广总督张人骏防范康党,"闻此次谣言,均康党所造,并闻康逆于二十六日由新加坡潜行到港,踪迹诡秘,希随时严密侦探,防范为要"。(《外交部致两广总督张人骏电报》,中国第一历史档案馆等编:《清宫辛亥革命档案汇编》第 42 册,第 182 页)

11 月 27 日(十一月初四日)　清外务部收驻新加坡总领事左秉隆电告孙中山已赴暹罗。(《为孙汶已赴暹罗事》,中国第一历史档案馆藏,电报档,档号:2—04—12—034—1119)

11 月 29 日(十一月初六日)　清政府电饬驻日本、美国、英国、法国公使及新加坡、南美洲总领事,需设法阻挠孙中山、康有为在外洋向华侨敛财的活动。

电称:"孙、康两逆伏匿外洋,闻其专向日本、新加坡、吡能、澳洲、印度、南斐洲、檀香山、美洲、万古哇、香港、西贡等处华侨布谣鼓惑,敛财自肥,以其余分给党羽,遣令来华滋事,以对付助财之华侨。本年桂滇边乱,均有该逆党在内。现值国家迭遭大故,难保该党不益肆簧鼓,摇惑人心,希随时派员常与华侨商董推诚联络,将该党造谣煽惑,敛财肥己各节,尽情布告,力破奸谋,务使华侨晓然于利害是非,不再资助,则逆党无所得利,乱源自弭。"(《为孙汶及康有为伏匿外洋著妥慎办理事》,中国第一历史档案馆藏,电报档,档号:2—02—12—034—0363)

30日,驻英使李经方复电称:关于阻孙、康筹款事,新加坡、庇能、印度各处,电饬新加坡左领事;南美洲电饬刘领事;澳洲等处电饬黄领事;即往加拿大等处密派书记官董振麟前往办理;香港请电粤督就近派员。(《出使英国大臣李经方致外务部电报》,中国第一历史档案馆等编:《清宫辛亥革命档案汇编》第42册,第258页)

12月3日,驻日公使胡惟德电复称:孙、康之事,已密札各领事及商务委员妥办,还劝告和联络股实商董,勿使助孙、康。(《出使日本大臣胡惟德致外务部电报》,中国第一历史档案馆等编:《清宫辛亥革命档案汇编》第42册,第268页)

12月8日,两广总督张人骏向清廷电告孙、康在外洋行踪。其称:"粤中安谧,谣言皆不足信。孙、康两逆无非藉端愚弄侨民,为敛钱计,无庸深虑。外洋各埠华商等稍明理者,近已多知其诈,节经派员察查,大致相同。康逆染病在庇能,近被闽人某所骗,亏折十余万,正为账务所羁,殊形竭蹶,其诋毁政府,云向他邦乞师图逞等语,虚声恫吓,无非其党所为,狂言可哂。有康妾寓沪,行踪颇秘,遍访毫无举动,细弱更不足言。"至于"孙逆居心以致乱为乐,较为叵测。香港《中国报》是其机关报。该逆现实在南洋,报纸已称其回长江,并有入都之说,皆故作张皇。逆词逆票,不择人而投,近年人多视破伎俩,亦无能为"。(《为查明孙汶及康有为两党情形事》,中国第一历史档案馆藏,电报

档,档号:2-02-12-034-0422)

11 月 30 日(十一月初七日)　美国国务卿罗脱(E. Root)与日本驻美大使高平互换关于维护"中国独立与领土完整""机会均等"的照会。

12 月

12 月 2 日(十一月初九日)　溥仪登基,定明年为宣统元年,行大赦,但"谋反叛逆"等罪不赦。(《宣统政纪》卷 2)

日本驻汉口领事高桥报称,该地有传闻,袁世凯意欲"将孙汶一伙招致北京"。(《袁世凯欲将孙汶等招致北京》,章开沅等主编:《辛亥革命史资料新编》第 6 卷,第 147 页)外界仍然揣测革命党是否可得清廷的特赦,"清国大赦诏命,其所谓重大罪囚之外,悉加恩赦免者,东电虽经阅见,然革命党诸辈,其蒙恩赦与否,尚一疑问也。兹据北京电云,政府部内现议百日国丧,若守制完满之后,将使康有为、梁启超等诸保皇会,及孙逸仙之革命党会等,共沐特赦之厚恩"。(《议赦革党》,《汉文台湾日日新报》1908 年 12 月 6 日,"内外纪要")

△　清政府饬谕严密检查来自外洋的汉文函件。

因四川总督赵尔巽建议从邮寄途径查禁革命书报,本日上谕:"近闻有海外逆党,乘国家多难之际,妄思煽乱,肆意捏造谣言。其诬安狂悖,直有使君臣上下所不忍闻者,复敢刊印函单,分致京外各衙署、局所、学堂,淆乱是非,多方簧鼓,居心尤属险恶。着邮传部迅电各处邮政局认真拣查,遇有处外洋寄来汉文函件,字迹封式在五件以上,分致上项各处者,立即拆阅,倘语涉悖诞,即刻一律焚毁。其各埠外国邮信局社,亦由该处地方官婉商仿行,共保治安。"京城由民政部、步军统领、顺天府认真查访,各省则由督抚饬属办理。(中国第一历史档案馆编:《光绪宣统两朝上谕档》第 34 册,第 273 页)

12 月 3 日（十一月初十日）　清朝虽经历最高统治者的人事变更，重申此前颁布的立宪年限，务在第九年内将各项筹备事宜一律办齐，届时颁布钦定宪法及召集议员的诏令，理无反汗，期在必行。（中国第一历史档案馆编：《光绪宣统两朝上谕档》第 34 册，第 274 页）

12 月 5 日（十一月十二日）　容闳将中国各地秘密会党名单函致咸马里（Homar Lea）、布思（Charles Boothe），其中有革命党首领孙中山的名字。

先是，咸马里及布思支持康有为保皇派活动。本年年中，他们制订关于在中国行动的计划，拟将康有为等邀至洛杉矶，成立"顾问委员会"，该委员会由美国投资者及中国改良派人士组成，用以协调在华反清军事作战计划。10 月 10 日，布思与容闳在哈特福德（Hartford Conn）容闳寓所会晤，容闳支持咸马里等人的这项计划。参加这项活动的另一美国人、布思的朋友、退休的纽约银行家艾伦（W. W. Aleen）在 11 月 25 日自纽约函告布思，表示美国银行家较企业家愿意支持中国维新。12 月 4 日，容闳致函咸马里，催促其行动，并允许若取得一省后即任命其为总督，布思为新政府上院议员。在光绪与西太后去世以后，容闳他们考虑以袁世凯取代康有为作为结盟对象。

5 日，容闳将中国各地秘密会党名单列单函告咸马里与布思，其中有革命党首领孙中山。同函建议，邀请各会党领袖来美国商组最高会议（Grand Couneil）、顾问委员会（Advisory Board）、临时政府诸事宜。并说将同志任命咸马里为联合军总司令（Marshal of the A-malgamated Force），布思为临时政府财政部长（Treasurer）兼顾问委员会主席。

6 日及 8 日，容闳又在信中讨论最高会议及临时政府事宜，并改变原来邀约中国各会党领袖来美会商计划，派遣其子回中国访问各会党。在 1909 年 1 月，在容闳、阿伦压力下，布思与咸马里同意抛弃康有为的要求。（[美]宗克雷：《一项流产的美中有关中国革命的计划》，《国

外辛亥革命史研究》第 2 辑；吴相湘编撰：《孙逸仙先生传》上册，第 695 页）

12 月 7 日（十一月十四日）　湘鄂籍同盟会员葛谦、谭馥等联络清军中同志严国丰等，运动驻粤水师提督亲军营及附近各防营反正，发放"保亚票"，事泄，葛谦等三人被杀，监禁、遣返原籍者多人。（冯自由：《中国革命运动二十六年组织史》，第 177 页）

12 月 10 日（十一月十七日）　会见法国驻曼谷公使保尔·德·马尔热里（Paul de Margerle，又译马士理）。

法国公使称孙中山在曼谷已经十多天了，这是他第二次在泰国逗留，拟获取当地华人的援助，但"孙逸仙的访问成效似乎收效不大。事实上，五年多以来，这位中国改革者仿佛没把他在暹罗湾的同胞放在心上"。

据称，孙一到曼谷，就表示了要法国公使接见的愿望，再三坚持之下，始获得接见。在法国公使看来，"孙逸仙是一个纯真的革命家。在我们的谈话中间，他丝毫不隐瞒这一点。但这也是一个由英国自由主义学校培养出来的革命家，他用政治术语表达出他那些灼热如火的计划。他的外表显得很有教养，但并不带有欧洲人的那种外露激情，因为这同东方人的平和风度是不相容的。他使人同他一接触便产生莫大的好感。他的仪表既潇洒又高雅，他的面貌并不带着很明显的黄种人的特点，显得开朗而又神采奕奕。显然，他能吸引的不只是一个交谈者"。

孙声称，清朝政府所采取的一切变革措施，"都是用于糊弄人民和外国人的信念的表象，而要想把暴政、贪污和浪费一扫而光，就必须对既定政体采用暴力，况且，满清皇朝不合法地占据着中国南方，中国人觉醒和自强的时刻已经到了，北京的事态不能再持续下去，宫廷的阴谋本身便足以摧毁宫廷，并从而证明南方的分立主义是正义的，应促进它的成功。他主张以共和形式，建立联邦制度，同美国那样，但也许更多地强调联邦的权力。另外，他还说，官僚阶层已经太腐败了，不可能为未来的政府提供干部，但是在其他地方将能找到卓越的干部人才"。

尽管孙经历过法国殖民政府的驱逐,但他仍然用赞扬的语句谈到法国和印度支那,"他仿佛甚至想让人知道,他本人就有许多地方对印度支那十分满意。由于我不知道自东京湾边界上发生的那些严重事件以来,总督政府对他采取什么态度以及对改革派煽动者们采取的驱逐措施,我真不理解孙逸仙这么说的意图是什么"。"也许,在他的内心深处,他像好几年前那样,还在渴望我们的合作。"他曾转弯抹角谈及海南岛,以及一旦南方中国建立起国家,法国在这些地区安置设施的可能性。(《马士理致外交部长先生》,章开沅等主编:《辛亥革命史资料新编》第 7 卷,第 139 页)

12 月 13 日(十一月二十日)　湖北军队内的同盟会组织改组为群治学社。

由于湖北军队的同盟会会员李亚东在狱,任重远又入川,会务陷入停滞,"不得不另易面貌,再作企图"。"实则素质犹在,不关于一人之去留。"是日,由黄申芗、杨玉鹏等改组为群治学社,在武昌小东门外金台茶馆开成立大会。宣言称:中国迄今,"积弱无能,任人欺侮,台湾、朝鲜,相继沉沦,我同胞若非凉血动物,能不痛心。倘不急起直追,则危亡悬于眉睫。同人等有见及此,故发起组织群治学社,研究学识,讲求自治,促睡狮之猛醒,挽既倒之狂澜"。(《湖北革命知之录》,严昌洪、张铭玉、傅蟾珍编:《张难先文集》,第 162 页)

△　同盟会缅甸分会正式选举职员。

10 月间,派汪精卫、吴应培至仰光,发表演说,加盟者更多。据汪称,东京总部会员,总数八百余,以缅甸于斯时计之,亦与之相等。乃敦请汪胡等,改订缅甸支部章程。是日,选举正式职员。以庄吉甫即庄银安为会长,卢喜福为副会长,其他财政、会计、庶务、书记,主盟员等各有人司职。(《缅甸华侨与中国革命》,冯自由:《革命逸史》第 2 集,第 233 页;徐市隐:《缅甸中国同盟会开国革命史》,中国社会科学院近代史研究所近代史资料编辑组编:《华侨与辛亥革命》,第 161 页)

12 月 14 日（十一月二十一日）　10 日离开暹罗,本日抵新加坡。（《致符树兰等函》,《孙中山全集》第 1 卷,第 399 页）

日本驻曼谷公使报称"孙逸仙渡来本地之说属实。因泰王国政府并不欢迎其滞留本国,故其仅滞留十五日后,于本月十日再度前往新加坡。看其情形并未筹集到活动资金"。（《孙逸仙动向》,章开沅等主编:《辛亥革命史资料新编》第 6 卷,第 156 页）

12 月 15 日（十一月二十二日）　致函海南籍同志符树兰等,促筹款项,并告拟往欧美运动。

函告:"内地各省因房家母子俱死,人心动摇,各处同志争欲举事,各派专员来星,听候进止。弟以时机虽好,而财力未足,仍嘱称为缓候,以俟同时大举。弟思人心如此,前途大有可望。至琼州形势,最有可为,而又得诸兄伟力合持,为本地方之领袖,将来粤省地方大动,琼州为之后援,则尤为事半功倍。兹弟以各省同志踊跃如此,不得不急为经济之大运动,拟俟星州事务稍理,即往法国,由欧而美。法国之件已略有端倪,可以就商,须得亲往与开谈判;如未得手,则转往美洲各埠,定有大成。然欧美之行,必有运动之经费,所事既不容缓,则请兄等速将所筹之项（此项经费,弟行后以兄等之提倡,当多所推广增益）汇至星坡,俾弟速以成行。大款既早日可筹,即早有以慰各省人心之渴望,此今日之首务也。"函中希望联络海南同志,扩充团体。（《致符树兰等函》,《孙中山全集》第 1 卷,第 399－400 页）

12 月 19 日（十一月二十六日）　函告邓泽如借款、起义时机及《中兴日报》扩充情形。

函谓:已于 14 日返抵新加坡,至与法商借款一事,"该件谈判在进行中,效果尚未能决定"。各处同志要求发动,但暂不宜大举,须养足实力以待之,"且此时海内人心已大动摇,惟彼虏亦自张皇戒备,倘稍迟半载,则吾人蓄锐方周,而彼虏戒严已懈,益易图也"。又谓"《中兴日报》可望支持过年,然来岁则拟为扩充股份之办法。因今年资本不足,屡次临渴掘井,故报务甚为支绌;非得资本扩充,不能从事于改良进步。今年文章议论较惬人心,而经理则多不善,扩充之举想兄亦必赞成,俟订好规则,再为寄上"。(邓泽如:《中国国民党二十年史迹》,第26页)

12 月 23 日(十二月初一日) 由暹罗返新加坡,"党势渐衰,谣啄寝息"。(《新加坡总领事左秉隆为孙中山由暹罗回新加坡致外务部电》,《历史档案》1985 年第 1 期)

△ 革命党人杨振鸿谋云南永昌起义,因清军戒严,部队、乡民素乏训练,枪械亦劣,起义于是日夜间发动后,不能持久,旋败。振鸿退入永昌新街后满林寨,不久病殁于何家寨。(《杨振鸿传》,《中华民国开国五十年文献》第 1 编第 13 册,第 618—620 页)

12 月 25 日(十二月初三日) 日本外务省答复清朝驻日使馆,告以查明孙中山仍在新加坡,并无赴日之事。

光绪、慈禧去世后,有关孙中山及革命党的动向问题,传闻纷纷,且有孙中山离新加坡赴日之说。11 月 17 日,清朝驻日公使到日本外务省交涉,称得到消息,孙中山有可能自南洋归国,且"要求拒绝孙逸仙来日"。(日本外务省档案 1908 年 11 月 19 日,陈锡祺主编:《孙中山年谱长编》上册,第 453 页)

11 月 19 日,东京有消息称"孙逸仙已抵该处,大为震动"。《字林西报》及《申报》相继转载此说。(《西报译要·孙逸仙抵东之震动》,《申报》1908 年 11 月 21 日,"接紧要新闻")甚至称:"孙逸仙自得两宫升遐消息,即星座乘轮赶至日本,顷得消息,知已于阳历十一月二十日行抵西京,现在日本警察正在侦缉。"(《孙逸仙行踪》,《申报》1908 年 11 月 25 日,"东京通信")而日本警方据了解中国革命党人情况的日本人的报告,估计"彼得(指中国革命党人)在等待机会的到来,慎审行动。今日《朝日新闻》刊登孙逸仙来日的消息,事实真否尚不得而知"。(日本外务省档案 1908 年 11 月 19 日,陈锡祺主编:《孙中山年谱长编》上册,第 453—454 页)

11 月 20 日，日本外务省一方面致电驻北京伊集院公使谓："关于贵电第 299 号，政府认为必须注意，因训令全国各地高官，对清国革命派及我国人互通消息者，予以严厉监视，且阻止渡清，并完全取缔直接或间接向中国输出武器弹药，又对台湾总督府、统监府、都监府及各海关亦应采取必要措施。贵使可将此大意告知清国当局，并向彼等表示可以完全相信我之诚意。"（日本外务省档案 1908 年 11 月 20 日，陈锡祺主编：《孙中山年谱长编》上册，第 454 页）

另一方面，日本外务大臣向内务大臣、北海道厅长官、警视总监、各府县知事发出同文公事《关于清国事件取缔之件》，内称："清国皇帝驾崩，旋皇太后亦驾崩，此乃清国之大事，皇嗣问题，迅速解决，庶免引起扰乱。清国当轴刻下正同心协力苦心保持局面。我认为只要今后不再出现意外事变，此次危机大抵可安全渡过。其次，此时清国革命派或其他不逞之徒，乘此时机，难免有某种危险行动。今后如有清国革命派或我国人与此〔彼〕暗通消息，予以援助者，应加以严重监视，若有人渡清者，宜加阻止，完全取缔。同时对于直接或通过其他地方间接向清国密送武器弹药之计划，也必须完全取缔。此次由本大臣向北海厅长官、警视总监、并各府县知事发出训令，贵大臣亦应向台湾总督府告以同上内容之至急电训。此外，关于武器弹药之输出，当前，推定为由本地直接运清或经他处运清，须经海关批准者，必须预先将其种类、数量、价额、输出入运往地点、接收人及可搭乘之船籍船名等，上报大藏省，由该省协议是否准予输出，致交该省大臣照会及安排。关于台湾各海面，也同样需办上述之手续，由贵省及本省协商，决定是否准许输出。至于将来取消之方法、时间，将由本处预为通报。"（日本外务省档案，致内政大臣，1908 年 11 月 20 日送、受，机密《关于清国事件取缔之件》，陈锡祺主编：《孙中山年谱长编》上册，第 454 页）

11 月 24 日，外务省致电驻新加坡铃木领事，谓"迄今在贵地停留之孙逸仙有 16 日离开之说，如属实，请将船名及前往地点查明电报"。25 日,铃木领事复电小村外务大臣:"孙逸仙应曼谷有志者之电邀,约于该地停留两个月,20 日乘德船'诺因坦'号(ノィニタニ号)出发。孙在曼谷中国人中间有很大势力,此次出发系为筹措资金,孙及其部属三人均抱同一目的,在邻近各处活动。孙往曼谷中华会馆。"同日,日本外务省收到清公使馆将来的 23 日外务部的一封电报,内称:"前年孙文在日本倡言革命,经本部密嘱杨使商伊藤公爵协助,由日本政府驱逐出境。现闻该逆确抵东京,已有三日。值此国家大故,深恐造言生事,复滋煽惑,希即查探踪迹,转商外部,仍前设法驱逐,以保公安而敦睦谊。"(日本外务省档案 1908 年 11 月 24 日,日本外务省档案 1908 年 11 月 26 日到,《大清国公使馆书笺》,日本外务省档案 1908 年 11 月 24 日,陈锡祺主编:《孙中山年谱长编》上册,第 454—455 页)

12 月 16 日,清外务部收到驻神户领事张鸿报告称:"孙汶确抵东京三日。"(《为孙汶确抵东京事》,中国第一历史档案馆藏,电报档,档号:2—02—12—034—0442)外务部遂致电驻日公使胡惟德:"前年孙汶在日本倡言革命,经本部密嘱杨使商伊藤协助,由日本政府驱逐出境。现闻该逆确抵东京,已有三日,值此国家大故,深恐造言生事,复滋煽惑,希即查探踪迹,转商外部,仍前设法驱逐,以保公安而昭睦谊。"胡惟德接电后,即面托小村外相暨警察密查,"如果到东,即设法驱逐"。(《为望查探孙汶踪迹并设法驱逐事》《为遵查孙汶踪迹事》,中国第一历史档案馆藏,电报档,档号:2—02—12—034—0447、0456)

12 月 18 日,伊集院公使亦报告小村外相:"四五日前接得孙逸仙到东京之情报,清国政府恐此际放出种种谣言,煽惑群众,已电训胡公使,请我政府依前例对孙加以驱逐。同时,欲由本官转致阁下上述内容。若孙果在东京,可令彼离开。"(日本外务省档案 1908 年 12 月 18 日,陈锡祺主编:《孙中山年谱长编》上册,第 455 页)日本外务省在同(18)日指示驻曼谷吉田公使调查。19 日,吉田报告小村外相,告"孙逸仙来此地系事实,暹罗政府对该人停留有不悦之意,故仅停留十五日,于本月十日出发赴新加坡,筹措资金"。(日本外务省档案 1908 年 12 月

19 日，陈锡祺主编：《孙中山年谱长编》上册，第 455 页）驻日公使胡惟德接此消息后，向清廷电奏称：日本"外部称孙汶近由新嘉坡启程至暹罗京城，到东一节恐不确，仍密访再达"。（《为日外部称近闻孙汶踪迹之说不确事》，中国第一历史档案馆藏，电报档，档号：2－02－12－034－0459）

12 月 22 日，驻新加坡铃木领事报告小村外相："孙逸仙在 16 日回到此地，目前仍在此地停留。"（日本外务省档案 1908 年 12 月 22 日，陈锡祺主编：《孙中山年谱长编》上册，第 455 页）12 月 23 日，清朝驻新加坡总领事左秉隆已致电外务部称"孙文已由暹回坡，党势渐衰，谣喙寝息"。（《为孙文由暹回坡事》，中国第一历史档案馆藏，电报档，档号：2－05－12－034－0961）

日本外务省在获得确讯后，于 12 月 25 日派官员郑某，将下述内容之觉书面交清朝公使：

"关于孙汶入京之说

"致清国公使之复照

"（关于清国革命党首魁孙文来日之说，本月 17 日由清国公使阁下交到该国外务部来书之件，对此本国外务大臣荣幸地作如下之答复：）[1]

"本国政府（清国公使阁下来谈，）据有关官宪称：与孙文来东京之说相反，认为无入京形迹。据其亲近者言，实未曾来日。我国政府从他处得知，孙（为筹措资金致暹罗曼谷居留者电报，系十月间停留之目的，）上月 20 日乘德船诺因坦号由新加坡出发赴曼谷，（暹罗政府对该人之停留深为不悦，）仅许停十五日，本月 10 日由该地出发再赴新加坡。（故认为该人有意赴东京之说非事实。）"（日本外务省档案 1908 年 12 月 25 日，陈锡祺主编：《孙中山年谱长编》上册，第 456 页）

12 月 30 日（十二月初八日）　报载孙中山与熊成基赴沪之传闻。

---

①　括号内文字，原件中经朱笔抹去。下同。（陈锡祺主编：《孙中山年谱长编》上册，第 455 页）

　　有关孙中山的动向，传闻甚多。《字林西报》曾转东京电与大连电称"东督徐世昌因闻革命党首领孙逸仙有来满洲之说，故近日防卫颇严"。本日，《申报》又载两江总督端方访闻孙中山确有来沪之说，熊成基亦已潜逃到沪，电饬上海道转饬上海县并各巡警局及英法两廨员照会捕房务必严密查缉。(《江督再饬查拿革党》，《申报》1908 年 12 月 30 日，"本埠新闻")

　　是年冬　黄兴鉴于《民报》被封，同盟会在东京的事务所停办已久，邀同盟会各省分会长商议，按照昔日会务报务的月费办法，先由各省在日本的同志分摊，再由各会长汇缴，遂在东京小石川区水道町成立"勤学舍"，仅以俱乐部形式暂为同盟会机关。(《石叟牌词》，石芳勤编：《谭人凤集》，第 334－335 页)

1909 年(宣统元年　己酉)四十三岁

1 月

1月1日(戊申年十二月初十日)　民政部奏定《调查户口章程》,宣布普查全国人口,以为立宪之根基。

1月2日(十二月十一日)　袁世凯被罢斥回籍。

上谕:"军机大臣、外务部尚书袁世凯夙承先朝屡加擢用,朕御极后复予懋赏,正以其才可用,俾效驰驱。不意袁世凯现患足疾,步履维艰,难胜职任。袁世凯着即开缺,回籍养疴,以示体恤之至意。"(中国第一历史档案馆编:《光绪宣统两朝上谕档》第 34 册,第 325 页)

1月4日(十二月十三日)　为防范革命党在越南与广西边境举事,中法签订《中越交界禁匪章程》。

自 1908 年 3 月间,中法双方便开始商谈具体办理章程。至此,始谈妥中越边境防范革命党章程,作为定章,正式签订《中越交界禁匪章程》。"第一条　法国官员如查知有中国叛匪在越境成股,即当随时解散。如有前项情事,由中国官员查出,一经知会法汛,或由领事转达越督,亦当照办。第二条　如有匪党在越境,或用报章,或用他项宣布之法,传播悖逆之论说,均由法国官员禁止,并将为首之人,或驱逐出境,或按法国律例惩治。若有越文报纸干犯前项,亦随时停禁。第三条 凡携带军械单行,或成股之匪,业经与中国官军抗敌,或在中国地方扰乱治安,逃匿在法界者,当将军械索扣,匪人拘管,由法国政府酌定拘管期限。俟限满后,将该匪驱逐出境,并一面知会中国政府。其所有一切拘管用费,由法官知照中国官担承拨还。又,或将该匪党逐出境外,亦可永远不准在越南或法属来往,并设法使其人不能再入中国边界。第四条 凡曾在中国抢劫或犯私罪人犯,中国有请解交者,应由中国官照会越督,并将其人犯罪案由,全卷随文附送,以便核办。如有可以允交之处,一经交犯案件应行各事,均皆办妥后,即照光绪十二年三月二十二日商约第十七款,将该犯解交中国官办理。如有其人供称系国事犯,或与国事犯有涉及者,应将所犯罪案切实根究,毋任朦脱。第五条 如有匪徒私运军火,两国边界官员均应设法实力查禁,以杜偷漏接济等弊。"(王铁崖主编:《中外旧约章汇编》第2册,第558页)

1月5日(十二月十四日) 寄望同盟会缅甸分会筹款与发展组织。

函告缅甸庄银安:"精卫兄归星,得读手示,祗悉;并收到会底半额银四百盾及公费银二百盾矣。闻贵处团体已达五百人之数,循此进步,前途不可量也。"(《复庄银安函》,《孙中山全集》第1卷,第401页)

1月9日(十二月十八日) 致函沈文光,介绍曾参加潮州起义的金、陈①二同志,并告"除这两位外,还有其他人士前来星加坡听取我的意见。我已告知他们,待其他各处完成准备,便可同时开始行动。因你有意于将来前往领导潮州人士,他们可作为你办理征募工作时负责保管记录的最佳人选,你并可向他们了解当地的情况"。(《致沈文光函》,《孙中山全集》第1卷,第402页)

1月15日(十二月二十四日) 传闻孙中山将家眷移往日本。

① 金姓,《孙中山全集》译作任姓。据《参考消息》1986年1月31日所刊,译作金。沈文光医生当时在新加坡。(陈锡祺主编:《孙中山年谱长编》上册,第457页)

日本驻火奴鲁鲁总领事上野电告本国政府："清国革命党首领孙逸仙之家人已于一月十五日乘檀香山出港之西伯利亚号轮前往本邦。"神奈川县知事周布公平奉令密切注意该事，西伯利亚轮于 26 日下午 2 时抵达本港。"据有关密查结果报告，船上并未发现上述孙之家人"，船上十五名中国人中有"四人看上去较有身份，且懂英语。从其服饰上看亦或有孙之家人之嫌。于是专门对其出发地及目的地作了详细调查。此四人乃由布哇上船前往香港之一家人，于本港只是随船暂作停留"，分别为唐氏：七十岁左右老妪，杨氏之母；杨氏：三十三岁左右之妇女，疑或是孙之妻；阿源、阿安姐妹二人。"此等人究竟是否系孙之家人，有待继续查探。"28 日，此行人离开横滨，经神户、长崎前往香港，"被认为有可能是孙之家人之四名清国女人，决非孙逸仙之家人"。（《关于孙逸仙之家人赴本邦之情况》，章开沅等主编：《辛亥革命史资料新编》第 6 卷，第 164、166 页）

传闻亦腾诸报章，《申报》据《文汇报》转译日本《朝日新闻》报道，称"中国革命党首领孙逸仙之母、妻并儿女三人，现寓夏威夷，将于西正月下旬移寓日本"。（《孙逸仙移家东瀛》，《申报》1909 年 1 月 26 日，"西报译要"）

1 月 18 日（十二月二十七日） 清廷颁布《城镇乡地方自治章程》，饬民政部及各省督抚督饬所属地方官员，将城镇乡自治各事宜迅即筹办。（中国第一历史档案馆编：《光绪宣统两朝上谕档》第 34 册，第 368 页）

1 月 21 日（十二月三十日） 艾伦致函布思，讨论容闳提出的"中国红龙计划"。

艾伦在信中述及 18 日与容氏父子晤谈的情形，并同意容氏若干观点：即袁世凯现被斥逐，将来仍将再起，以袁控制北洋新军将领。对康有为极表不满：在美国捐款均饱私囊，不啻是自己伤害自己。而认为孙中山是所有中国革命人士中最可信任的，并认定孙在广东的力量很强大，应赞助使他实现其理想与计划。艾伦称容闳提出了一个需要五百万美元、十万枝枪、一亿发子弹等的计划。后命名为 Red Dragon－China，即"中国红龙计划"。（吴相湘编撰：《孙逸仙先生传》上册，第 696－697 页）

是月（十二月）　在新加坡接见革命党人陆兰清，指示西贡党务的开展事宜。

接见由西贡而来的陆兰清，并阅同盟会西贡领导人黄复黄的密函。向陆面授机宜，指导开展西贡党务工作，"恰此时先生有美洲之行，交带展堂先生执行一切要务"。于是，陆兰清返回西贡，"与复黄设卫生社，赁新巷口五号办事处，先从洪门各馆口入手，黎容（混名二哥容）为引导，略谓反清复明与革命倒满吻合，昔年孙先生曾驻堤岸广东横街二十九号，提倡洪门组织大团体。众兄弟心悦诚服，究不如加入同盟，实行三民主义较为妥适。其时黄兴、华胜、同协、华旧义和、义群、祥胜、关帝厅、东胜堂、番邑堂，闻风兴起"，加盟者众，革命党声势壮大。（黄复黄：《华侨西贡党事之经过》，蒋永敬编：《华侨开国革命史料》，第 400 页）

1 月 23 日（己酉年正月初二日）　陶成章与"中山私人"汤伯令同赴霸罗募款。

上年春夏间，陶成章拟整合江浙皖赣闽五省秘密会党成立"革命协会"，未果。9 月，赴南洋筹划经费，寓新加坡《中兴日报》馆，参加了与《南洋总汇新报》的论战，并撰有《中国民族权力消长史》等文。关于筹费一事，陶成章认为孙中山表面上不便反对，"而暗中设法播弄，槟榔先受其难。该地办事人云：必须中山之人来运动况〔方〕可，盖章程如是故也"，陶与会长吴世荣力争，因嘉应人赞成，遂在不开会的情况下筹得三百元，但在邓慕韩的干预下，陶并未收到。

陶成章后去霸罗筹款，获得该地同志赞成。本日，陶成章与汤伯令同赴霸罗筹款。在集会上，汤演说只言《中兴日报》事务紧要，不及陶筹款事，且言："陶君来此，不过来游历而已，并非筹款而来。"霸罗同志"疑且信,本来筹至千金,于是遂仅三百数十元"。

陶成章斥汤为"中山私人",遂再赴霹雳筹款,"多用川费,多滞时日,多费口舌,始由诸同志允再为开会提议"。是日,出席同志组织的募款集会,"本不说中山坏事,盖犹为团体起见,不得不稍留余地,至是逼弟至无可奈何,不得不略陈一二已"。公开表示对孙中山的不满。随后,又拟往印尼爪哇等埠募款,"欲自谋一位置,以拨亏空"。（《致李燮和书》,汤志钧编:《陶成章集》,第 152、148 页）

陶成章志在另组势力,拟联合李毅夫、张景良等壮大力量。2月 11 日,致函李燮和称:"弟前在新加坡时,有李君毅夫者,本中人〔山〕之党人也。曾大出力助中山,以破坏弟之行事。近日不知何因与汉民交恶,现寓新加坡,由张玉堂(即景良)介绍于弟处。弟亦素知毅夫,性尚刚直,故不以前事为嫌。彼欲办一报,自言能招股若干,请弟赞成其事","弟思我辈近日空空无一凭藉,号召非常困〔难〕,新加坡之报馆,终不可不办,且报馆于商业大有关系,欲经营商业,此事亦不可缓也"。张景良亦应承归香港后,"如不举发,即邀张占山君来南方,扩张一切事宜,彼自己亦可向潮人运动,办报之事不患不成,局面不患不成"。（《致李燮和书》,汤志钧编:《陶成章集》,第 150 页）

1 月 28 日（正月初八日） 《中兴日报》于 28 日、29 日连载胡汉民所撰《近年中国革命报之发达》,称"革命报其以开通民智为己任,保皇报乃以闭塞民智为己任而已"。（《中兴日报》1909 年 1 月 28 日、29日,"论说"）

1 月 29 日（正月初八日） 清朝驻美公使伍廷致电外务部,告严防革命党由美运炸药。

电称:"访闻近有逆党,由南洋电美华侨筹办款项,及有美人代购炸药,乘美国丸赴香港,转运京师、各省,希图举事",请密饬各地严防。（《使美伍廷芳致外部闻革党由美运炸药来华举事已饬各领严防电》,王彦威等纂辑:《清季外交史料》第 4 册,第 3345 页）

2月

2月12日（正月二十二日）　清外务部照会日本驻华使馆,探悉
孙中山在大阪,要求驱逐出境。日本当局严密调查。

据上海道所得横滨密电称孙中山有赴日本大阪之传闻。10日,
外务部一方面致电沿江沿海各督抚:据密电称"孙逆挈同宋、石两匪,
抵大阪运动,极密","又闻其约梁逆同赴大阪",应饬各属严密防范。
(《外部致沿江沿海各督抚闻革党抵大阪请饬严防电》,王彦威等纂辑:《清季外
交史料》第4册,第3354页;《饬属严防革党蠢动》,《申报》1909年2月17日,
"军界")

另一方面照会日本驻华公使。日本驻京公使伊集院致电外务
省,称该使收到中国外务部照会,内谓"顷密探得孙汶等挈同宋石两
人,抵大坂运动,极秘。又闻其约梁启超同赴大坂等情"。清政府训
令胡公使探明与日本政府交涉,命孙离开。要求回训。同日,小村寿
太郎电新加坡铃木领事:"孙逸仙刻下是否确在新加坡,请确查回
报。"外务省并令有松警保局长,在国内调查。(日本外务省档案,1909
年2月12日伊集院致小村大臣,北京发第49号;1909年2月12日第2号;
1909年2月12日机密送第6号,陈锡祺主编:《孙中山年谱长编》上册,第459
页)

15日,铃木领事报告:"关于现在此地的孙逸仙之活动,曾蒙多
次来电询问,经已禀报在案。至训令中谈到该人他去时,要将其出发
地点、船名、目的地等电报之,如所知悉,本港各国船只进出频繁,每
日达十数艘之多,若逐一取报出发、抵达之处,实属困难。且孙不断
变名,仅据船客名簿,实不可信。欲知该人动静,必须直接向该人居
所进行调查。本馆之书记生,多次假托私事,往探访孙氏,察其否。
但馆员不敷差使。又孙系极端秘密主义之人,虽其部下亦不泄露。

所幸现在状况,容易从外部探知其行踪。""从前东亚同文书院毕业生山口昇,受当局委托赴法属印支地区旅行,途经此地,该员能讲华语,通晓中国情况,其所负责任亦与本件有关,为慎重起见,如果方便,请将该员留在本地调查,同时监视孙逸仙之行动。该员使用合适与否,已经电报,请诠议后回训。"(日本外务省档案,1909年2月15日机密受第666号,陈锡祺主编:《孙中山年谱长编》上册,第459—460页)

同日,铃木领事致小村大臣:"在本地停留的山口昇,要求监视孙逸仙,乞电训。"小村外相收电后于次日指示:"关于本月15日来电,山口确系奉命出差前往,但所提之事较难诠议。"19日,濑川领事又报告外务省,根据本省托办员山口书面报告,该员目前在新加坡,与孙逸仙往来。3月1日,小村外相电训铃木领事,"对山口除发给他的金额外,本省决定另外给予津贴"。(日本外务省档案,1909年2月16日电送第329号;1909年2月19日第6号;1909年3月1日电送第425号,陈锡祺主编:《孙中山年谱长编》上册,第460页)

2月17日(正月二十七日)　清廷命各省于本年成立谘议局,筹办地方自治事宜。

上谕:"前经宪政编查馆奏定颁行分年筹备事宜,本年各省均应举行谘议局选举,及筹办各县地方自治,设立自治研究所,并颁布资政院章程等事。"各省督抚及管理地方之将军、都统应"督率所属,选用公正明慎之员绅,一律依限成立。其范围限制及择人之权、应尽之职,均应遵守颁行章程办理,不得延阁迟误"。(中国第一历史档案馆编:《光绪宣统两朝上谕档》第35册,第35页)

2月24日(二月初五日)　派胡汉民前往仰光,筹集赴法旅费。

因经费不足,派胡汉民到缅甸仰光,以发行汪精卫所定票据的方式筹款。所筹得款项数目,徐市隐谓共计得款二千元。而据胡汉民为筹款事致函同盟会缅甸分会主盟人陈仲赫称,"本次带出之款,才得星银六百八十元。以济要需,相去犹远。不知仰光继此尚能筹措否?而尤以迅速为妙"。(徐市隐:《缅甸中国同盟会开国革命史(节录)》,中国社会科学院近代史研究所近代史资料编辑组编：《华侨与辛亥革命》，第 167—168 页；《复王斧函》，《孙中山全集》第 1 卷，第 403 页）

2月25日（二月初六日）　外务部致电驻日公使胡惟德，令其与日本政府商议驱逐孙中山出境。

尽管日本政府声称孙中山仍在新加坡，并不在日本。但清廷根据上海道接横滨密探称："孙逆等现尚居名古乡落民家，拟即向左冢堡号湾等处，聘选无政党之通中语或西语者入内煽动，已电饬该探尾其行止。"外务部以为"沪道既经探明该逆住址，兼饬尾其行止，似该逆确有潜游日境情事。尊处前电日外部有尚未离新之语，与此不符，应由执事派员先行密探该逆踪迹所在，如沪道所探果实，再商外部，照前议驱令出境，一面电达本部"。后得知所谓孙中山者，实为一名"中村"之人。驻日公使胡惟德饬该处领事查证，该领事称"中村昨回名古，将游信州，但其踪迹无定，应否雇人跟探"？胡公使以为"是村是否果系孙逆，非跟探地从确知，名古村地段颇大，户口数万，非本署人所易密查"，应请雇密探侦查。外务部亦以为然，"惟所费不宜太巨"。（《外部致胡惟德闻革党尚居日本希商外部令出境电》《使日胡惟德致外部应否雇探跟踪革党电》《外部复胡惟德应雇密探续侦革党电》，王彦威等纂辑：《清季外交史料》第 4 册，第 3366—3367、3373 页）

另一方面，国内亦传闻孙中山与梁启超会于大阪，"该匪等久蓄异谋，此次约会，必有私运军火来华举动，希图倡乱"，饬各关税务司将所有船只严密稽，以杜乱萌。（《照会严查私运军火入口》，《申报》1909 年 2 月 26 日，"军界"）

3月

3月1日（二月初十日）　同盟会会员佘英、熊克武等在四川广安起义,旋失败。

据称,同盟会会员佘英、熊克武、廖宗绮等,"率众发难于广安,与保安营队于城内巷战,党徒何宗绪、王亚东、肖贤哲、邝玉田、兰孝先、雷迅、陈云九、王小臣等十九人被逮",佘英、熊克武各率所部败退,议图再举。(隗瀛涛、赵清主编:《四川辛亥革命史料》,第432页)

3月2日(二月十一日) 复函同盟会暹罗分会负责人、《华暹日报》主笔王斧,告以经济困难及影响大局的急迫问题。

函谓:"保党又在暹组织商会,吁! 彼党做事何其勇,而吾辈又何其怯耶! 日前各同志所认之款,弟预为指定为办某事之用,到时函电数催,皆不见答,而事已为延误。弟回此以来,百务交逼,星洲同志财力俱穷,遂致弟坐困重围,此犹未已,乃日来忽遭横祸,敌党诬陷吾党由越送来之战士为劫盗,前日警吏竟到吾人所开之石山拿去廿一人。而战士之避难于此者四百余人,尚有百余无处安身。今辩护之费,安置余人谋生活之费,在在需钱,刻不容缓,望足下代向前时认款之同志切实问明,能否践约,速决一言,免弟悬望也。"

又谓:"弟现实处于得失之交点,倘日内能解决经济问题,得以办妥各事,早日成行为欧美之经济大计划,弟所谋一通,则全局活动。倘以后亦得如近月之情势,则恐诸事误失,机不再来,则吾党之前途真有不堪设想之悲态也! 幸为向同志力言之。若彼等不欲扶植吾党之势力则已,否则此时为得失进退之秋,必不能稍容一刻之坐视也。"

(《复王斧函》,《孙中山全集》第1卷,第402—403页)

△ 致函宫崎寅藏,感激其在困境中拒绝日本警方之贿赂,并告在南洋之近况。

日本警方以宫崎经济困难,且又与中国革命党人过从甚密,赤阪察署长本堂平四郎乃宴请宫崎,嘱其提供有关中国革命党人之情况,宫崎拒绝。([日]宫崎龙介:《先父滔天的一些事迹》,[日]宫崎滔天著、林启彦译注:《三十三年之梦》,第284页)

此事由黄兴函告,因致函宫崎,称:"比接克强兄来书,述足下近况穷困异常,然而警吏欲贿足下,足下反迎头痛击之。克兄谓足下为血性男子,固穷不滥,廉节可风,要弟作书慰谢。弟素知此种行为,固是足下天性,无足为异;然足下为他人国事,坚贞自操,艰苦备尝如此,吾人自问,惭愧何如! 弟以此事宣之同志,人人皆为感激奋励。则此足下天性流露之微,已有造于吾人多矣,弟安能已于言佩谢耶!"

关于近期革命活动情形,略称:"革命军曾于防城、南关、河口三举,皆未能一达目的,无非财力之不逮,布置之未周。故自河口以后,已决不再为轻举,欲暂养回元气,方图再发。乃自虏丧帝后之后,各省人心为之一变,无不跃跃欲动,几有不可终日之势。惟遇吾人财力极乏,不能乘时而起,殊为可惜。"所谓赴欧洲之行,实际即为筹款,"弟近接欧洲一名商来信,云经济计划有机可图,问弟何时可到欧洲商议其事,此言想非欺我。弟本欲早日就道,苦以旅费无着,难以成行,刻已四向张罗,日间或望有一路得手。倘弟欧洲之经济计划可通,则其他问题可以迎刃而解,而吾人穷苦一生之愿力亦有日能酬"。(《致宫崎寅藏函》,《孙中山全集》第 1 卷,第 403-404 页)

3 月 5 日(二月十四日) 致函庄银安,介绍日本人岛让次加入同盟会。

去年,日本人岛让次与小宗友次郎受云南土司刀安仁之聘,赴干崖办理事务。现岛让次离云南赴新加坡,持孙中山介绍函返干崖,并与庄银安联络。函称:岛让次"尚未入同盟,今欲由弟处联盟。弟思彼既在云南办事,则当与公等相识,彼此可一气照应,故特介绍前来,请收之入盟可也。其宗旨之解释,可请汉民兄或日本留学诸兄为之皆可"。(《致庄银安函》,《孙中山全集》第 1 卷,第 404 页)

3 月 6 日(二月十五日) 清政府再次颁诏宣示预备立宪、变法维新的决心。

3 月 8 日(二月十七日) 复函庄银安,说明"振天声"粤剧团不能到仰光演出原因。

先是，陈铁军等人在广州组织"振天声"粤剧团，演出《熊飞起义》《博浪沙击秦》《剃头痛》等剧，受到观众欢迎。适清帝、太后死，以国丧例禁演戏，陈铁军乃商陈少白，请其代向香港筹赈八邑水灾公所建议，该团赴南洋，为赈灾演出，且宣传革命，少白助其成。该团既抵新加坡，到晚晴园谒见孙中山，其有未加入同盟会者，一律加入。（《广东戏剧家与革命运动》，冯自由：《革命逸史》第 2 集，第 225—226 页）

是日，函告庄银安谓："振天声初到南洋，为保党造谣，欲破坏。故到吉隆坡之日，则有意到庇能，演后就近来贵埠。乃到芙蓉埠之后，同志大为欢迎，其所演之戏本亦为见所未见。故各埠彼此争相欢迎，留演至今，尚在太平、霹雳各处开台，仍未到庇能。到庇能之后，则必去新加坡，以应振武善社延请之期。现闻西贡亦欲请往。故该班虽不到贵埠，亦可略达目的矣。顺此通告，俾知吾党同人所在无往不利，可为之浮一大白也。"（《复庄银安函》，《孙中山全集》第 1 卷，第 405 页）

△　清廷饬云南、贵州、广西督抚饬属防范革命党运械入境。

清廷根据由上海道接到的日本密探来电称："孙逆共储枪枝三万余份，存对马及萨之马两处。去年二辰丸运粤之枪系从对马拨出，今派粤人游知，方入萨之马，将枪万余枝用该处民船先盘出海，运入缅甸，潜到云、贵、广西。"由于该密探已经混入革命党，一切秘密知之甚详。清廷遂电饬该督抚严密稽查，认真防范。（《外部致粤滇桂黔各督抚革党潜运枪枝到云贵希饬防范电》，王彦威等纂辑：《清季外交史料》第 4 册，第 3371 页）

日本长崎县知事荒川义太郎报告称："清国革命领袖孙逸仙在对马地区藏匿手枪三万支，已经密查得知：孙某于去年八月由报纸之广告得知有明治三十八年生产之废旧枪支将廉价拍卖之信息后，便从大阪枪炮店将其购入。并以猎枪之名义将其分发给对马全岛。剩余部分有可能被藏匿起来或是运往别处。现正继续密查。"（《关于新闻报道有关情况之报告》,章开沅等主编:《辛亥革命史资料新编》第6卷,第173—
174页)

3月25日(闰二月初四日)　函告张永福等人,为使《中兴日报》
业务发达,宜早日注册,成立股份公司。(《致张永福陈楚楠函》,《孙中山
全集》第1卷,第406页)

1908年后,南洋党务虽日益发展,"然新加坡党员对于历年维持
《中兴报》及供应失败同志等费,已觉精疲力竭"。尤其是"陈楚楠以
历年为革命耗资,发生兄弟争产涉讼事件,张永福亦因商务亏折,几
至破产",无力支持《中兴日报》的业务。(冯自由:《中国革命运动二十六
年组织史》,第70页;冯自由:《华侨革命组织史话》,第50页)

经与张永福商议,拟将《中兴日报》社改组为股份公司,通过招股
融资来维系报馆。后又在致曾壬龙函中称,"为维持扩充《中兴报》
计,加报股本一万二千元,每股五元。由星加坡同志担任三分之二
〔一〕;其余八千,须望外埠同志协力"。(《致曾壬龙函》,《孙中山全集》第
1卷,第410页)

4月6日,又函告邓泽如,应速改良《中兴日报》社,称:"《中兴
报》前由弟代请汤伯令君来坡,办理改良各务。乃伯令君到坡后,因
意见与永福君不合,致小有冲突,伯令遂决然辞去,而永福亦有推卸
一切责任之事。惟《中兴报》于大局有关,不能不竭力维持。弟今再
代请本坡林义顺君出来司理一切,而吴悟叟副之。日内已开办注册
事务。惟各地所认之股东多未交来,而《中兴报》前日用了后日钱,前
贵处寄到之千元为债务及日需已用尽,今又告急矣!各埠散股,非待
注妥册成为有限公司,发出股票,未易收也。"(邓泽如:《中国国民党二十
年史迹》,第27页)5月12日,再次函告邓泽如,《中兴日报》注册事已
经办妥,日内可发给有限公司股票,"现吴司叟经理较前差好,亦略可
称意"。(邓泽如:《中国国民党二十年史迹》,第28—29页)然而,《中兴日
报》负债累累,"屡次招股,均随手则尽,无法抵欠",于1910年夏间停
刊。(冯自由:《华侨革命组织史话》,第50页)

4月

4月6日（闰二月十六日）　函告邓泽如,宜紧急解决赴欧旅费问题。

函称:"弟久欲速往欧洲决夺重要问题,以暹罗所承任之旅费尚未寄到,故不能成行。其所以迟迟之故,只因一领袖同志以米较生意不前,几有破产之忧,故牵动一切。日前此款几使弟失望,故着汉民向仰光同志筹之。前礼拜再得暹罗来函云,日内当竭力筹交之。得仰光来信云,该处已有公款千余盾,可以随时拨用。今另向同志加筹,筹就一并交汉民带来。有此两路之预约款,则欧洲之行或不致久延,而误绝大之机会也。惟现在本坡百务交迫,各同志皆陷于穷境,多有自顾不暇之势,故弟处已绝粮矣。而办事要人,尚有十余人在此相依。而日内又有安徽省与熊成基起事之同志、炮队营管带洪承典等来星,皆不能不招呼。故暹、仰二款未到之前,尚须三百元,乃足支月内之用,此又不得不恳足下等供给一月之费,以待接济之至也。"

（邓泽如:《中国国民党二十年史迹》,第27—28页)

4月7日（闰二月十七日）　函告暹罗同盟会同志,要防范关仁甫等人的连累。

6日,函告邓泽如:"安南送来之人极杂,非尽属革命军人,亦有极坏者在其中,破坏人家治安之事所不能免,今惟设法别其良莠。"本日,又专门致函暹罗同盟会诸同志称:"前闻关仁甫来贵埠,已发一函,详言其人之劣迹及在军队失机误事等情",后闻关未至,故函未发。现闻关仁甫又将至,"此人自出安南之后,在星坡、香港等处皆闻有破坏人国治安之事。在星尚有彼同类五六人,日以行劫为事,致累及他之无辜同志廿一人"。此类不安分之人,名声较著者有关仁甫、何海荣、杨冠英、陈三等人,在新加坡、香港等地已弄至声名狼藉,恐其到暹罗之后，"亦有串合本地匪徒以行不法之事，故当拒绝其人；否则他日彼做出不法之事，必有累及公等，及有辱吾党之名"。（《致张永福函》《致暹罗同盟会员》，《孙中山全集》第 1 卷，第 408—409 页）

4 月 12 日（闰二月二十二日）　函告邓泽如，来函及盟书、汇票收到，"南洋近况如此，真为大事进行之大阻滞也。幸尚有热血如兄者，否则吾等不免有坐困此地之虞矣"。（邓泽如：《中国国民党二十年史迹》，第 28 页）

4 月 14 日（闰二月二十四日）　报载江浙等省访闻孙中山在外购置军火运入内地。

《申报》称江苏、浙江、安徽各督抚"访闻孙汶逆党近由外洋购运大批军火，勾结土党私行运入内地。闻拟由芜湖等处为机关处，暗通水陆各军，接济枪械。并闻在长江浙省一带广招匪徒，意图起事"。该督抚等电饬江海各关一律严密搜查，加意防范。（《严查革党私运军火》，《申报》1909 年 4 月 14 日，"军界"）

4 月 20 日（三月初一日）　函告庄银安等人，现人心、机局皆有可为，"欲往运动于欧美之大资本家，乃以经费无着，故汉民兄来仰光特以此奉商"，望即行收集交胡汉民速带来新加坡，早日启程。（《致庄银安等函》，《孙中山全集》第 1 卷，第 411 页）

是月（闰二月至三月间）　孙武、焦达峰等从东京返国后，在汉口法租界长清里设共进会总机关，以联络长江流域会党。

共进会，发起于日本东京，由同盟会新设联络部衍生的团体。作联络部部长的焦达峰与张伯祥、余晋成、吴祥慈、邓文翚、刘仲文等人，"以长江各省会党头目，皆脑筋简单，非另设小团体，并委用熟悉会党情形者，分别招纳，不易收效。又以同盟会誓约内之'平均地权'四字意义高深，非知识幼稚之会党所能了解，故另设一同盟会会员，组织共进会，专司此项联络任务，且将'平均地权'改为'平均人权'，以免收揽会党多费口舌"。

焦达峰创建共进会，仿照同盟会组织，编制三等九级，"并以同盟会之总理为总理",事实上为同盟会的派生机构。不过,黄兴对于此事并不赞成,"曾与驳论数次",因其既已成立,遂置之。居正、孙武、杨时杰、彭汉遗、刘英、刘铁、向寿英等皆参与之。戊申九月,推举主要会员归国,发展组织。焦达峰抵汉口后,与孙武协商,后于本月设立总机关。不久,孙武又与群治学社接纳,遂有黄申芗等加入共进会之事。群治学社与共进会于是建立联系。(《湖北革命知之录》,严昌洪、张铭玉、傅蟾珍编:《张难先文集》,第197—198页)

△　山县有朋提出《第二次对清政策》,"如清国依然不改变态度,我们不得不以武力威压它"。(俞辛焞:《孙中山与日本关系研究》,第355页)

5月

5月1日(三月十二日)　报载革命党人由香港内渡之传闻。

报载,两广总督张人骏"访闻现有逆匪孙逸仙之党徒三百余人,由香港内渡,拟赴京城,兹值先帝梓宫奉移之际,各大员皆须恭送,沿途饬应妥为防范"。即电请清廷饬沿江各关道密查由香港入境轮船,以防偷渡。(《严查党人乘轮内渡》,《申报》1909年5月1日,"本埠新闻")后,两江总督端方又访查"革党孙逸仙之羽党□□□,现在匿居常州,拟于月内潜至上海,向某洋行订购枪械",密电沪道饬令探捕人等守候各码头,严密查缉。(《电饬守拿革党》,《申报》1909年5月16日,"本埠新闻")

5月5日(三月十六日)　宪政编查馆奏定自治研究所章程。

宪政编查馆奏称:"查地方自治之制,虽东西各国一律通行,而溯厥由来,实分二派。有由市府而自然发达者,有由国家立宪而渐次推行者。今当中国创行自治之始,皆本预备立宪而生。臣等前奏复核《城镇乡地方自治章程》,首以渊源国权,对待官治,郑重剖析。兹据民政部拟定自治研究所各条,均属简要可行,谨就原章推阐,共订为十四条,伏候颁行各省,一体遵照办理。"(《宣统政纪》卷11)

5月15日(三月二十六日) 于右任在上海创办的《民呼日报》出版,以"实行大声疾呼为民请命之宗旨",尤其是大力揭发陕西吏治腐败状况,"陕省大吏恨之刺骨,日思有以中伤"。8月3日,受陕甘总督诬告,被租界会审公廨查封。9月8日,租界会审公廨判决,取消该报发行权,并将于右任逐出租界。于遂将报改名《民吁报》继续出版。(《记上海志士与革命运动》,冯自由:《革命逸史》第2集,第84—85页;罗家伦主编、黄季陆增订:《国父年谱(增订本)》上册,第289页)

5月19日(四月初一日) 起程赴欧洲。

日前,函告邓泽如等人,"定于十九号离星,往欧洲一游"①。此番赴欧洲之行,"以财政、外交为两大注意问题。英、法、荷等国各种外交,俱必于彼祖国政府运动,方能得力。至于财政问题,即前日借款要件,前途催往共商,为日已久,不能复缓"。又告,同盟会南洋支部事宜,托诸胡汉民经理,各事均可如常通知商办,他近期"有要事暂往香港,想未几即能返星;或伊有未暇兼顾之时,嘱托人代理,亦属汉民君之权责"。(邓泽如:《中国国民党二十年史迹》,第26—27页)临行前,又以"南洋大局,深望公等维持"嘱邓泽如。(邓泽如:《中国国民党二十年史迹》,第29页)

---

① 此函在《中国国民党二十年史迹》中作"(己酉年)三月十七日"。《孙中山全集》第1卷,因之作1909年3月17日。(《孙中山全集》第1卷,第406页)《辛亥革命史事长编》又将此函注为"1909年4月6日",(《辛亥革命史事长编》第6册,第225页)未知何据。《孙中山年谱长编》的编者"细审此函文义,'己酉年'三字为后加,此'三'字殆为'五'字之误植"。遂改系于5月17日(三月二十八日)。(陈锡祺主编:《孙中山年谱长编》上册,第464页)此函只言"十九号启程赴欧",而未书"几月十九日",显然是发函月份应与启程月份相同,当无疑义。问题在于,考虑到此函尾部后加的日期"(己酉年)三月十七日",很可能不是西历,而是阴历三月十七日,即西历5月6日;函内的"十九号"从时间的用语用"号",不用"日",似为阳历,即5月19日。综合《中国国民党二十年史迹》中信函注时间的习惯而言,这样解释此函的时间问题,既与文字相合,又与前后史实并无出入之处,似更合理。

是日,化名萧大江,从新加坡乘日本轮船赴欧洲,"送行者约有二千人",并在轮中遇到吴稚晖的眷属。(李书华:《吴稚晖先生与中山先生初次晤面的经过》,王云五等著:《我怎样认识国父孙先生》,第122页)后来,回忆当时赴欧的苦衷及分工安排称:"予自连遭失败之后,安南、日本、香港等地与中国密迩者皆不能自由居处,则予对于中国之活动地盘已完全失却矣。于是国内一切计划委托于黄克强、胡汉民二人,而予乃再作漫游,专任筹款,以接济革命之进行。后克强、汉民回香港设南方统筹机关,与赵伯先、倪映典、朱执信、陈炯明、姚雨平等谋,以广州新军举事。"(《建国方略》,《孙中山全集》第6卷,第241页)

不久,胡汉民赴香港,发展支部活动及组织新军事宜,南洋支部遂移于槟榔屿①。(冯自由:《中国革命运动二十六组织史》,第56页)

6 月

6月6日(四月十九日)　督办粤汉、川汉铁路大臣张之洞与英、法、德议定粤汉及鄂境川汉铁路借款草约,草签合同。(吴剑杰编著:《张之洞年谱长编》下卷,第1020页)

6月13日(四月二十六日)　江苏士绅于南京召开谘议局研究会,推举张謇为会长。

6月20日(五月初三日)　抵达法国马赛港,即乘车赴巴黎。在巴黎歌剧院(Paris Opera,原译巴黎奥别拉大戏院)租用带家具住宅三间,居月余。因曾托前安南总督协助借款,以法国内阁改组,事寝。(罗刚编著:《中华民国国父实录》第2册,第1175页)

6月22日(五月初五日)　革命党人倪映典密谋在广州运动新

① 关于此事,冯自由认为是孙中山"决意将南洋支部移于槟榔屿",又"令胡汉民归香港,扩张南方党务"。(冯自由:《革命逸史》第4集,第155页)

军,建立新的革命组织。

　　本年春,广州新军炮工辎各营成立。倪映典任炮二营右队二排
长,后调左队二排长,"每借卒兵散步,密以革命主义鼓动之",后被怀
疑,即告假暂避。徐维扬与朱执信仍密谋继续进行,后趁新军内部纷
争借机图谋大举。是日,倪映典、徐维扬等"会议于白云山,依期莅会
者数十人,即席举定干事员担任运动,并宣布革命方略之军律及其赏
恤各章,俾资遵守,而事事激劝。倪乃各给盟票二百张,以便分途进
行。自是不旬日而军界举手者甚众"。(徐维扬编、邓慕韩订:《庚戌广东
新军举义记》,第 59—60 页)

　　6 月 24 日(五月初七日)　函告吴稚晖,嘱对其行踪保密等事。

　　函谓:"从马赛港张兄曾托令郎带上一函,当已达览。便请将在
留英国各同志详情相示为望"。"故人 Mulkern 君亦数年未有通信,
未知迩来先生有与会面否? 彼仍在伦敦否? 并近况如何? 亦望告
知。"又谓"弟现在秘密行动中,无论中西各友,如已知弟到欧者,务望
转致请为勿扬,并切不可使报馆知之为要"。(《复吴稚晖函》,《孙中山全
集》第 1 卷,第 413 页)

7 月

　　7 月 4 日(五月十七日)　旧金山同盟会成员李是男等创办《美
洲少年周报》。(温雄飞:《中国同盟会在美国的成立经过》,中国人民政治协
商会议全国委员会文史资料研究委员会编:《辛亥革命回忆录》第 8 集,第 353—
355 页)

　　李是男于 1905 年在香港加入同盟会,后赴美。本年夏间,李是
男与黄伯耀、黄芸苏、许炯藜、黄杰亭、温雄飞等在旧金山纵论革命救
国主义,彼此志同道合,遂为黄等主盟入会,组织少年学社,作为对外
机关。又"以华侨风气未开,复饱受康梁保皇之毒,表同情于革命者

寥寥,非有鼓吹革命之言论机关,不能唤醒侨众",拟创办周报。因困于资本,乃假借同源会(美国土生华侨团体,李是男时任该会中文书记,黄伯耀任西文书记)名义,招股创办《美洲少年周报》,"由是男、伯耀二人担任印刷费,温雄飞、黄超五、李旺等分任撰述、发行等职务","一纸风行,大受侨胞欢迎"。后,李是男又组织金门两等小学堂,培育革命青年,传播革命思想。(黄伯耀:《李是男事略》,《近代史资料》总37号)

11月10日,同盟会香港分会主盟人之一谢英伯致函李是男,称已读《美洲少年周报》,"足下渡美以来,同学少年必众。此非皆他日栋梁之材,如能收入党中,共商大业,则必益于祖国者真不可量",希望他能够在美洲设立同盟会分会。"设立分会之法,须先遵照总部章程,其分会章程则由分会会员自行酌定",并将总会章程、举手礼式等文件一并寄送。(南京市文物管理委员会:《中国同盟会文献》,《近代史资料》总37号)次年,孙中山抵旧金山,即以少年学社为基础改建同盟会分会。

7月7日(五月二十日) 梁启超等人讨论清政府议开党禁之事。

梁启超对清政府开党禁,寄望甚深,致函梁仲策称:"开禁之议,近复大炽,闻将由常熟、义宁以及六君子,最后乃逮生者云。大约此事终办到,然痛快之举恐不可见。周公固贤,然英断似非先帝,比其视我,当亦寻常一时髦耳。兄年来于政治问题研究愈多,益信中国前途非我归而执政,莫能振救,然使更迟五年,则虽举国听我,亦无能为矣;何也,中国将亡于半桶水之立宪党也。"(丁文江、赵丰田编:《梁启超年谱长编》,第322页)

7月15日(五月二十八日) 宣统帝任陆海军大元帅,在亲政前由摄政王代理。

此举措贻革命者以口实,孙中山对此评论称:自载沣监国后不久,即另编禁卫军,由载沣自己亲统,同时派其弟载涛、皇族的毓朗、铁良为专司训练大臣。又派肃亲王善耆①、载泽、铁良、萨镇冰筹办海军。载沣自己还代理大元帅。又设军咨处,派载涛管理。又派其弟载洵、萨镇冰为筹办海军大臣;又遣载洵、萨镇冰巡视沿江沿海各省武备,旋又往欧洲各国考察海军。这一系列的举措,"是一个皇族集权问题,而且集中于总揽军政大权。你看他们三兄弟一个是监国摄政,暂行代理大元帅,是一切军权都操纵在手了","这更说明他们也感觉到皇室和满人地位的危险,深恐大权旁落,满人将受汉人的宰制,无以自存,他们就趁今日监国的机会,先把军权抓到自己手里,巩固皇族的大权,然后渐渐借政治上的力量来排汉。所以今后的形势,汉不排满,满也排汉了"。(《与李是男黄伯耀的谈话》,《孙中山全集》第1卷,第437—438页)

7月16日(五月二十九日)　革命党人许雪秋公开澄清其与孙中山不和的传闻。

许雪秋原与孙中山交往甚笃,先后奉命在潮州举事。后因举事的运械与经费问题,与胡汉民关系交恶,在陶成章的影响下,于南洋加入光复会。由于保皇党人借机挑拨离间革命党,因此许雪秋专门在《中兴日报》上撰文驳斥之。

许雪秋称,《香港商报》登南洋通信,兴谣造讪,谓"许某者,潮人,前受孙文运动,而散家资数十万者。今既无资,孙遂厌之,谓抢劫之事由其主使,英官至发差役搜其屋,许某大怒,现与孙文势不两立,欲置之死地以泄愤"。许将此信视为狂吠之言,其一,"吾之识孙君,已在家资中落之后。孙君所期于我者,盖许为同志,欲相与戮力以负恢复之责任;而吾自遇孙君,亦益自奋,思所以报国报知己者。孙君不以吾家中落而贫我,我亦不以家中落而自馁也"。其二,"吾既誓心革命,努力以谋光复,顾才与志违,机会未来,屡蹶蹈跌。然而孙君不以是而轻我,恒以卷土重来相策励,且尽力资助,期有一当。知己之感,

---

① 原作"耆善",误,应为肃亲王善耆。

有过于秦穆公之于孟明矣"。今虽郁郁居于新加坡，"岂一日忘故国"，"革命之勇气，百折而不挠，盖平日自励，与孙君之相期，有非尔保皇贼所知者，而乃妄造谣言，谓孙君以无资而厌我"。其三，抢劫之案与革命党无关，此前《南洋总汇新报》已借此诬革命，现《香港商报》更甚其词，"此种谣言，既诬他人，又欲他人自相猜贰，卑劣之技，真非人类所宜有"。其四，"吾与孙君相与之始末既如上所言，足知吾人以公义相结合，贯彻始终，决无有凶终隙末之事，而该报又捏谓吾与孙君势不两立、置之死地以泄愤"。总之，"想该报造谣之时，以如此不经之谈，许某必不屑介意，故不妨洋洋而道之。此与妄称陈君天华投海为不欲与孙共事，及妄称黄君兴与孙君不两立同一造谣"。（《辩驳保皇贼党含血喷人之特谬》，《中兴日报》1909 年 7 月 16 日，"代论"）

7 月 17 日（六月初一日）　函告王子匡，赴布鲁塞尔时间改在 21 日。

抵巴黎后，先后收到王子匡、贺之才、史青等留比学生来函。是日前，曾复函王子匡，谓"6 月 25 日来函已接读多日，以此间诸事未得要领，无从见复。曹亚伯兄向兄等所议集款，为美国行资，此事现尚未甚急，待弟到贵处议之犹未迟也。弟今次到欧，有数事与兄等筹议，故有同志多人所在之地皆欲一到，亲见各同志面谈一切也"。是日，又函告王子匡："弟初拟七月十九号来比，但是日尚约会一重要政家，故当改期廿一号乃来，已照函达丹池矣。余待面谈。"（《复王子匡函》，《孙中山全集》第 1 卷，第 414 页）

7 月 18 日（六月初二日）　陶成章在日本拟建暗杀组织，须声明与孙无关。

略谓："若再经营，或加一字，或改一名，或以暗杀名义行之。其章程中，不认孙文为会员，谅亦可以做得。弟当另拟章程，请兄与魏君及最热心诸人共同谋之，谅可有济。江、浙、皖、赣、闽之内地，弟犹堪招呼，一时不致冷落。近日专门注重暗杀（若办必先声明与孙文无涉,免至为人所借用)。而暗杀一道,浙人大有可为,可恨者经费无着。"又称,"各地之款,只有吧城寄来(即五百元也),大吡叻为弟事中山派人前去,致令会中大生冲突。至于吾兄欲得委任书,不必开会商斟,商斟必误。弟可担任以为保人。弟现拟邀旧日同事之人而尚未归国者,另组织一报,以为机关。否则筑室道旁,议论百年,亦未见其有成效也。兄如以为善,弟当即定章程,且不必举首领。举首领最为坏事,前车可鉴。孔子曰:'惟名与器不可以假人。'前次之举孙文,实授之以刀柄,而使之杀与刀于彼之人也。一误岂堪再误"。"文岛可以用总会出名筹款之说,已对克强说之。克强兄欲与弟同谋暗杀之事,但弟若不声明与孙无关系,决不顾也。"(《与某某书》,汤志钧编:《陶成章集》,第154—155页)

7月31日(六月十五日)　由巴黎抵达布鲁塞尔[①]。

8月2日,函告吴稚晖所谋党务进展及行踪:"巴黎事机颇有可望,惟非立刻可以成功,必待署令后各富者回城,搭路人一一见之,然后乃能实复。地步已至此极,弟毋须再留巴黎等候,已于礼拜六日来比京,同志八九人相见甚欢。弟大约于此礼拜之内,可以来伦敦相晤也。闻曹君亚伯已经迁寓,惟未得其新地址,故托一函先生转交。"(《致吴稚晖函》,《孙中山全集》第1卷,第415页)礼拜六即7月31日。

是年夏　陈其美与江浙革命党人谋在上海举事,旋事泄终止。

《陈英士先生革命小史》称:"己酉年夏,英士先生在上海与江浙两省同志商议大举计画,当时有党人刘光汉,时时往来上海机关中,但暗中实作两江总督端方的侦探,将党内消息报告端方。"端方侦知确凿消息后,与租界当局效欝,派巡捕查抄,因陈其美不在,褚慧僧、周淡游易装走脱,只有张同伯被捕,后移往南京监狱。(中央党史史料

---

① 《孙中山年谱长编》:"抵比京日期,《国父年谱》《孙中山年谱》均作7月22日。但据8月2日(星期一)致吴稚晖函,称已于礼拜六来比京,则可知抵比京时间应为7月31日。前函'改期廿一号',似已爽约。"(陈锡祺主编:《孙中山年谱长编》上册,第466页)

编纂委员会编印：《革命先烈先进传》，第 391 页）

8 月

8 月 6 日（六月二十一日）　在布鲁塞尔函告吴稚晖，明日赴伦敦，并拟赴美。

函称："弟定期明午由比京来伦敦，明晚（即七号晚）十时可到 Charing Cross 车站。八号午后，当来贵寓详谈。如八号或有阻不能到，九号午后必到。"在伦敦不过四五日，有船便赴美国，"到伦敦后乃与他方通电，或有意外之逢，则非此时所能知；如有此，则或暂留亦未可定"。（《致吴稚晖函》，《孙中山全集》第 1 卷，第 415 页）

本日，与马君武见面，获赋诗《蒲芦塞逢中山先生将以翌日适伦敦》送别："黍离怀故园，烽火老先生。天意殊无定，人权久不平。葡萄一杯酒，玫瑰十年兵。又是他乡别，英伦重此行。"（莫世祥编：《马君武集》，第 424—425 页）

在伦敦期间，曾获曹亚伯赠款。其"经过英伦，要往美国。有位老同志湖北的曹亚伯先生，他揣度总理旅费不充足，就集了四十镑钱，送到他的寓里。总理辞、受又毫不矫揉造作"。后用其购一大堆书，随身携带的四五只箱子，都是书，还有一部局刻的《资治通鉴》，要带给在美留学的儿子。（[美]孙穗芳：《我的祖父孙中山》，第 216 页）

8 月 13 日（六月二十八日）　在伦敦致函英国殖民地部，要求准许其到香港探望妻子和家人。

函中提及 1896 年其在伦敦被清朝公使馆绑架的事件，然后讲述其长期在日本、新加坡居留，妻子和家人却留在香港，彼此分隔。自 1896 年港英政府向他颁布为期五年的驱逐令，至 1902 年再次颁布，如今该限期已满，希望获准返回香港，探访家人。函中还称，他已在同是英国殖民地的新加坡居住约十八个月,并未给该地造成任何骚乱。同样保证在香港期间,不会参与任何政治活动,也不会在香港长期居留,"我将香港视为我的第二故乡,因为我曾就学于西医书院,我的家人现在也居住在那里"。然而,港英政府再次拒绝了孙的要求。
(莫世祥:《清末孙中山、同盟会与港英政府的博弈》,《深圳大学学报(人文社会科学版)》2011年第5期)

8月16日(七月初一日)　新加坡《星洲晨报》创刊。

该报与革命党关系密切,其办报宗旨:一、"首务开通民智,不屑阿附强权,以崇正黜邪为宗旨";二、"体裁以庄言正论导人,以讴歌白文讽世";三、"对于侨民,则注重生计,凡有关于华侨营业损益者,皆精心研究,切实开导,以固利权";四、"对于祖国,则注重民权,凡有贪官酷吏欺压平民者,皆尽力攻击,不遗余地,置利害于不计";五、志在醒世,文字务求浅显;六、志在普及,定价从廉。(《本报之特色》,《星洲晨报》1909年8月16日)

8月23日(七月初八日)　清政府颁行改订及续拟资政院章程,分总纲、议员、职掌、资政院与行政衙门之关系、资政院与各省谘议局之关系、资政院与人民之关系、会议、纪律、秘书厅官制、经费及附条等章,"与现订谘议局章程实相表里,即为将来上下议院法之始基"。
(中国第一历史档案馆编:《光绪宣统两朝上谕档》第35册,第323页)

8月24日(七月初九日)　邮传部奉旨接办粤汉及鄂境川汉铁路事宜。

是月(七月)　缅甸当局勒令《光华日报》停刊,且将报馆的革命党人居正、陈平汉等驱逐出境。

缅甸仰光的保皇党人一直伺机攻击革命党人,"会有商人互讦,登广告于《光华日报》。对方执是控于官,以余为被告。延律师出庭,法官为缅人,要余举手宣誓,并不问余,只法官与律师吱吱数语而退。隔数日,警察来勒余出境,并命《光华日报》停刊。初允买舟至槟榔屿。抵埠警察监视,不许离船。乃至星洲,监视如故。幸槟城同志电星洲邓子瑜,请律师向公堂以三千元担保获准,易船东去。邓子瑜设席,胡汉民、赵伯先在座畅谈。翌日登德轮。过香港,陈汉平同志登陆"。概言之,"殖民法律暗无天,广告非文亦获愆,日报停刊余出境,星洲犹不许离船"。(《梅川谱偈》,罗福惠、萧怡编:《居正文集》下册,第509页)

9 月

9月9日(七月二十五日)　在伦敦访问日本驻英大使馆,由参事官山座圆次郎接待。

次日,日使加藤高明将会见情形及会谈纪要报告外务省。报告称:"孙逸仙二三日前来英,于本月9日访问山座参事官。该人拟在本月末赴美,停留二三个月,希望到日本寄住,询问日本政府是否许可。告以从日清两国关系出发,碍难许可。又问经过日本赴新加坡,如何?答以仅仅经过不妨,但即使是暂时停留亦难同意,并恳切指出,若因其居留问题而引起日本政府的为难,应断然避免,这样对其本人亦有利。该人对此引为遗憾。"

关于山座参事官与孙逸仙会谈事情况,报告详称:"以前在新加坡流亡的清国革命党首领孙逸仙,本日访问本座参事官。该人自五月份从新加坡出发,在法国停留约三个月,二三日前由法国来伦敦,本月末左右去美国,停留二三个月之后,希望得到帝国政府许可回到日本。以前在离开日本之际,在政府当局者与该人之间,诸事由民间有志者斡旋,曾有过一年以后再来麻烦的话。而今,已过去三个年头,因此切望对帝国政府提出此项要求。

"山座参事官回答:今日情况不仅与三年前不同,而清国人民排日思想又处于横溢状态之中,此时若允许其回日本,则彼等清国人攻击日本之气焰不仅必将更为高涨,而且近来北京政府内部已略有警醒,认为须与日本维持良好关系,稍加努力,则可顺利解决满洲悬案,假如允许孙回日本,则必将使彼等再起猜疑,外国又将随而乘机中伤。因此,考虑到日清两国大局之利害,对其回日之事,帝国政府最终将不会批准。所谓民间有志者之话,经过一年再来日本,不会再出现麻烦之事,并非这个意思。事实如上,实难同意,谨此作答。

"至于问道仅是经过日本赴新加坡如何之事,答曰:仅是经过问题不大,若作短暂停留则日本政府碍难许可。

"孙逸仙随即对山座参事官之询问作答。谈到清国国内状态时,孙说政府之腐败,今犹如昔,例如司法制度,数次颁布改善的诏敕,但拷问的恶制仍然不改,反而增加租税,即增加人民的负担,假如任其存在,中国只有灭亡。故各地不满之人,不堪恶政,欲乘机辄发,但草率组织力量,徒舞旗帜,不仅得不到任何成效,且空费气力,并有受内外共同掠夺的危险,结果恐怕极为不利。故我党五六年来对彼等之活动竭力加以节制,告诫其毋为无谋之举,然而实际上难于制止。去年广东汕头附近及广东西部并广西云南掀起动乱,在汕头地方首先发动,其他地方相隔甚远,不能联络运动,且军费缺乏,最终归于失败。故今后必须准备十分充分,且努力集中于一切大举。我党对于地方人民,着重于政治上的鼓动,如他们在汉口及南京之军队,指挥之将校多数为我党人士,因此时间一到,则必倒戈以投我党;北京军队则自袁世凯罢黜后,气氛大变,对政府不忠。我党之纪律在去年动乱中得到了全面的考验,在云南附近占领了云南铁路,对各车站,用贮藏的巨额资金支付工资,革命军毫无掠夺,法国及其他外国人的生命当然也受到了充分保护。为此,他们对我党纪律之严明颇为感叹,当时法国官宪未给我党任何直接援助,因此我党的行动才能自由,不受任何束缚。其时,清政府请求法国政府保守中立,其后又交涉与法国政府合力打击我党。法国政府答以如承认交战状态,保守中立,那末就不能参与打击。不过因我党不幸,资力不足,不得不退入法境。不久法清两国为解决赔偿事宜纠缠交涉。逃往法境的革命党员,最初,清政府要求引渡。如法国政府不答应,则很难试图再次进入边境,清政府要求将他们从东京地区放逐,送到遥远地区。法国政府首先将若干革命党员,送到新加坡;英国海峡殖民地政府反对,虽一度出现麻烦,但经过协商,终于将六百名革命党员转往该殖民地。海峡殖民地政府对本人的活动历来是放任的,毫无监视情事。康有为改良派没有势力。梁启超在北京有朋友,为促使他归国正在斡旋,尚未解决。张之洞反对梁,故归国问题目前仍不现实。

"孙逸仙继续问道:若革命党有组织地进行策划大举发动,日本政府将持何种态度? 山座参事官据其上述答复,指出帝国政府不用说是诚心诚意地希望保持远东的和平现状,故对扰乱行为,不论来自任何方面,均将断然反对。然而,若不幸而出现此种局面,届时将采取适当措施以处置之。孙逸仙认为,英国之对华政策,受日本态度之影响,其他国家亦复如是。又称,经长期考虑,日本的态度最为重要,完全可以看出,得到日本的支持是十分必要的,希望能得到日本政府同意,到该国居住。山座参事官告以目前无法实现其愿望,给日本政府造成麻烦,对谁都不利。孙无法,只好离去。

"上述孙的言论难于完全相信,只供参考。又该人动静,将尽快报告,第179号电信,即刻发出。"(日本外务省档案,驻英大使加藤致小村外务大臣,1909年9月9日机密受第3051号,陈锡祺主编:《孙中山年谱长编》上册,第466—469页)

是月(八月)　陶成章、章太炎发动第二次倒孙风潮。

同盟会在东京成立以来,孙中山在两广、云南边境发动数次起义,加之其他各地举事亦多不成功,如云南河口之役、安徽安庆之役、广东潮州黄冈之役、萍乡醴陵之役等,"不下七余次,起来不到几时即成泡影",在东京的革命党人渐流于悲观,或对孙中山重在两广等的革命方略持保留态度,或对于革命前途多抱失望,各谋出路。"在东革命分子除同盟会黄兴赴香港,宋教仁赴东北密谋活动外,陶成章亦赴南洋群岛筹款。陶成章在新嘉坡因筹款事与孙、黄派内筹款的胡汉民、陈其美等互相攻击,互相破坏,结成深怨",至此爆发。(邓文翚:

《共进会的原起及其若干制度》,《近代史资料》总10号)

另一方面,章太炎主编《民报》以来,亦遭遇经费支绌的问题,既不满于孙中山接受日方款项,又希望孙中山接济《民报》经费。在章氏电催下,孙中山先后汇去三百元接济。陶成章自上年抵南洋后,要求拨三千元以作《民报》经费。孙中山无款可拨,将自用手表等物变卖。陶又要求筹五万元回浙江办事,孙中山不能办到,但允写信其赴各处筹措。陶氏遂不满,乃计划独自经营,与在槟榔屿李燮和商议,印刷光复会盟书,在南洋发展会员。12月间,陶赴槟城、霹雳筹款,成效甚微,因怀疑孙中山从中作梗,且因未再得其介绍信,陶即开始攻击孙,并赴爪哇、泗水等地发展光复会会员,参加者有许雪秋、李燮和、曾连庆等人,与同盟会并立。

本年5月,陶成章在文岛散布谣言,称孙中山将各地捐款攫为己有,用于起义经费者仅一千余元。李燮和为了公开反对孙中山,联络川、广、湘、鄂、江、浙、闽七省在南洋的同盟会会员中的失意者,炮制了《七省同盟会员意见书》(即后来的《布告同志书》),凡三种十二项,以及善后办法九条,称孙"诓骗营私""残贼同志""蒙蔽同志""败坏全体名誉"。又称孙在香港上海汇丰银行存款二十万,助孙眉在九龙造屋,以此耸人听闻。在所提要求中,有"开除孙文总理之名,发表罪状,遍告海内外",以及废除南洋支部章程,另订新章,使南洋各分会直属东京总部;重设《民报》机关,附设旬报等。陶并赴东京,要求本部开会讨论。黄兴拒绝其要求,并与谭人凤、刘揆一联名致公函与李燮和等,逐条为孙中山辩诬。不久,被《中兴日报》社解职的陈威涛,在爪哇印刷将《七省同盟会员意见书》印刷百余张,邮寄中外各报报馆刊载,被《南洋总汇新报》获取后,易名《孙文罪状》发表,舆论哗然。(胡国枢:《光复会与浙江辛亥革命》,第243页;《南洋革命党人宣布孙文罪状传单》,汤志钧编:《陶成章集》,第169—178页)

其时,章太炎不满于黄兴、汪精卫在东京准备续出《民报》25号、26号之事,遂在陶成章的策动下,刊印《伪〈民报〉检举状》,称孙中山

"怀挟巨资,而用之公务者十不及一",并称"昔之《民报》为革命党所集成,今之《民报》为孙文、汪精卫所私有,岂欲伸明大义,振起顽聋,实以掩从前之伪诈,便数子之私图。诸君若为孙氏一家计,助以余资,增其富厚可也;若为中国计者,何苦掷劳苦之余财,以盈饕餮穷奇之欲"!此传单被分送美洲、南洋各地。此为章、陶等人发动的第二次倒孙风潮。

时在东京的黄兴,立场十分明确,为孙中山辩护。据陶成章致李燮和等函称:"公函(按指《七省同盟会员意见书》)已交克强兄。惟彼一力祖护孙文,真不可解。精卫来东京已十余日,与克强同住。石屏在安南信孙文大言,亦为所迷。精卫此次之来,一为辩护中山,二则因南洋反对日多,欲再来东京窃此总会及《民报》之名,以牢笼南洋。盖东京总会无人过问,故彼图此以济其私。弟现已明白宣言:不由众议而自窃取者,无论何人,弟等决不承认。"(《致王若愚、李燮和书》,汤志钧编:《陶成章集》,第156页)

陶又谓:同盟会东京总会已名存实亡,仅由一二人定议,不与众人公议,如《民报》再刊一事,"以精卫为编辑人,由秀光社秘密出版,托名巴黎发行,东京同人概未与闻。为易本羲兄所知,告之章太炎先生,太炎大恐,于是有传单之发。克强既不肯发布公启,弟往向之索回,不肯归归。太炎传单出后,克强屡使人恐吓之,谓有人欲称足下以破坏团体之故也。遂又登太炎于《日华新报》,诬太炎以侦探,谓因其与刘光汉有来往也。又以信责弟,以神圣孙恶,而隐隐以弟谓授(受)政府之指使"。总之,"克强如此,故现在东京皆人人疑惧,不可与有为矣"。

在陶成章看来,当时已形成一股倒孙、黄大势。湖南大多革命党人,均反对黄兴。湖北会长既赞成发表孙中山罪状之举,且反对黄兴。陶坚持"此次设立会长,均以不置总会长为是",以免"第二孙文将复见于他日"。至于章太炎,"其人并非无才之人,不过仅能画策,不能实行,其立心久远,志愿远大,目前之虚名,彼亦所不愿也。大约日后使彼来南洋讲学,广招学徒,分布四方各埠,其效果当非浅鲜。若以会长处之,用违其才,反碍前进之路"。此外,"近接恨海之信,知新加坡之张永福、陈楚楠亦已反对孙文"。(《致李燮和、王若愚书》,汤志钧编:《陶成章集》,第158—160页)

9月22日,陶成章称"公函交与克以而后,并不发布与各分会看,均留克公处。克公欲复一公函,此复函即由克公等数人拟之而发,其中即以克公及精卫二人所知者而为之辩难。克公之说,弟不敢以为非,而亦不敢竟断其为是"。陶成章指孙中山称其为保皇党及侦探之事,"克公以为无有,而石公更以为无有"。"克公以为南洋之事,久远非所宜,意欲速就为是,皆与弟及兄等之意大相反。且以为不开除孙文,无妨于事。不知各埠感情已大坏,势已分崩瓦解,必然至于莫可收拾而后止。"(《致亦逵等书》,汤志钧编:《陶成章集》,第161页)

9月24日,陶成章又称:"到东京后,即将公函交付克公,迄今并不发布,专为中山调停";"弟及兄等与中山已不两立,看来非自己发表不行矣"。他希望黄兴反孙落空,遂攻击黄兴,谓黄兴来信"中多无理取闹之言,可恨已极。彼之如此,不过欲俟《民报》出版,以为其掩饰"。"克公贪于目前之近利,不识适贻日后之祸患,而以之反伤其同人,有所不计。"(《致王若愚书》,汤志钧编:《陶成章集》,第163页)

对于陶成章、章太炎倒孙风潮,孙中山和黄兴亦予以回击,使双方矛盾渐处于不可调和的地步,各执一词。既往论述较多偏于孙,然而情感偏向于陶成章者,自有另一番说法。据魏兰《陶焕卿先生行述》称:陶成章赴南洋各属运动,"孙文、胡汉民皆作函阻止之","至网甲岛之滨港,孙文诬指先生为保皇党,运动人暗杀先生,幸赖李燮和(改名柱中)力为剖白,始免于难。时李燮和等在网甲为学堂教员,亦屡忿孙文之以诈术待人,遂联络江、浙、湘、楚、闽、广、蜀七省在南洋办事人,罗列孙文罪状十二条、善后办法九条,并将孙文往来信札,交先生手,托其带至日本东京同盟会总会,不欲戴孙文为会长。燮和恐先生遭暗杀，并托人护送至新加坡。孙文随命汪精卫尾随先生而至东京，与同盟会书记黄兴联络，黄兴偏袒孙文，不肯发布，并作书覆李燮和等，为孙文辩护，洋洋千余言"。又因章太炎作《伪〈民报〉检举状》及陶成章、陈威涛散布《孙文罪状》，"孙文大怒，命各机关报攻击先生与章太炎、陈威涛不遗余力。先生因作《布告同志书》一册，直言孙文种种之非，并略述自己生平所经历"。（魏兰：《陶焕卿先生行述》，汤志钧编：《陶成章集》，第433页）

10 月

10月3日（八月二十日）　自《民呼日报》被查封后，于右任又在上海创办《民吁日报》①。

该报发刊称："于右任曾于本年三月，在上海集资发刊《民呼日报》，出版甫四月，因抨击时政，为陕甘二省当局控告，卒被租界当局封闭停业，并逐出租界。于氏乞不稍馁，旋改名《民吁报》，继续出版。"命名缘由，在于"民不敢声，故仅吁耳。曰今世界之民复有以吁代其声者乎？曰：有之，俄人不使波兰人声也，而波兰人吁；英人不使印度人声也，而印度人吁；法人不使安南人声也，而安南人吁；日本不使朝鲜人声也，而朝鲜人吁。曰彼何以不使其民声而必迫之令吁，曰英、美、德、法、义、日诸强国何以不迫其民吁，而必听之使声，曰知之矣。但我中国今日其民何以必吁？曰我中国今日之民何以不吁？"故而《民吁日报》"以提倡国民精神，痛陈民生利病，保存国粹，讲求实学为宗旨"。（《民吁日报》1909年10月3日）

于右任在辛亥革命期间创办的上海三家报纸，"《神州日报》之持

---

①　《于右任先生年谱》称"八月十六日，先生创办《民吁报》出刊"，（台北陕西文献社编：《于右任先生年谱》，章开沅等主编：《辛亥革命史资料新编》第2卷，第130页）似误。

论,多为民族精神之发扬,《民呼报》则注重于内政之抨击,《民吁报》则又注重于国际正义之伸张"。因《民吁日报》声援韩国革命党人安重根刺杀伊藤博文事件,该报于11月18日被苏松太道蔡某查封,于右任入狱,"其后仍以停报为先生出狱之条件。出狱后,先生第二次赴日"。(《上海民吁日报小史》,冯自由:《革命逸史》第3集,第308—316页;《于右任先生年谱》,章开沅等主编:《辛亥革命史资料新编》第2卷,第130页)

10月6日(八月二十三日)　报载广西巡抚拿获革命党人,并搜出孙中山信件及传单。

《申报》载北京专电,称"桂抚张奏文渊获匪王老虎,搜出孙逆信件并传单,意在集款购械,勾结内匪,煽惑起事"。据王老虎供称,孙中山来函邀集同伙集款,"随时购买械件,至究竟作何用处,实不知情"。所搜出的传单,内有"勾结内匪起事"之语。(《电三》,《申报》1909年10月6日,"专电";《电告查获孙汶党羽之确据》,《申报》1909年10月15日,"紧要新闻一")清廷命张鸣岐得供后,即将党人就地正法,并随时查探"近日孙汶有无举动,如有蠢动消息,随时奏闻,勿隐讳"。后张奏称广西颇称安谧,"孙逆亦毫无举动"。(《电一》,《申报》1909年10月28日,"专电";《桂抚电告孙汶毫无举动》,《申报》1909年11月12日,"紧要新闻一")

10月8日(八月二十五日)　拟在巴黎办《学报》,作为联络中国内地及法国之支持中国革命者。

致函王子匡(即王鸿猷),嘱与王宠惠(字亮畴)、石瑛共同筹办一报纸,"此事如何办法,从何集资,请兄可直接与亮畴兄商量也。彼若肯出名,吾党各同志可各就其地运动清公使助资;公使肯出资,将来必肯代为介绍行销内地,如此销场一广,则运展可灵。此报将来可作交通内地各省有心人之机关,又可作联络欧洲学界之枢纽。其言论表面当主平和,以不触满政府之忌,而暗中曲折,引人入革命之思想",至于"蔺兄主于报外另印单张,专言激烈之事以动人;别出他名,按照看报者之地址以分寄。此亦甚为可行"。该报可命名为《学报》,

言科学、政理及欧洲时事等等,尤其于欧洲时事中可多引革命之事实。

此外,张翼枢曾与法人 Maybon 商量,欲将《学报》刊中、法两种文字,"如此乃可销于法人之留心东方时事者,并可招徕法商广告,以补助报资"。他们甚至拟在巴黎设一机构,作为联络法国有心人以助中国革命。张聪敏有办事之才,"滇粤起兵时,与法人办交涉皆多彼之力,甚有成效。将来巴黎一地,有足下、亮畴及张兄同聚一处,吾信兄等必能商筹妥善之法,以联络法人而得其助力"。(《致王子匡函》,《孙中山全集》第 1 卷,第 416—417 页)

10 月 14 日(八月三十日)　全国除新疆省外,各省谘议局均宣告成立。

10 月 19 日(九月初六日)　陶成章、章太炎拟向南洋各埠发传单,指责孙中山等窃夺《民报》。

陶成章致李燮和函称:"太炎大恨孙文,因彼等欲窃取《民报》事,已发了传单,分送南洋各埠,弟另保险寄上二百张,请兄再为分送各埠。"22 日,又函称"南洋局面,已败坏到极点,一切均难收拾。惟教育一方面尚可着手","近来东京人心大坏,南洋更不可不注意"。(《致李燮和书》,汤志钧编:《陶成章集》,第 167—169 页)

10 月 22 日(九月初九日)　致函王子匡,回应陶成章攻击诬谤一事。

函谓:"近接美洲来信,谓有人托同盟会之名致书各埠,大加诋毁于弟,不留余地,该处人心颇为所惑云。此事于联络华侨一方面,大加阻碍矣。为此事者乃陶成章。陶去年到南洋,责弟为他筹款五万元,回浙办事。弟推以近日南洋经济恐慌,自顾不暇,断难办到。彼失望而归,故今大肆攻击也。东京留学界之不满意于弟者,亦有为之推波。故从外人视之,吾党已成内乱之势。人心如此,真革命前途之大不幸也,可为浩叹!"

又劝王子匡助杨毓麟办通讯社,"此事关于吾党之利便者确多,将来或可藉为大用,亦未可定。兄宜共同担任之,切勿避嫌。盖吾人若不理之,必致落于他人之手,则此物又可为吾人之害也。幸为留意图之"。并嘱其助张翼枢筹学费。(《致王子匡函》,《孙中山全集》第1卷,第417—418页)

10月25日（九月十二日）　离英赴美之前致函吴稚晖,对陶成章之诬陷"得名""攫利",予以辩白和回击。

函谓:"昨日先生之意,以为宜将此事和盘托出,以解第三者之惑,而表世界之公道。弟再思之,先生之言甚是。而世人之所见疑人者,多以用钱一事着眼,故将弟发起之三次革命所得于外助之财,开列清楚。然此适表出以前助者之寡,殊令吾人气短。然由前三次推之,则一次多一次矣。若明明白白表示于人前,使新得革命思想者无此疑惑,安知下次不更得多助乎?前二次助者无几,无甚可对人报销之事。前年第三次之款多由外助,而出款之人如南洋各埠,则零星合集数万金,当为千数百人之所出也,弟此处未有详细数目。然各款收入与支出,弟在安南时多自经手,弟离安南后则汉民经手。而受款分给各处用者,则河内之五家字号经手,以用于钦廉、广西、云南三地;其潮惠之款,则由香港同志经手;日本办械、租船之款,则由日本股实商人经手;皆有数目列明。除所入各款,尚支长万余元(即河内之欠债)。弟所开各处之入款是大约之数,因不记详细,所报皆过多面〔而〕从无报少也。收款多由精卫,支款则我与汉民也。此事弄清,则可破疑惑矣。除三人经手之外,知各款之来路去路者尚有多数共事之同志,即今巴黎之张骥先亦其一也。请先生为长文一编,加以公道之评判,则各地新闻通之人心自然释疑,而弟从事于运动乃有成效也。所言事实皆当作第三者之言,则较弟自言者更为有力也。留此以作面谈,今晚有暇请到寓一叙为望。"

又对陶成章所攻"得名""攫利"二事进行剖白。"自庚子以后,中国内外人心思想日开,革命风潮日涨。忽而萍乡之事起,人心大为欢迎。时我在日本,财力甚窘,运掉不灵,乃忽有他方一同志许助五万金,始从事派人通达湖湘消息,而萍乡军已以无械而散矣(此事不过乘一时矿工之变而起,初未谋定而动,故动,他方同志多不及助,是以不支也)。惟有此刺激,人心已不可止,故定计南行,得日人资万四千元及前述所许五万元,以谋起义。""自潮州、惠州、钦廉、镇南、河口五役及办械、运动各费,统共利用将近二十万元。此款则半为南洋各地同志所出,为革命军初次向南洋筹款者。今计开:由精卫向荷属所筹者约三万余元,向英属所筹者万余元,共约四万元,向安南、东京及暹罗所筹者约五六万元。我手得于上述之同志五万元,得于日本人万四千元,河内欠债万余元。此各项之开支,皆有数目,皆有经手。除梁秀春自行骗去五千及累去船械费数万,又一人骗去千余及陶成章用去一百,此外之钱皆无甚枉费,自我一人于此两年之内,除住食旅费之外,几无一钱之花费,此同事之人所共知共见也。而此期之内,我名下之钱拨于公用者一万四千元,家人私蓄及首饰之拨入公用者亦在千数百元。此我'攫利'之实迹,固可昭示于天下也。"

关于东京同志以官费折作按贷钱一事,"此诚我罪矣。然家兄亦因家产作按而致今日之破产,亦我罪也。河内五家作保之万余元,至今犹未还,亦同为我之罪也。然此时则无如之何之际,闻陶现在南洋托革命之名以捡〔敛〕钱亦为不少,当有还此等债之责也,何不为之!"至于在南洋出保护票之事,"乃荷属一隅同志所发起行之,本属自由行动,至成效如何我全未闻之,亦无从代受责任也。而陶成章亦在南洋印发票布,四处捡〔敛〕钱,且有冒托我名为彼核数,其不为棍骗乎? 其无流弊乎? 问陶成章当知知之,今乃责人而不自责"。(《致吴稚晖函》,《孙中山全集》第 1 卷,第 419—422 页)

△　经联络,《民报》托名巴黎《新世纪》社发行,仍由日本秀光社秘密出版。

自《民报》案后,革命党人即谋继续出版,以著述、经费两者困难,未能迅速出版。后接孙中山欧洲来函,谓巴黎《新世纪》社允担任印刷事务。秋间,又得香港林文(林时塽)之且,由汪精卫至日本担任编辑。《民报》于本日起秘密出版,以《新世纪》社为发行所,"惟是事事皆从秘密,经费较前为多,往还邮费殊为昂贵,又不能纯为营业的性质,借所入以资周转"。此事又与陶、章倒孙事件息息相关,盖"章太炎此次之发布《伪〈民报〉检举状》,乃受陶成章运动(陶因在南洋欲个人筹款不成,遂迁怒中山,运动在南洋之为教员者,连词攻击之。陶归东京后,极力排击,欲自为同盟会总理,故谓《民报》续出,则中山之信用不减,而章太炎又失其总编辑权,无以施其攻击个人之故智,遂为陶所动),遂有此丧心病狂之举。已于二十六号中登有广告,想同人阅之,皆晓然于太炎人格之卑劣,无候辩论也"。(《致巴黎新世纪社书(二件)》,湖南省社会科学院编:《黄兴集》,第12页)

10月26日(九月十三日)　资政院奏准资政院议员选举章程。

△　朝鲜爱国志士安重根,在哈尔滨刺杀日本前首相、韩国统监府统监伊藤博文。

10月29日(九月十六日)　函告南洋同志,在法英两国未能筹款。

函谓:"弟自抵欧以来,竭力经营筹划,以期辅同志之望。然所谋至今尚未就绪,因在南洋时所得前途所拟之条件(即在芙蓉呈览之件),乃经手人欲从中渔利,非资本家之意也。弟察悉此情,即行婉却经手之人,而托政界上有势力之韬美君(即前任安南总督)帮同运动资本家。韬美君满意赞成,将有成议矣,乃不意法国政府忽然变更新内阁,大臣比利仁不赞成此事,而资本家故有迟疑。而韬美君仍欲与外部大臣再商,欲由彼以动新内阁大臣,因法资本家非得政府之许可,断不肯投巨资也。即由前之经手人交涉,结果亦必如此。前经手人一见吾人河口之事实,则出条件以示吾人者,彼盖忖知前内阁居利文梳必能许可,故投机而来也。而内阁之变更实为意外之事,否则无论何人说合,皆可成事也。韬美君游说外部之事,至数日前始有回实音,云'现在事不能求,请迟以有待'等语。"

英国方面亦尚无眉目，且介绍人已赴美国。因此，即于 10 月 30 号起程往美，以观机局如何。（邓泽如：《中国国民党二十年史迹》，第 29—30 页）

10 月 30 日（九月十七日）　自英国启程赴美国。

29 日，函告布鲁塞尔同盟会会员称：“弟明日动程往美。此行于联络华侨恐难有效，因陶成章造谣攻击，人心颇有疑惑，一时未易入手。惟于美国有势之人，有数路可通，不可不一往，以观机局。”（《致布鲁塞尔同盟会员函》，《孙中山全集》第 1 卷，第 422 页）

此行赴美，“除进行财政外，更整理党务，改定章程，并将誓词‘驱除鞑虏，恢复中华，建立民国，平均地权’四语，改为‘驱除鞑虏清朝，建立中华民国，实行民生主义’三语，复将‘中国同盟会会员’改为‘中华革命党党员’。因河内之役，英、法、南洋殖民政府，已承认革命党为政治团体之故。”（《中国同盟会成立后之经过》，《革命文献》第 65 辑，第 14 页）

是月（九月）　中国同盟会南方支部在香港成立，以胡汉民为支部长，汪精卫为书记，筹划国内武装起义①。

冯自由记述：“己酉九月，香港同盟会员以各地党势日盛，建议于香港分会之外，添设南方支部，以扩大组织。遂推举胡汉民为支部长，汪精卫为书记，林直勉会计，会所设于黄泥涌道。其开办费初由直勉捐助之②，自是南方支部与香港分会划分权限。分会专任香港以内党务，西南各省之党务则由支部统理之。汪精卫仅任书记三月，即离港北上。”（《香港同盟会史要》，冯自由：《革命逸史》第 3 集，第 236 页）

———————————

①　关于南方支部的成立时间，说法不一。《国父年谱》第 328 页作“九月”；《中国国民党史稿》第 1 篇第 2 章第 106 页作十一月以后成立。《革命逸史》初集第 201 页作“己酉冬”；同书第 3 集第 236 页又作“九月”。（陈锡祺主编：《孙中山年谱长编》上册，第 476 页）

②　据莫纪彭《同盟会南方支部之干部及庚戌新军起义之回顾》（《中华民国开国五十年文献》第 1 编第 12 册，第 17—18 页）记述，南方支部设立的经费，系由林直勉析家产一万余元充用。

胡汉民回忆:"时先生已任余为南方支部长,支部费用,由港同志负担,林直勉、李海云则倾其家以为助;余更使同志分至南洋荷属筹款,而嘱邓泽如在英属综募军资。其时克强已由日本到港。赵伯先为清督抚所猜忌,去军职至港。"(《胡汉民自传》,《近代史资料》总45号)

同盟会南方支部成立后,即联络革命党众,运动新军。"倪映典自广州至香港,报告运动新军成绩,支部乃电邀黄兴、谭人凤、赵声来港,共图大举。总理自美汇款接济,而赵声亲到省垣,居中策划,莫纪彭亦至省机关部助理一切,邹鲁等则任巡防营布置,陈炯明、朱执信、邹鲁、古应芬等则任联络谘议局及学报界人才,朱与胡毅生并任民军响应、姚雨平、林树巍、李济民、罗炽扬、苏慎初、钟德贻等则暗中联络新军速成毕业的队官、排长、见习官等。维扬、巴泽宪、赵珊林、杨凤岐等专任运动新军干部士兵,以备发难。南方支部乃分发革命运动章程十条(章程另录),而巴泽宪于十一月十六日昧爽,因事泄潜逃,维扬负招待干部同志之责,特设机关于雅荷塘。然办事需人,乃与陈哲梅运动炮一营右队排长谭瀛、司务长梁耀宗加盟,并与之结为兰交,使谭夫妇同居之,以便助理一切。而清水濠机关则为机要重地,胡汉民之妹宁媛,林直勉之妻均常居于此,而赵声则时到此处策划一切。如是布置就绪,尤恐计划未周,乃由维扬担任,选择新军勇敢诚实者,编为发动员。九月下旬,维扬复与莫纪彭入花县,组织番、花同盟分会,招罗同志,择其善战可靠者二百人,编为敢死队,以备赵声率其一部入北校场、倪映典、维扬率其一部入燕塘,协同新军动员一齐发难之用。于是定期庚戌正月初六日起义。"(徐维扬编、邓慕韩订:《庚戌广东新军举义记》,第59—61页)

11月

11月7日(九月二十五日)　黄兴来函,告知东京党人应无人致函美洲进行诬谤,及陶成章、章太炎在东京活动情形。

函谓:接伦敦之函,"得悉有人冒名致函美洲各埠,妄造黑白,诬谤我公,以冀毁坏我公之名誉,而阻前途之运动。其居心险毒,殊为可恨!"经调查东京各团体,"无有人昧心为此者"。陶成章由南洋来东京时,"痛加诋毁于公,并携有在南洋充当教习诸人之公函(呈公罪状十四条),要求本部开会,弟拒绝之,将公函详细解释,以促南洋诸人之反省。"因公函中有湖南数人另致函黄兴、谭人凤及刘霖生,故由黄、谭、刘三人出名向南洋诸人解释。

不料陶成章来东京时,一面嘱南洋诸人将前公函即在当地发表,一面在东京运动党人要求开会,"在东京与陶表同情者,不过与江浙少数人与章太炎而已"。因黄兴阻止其事,故又攻击黄兴及续出的《民报》,"谓此《民报》专为公一人虚张声势,非先革除公之总理,不能办《民报》"。后即运动章太炎在《日华新报》登一《伪〈民报〉检举状》。陶章的卑劣手段,引起东京党人及非同盟会员者的痛骂。黄兴与精卫等拟不以大度包之,与之计较,"将来只在《民报》上登一彼为神经病之人,疯人呓语,自不可信,且有识者亦已责彼无余地",将来亦不失众望。总之,《民报》第 25 号已出,26 号不日亦可出,东京党务请勿忧,"美洲之函,想亦不出陶、章之所为"。(《复孙中山书》,湖南省社会科学院编:《黄兴集》,第 9—10 页)

同日,黄兴致函美洲各埠中文日报同志,解释匿名攻击孙中山的信函一事。内称:"同盟会总理孙君今春由南洋起程赴欧,将由欧来美,想各位同志已有所闻。本处风闻于孙君未抵美以前,有人自东京发函美洲各埠华字日报,对于孙君为种种排挤之词,用心险毒,殊为可愤。""按本会章程,如总理他适,所有事务由庶务代理,故凡公函必须有庶务签名及盖用同盟会之印者,方可认为公函。"如非公函,仅有多数会员签名,则为会员函件,请将其姓名及所述内容,抄寄一份寄回本部,"俾得调查考核,以明是非曲直之所在"。"如系匿名之函,则其为清政〔府〕侦探奸细之所为毫无疑义。近日奸细充斥,极力欲摇撼本党,造谣离间之事陆续不绝,同人可置之不理。"此外,关于南洋分裂的举动,本部及南洋分会已解释一切,"望我各位同志,乘孙君此次来美,相与同心协力,以谋团体之进步,致大业于成功,是所盼祷"。(《致美洲各埠中文日报同志书》,湖南省社会科学院编:《黄兴集》,第10—11页)

同盟会会内同志,大多不直陶、章之所为,如原光复会领导人蔡元培,在复吴稚晖函中即谓,"吾党凋枯,令人痛哭。陶君之内讧,尤为无理取闹。此公本有此等脾气,前与徐、陈诸君结为特别死党(凡五人);在东京时,亦以党款故,与徐君龃龉,驰函各处攻徐君,谓其有异志。然徐君卒不出一诋陶语,识者曾以是见判徐陶之优劣,及徐君殉义,则是非更昭然矣。吾族终不免有专制性质,以政府万能之信仰,移而用之于党魁,始而责望,终而怨怼,真令人短气!"(高平叔编:《蔡元培全集》第1卷,第579页)

11月8日(九月二十六日)　抵纽约,时在巴也街72号开店的洪门老友黄溪记(号佩泉)至码头迎接。(《海外各地中国同盟会史略》,冯自由:《革命逸史》第4集,第165页)

在纽约期间,会见哥伦比亚大学学生顾维钧,谈论国内形势,启迪革命。略谓:应组织一个政党,每一个关心国家幸福的人都应该属于这个党,但没有充分说明这样一个政党应该具有什么样的纲领。谈话中,也没有公开讲鼓动推翻清朝和大致按照美国的模式建立一个共和国,没有说要建立民国,但"谈到有必要把中国建成一个强国,并强调中国具有成为强国的一切条件",特别强调了工业化和发展经济的重要性。

"他确实谈到,总有一天要发生推翻满清的革命。他说,一旦他得到人民和一支组织的武装力量的支持,就肯定会胜利。我记得他说,这支军队会很容易,从华南行军一千二百到一千五百英里到达北京。他所显示的对本国地理的知识,给我留下特别深刻的印象。他可以列举一个又一个城市。总之,他说中国必须有一次革命。这

场革命一开始，一支组织良好的军队向北京进军就不会有困难。他
说，他将从广州或桂林出发。接着他就说，某地有一条河流，某地有
一座多高的山。对啊，这就是北伐思想的萌芽。

"他曾婉转地敦促每一个有思想的中国人都加入革命党，以实现
推翻满清，拯救中国；不过他没明说。我想，他知道这是任何一个认
真的中国青年所必须仔细考虑的问题。他显然想要播下对事业充满
信心的种子。我所得到的另一个印象，是关于他的具有魅力的品格。
他热情洋溢，友好可亲，令人倾心。他使我感到他只是一位朋友。"
（中国社会科学院近代史研究所译：《顾维钧回忆录》第 1 分册，第 67—68 页）

报载在此期间，哥伦比亚大学的中国留学生还请孙中山入校演
说，"孙深通英话，于中外社会情状及万国革命原理最为洞悉。该校
校长及英人各教师及知名之士，均在座同听孙说出：中国一日不革
命，则东亚一日不平和，则各国之通商大生阻力，尤于美国有绝大关
系。至在哥伦比亚大学演说后，西人几请其演说，前后已有数次"。
（《孙逸仙之游踪》，《香港华字日报》1910 年 1 月 20 日，"京省旧闻"）

11 月 10 日（九月二十八日） 法国驻华公使致本国外交部长论
及孙中山的革命事宜。

他称，"几年来，孙在华南各省策动反对满清皇朝的风潮，为
此，他一直在寻求列强的支持。此人在中国巡警的追逐下到处避
难，先后到过具备下述两个条件的所有地方，一是这个地方须临近
他想要采取行动的地区，二是这个地区属于外国的司法管辖区，能
保护他免受其出生国当权者的迫害"。近年来，英国（香港）、日本
均已无法提供他经营革命的庇护。孙在一定时间内，"还曾得到过
许许多多他的南方同胞的好感，然而现在却瞧着他的会员人数日
渐减少，同时财源枯竭，开始时相信他的人对他的信念也在减弱"。
同时，"孙逸仙受到中国间谍的密切监视，北京对他的一举一动了
解得清清楚楚，这便足以引起皇朝政府对我们所要求解决的大量
事务作出无诚意的表现，它完全可以认为我们在支持旨在反对它

的阴谋"。(《法国驻华公使致外交部长先生》,章开沅等主编:《辛亥革命史资料新编》第7卷,第160页)

11月11日(九月二十九日)　新加坡《南洋总汇新报》开始以《南洋革命党人宣布孙文罪状状传单》篇名,刊发陶成章等人倒孙宣传单,当日未完,后于27日、29日续载。上海《神州日报》亦刊载。

《南洋总汇新报》借机讽刺革命活动,且使南洋华侨务资助革命者钱财,略谓:"自革命邪说流毒南洋以来,一般之劳动社会几于尽为所惑,其每况愈下,如尤烈等创立中和堂名号,搜罗万象,但知敛钱,不论流品,甚至如茶居酒楼之堂馆〔倌〕、妓院娼寮之厨夫,亦皆侈言革命,流风所及,诚足为风俗人心之大害。记者怒焉统之。兹特将此传单录出,在记者之意,不过欲使华侨知革党之内容如是如是,则已入迷途者,宜急早回头,将入而未入者,更宜视之。若浼大之为国家,培无限之正气,小之为华侨,惜有限之资财,如是焉而已。"(《南洋革命党人宣布孙文罪状传单》,《南洋总汇新报》1909年11月11日、27日、29日)

11月12日(九月三十日)　函告吴稚晖,抵美后情形,建议致函美、檀华文各报,以澄清陶成章等人的谣言。

陶成章散布《孙文罪状》的传单,在海外影响较大,如"美西金山等处华人思想颇开,惟被陶布散传单之后,新得革命思想之人对于弟之感情大不善,非多少时日未易解释此种疑惑"。孙中山认为,"最妙莫如由《新世纪》用同人字样作一函致美西四报馆即《大同》《美洲少年》《中西》及云哥华之《华英》,及檀香山三报馆《自由》《生》《大声》,作为同业互通消息之谊,将陶信内忌功、争名、争利及煽人行杀于弟之口声之无理处指出,并下以公平之评判",使美洲报业同行不可误听一面之词。"此函当由巴黎寄发及盖《新世纪》之印据,如此则必为力甚大。倘各报馆能维持公论,则诽语不能摇惑也。有《新世纪》报论,更有专函,则此事可以销释,弟不用自解矣。"(《致吴稚晖函》,《孙中山全集》第1卷,第424—425页)

次日,《新世纪》载吴稚晖文,驳斥陶成章等人诋毁事,称:近见有东京同盟会布告孙文罪状书,所言不惟无足为孙文之罪状,且适显其沾染保皇党气息,鄙背之声口,现面盖背,使见者冷齿而已。其开首数十语,即可见执笔者心地之糊涂,直诋之曰何物马鹿,污我同盟会,如是而已。吾恐凡为同盟会员者,见此人弄此无意识之笔墨,当无不为之怒目也。孙君一心只知革命之实行,绝未闻偶插标旗,与小儒弄无谓之笔墨,使其左右称之为某某会之总理,有如康有为君日日以总长之名词,腾布于保皇党之机关报也。(《劝革命党二》,《新世纪》第 115 号,1909 年 11 月)

△　是日前后,复函张继,反对其所提解决风潮办法①。

当陶、章攻击孙中山时,张继在法国致书孙,劝其退隐,并筹谋办法。孙复函称,离开英国时,吴稚晖前去送别,带去张继的谏信。信中所谓退出同盟会,另外组织新团体,“弟在南洋已有行之,是以南洋之组织与东京同盟会不为同物,此陶所攻击之一端也”。至于平息纷争的两条对策,也不得宜。其一,关于“退隐深山”之策,因“此时为革命最衰微之时,非成功兴盛之候,是为弟冒艰危、茹困苦以进取之时代,非退隐之时代也”。其二,关于“布告天下辞去同盟会总理”之策,因“弟被举为总理,未有布告天下始受之,辞退亦断未有布告天下之理。弟之退总理已在要求同盟会及章太炎认不是之时,同盟会及太炎至今未有认过,则弟已不承为彼等之总理者久矣”。另外,孙直言称:此前两年在两广、云南发动起义时,均以革命党本部的名义,并未用同盟会的名义。(《复张继函》,《孙中山全集》第 1 卷,第 426 页)

11 月 13 日(十月初一日)　同盟会成员柳亚子、陈巢南、高天梅等在苏州虎丘张公祠集会,成立革命文学团体——南社。

11 月 22 日(十月初十日)　芙蓉、挂罗庇滕、麻坡各埠华侨部分

---

①　《中华民国国父实录》除据《孙中山全集》外,另据吴相湘《孙逸仙先生传》将此函定为 11 月 26 日。(罗刚编著:《中华民国国父实录》第 2 册,第 1205 页)

同志,于是日在《中兴日报》发表公开声明,痛斥革命阵营内部分裂的言行。

南洋各埠华侨在收到陶成章(自称东京游学生南渡者)、章太炎分别自荷属东印度与东京邮来的公开文函后,一度误以匿名书与告白"前后皆出于一人所为,情见乎词,决无疑义"。然而,他们明白此等文件的目的在于分裂革命活动的大局,且"借重章君之名,以为离心离德之技,不异以个人之私愤,而破大局,从而怂恿之,岂知既自玷而又玷人,险毒狭隘之形,于斯毕露"。其散发之地,不但散之南洋,并散之美洲,甚至直寄至反对者之门,此何意者?

他们认为"今日国民革命,人人有责,意见不合,只可各行其是,宗旨不得不同,义旗必贵纷举,目的一达,公论在人,固未可局于一隅也"。就章炳麟所论《民报》之事,"虽然,《民报》招股之事,章君电催之文,孙君等不为之宣布,若果有其事,则孙君不能辞责也。臆忖其意,或以为同志之人,多在万分困难之域。河口之事,既坐败垂成,万难兼顾,错恃此意,犹未可知。惟或有以《民报》为重者,虽毁家破产,深明大义者乐为之。况《民报》所需不多,为之宣布,未必全无效果,此孙君之疏忽,吾人不能为之袒也"。

不过,就革命大局而言,散发传单者"以游学生之才,抱救世之策,提倡革命,而躬蹈其罪。偶尔不合,不惜以目的之物,置诸九霄云外,岂一遇艰难困苦,而顿易节操乎? 岂人我之见卒不能破乎? 岂不闻不过盘根错节不见利器之言乎? 呼呼,敬告诸君:凡事必先务其大者、重者、急者,吾侪商人,商场合伙,意见之事,曷胜枚举,然卒多能忍隐逼和,维持久远始终者,弃其短而取其长,保全大局。纵或不然,致于决烈,亦终不为己甚。今不留余地若此,毋乃惑之滋甚欤? 廉颇一武士耳,而能以国事为重,共济艰难。鸣呼,诸君,慎毋市侩武夫之不若也? 幸自爱焉"。(《责言》,《中兴日报》1909 年 11 月 22 日,"代论")

11 月 25 日(十月十三日)　函告吴稚晖,美东"似觉渐有转机,或能有渐入佳境之望",有中国留美学生十数人赞成革命事业,"拟从新组织团体,若有成效,当另详报,以便在欧洲亦可仿行而扩张势力也"。(《复吴稚晖函》,《孙中山全集》第1卷,第426—427页)

11月26日(十月十四日) 函告比利时同盟会同志,抵美后活动情形,提醒防备保皇派与清吏勾结为害①。

函称:抵美国已有三周,陆续联络华侨商界、学界中人,"人心颇有动机","学界有十余人大约不日可以附入吾党团体","务与此处互通消息,以广声气,而励新进之志"。至于美国人,相见不多,因各政治家多不在纽约而在华盛顿,"此方面之运动,尚无头绪,必待他日到美京后,乃能知前途机局如何"。美国各埠向为保皇派的根据地,"今因康梁等所集银行商务等资本数百万全无着落,人心大为瓦解。康梁知人心已去,将陷穷途,故尽力运动北京满人,以图诏还",如传闻良揆出外游历暗访康梁之事,"如能有法,当于北京之满人预用离间之计以防之,及在荫昌、良揆之前怂以危言,使满人忌之。彼二丑一日不得回北京,则无从为患于革命党"。(《致比利时同盟会员函》,《孙中山全集》第1卷,第427页)

11月27日(十月十五日) 由张謇发起的各省谘议局代表联合大会在上海举行,决定组织代表团赴京请愿速开国会。

17日,各省代表陆续抵上海,共计十六省代表,前后到会者五十五人②,集于跑马厅预备立宪公会事务所。即日起,每日午后,各代表定时到事务所,会议各项事宜。名之曰"请愿国会代表团谈话会",以福建谘议局副议长刘崇佑为主席,江苏谘议局议员孟昭常、福建谘议局书记长林长民为书记。谈话会预计至25日开六次会议,定于本日召开正式代表会。其它会议事项,包括推举呈稿起草员、定递呈领衔之人(遵照会典所列各省次序,以直隶为首)、议对付都察院新章之

---

① 《中华民国国父实录》据《国父全集》系于11月30日。(罗刚编著:《中华民国国父实录》第2册,第1206页)

② 《申报》记为三十余人。(《中国国会之发轫机》,《申报》1909年12月29日)

方法、决定进京日期、定进京代表团规约等等,尤其重要者"谋各省谘议局联络之法,有议设通信机关于上海者,有议每年六七月间谘议局开会之前,各举代表至上海"。最终推选二十六人进京请愿,"大旨在速开国会,于二年内召集之,明年先开临时会一次"。(《宪政篇》,《东方杂志》第6年第13号,1910年2月)

11月30日(十月十八日)　致函孙昌,询问其地址及家属近况。(《致孙昌函》,《孙中山全集》第1卷,第428页)

12月

12月4日(十月二十二日)　复函吴稚晖,希望《新世纪》刊文评论《伪〈民报〉检举状》,并告在美洲主要任务仍为蓄养革命党势力。

函称:《新世纪》所载评论陶成章的言论甚当,"公见者当无不明白,可以毋容再发专函于报馆",且东京同盟会近已发一公函致美洲各华文报馆,"想此亦足以解各人之惑"。然而,章太炎并未停止攻击孙中山,其所言较之陶成章"更为卑劣,真不足辩"。孙中山比较章、陶二人之攻击,称革命党内部进入艰危困苦的时代。"陶之志犹在巨款不得乃行反噬,而章之欲则不过在数千不得乃以罪人。陶乃以同盟会为中国,而章则以民报社为中国,以《民报》之编辑为彼一人万世一系之帝统,故供应不周,则为莫大之罪;《民报》复刊,不以彼为编辑,则为'伪《民报》'",希望《新世纪》再撰文公评章太炎的《检举状》。

所谓艰危困苦之时代,"即为吾人当努力进取之时代",革命党内部"倘有少数人毅力不屈,奋勇向前,支撑得过此厄运,则以后必有反动之佳境"。就美国华侨界的人心动向而论,"自保党瓦解,人有趋向革命之势;惟所阻碍者,即各埠先觉之士皆受陶谣,一时不免疑惑,故不能骤得彼等之协助"。待"此恶潮一过,则人心必能再合。此邦尚有华侨七八万，可引导而从革命者当有一半，此亦不无可为"。一旦能够在美国能够发展好组织，则加拿大、中美、南美等处的华侨必然望风来附。"为今之计，欲从渐以蓄养革命党之势力，舍此必无他法。"（《复吴稚晖函》，《孙中山全集》第 1 卷，第 428—429 页）

12 月 6 日（十月二十四日）　《中兴日报》刊载何德如《责章炳麟与发匿名书者》一文，为孙中山辩护。

陶、章攻击孙中山函件公布后，吉隆坡、怡保、庇能等主要地区之同盟会分会表示缄默，即南洋支部亦未发表任何文告。其时主《中兴日报》笔政者为何德如。他根据刘师培何震公布章炳麟的五封信照片，于 11 月 30 日发表《章炳麟与刘光汉之关系历史》《为章炳麟叛党事答复投书诸君》等文。该报还转载《中国日报》《公益报》及《日华新报》的论述，指斥章氏叛党、倒孙行为。（颜清湟著、李恩涵译：《星、马华人与辛亥革命》，第 241 页）

是日，《中兴日报》再刊文称：《南洋总汇新报》所刊《南洋全体革命党布告孙文罪状书》，本报早已见之，以为系匿名书，不足置辩，"夫宣布他人之罪状，则当先自立于能取信人之地位，然后可以收布告之效"，此书不署作者，"非出自反对党之伪造，即出自三数不满意于孙君之卑鄙小人之所为"。至于署名"原民报社长章炳麟"的《伪〈民报〉检举状》，以"章颇负文名，南洋各埠同志知其文不知其行，而崇拜之者或不乏人，故其言不特诬谤孙、胡、汪三君，且足以破坏革命党之团体。虽然本报不能为孙、胡、汪三君标榜，惟见妖异而不扫除之，有负本报之责任"，故特为适当之辩驳。

其一，《民报》乃中国革命党共有的事业，"革命事业之进步，赖于《民报》之鼓吹力者甚大"，非个人所有之私产。《民报》创始之时，章没有参与，是没有创始之功；《民报》被禁后，章不能恢复，是缺乏复刊之力。现《民报》由汪精卫复办，因未以章为社长，故斥为伪，此本不足辩，因为"《民报》之真伪，惟视恢复者是否革命党，及其宗旨有无改变，舍此无以辨《民报》之真伪"。

其二,章攻击孙、胡、汪之言,详于责人,约于责己,"况孙君有无不规则之行为,南洋同志知者甚众,非章之谰言可以破坏南洋革命党之团体也。而汪、胡二君与孙君为腹心者,以同志也,共致死命于满清政府而谋汉室之光复也,章不能为之,不知自责,而反责能彼所不能者,甚哉章之无理取闹也"。

其三,报馆经费问题,本赖主任者筹款,报纸发行所得,以及同志之接济。"若主持革命宗旨之报馆,遇有财政上之危急,均可以责孙君,吾恐孙君虽有点金之术,亦不能供各报馆之要求。"章自知不能以此责孙君,故诬孙私吞筹款,甚至称各处举事均未购大宗军械。

此外,诸如章自言办报之苦及称孙密告英吏诬关仁甫为大盗之说,无知无识,以耳代目,假使章长居《民报》主笔之席,"遇事不察,出言不择,贸贸然而宣之于报纸",不仅会自损名誉,且降低《民报》宣传革命的价值。

总之,"中国之革命,孙君为首发难,历尽艰险,其才识学问及办事资格,同志中未有能出孙君之右者,故为同志推戴,举为盟长。而革命事业之发达,未始非孙君抱持之贤、毅力之长有以致之"。(德如:《责章炳麟与发匿名书者》,《中兴日报》1909 年 12 月 6 日、7 日,"论说")

12 月 8 日(十月二十六日)　《中兴日报》刊载挂罗庇胜华商阅报所同志的声明,强烈反驳陶、章文函中对孙中山的各种指控。

该声明称,该社同仁及各埠于七月时均接到匿名书,"当时侨寓英法荷各属之人,皆知为陶成章,与一曾在《中兴》败事开除者,由荷属荧惑一二不经事之教员所为"。此种行为,"汉奸者流,日防汉族有还魂之日,恣为反间构陷,而更助之为虐,固意破坏,不问可知"。总而言之,"能言不能行之人,其弊害势有所必至者。原其平日读书,皆富贵利禄有以逼之。今言革命,不过穷极无聊,随声附和,非真有种族、政治、民生思想发自良知者。今极力破坏若此,其中翎顶铜臭之毒欤? 毋亦汪公权之一派已矣"。

况且陶成章在公开函中自称"分驻英荷属属办事,七省同志宣布","试问谁人所委?所办何事?简从何来?凭在何处?七省何人?"且攻击《中兴日报》,"硬指为孙君所办",不知本报为有限公司,"全是华侨资本,虽为开通民智起见,仍含营业性质,吾同人亦有附股者"。该匿名书既自称为七省委派分驻英荷各属的办事之人,"何舍至公至正至善至易办之法而不为,而必为汉奸之下策"?至于章太炎则以《民报》为一己之私有,"以他人为伪,以一己为真"。此类言论,"视为华侨又何等也?南洋华侨未必尽无人格,乌可概作野蛮下贱比伦,等诸造谤者同一流人物乎"?"文人无行,令人生畏,令人生厌,不图竟至斯极。"

该社正告陶、章等人:"如欲达金钱之目的,须善揣摩风气;欲抑人显己,须向似是而非之处入首。或可暂时得意。若凭空构造,画虎不成反类狗,徒自形其非人而已。"(《复泗厘歪也再寄匿名谤书者》,《中兴日报》1909年12月8日,"特件")

12月13日(十一月初一日) 由于新加坡《南洋总汇报》刊出《伪〈民报〉检举状》,影响极为恶劣,再致函吴稚晖,"务于下期《新世纪》再加旁观之评论,使人一见晓然",不为所惑。(《致吴稚晖函》,《孙中山全集》第1卷,第430页)

12月16日(十一月初四日) 在波士顿致函吴稚晖,要求评论《伪〈民报〉检举状》,并寄刘师培发露章太炎之笔迹照片。

函谓:前所言于《新世纪》评论章太炎之文,"如先生先前未理会此文,望于来期《新世纪》全录之,而加公评,指出其谬,以解人惑"。之所以如此,是因为章太炎欲破坏党势已不留余地,美洲各保皇党报不久可能刊载章《检举状》一文,不可不有以抵之,"弟于〔所〕到各处,如遇有人质问,必历言太炎为人之状以对"。由于"海外革命志士,多以太炎为吾党之泰山北斗",必须有确凿证据以证彼之非,"望先生将刘光汉发露太炎同谋通奸之笔迹照片寄与弟用,以证明太炎之所为,庶足以破其言之效力"。(《致吴稚晖函》,《孙中山全集》第1卷,第431页)

12月22日(十一月初十日) 因即将至纽约,由容闳电请布思、咸马里二人来纽约,或至容寓所会商。布思称咸马里现在生病,请至洛杉矶会晤。

据美国斯坦福大学胡佛东亚图书馆所藏的"布思文件"(Charles B. Boothe Paper)对孙中山与容闳、孙中山与咸马里、孙中山此次在美交涉筹款等事的记载。早在 1908 年 9 月,咸马里致函布思,称美国政府应重视在中国的权益,尤其要注意反美运动中心在广州,且粤人团结力强。后通过布思与容闳取得联系。11 月 18 日,布思致函容闳,请容写信给康有为信任咸马里,并称"顾问委员会"成立后一年即可得捐款。不久,布思收到纽约艾伦的信,称美银行家较之工业家,更支持中国革命。12 月,容闳直接致函咸马里,告知中国秘密会党的名单,其中即有孙中山之名,并催促咸马里即刻筹款,承诺取得一省后任其为总督。容闳建议应请中国各会党领袖来美会商组织最高会议、顾问委员会、临时政府,并称将同意任命咸马里为联合军总司令、布思为临时政府财政部长兼顾问委员会主席。至 1909 年初,因中国政局变动与形势发展,容闳告诉布思,袁世凯非可共大业的人,康有为亦声誉低落,"已非一安全可依赖之革命运动者"。他们逐渐达成共识:孙中山是最可依赖,且在广东的力量强大,应助其实现计划与理想,密拟中国红龙计划。而布思也注意到,在美国的保皇党信徒,对康有为渐失信任,"多转入革命影响之致公堂",希望容闳能多提供与此有关的更多情报。在经历酝酿咸马里出任美国驻华大使受阻的波折之后,容闳致函布思称:中国革命不可避免,非如此,难逃欧洲与日本势力的恶劣影响,应尽快拟订新计划,即加快与孙中山联络、合作的计划。至此,因孙中山抵美,容闳邀请布思与咸马里至纽约直接与孙会晤。(罗刚编著:《中华民国国父实录》第 2 册,第 1209—1212 页)

12 月 24 日(十一月十二日)　由波士顿返抵纽约。(《复王子匡函》,《孙中山全集》第 1 卷,第 432 页)

12 月 25 日(十一月十三日)　函告王子匡,在纽约设立组织团体。

函谓："弟前礼拜往波士顿，至昨日（西十二月廿四号）始回，乃得接读西十二月九日来书。此间联络之事，商界已算得手，惟学界未有眉目。因初有粤省学生二人，甚有勇往之精神，介绍弟以见各学生，共计二十余人，各省皆有。大多数皆乐闻革命之主义，惟粤省学生则赞成、反对皆有。其赞成者之勇往，与反对者之顽强，有同等比例。后以粤省之勇进学生适有事他往，其余各省学生虽有一二极热心者，然为人谨慎，其力不敌粤省学生之反对，故皆退缩不前，以致学界之联络无从下手。然此事虽不成，无甚关碍前途；商界有路入手，则目的已可达矣。今晚再与此地商人会议组织团体之事，俟组织完备之后当再详报，并将地址寄上，以便互相通信联络。足下公函，今晚当向众宣布，想必大加鼓励之力也。"（《复王子匡函》，《孙中山全集》第 1 卷，第 432 页）

12 月 31 日（十一月十九日）　在纽约成立中国同盟会分会①。

1908 年前，朱卓文曾奉命从旧金山赴纽约，向华侨宣传革命思想，希望华侨能够投入推倒满清、建立民国的革命活动之中，得到纽约华侨的积极响应。后来，纽约华侨黄溪等筹组同盟会，"这种活动还是秘密的，故不可靠的人就不敢邀约参加，只能是暗中联系一些知心朋友和亲戚加入，因此参加同盟会的人数并不很多"。

本年冬，适逢孙中山来纽约，即决定在西历除夕之夜，即 12 月 31 日，假座黄溪家中请其亲临主持同盟会纽约分会成立的开幕仪式。当晚与会者，除孙外，尚有十二人，包括周超、吴朝晋、李铁夫、赵

---

①　关于同盟会纽约分会的成立时间，据《革命逸史》记载，是在孙中山抵纽约后，由赵公璧持冯自由介绍信谒见先生，即日成立，第一次加盟者有黄溪记、赵公璧、钟性初、陈永惠、吴朝晋、唐麟、吴赞。冯书未记成立确切时间。据《孙中山三赴纽约》（吴朝晋口述、李滋汉笔记，载《近代史资料》总 64 号）是己酉年十一月廿五晚，即 1910 年 1 月 6 日。（陈锡祺主编：《孙中山年谱长编》上册，第 483 页）

公璧、谭赞、吴赞、马兆、黄溪记夫妇及其义子某，以及梁添①。纽约分会成立后，推周超为部长，吴朝晋为副部长，李铁夫为书记，赵公璧为财务。会址仍设黄溪记，即纽约勿街四十九号②。

即席演说称："同盟会的目的是要推倒满清、建立民国，以及必须推翻满清政府的革命道理，最后还讲到在不久的时间内，国内将有起义的革命运动出现（即指一九一〇年广州新军起义），并要各同志热烈支持这次起义的革命行动。"对于梁添、吴朝晋积极响应号召和归国参加革命的举动，因回国路程太远，建议他们"不如留在美洲进行革命活动，这也同样是很重要的革命工作，特别是向侨胞宣传革命道理，鼓励侨胞支持革命，都是很迫切的工作"，"在原来的工作中极对侨胞宣传革命，募集捐款，接济国内的革命事业"。（梁添口述、陈庆斌笔记：《孙中山先生主持纽约同盟会成立及其活动概况》，《广东文史资料》第52辑）

是年冬　黄兴在东京组织的勤学社被迫解散③。

勤学社自去冬成立，因经费支绌，专恃高利贷支应，至本年冬，难以为继，勤学社遂解散，黄兴避债于外。勤学社的解散，意味着同盟会东京本部或联络机关实际上不复存在，均"缘总理一去三年查无音，人心一去团体分"。（《石叟牌词》，石芳勤编：《谭人凤集》，第332、335页）

黄兴对于在日本从事革命运动渐趋悲观，称"予知在日本完全不

---

①　十二人及其职业，分别为：周超，开平人，在各埠华侨中当翻译；吴朝晋，新会人，开餐馆；李铁夫，鹤山人，画家；赵公璧，新会人，开杂货店；谭赞，新会人，开面粉厂；吴赞，新会人，开洗衣店；马兆，台山人，开洗衣店；黄溪记夫妇及其义子某；梁添，开饭馆。

②　《孙中山年谱长编》："据吴朝晋口述，其为纽约第一个加入同盟会者，时间在'十月中旬'，约1909年11月下旬。'十一月二十五晚''初次召集及成立'后，举黄麟思（溪记）为会长，钟性初为书记，赵悲涯（公璧）为会计。当场募得一千五百元交先生。会员十六人，即吴朝晋、黄麟思、周植生、陈永惠、赵悲涯、赵贫涯、钟性初、唐麟经、李铁夫、郑金睿、黄就、梁谦、李语文、马寿、黄蔡氏（溪记夫人）、吴赞。《开国前美洲华侨革命史略》记：'同盟会在美洲成立者，首在纽约，加盟有钟星初、赵公璧（士观）、吴朝晋、陈永惠、黄溪记、吴赞、唐经伦七人。'各记略有异同。"（陈锡祺主编：《孙中山年谱长编》上册，第483页）

③　黄兴曾谓本年6月已解散。（《复孙中山书》，湖南省社会科学院编《黄兴集》，第10页）

可能从事革命运动,其理由有三:(一)日本政府之保全清政府政策。(二)警察之严密取缔。(三)日本同志操节薄弱。其中第三点颇令人痛心。如宫崎虎藏,须测其心事"。且同盟会同志何天炯曾极力反对广东抵制日货运动,"失去了国内同志对其之信任","因此,其以从事革命运动施展抱负,终归无望。予预言彼将有豹变为清政府的人,伸展其才能之日"。(《与某人的谈话》,刘泱泱编:《黄兴集》第 1 册,第 19 页)随着黄兴离日,同盟会在东京的党务主要由何天炯维持。

1910年(宣统二年　庚戌)四十四岁

1月

1月3日(己酉年十一月二十二日)　函告吴稚晖关于章太炎近况及美国形势。

函称:据胡汉民来函,"章氏托疯癫以行其诈,近日之所为真属忍无可忍","与先生之意有不约而同"。孙中山认为吴稚晖欲在《新世纪》上将章太炎的"行为心术详为发覆,以正人心,甚善甚善"。该文刊载后,连带之前驳陶成章之文,祈寄往纽约与波士顿两处的致公堂。纽约处由雷玉池收,波士顿处由甄吉堃收。

美东华侨界的人心大局渐有转机,"倘得有人鼓吹之,必能成一大势力",美西想亦有同此景象。"惜　时有章、陶之流言,略有小阻耳。然无甚大碍,弟一到其地,必能扫清之",也希望吴稚晖在《新世纪》多发辟邪之言,"弟准此礼拜内往金山一带,因有西友电催速往与商大问题,或得意外奇逢,未可知也"。(《复吴稚晖函》,《孙中山全集》第1卷,第433—434页)

1月4日(十一月二十三日)　复函王子匡,答所询抵制日货及在美行踪等事。

上年12月25日,函告王子匡所询抵制美货之事:"今晚当代查访，并搜求小册寄来便是。按抵制乃发起于千九百零四五年之交，而盛行于五六两年之内。今得足下所查之表，美货之陡增适与此事相反，弟亦不解其理由。或出于表之错误乎？弟当出外查考之。英文书有 Statesmen's Year Book，考据确实，请向书楼检查对证之。"（《复王子匡函》，《孙中山全集》第 1 卷，第 432 页）

　　是日，又函告："前承命找觅抵制美货小册，询问商店数家，俱云前曾有之，今找寻数日，皆不获一册，盖已散失不存矣。抵制日货，想内地大有影响，闻东三省及长江一带皆甚力行之，东粤、南洋固不再言矣。而近日闽省亦起首抵制之。无如虏政府专代日本出力禁止，各省人民敢怒不敢言，此亦激动风潮之一助也。"又称抵美洲已两月，往返于纽约与波士顿两次，"人心日有转机，若有人时时鼓吹，将来必能成一大助力"，本礼拜内将由纽约乘车赴加利福尼亚会商要事。（《致王子匡函》，《孙中山全集》第 1 卷，第 434 页）

　　1 月 8 日（十二月二十七日）　清政府颁布各部院衙门互选资政院议员细则。

　　1 月 10 日（十一月二十九日）　复函芝加哥基督教牧师萧雨滋，略谓："近年贵埠人心进步如此，大可为中国前途贺也。弟现在纽约，因有要事未妥，尚未动程往金山大埠。日间事妥，当改道一过贵埠与诸君子相会，详筹光复大计也。"（《复萧雨滋函》，《孙中山全集》第 1 卷，第 435 页）

　　1 月 16 日（十二月初六日）　各省谘议局代表请愿团向都察院递呈速开国会请愿书，请于一年内召开国会。此即第一次国会请愿活动，为清廷拒绝。

　　1 月 18 日（十二月初八日）　由纽约抵达芝加哥，旋成立同盟会芝加哥分会①。

　　①　关于孙中山抵芝加哥的日期，有多种说法。梅乔林、李绮庵及冯自由均记为"十月八日"，应是十二月八日之误。《国父年谱》作十二月初八日，与孙中山 10 日致萧雨滋函"日间事妥"赴芝加哥之说相合，故定 1 月 18 日为抵芝加哥日期。（陈锡祺主编：《孙中山年谱长编》上册，第 485 页）

是日,抵芝加哥。翌日,在该埠华侨在会英楼的欢迎宴上演说革命之必要,达五六小时之久,满座皆感动。于是成立同盟会分会,参加者有萧雨滋、程天斗、梅乔林、梅光培、曹汤三等十二人,推萧雨滋、梅乔林为会长,梅光培、曹汤三为书记。以梅麟耀之泰和号为会所①。21日,赴致公堂宴。(梅乔林、李绮庵:《开国前美洲华侨革命史略》,《建国月刊》第6卷第4、5期合刊)

为筹措革命款项,常到芝加哥洗衣馆、餐馆等处劝募,往往受到冷遇,甚至被拒之门外,均不以为意。(梅斌林:《孙中山大芝加哥》,中国人民政治协商会议全国委员会文史资料研究委员会编:《辛亥革命回忆录》第8集,第371页)由于得不到致公堂主事人梅宗周(时兼任当地保皇会会长)的全力支持,居芝加哥月余,仅募得三千港币,合纽约、波士顿所得,不过八千港币,距原定二万元的计划较远。(冯自由:《华侨革命开国史》,中国社会科学院近代史研究所近代史资料编辑组编:《华侨与辛亥革命》,第50页)

1月22日(十二月十二日)　《新世纪》应要求刊登《章炳麟与刘光汉及何震书五封》,试图削弱章、陶倒孙风潮的压力与负面影响。(《党人》,《新世纪》第117号,1910年1月)

对于《新世纪》连续攻击章太炎,陶成章认为"《新世纪》原与太炎有私仇,故袒护老孙宜也。而太炎驳《新世纪》时,适弟为编辑,因又牵涉及弟",“老孙事,实属可厌,以后不理之可耳,想彼当亦无能为役”。至于黄兴,陶认为“居心不可测,彼非不知孙之恶,前固曾竭力反对,今又忽神圣孙文,可怪甚矣”。(《致李燮和、王若愚书》,汤志钧编:《陶成章集》,第180页)

在此次倒孙风潮中,南洋同志支持孙中山者固不乏人,他们烧毁章、陶印发的材料,并派人到香港调查,发现孙眉在九龙盖草房种地养

---

① 根据梅斌林记述,首批加盟者是招待孙中山饮食的上海楼主人、经理、股东、员工十余人。(陈锡祺主编:《孙中山年谱长编》上册,第485页)关于同盟会芝加哥分会的成立日期,亦有21日之说。(《孙中山全集》第1卷,第435页)

禽畜,并无修洋楼之事。越南方面,革命同志通过《河内公函》,说明滇桂两省起义经过,逐条驳斥陶成章的诽谤。然而,南洋支部不公开表态,实际助长了陶成章的气焰。且"新加坡之张永福、陈楚楠亦已反对孙文"的传闻。新加坡同志的此种态度,令孙中山深感失望,故有10月间将南洋支部迁至庇能之举。(陈锡祺主编:《孙中山年谱长编》上册,第486页)

1月24日(十二月十四日)　各省谘议局代表国会请愿团在北京开会,决定成立"国会请愿同志会",总部设于北京,各省设立分会。

1月29日(十二月十九日)　为加强同盟会南方支部的领导,黄兴由日本抵达香港。

黄兴应南方支部之邀,于23日由东京启程,是日抵达香港。2月4日,黄兴函告宫崎寅藏,南方支部"革命军不日大起,人材缺乏,迄速招集步炮工佐尉官多名前来助援,不胜感祷! 其旅费至时当电寄二千元。中山或由横滨经过,亦未可知。来时望密为探知,以便东京方面事就商妥帖。其佐尉官则必先期火速催其上道,至要,至要!"(《致宫崎寅藏书》,湖南省社会科学院编:《黄兴集》,第15页)

1月30日(十二月二十日)　光复会成员熊成基在哈尔滨被捕,死难。

熊成基自日本赴东北,先住长春,后赴哈尔滨,寻找机会出售日本陆军秘密图册,以充起义经费,为奸人告发,被捕。在清吏研讯过程中,熊成基直供革命宗旨及经历,而否认行刺亲贵之思想,且谓"我之宗旨,事成则已,否则牺牲肉体,于社会上亦不无小受影响也";"我们之自由树不能多血灌溉之,焉能期其茂盛!"2月27日,被害,年仅二十三岁①。(王道瑞:《熊成基被捕案》,《历史档案》1982

———

① 关于熊成基被捕一案,当时报纸及后来冯自由《中华民国开国前革命史》、陈春生《熊成基谋杀载洵始末记》,均记为因谋刺未遂被捕。据《熊成基被捕案》中所收吉林提法司报告及吉林巡抚致军机处代奏折,均未提及谋刺之事。(陈锡祺主编:《孙中山年谱长编》上册,第486页)

年第 3 期)

是月底(十二月二十日前后) 胡汉民、黄兴等人在香港商议发动广州起义。

胡汉民记:自奉命任南方支部长后,即派人赴南洋募集军费。当时,黄兴已由日本到香港,而赵声因遭督抚猜忌,亦辞去军职至香港。三人先在香港规划一切事宜,在广州运动新军方面,则以倪映典为总主任,其才干不亚于赵声,"而刻苦耐劳,则且过之",因赵声之助,"得为新军排长,既长于煽动,又精力绝殊。其运动新军,乃进步至速,数月已与本团之连排长结纳。事为某协统所侦知,褫其职"。倪映典遂成立秘密机关,与军中同志分组行事,至 1909 年冬,新军士兵加入同盟会者达三千余人。"时广东全省军队万余,惟新军有训练,器械精良,得新军则他军无难制驭。余与伯先、克强尚虞其不足,复使姚雨平、张醁村等运动巡防营之在省会附近者;又使执信、毅生联络番禺、南海、顺德之民军为响应。是年邹海滨、陈炯明始以执信之介绍,至南方支部","故邹、陈受盟为同志。陈方为广东谘议局议员,好言事,颇有声誉,克强尤喜引与计事"。腊月,倪映典等人至香港报告革命组织形势,众人初拟于旧历除夕时举事,倪映典称旧历年关,商人放停止贸易,供给不便,遂改定于正月元宵前后发动,使各部分主任依期为准备。(《胡汉民自传》,《近代史资料》总 45 号)

2 月

2 月 1 日(十二月二十二日) 汪精卫主编的《民报》第 26 号在东京出版,是为该刊最后一期。其中驳斥章太炎称第 25 号是"伪民报"的污蔑之词,而章之所以如此,一是章氏好信谗言,一为其夙与《新世纪》不合,故为此鲁莽灭裂的行动。(《本报谨白》,《民报》第 26 号,1910 年 2 月)

2月2日(十二月二十三日)　日本东京警视厅报告孙中山询问能否化名赴日本。

报告称,本年初,黄兴给池亨吉送贺年信时,附上孙中山致池亨吉函:"为了访问住在日本的旧友,欲航海来日本,不知假如化名登陆,日本政府能否默许,希望探问日本政府的密旨赶紧回报。是否赴日本将依据回报内容而定。"(《孙逸仙之动静》,章开沅等主编:《辛亥革命史资料新编》第6卷,第192页)

2月6日(十二月二十七日)　清政府颁行《府厅州县地方自治章程》及《府厅州县议事会议员选举章程》。

上谕:宪政编查馆本日所奏复核《府厅州县地方自治章程》并《府厅州县议事会议议员选举章程》,"尚属周妥,府厅州县各官为国家亲民之吏,兼为执行上级自治之职。此次所定章程,与《城镇乡地方自治章程》相辅而行,即着民政部会同各督抚按照定章,督饬各该地方官切实施行,各该地方绅民于自治事宜休戚相关,尤当恪守范围,公同协议,务期官民交勉,治理日隆,用副朝廷实行宪政、乐利同民之至意"。(中国第一历史档案馆编:《光绪宣统两朝上谕档》第35册,第536页)

△　国会请愿团代表孙洪伊等致电各省绅商学团体,暂以京师为速开国会同志会总部,各省宜速设分会,并推举代表到京,再次请愿速开国会。

2月10日(庚戌年正月初一日)　抵达旧金山[①],为广州新军起义筹款。

抵达旧金山时,清总领事许炳榛遣人私启其箱匣,欲盗秘密文件以报清廷;事发后,许又亲往谢罪,被斥退。原拟由旧金山同志借华人长老会教堂进行演说,且已发通知,但伍盘照牧师爽约,只得另租屋仑(Oakland)德人会堂开会。后,又赴留美学生赵昱等在伯克利

---

①　抵旧金山的时间,据2月11日致孙昌函及16日复赵公璧函中均记为农历新年或正月初一。冯自由则记为"十二月二十八日",未知所据。(陈锡祺主编:《孙中山年谱长编》上册,第487—488页)

(Berkeley)之会作演说,但反响并不热烈。(廖平子:《辛亥前美洲之革命运动(节录)》,中国社会科学院近代史研究所近代史资料编辑组编:《华侨与辛亥革命》,第289—290页)

离芝加哥之前,函告《美洲少年》社其到埠时间。因值新正,未通知各社员,到站迎接者仅李是男、黄伯耀二人。安顿之后,询问和听取李、黄二人介绍《美洲少年》社情况,并述来旧金山目的与宗旨,略谓:现在时机已到,摄政王监国,皇族专权,藉政治力量排挤汉人,故目前"排满"已深入人心,革命党与清政府旧军、新军均已暗中联络,应利用时机,达到一处发难,各处响应的形势。海外工作以宣传与筹款并重,国内同志则担任实行革命的工作。今年将是革命高涨风潮的一年,《美洲少年》虽已取得成绩,仍应趁此采取大刀阔斧、明目张胆的态度,不怕汉奸混入,更要公开称中国同盟会,只要影响力增大,筹款也就容易了。又谓:《美洲少年》要改为日报,扩大少年学社并公开为中国同盟会是体,扩大《美洲少年》改组为日报是用,体用兼备,革命党的宗旨和作用才能发挥出来[1]。(温雄飞:《回忆辛亥革命前中国同盟会在美国成立的经过》,《广东文史资料》第25辑)

经此商讨,遂"与《美洲少年》慨然共任国事,组立团体,恢复中原,一班热心祖国,痛祖宗遗业沦于鞑虏之士,联袂相从,为中国党人之臂助。而中国美洲同盟会突焉。于是《美洲少年》事业日进,范围日广"。(《本报发行一周年大纪念日》,《少年中国晨报》1911年9月8日)

2月11日(正月初二日)　函告孙昌,已抵旧金山,并往晤其母及两子,嘱"有便之时,请前来相晤"。(《致孙昌函》,《孙中山全集》第1卷,第435页)

2月12日(正月初三日)　广州新军起义,事败,倪映典牺牲。

广州新军一协三标,其中一标驻燕塘,二三标驻北较场,经倪映

---

① "温雄飞此文系据李是男、黄伯耀的通讯报告撰写的。"(陈锡祺主编:《孙中山年谱长编》上册,第488页)

典等运动成熟,南方支部已定2月24日起事。2月7日①,二标士兵忽因刻印名片事,与警察发生冲突,引发风潮,且有主张乘机起事者。倪映典急赴香港报告情况,胡汉民、黄兴、赵声等遂改议于15日提前起事,即通知各部,并作临时部署及发动后的各项事宜。2月10、11日(旧历初一、二日),二三标士兵数百人再次聚众入城捣毁警察署。两广总督袁树勋及水提李准等布置镇压,先后将各标士兵枪械收卸,子弹收缴,且传令13日阅兵,各营士兵因之鼓噪。

是日晨,倪映典返抵广州,始知形势大变,且李准以所部精锐布防燕塘与广州间的牛王庙。倪入谘议局,不见同志,取手枪二支,突入新军营垒,击杀营管带齐某,遂集众发动起义。倪为司令,命众人搜各团部子弹,因子弹均在城内,新军每人子弹不及四颗,仅得万余,即以此进攻广州。(《胡汉民自传》,《近代史资料》总45号;《致宫崎寅藏书》,湖南省社会科学院编:《黄兴集》,第15—16页)

李准及其部属统领吴宗禹、管带李景濂等,率防兵二千人,布于牛王庙、猫儿岗一带,起义军与之遭遇于东门之茶亭附近。(邹鲁:《中国国民党史稿》,第769页)李景濂(已由李准擢为水陆缉捕处帮统)曾向倪映典表示支持革命,但非真心,既遇倪军于牛王庙教会山,李嘱管带童常林、唐维炯(均皖人)与倪打话,请其入营磋商条件,未洽,倪退出;李即用乱枪将其打死②,并进攻新军,新军大败。广州光复后,李景濂为朱执信由香港诱回枪决。(陈景吕:《庚戌之役倪映典遇害真相》,中国人民政治协商会议全国委员会文史资料研究委员会编:《辛亥革命回忆录》第2集,第300页)

袁树勋电奏称:"叛兵分路来扑,我兵枪炮齐施,当场杀毙叛兵百余名,并阵斩骑勇头目五人,生擒叛兵黄洪昆等四十余人,夺回快枪千余枝,军械子弹无算。各叛兵纷纷逃窜,复遗火焚烧一标营房,我

---

① 一说旧历除夕,即2月9日。

② 关于倪映典牺牲之事,有记为阵前冲锋死亡、被擒杀害等说。今据李景濂对陈景吕亲述,系被诱杀身死。(陈锡祺主编:《孙中山年谱长编》上册,第489页)

军正在追捕,不及救护,追至狗头山一带,时已昏黑,始行收队。星夜飞檄水陆各路,四面先后拿获三百余人,复有陆续缴械来投者六百余人,余已星散。"(中国第二历史档案馆编:《中华民国史档案资料汇编》第 1辑,第 26 页)此役后被称为"吾党第九次之失败"。

4 月 28 日,黄兴致函宫崎寅藏称,广州举事败退后,举事的"兵卒遣散,仍返乡里"。由于此次临时提前行动,故"官吏虽知吾党运动,表面上则为兵警冲突,莫能为革命实据,不致妄肆杀戮,亦幸也。然吾党之势力已普及于全军队(如北京、南京皆是),此次不过解散一部分,而其主要仍在也。今后人心更加奋发,一得机会,即再举动,可望成功",对革命前途复燃信心。(《致宫崎寅藏书》,湖南省社会科学院编:《黄兴集》,第 15—16 页)

2 月 13 日(正月初四日) 英、法、德三国公使照会清外务部,表示中国商办鄂境川汉、粤汉铁路有碍借款合同,本国政府不予承认。

2 月 14 日(正月初五日) 致函容闳,论革命的筹款及计划,谓:一、自美国银行借贷一百五十万至二百万美元,作活动经费;二、成立一临时政府,任用有能力人士,以管理光复省区城市;三、任用一有能力之人统率军队;四、组织训练海军。(吴相湘编撰:《孙逸仙先生传》上册,第 699 页)

2 月 15 日(正月初六日) 清政府鉴于广州新军起义饬谕军咨处、陆军部及南北洋大臣严查新旧各军,尤其严禁官兵聚众演说。

饬谕称:广东新军勾结会党举事之事,他省恐亦不免,着军咨处、陆军部、南北洋大臣暗中严密稽查新旧各军,"遇有行止不端,踪迹诡秘者,将弁则随时撤参,兵丁则加意淘汰,务绝根株,免贻后患。其逆行显著,查有实据者,即严行惩办,毋稍宽纵。至军人资格,首重服从长官命令,如有聚众开会演说情事,是已越乎范围,无论藉辞何事,皆宜一体查禁"。(《宣统政纪》卷 29,《清实录》第 60 册,第 527 页)

2 月 19 日(正月初十日) 《国风报》(旬刊)在上海出版,由梁启超暗中主持,以忠告政府,指导国民,灌输世界之常识,造成健全之舆论为宗旨。

2月22日(正月十三日) 函告赵公璧有关广州新军起义情形及在美计划。

函称:广州新军起事又归失败,"此次之事不成,不过差五千元之款,致会党军不能如期至省";而"新军不得已而发动,动后又无款,不能在外起援兵以救之"。但革命力量并未被摧毁,"所幸二、三标尚能保全无恙,仍可留作后图。弟今拟久留美国,到各埠联络同志成大团体,以筹巨款。现下大埠加盟者甚盛,人心大有可为"。(《致赵公璧函》,《孙中山全集》第1卷,第440页)

2月24日(正月十五日) 函告美国军事研究家咸马里,21日来信收到,"我在此间事务办妥后,即往会晤你及B先生。日期当于成行前数日函告。你同情我们的事业,深为感谢"①。(《复咸马里函》,《孙中山全集》第1卷,第440—441页)

2月27日(正月十八日) 创建同盟会旧金山分会。

鉴于广州举事在即,筹饷困难,深感在美洲成立革命团体的必要,遂命李是男将旧金山"少年学社"改组为同盟会分会,并任主盟人。第一批参加者有李是男、黄芸苏、黄伯耀、许炯藜、赵昱②、刘汉华、黄杰亭、李旺、刘达朝、黄经申、伍进、邝辉、李梓青、王华彩、崔通约、胡祖、张霭蕴、杨汉魂等十八人。称会名为"中华革命党",誓词为

---

① 冯自由称孙中山此次美西之行,因此前读咸马里所著《美日未来太平洋战争论》而善之,故于途中曾在洛杉矶拜访其村居。惟所述时间似误。(冯自由:《海外各地中国同盟会史略》,《革命逸史》第4集,第167页)

② 冯自由原作"赵煜"。

"废灭鞑虏清朝,创立中华民国,实行三民主义"①。对外仍用同盟会名义。该分会又称美国总支部,全美各分会由总支部统辖。(冯自由:《华侨革命开国史》,中国社会科学院近代史研究所近代史资料编辑组编:《华侨与辛亥革命》,第51—52页;《海外各地中国同盟会史略》;冯自由:《革命逸史》第4集,第167—168页)

廖平子记述:第一次加盟式于夜间在朝兑街广东银行二楼西医纽文诊病室秘密进行。此后,委墨林(Winnemucca)、轩佛(Hanford)、洛杉矶(Los Angeles)、沙加免度(Sacramento)、葛仑(Courland)、北加非(Bakersfield)、非士那(Fresno)、埃仑顿(Isleton)、士得顿(Stockton)等埠相继成立分会,连同纽约、芝加哥分会,举张霭蕴起草章程,定名为"美洲三藩市中国同盟会总会"。(廖平子:《辛亥前美洲之革命运动(节录)》,中国社会科学院近代史研究所近代史资料编辑组编:《华侨与辛亥革命》,第291页)

2月28日(正月十九日)　出席旧金山同盟会分会的成立会,并讲演革命问题。

赴旧金山分会在坚尼街拉森戏院(又译丽蝉戏院)公开举办的成立大会,在李是男的主持下,面对全体成员进行讲演。(温雄飞:《中国同盟会在美国的成立经过》,中国人民政治协商会议全国委员会文史资料研究委员会编:《辛亥革命回忆录》第8集,第362页)

讲演的主旨在于"今日欲保身家性命,非实行革命,废灭鞑虏清朝,光复我中华祖国,建立一汉人民族的国家不可",尤其着重解释"革命"意义,略有数端:其一,"革命"二字在近日已成为普通名词,一

① 冯自由称:总理此次在美组织同盟会最关重要者,为扩大同盟会盟书辞句,及改用会名一事,誓词改为"废灭鞑虏清朝,创立中华民国,实行民生主义"(冯自由:《革命逸史》第4集,第167—168页)。各方记载誓词差异在于究竟是"实行民生主义",亦或"实行三民主义"。《孙中山全集》所载《中华革命党盟书》亦作"实行民生主义"。既往多纠结于此,亦有详细阐述。(严昌洪主编、张笃勤编:《辛亥革命史事长编》第7册,第30页)需要注意的是,《孙中山全集》的誓词不止此三句,而是"同心协力,废灭鞑虏清朝,创立中华民国,实行民生主义。矢信矢忠,有始有卒。如或渝此,任众处罚"。(《孙中山全集》第1卷,第439—440页)

般皆"以为革命为不切于己之事而忽略之,而不知革命为吾人今日保身家、救性命之唯一法门"。华侨在美国遭遇,备受凌虐之苦,皆由于无国家保护,吾等从事革命,谋求建立汉人民族国家,即可实现以强大国力作为后盾,谋求在美的平等种族之争,"故曰革命为吾人今日保身家性命之唯一法门,而最关切于人人一己之事"。其二,在美华侨多讳言"革命",以"革命"为不美名词,甚至"口不敢道之,耳不敢闻之",实际革命乃"神圣之事业,天赋之人权,而最美之名辞也"。其三,中国为何必须革命,"因中国今日已为满洲人所据,而满清之政治腐败已极,遂至中国之国势亦危险已极,瓜分之祸已岌岌不可终日,非革命无以救重亡,非革命无以图光复"。国内近时已有官场、陆军中人投身革命活动,如徐锡麟、熊成基,"其隐而未发者在在皆是"。其四,华侨界不应畏难革命,"试以革命之难与发财之难而比较之,便知发财之难,必难过于革命者数千万倍","凡一民族立志革命者则无不成功,而凡一人立志发财则未必成功,是故曰革命易而发财难"。因此,"中国革命之难,不在清政府之强,而在吾人之志未决。望诸君速立志以实行革命,则中国可救,身家性命可保"。(《在旧金山丽蝉戏院的演说》,《孙中山全集》第1卷,第441—443页)

是月(正月) 光复会在东京重建。

1909年陶成章从南洋至东京,与正在讲学的章太炎谋,"逸仙难与图事,吾辈主张光复,本在江上,事亦在同盟会先,曷分设光复会?"得到章太炎及部分同盟会员的首肯。(汤志钧编:《章太炎年谱长编》上册,第300页)本月,召开成立大会,举章太炎为会长,陶成章为副会长,在南洋设执行总部,李燮和、沈钧业、魏兰为执行员,"以东京为主干,以南洋为根基",在东京组织《教育今语》杂志社为通讯机关。该会后在南洋各埠设立分会,发展会员,并在浙江、上海等地组织光复军。后,鉴于光复会与同盟会相互攻讦,无济于革命大局,陶成章通知光复会同志,"孙文以后不必攻击","于所办之目的宗旨上,毫无所裨益"。(魏兰:《陶焕卿先生行述》,汤志钧编:《陶成章集》,第434—435页;胡

国枢:《光复会与浙江辛亥革命》,第244页)

次年,孙中山从伍平一处得知,《教育今语》社"为太炎一部分人所组织,自《民报》迁法京,太炎藉此为活,闻'良史'之名即太炎,'独角'即陶焕章"。"陶君为人予信其亦无他,不过东京党人,以其与太炎接近,遂疑及耳,惟予则不信其有异志,以才干论,陶胜于章也。"(《与伍平一的谈话》,陈旭麓等主编:《孙中山集外集》,第152页)

2月至3月　与旧金山《大同日报》主笔刘成禺谈话,再述创立五权宪法原则。

略谓:留学日本、欧美学习政治法律的中国学生多持三权之说,视为金科玉律,甚至不许其他学者及政治家矜奇立异。此可谓固步自封,茫然不解宪法之根本。"三权宪法,人皆知为孟德斯鸠所倡,三权以后不得增为五权。不知孟德斯鸠以前一权皆无,又不知何以得成立三权也。宪法者,为中国民族历史风俗习惯所必须之法。三权为欧美所需要,故三权风行欧美;五权为中国所需要,故独有于中国。""吾不过增与中国数千年来所能,欧美所不能者,为吾国独有之宪法","立法、司法、行政三权,为世界国家所有;监察、考试两权,为中国历史所独有。他日五权风靡世界,当改进而奉行之,亦孟德斯鸠不可改易之三权宪法"。(《与刘成禺的谈话》,《孙中山全集》第1卷,第444—445页)

《大同日报》为旧金山的革命机关报之一,其主笔除刘成禺外,还有留美学生蒋梦麟。某天晚上,他们一起到唐人街附近的史多克顿街的一家旅馆里拜访孙中山①,"似乎有一种不可抗拒的引力,任何人如果有机会和他谈话,马上会完全信赖他"。"后来我发现他对各种书都有浓厚的兴趣,不论是中文书,或者英文书。他把可能节省下来的钱全部用来买书。他读书不快,但是记忆力却非常惊人。孙先生博览群书,所以对中西文化的发展有清晰的了解。"

————————

　　①　蒋梦麟原记为1909年秋天的一个晚上,但当时孙中山刚由英国抵美东,尚未抵达旧金山,故暂系于此。

在蒋梦麟看来,孙中山是位真正的民主主义者,曾在唐人街的街头,头顶党旗,站在人行道上向围集他四周的人演说,"非常了解一般人的心理,总是尽量选用通俗平易的词句来表达他的思想。他会故意地问:'什么叫革命?''革命就是打倒满洲佬'。听众很容易明白他的意思,因此就跟着喊打倒满洲佬。接着他就用极浅近的话解释,为什么必须打倒满洲佬,推翻满清建立共和以后他的计划怎么样,老百姓在新政府下可以享受什么好处等"。(蒋梦麟:《西潮·新潮》,第85—87页)

3月

3月1日(正月二十一日) 函告赵公璧,旧金山情势与活动计划,并望筹款作旅费。

函谓:此次广州之役,波士顿致公堂认五千,仅寄一千九百余元,纽约致公堂担认者则一文未寄。"弟今拟在美久留,遍到各埠以联络同志,藉集大款,然后迟谋再举。现下大埠人心踊跃,经已成立同盟会,订妥章程;已抄一份至周超兄处,请他招集同志,宣布举行。弟拟在大埠立妥一完善机关,然后往他埠演说立会。""西方一带立好团体,弟再来东方推广本会于各处也。望足下并同志竭力推广已成之团体,务使汉人皆当负一份之责任,则事易为矣。"只是旅费已告罄,未便从此处新成立的团体筹措,不知能否代筹?(《复赵公璧函》,《孙中山全集》第1卷,第446页)

△ 函告邓泽如其在美状况,并建议统揽华人所产之锡,运销美国。

略谓:抵美已数月,所图之事尚未大就,"美洲华侨前时多附和保皇,今大为醒悟,渐有倾向革命之势,不日当可联成各埠为一大团体,以赞助吾党之事业"。在美国"一面谋所志之大目的,一面则联络华侨",现已在纽约、芝加哥及旧金山三处设立同盟会分会。此外,各同志可设法统揽华人所产之锡,不必经由伦敦商人转手,自运销于美国,"当可省一笔经纪之费,且价钱不致为伦敦商人所制,自当两有所益"。马来半岛华人如能成立一大公司,直接与美人交易;如不成立公司,亦可先预定价格,签订长年合同。(邓泽如:《中国国民党二十年史迹》,第30—31页)

3月10日至14日(正月二十九日至二月初四日)　与咸马里、布思在洛杉矶会谈,商议筹款等计划。

先是,通过容闳,要求咸马里与布思立即借到一百五十万美元,随后再借二百万美元以作计划中的在华作战之用。在咸马里与布思决定予以积极支持之后,乃赴洛杉矶,与之进行了三次会谈。在咸马里住所进行的第三次会谈中,决定筹措三百五十万美元的贷款。为了协调美国人和华人在中国实施革命的努力,咸马里和布思和孙在会议上创立了"辛迪加"。"辛迪加"旨在取代顾问委员会,由孙中山和咸马里共同管理。孙由同盟会总理变成辛迪加的总经理,他委任咸马里为"司令",有权统领由天地会会员编成的五支革命军和革命党;前者的在华人员约有一千万,后者被正式称作中国同盟会,为三万多学生和海内外的知识分子所支持。由于咸马里在军事事务方面的专长,特别授予其统领所有同盟会实际掌握的中国武装力量的权力;委任布思为辛迪加和中国同盟会的"唯一外国代表",授予布思代行处理贷款和购买一切陆海军军需品的权力,在必要时,辛迪加也将因孙中山和咸马里"将军"的要求而指派其他代表。辛迪加保留了准予美国支持者贷款修建铁路、开采中国矿区的批准权以及在临时政府组成后重建中国经济的贷款让与权。([美]宗克雷:《一项流产的美中有关中国革命的计划》,《国外辛亥革命史研究动态》第2辑)

关于"长堤计划"的内容要点及经费支出,具体如下:

(一)中国革命党暂行中止长江流域及华南地区准备未周的起

义,改为厚蓄实力,充分准备,集中人力、财力,发动大规模起义的策略。

(二)以"中国同盟会总理"的名义,委任布思为"海外财务代办"(Foreign Financial Agent),赋以全权,俾向纽约财团洽商贷款,供应大规模革命起义的需要。并由中山先生准备一项中国国内各省革命代表签署的文件,以为贷款的依据。

(三)运送在美训练的中国军官若干人,为中国内充实革命武力,筹组临时政府。

(四)贷款总额共计三百五十万美元,分下列四次支付:

(甲)第一次支付款项:一、整理各种革命团体:华中区、华北区,各一万五千元,作为一百名工作人员的用费。二、沿东京湾(在南中国海)边界组织军队,并设军火调配站,六万元。三、租地建立一千人的驻所,十万元。四、成立广东及东京办事处,各二万元。五、购买毛瑟枪一万支,子弹二百五十万发,大炮三十六尊,炮弹一万四千四百枚,先付三分之一,计十六万元。六、获取北京附近清军五镇的控制,五万元。七、获取清廷海军四艘巡洋舰的控制,四万元。八、设立军事总部,一万元。九、同盟会会长总部,二万元。十、准备金,十五万元。以上合计应为六十六万美元。

(乙)第二次支付款项:一、动员及支援五千人的六个月费用,二十二万元。二、美国军官运送费与六个月维持费及薪给,十七万五千元。三、中国翻译人员运送费及维持费,一万元。四、作战军火的最后付款,三十五万元。五、五千人与军官的全副武装,十万元。六、工程人员药品与运输给养,十万元。七、马匹、参谋人员与总部的装备,十万元。八、军火及给养的运输,十万元。九、准备金,五万元。以上合计应为一百二十万五千美元。

(丙)第三次支付款项:一、额外五千人的动员及装备,十五万元。二、担任运输五千人的劳工的动员及装备,五万元。三、一万五千人的三个月维持费,二十万元。四、(原文缺)五、准备金,十万元。六、外交用途,二十五万元。七、美国军官的三个月薪给,五万元。八、步枪弹药七百七十五万发,十七万五千元。以上合计应为九十七万五千美元。

(丁)第四次支付款项:战役基金,七十九万五千美元。(《长堤会谈计划》,陈旭麓等主编:《孙中山集外集》,第557—559页)

3月14、28日,将与布思会议之事告知黄兴等人,并委托黄兴以同盟会本部名义办理委任状等件,委任布思为中国同盟会驻国外的唯一财务代表,"由本会财务代表查尔斯·布思代表本会及以本会名义所缔结的每一协议,一如本会总理或本部所签署的协议,对本会具有同等的约束力"。(《给布思的委任状》,《孙中山全集》第1卷,第448页)

5月13日,黄兴来函称,来电、函已悉,"各同志读之,有此极大希望,靡不欢跃之至。兹委任状已办妥,同日由邮挂号寄上,乞查察施行为是"。(《复孙中山书》,湖南省社会科学院编:《黄兴集》,第17页)

3月18日(二月初八日)　清朝驻美公使张荫棠密电外务部,报告美国政府拒绝驱逐孙中山出境的要求。

此前,因清朝军谘府大臣载涛等考察各国陆军事宜,即将抵美。张荫棠为保障清朝亲贵安全起见,向美国政府交涉,请求逐孙中山出境。因"孙文在旧金山倡言革命,招人入同盟会,往来无踪",密商美国外交部驱逐孙文境。但美国以此事不符美国法律,碍难照办,"惟有设法竭力保护"。(《使美张荫棠致外部同盟会在金山倡言革命美外部谓驱逐出境于例不合电》,王彦威等纂辑:《清季外交史料》第4册,第3685页)

是月中旬(二月上旬)　致函暹罗同志,勖勉救援马兴顺出狱之举。(《致暹罗同盟会员函》,《孙中山全集》第1卷,第449页)

3月21日(二月十一日)　从洛杉矶返抵旧金山,函告布思将于明日启程赴檀香山。

函称:"此次我因中途在碧加非(Bakersfied)、轩佛(Hanfold)和非士那(Fresno)等地停留,故今晨始抵旧金山。明午将乘'高丽'轮赴火奴鲁鲁。我在该处通讯处为 Y. S. Sun, C/O The Liberty

News, P. O. Box 1020, Honolulu, Territory Hawaii(夏威夷疆省火奴鲁鲁邮政信箱一○二○号《自由新报》转孙逸仙收)。盼望早日得到你的佳音。"(《复布思函》,《孙中山全集》第1卷,第450页)

3月22日(二月十二日) 启程赴檀香山,同时函告英国康德黎夫妇其在檀香山的地址及拟停留两三个月,"将视情况的发展,可能回归远东或重返美国"。(《致康德黎夫妇函》,《孙中山全集》第1卷,第450页)

3月24日(二月十四日) 邮传部批准湖北设立商办粤汉、川汉铁路股份有限公司。

△ 致函邓泽如,通知行程,并告在美活动情况。

函嘱其将答复前函所询运锡矿销售美国之信件,邮往檀香山,28日可抵该埠。又告以广州新军起义失败诚为可惜,然"在外之运动,日入佳境,不久必有成议。现在英美皆有甚有望之路,若英路先成,则弟再回南洋与各同志切实谋一办法;美事则另有办法,不用费神"。(邓泽如:《中国国民党二十年史迹》,第74页)

△ 致函咸马里,谈出售所获某国军事文件问题。

前曾与咸马里提及有人拥有某军事强国(似指日本)一些极其重要的文件,又在航行之前获得此文件,为该国参谋本部最近所拟,是任何敌对强国所能得到的最有价值的材料。故函告咸马里,可否设法查明,某国(似指美国)防部是否想利用此一机会来取得这些秘密文件?(《致咸马里函》,《孙中山全集》第1卷,第451—452页)

3月28日(二月十八日) 抵檀香山,旋改组兴中会为同盟会分会。

日本驻火奴鲁鲁总领事上野报告称:清国革命党首领孙逸仙,于3月28日乘坐哥利阿号抵港,"目前住本港学校街道,受到该国人的欢迎,正在给他们提倡革命思想。由于他在本地出生,在部分清国人中隐然有势力"。据探报,"他这次来到本地的直接目的,是为了向同志募捐",不久将再往美国西雅图。(《清国亡命客孙逸仙到火奴鲁鲁》,章

开沅等主编:《辛亥革命史资料新编》第6卷,第195页)

　　抵檀香山时,由卢信、曾长福、梁海等到码头迎接。随后在《自由新报》社楼上开兴中会员会议,另写盟书,补行同盟会入会仪式,第一批加盟者二十余人,推举梁海为会长,曾长福为司库,卢信为书记。另设同盟会秘密团,吸收不便公开入会华侨,假钟工宇家开会,以杨广达为团长,李烈为司库,卢信为书记。不久茂宜、希炉分会亦相继成立。(《海外各地中国同盟会史略》,冯自由:《革命逸史》第4集,第169—170页)时,孙科在檀香山襄理报务,父子相逢,叙天伦之乐。

　　将檀香山分会盟书誓词改为"驱除鞑虏清朝,建立中华民国,实行三民主义",并简化加盟手续。在檀香山时,住钟工宇家,并曾到多处演说,赴希炉活动达一周之久。(温雄飞:《我在檀香山同盟会和〈自由新报〉工作的回忆》,中国人民政治协商会议全国委员会文史资料研究委员会编:《辛亥革命回忆录》第8集,第320—322页)又与梁海、杨广达等妥商,以后有关党务联络,东京同盟会本部有密电到时,两会长须会商而后行。(苏德用:《国父革命运动在檀岛》,蒋永敬编:《华侨开国革命史料》,第84页)

4 月

　　4月3日(二月二十四日)　出席檀香山华侨举行的欢迎会。

　　4月8日,函告纽约同志:"前礼拜日同志假座埠中戏院大开欢迎会,到者二千余人①,人心极为踊跃,大非昔日可比。自开欢迎会后,每晚在《自由新报》馆楼上开会联盟。惟地方有阻〔限〕,故所请人每晚百数位,而到者皆乐于联盟,争先恐后,以足证人心之进步,可为

----

　　①　此数字或有夸大之处,就当时所在中国城荷第厘街(Hotel Street)华人戏院的旧址来看,该戏院不可能容纳两千人。(马兖生:《孙中山在夏威夷:活动和追随者》,第73—74页)

革命前途贺也！"(《致纽约同盟会员函》,《孙中山全集》第 1 卷,第 454 页)

清朝驻檀香山总领事梁国英禀告外务部则称:"本年春三月,逆匪孙汶来檀,由林鉴泉之姪林云、梁森之侄梁海、梁长、梁子、谭亮、谭逵、许发、温雄飞、曾长福、卢逊等接纳,孙汶驻居《自由新报》馆。即晚,曾长福、林云等遍请华侨,在新人和酒店同饮。孙汶当席演说:粤省新起叛军,饷未足,速要筹款五千员接济,煽惑各华侨入党。又发卖革命军债票,又名曰同盟票。到各内地小埠演说鼓众。而《自由新报》主笔温雄飞专鼓吹革命,毁谤朝廷,辱詈官长。"又称"该革党演说时,谓先由香山起事,如官兵剿匪,可以耸动澳门、香港外人干预","又集会馆鼓动大众,拟由檀山革党全体筹款"。(《署理檀香山领事梁国英致外务部禀文》,中国第一历史档案馆等编:《清宫辛亥革命档案汇编》第 57 册,第 178—180 页)

4 月 5 日(二月二十六日)　函告布思、咸马里,已收到各函件及近况。

函谓:"3 月 24 四日来函及所附《纽约世界报》(New York World)、《拉福立兹报》(La Follettes)剪报和容闳函均收到。《纽约世界报》文章令人兴趣盎然,现将原件随函奉还。"又谓确曾将开会事告知容闳,但未谈及细节。"我告以你不久将赴东方,因而他可从你处获悉一切。在这种情况下,事情可完全由你决定。"(《复布思函》,《孙中山全集》第 1 卷,第 453 页)同时还致函咸马里,述广州新军失败的原因,并告知西南各省均在革命党策动之下,湖南亦然,希望速与布思早日确定计划。(罗刚编著:《中华民国国父实录》第 2 册,1214 页)

4 月 8 日(二月二十九日)　函告纽约同志,根据檀香山党势发展情况,已推行简化手续吸收新党员,各处可以照此执行。

函称,以前吸收党员的手续,对工商人士极为不便,故从檀香山开始变更前例:将盟书印就,欲入盟者只需填写籍贯及其名字、日子。手续简化后,可以节约时间及增加入会人数,此地曾于一晚吸引百人入会,亦为他处向来所未有。今后人心进步日速,风潮一日千丈,其

他各处也可以照此执行办理。(《致孙昌函》,《孙中山全集》第 1 卷,第 454—455 页)

△　函告孙昌,祖母病笃需款,不能同时兼顾。

函称:抵檀后已会见各老友。孙科目前在圣雷学校(St. Louis College)读书,并兼任《自由新报》翻译。"我已开始设法筹款,供你及家属回国之用。不料今日接你父来电谓祖病笃,需我立即汇款若干,因之,我必须首先听从此迫切的要求,拟于明日汇去港币一千元。故对你之所需不得不稍延,因我不可能同时兼顾。"(《致孙昌函》,《孙中山全集》第 1 卷,第 454 页)

△　在檀香山期间,接受当地《晚间公报》(*Evening Bulletin*)记者的访问,于本日刊出题为《中国将发生内部冲突》的谈话记录。

略谓:"只要现在的满洲政府继续存在,中国就没有希望。明智的、爱国的中国人打算推翻现在的外国政府——我指的是满洲政府——并且建立一个他们自己的政府。这意味着民有,民享,民治。"清政府的所有官职都可以用钱贿买,已激起民怨,"现在,正酝酿一场革命以推翻满洲政府。他们意识到,进行得愈快,愈有益于人民。期待的革命即将爆发,这仅仅是一个时间问题。明智的、有思想的中国人支持这一变动,因为他们不能永远生活在现政体的腐败制度之下"。清政府害怕中国爆发革命,"答应人民建立一个立宪政体。今天的中国是一个专制的君主政体。它并不真正打算给予人民一个为大众喜爱的立宪政府,却极力抵制革命运动"。但一场明智的、有能力的领导者所策划的中国革命运动,"每一个受过现代教育的人都支持。"

其次,谈及清朝的军队情况,"中国军队今天相当强大,但是,它没有足够的能力去保卫它的领土。中国的军队有三十六镇。其中的十五个镇已经按照现代的军事制度组成。人们实际上认为,他们赞成革命的主张。士兵们被在外国受过教育和训练的人统率。他们掌握现代军事知识"。如土耳其革命一样,这支军队势力将被革命运动吸引,加入革命阵营,"自从中国军事部门的这十五个镇组成以来,在中国全境内已经爆发了好几次革命。最近的一次,几星期以前发生于广州。由于同情这一运动的人民没有准备,革命党人被政府的力量打败了"。

在革命成功以后,"中国应该建立共和国","一旦共和政体建立起来,中国将焕然一新,政府事务将得到正确的管理,最终将成为世界上最繁荣的国家之一。我充分相信,革命运动将成功。"

记者问:"如果发生革命,满洲政府呼吁列强干涉时,你们革命党人怎么办?"

答道:"我认为,实际上全世界赞成中国的现代化。""今天世界所需要的是和平与贸易。""文明国家需要中国向世界贸易开放门户。应当承认,中国人中较好的阶级赞成这样做,但是,不幸的是,它经常被满洲政府干扰。"清政府既不能维持中国的秩序,也不能抵御外来的攻击,保护自己。"这是世界和平受到扰乱的原因,也是某些强国为了最终解决远东问题正在倡议瓜分中国的理由之一。""如果中国人民全体站起来,推翻现在的满洲政府,使局势秩序井然,它的行动可能得到世界列强的赞同。在进行过程中,中国人民无论如何必须与世界列强的政策一致。"至于列强帮助现在的清政府,不会获得任何益处,"任何国家,没有某种利益,却愿和满洲政府这样衰老而腐败的君主政体站在一起,这几乎是不可能的"。

最后指出,"正在国外受教育的大多数年轻中国学生是被地方政府派遣的。除了那些正在美国接受教育的学生以外,中央政府没有为他们做过什么事情。长时间以来,中央政府试图干涉年轻有为的海外留学生,但是,迫于正在中国形成的公众舆论,中央政府撤回了对这些海外留学生的异议。这实际上表示它无能为力"。

该报认为,"根据孙逸仙博士的意见,这一点是明显的,侨居国外的中国人正在慢慢地领会改造中国的思想。他们生活在繁荣与和平的国家,因此,他们不能认识中国的困苦"。"从另一方面,那些生活在中国的人正渴望看到这一天,那时,中国将成为世界上最繁荣、最进步的国家之一。"(杨天石:《跋孙中山在檀香山的几次谈话》,《海外访史录》,第76—78页)

4月16日(三月初七日)　汪精卫、黄复生等在北京谋炸摄政王载沣,未遂,被捕。汪、黄二人被判处永远监禁。

汪精卫自河口起义失败,愤于革命无成,赴文岛募款又为陶成章等人干扰而徒劳无功,乃决心暗杀清廷重臣;事为孙中山、黄兴等所劝阻①。后赴日本与黄复生、黎仲实、喻培伦等七人组织暗杀团,并在香港黄泥涌设立机关。南方支部成立后,本以汪为书记,但其不欲参与运动广州新军工作,于2月9日致函孙中山及南洋同志告别,然后北上。(冯自由:《中华民国开国前革命史》第2册,第230—232页)

汪精卫虽经胡汉民劝阻再三,然不听,并写血书"我今为薪,兄当为釜",决意入京谋刺摄政王。(《胡汉民自传》,《近代史资料》总45号)与黄复生、喻培伦等人以守真照相馆为活动据点,谋划在摄政王上朝必经之途埋设地雷。后被警察发觉,并根据铁罐查出为骡马市大街鸿泰永所制,继而追查出订制人,遂于本日相继捕去黄复生、罗召勋及汪精卫。汪精卫供称:"此次举动,意在牺牲性命,震奋人心,并非预备暴动,亦无人为事后之接济。""罪止兆铭一人,请勿株连。"黄复生供称:"与汪旧识,以汪宗旨过激,尝相规劝。汪来京后,亦曾加以劝阻。旋以其持之有故,不得已遂赞成此伤心之举。一切布置,均某与汪共同为之,此外更无关于其事者。"又称"我死之后,惟望中国官吏办事程度日高一日,于愿足矣"。汪、黄一案,由肃亲王善耆、贝勒毓朗面请摄政王载沣指示办法,"监国仁恕宽大,不欲置诸极刑,拟以永

---

①　据谭人凤称,汪精卫在东京"慨党事式微,难成大事,连日与克强密议,决计牺牲一切,惊醒国民。克强比亦存此思想,故未梗议。惟福建林君时爽则极力谏阻之"。(石芳勤编:《谭人凤集》,第355页)则是黄兴并未力阻此事,甚至有默认的嫌疑。

远监禁处之。政府及两邸均赞成"①。4月28日,汪荣宝等人依此意草拟奏折,次日具奏,奉上谕:汪兆铭、黄复生着交法部永远牢固监禁,罗世勋着交法部牢固监禁十年。(冯自由:《中华民国开国前革命史》第2册,第246页;韩策、崔学森整理、王晓秋审订:《汪荣宝日记》,第139、141页)

事后,黄兴对宫崎等人称:"如果在有神权和皇权坚强统治着的俄国,人民在迫不得已时这样做,是可以的。但在我们中国,只有一个儿皇帝(宣统帝溥仪)和一个懦弱无能的政府,我们完全不必搞这类无谓的暗杀行为,要采取等待时机一举推翻清政府的方针。我们做梦也没有想到在党内起重要作用、向来沉着稳重的汪(兆铭)、黄(复生)二君竟然做出那种唐突之事。他们根本没有同大家商量过。但清政府也没有杀他们,只作了终身监禁的处罚。这对于双方都是有利的。如果杀了他们,就会闹出大乱子来,那些崇拜他们的血气方刚的青年会以血还血地进行报复。汪兆铭在日本留过学。你也清楚,他的号叫精卫,还是《民报》的主编,写的文章颇有特色,在青年中有很大的影响,吸引着一部分青年靠拢革命。可是现在看不到他那些好文章了,真是遗憾啊!"据称,"黄兴说罢,眼泪滴滴流了下来"。(毛注青编著:《黄兴年谱长编》,第157—158页)

孙中山并不赞成汪精卫此举,颇为痛惜,称:"近日吾党精卫君,身入虎口,到北京欲行大事,事败被拿",定为永远监禁。"虏不杀之,想有所顾忌而不敢也。然吾党失一文武全才之能员,殊深痛惜也。今后吾党同志之尚有生命者,应各竭其能力,从种种方面以助革命之进行,以期达最终之目的,方能酬先我而牺牲者之志。"(《复纽约同盟会员函》,《孙中山全集》第1卷,第457页)

4月21日(三月十二日)　在檀香山期间,接受《广告者》(Ad-

---

① 关于摄政王的态度,另有一说:摄政王原拟判汪、黄二人极刑,但迫于形势,且得程家柽向肃亲王善耆说项,判二人永远监禁。(冯自由:《中华民国开国前革命史》第2册,第246页)

vertiser，俗名《鸭扶汰沙》报）记者的访问，本日刊发访问内容。

该报称："几个月之前，当孙博士在中国南部领导革命时，北京政府出洋六万五千元购买他的头颅。在过去的四年里，中国的总督们为了提供更充足的赏金而将价格提高到近三十万元。尽管清政府以巨金悬赏，不论死活，孙逸仙博士不但仍然在没有一个保镖的情况下周游世界，而且经常在中国，特别在南部，作为造反的中国人的领袖，和政府军战斗。

"孙博士相信，彻底改变庞大的中华帝国政体的时机已近成熟。他判定，并且明确地指出，满洲王朝正在削弱，在几年——很有限的几年内，他意味深长地补充说——汉族将要奋起，将满洲人赶出帝国。在王朝宝座的废墟上，孙博士希望看到，建立一个共和政体。"

记者问："你是否相信，中国人能在政体方面实行这样一个激进的政策——从一个皇帝到一个总统？"

答曰："中国人认为，满洲人是篡位者，我们的征服者"。"满洲人从来未能臣服中国人，但是后者因为某些原因也从来未能站起来并推翻他们。如果向他们指示推翻这些外国人——满洲人的方法，我相信他们将会接受任何一种提供给他们的新政体，如果它是中国人的政府。"

报道称，在昨晚的谈话中，孙相信革命运动正在削弱清政府，"孙博士可以被有些人称之为梦想和理想主义者，不过，他是注重实际的。他提到土耳其的少年土耳其运动，并且说，他在中国领导的运动在精神和计划方面和它完全相同。这一运动，导致推翻阿布都·哈米德（Abdul Hamid），并且建立了一个现代化的政府，它没有倒台的苏丹一度拥有的专制弊病"。

记者问："你的党对满洲政权有威胁吗？"

答："有。不过，超过摄政王想象的更大危险来自王朝自身的弊病。"在不久的将来，可能"又要发生一次义和团起义"。"正如第一次起义时，帝国的军队援助排外运动一样，现在的政府将是起义的幕后操纵者。满洲人经常反对外国人——欧洲人和美洲人。中国人也反对外国人,不过,对于我们来说,外国人仅仅意味着满洲人,而不是欧洲人和美洲人。

"满洲王朝相信,当煽动对欧洲人和美洲人的敌对情绪时,它将使自己受到中国人民的拥护。现在,满洲政府正在建立一支庞大的军队,并且将它置于现代化的基础之上。它计划立即在全国扩展三十六个镇,包括武装部队的所有军种。这意味着近百万人,同时,它计划在六年内拥有三百万现役军人。"

不过,"这支军队不可能全是满洲人。他们可以任命许多满洲军官,但是,军队的大部分将是中国人。当满洲王朝指望使用这支军队去使政府为人民接受时,这支军队能够颠覆篡位者并压碎他们。在我看来,这样的事即将发生,因为在这段时间内,我们不会睡觉。只要一种思想感情在中国军队中鼓舞起来,它将使这支巨大的武装力量去反对政府而不是为它服务。无论如何,义和团起义可能已经开始,这场攻击如果不是由于满洲政府的直接煽动,它也将是一种诡计,满洲政府利用它,将攻击矛头指向那里的外国人"。

关于中国未来的政体,再次强调:"当篡位者被赶走并被压倒的时候,我赞成中国建立共和政体,赞成选举人民的总统,赞成在这个伟大国家的发展中进行根本变革。"革命党人目前是在中国南部进行反对清政府的军事行动,"我们的部队常常与政府军交战。我们已经投身于战斗中。是的,我和部队在一起。但是,我们没有力量保持赢得的土地,因为财力有限,获得武器很困难"。然而,报道称"博士没有叙述过去的详情","大约三年前来自中国的电报说明,在攻占两个城市时,孙博士的部队在武器装备方面是成功的"。

记者又问:"帝国政府的庞大军队将援助还是阻止你的运动?"

答:"我相信,它将有益于我们。我们很高兴,他们正在建立这样一支庞大的军队。因为我们能以这种感情在军队中工作。当伟大的高潮来临时,军队将成为我们的军队。

"至于摄政王周围的官员,现在主要是他的亲属。摄政王解除才智出众的中国人的职务,排挤他们,将满洲贵族提拔到高位上。他们中的一个,他的兄弟载涛上星期为了一项使命经过这里。另一个八月将要经过这里。他遣他们出使,为了让中国人感到,他关注国家的现代化。"(杨天石:《跋孙中山在檀香山的几次谈话》,《海外访史录》,第80—84页)

采访者为该报记者泰拉(Alred Pierce Tayor),从小道消息获知孙到檀香山,便四处打听其住处,被告以孙没到檀香山,后来直接到《自由新报》馆,"闯进报馆的正门,穿过堆满铅字盘的过道,走上一个光线极弱的楼梯,上到二楼。我不等有人来阻拦我,就直奔办公室。我推开门,看到孙中山就坐在一张办公桌前"。除了该报所刊的谈话内容外,孙还谈到夏威夷的在东西方的战略地位:"在夏威夷,异国的人都来到这里,葡萄牙人、中国人、日本人、加里西亚人,大多数人是到甘蔗种植园做劳工。这里,异族通婚。在夏威夷,我们找到朋友。当地人态度友好。他们叫这里——民族大熔炉"。美国政治家很早就把夏威夷称为太平洋上的战略钥匙,"几十年来,美国对这里虎视眈眈,警告其他国家不要把他们的手伸到夏威夷来。但美国不阻止其他国家的公民来这里","当东方的帝国改变面貌,从皇帝统治的帝国变成共和国后,俗语说的东方会越界来到西方,这句话不只是随便说说而已。我们不能小视这种可能。我相信,有一天,东方同西方肯定要在这里迎头相遇,但东方可能不能越界。我相信,在美国国旗保护下的夏威夷是东方和西方的分界线。夏威夷就处在这样一个地方,是一个战略前哨。其他国家不能越界"。(Taylor, *Sun Yat-sen in Hawaii*, Paradise of the Pacific. 38, No. 8 August, 1928, 马兖生:《孙中山在夏威夷:活动和追随者》,第79—81页)

4月25日(三月十六日)　因杨太夫人病危,分别致函孙昌夫妇,促从速返港侍疾。翌日,汇给孙昌五百元。(《致孙昌函》《致孙昌妻函》,《孙中山全集》第1卷,第455—456页)

4 月 26 日(三月十七日)　法国驻华机构摘录《顺天时报》上所载 1910 年前三个月中国发生的民变,报告本国外交部。

据《顺天时报》不完全统计,1910 年 1—3 月间中国共发生三十次较大规模民变,包括:1. 广东新军暴动;2. 苏州新军骚动;3. 贵州叛乱;4. 浙江叛乱;5. 福建革命者发的宣传;6. 安徽庐州骚乱;7. 贵州兴义府骚乱;8. 江苏宜兴县骚乱;9. 贵州土著部落暴动;10. 江苏清江浦两营新军哗变;11. 浙江因鸦片问题引起骚乱;12. 江苏各米店被抢;13. 广东的革命阴谋;14. 福建的革命阴谋;15. 江苏高邮因盐乱引起的骚乱;16. 江西青红帮抢劫;17. 四川土著部落暴动;18. 东北巡防队对红胡子之战;19. 广州哗变,三标新军遭到巡防营屠戮;20. 贵州毁校;21. 黑龙江畔兴县暴乱;22. 江苏被遣散的士兵行劫;23. 浙江杭州骚乱;24. 江苏清江浦因盐税叛乱,被军队镇压;25. 山西因鸦片问题叛乱;26. 江苏泰州因清查问题叛乱;27. 江苏革命阴谋;28. 云南革命阴谋;29. 吉林红胡子入侵;30. 湖南长沙骚动。(《〈顺天时报〉摘要》,章开沅等主编:《辛亥革命史资料新编》第 7 卷,第 174 页)

4 月 28 日(三月十九日)　黄兴函告宫崎寅藏,已电阻孙中山赴日本。

此前,孙中山急欲赴日本筹划革命事宜,曾致函宫崎,请疏通日本政府,允许居留。不久,宫崎告知黄兴日本政府改变态度,故黄兴电阻孙中山来日。(《致宫崎寅藏书》,湖南省社会科学院编:《黄兴集》,第 15—16 页)然而,孙仍拟赴日。

4 月 29 日(三月二十日)　在檀香山致函池亨吉,询问能否赴日本。

函称拟在檀香山停留一至二月,之后能否顺利赴日本。池亨吉因不熟悉本国政府意向,且在外地游历,致未复函。后来,池亨吉向日本外务省政务局方面询问,若孙中山决心来日本,虽可能有碍日本与清政府的关系,然可秘密入境,再予监视。(罗刚编著:《中华民国国父实录》第 2 册,第 1266 页)

是月（三月）　刘思复等八人愤于广州新军起义失败,在香港组织"支那暗杀团"。(《香港支那暗杀团成立始末》,冯自由:《革命逸史》第4集,第191—192页)

5月

5月3日　黄兴在香港会晤宫崎寅藏,以及宫崎陪同由东京来香港了解中国革命情况的儿玉右二①。

先是,黄兴由香港赴新加坡,欲筹小款作活动费用,后因办理布思委任状返港。在新加坡时,亦接到宫崎寅藏电约在港会晤。5月13日,黄兴致函孙中山称:"及弟来港,伊偕儿玉右二来,此人与寺内正毅有关系,大约日政府见满洲交涉无大进步,而清军队之表同情于吾党者日多,或一日吾党势力可成,伊既无要求于满政府,而又不见好于吾党,两无所据;又恐他国与吾党密近,将来排斥己国,于东亚殊难立足。有此隐情,故宫崎乘间运动长谷川大将名好道者,由长谷川将宫崎所铺张吾党之势力绍介于寺内,故寺内密派儿玉与宫崎来调查吾党势力,不过证实宫崎之前言耳。在港不过一个月,弟稍夸张出之,略言法、美国民皆表同情,或能怂恿之,亦未可知也。"(《复孙中山书》,湖南省社会科学院编:《黄兴集》,第21—22页)

据日本情报称,双方在香港会晤,日本以宫崎为"会长",儿玉右二、三原某及其他数人合而为一;中方则"则以孙文为会长,黄兴、张继及其他一百多人聚会",决定在香港的中国铅版印刷厂继续开办,把印刷物发给分布在各地的党员。宫崎对熟人称,此行目的是养病

---

①　该事原系于4月下旬,(陈锡祺主编:《孙中山年谱长编》上册,第501页)《黄兴年谱长编》系于5月初,(毛注青编著:《黄兴年谱长编》,第151页)而《宫崎滔天年谱稿》系于5月3日,并加"?"以示未十分确定。([日]近藤秀树编、禹昌夏译:《宫崎滔天年谱稿》,《辛亥革命史丛刊》第1辑,第155页)今暂依《宫崎滔天年谱稿》系于此。

并视察革命党的情况,不意与黄兴及其他四五个党员会见,"但是孙文则绝对没有会见"。儿玉称,此行的目的在于视察革命党的动静和联合抵制日货运动,"聚会之际,清国侦探携带着枪械把会所包围,但英国警察官却在各个方面提供方便","革命党员等和在当地的社会主义者及露国虚无党员等并不相同,各方对他们很尊重,革命党亦专心努力要获得列国的同情"。(《宫崎寅藏、儿玉右二两人在香港时的聚会情况》,章开沅等主编:《辛亥革命史资料新编》第6卷,第201—202页)

宫崎对外自称《万朝报》记者,儿玉右二自称《东京日日新闻》记者。宫崎返日后,即在《万朝报》上刊发《革命党领袖黄兴在热带地方》一文,后又以《访革命党领袖黄兴》为名刊于《日本及日本人》。([日]近藤秀树编、禹昌夏译:《宫崎滔天年谱稿》,《辛亥革命史丛刊》第1辑)该文转述了黄兴关于"暴徒和革命党""北京炸弹事件""广东新军事件""革命党和军队的关系""革命党人对列强的看法"等内容,"遗憾的是,由于对他们承担了保密的义务,我不能将所谈情况全部无遗地公布出来以飨读者;只能在不失密的范围内"简述以上各节。(毛注青编著:《黄兴年谱长编》,第155—160页)

5月4日(三月二十五日)　复函芝加哥同盟会会员梅培,祝贺芝加哥分会选举萧雨滋为会长,并告知汪精卫被捕后情形及檀埠加盟者日增。(《复梅培函》,《孙中山全集》第1卷,第457页)

5月5日(三月二十六日)　函告纽约同盟会会员有关国内局势情形。

函称:承询长沙乱耗,此间亦由报纸传闻,未知其详,想必"此是一时暴动之事"。"然新军亦有附和,可见此等练军所蓄之志,久有反对虏廷;故无论如何,总有利于吾党。"同时告知汪精卫之事,应以此自勉。(《复纽约同盟会员函》,《孙中山全集》第1卷,第457页)

5月9日(四月初一日)　函告咸马里,广东新军调动及党内领导人近况。

函谓:今日刚收到中国来讯,第一标余众约七千人已安全返抵其家乡高州,该地在法国租借地广州湾附近。广州新军未被遣散的两标兵,将被派往高州府驻防。革命党香港负责人胡汉民偕黄兴,及前任广州军队标统赵声最近已前往星加坡。此外,汪精卫在北京被捕。又告:"我将于明午启程赴希炉,一周后重返此地。"(《致咸马里函》,《孙中山全集》第 1 卷,第 458 页)

△　清政府谕资政院于本年八月二十日召集议员,于九月初一日召开。

上谕:设立资政院作为议院的基础,本为清朝预定计划,"叠经降旨,将该院院章暨各项选举章程厘定颁布,责成内外臣工切实筹办。本年九月初一日为第一次开院之期",所有钦选八十八名议员,以八月二十日召集。(中国第一历史档案馆编:《光绪宣统两朝上谕档》第 36 册,第 87 页)

5 月 11 日(四月初三日)　新加坡《星洲晨报》披露日本各种调查会的宗旨。

报道称"日本近来对清政府,表面以欢迎示亲爱,而暗中组织各种调查会,以为实行地步,处心积虑,用意至足惧也"。其中最有势力且最著名的调查会:一、日清研究会,以文学博士服部宇之吉为会长,以调查风俗人情习惯为宗旨;二、日清协会,以前文部大臣犬养毅为会长,以调查清国内政为宗旨;三、同仁会,以大隈重信为会长,以扩充日本医学为宗旨;四、东亚同文会,以同文院长根津一为会长,以调查中国商业为宗旨;五、东邦协会,以黑田长城为会长,以调查清国内政为宗旨;六、东洋协会,以大隈重信为会长,以调查清国内政为宗旨;七、日清贸易振兴会,以商业会头中野营武为会长,以扩充日本商业为宗旨;八、东洋女会,以清樱女史为会长,以养成赴中国之女教习为宗旨。合计以上八会的会员,约有数千人,孜孜不倦研究中国内情,"中国人不知之,而外人知之;外人知之,而设法对待之,清国其不国矣"。(《看看日人之野心勃勃》,《星洲晨报》1910 年 5 月 11 日)

5 月 12 日(四月初四日)　布思来函,嘱咐革命党勿急于行事。

布思函告：望嘱部将加强革命党组织，不要急于行动。因为中国革命党每失败一次，在美报刊报道后，均令人失望，会影响到向美国银行家借款的计划。（罗刚编著：《中华民国国父实录》第 2 册，第 1214 页）

因不久即离开檀香山转赴日本，故在日本始收到辗转而来的布思信函。6 月 22 日，复函称已将有关中止所有不成熟活动的建议转达党内领导，并告知拟自行离开日本，免使为难外，"在我抵此之前，我们一些领导人为与我会晤而已先期到达。我将你有关中止所有不成熟活动的建议转告，他们均表示同意，并允许将此事通知各省党人，立即停止举事。我认为，今年冬季前将会停止此类活动。故今后有数月平静的时间，可供我们工作"。

此外，因之前被艾伦认为"可能是一领袖，但不敢相信其为中国公认之领袖，未被公认前，不能援助金钱"。因此委托黄兴办理各省革命同志代表联合签署认可孙为领袖的文件。在复函中告知布思，如你的任务已完成，可电告香港《中国日报》，"各省代表所签署文献已准备妥当，不日当可奉上"。（《复布思函》，《孙中山全集》第 1 卷，第 465—466 页；罗刚编著：《中华民国国父实录》第 2 册，第 1213—1214 页）

7 月 19 日，布思告知艾伦，已经收到孙中山自横滨寄来的十七省代表签署同盟会公文，上钤同盟会印章，其中黄兴作为湖南代表签署。经咸马里检验，此文件无讹，可证明孙中山为中国公认的革命领袖，有绝对控制权力。（罗刚编著：《中华民国国父实录》第 2 册，第 1214—1215 页）

5 月 13 日（四月初五日）　黄兴从香港来函，陈述对革命运动的意见。

黄兴与赵声研究，作长函答复有关目前革命举事的情形，略谓：一、"先生与军人所议之方略，与此间所已得手运动之情形略有不同"，以为广东必可由省城下手，且必能由军队下手。"倘先生与军人已决议择一地点，为训练兵卒，接收器械之处，亦不难图之，而为省城之外援"，其地即在广州湾。二、"联络他省之军队及会党，此最宜注意者"。三、"军人拟聘武员及各种技师前来,预备充组织及教练之用。此事弟等思之,颇有难处",即地点及保密不易。四、"组织总机关之人才,弟意必多求之各省同志中,以为将来调和省界之计"。又建议将来广州起事,可由赵声主持,而黄兴本人则充参谋,以补其短。"若能得一次大会议,分担责任,各尽其才,无事不成矣。"(《复孙中山书》,湖南省社会科学院编:《黄兴集》,第 17—22 页)

5 月 16 日(四月初八日)　在希炉改组中华革命军为同盟会分会。

5 月,偕卢信游茂宜、希炉各埠,相继成立同盟会分会。茂宜埠同志有邓明三、陆进、谭池、刘聘、谭贵福等人,希炉同志有黎协、林弼南、李成功、刘安、李社银、郑成功、袁僚、谭惠金、古鹏云等。至希炉时,寓希炉旅馆。本日,赴鸡地戏院演说,并宣布改组革命军为同盟会,吁请侨胞加盟,谓:"凡热心救国者请签名。"一时宣誓入会者达三百八十五人,"会分二队,队分四列,列分三排,排管部员,以收指臂之效,隐寓军事于党的组织之中"。(苏德用:《国父革命运动在檀岛》,蒋永敬编:《华侨开国革命史料》,第 84 页)

5 月 20 日(四月十二日)　俄国等各国驻北京使团收到同盟会通告,呼吁各国在革命活动中保持中立。

略谓:"满清王朝自建立以来已有二百余年,对黎民百姓实行压迫政策",中国民众"没有其他出路,只有起来反对满清王朝,现在,我们选定了起事的日子,我们誓要推翻满清王朝","我们担心,在斗争激烈之时,难以分清友与敌。倘若贵国臣民不阻挠我们的军事行动,我们必将保护他们的利益;倘若他们盲目听信满清王朝的花言巧语,并自愿站在它一边,那我们会本着对邻邦的友谊不予计较,不归于他们,因为我们人数众多。务请阁下将我们的通知告谕贵国臣民"。(C. 齐赫文斯基著、丁如筠译、邹宁校:《孙中山的外交观点与实践(1905—1912)》,《国外中国近代史研究》第 4 辑)

5 月 24 日(四月十六日)　函告咸马里,将于 30 日赴日本,且告党内同志已采取措施在广州湾租地，香港某商号可承担供应武器。
（《致咸马里函》，《孙中山全集》第 1 卷，第 459 页）

5 月 25 日（四月十七日）　致函纽约同志，望美洲华侨继续进步，并告将赴日本商量善后事宜。（《致纽约同盟会员函》，《孙中山全集》第 1 卷，第 460—461 页）

5 月 26 日（四月十八日）　有关国内局势的言论再次刊于檀香山《广告者》。

报道称："中国革命党的首脑孙逸仙博士正在檀香山，和党的成员会会谈。几个星期以前，他为《广告者》写作，反复说明，帝国支持对在华的外国人的攻击，这已从长沙暴动得到证实。""在那个时候，他期待着比 1900 年规模更大的又一次义和团起义。他预言，这一次起义将要得到拥有三十六镇强大正规军的满洲王朝的支持。接着他宣告，政府正在实施巨大的军事计划。当它变成强大有力之时，当统治者相信，他们可以依靠这支庞大的武装力量时，另一次义和团起义的时机就成熟了。"不过，"长沙暴动是不成熟的。它虽然是王朝未来计划的一部分，而实际上几乎是一次独立的起义。只是由于它太仓促，没能得到帝国阴谋家的支持"。

孙称："我仍然断言，中国将要发生另一次直接指向外国人的起义，它将比十年以前的起义更可怕。""这些起义或暴动直接指向外国人，甚至连我们革命党人都成了目标，我们已有三个学生被杀。不久以前，他中的几个被烧死。我们这些进步分子，如同外国人一样，已经被包括在攻击范围中。它向我们指示，这一切在义和团起义中仅仅是最初的行动。"

据他了解，清政府目前组建的中国新军包括三十六镇，每一镇由一万二千个步兵，加上正在训练的骑兵、炮兵，总计一万五千人。两镇三万人组成一个军团。这支军队将由大约一百万武装的现役和后备人员组成。

至于他的计划，"可能在三周左右离开这里，去美国太平洋海岸

照料我们党的事务,然后再次去中国旅行"。(杨天石:《跋孙中山在檀香山的几次谈话》,《海外访史录》,第84—85页)

5月30日(四月二十二日)　由檀香山乘蒙古号轮船启程赴日本。(《致纽约同盟会员函》,《孙中山全集》第1卷,第461页)

离檀香山前,当地侨胞开盛会欢送,由芙兰谛文牧师主持。在檀香山期间,曾至牧师家畅谈,对其所问革命事业,答曰:"递年即可起义,一切计划均已筹务,此次自信必能成功。"鉴于檀香山华侨子弟日众,嘱曾长社、卢信、杨广达、钟工宇等同志联合当地侨领创办学校,亲为命名"华文学校"。该校于次年成立,后于1928年易名"中山学校"。(苏德用:《国父革命运动在檀岛》,蒋永敬编:《华侨开国革命史料》,第85页)

日本外务大臣接到消息称"孙逸仙已化装乘坐贵地开出,将在十日抵达横滨的蒙古利亚号",令驻火奴鲁鲁总领事上野赶快查明。上野报告称,"兹有住在本地的一位孙逸仙近亲听到消息说:孙逸仙几天来受布哇岛有志者的款待,开办演讲会等。又据说目前逗留在茂宜岛,预定下周回到火奴鲁鲁而再巡回到其他岛屿,为了弄明实况正在向该地查询"。后又称,"孙逸仙目前以博士之名义住在茂宜岛,没有一定的地方,正在到处巡回耕地"。(《查明孙逸仙是否乘坐蒙古利亚号前往横滨》《孙逸仙在布哇岛之行动》,章开沅等主编:《辛亥革命史资料新编》第6卷,第202页)可见孙行踪之秘,上野亦未把握孙具体行踪。

关于孙中山及革命党人近期在檀香山的活动情形,清朝驻檀总领事梁国英后于11月1日密禀外务部,内称:"查檀香山革命〔党〕设《自由新报》馆、华文学堂、革命军政部。自由报鼓吹革命,华文学堂教授革命新书,军政部办军械运回香港。孙文胞兄孙微〔眉〕在九龙种植,接收外洋军械,供给土匪。檀香山商董余兰芬等禀称,华人无公立学堂,将来少年读革命新书——《扬州十日记》《革命自由》《创世英雄》《世界平权》等等书目,为害不浅,求领事倡办华文义学。回想此举非得十余万美金实款生息,不敢云创办华人公立学堂。事甚筹

〔踌〕躇〔躇〕，禀请钦差大臣札谕，筹华人之财，办华人之事。檀香山向无抽收华人公项，不办，将来读书毕业，西文考有凭照，深染革命资格者到部考试授职，其性格自幼习染，则防无可防。其革命包藏巨深，实为深虑，只有劝商董想法办理。据李启辉禀，檀山务学会前建有房舍，本是学堂，因夫经费，功竣尚未开学，愿将全间地皮房舍拨出公立学。于是会议，凡华人每年捐学堂经费一无，但恐革命党反对，请存案，如抗捐，有子弟入学堂，收书金每月四元。开捐之后，《自由新报》大告谣言，革命党故然抗，例不乐从，认捐者不满百人之数，焉能举办。商董再会议，请领事监督。革命党既反对，则是逆匪，禀钦差存案，凡革命党与美国籍民不肯捐学堂经费者，不准回国入内地乡村居驻，移咨粤省关卡、两广总督部堂、各州县乡村公局绅耆严查。檀山革命〔党〕，混迹内地。查革命〔党〕入美国籍，回乡强买强卖，引盗抢劫，掳人勒赎，坐地分肥，遇有案件，恃美籍禀美领事干涉，往往激出变故，如此不得不严禁。春间逆首孙汶来檀，林云、许发、谭亮、曾长福、卢逊、梁海、梁子、谭逵、梁长、雷官晋、雷官爵、温雄飞等接纳，借华人戏园设席唱戏欢迎，每人收银五员，亲自签名入会据，戏园人约计满座三四千人之多。《自由新报》特书革命总统孙汶某日在某处戏园演说。檀山民主，例不禁自由言论。领事官职卑小，自愧无才，只有移会钦宪、两广督部堂、香山县正堂查拿。"（《驻檀香山领事梁国英致外务部禀文》，中国第一历史档案馆等编：《清宫辛亥革命档案汇编》第55册，第 196—199 页）

6月

6月7日（五月初一日）　黄兴按照事先约定，由香港秘密赴日本，先在东京会晤宫崎寅藏。（〔日〕近藤秀树编、禹昌夏译：《宫崎滔天年谱稿》，《辛亥革命史丛刊》第 1 辑）

6月9日（五月初三日）　在"蒙古号"上致电东京池亨吉：请于10日偕宫崎来横滨蒙古轮上一晤。池亨吉当日获电，即前往宫崎寅藏相告，并称彼为孙中山至日登岸一事，曾会晤赤阪警察署长，并与警察总监相见，经该署长代为报告后复称：若更改姓名，不妨登陆，因此无需担心。于是，宫崎将此情形转告内田良平，请其向当局建议，对孙中山采取宽容措施，并请儿玉右二求助。池亨吉与宫崎寅藏随即赴横滨，见黄兴与萱野长知。（［日］宫崎龙介、小野川秀美编：《宫崎滔天全集》第2卷，第618页）

6月10日（五月初四日）　抵达横滨。

7日，内田良平偕宫崎寅藏往见警视总监龟井英三郎，询孙中山是否于10日抵横滨。9日，池亨吉见宫崎，告知孙抵达日期，日本警方已答应，可化名上岸。是日，孙以Dokas①的假名抵横滨。旋改名Dr. Alaha②。登岸后，先进福冈屋，后搬往西村旅馆，与黄兴会合。（［日］宫崎龙介、小野川秀美编：《宫崎滔天全集》第2卷，第618页）

化名登岸一事，据神奈川县知事周布公平报告称："依据警察局长之命，一直注意清国革命党员孙逸仙是否乘坐在离开美国夏威夷来往本港的轮船蒙古利亚号中"，该船于10日上午9时30分抵港，果有一等舱客名为"S. 高野"，"该人在西码头海关的码头登陆，于是立即问其姓名，他就回答说：在名册上签名为'S. 高野'完全是假名，实际是孙逸仙没错。因此依据训令的宗旨没发命令，让水上警察署长以个人的资格，把不宜登陆之意告诉他，为了他自身利益希望现在原船归还"。后又"默许逗留到有最近前往新加坡的轮船，所以必须一定乘坐最近的班船出境，并且不是允许作为孙逸仙逗留，而是允许

---

① 日本官方记为"S. 高野"（S. Takano）。（章开沅等主编：《辛亥革命史资料新编》第6卷，第204页）一作"Dokans"。（罗刚编著：《中华民国国父实录》第2册，第1280页）

② 苏德用记为"Dr. Aloha"，因Aloha为夏威夷土语，他邦人士，无此称号。（苏德用：《国父革命运动在檀岛》，蒋永敬编：《华侨开国革命史料》，第86页）后有报纸披露称"孙逸仙托名布哇人'阿路夏'氏，潜于东京之所，即此译名"。（《南清革党动静》，《汉文台湾日日新报》1910年10月7日，"内文纪要"）

叫做‘S. 高野’逗留”。由于池亨吉、宫崎寅藏及萱野长知到码头迎接，池亨吉“努力让孙逸仙逗留在东京，不愿遵照警察署长之指示，他陈述孙之来到吾国事先已取得当局谅解，没有明确承诺的征兆，但是孙逸仙也怀有完全被当局默许的感觉。于是给他们说明其所以误解，并对于池亨吉说鲁莽做下这等事情太不像话，切实给他劝戒”。最后为孙办理手续，默许他逗留到能乘坐前往新加坡的日本轮船，但又须避开中途停靠上海的轮船，约定须在 15 日乘八幡丸离开。孙亦感谢日方厚意，誓不爽约。（《孙逸仙到达东京》，章开沅等主编：《辛亥革命史资料新编》第 6 卷，第 204—205 页）

　　当日，黄兴和萱野长知乘人力车到国府津，溜进一家旅馆等待，“孙逸仙坐的美国轮船刚刚靠岸，黄兴就跳上船去。两人久别重逢，极少谈论私事，很快转入对革命形势的讨论”，后来“我们来到孙逸仙所住的旅馆。在那里，大约有两小时之久，孙、黄就各种重要问题交换了意见，并对未来的若干方针取得了一致看法”。（萱野长知：《中华民国革命密笈》，第 381—382 页）除黄兴外，孙中山在日期间，胡汉民化名胡羡生，从香港秘密来日，“担任其护卫”，直至 11 月始离日。（《关于胡汉民之情形》，章开沅等主编：《辛亥革命史资料新编》第 6 卷，第 231 页）

　　6 月 11 日（五月初五日）　移居东京小石川区原町三十一番地宫崎寅藏寓所，并与东京同志会晤。

　　上午 9 时，离开旅馆到正金银行，经由在香港的正金银行以发票人 Y. Sun 的名义开出二千五百美元①。后访问在山下町居住的清国人新子隆、赵锦波、林美链、仲宜昌及其他一二人②，后乘坐上午 11

①　日本官方记载称：“经由在香港的正金银行分行向 S. Ahona（可能是本人的妻子）以发票人 Y. Sun 的名义开出二千五百美元。”此判断有误，S. Ahona 并非孙的妻子，正是孙在日本登岸后的另一个化名，即所谓“阿罗哈（Dr. Alaha）”。（［日］宫崎龙介、小野川秀美编：《宫崎滔天全集》第 2 卷，第 618 页）

②　次日，日方更正报告，称“新子隆是赵锦波的家号”，仲宜昌实为在寄宿其家的廖奕明，其他一二人是温炳臣、谭发。（章开沅等主编：《辛亥革命史资料新编》第 6 卷，第 207 页）

时 15 分离开横滨的火车前往东京。(《孙逸仙到达东京》,章开沅等主编:《辛亥革命史资料新编》第 6 卷,第 205 页)

是日,移居小石川宫崎家后,受到警察保护,据说儿玉右二告诉宫崎,此系中村弥六活动的结果,藉以消除布引丸事件造成的不快。对此,孙表示:“以为已死的同志今日竟再生,实在太好了”,“耶稣说,不是敌人就是朋友,何况同情我们的人? 我们革命主义者的军事组织之中,必须具有宗教上宽容的德。”([日]宫崎龙介、小野川秀美编:《宫崎滔天全集》第 2 卷,第 619 页;俞辛焞编:《黄兴在日活动秘录》,第 92 页)

安顿之后,即函告檀香山同志关于此次赴日本的交涉经过,谓此“实为冒险一行,且以验日政府待吾党政策之善恶”。此次获准留居,系经阁议,陆军大臣(寺内)甚表同情,并得各大臣赞成。“此次日政府如此委曲优待,真出意料之外,诚为日本政府向来待革命党未有之奇典也。今后吾人在日本办事,必得种种之利便。故弟欲即行设立秘密机关于东京,以为联络及统一各省团体之行动,使归一致,免再有长沙等处排外无识之举,则他日大举必能收无量之效果也。惟设此机关,并派员入各省,每月至少需经费数千元。今欲檀埠同志每月至少接济美金壹千元,能多则更妙。”并望由檀埠同志发起,通告纽约、金山、芝加哥同志相助,每月所捐之款,可汇寄至檀香山,由檀香山统一按月转寄。(《致檀香山同盟会员函》,《孙中山全集》第 1 卷,第 462—464 页)

有关在东京与诸同志商议革命事务的情形,据谭人凤记述:“及七月(按应为阴历五月),适中山闻桂太郎入阁之说,潜与克强来东,赵伯先亦相继至。余晤中山,责改良党务,中山颔之。不意钝初往商,乃曰:‘同盟会已取消矣,有力者尽可独树一帜。’钝初问故,则曰:‘党员攻击总理,无总理安有同盟会? 经费由我筹集,党员无过问之权,何得执以抨击?’钝初未与辩,返告余。余颇愤。次日,复同钝初往,仍持此种论调。余驳之曰:‘同盟会由全国志士结合组织,何得一人言取消? 总理无处罚党员之规条。陶成章所持理由,东京亦无人附和,何得怪党人？款项即系直接运动,然用公家名义筹来,有所开销,应使全体与知,何云不得过问！'中山语塞,乃曰:'可容日约各分会长再议。'不意越数日,暗地而来者,又暗地而去,置党务于不议不论。余于是亦遂不慊于中山矣。"谭氏又谓:"中山以总理资格,放弃责任,而又不自请辞职,同人不得已商议改组。"此后,谭人凤筹议设中部同盟会,实由此发端。(《石叟牌词》,石芳勤编:《谭人凤集》,第359—360页)

6月13日(五月初七日)　日方密探报告孙中山在东京的活动与言论。

报告称:"孙逸仙入京后寸步不外出,他说,我到处漂流亡命已久,其中最受到优待的是北美合众国,其次是法国、英国,日本则以前曾经住过很久,且有很多亲友,所以颇有晏如之感。"有孙竹潭(寄宿中川家,与清国政府有联系的可疑人物)来访,但被宫崎拒绝,孙竹潭亦不勉强,称"革命发展的一个必要条件在于知敌,我暂时投入官方,侦察其机密大有所得"。

关于革命党内部情况,宫崎亦有透露,革命团体包含所有反清团体,有新、旧两派思想,"新派赴欧美或日本留学而学到文明的新知识,旧派是毫不理解文明新知的冥顽之徒,经常摈斥新派,以为刘项原来不读书,读书人焉能做大事,如此失言;新派把旧派看做市井流氓不足共谈。如此痛骂,两者互相敌对颇久。但是云南、安徽及其他事变之际,看到所谓读书人身先士卒奋勇战斗,旧派感受渐渐缓和,渐有欢迎往时摈斥的所谓读书人的倾向"。目前,革命团体的最大问题在于,没有一位统帅全体的首领,"孙逸仙无论其经历、才能、人格,不用说合适当作统帅者,但他属于所谓新派。然而新旧两派如今已有互相调和的倾向,何况旧派没有比得上他的人物。孙君之将来有多望哉。于是站在新旧两派之间"。"孙逸仙理想的政体是共和政体,在于要向北美合众国效法,让十八省各自独立,把它们联合起来创造成一大共和国。"(《关于孙逸仙及清国革命党之情况与革命党诸团体之

组织》,章开沅等主编:《辛亥革命史资料新编》第6卷,第206—207页)

6月17日(五月十一日)　日方密报孙中山在东京的活动与言论。

尽管被告知只能停留至25日,但努力谋求延长期限。据日方报告称:"孙逸仙入京之后寸步不外出,天天都闭居室中,行动极其平稳。但是直到今天为止跟他会谈的,已有萱野长知、池亨吉、何天炯、谭立人、服部、杨某等七名",孙还声称至少预计逗留三个月以上,委托宫崎寅藏寻找有较大庭院和六室以上的出租房,且要使用一个厨师(大概以宫崎的大姨子前田担任)和一个仆役。(《孙逸仙会见多人》,章开沅等主编:《辛亥革命史资料新编》第6卷,第207页)但日本官方并不允许其延长逗留时限。

6月22日(五月十六日)　函告纽约同志,可能即将离开日本。

函谓:"清政府用种种手段与日政府交涉,日本外务大臣殊苦其扰,大有不欲留弟久居之意。惟他大臣多不以为然。但此事全属外交问题,恐他大臣不便过为干涉,则弟或有不能久居亦未可知。一二日再开阁议,当有分晓。"(《致纽约同盟会员函》,《孙中山全集》第1卷,第464—465页)

6月23日(五月十七日)　东京小石川区警察署长来访,密令25日离开日本。

原本已觅定住屋,交付押金,准备迁居。是日,小石川区警察署长来访,密令25日离开。于是决定24日出发。但宫崎往访儿玉右二,透过某将军(似为长谷川好道)和中村弥六,请当局改变决定。得某大臣之助,谓若以某种藉口,可多留若干日子。谢其好意,但不愿接受,仍定24日赴神户,前往南洋,并由萱野长知代表同人陪送到神户,乘安艺丸出发。([日]宫崎龙介、小野川秀美编:《宫崎滔天全集》第2卷,第621页)

6月25日(五月十九日)　离开日本前往新加坡。(《致吴稚晖函》,《孙中山全集》第1卷,第470页)

此番抵日、在日及离日行踪，颇为秘密，外界称："清国革命党领袖孙逸仙，北京政府久悬赏十万圆以搜索之。然其行迹所至，显晦靡常，终有难窥其真相者。据内地新报所称，客月十日二岛丸入横滨港，闻孙亦搭载而来。其驻京知己，皆出迎于埠头。孙自称为孙方，与同党一人称为杨鉴者，随出迎诸友同行入京。宿于小石川原町宫崎某家。其为如何目的而来，颇难洞察。闻入京后，惟在寓接见同志之人，以外概莫闻知。芝爱岩下町太阳馆有宋教仁等，亦自称为革命党者。闻孙来，甚探索之，然终不获其真消息。闻彼等客月二十五日，已搭安艺丸归香港。其搭乘列车时，有同志见送者数名，面目不审，时警戒于车窗之外。一车在后，载清国绅士数十名之送该国人者，其行动皆未可详也。"（《孙逸仙动静》，《汉文台湾日日新报》"杂报"，1910 年 7 月 14 日）

据日方报告称："孙逸仙和其他二人，今天上午十一时乘坐安艺丸前往新加坡。"此前，日本官方原本为预定乘八幡丸前往新加坡，但是"根据他本人的愿望，改为乘坐当天从神户开船的安艺丸出发"。

外务省大臣小村亦致电驻清朝公使伊集院，告知此情，以免引发中日交涉。电称："孙逸仙从布哇冒名乘坐在本月十日已抵达横滨的蒙古利亚号到吾国，并躲藏在东京，政府告诫他应尽快离开吾国，结果昨天他离开本地，今天在神户搭乘安艺丸已出发前往新加坡。关于孙之渡来，因为政府已做预防工作，所以仅有二三报纸登载此事，当不至于引起普遍注意，希望铭记。"同时，又电驻上海总领事有吉称，孙今天乘安艺丸前往新加坡，但该船会在上海停泊，务必注意，当"该船停泊在上海时，不要让清国官方等对他采取逮捕等不法行为"，亦转电香港告知此情。（《孙逸仙离开东京并前往新加坡》《请注意孙逸仙行踪》，章开沅等主编：《辛亥革命史资料新编》第 6 卷，第 208 页）

6 月 29 日，船抵上海，至 7 月 1 日下午 4 时开船，"孙逸仙等人，没看到任何异状"，"驻清公使已把一切安排好"。4 日，船抵香港，孙称"在本地虽有许多熟人，但不打算登陆，万一若有需要登陆的话，打算依赖本地政府机关保护他"。俄国驻香港代理领事对孙之行踪感兴趣,且向日本驻香港领事询问,"仅把吾国报纸上刊载的极具不明确的消息给他"。(《孙逸仙有关之事》《孙逸仙经过上海》《孙逸仙昨日来香港》,章开沅等主编:《辛亥革命史资料新编》第6卷,第209—210页)

　　7月上旬,船抵香港,"欲上岸省其母,又为该地政府所不许;不得已嘱人迎其母至船,慰问备至,船将动轮乃别","国尔忘家,公尔忘私,独私孝行不忘也"。(邓慕韩:《总理轶事》,尚明轩、王学庄、陈崧编:《孙中山生平事业追忆录》,第722页)

　　是月(五月)　湖北共进会孙武等用军事编制组织会党:将襄阳会党编为第一镇,归袁菊山率领;安陆会党编为第二镇,归刘英率领;武汉会党为第三镇,归刘玉堂率领;兴国会党为第四镇,归黄申芗率领;黄州会党为第五镇,归彭汉遗率领。总机关设于汉口鸿顺里三十四号,作为指挥联络与重要会议之所。后,共进会负责人刘公、潘光复自襄阳返汉口,即与孙武商议,以刘公家所汇款五千元为会务费用,并通知各标、营革命党人加紧活动。(严昌洪主编、张笃勤编:《辛亥革命史事长编》第7册,第92页)

7月

　　7月1日(五月二十五日)　中国留日学生在东京举行会议,声援北京国会请愿团。

　　由于直隶省谘议局等十个请愿团体派出代表,再向都察院上书,请开国会。6月27日,清政府宣布仍俟九年预备完全,再降旨定期召集议院,各谘议局议员代表毋再行渎请速开国会。第二次速开国会请愿运动遭到失败。

　　本日,东京留学生界千余人在锦辉馆召集会议,"讨论第三次请愿团国会办法,以为北京代表团之后援,并促各省同志会之进步。议定联合全国军学绅商各界团体，结成一大团体，合力为第三次之请求，并决定由东京留学界分电各省，坚持勿懈"。(《记载第三》,《东方杂志》第 7 卷第 7 号,1910 年 8 月)

7 月 11 日(六月初五日)　抵新加坡。(《致南洋各埠同盟会员函》,《孙中山全集》第 1 卷,第 466 页)

抵新加坡后，某日致函宫崎、萱野，告"现拟在此暂寓，以候先生运动之结果"，并望告近期日本各事如何。(《致宫崎寅藏萱野长知函》,《孙中山全集》第 1 卷,第 468 页)

7 月 14 日(六月初八日)　函告南洋各埠同志，欲整顿革命党团体。

函中述及其由美国赴檀香山、由檀香山赴日本，以及由日本来新加坡之经过，谓"所图之件尚未达最终之目的，惟进步较前甚多，将来总有大希望"。在美洲时，颇受华侨欢迎，"该地之保党已多归化革命"，原欲在美洲停留一年半载，"以经营团体之事，无如祖国情势日急，又遇精卫兄等失事于北京，故亟欲东回，就近亲筹一切"。抵日本后，又遭遇清政府与日政府交涉，"谅难久居，遂南来此地，殊非本意也。惟既来此，则欲从新整顿团体，以求吾党势力之进步，则于革命前途必有所补。贵埠同志热血过人，想必有良策以匡不逮，望为赐教"[1]。"弟现暂寓张君永福花园，不日当另觅屋而居"，有信由新长美号或广亿昌客栈邓子瑜转交。(邓泽如:《中国国民党二十年史迹》,第 74—75 页)

7 月 15 日(六月初九日)　函告布思，现已抵新加坡，拟赴菲律宾，以及中国革命党在国内的发展形势。

函称:在日本期间及赴新加坡途经上海、香港两地停留时，"均曾与领导者多人会见。如不久有举事成功的希望，则他们很乐意接受

---

[1]　"据《星马华人与辛亥革命》(第 258—259 页)记述，由于新加坡南洋支部领导人受分裂主义的影响，改组南洋支部遭到许多困难，故决定将南洋支部他迁，此函为征求对于支部迁址与改组支部意见。"(陈锡祺主编:《孙中山年谱长编》上册,第 508 页)

你的意见,在一段时间内静待时机"。革命党运动新军方面有新进展,"有一曾任清廷水师巡防舰管带的我党同志,现已升任水师提督。一旦时机成熟,我深信他将与我们共举义旗"。在新加坡方面,值得注意的是,康有为亦在此居留。此外,孙中山拟赴菲律宾马尼拉一行,"你可否介绍我往访你在当地的友人? 此外,请你要求贵友即美国前任驻菲律宾将军,介绍我往访当地官员,此事未知可行否?""你的工作有何进展? 纽约之行有何收获? 切望从你处得到确实的消息。"(《致布思函》,《孙中山全集》第 1 卷,第 467—468 页)

7 月 19 日(六月十三日)　杨太夫人在九龙逝世,享年八十三岁。丧事由同志罗延年经理。坟葬新界西贡濠涌白花林,墓碑题"香邑孙门杨氏太君墓"。(罗香林:《国父家世源流考(修订本)》,第 39 页)

△　函告檀香山正埠及希炉同志,已抵新加坡,嘱汇款济急,以为秘密机关之用,并谓"今初到是地,各地未定,因前约往日本会商之同志,一时不能与之偕来。今当待各省同志陆续到齐,详商各节,然后方能定进行之方针也"。(《致檀香山正埠和希炉同盟会员函》,《孙中山全集》第 1 卷,第 469 页)

△　赴槟城。

是日,乘德国轮船赴庇能,与该地同志谋议要事。(《致吴稚晖函》,广东省社会科学院历史研究室等编:《孙中山全集》第 1 卷,第 470 页)此行是为商议南洋支部迁址事,"在得到此两地革命人士的支持后,他即决定将南洋支部迁往槟城,命令该支部书记周兴将所有案卷迁往"。(颜清湟著、李恩涵译:《星、马华人与辛亥革命》,第 259 页)

既寓居槟城,卢夫人因杨太夫人已逝世,即偕两女由香港前来①,同住黄金庆之店四间店德昌号,后迁柑子园。(《海外各地中国同盟会史略》,冯自由:《革命逸史》第 4 集,第 157 页)

---

①　"据《澳门日报》记载,卢夫人等赴庇能,时间在本年 7 月。(《孙中山生平史料》,第 71 页,台港澳和海外中文报刊刊载及台报纪念特刊选集,新华社《参考消息》编辑部 1987 年编印。)"(陈锡祺主编:《孙中山年谱长编》上册,第 509 页)

7月20日(六月十四日) 函告吴稚晖,近期行止,请求援救汪精卫出狱。

函告抵新加坡后,于19日赴槟城,"大约一二礼拜当回新埠,作略久之寄寓"。至营救汪事,请就欧洲同志密商,"如各有所识可靠之人在北京者,皆望托之查探现在精卫被囚之法部衙门地方及看管之人详细情形如何,并请他等代为筹思有何妥法,可以救出"。(《致吴稚晖函》,《孙中山全集》第1卷,第469—470页)

7月24日(六月十八日) 致函黄甲元,请其筹措资金,维持《中兴日报》。

因南洋支部负责人陈楚楠、张永福经济困难,无法维持《中兴日报》,在新加坡晚晴园曾与网甲埠黄甲元晤面,谈及维持报纸事,以此事为"吾党在南洋之极急务"。适有原在新军任职之张伟吾,愿承担维持之责,主持笔政兼摄司理,但不愿理财,云有三千金即可。本日,函告黄甲元筹款三千,并自择一人管财务。(《致黄甲元函》,《孙中山全集》第1卷,第472页)同函又告原拟在槟城停留二周,现则需留三几个月。但《中兴日报》终因经济拮据于本年夏间停刊①。(冯自由:《华侨革命开国史》,中国社会科学院近代史研究所近代史资料编辑组:《华侨与辛亥革命》,第65页)

是月(六月) 经宋教仁倡议,部分同盟会会员在日本会议成立领导长江流域的革命机关。

据居正、谭人凤等称:"其时总理在北美,克强在南洋,东京本部无人主持,形势非常涣散。"六月,赵声自新加坡来,"会谭石屏、宋钝初、林时塽、张简亭诸兄,日商革命进行事宜。宋钝初主张长江革命,有组织中部同盟会之必要"。因"同盟会初成立时,本有五都名义,乃议作中部同盟会"。谭人凤极为赞成,并承担约集众人会议之责,遂

---

① 另据《星马华人与辛亥革命》第244页记,该报于1910年2月停刊。(陈锡祺主编:《孙中山年谱长编》上册,第510页)根据国立新加坡大学图书馆所藏的《中兴日报》,最后一期为1910年2月3日。

定期约四川的张懋隆、福建的林时塽、四川的李伯中、安徽的陈勤宣、湖南的周瑟铿、邹永成、刘承烈、张斗枢等人在日本十一省区同盟会分会长，开会于小石川区左宗远寓所①。"钝初提划方略，分几步作法，从长江结合，以次推进河北，为严密之组织，期以三年，养丰毛羽，然后实行，庶一举而成。赵伯先性急，谓太迂慢。与会同志，群认革命为牺牲品，想不到及身而可以收功食报，故咸主急进。最后由谭石屏提出'事权统一，责任分担'，以不限时期为原则。就此决议，分途进行，所谓中部同盟会者由此发端。"众人当时并未成立任何机关，亦无推举干事，只有一个会名而已。此后，众人纷纷回国，谭人凤、宋教仁先后抵上海，与陈其美等人筹谋在长江流域发动革命。谭人凤认为由黄兴承担债务，"月需百余金纳息，力不胜，亦于九月间往商，兼向克强索款。及晤时，克强别无意见，惟谓须有款项方可"。(《辛亥札记》，罗福惠、萧怡编：《居正文集》上册，第 11 页；《石叟牌词》，石芳勤编：《谭人凤集》，第 360 页)

8 月

8 月 1 日（六月二十六日）　法国驻河内官员致法驻华公使，通报同盟会张邦翰关于孙中山的谈话。

张邦翰为同盟会会员，在越南追随孙中山参加革命行动，后任香港《中国报》编辑。时值张从香港转道河内回云南筹集赴法留学资金，法国驻河内官员乘机与张邦翰进行交谈，力求获得孙中山革命运动的近况②。

据张邦翰称："我们的领袖孙逸仙已从欧洲和美国访问回来，目前在日本。他对我们将遵循的新策略刚作了一些训示。我们以后将

---

① 关于地点，谭人凤记作宋教仁的寓所寒香园。
② 从谈话的内容来看，约在本年 6 月中下旬。

不再使用像在南关和河口曾用过的袭击的办法,前车之鉴证明了我们不能依靠秘密会社,依靠那些我们曾为采取行动而从中招募过我们的拥护者的会社。我们现在的目标是模仿土耳其青年党人,将用军队进行一次革命。新军的大部分军官是站在我们这一边的。目前正在进行一场积极的宣传活动,我们想,不久,我们就会取得成功。"

鉴于张是河内帕维亚学校(I'Ecole Pavie)的高才生,此番筹措经费赴法留学,将来革命成功后,应该会在中国政府中担任重要角色,因为他们对法国怀有好感。"四年以来,孙逸仙党的知识中心一直在巴黎。百余名年轻的中国人聚集在巴黎学习我们的法律、我们的制度等等,他们过去在日本东京发行的《民报》,现在在巴黎出版。这份报纸为香港、新加坡、曼谷等地的中国革命期刊提供稿件。他们中某些自称为革命先锋的人实际上是无政府主义者。他们的机关报是《新世纪》《新时代》。他们与欧洲的无政府主义者们有联系。"(《奥古尔致法国常驻中国高级外交代表》,章开沅等主编:《辛亥革命史资料新编》第 7 卷,第 187—188 页)

8 月 2 日(六月二十七日)　去函嘱符树兰等赞助林格兰回海南运动。(《致符树兰等函》,《孙中山全集》第 1 卷,第 473 页)

8 月 8 日(七月初四日)　在南洋所发信函抵池亨吉处,请代作革命党宣传文章。

此事由日方密探侦知,其函内容为:"布哇新报最近赞扬道,我本人的行动是为清国一般人民利益而且符合时代的潮流,向我提议把革命党的由来、经过、将来的方针等,写成论文寄送该报。因此请你替我写成并用我的名义向该社直接寄送。"(《关于孙逸仙的情况》,章开沅等主编:《辛亥革命史资料新编》第 6 卷,第 213 页)

8 月 11 日(七月初七日)　复函邓泽如,通知以后接纳会员,不收入会费,支部费用由会员乐捐。(邓泽如:《中国国民党二十年史迹》,第 75 页)

自迁往庇能四间店街凭屋而住,重新整顿会务,新订分会总章:以后免收入会费,而多举主盟人。至月捐一节,每股月捐五角,认股多少,随各人惟力是视。(邓泽如:《中国国民党二十年史迹》,第37页)

△ 函告咸马里有关广东运动会党新军的情形。

函谓:大部分军官俱已返回部队,必须迅速恢复在广州军队中的地位。海丰、陆丰等县党人数量增加,潮州、嘉应州各县更准备加入。对于长江流域的发动,“我现在能劝使其作更久的等待,直至我们的募款计划成功为止”。又建议他再邮一本《无知之勇》。(《复咸马里函》,《孙中山全集》第1卷,第474—475页)

8月13日(七月初九日) 函告张永福:“兹有同志曾秀兄,现寓子瑜处,弟欲彼来此地一会,请足下将铁箱交子瑜,托他带来便妥。”又谓寄来吴世荣转交之信已收妥。(《张永福函》,《孙中山全集》第1卷,第475页)

8月15日(七月十一日) 报载国会请愿团拟于资政院开会时上书请愿速开国会。

国会请愿代表团开评议会,议决于资政院开会时上书请愿,另通告各谘议局,如不达目的,即不承认新租税,并各谘议局即解散。具体而言:“(甲)代表团自办事件:(一)原议决案定本年九月,代表团对于资政院上书,请开国会,兹拟扩张其范围,迅速函催各团体之代表,至迟须八月以前来京;(二)日俄新协约,关系中国存亡,代表团应上书政府,质问对待方法,并通告一般国民,征求意见。(乙)对于联合会提出之条件:(一)国会不开,应实行提倡不纳税主义,各省谘议局于未开国会以前,不得承认新租税,并须由各该局限制各该省之民选资政院议员,均不得承认新租税;(二)各省谘议局,今年通常会应只限要求速开国会一议案,如不能达此目的,各局即同时解散。(丙)对于联合国民公报预算、决算,及一切经过情形,并授章请该会担任筹款。”(《中国时事汇录》,《东方杂志》第7卷第8号,1910年9月)

8月16日(七月十二日) 致函邓泽如,因挂罗庇胜有人邮一英文函件，询革命之总方针，而发信人不明，嘱为查询，"非彼已为会员而愿出而任职者，否则不能相告也"，若欲知革命之宗旨，则可将所知者告之。（邓泽如：《中国国民党二十年史迹》，第 75 页）

8 月 19 日（七月十五日）　《少年中国晨报》在旧金山创刊①。

《少年中国晨报》由《美洲少年》周刊改组为日报，以 *The Young China Morning Paper* 命名，一是取自少年学社的英文译名"少年中国会"，二是由于该市已有三份华文日报：《中西日报》《大同日报》和《世界日报》，均在午间出版，故以"晨报"标新立异，彰显革命党机关报的蓬勃朝气。"所谓少年者，非独于斯土或年未弱冠之士也，老成练达，亦繁有徒。所谓使中国进于少年，非谓仅少年能成中国事也。而少年中国发行晨报之议，起晨鸡一鸣，爝火顿息。如日初升，新造大陆。其少年中国命名之义乎？"

该报原拟是年 7 月 4 日的美国独立纪念日印发创刊号。筹备工作由李是男和黄伯耀负总责，以当时革命人数不多，筹款甚难，预算日报创办需款万元；即勉强开始，至少亦需七八千元。后变计组织股份公司，每股一元，凡加入同盟会者，最少须认一股。阴历三月间在唐人街企李街（Clay St.，又译作克利街）租赁一所房子，创立"少年中国晨报书社"兼印务公司，并准备作日报编辑营业部门的工作。后召集股东会议，选举职员以专责成，当场选出黄伯耀为总理兼营业部经理，李梓青为司库，黄超五为总编辑，李是男为副刊及新闻编辑，黄伯耀兼任翻译，黄芸苏、崔通约、伍平一、张蔼蕴等任主笔②。财政问

---

①　《少年中国晨报》创刊时间，《国父年谱（增订本）》作"8 月 20 日（七月十六日）"（《国父年谱》增订本上册，第 317 页），《孙中山年谱长编》因之。今据《孙中山与少年中国》所附《少年中国晨报》创刊号头版的影印件，系标为"西历壹千九百零十年八月十九号新闻纸第一号"。（〔美〕方李邦琴主编《孙中山与少年中国——从美国当年的报纸看辛亥革命》，第 48 页）

②　有称该报初期任经理者为黄超五、黄云苏、崔通约、张蔼蕴等，黄伯耀为翻译，李是男办副刊。（中国社会科学院近代史研究所近代史资料编辑组编：《华侨与辛亥革命》，第 52 页）

题仍责成总理与司库协商解决办法,盖李任职广东银行,黄经营永生殡仪馆,二人经济力量,较为活动且能同心协力。最终展限至8月19日始出版。([美]方李邦琴主编:《孙中山与少年中国——从美国当年的报纸看辛亥革命》,第55页)

时值保皇党与清政府的报刊把握旧金山华侨舆论,"美洲一隅,旅人十余万,立于黑暗世界也久矣。非惑于保皇无耻之邪说,即愿为满清异族之奴隶。当市发行诸报纸,或为若辈之机关,或有忌讳而不敢言。时有二三杰出,能发奇论,未立党见,则不能洪钟大鼓"。《少年中国》晨报发行后,"日与若辈为正式不倦之言论,日使吾党所持民族民主民生三大主义灌注于人心,使知杀吾祖若宗者,即今日高坐堂皇,屠戮我汉族之满洲人种之政府也。使知中国专制积弊数千年,非合我汉族实行大革命主义,绍法兰西合众国之后,而制设东亚独一之民生政府也。使知今日土地平均,社会惟一主义。他日建设政府为民请命,为生计上实行大革命也"。至辛亥革命爆发,该报所进行的事业主要有三:其一,"日以扫荡保皇妖说为天赋也";其二,"日排斥所奉之满清政府为己任也";其三,"日为旅美华人谋公益也",对于革命舆论在美洲的宣传,以及筹集革命款项发挥了重要作用。(《本报发行一周年大纪念日》,《少年中国晨报》1911年9月8日)该报高唱革命"排满",风行一时。(冯自由:《华侨革命开国史》,中国社会科学院近代史研究所近代史资料编辑组编:《华侨与辛亥革命》,第52页)

8月24日(七月二十日)　复函邓泽如,说明改变盟书内容、改易党名意义,以及免收入会费、征收月捐等问题。

函谓:"至于盟书之改良,则殊非舍重就轻,乃再加严密耳。其前之中间四语,今改为三语,各包一主义,以完其说。其前之'中国同盟会会员'字样,今改为'中华革命党党员',以得名实相符,且可避南洋各殖民地政府之干涉。盖各殖民地有例严禁私会,而法英两殖民地前年已公认革命党为政治之团体,法安南送党人出境,而英殖民地收纳之是也。若同盟会之名,在各殖民地皆未注册,彼官吏可视为私会,非如革命党之名有案可稽也。故盟书用之为宜(美洲、檀岛已一律用之矣)。至团体与团体之往还,两者俱可并用,随人择之。并附上盟书底稿一张,祈为察照施行。"

关于经费问题,"照新订分会章程,以后免收入会费,而多举主盟人,以广招徕。至地方会所之费,由会员均分担任。而本会及各地支部,前者办法多未妥善,今拟重新组织之。重要办事之员,议给一定薪水,俟将来组织妥当时,当定预算表。其本部每年经费若干,由各地分会分任,向各会员捐助至足数为度。其支部经费若干,则由所属地之分会如前捐助"。"至月捐一节,槟城同志现已举行,每股月捐五角,认股多少随各人惟力是视。每月收齐贮于银行,用慈善名义选六人管之。他等党事亦不得提用,只关于起革命军者乃能提用。惟此地办有头绪之后,必将办法通告他地同志也。"(邓泽如:《中国国民党二十年史迹》,第 76 页)

△　日本外务省电告日本驻重庆、广东等的领事馆,留意调查孙中山举事。

日本外务省因近来盛传孙中山、黄兴以云南河口为根据地,谋在中国中部一带举事,且广西、云南方面似有不稳之象,遂电告驻重庆、广东等处领事馆,通知近期将派员前往调查革命党、保皇会及其他秘密结社状况、一般民心倾向(包括饥民及清军动向)、对外思想风潮及经济方面等急欲了解之事项,期于一个月内,作成有系统之调查报告。(罗刚编著:《中华民国国父实录》第 2 册,第 1311 页)

8 月 29 日(七月二十五日)　日本正式并吞朝鲜。

△　函告檀香山同志,因急需款项,请速汇款作香港机关之用。

函称:"近日内地党势进步之速,大有一日千丈之概。省城军界之破坏,今亦已恢复如初,而彼中同志近且从事运动巡防营及警察两敌军,将来机局必更胜于未失败以前也。"惟财政困难较前更甚,香港支部已难支持,"此地甚为握要,为南方各省之总交通地,派员运动、同志往来各等所需,用款甚巨"。前曾函商由各埠筹一笔长年经费,在东京设立秘密机关,以便联络北方各省,未知是否已筹? 就形势而论,"南省更紧要于北省,香港更紧要于东京","盖行事先当从其所急也。前请筹款以为东京机关之用,今请改归香港之用",请速汇寄香港胡展堂收;如尚未筹,请从速筹办以救急。孙中山之所以寄望檀香山筹款,以"公等团体新成,朝气方锐,非似南洋、香港之同志已成强弩之末可比"。如若能暂救香港支部困局,"则迟迟弟当另有法以解决吾党一切财政问题"。(《致檀香山同盟会员函》,《孙中山全集》第 1 卷,第 477—478 页)所谓"另有法",似指由布思筹巨款,最终亦落空。

8 月 31 日(七月二十七日)　各省谘议局联合会第八次会议,通过再次请速开国会及国会未开前不得收商办铁路为官有等十四件议案。

9 月

9 月 4 日(八月初一日)　复函布思,嘱邮五万美元以应急需。

函谓:此前商议制止长江流域及华南所有不成熟的起事,已得各地领导人赞同,并收集"签名录",此前已由横滨寄出。"你如认为筹款之事必成,最终解决仅为时间问题,则请在贵账户内先汇出五万美元以助我党筹备事宜。因为此笔款项将使得以从事准备工作,若延至数月之后,则以十倍于此的金钱恐亦无法做成同等数量的工作。如认为此事可行,则在筹款完成之后,加倍奉还所预付之数,以补偿你担当的风险。"并告以"今冬之前,长江流域及华南将无骚动。请相信,此期间将不扰及你的筹款计划"。(《复布思函》,《孙中山全集》第 1 卷,第 479—480 页)

10 日,布思来电称:财务管理人将于阳历 10 月初集会,现在纽约六周,迄无成议,一因银行家摩根(J. P. Morgan)赴欧洲,二因 6 月

以来货币市场不甚稳定,难获投资。(罗刚编著:《中华民国国父实录》第 2 册,第 1215 页)

9 月 5 日(八月初二日) 函告咸马里,如果布思贷款计划失败,请另行筹款五十万美元;党内同志主张从一开始即进攻广州。

函称:已要求布思汇五万美元,"如 B 先生在纽约的计划落空,则请通过另外途径筹款五十万元金元,仅作广州计划之用,而在我们达成第一个目标前其他行动则暂予搁置"。"我们的全部希望寄托于在美国的筹款计划。"函称"大多数领导人皆主张一开始即攻进广州,而极不愿意采其他行动"。为求得英国谅解,函中约咸马里赴伦敦活动。(《致咸马里函》,《孙中山全集》第 1 卷,第 481—482 页)

9 月 7 日(八月初四日) 函告萱野长知:"与某处交涉中之问题,尚未达最终之目的,现时在槟榔屿闲居,以待君及某处之消息。"(《致萱野长知函》,《孙中山全集》第 1 卷,第 483 页)

9 月 12 日(八月初九日) 致函旧金山同志,促为筹款支援国内起事。

函称:"弟近到南洋之槟城,即庇宁埠,已将两月。连日事繁,未暇致书,幸勿为罪。吾党自省城军界失败以来,各实行之同志更振刷精神,分途从种种方面下手,运动迄今已大得成效。广东军界势力不独早已恢复如初,并且吸引巡防营、警察两敌军多来归诚向化,他日必不为反对矣。而他省之军界、学界进步亦较前倍增。今日时机可谓诚〔成〕熟矣,惟惜财力犹困,未能策画自如。弟谋开一路,若能成就,则数百万可以立致。惟日久尚无实音,诚恐或有中变。纵使日后有成,而久待费时失机,则求人固不如求自己。若乘近日之好机则举事不需多款,今年之内可得十万港银则必可集事矣。美洲各埠近日革命思潮初至,锐气方新,且人数逾十万,倘得十分之一赞成则有一万人,人任五元则事可信,若能人任十元则五千人之力可以举之。又使有力者多任,其最少者亦任十元则一二千人亦足举之。况美洲洪门不下六、七万人,除一二大埠人心涣散,其美西各坑上及美国东南各华人无多之埠之洪门人士,皆甚热心赞成革命。倘能引导有方,则无不鼓舞向前也。弟今欲我同盟会同志于见信之日即发起开捐军费,随捐随收贮入银行,并公举同盟内之洪门人往各埠各坑劝捐,各地择妥人代收,收齐汇寄大埠或直寄回革命军筹饷局亦可,任各埠随便而行。并请大埠同人选择妥人或行信到纽约、芝加古两埠同盟会商量,请他照行自行发起开捐,并向附近洪门劝捐。金山则办美西、美南各埠,芝加古则办美中、美北各埠,纽约则办美东各埠,至中历十月尾,则将全美所已捐或认捐之数统计若干报告前来弟处,若为数已足举事之用,弟即着筹饷照数制发凭据付来交收。若为数尚不足,则暂由各埠管存,以待他日调用。以上所言十万乃以至少之数而言,若能筹过于此,则做事更易矣。今日之事,正所谓万事俱备,只欠东风耳。望同志各尽义务,则革命前途幸甚。"(凌波:《孙中山先生一封未发表的信》,《文物天地》1988 年第 1 期)

9 月 18 日(八月十五日)　湖北群治学社改组为振武学社。

8 月间,李抱良、杨王鹏、祝王六等人开会,决定将群治学社改组为振武学社。本日,他们在黄土坡开一天酒馆开成立大会,推杨王鹏为主席,通过简章,选出各标及炮队代表,以蛇山蕲春学社为机关,由查光佛司联络军学界之责。(《湖北革命知之录》,严昌洪、张铭玉、傅蟾珍编:《张难先文集》,第 167—169 页)

9 月 23 日(八月二十日)　资政院正式运作,设议员二百名,由政府钦选一百人,各省谘议局选派一百人,以抽签法将全部议员平均分为六股,每股推选股长、理各一人。10 月 3 日,举行开院第一次会议,由监国摄政王载沣代宣统皇帝到会。

9 月 27 日(八月二十四日)　函告吴稚晖:"所谋之事尚未大得头绪,下手之处犹犹费踌躇也",并托吴氏请石贞君在北京调查救汪办法。(《复吴稚晖函》,《孙中山全集》第 1 卷,第 483 页)

9 月 28 日(八月二十五日)　兄长孙眉被香港勒令出境。

此前,居住在九龙的孙眉接其弟来函,受托在港发展同盟会会员。本年 7 月,英国驻广州领事接两广总督来函称,孙眉和一个叫 Tseng Kung—yuan 的人都是革命党,在香港秘密集会,图谋反对清政府。后,香港警署派出一名线人,佯装参加革命,于 8 月 28 日晚到孙眉住所,发现有数人聚会,在签名加盟之后,探知香港当地支持革命者有上万人,包括港英政府的部分人员。(莫世祥:《清末孙中山、同盟会与港英政府的博弈》,《深圳大学学报(人文社会科学版)》2011 年第 5 期)

9 月 24 日,《香港日报》称:孙中山之兄孙眉居香港数年,前数日,接港英政府驱逐出境之令,"因伊有扶助叛党举动,目下暂羁于中央警署。其家近在九龙城,年已五十余岁。枚自认为美国籍,因居于火奴鲁鲁三十六年"。(《革党不容香港》,《汉文台湾日日新报》1910 年 10 月 8 日,"内外纪要")日本官方亦对此有关注,称孙中山的胞兄孙眉,时年五十七岁,居住九龙,"据说因组织秘密结社、有过不法行为受到出境处罚",这当然与其胞弟有关。(《有关孙逸仙的胞兄孙湄被命令出境之事》,章开沅等主编:《辛亥革命史资料新编》第 6 卷,第 225 页)

本日,孙眉被驱逐出香港,"时有一华差林福,甘为外人走狗,报知英政府,故又速解孙眉出境"。"孙眉对该华差话:我革命若成功,你驱我入海底亦所甘愿。而华差、英差则不由分说,硬要立即离境,不能一刻容留。此时又无外洋船可搭,迫得直走澳门。"此后,孙眉化名黄镇东,转往湛江等地,以三泰利号商铺为联络点,继续从事革命活动。留居香港的同盟会员邓荫南、黄大汉、宋居仁等则继续在港活动。(莫世祥:《清末孙中山、同盟会与港英政府的博弈》,《深圳大学学报(人文社会科学版)》2011 年第 5 期)

9 月 29 日(八月二十六日)　复函咸马里,如筹款计划未能成功,将不得不撤销给布思的委任状。嘱其敦促布思按前函所提的数目从他帐下将款项寄来。(《复咸马里函》,《孙中山全集》第 1 卷,第 484—485 页)

10 月

10 月 11 日（九月初九日） 《民立报》在上海创刊。

《民立报》社长为于右任,资助者有庞青城、沈漫云、孙性廉、张人杰等,该报"以唤起国民责任心为宗旨"。先后主笔政者有宋教仁、景耀月、吕天民、谈善吾、范光启、王无生、徐血儿等。由于此时清廷昌言预备立宪,故言论较前自由。至次年中部同盟会在上海成立,参加者多为与该报馆有关系人物。（《上海民立日报小史》,冯自由:《革命逸史》第 3 集,第 330—334 页）

△ 振武学社在武昌召开第一次代表会议,讨论扩充社务事宜。

会议地点在武昌黄鹤楼,"李抱良、杨王鹏、章裕昆、廖湘云、祝制六、江国光、单道康、李慕尧、孙长福、黄驾白等均齐集,先由各代表报告社员人数,共得二百四十余人"。会议各案如"以扩充社务为最要,但资格务严,不可滥征;至社员月捐,由代表于放饷时收集,汇集庶务李抱良收管,存储银行。至每开常会时,务将收支账目及银行存折交会审查,以示公开"。又由詹大悲、何海鸣等集资在汉口创办《大江报》,继《商务》之后为本社机关报。（杨玉如:《辛亥革命先著记》,第 20 页）

10 月 14 日（九月十二日） 函告邓泽如等人,国内机局大有可为,嘱筹款大举。

函谓:"近日内地因钉门牌、收梁税,各处人心不服,皆思反抗,机局大有可为,吾党不可不乘时图大举。惟弟所谋欧美之路,皆尚未成就。倘今有革命军起,则事亦立可成议也。""若有十万为事前之预备费,便可敷策划而计成功矣。"又告,即使略少此数,亦可冒险一发。嘱筹措以助成此举。（邓泽如:《中国国民党二十年史迹》,第 76—77 页）

10月16日(九月十四日)　函告檀香山同志,国内可以举事,嘱筹款支持。

函谓:中国危机日迫,"外而高丽既来,满洲亦分,中国命运悬于一线;内而有钉门牌,收梁税,民心大变,时有反抗",而革命党方面"新军之运动,已普及于云南、广西、三江、两湖,机局亦已算成熟"。"弟提倡革命以来,至今日为第一好机,民心归向,军士倒戈,所缺乏者只此区区之财力十万元,不过檀银四五万。""今欲合南洋、檀、美各地同志之力,在此一两月内筹足此数。""见信之日,务望向众宣布,即日举行开捐,事前预备军费。无论会员、非会员,凡我汉人,皆当助成此事。有力者多尽力,无力者亦尽其所能,众志成城,众擎易举。如能筹足此数,则决无失败之虞也。故此次事之利钝,则全视乎海外同志之尽力与否耳!内地同志既不惜身命,苦心焦虑,竭尽其力,乃能达至此地步。今只待海外同志一臂之助,则大功立可告成。"(《致檀香山同盟会员函》,《孙中山全集》第1卷,第486—487页)

10月25日(九月二十三日)　东三省总督锡良、湖广总督瑞澂、两广总督袁树勋、云贵总督李经羲、江苏巡抚程德全、安徽巡抚朱家宝、山东巡抚孙宝琦、山西巡抚丁宝铨、新疆巡抚联魁、黑龙江巡抚周树模、吉林巡抚陈昭常、浙江巡抚增韫、湖南巡抚杨文鼎、广西巡抚张鸣岐、贵州巡抚庞鸿书、江西巡抚冯汝骙、四川总督赵尔巽、伊犁将军广福、察哈尔都统溥良等二余封疆大吏联衔奏请即设责任内阁,于一二年内召开国会。(吴剑杰主编《湖北谘议局文献资料汇编》,第629—632页)直隶总督陈夔龙则单独上折,请先设内阁为行政枢纽,"欲内阁与国会同时并举,是不啻治丝而先使之棼也"。(《中国大事记》,《东方杂志》第7卷第11号,1910年12月)

10月28日(九月二十六日)　因计划召开槟城会议,复函邓泽如,嘱其"牺牲数礼拜之时日,亲来商助","无论如何勿忙,必请早临"。得邓回信后,又于11月3日复函称一周后方能惠临,此亦未为

迟也。（邓泽如：《中国国民党二十年史迹》，第78页）

　　△　下午三点在槟榔屿马克亚里斯特路的华人俱乐部就目前中国局势讲演。

　　本次演讲，系应林金水（译音）邀请，对革命作一番详细的论说。略谓："革命是古代的圣贤和英雄所重视的；汤武革命在易经上有所记载，这显然表示孔子对同时代两位革命家完全的同情。革命不但为中国人所重视，英国人亦于四百年前革命获得成功。日本、土耳其亦皆有革命运动发生。最近则是葡萄牙求独立的革命运动。这些民族都已转弱为强。还有其他民族也是通过革命，而达到独立和兴盛。因此我们不应该害怕革命，而应该立刻起来支持革命，效仿强国，然后我们才能期望有光明的一天。"

　　接着提到华人在当地的地位问题，以及清朝对待海外华人的态度，以致"在爪哇的华人居民，地位连日本妓女都不如"。原因在于清政府不关心自己的人民，而中国本身衰弱而无能力保护人民。中国革命即要改变这种现状，"中国的革命始于二十年前，已发生过十五次起义。今年阴历一月一日（1910年2月10日），广州又有一次起义，但由于价值一万元的火药未及时送到，革命军缺乏弹药，只好半途放弃"。清政府的军队已不可一击，所训练的"三十六团新部队，但事实上仅有十五团是有效率的，而且其中有许多革命分子。许多省份的高级官员也都同情反清革命，如果海内外华人能团结一心，将有一万匹马的力量，推翻满清将易如反掌"。

　　最后，讲到中国革命能够令海外华侨、英美政府及该国财团收获理多利益。"我们看看目前世界上富有的人，如罗斯福、洛克菲勒、摩根等人，他们的财富是得自贸易吗？不是的，是得自他们间接援助各国的革命分子。但反观华侨却不关心祖国，他们投资大量的金钱，购田出租，却不热心求国家独立。如果他们能支持革命使其成功，他们可能要得到一百倍于出租田地所得的利益。他们没有想到中国是个物产丰富的国家"，诸如煤矿、金矿、银矿，等等。"假如海外华人能协助革命者得到成功,他们将获得比贸易多一百倍的利益。"(《孙中山先生的演讲(副本)》,《槟榔屿新报》1910 年 11 月 1 日,章开沅等主编:《辛亥革命史资料新编》第 8 卷,第 64—65 页)

新加坡总督安德生致英国外交部官员称:孙中山的演说,言辞激烈,"煽动听众支持反清革命"。据说,类似的演讲还要在其他几个俱乐部举行,安德生得知后,便立刻使人转告孙中山,"我们不欢迎他继续在本殖民地出面",并拟取消所在演讲的华人俱乐部免于营生登记的特权,要求该俱乐部作营业登记。(《新加坡总督安德生致英外交部官员哈考特函》,章开沅等主编:《辛亥革命史资料新编》第 8 卷,第 63—64 页)

日本方面亦就此事向国内报告,称孙的演说中"首先说,支那史上革命的事例不少,儒教的主义也是称赞革命的,而且满洲政府统治已经过二百多年,在该政府之下的清国,早晚会被列强所分割。在此之先,为了把政权从满人手中夺回而发动革命,才是最紧急之事。革命主义正流传于支那军队的干部及士兵之间,尤其受过洋式训练的新兵都可说是革命援助者。例如一年前驻扎广东的军队,不妨说全都是革命主义者。我们本欲在今年二月十日发动革命,筹备了人员及一切武器,唯因缺乏枪弹之故,没有举事。筹备枪弹需要的费用,有一万美金就足够"。对于孙的演说,日本驻新加坡副领事佐藤愿吉以为"要真是为了举事的意图,还是以孙为主的革命党近来格外穷乏,值得揣摩,还不明白详细的真相"。由于孙的演说,英国该地政府似已对他传唤告诫,不许再有类似不妥的言行①。(《报告孙逸仙革命演说之事》,章开沅等主编:《辛亥革命史资料新编》第 6 卷,第 231—232 页)

---

①　《中华民国国父实录》据"日外务省档案,公第一七三号"将此演讲系于 11 月 3 日,其所记演讲内容,如"目前新军中无论其干部与士兵,其倾心革命者实有不少,只要吾党经费充分,便可发动"。称当地新闻于 11 月 4 日有记载,日本驻新加坡代理副领事据新闻于阳历 11 月 11 日电报外务省。(罗刚编著《中华民国国父实录》第 2 册,第 1323 页)揆诸演讲内容与孙中山行踪,似属同一次演讲,故《中华民国国父实录》所系有误。

10 月 29 日（九月二十七日）　清度支部与美国财团订立借款合同。

本年,在孙中山委托布思向美国银行筹措革命借款的同时,清政府也在谋求向美国财团借款。本日,度支部奏准:"与北京花旗银行会议借款,总数不逾美金五千万元,利息照周年五厘,每一百元准扣五元,已由美国资本家摩根公司、昆勒贝公司、第一国立银行、国立城市银行四家联合承办,先议草合同六条。该公司等公派在京花旗银行总办梅诺克,臣部即派左丞陈宗妫等,于九月二十五日签字。应请饬下外务部迅速照会美使,以便循照合同所订各事宜,赓续妥议详细条款。"(《宣统政纪》卷42,《清实录》第60册,第766页)

11 月

11 月 4 日（十月初三日）　因各省请愿代表、各督抚联衔请速开国会,清政府仍坚持先设立阁,再召开国会。本日,上谕:于宣统五年召开国会,在国会未召开之前,先厘定官制、设立内阁,并令民政部及各省督抚晓谕各省请愿代表即日散归,各安职业。(中国第一历史档案馆编:《光绪宣统两朝上谕档》第36册,第376—378页)

11 月 7 日（十月初六日）　函告咸马里,对布思筹款不抱希望,嘱另筹资金。

函告"九月十八日来函及书刊均于数日前及时收到。不久又收到 B 先生来函,谓财团将于十月初开会。但十月已过,至今尚未见确实消息,故我对他已不存过多希望。望你能独力为我党筹集资金。诚然,只要时机来临,我将不再等待。但如无必要资金,我们的事业将难有所成。我抵达此地后,已多方改进准备工作。现在,我们用远较我们最初所提数目为少的资金,即可争得完全的成功。我认为,原定款项的十分之一即敷使用。你是否能迅速筹得此款？我将试图在此地筹款,只要能募得仅足开始的资金,即使离成功的条件尚远,我也将立即行动"。

又谓:"关于中国政府注意你在美国练兵之事,我认为这支军队如仍在你指挥之下,极可能是中国政府意欲接管这些军队,将之调回中国,并加以消灭。"拟将大著《无知之勇》译成中文,飞机与飞船在将来的战争中将起重大作用。(《复咸马里函》,《孙中山全集》第 1 卷,第 489—491 页)

11 月 8 日(十月初七日) 致函布思,询有无其他办法筹款,若三个月内不能筹得,将自行采取措施。

函称:"现十月已过,未悉财团商议结果如何,至今犹未收到你的确信,我担心,你虽曾大力协助我党,然而纽约筹款计划可能完全落空。你有无其他办法为我们筹款？我们目前所需金钱,并不如当初在尊寓所拟数额之多,因为自我返抵此间后,许多准备工作已经完成。我认为只需原来所拟数额的十分之一至五分之一,即足以胜利完成整个任务,五十万金元当可供我们目前所需。"同函指出:"如在今后三个月内能筹得此数,便可及时满足我们所需。若逾此期限,我们将不再等待,而将自行采取措施。"(《复布思函》,《孙中山全集》第 1 卷,第 491—492 页)

11 月 10 日(十月初九日) 函告王月洲,确系改订新章,免收入会费,目前任务以在外洋运动款项为第一要义。

函谓:"近日确系改行新章,免收入会费,及更改盟书。兹付上新章一份,并盟书格式如下:

联盟人 省 府 县(名) 当天发誓,同心协力,废灭鞑虏清朝,创立中华民国,实行民生主义。
矢信矢忠,有始有卒。如或渝此,任众处罚。

　　　　　中华革命党党员　　　押
　　　　主 盟 人 介绍人

天运　年　月　日立。"

函中还称:今日之急,以在外洋运动款项为第一要义;拟委托太平分会负责人陆文辉在吡叻各埠筹款。以王月洲为波赖埠分会负责人,不必急于返国参加运动。(《复王月洲函》,《孙中山全集》第1卷,第492—493页)

是月上旬(十月上旬)　旅美华侨、同盟会员邝霖(字佐治)在旧金山屋伦车站,欲行刺赴美考察宪政的清海军大臣贝勒载洵。"盖谓载洵此来,名虽考察军政,实则归国后将颁行伪立宪,以笼络汉人,大足为革命前途障碍,非先除之不足以绝后患。"后事露被捕,为美国当局判处十四年徒刑。辛亥革命成功后出狱。(《邝佐治事略》,冯自由:《革命逸史》第2集,第264—266页)

11月13日(十月十二日)　在槟城召开会议,策划广州起义。

此次筹划广州起义,缘于本年7月4日第二次日俄协定的签订。11月,函告美洲同志:"此次之动,乃因日俄协约,时势甚急,岌岌不可终日;而内地革命风潮亦已普及,军心民心皆同归向;加以吾党久困奇穷,不能稍待。有此三者相迫而来,不得不发。故主动各人,决意为破釜沉舟之举,誓不反顾,与虏一搏。有十万元为事前之布置,固起;无之,亦必冒险而起也。"且"决意到时候潜入内地,亲与其事"。"望美洲各埠同志各尽义务,惟力是视,能筹足十万元固佳,否则多少亦望速速电汇,以应急需,是为至祷"。并强调中国之兴亡在此一举,革命军之成败亦尽此一役。(《致美洲同盟总会同志函》,《孙中山全集》第1卷,第497—498页)

既抵槟城,约赵声等人来会商"卷土重来之计划。时各同志以新败之余,破坏最精锐之机关,失却最利便之地盘,加之新军同志亡命南来者实繁有徒,招待安插,为力已穷,而吾人住食行动之资,将虞不继。举目前途,众有忧色。询及将来计划,莫不唏嘘太息,相视无言"。劝慰众人称:"一败何足馁,吾曩之失败,几为举世所弃,比之今日,其困难百倍。今吾辈虽穷,而革命之风潮已盛,华侨之思想已开,从今而后,只虑吾人之无计划无勇气耳!如果众志不衰,则财用一层,予当力任设法。"并称必可设法解决当地革命党人的生活困境。赵声称:"如果欲再举,必当立速遣人携资数千金回国,以接济某处之同志,免被散去;然后图集合而再设机关以谋进行;吾等亦当继续回香港与各方接洽。如是,日内即需川资五千元。如事有可为,则又非数十万大款不可。"因此,乃召集当地华侨同志会议,"勖以大义,一夕之间,则醵资八千有奇。再令各同志担任到各埠分头劝募,数日之内,已达五六万元,而远地更所不计。既有头批的款,已可分头进行"。(《建国方略》,《孙中山全集》第6卷,第242页)

在会议前,对胡汉民等人放弃主要革命工作,而专力营救汪精卫的错误做法,有所批评:"惟积极始有善恶可言,消极则有恶而无善;余对于革命职责,断不容忧伤憔悴以死,余惟继续奋斗耳"。"我知子等谋营救精卫,我意再起革命军,即所以救精卫也。夫谋杀太上皇而可以减死,在中国历史亦无前例;况于满洲?其置精卫不杀,盖已为革命党之气所慑矣。子亦尝料满洲必覆,则不劝仲实、璧君诸人,集中致力于革命军事,而听其入京作无益之举,中于感情,而失却辨理力,我不意子亦如是也。"(《胡汉民自传》,《近代史资料》总45号)

是日,在寓所拿督克拉马特律四百号(No:400,Dato Kramat,即柑仔园)举行秘密会议。与会者有黄兴、赵声、胡汉民、孙眉、庇能黄金庆、吴世荣、林世安,怡保李孝章,芙蓉邓泽如,刊甸李义侠等。孙在会议上讲话:"现在因新军之失败,清吏自以为吾党必不敢轻于再试,可以高枕无忧,防御必疏。至新军之失败虽属不幸,然此影响于军界最巨。吾党同志果能鼓其勇气,乘此良机重谋大举,则克复广州易于反掌。如广州已得,吾党既有此绝好之根据地,以后发展更不难着着进行矣。且此次再举亦远非前此历次之失败可比,因曩者多未有充分之筹备,每于仓卒起事所致;今既有先事之计划,当然较有把握,可操胜算。但诸同志疑虑莫决者,乃在于饷械之无着。不知现在因吾党历次之举义,与海外各埠同志竭力之宣传,革命精神早已弥漫南洋群岛中。只怕吾人无勇气,无方法以避免居留政府之干涉,以致贻误事机。今吾人则以'教〔育〕义捐'之名目出之,可保无虞也。"(《在槟榔屿中国同盟会骨干会议的讲话》,《孙中山全集》第 1 卷,第 493 页)会议决定以新军为骨干,组织五百选锋,在广州起义。为筹措款项,以中国教育义捐为名,发捐册,募集十万元。英荷各属各五万元,暹罗安南三万元。将全党人力财力投入准备。计划广州得手后,由黄兴统一军趋湖北,赵声统一军出江西、趋南京。长江流域各省举兵响应,会师北伐。(邓泽如:《中国国民党二十年史迹》,第 38 页;邹鲁:《中国国民党史稿》,第 798 页)

11 月 15 日(十月十四日)　在同盟会槟城分会会议上作筹款演说①。

在打铜街 120 号槟城阅书报社再开大会,讨论发动新军起义的有关问题,并发表演说,谓"光复大业,在此一举,固将尽倾吾党人才物力以赴之","海外同志捐钱,国内同志捐命,共肩救国之责任"。与会同志极受感动,当场筹得八千余元。(杨汉翔:《纪念总理庚戌在槟城关于筹划辛亥广州举义之演说》,《建国月刊》第 3 卷第 1 期)

据称,此次演说引发当地官方民间的分歧,路透社驻新加坡的记者称"清国革命领袖孙逸仙近在彼南演说,谓清国叛徒之动作,应加赞成保护。该地方官以是说大有煽动气概,恐因是而生重大事情,颇加诮让"。(《革命领袖演说》,《汉文台湾日日新报》1910 年 11 月 22 日,"亚铅欧铁")

会议结束后,赵声返香港策划,胡汉民、黄兴分别赴新加坡、缅甸筹款,邓泽如在英属各埠募捐,分头进行。(陈锡祺主编:《孙中山年谱长编》上册,第 518 页)

11 月 20 日(十月十九日)　复函邓泽如,对李源水、陆秋露二人

---

①　杨汉翔:《中华民国开国前后之本社革命史》,转引自《星、马华人与辛亥革命》第 268 页之注 130。

踊跃谋助军饷,表示钦敬;又告纳闽埠组织有较大发展。同日又致函李源水表示感谢其积极支持捐款。(邓泽如:《中国国民党二十年史迹》,第78—79页)

△　函告康德黎夫人:"我何时始能再度访问英国并与你会晤,尚未能确切奉告。"(《复康德黎夫人函》,《孙中山全集》第1卷,第497页)

11月24日(十月二十三日)　函告康德黎夫人:"现在我须赴英美办事,将于两周内乘船启行,不久即可到伦敦访谒",并嘱此行程需对中国公使馆保密。(《致康德黎夫人函》,《孙中山全集》第1卷,第498页)

11月26日(十月二十五日)　函告李源水、郑螺生,不能如约赴新加坡筹款,嘱在南洋尽力运动。"总之,光复之举在此时机,多一分经济,即能多一分预备。"(《致李源水郑螺生函》,《孙中山全集》第1卷,第499页)

△　致函邓泽如、李梦生,"时机既机,吾人决为破釜沉舟之计",鉴于此前举事每有临时筹款之患,"今此举全力以经营,正是鉴于前车。故事之济否,在于经济问题;然此问题之能解决与否,则在兄等之运动。负此仔肩,勉为其难,此海外贤者对于祖国第一之责任也"。"前因弟尚勾留槟埠,故约请登同兄等到埠叙商伊等之行动。兹则无暇及此,可止伊等不来。将来各事,自可就近与香港办事人切商方略也。"(邓泽如:《中国国民党二十年史迹》,第79页)

11月27日(十月二十六日)　复函宫崎寅藏、萱野长知,感谢吊慰杨太夫人逝世,告将赴英美,询日本某有势力之当道状况,能否援助?(《复宫崎寅藏萱野长知函》,《孙中山全集》第1卷,第501页)

据称,宫崎于本年冬受托,与日本参谋总长长谷川好道交涉,可能以"割让"满洲为条件,要求派遣二师日本军队。(段云章编著:《孙文与日本史事编年(增订本)》,第189页)

11月28日(十月二十七日)　致函邓泽如,称赞其在纳闽筹募活动,对于关丹、林明、武叻等处之发动筹款,亦寄希望。并告胡汉民即将赴南洋活动。(《复邓泽如函》,《孙中山全集》第1卷,第501—502页)

12 月

12月1日（十月三十日）　函告香港钟华雄,孙眉已返内地,可就近与商议革命事宜。(《复钟华雄函》,《孙中山全集》第1卷,第504页)

12月4日（十一月初三日）　函告何天炯党内经费现状。

函谓:"十月十日来函已得读悉,不禁太息,吾党以穷一字致生出许多恶感于同志之中,兄与宫崎之事即其一也。然弟现亦陷于穷境,有爱莫能助之叹。兄之所办此事本为尽心党务,见事做事实无错处之可言。弟开诚布公之言则如下:兄未受命而自出钱买物以备党用,为报效则可乃物未得其用而向党中讨还,则于理不合。但以情而论,又何认兄一人独受其愧。弟如力所能达,必代兄还之,惟刻下尚难言其期也。党中固向无公款,兄所知也。况往岁滇桂之役,尚累河内同志之商店数家代党担负银行债二万许元,弟一人名下向西贡银行贷款万元为军用,至今亦无从归还。则东京亦有党中欠债,此不独无公款而且有公债。弟往外洋议筹大款,卒亦无成,从此吾党人必有更穷于今日之时也。为此之故,吾党不得不冒险再图速举大事也。革命党条条俱死路,只有发难与虏争死一条为吾人之生路,惜乎! 东京同志涣散,不能共同协助也。书不尽言,谨此奉复。即候大安不一。"

(孙中山致何天炯信札,西泠印社2011年春季拍卖会照片)

12月6日（十一月初五日）　自槟城赴欧洲。

此行之直接原因,系因在槟城演说筹款,其演说词由丘哲卿投登报纸,并译刊西报。林某将此事报告当地政府称,孙某演说革命运动筹款,恐于地方治安有碍。遂被当地政府限期出境。(邓泽如:《中国国民党二十年史迹》,第39页)

9日,胡汉民来函谈及"星督书诘清芳阁,以先生当时演说事,俟将有所干涉。继祖意以为必由清芳阁控槟报之捏词,庶几可以无累,而且能反罚该报。金庆亦颇谓然。大约清芳阁人自为计,亦不得不反对该报也"。(《胡汉民致孙中山函》,黄彦、李伯新选编:《孙中山藏档选编(辛亥革命前后)》,第 2 页)

在离槟城之前,曾函告暹罗同志,款项统汇香港,不必汇云南,因举事之地在广东,而赴欧之后,南洋筹款之事则专托胡汉民,其军事各情,汉民到埠时必能为兄等面述。(《致暹罗同盟会员函》,《孙中山全集》第 1 卷,第 503 页)又有一函致新加坡同志,告以"弟月前过埠匆匆,不及多叙,至以为憾。此〔比〕来竭力经营布置,所事已大有把握。机局之佳,尤属十数年来所未见。大抵数月间大军即可发起,以应思汉之人心,而复丑胡之政府正在此举。苟肯赞助义师,即属能尽义务。可就本埠同志举出妥员数人,专任运动筹款之事;其能出力者,不问其是否同会之人。集款略有成数,或派妥人提交,或以电信汇交,统以香港为中心点。弟特派同志胡展堂君经理,将来接济之款统交胡君手收(此书即胡君所代写,将来可认取笔迹)其他人藉名运动,则弟所不承认,而埠中同志亦毋轻为所惑。此即弟与诸同志之预约也"。来信寄香港《中国日报》胡展堂收。(《致星加坡同盟会员函》,《孙中山全集》第 1 卷,第 502—503 页)

12 月 10 日(十一月初九日)　抵科伦坡(Colombo)。函告邓泽如,此行"以有特别之外交问题,须往英京。及预计南洋之款恐难足十万,有误大举之期,故顺此赶速赴美,向华侨筹足此数,以应需要"。(《致邓泽如等函》,《孙中山全集》第 1 卷,第 504 页)

12 月 13 日(十一月十二日)　奉天商务总会谋组织第四次请愿速开国会。

《奉天商务总会为请愿速开国会事致各城商务分会函稿》称:近以东三省风云日急,经绅、学、商、农暨自治各界团体合谋补救方针,业于初五日联合各界一万余人赴东三省总督署跪求专折代奏,"惟以此次请愿速开国会,系专为挽救三省大局起见,吉、黑两省业由谘议局公推代表前往联络,深恐我奉省各府、厅、州、县同胞未及一体周知,现经各界代表组织第四次请愿国会同志会努力进行。一面由各团体公举代表,赴京上书;一面由同志会遴委各城会员,各回本城劝导联合,务期各城各界诸同胞共矢血忱,同支危局,以为将来开国会之基础"。(章开沅等主编:《辛亥革命史资料新编》第3卷,第9页)

　　20日,奉天、直隶学界联合谘议局、商会、县董会等在天津召开三千多人的请愿大会,要求再缩短期限,提前召开国会。21日,直隶总督陈夔龙奏称顺直谘议局议长呈请明年即开国会,清廷不准。23日,清廷密令对天津请愿大会进行弹压,不准聚众集议请愿,同志会亦饬解散。(《中国大事记》,《东方杂志》第7卷第12号,1911年1月;《宣统政纪》卷45,《清实录》第60册,第809页)

　　24日,上谕:宣统五年开设议院之旨,不能再议更张,"乃无识之徒,不察此意,仍肆要求,往往聚集多人,挟制官长。今又有以东三省代表名词来京递呈,一再渎扰,实属不成事体,着民政部、步军统领衙门立即派员将此项人等迅速送回原籍,各安生业,不准在京逗留"。此后,"各省如再有聚众滋闹情事,即非安分良民,该督抚等均有地方之责,着即懔遵十月初三日谕旨,查拿严办,毋稍纵容,以安民生而防隐患"。(中国第一历史档案馆编:《光绪宣统两朝上谕档》第36册,第495页)

12月16日(十一月十五日)　函告布思,数月后将大举,仍嘱相助,并告将赴美活动。

　　此前收到10月21日、11月1日布思来函后,未再得信,认为在美国筹款不能成功,已成定局。在乘船进入红海前,函告布思:"正自行采取独立措施,拟于数月内大举",深信行动必可成功,询问其"可否解囊相助"? 谓抵美后,"你如能慷慨相助,则我将直接赴洛杉矶与你会晤"。(《复布思函》,《孙中山全集》第1卷,第505页)

12月20日(十一月十九日)　抵埃及,函告孙娫、孙婉其行踪等事。

　　函谓:"爱女娫、婉收看:父今晚已行到第四个埠,即苏彝士运河,再六日便到步矣,可告两母亲知之也。父今欲汝两姊姊〔妹〕同去影一相,影好寄三四张去檀山阿哥处,叫他转寄来我可也。另外,寄来第二第三两埠之风景画片数十幅,包为一扎,托金庆先〔生〕转交。余事再示,并问候你两母亲及各人平安。"(《孙中山先生诞辰 120 周年纪念专刊》,《香山》第 19、20 期合刊,1986 年 11 月)"两母亲"指卢、陈二位夫人。

12 月 28 日(十一月二十七日)　抵巴黎。(张继:《张溥泉先生全集》,第 259 页)

△　邓泽如偕崔文灿自马坡至马六甲,见李曰池、刘翼鹏,于杨振海山园开会,与会者五十余人,会商筹款办法。(邓泽如:《中国国民党二十年史迹》,第 43 页)

12 月 29 日(十一月二十八日)　与张继、王宠惠、伍朝枢等同志会谈。

抵达巴黎后住卢屋饭店,因"到欧美各国,须住大饭店,以便与当地政界人士接洽。大饭店之最高层,房金便宜,接客则在客厅也"。本日傍晚,与张继会见,同乘车寻王宠惠,不得;后在意大利街散步,至和平街,与王宠惠及伍朝枢等相遇,遂至咖啡馆闲谈,后同赴其饭店会谈,至十二时半始散。(张继:《张溥泉先生全集》,第 267、268 页)

12 月 30 日(十一月二十九日)　与张继、王宠惠往巴黎甘木衔访印度革命党员(Shyamji Krishnavarna, editor of Indian Sociology),不遇。(张继:《张溥泉先生全集》,第 267 页)

12 月 31 日(十一月三十日)　上午,外出访客。午后,与张继、吴弼刚在寓所会谈,至六时散。(张继:《张溥泉先生全集》,第 267 页)

1911 年(宣统三年　辛亥)四十五岁

1月

1月1日(庚戌年十二月初一日)　嘱张继约王宠惠来寓晤谈，不果。后又约王宠惠同往访印度某革命党人，又不果。最后，偕褚民谊访印度某革命党员。(张继:《张溥泉先生全集》,第 267 页)

1月2日(十二月初二日)　与王宠惠、张继晤谈。

昨日，原嘱张继约王宠惠晤谈，未果。今日，二人先后来住处晤谈。据王宠惠记述:"国父至巴黎，适宠惠留学柏林，尝诣巴黎谒见，则以两事相属，其一为革命筹款，其二则为介绍留学生入会也。筹款一事曾一度与法国某银行家商发债票，惟迄少成就。介绍入会一事，对之良用矜慎，非深知其人，不敢轻为汲引，虽有所介绍，然为数不多也。"(张继:《张溥泉先生全集》,第 267 页;王宠惠:《追忆国父述略》,王云五等著:《我怎样认识国父孙先生》,第 77 页)

1月3日(十二月初三日)　由巴黎赴比利时，张继、王宠惠及褚民谊等人至车站送行。(张继:《张溥泉先生全集》,第 268 页)

△　汉口《大江白话报》发刊，后改名《大江报》。

该报"专以灌输国民常识，提倡社会真理为宗旨"。原由黄冈胡为霖斥资创办《大江白话报》于汉口，聘詹大悲、何海鸣为正、副主笔。

未几,汉口英国水兵殴毙车夫,群情愤激。《大江白话报》尽力攻击,英领事极表不满。胡为霖之父畏祸,召为霖归家,詹大悲乃筹资接办,删去白话二字,是为《大江报》。后引发轰动一时的《大江报》案。(《辛亥札记》,罗福惠、萧怡编:《居正文集》上册,第22页;《汉口大江报已出版》,《民立报》1911年1月13日)

1月12日(十二月十二日)　布思仍考虑在美国为孙中山筹措款项。

布思致函纽约一位闻名国际的律师希尔(Charles B. Hill)称:虽然孙中山已经认为布思筹款无望而另辟途径,但是根据日本的可靠消息,留日的中国留学生均盟誓革命,故美国五十万元借款实际上仍具有政治意义。因为孙中山毫无疑义将成为中国未来的真正统治者。"我意现在尚不算迟,如有若干人能将此事实促请国务卿注意:用政治家或外交家观点,而不用援助者(Aider)及煽动者(Abettor)或任何财政利益观点处理之,必有大利于美国。"3月3日,希尔向布思表示愿支持这一计划。(罗刚编著:《中华民国国父实录》第2册,第1216页)

1月15日(十二月十五日)　报载杨度奏请赦免梁启超一折。

在摄政王载沣当国后,梁启超多方运动,希望归国从事政治,皆无所成,后乃托杨度奏请赦免。本日,《申报》刊载杨度奏请赦免梁启超一折,将梁启超与孙中山近年言行进行对比,略谓:"启超自戊戌去国,至今十余年矣,流转于欧、亚之间,究心于政学之事,困心衡虑,增益所能,周知四国之情,折衷人我之际,著书立论数十万言,审论国情,开通民智,为力之大,莫与伦比,此士大夫所能谈,中外所共睹者也。"梁启超可以获得赦免的理由是,"爱国之心,久而愈挚,忠君之念,在远不渝。数年以前,海内乱党孙文之流,倡民生之说,持满、汉之词,煽动浮言,期成大乱,浅识之士,从风而靡。启超独持君主立宪主义,以日本宪政为规,力辟其非,垂涕而道,冒白刃之危,矢靡他之志,卒使邪说渐息,正义以昌。近年海内海外谈革命者,改言立宪,因由先皇预备立宪,与民更始,有以安反侧而靖人心"。现朝廷立宪之期已定,正须延揽多士,"则启超言论微劳,不无足录"。(《杨皙子能保遗臣利国耶》,《申报》1911年1月15日,"紧要新闻一")

1月18日(十二月十八日) 黄兴抵香港,与赵声等设统筹部,策划广州起义。

孙中山赴欧后,起义统筹由黄兴负责。1月11日,黄兴致函暹罗同志称,当前形势,"日并高丽,而与强俄协约,满洲、蒙古势已不保。英窥其隙,今已进兵卫藏,置防缅边,西鄙之亡,又可日计。德之于山东,法之于云南,铁路所过,蹂躏无完土。美于中国土地无所侵占,不能恣虐,特倡保护领土之美名,包揽其公债。而满洲政府方醉生梦死,昏不知觉,于日、俄、英、德、法则默认之,于美则欢迎之。对于国民,诡名立宪,以为欺饰,其实则剥夺国民种种权利,以行其中央集权之实。是中国目前状态,不亡于有形土地之瓜分,即亡于无形财政之监督"。此前秋间,孙中山特召集内地各部代表南来,商定计划,破釜沉舟,拼此一举。现需款颇急,请以"贵埠常储有大款,以备实行之用",务于年内汇至港部,以接应本次举事,并称"弟仍归粤襄助其事,以该地紧要,一发即能制虏之死命"。(《致暹罗同志书》,湖南省社会科学院编:《黄兴集》,第27—28页)

12日,黄兴乘日本邮船由新加坡赴香港,本日抵港。月底,与赵声、胡汉民等设统筹部于跑马地三十五号,以黄兴为部长,赵声为副部长,胡汉民为秘书长。起义时则由赵声任总指挥,黄兴副之。(《致李源水郑螺生等书》、《在南京黄花岗之役周年纪念会上的演讲》,湖南省社会科学院编:《黄兴集》,第30、180—181页;《胡汉民自传》,《近代史资料》总45号)

统筹部设调度、交通、储备、编制、秘书、出纳、调查、总务八课,分别由姚雨平、赵声、胡毅生、陈炯明、胡汉民、李海云、罗炽扬、洪承点主持。在摆花街设实行部,制造炸弹。又组织"选锋"四百余人,由赵声、黄兴、林时塽、熊克武、何天炯、姚雨平、张醁村、徐维扬、刘古香等分别召集。朱执信、胡毅生任民军响应,新军联络则由姚雨平、赵声

继续进行。黄兴又令罗炽扬负责惠州方面布置。"其时本部重要
同志悉来港,会议结果,分为两种任务,一统筹部分科办事;一长江
上下游谋发动应援,陈英士、宋纯初、谭人凤、居正等皆受约束而
行。"(《胡汉民自传》,《近代史资料》总 45 号)原拟正月发动起义,因种种
条件均未办理完善,推迟至阴历三月二十九日举事。(《在南京黄花
岗之役周年纪念会上的演讲》,湖南省社会科学院编:《黄兴集》,第 180－181
页)

1 月 19 日(十二月十九日)　抵纽约,次日函告吴稚晖:"沿途风
波甚恶,晕船殊苦,为向来所未遇",并将启程赴美国西部。(《致吴稚
晖函》,《孙中山全集》第 1 卷,第 506 页)

1 月 21 日(十二月二十一日)　函嘱张继努力欧洲党务,并告 23
号起程赴旧金山。

函称:"欧洲学界,兄宜出头收罗之入盟,不必计其精粗美恶,久
之必能同化为精美也。此为革命党增长势力之第一法门,若不倡行
之,则人人放弃责任,中国前途更无可为矣。望兄当仁不让,奋勇进
前,则欧洲学界一臂之力,将必大有造于革命事业也。"(《致张继函》,
《孙中山全集》第 1 卷,第 507 页)

1 月 23 日(十二月二十三日)　电告黄兴:"文到美,望佳。"黄兴
接电后,认为美洲的后援可靠,决议开始推动举事(《致邓泽如书》,湖南
省社会科学院编:《黄兴集》,第 32 页)

△　赴旧金山。(《致张继函》,《孙中山全集》第 1 卷,第 507 页)

在纽约时,因国内革命形势急需汇款接济,特与当地同盟会会员
及致公堂执事商议向华侨界筹款,借中华公所开革命演说会,预标长
红,敦请各社团及侨胞赴会。时任中华公所主席的陈宗瑛为保皇党
人,为阻止革命演说筹款一事,求清驻纽约总领事杨郁琼布告禁止。
反遭杨斥责,谓"倘革命首领孙文今下来借我之领馆开会,我亦不能
拒绝之"。尽管如此,由纽约各社团及侨界对于革命演说反应冷淡,
演讲会改为圆桌谈话会,并与到会的保皇党人进行辩论。略谓:"满

虏入寇中国,窃据我汉族土地垂二百余年于兹,弄到内政窳败,卖官
鬻爵,外患纷乘,丧师失地","倘若不实行革命,驱逐满虏,还我山河,
实行三民主义,建立共和政府,无以救中国之危亡"。据称,在场的保
皇党人林云汉亦无词以对,被迫捐助二十元。(吴朝晋口述、李滋汉笔
记:《孙中山三赴纽约》,《近代史资料》总64号)

△　武汉各界数万人集会,抗议英租界捕房枪杀中国人力车工
人的暴行。

1月30日(辛亥年正月初一日)　湖北振武学社改组为文学社。

振武学社改组为文学社,由詹大悲起草简章。是日,在黄鹤楼开
成立大会,推蒋翊武为社长,詹大悲为文书部长,刘复基为评议部长。
胡瑛在狱中策划。新军二十九标、三十标、四十一标、八镇工程营、二
十一混成协辎重、炮队十一营等各部队,均有代表参加。(《湖北革命
知之录》,严昌洪、张铭玉、傅蟾珍编:《张难先文集》,第174页)

1月31日(正月初二日)　抵旧金山。(《致孙昌函》,《孙中山全集》
第1卷,第509页)

2月

2月3日(正月初五日)　致函宫崎寅藏,请运动日本政界,准许
其居留日本。

内称:去年夏间到日本,因不能居留,不得已赴南洋,"然彼中无
大可为,故再往米国,为革命之运动。此地甚自由,可以为所欲为也;
惟有所不便者,则去中国太远,交通甚费时日"。不知能否设法运动
陆军大臣,允许在日本居留,"则于交通北洋陆军甚为利便","但恐贵
国政策已变,既吞高丽,方欲并支那,自不愿留一革命党在国中也"。
(《致宫崎寅藏函》,《孙中山全集》第1卷,第508页)

2月4日(正月初六日)　由旧金山启程赴温哥华。(《致孙昌函》,

《孙中山全集》第 1 卷,第 509 页)

　　此行系应温哥华《大汉日报》主笔冯自由之邀请。冯自由于
1910 年夏赴温哥华接任《大汉日报》主笔,尽力宣传反清复汉的革命
宗旨。各埠侨胞翕然向风,报务日益进步。最著成效者,莫过于曾任
保皇会分会会长的黄孔昭,及《大汉日报》前任主笔何卓竟,均先后服
膺革命宗旨,保皇党人皈依革命党者络绎不绝。“余知事机成熟,乃
于是年冬电告孙总理,谓旅加华侨多倾向革命,保皇会势力大减,此
时向之筹饷,大有把握,请于渡美途中先来温哥华。”孙中山此行抵纽
约后,即得冯自由电,“大喜,遂即西游欧洲,转途赴美,甫抵纽约,遽
取道入加拿大,径趋温哥华”。(《加拿大同盟会史略》,冯自由:《革命逸史》
第 3 集,第 325 页)

　　△　俄国布尔什维克《星报》刊登由孙中山署名的同盟会传单,
内谓:“清朝压迫者是一群丧失天良不顾死活的人。他们实行了完全
敌视我们的专制制度。这个制度必须铲除。”([苏]赫菲茨:《二十世纪初
俄中两国人民之间的革命联系》,《史学译丛》1957 年第 5 期)

　　△　谭人凤应黄兴之招抵香港,得悉所拟起义计划,“先由同志
召集敢死士八百,负发难责任,而以新军、防营应之。得手后,黄率一
军入桂,赵率一军入赣,余率一军入湘”。各处联络工作与运动工作,
已有郑赞丞驻上海,设机关从事运动;因两湖地当要冲,次日即携二
千元返两湖进行运动。(《石叟牌词》,石芳勤编:《谭人凤集》,第 364 页)后
黄兴又函告居正:“吾党举事,须先取得海岸交通线,以供输入武器之
便。现钦、廉虽失败,而广州大有可为,不久发动,望兄在武汉主持,
结合新军,速起响应”。(《致居正书》,湖南省社会科学院编:《黄兴集》,第 34
页)

　　2 月 6 日(正月初八日)　抵温哥华,在该埠发动洪门筹集经费。
(《致旧金山致公总堂职员函》,《孙中山全集》第 1 卷,第 510 页)

　　次日,在温哥华致公堂开台演戏。所谓演戏,在洪门中即为加盟
之意,主盟者为“老母”,介绍人为“舅父”。作为主盟人,亲为众人演

讲洪门历史及反清复明的宗旨,当日华侨入会者有吴侠一等三百余人,咸称孙为"老母",称冯自由为"舅父",以得孙主盟为荣。(《黄花岗一役旅加拿大华侨助饷记》,冯自由:《革命逸史》初集,第 234 页)

2 月 10 日(正月十二日)　函告旧金山致公总堂职员,抵温哥华后活动情形。

在温哥华,受到当地洪门大佬陈文锡等人欢迎,连日在公堂及戏院开会演说,"听者二三千人,虽大雨淋漓,亦极踊跃,实为云埠未有之盛会。人心如此,革命成功可必矣"。经冯自由提议,在温哥华设立洪门筹饷局,推刘儒塾为总理,该埠致公堂首捐一万港元。

后游至域多利埠时,因该埠致公堂为各埠领袖,经冯自由等授意该处会员,提议以公产楼宇抵押,由大会通过,计得三万港元。多伦多亦效法域多利,抵押得一万港元。并各埠华侨捐款,迄黄花岗起义爆发,加拿大共汇统筹部七万余港元,几为统筹部公布海外各地捐款十五万元七千余元之半数。(《致旧金山致公总堂职员函》,《孙中山全集》第 1 卷,第 510 页;《加拿大同盟会史略》,冯自由:《革命逸史》第 3 集,第 326—327 页)

2 月 11 日(正月十三日)　胡汉民来函,报告在南洋筹款的情况。

胡汉民称,南洋等地陆续汇返香港约三万四千港银,尚有数千未至。后又赴越南西贡,以极神秘方法见同盟会会员曾锡周,"初时招待甚殷,继见先生言筹巨款之事,则诿以力不能办,且不欲闻人之尽言",不得以入堤岸,"一面运动普通同志",一面再使该地分会要员游说曾锡周。在堤岸数日,同志认捐三千余元,在临行赴暹罗之前,仍托人继续运动,又得三千余元,共计七千元。

至暹罗后,"该处之同志又别有意见,盖内部互相攻击,团体不和","至后力为调和,且大以名誉奖励定仕",委托其帮忙筹款。此外,"先生第一次书到暹罗,实业公司尚有存法银行款二千铢,亦已汇去"。

现"据港来函,于各界布置已有条理,着着进行。惟星洲及英属之三万余款,则现已因进行各方面用者已二万余。计现时综合英属、安南、暹罗三者筹款,当在五万港银之谱。不知美洲一大方面如何?惟察港之情形,恐十万预算尚有不足耳。军事本难预算,即亦不能不多之备,若良牧之说虚,则此时全望美洲之大力"。(《胡汉民致孙中山函》,黄彦、李伯新选编:《孙中山藏档选编(辛亥革命前后)》,第13页)

△　宋教仁在《民立报》上评论清朝宪法,谓:"朝廷编定宪法,皆模拟日本之钦定主义,以为日本皇统万世一家,天下最有利安全之宪法,莫日本若也。"然而,"近日日本亦有幸德秋水等,谋以炸弹危其皇室,则又何以称焉?甚矣,日货之不中用也"。(渔父:《钦定宪法问题》,《民立报》1911年2月11日,"天声人语")

自孙、黄离日后,宋教仁成为在日本的革命党的中心人物,需要应对各种资金问题。据称去年6月间"孙逸仙来日本之际的一切费用均需宋负责筹集,所以自然会拉不少饥荒",至年终时,债台高筑,陷入窘境,又"没有从黄兴处得到汇款,因而非常穷困",不得已于1月赴上海筹款(化名桃源次郎)。在此前后,对孙、黄亦有怨言,或称"黄兴的措施不近人情",或称"孙逸仙已是落后于时代的人物,不足以指导革命的趋势,好像绝望于革命运动"。另一方面,"他听说资政院有对康有为及梁启超一伙亡命者给与特赦决议的消息,认为不久他们将蒙受恩典,而自己等革命党员,也许要到宣统五年终于召开国会时才能回国公开参加政治活动"。(《有关宋教仁的行动之事》《有关宋教仁之事》,章开沅等主编:《辛亥革命史资料新编》第6卷,第234—235页)

2月12日(正月十四日)　致函吴稚晖,促其赴旧金山主持《少年中国晨报》笔政。

函称:旧金山"少年之士多以《新世纪》为金科玉律,殷殷存问先生,弟以在英杜门著书以对。而《少年中国报》切欲延致先生为之主笔","弟思南、北、中美三地有华侨不下数十万人,近皆思想初开,多欢迎革命之理者,若得先生之笔以发挥之,必可一华侨之志也。此事关系于中国前途甚大,弟切望先生为大局一来美洲,千万勿却"。(《致吴稚晖函》,《孙中山全集》第 1 卷,第 510 页)

2 月 13 日(正月十五日)　赴温哥华华侨集会演说,介绍运动新军大有成效,并批评清廷立宪毫无诚意。

据《东京日日新闻》载某日本人所记:"隐现出没,不可测度,人方悬金巨以购其首,彼则悠然往来于世界以传播其思想,鼓吹其主义。数十年,千波百折而不屈不挠,若而人者亦不谓非人杰也已。斯人者何人也?中国革命党首领孙逸仙也。彼时或一现于檀香山,时或一出于旧金山,飘然而来,忽然而去,不与以易测也。"

本日,于温哥华中国剧场开演说会,与会者数千人,略谓:"我党之志谋固已早定,而着着进行。中国今日之陆军编成者十八镇,其中八镇以北京为中心,而散布于直隶。此等军人尝经袁世凯之训练,不时所称为'新式兵'者也。其一镇则全系满人,有皇室之卫兵。此等军人若尽入吾党,则兵不血刃,而大功可成。"现革命党已联络与运动步兵三四万、炮兵七八千,"某处某处更有兵百万。地方人士勇而好战,我党为之供给武器,则大功之成可以操券。所恐者,则外国之干涉"。另一方面,清政府"对于施行宪政,开设国会,无一毫之诚意,故到底不能见诸实事;即见诸实事,亦决无效果也。政府无统辖之力,以愚蒙人民为政治之秘诀,此虚伪之政治,必当去其根柢而一新之也"。(《日纸记孙逸仙》,《民立报》1911 年 3 月 25 日,"接新闻一")

2 月 15 日(正月十七日)　致函宫崎寅藏,欣悉日本陆相等同情中国革命,仍望允其在日居留。

本年 1 月,犬养毅等人在东京成立"亚细亚义会",主要成员有犬养毅、头山满、大原武庆、河野广中、中野常太郎、山田喜之助、青柳胜敏等人,囊括了日本政治家、实业家及军队、大陆浪人等留意中国时局的各界人士,并设立《大东》为机关刊物。宫崎寅藏将此事告知孙中山。

本日,去函称:"正月十八日来函并《东亚义会会则》一纸,接读之下,喜极欲狂。寺内陆相、陆军将校及民间人士,既如此表同情于支那革命之举,则吾事可无忧矣。"但是"近者,英美两国政府、人民俱大表同情于吾党,有如佛国之态度;惟英美政府皆疑日本有大野心欲并吞支那者也。弟以贵国政府不容居留一事证之,亦不能不疑贵国之政策实在如是。今见东亚义会发起人多故交旧识,心稍释然,惟未知民党之力能终胜政府之野心否?"他以为若能在横滨居住,有利于发展革命事宜,希望宫崎寅藏与犬养毅、头山满代为竭力谋求,"如能有法与政府交涉,得其允许,实为至幸"。又谓:"弟在米所谋机局甚佳,不日当可达目的也。"(《复宫崎寅藏函》,《孙中山全集》第1卷,第512页)

2月20日(正月二十二日) 署两广总督张鸣岐奏请分五路清乡,按会匪汇聚之区,除前路琼崖及北路连州甫经用兵外,中路以顺德、南海、番禺、香山、新会、增城、东莞、新宁、三水、开平次之;右路以罗定、信宜、阳江、阳春、恩平为最,东安、西宁、鹤山、高明次之,茂名、化州、合浦、灵山、钦州又次之;中北两路交界之区,以英德为最,清远次之;左路之匪,以归善、博罗为最,龙川、河源、永安及潮州高属次之,同时并举。(中国第二历史档案馆编:《中华民国史档案资料汇编》第1辑,第76—78页)

2月23日(正月二十五日) 谭人凤自上海抵汉口,晤居正、孙武等人,告知黄兴等人筹备在广州举事,需联络两湖地区积极响应。

谭人凤抵汉口后,与居正、孙武等人聚于旅舍,称奉黄兴等人拟于广州举事,需要长江等地响应。谭称奉命督率长江革命,南京、九江等地已有联络,两湖由居正负责,予以六百元为活动经费,因孙武在武汉各界关系较多,"前办共进会,武汉江湖士多在其团体中,于军界亦稍有接洽,势力远胜居正,惟所带经费无几,故仅与以二百金"。居正与诸人商议进行工作,先租汉口法租界长清里一屋为总机关,又租武昌胭脂山一屋为分机关,且在武昌黄土坡开一酒馆为招待所,资金已用去其半。

随后,谭又赴湖南,与革命党人密议,亦颇热心。此后,日本、南洋、赵南均有革命党人至长江一带,"文武趋跄,颇有风云际会之盛。惟因孚琦将军被炸后,省城非常戒严,故尚按住而未定发难时期"。(《石叟牌词》,石芳勤编:《谭人凤集》,第 364—365 页;《辛亥札记》,罗福惠、萧怡编:《居正文集》上册,第 23 册)

2 月 26 日(正月二十八日) 留日中国国民会①在日本成立。

去年槟城会议后,同盟会南方支部派熊越山(时任中国留日学生总会干事长)赴日,与刘揆一、李肇甫等在东京建立留日中国国民会,作为中国同盟会外围组织,名义上为反抗英、俄、法各国侵略,以提倡尚武精神,养成以军国民之资格为宗旨,并研究政治、教育、实业。

总会设在上海,各省设分会,以期联络同志,预备大举。6 月 11 日,中国国民总会在上海张园召开成立大会,与会者约五千人,推举沈缦云为会长,其骨干成员多为同盟会会员。留学生中有志之士回到国内后,又以省为单位组织国民军,通过设立国民会组织以扩大革命势力,"在东本部党员,被派赴香港与各省,几为之一空"。(邹鲁:《中国国民党史稿》,第 977 页;刘揆一:《黄兴传记》,饶怀民编:《刘揆一集》,第 157 页)

2 月至 3 月(正月至二月间) 香港统筹部加紧策划起义。

2 月 13 日,刘承烈携黄兴函件返抵武汉,晤居正,函告革命党举事,须先取得海岸交通线,而广州大有可为,不久发动,望在汉主持,结合新军,速起响应。23 日,谭人凤抵汉口,与居正等商议策应广州举事。(杨玉如:《辛亥革命先著记》,第 32 页)月底,黄兴派喻培伦、熊克武等入广州,调查地形、路线,画成简图。(熊克武:《广州起义亲历记》,中国人民政治协商会议全国委员会文史资料研究委员会编:《辛亥革命回忆录》第 1 集,第 132 页)3 月,又派黄一欧、陈方度、柳聘农、胡国樑潜伏广州巡警教练所活动。(毛注青编著:《黄兴年谱长编》,第 179 页)江浙皖三省

---

① 邹鲁记为"军国民会"。

交通,由郑赞丞主持,联络新军下级军官。郑先从统筹部领款三千元,以后又用去赵声选锋费千余元及储备课购械费二千元。广西方面,由方君瑛、曾醒等往来港桂间,与新军方声涛等联络。（曹亚伯:《武昌革命真史前编》,第 277 页）

南洋、美洲等地款项相继汇港后,统筹部在日本、西贡、香港等处购买械弹。共支械款六万五千九百余元。（《与胡汉民致谭德栋等书》,湖南省社会科学院编:《黄兴集》,第 57—58 页）

3 月

3 月 5 日（二月初五日）　同盟会会员卢信所撰《革命真理——敬告中国人》由檀香山《自由新报》社付印,引起日本方面注意。

日本驻火奴鲁鲁总领事上野专一致电外务大臣小村寿太郎称:"近日卢信在当地刊发题为《革命真理》书一册,广为销售。下官已将其通览一遍,其中并无何等新奇言论。唯大肆鼓吹排满主义,倡导建立共和政治,骂现政府为满房压制政府,以汉族振兴先驱者自任。由此可以窥见现今彼等如何竭力招揽此地支那人中少壮者,从而可以察知此等孙逸仙主义者之意向。"（《关于寄送卢信〈革命真理〉一书》,章开沅等主编:《辛亥革命史资料新编》第 6 卷,第 272 页）

3 月 6 日（二月初六日）　函告布思,将于一周内抵纽约,如届时未能获得援助,则请退回委任状。

函称:拟经过金伦巴（Kamloops）、卡加利（Calgary）、云尼辟（Winnipeg）、杜朗度（Toronto）和满地可等地,于一周内抵纽约。又谓:"目前我正在我的侨胞中募款,并已募集所需半数以上,余下部分则希望能在我东行过程募得",但仍盼布思支持,"如在我抵达纽约前仍未能予我们以援助,则不得不请你退回我党同志所签署的文件,寄交上列地址。"（《致布思函》,《孙中山全集》第 1 卷,第 513 页）

3月15日,布思复函称,他在1月间曾吁请他在新泽西州蒙特克的朋友查尔斯·希尔帮助,希尔一度表示愿支持这一计划。希尔是一位享誉国际的著名律师,也是纽约一个财团的代表,希望能够邀集相谈,"此一计划遭遇若干困难,迄未解决,你与希尔先生之会谈,或能克服若干困难"。最终未有实质进展,布思只得将委任状退回。长滩会议拟订的筹款计划,至此宣告失败①。(罗刚编著:《中华民国国父实录》第2册,第1216页)

△　黄兴、胡汉民与赵声联名来函,报告广州起义的筹备情况。

函称:"现时方针,一依在庇原议,惟选锋人数增多,长短器亦拟增原数两倍有奇;独运动旧营方法稍异,其费约略减。以故预算之额约要十二万数千,预备费当至少有正额四分之一,则总额为十四五万余"。目前所到款项:南洋英属共已汇到港银三万五千几,西贡汇到四千,暹罗筹到六千余铢(嘱即以此购武器),荷属已汇至五千;域多利汇至三万元,旧金山汇五千元(来电有"仍筹"二字),芝加哥汇英洋二千(汇至庇,且用孙中山名义),其他如檀香山和纽约尚未有消息,"故统计,若美洲再能得一二万,及荷属与曾氏之款一一如望,斯不至临时拮据"。

选锋方面,"不专取一处人才,故最多至二百人,为毅生之路。此外或百余人,或六七十人。总数则八百余人。似此较易于支配"。目前购置武器甚难,朱基全不可靠,新加坡、暹罗无所得,"在港或可得驳者数十枝,其它亦不过称是。西贡来电,言有曲尺五十,驳者须迟一月(尚未确报)。日本来电,言得有驳者二十,短货七八十(已电嘱仲实留东,设法购置)"。总之,"财政而外,此为最紧要之问题"。

国内联络与响应的安排已妥,专门于上海、武汉设立两机关,"沪则以郑赞臣主之,联络徽、宁、浙三省,现已开办,以徽为最有势力。汉欲请居正主之,联络湘、鄂两省,已派有人去,今日又请谭人凤赴汉

---

① 此前亦有学者根据胡佛的"布思文件"进行研究,称布思于2月求助希尔;而关于希尔的态度,则称希尔明确表示没有办法。3月14日,布思将委任状退回。(〔美〕宗克雷:《一项流产的美中有关中国革命的计划》,《国外辛亥革命史研究动态》第2辑)

1911 年 3 月(宣统三年　辛亥)四十五岁 /851

及长沙,亲为设立该处机关,然后返港。赣省则视沪、汉两处之便于运动者属之。滇、桂本有基础,亦有人为之联络。刻以经济不足,不能推及长江以北,至为恨事"。(《与赵声胡汉民致孙中山函》,刘泱泱编:《黄兴集》第 1 册,第 57—59 页)

3 月 15 日(二月十五日)　文学社在武昌黄土坡招鹤酒楼开第一次代表会议。

蒋翊武在黄土坡招鹤酒楼召开代表会议,"翊武主席,报告社务太繁,非一人精力所能任,提议推王宪章为副社长,众赞成。宪章隶三十标,其标多旗人,宪章才具开展,足资肆应,推为副长,不仅内部关系已也。主席又提议湖北各军,皆有本社同志,惟马队阙如,应推同志投马队运动,决议推章裕昆前往。裕昆去后,不久即得社员四十余人"。自广州黄花岗起义失败后,由于各省督抚防范极严,文学社的常会亦难召集。(《湖北革命知之录》,严昌洪、张铭玉、傅蟾珍编:《张难先文集》,第 174 页)

3 月 19 日(二月十九日)　由温哥华启程东行,当晚抵金伦巴(Kamloops)。次日,函告吴稚晖,在加拿大西部已募得革命所需款项之半,其余将赴加东各埠筹之。(《复吴稚晖函》,《孙中山全集》第 1 卷,第 514 页)

3 月 24 日(二月二十四日)　邮传部与日本正金银行在北京签订借款合同,借款一千万日元,以偿还铁路官款。

《民立报》评论称:"此消息之传来,始吾人犹以为未实,今则世界各国已喧传为极东之一重大事件",竟成事实。"吾人非反对借外债者也,且极主张借外债者也,惟以管理债款之方法,使用债款之目的,与夫选定债权国之政策,皆非审慎周详,以研究其真正利害,而后逐绪行之不可。"今则朝廷"直是昧于国际形势,开门揖盗,以断送四百余州之运命,故吾国人不可不深恶痛绝之"。(渔父:《政府借日本债款十兆元论》,《民立报》1911 年 3 月 30 日、31 日,"社论")

3 月 25 日(二月二十五日)　在华英文杂志刊载孙中山在温哥

华与日本记者的谈话。

《中国论坛》称:"在这次晤谈中,孙中山详尽地阐述了对中国形势的看法,高度评价了革命力量对清政府采取重大行动而作的准备,并且表示,他完全相信起义必然成功。他对记者说,'吾人唯一耽心者,乃列强之干涉也。'关于列强对他提供任何物质上的援助或保护,它们只给予他以个人行动的自由。他对日本政府对待中国革命党人的态度深表不满。不过,孙中山打算取得日本舆论界对中国革命党人的同情,并期望日本人能在经济上与中国密切合作。他强烈谴责移居加拿大的英国人与法国人对当地居民的歧视,强烈谴责加拿大政府歧视亚洲各国侨民的政策,并且号召亚洲各国人民实行自治。他积极支持日本某些政治家提出的召开亚洲各国会议,以建立亚洲各国同盟的计划,并且呼吁日本率领亚洲各国反对英、美、德和沙俄,强调要'唤醒亚洲各国,尤其是中国和印度'。""唯有中国发生革命,印度亦从沉睡中觉醒,亚洲各国方能联合起来,实行亚洲门罗主义。"([苏]齐赫文斯基:《孙中山的外交观点与实践(1905—1912)》,《国外中国近代史研究》第 4 辑)

△　宋教仁在《民立报》上发表《宪政梦可醒矣》。

略谓:资政院究竟为宪法上机关? 抑或行政上机关?"中国今日只有宪法大纲,且尚未有施行之效力,而资政院之发生,则由于一纸之上谕,何从得云宪法上机关? 目为行政法上机关,犹觉其太新式耳。"故其总裁之任命和罢免,皆与普通奴隶大臣相同,"吾国人尚望其由此养成宪政,尚选举许多议员,以希协赞立法,预备许多政党,以谋监督政府,真作梦矣"。(渔父:《宪政梦可醒矣》,《民立报》1911 年 3 月 25 日,"天声人语")

3 月 31 日(三月初二日)　同盟会会员熊光岳等人在长沙秘密开会,策划武装起义。

刘文锦时任湖南新军马队排长,倾心革命,"适同盟会会员熊光岳自日本归,相助鼓吹,乃于三月二日召开秘密会议于城南天心阁"。

刘文锦报告开会意义及革命宗旨,称:"清政不纲,国土日削,我辈为救亡图存光复祖国而革命,必须群策群力方克有济,幸勿稍怀疑惧。"之后,群起对江宣誓,共约死生。(《湖南辛亥光复事略》,丘权政、杜春和选编:《辛亥革命史料选辑》下册,第2—3页)

是月(二月)　湖南革命党人刘揆一在日本东京刊发《提倡汉满蒙回藏民党会意见书》。

此前,刘揆一围绕中国与英、法、俄等国的关系问题,向在东京的留学生宣传革命主张。这次又将《提倡汉满蒙回藏民党会意见书》让神田区小路二丁目一番地吉田喜平治印刷1 000张,并将其中三百份散发给留学生。

该《意见书》主张"欲挽救今日中国瓜分之局,非改革今日之君主立宪未获奏功;欲改革今日之君主立宪,非逼和汉、满、蒙、回、藏之民党亦有缺憾"。此前何以未竟其功?"一由于吾党只思起事一隅,未有统筹全局之实力。二由于老成者流思以君主立宪,利用冥顽不灵之政府。三由于满、汉民党种族之见存,未能举国一致耳,使汉人、满人而各知爱国家爱种族也,则是现今之君主政治无论其为满人为汉人皆当排去之者也"。今"试以袁世凯、孙文、黄兴、汪精卫、杨度、梁启超、良弼辈组织一共和政府,即可优胜今日之清廷,而况乎无名之真英雄正崛起未艾"。故曰,欲改革今日之君主立宪,非逼和汉、满、蒙、回、藏之民党亦有缺憾也。为今之计,先择蒙、回、藏人之有知识者与吾汉人及满人通其风俗,多殖汉人、满人于蒙、回、藏地以改良其政俗及彼此声援,"内可倾倒政府而建设共和国家,外可巩固边疆而抵抗东西强敌"。(《有关印刷品散发之事(并附件)》,章开沅等主编:《辛亥革命史资料新编》第6卷,第237—239页)

4月

4月1日(三月初三日)　致函宫崎寅藏,寄去一百日元,以慰

其"贫而病"之逆境。(《致宫崎寅藏函》,《孙中山全集》第 1 卷,第 514—515 页)

　　△　致函何天炯,述接济宫崎及在加拿大筹款情形。

　　函谓:"足下复弟桄榔之函收到多日,所嘱资济宫崎贫病一事,因前此尚无法,故未答书,兹在加拿大途次稍能设法,即寄二百元去横滨。永新、祥林、清泉兄收入托他代交百元与宫崎君,并交百元与足下,为补贴前时经手图买物之亏,请为收纳是荷。弟近到加地,颇蒙华侨之欢迎,大约筹十数万之小款当有握把,惟须费多月之时间乃能集事。现在港中同志催欵已急,弟所经过后之地已着该地热心商人随筹随汇,直接寄港,弟绝不经手。闻云哥华、域多利两埠已有款汇往矣,而他处尚迟滞,未知能应急需否耳?此地华侨无大富者,筹款俱赖众力,三元五元合集而成耳,故非费多时往多地不为功也。弟现由加西适加东,前晚到卡加利埠,今晚半夜由此搭车往加中云尼璧埠,停留一二日即往度郎都、满地可两埠,然后由满地可入美东纽约埠也。近见华文报纸载东京学界因俄国之侵迫大动公愤,开会反对清政府之媚俄,并提倡组织国民军等事。此事究竟如何,有无影响,主动者为如何人,请足下详以示我。并所有日本一切紧要新闻都望时时示知。俾得周知东方近况,幸甚。此致,即候大安不一。有信请常寄《大汉报》冯自由兄转来便妥。各同志统祈问好。"(孙中山致何天炯信札,西泠印社 2011 年春季拍卖会照片)

　　4 月 6 日(三月初八日)　函告加拿大同志,今由温尼伯(Winnipeg)赴多伦多(Toronto),下礼拜一、二即可多伦多前来贵埠,"到时宜稍秘密,不必太为张扬,各西报亦以不宜使知为合。余容面谈"。(中国国民党中央委员会党史委员会编订:《国父全集·补编》,第 328 页)

　　△　报载欧美各国在巴黎密议瓜分中国之传闻。

　　据称,驻英公使刘玉麟、驻法公使刘式训电告清政府:"各国在法京大开密议,商定瓜分中国之割据范围:俄国分蒙古、新疆、甘肃、伊犁、山西、直隶;日本分奉天、吉林、黑龙江、福建;德国分安徽、江北、山东;法国分广西、广东、云南、贵州;英国分江西、浙江、江苏、湖南、湖北、四川、西藏;留陕西、河南两省安置一小朝廷。美政府出而反对,事因发露。"清政府中人接此电后,相向而哭,连夜密议未决。(《民立报》1911 年 4 月 7 日,"专电")

4 月 8 日(三月初十日)　革命党人温生才刺杀署广州将军孚琦,被捕,两广总督张鸣岐集群僚鞫讯,温生才怒斥清政无道,称"杀一孚琦,固无济于事,但藉此以为天下先"。15 日就义。(《附温生才击孚琦》,中国史学会主编:《辛亥革命》第 4 册,第 172 页)传闻此次行刺"志在张督,不幸而误中将军"。(恽毓鼎著、史晓风整理:《恽毓鼎澄斋日记》2,第532 页)

△　统筹部在香港开会,决定 4 月 13 日举事,分十路进攻。

广州举事计划既定,接下来的重要任务即密运武器与布置机关,"运输之事,以毅生、仲实管之;运至省城,则以女同志任秘密配送之责"。又设制造炸弹机关于城内二处,喻培伦、李应生兄弟任之。(《胡汉民自传》,《近代史资料》总 45 号)至于省城机关,多饰以居家眷属,事后查明达三十八处之多,但各不相知,以防泄漏。

所谓十路进攻,即"黄兴率南洋及闽省同志百人,攻两广总督署。赵声率苏皖同志百人,攻水师行台。徐维扬、莫纪彭率北江同志百人,攻督练公所。陈炯明、胡毅生率民军及东江同志百余人,防截旗满界,及占领归德门、大北门两城楼。黄侠义、梁起率东莞同志百人,攻警察署、广中协署,兼守大南门。姚雨平率百人,占领飞来庙,攻小北门,延燕塘新军入城。李文甫率五十人攻旗界石马槽军械局。张醅村率五十人,占龙王庙。洪承点率五十人,破西槐二巷炮营。罗仲霍率五十人,破坏电信局。另派放火委员,入旗界租房九处,以备临时放火以扰敌军心"。(邹鲁:《中国国民党史稿》,第 803—804 页)

后因款项未到齐,日本、西贡所购军械亦未到港,加以孚琦被杀,清吏戒严特甚,广州党人决议改期为 4 月 26 日,黄兴、赵声等亦表示同意。(陈锡祺主编:《孙中山年谱长编》上册,第 530 页)

4月15日(三月十七日)　函告萧汉卫,已邮寄债票供发行。

上年初在旧金山期间绘就金币票图样,令李是男印刷备用,即可邮寄至加拿大,发给助饷者。(《美洲华侨与辛亥革命》,冯自由:《革命逸史》第4集,第207页)至是,答复芝加哥分会萧汉卫,赞同其筹款各事,并谓"债票初时印刷,为美官收押,后又批准印行,是以阻滞多时也。今既得准行,便可于美国卖买无疑矣。弟自接曹君电,已即电金山着寄十元票万张到来,每张卖价五元,万张该价五万元,想已照付矣。另弟已着朱君卓文带十元票万张来纽约,及百元、千元票尽数带来,明日彼当抵纽约矣"。又告"时机甚急,恐不能久待,贵埠如有法能解决,宜先电港,然后再发债票,乃不延误也"。(《复萧汉卫函》,《孙中山全集》第1卷,第516页)

此次发行的金币券内容如下:

中华民国金币。壹拾圆。中华民国成立之日,此票作为国宝通用,交纳税课,并随时如数向国库交换实银。中华革命党本部总理孙文,中华革命军筹饷局会计李公侠发。(《国父全集·补编》,第624页)

△　清政府与英、美、德、法四国银行团订立一千万镑的币制改革及东三省实业振兴合同。

4月19日(三月二十一日)　由加拿大抵达纽约。

当晚函告芝加哥分会:"纽约有要紧问题待解决",须留此过礼拜。(《复芝加古同盟会员函》,《孙中山全集》第1卷,第516—517页)所谓"纽约有要紧问题待解决",盖指与布思介绍律帅艾伦进行晤谈筹款事。然而艾伦三度向美国摩根公司(J. P. Morgan & Co.)提出申请,均被拒绝。布思只得承认筹款计划彻底失败,辞去财务代理人之职。(罗刚编著:《中华民国国父实录》第2册,第1383页)

4月23日(三月二十五日)　黄兴抵广州,以日本、安南之械未到,又推迟举事日期。(曹亚伯:《武昌革命真史前编》,第301—302页)

黄兴临行前,来函称:"今夜拟入,成败既非所逆睹,惟望公珍卫,成则速回,败亦谋后起",国内各处联络情形:广西同志有预备,或可先后广东举事而起;江浙等地由赵声负责,郑赞臣不可靠;两湖由孙武、居正等任之,"在汉口造谣,或稍有牵掣之力",湖南亦有主持者,且军队中有多人。不过,此次筹备举事不太秘密,"到处筹款是一因;到外省选锋,而伯先所派有不懂事之极者,四处宣扬,是二因;选锋来太早,杂居杂出入省港,是三因;惠州之事,孚琦之事,又属例外。今倘能及期而动,不能不归功于佑"。(《致孙中山冯自由绝笔书》,刘泆泆编:《黄兴集》第 1 册,第 64 页)

同日,胡汉民亦来函,报告广州起义的筹备工作,略谓:至于起义之前,"十二万之预算,虽稍延时日,而尚不至竭蹶,惟预算费则无之"。至于起义的筹备机关,除香港原有的统筹部外,现在广州设调度处,"专任运动新军者,举姚雨平长之;出纳课长为李海云,编辑课长为陈炯明;秘书课长则拟弟;交通课长亦伯先;储备科〔课〕长为毅生"。统筹部之外,以调度处、选锋及储备课三者最重要,用费亦最多。"临时之举事,则以伯为总指挥,克兄副之。伯任杀李准;克任杀张鸣岐;毅以其人与陈炯明之众,堵截旗界;姚雨平任破小北门,延入新军;莫纪彭、徐为〔维〕扬任取督练公所;黄侠毅与其姊夫扫灭中协等衙门;李文甫结东莞之豪,取石马槽旗人军械;周醒黄取西槐二巷旗人炮营;毅生与炯明之兵,同时占据大北门与归德之城楼。""弟与仲实、璧君、君瑛及其嫂,又李应生之小姑,择地于虏兵必由之道,踞高屋而轰以炸弹,一俟储备科〔课〕运转事稍竣即发(大约至迟廿八入城。"此外,"李海云挟奇策,将以数人劫取一大兵船。李准近日少在城内,常宿天字码头侧水师行台,海云若得兵船,可胁以炮击李准,则准必无所逃矣"。(《胡汉民致孙中山冯自由函》,黄彦、李伯新选编:《孙中山藏档选编(辛亥革命前后)》,第 16—19 页)

4 月 24 日(三月二十六日)　两广总督张鸣岐获悉革命党将在国内起事,戒备益严,黄兴电阻留港同志进省。

两广总督张鸣岐已侦知革命党近期将举事,厉行"严防革命"之措施,并电饬上海道称:"顷闻革命领袖孙逸仙等又密聚地方匪人,结党联盟,称天龙会,散伏扬子江一带沿岸,谣言夏期举事,诱惑民心。所有谋叛军卒,亦暗中密通。但彼等各有私造旗帜及密号等,如经察出,不论文武员弁以及士卒商绅学界人等,一律迅行拿下,以便讯办惩治。"(《南清革命严防》,《汉文台湾日日新报》1911 年 4 月 23 日,"内外纪要")

是日,张鸣岐调巡防营兵驻观音山,极占形势,同志有倡议改期者,然种种机关已备,势难再延,黄兴等少数人坚持不可,以为改期无异解散,将前功尽弃;但又不得不从众议,乃令赵声所部暂退香港。(《在南京黄花岗之役周年纪念会上的演讲》,湖南省社会科学院编:《黄兴集》,第 181 页)因电告胡汉民:"省城疫发,儿女勿回家。"虽已改期举义,当夜仍有进省及运械、派械者。(曹亚伯:《武昌革命真史前编》,第 302 页)

4 月 25 日(三月二十七日)　广州起义领导人意见分歧,黄兴拟集中攻李准、张鸣岐。

因广东当局于本日复调巡防二营回省城,有的起义领导人鉴于清吏既已戒备,主张再推迟举事日期。黄兴表示反对,"即决以一人死拼李准,以谢海外同志,而令各部先锋速退,并保存枪械,以为后图。此议一出,各部合前后退去三百余人"。但各人散后,林文、喻培伦又到黄兴处建议,风声既露,非速发无以自救。(邓慕韩:《孙中山先生传记》,《革命先烈先进诗文选集》第 3 册,第 45 页)"黄以二人已决心,乃欲集三四十人攻督署,以杀张鸣岐,议亦决"。(曹亚伯:《武昌革命真史前编》,第 303 页)

4 月 26 日(三月二十八日)　黄兴决定按原定日期举事,改为四路进攻。

陈炯明、姚雨平向黄兴报告,从顺德调回之巡防营中同志,已决心反正。黄兴即电香港,"母病稍痊,须购通草来"。决定次日下午 5 点半发难。以选锋既多退去,原定十路计划只得改为四路:一、黄兴攻总督署;二、姚雨平攻小北门,占飞来庙,并延新军及巡防营入城;三、陈炯明攻巡警教练所;四、胡毅生以二十人守大南门。

香港同志获黄兴电后,以期迫不及悉行进省,请缓一日。当日由何克夫、林直勉、谭人凤等坐 27 日早船赴省,其他人则坐晚船齐发。但部署已定,不能再改。(曹亚伯:《武昌革命真史前编》,第 303—304 页)

起事之前,各种纷扰导致领导者之间产生分歧。黄兴于 25 日连发三电,言起事改缓,令选锋返港;本日午间仍电称令选锋退却,告以缓期举事;晚间,忽又电称仍于原定日期(次日)起事,令众速赴广州。"电到已十点,计止可搭早船上,而群众多已剃发者共百八九十人,势不可以同上;且料城中选锋剩者寥寥,四乡来者知经其遣归,势难骤集。"电告赵声只能于 28 日到齐。"临事惶扰如此,又欲以仓猝发难,危之又危,所望能延一日",或许事可挽。"此次命出二三,自惊自扰,实非克兄之责。盖筹措久而风声颇著,侦查多而自信谣言。最失策者则领选锋之退却,而闻克兄则已力争之,并言果尔,只得持个人暗杀主义。"总之,此次起事成败听之天,毁誉听之人,生死则付之度外,无论结局如何,亦后事者之鉴戒。(《胡汉民致孙中山冯自由函》,黄彦、李伯新选编:《孙中山藏档选编(辛亥革命前后)》,第 21—22 页)

同日,清朝军咨处探闻到广东革命党与新军拟在省城起事,密告陆军部称:"据广东参谋徐镇坤密电内称:革党、三点及巡防三千人煽炽,初由驻防街放火,与新军同起事。探悉党穴二处,队官苏慎初,排长吴铁汉","该省革党究竟已起事否,未能详悉",一面向两广总督求证,一面密告陆军部。(《军咨处致陆军部信函》,中国第一历史档案馆等编:《清宫辛亥革命档案汇编》第 61 册,第 95 页)

4 月 27 日(三月二十九日) 黄兴率选锋攻打两广总督衙门,浴血苦战,其他各路未能如期发动,最终失败。

上午,黄兴分发枪械与各处,然乘早船抵省之赵声部,因城门闭不能进城。赵声未来,故起义由黄兴任指挥。在省同志一部集小东营黄兴寓所,乘早轮进省之福建及海防同志,由徐维扬率领之花县同志,均至小东营。选锋分二路,一路为在莲塘街吴公馆者一百三十余人,其中又分两路,攻督署卫队与督署正门,分别由林时塽、何克夫主持。黄兴将象牙印章及黑钢时表分送选锋,以为守信及准时之用。

令各以白布缠臂,着黑布树胶鞋,以作标志。以吹法螺为号。

下午4时左右,黄兴集众演说,时李文甫、罗仲霍、朱执信、谭人凤均至。谭告香港各情,请缓一日,黄谓:"老先生,毋乱我军心!"出发前十分钟,陈炯明派人来,见黄兴等束装待发,遂不言而去,黄尚不知陈畏事棘手不敢发动。(《在南京黄花岗之役周年纪念会上的演讲》,湖南省社会科学院编:《黄兴集》,第182页;曹亚伯:《武昌革命真史前编》,第306页)

5时半,黄兴率队出发,一时螺号呜呜,风起云涌,途遇警察,枪杀之,疾行入督署,见卫队,呼之归顺,不悟,开枪射杀,毙其管带金振邦。冲至二堂,守兵走避。退入两庑及大堂之卫队,则凭栏倚柱以狙击,党人徐广焻等先后牺牲。黄兴伤卫队一人,余被截击,弃枪请降,求为引导,入内进分头搜索,无人,乃焚督署而去。至东辕门,遇李准先锋队,林文以内有同志,与之联络,被击杀,刘元栋等亦死,黄兴伤右手,断二指。仍就所部分三路:以徐维扬所率花县同志出小北门,拟与新军接应;川闽及南洋同志攻督练公所;黄兴与方声洞、罗仲霍等十余人出大南门,拟与防军接应。黄等至双门底,与从顺德调回之巡防三营遇,该营原系响应者,因无标志,方声洞毙其哨官(党人)温带雄,防营还击,声洞死之。黄兴与敌作战,身边已无同志,至晚潜至河南,找到机关,见徐宗汉,始得包扎伤口。往攻督练公所一路,至莲塘街,与自吴公馆出发之喻培伦等四川同志会合,在莲塘街至仓边街一带与防军战斗。徐维扬派至小北门者,在莲塘街、大石街一带与敌战,后至小北门、高阳里口,遇大队敌兵,退入源盛米店。屯米作垒与战,坚持至次日下午张鸣岐下令烧街,始越后墙逃。徐维扬率队在司后街应敌,折入小东营,会李文甫,袭飞来庙,不克;越山走三元里回花县。至此,起义各队先后失败。陈炯明、胡毅生、姚雨平诸部均未按计划发动,至影响全局。28日晨,赵声、胡汉民等抵省,至则见城门紧闭,分别折回。

起义战死及被捕牺牲者,统计得八十六人,实际不止此数。至5月1日,七十二烈士遗体始由善堂收殓,经同志潘达微奔走,于2日葬于大东门外黄花岗①。(邹鲁:《中国国民党史稿》,第854—855页;曹亚伯:《武昌革命真史前编》,第307—308页;丁身尊:《辛亥三月二十九日起义烈士姓名、籍贯、年龄、成份资料》,《广东辛亥革命史料》,第63页)

黄花岗之役,亦重创革命党,"盖自有革命战争以来,吾党之损失,未有若斯役之巨者。中有被捕后始遇害者,使为供词,辄挥洒千言,斥清政府之罪恶,而申民族主义之大义及所以为民众牺牲之由,意气凛然,从容就死,问其家世,则多世家子,而勤学笃行之士也"。(《胡汉民自传》,《近代史资料》总45号)

关于起义失败的原因,孙中山在美接阅黄兴、胡汉民报告后,对张蔼蕴称"是役失败,□□□亦当负咎,因锁藏军械,倔强不听命也"。(张蔼蕴:《辛亥前美洲华侨革命运动纪事》,中国人民政治协商会议广东省委员会文史资料研究委员会编:《孙中山与辛亥革命史料专辑》,第86页)宋教仁总结称:"一、侦探李某充运军火,为平日党中最得力人,不知实乃侦探,后查明,处以死刑,枪毙之香港;二、从戎者皆文弱书生,素无武力;

---

① 据广州《天趣报》报道:"革党被杀积尸藩署前检查共七十三具,昨日由善堂收拾,即葬东门外黄花岗地方。"(《天趣报》1911年5月6日,广东省立中山图书馆、广州市国家档案馆编:《笔底风云——辛亥革命在广东报章实录》下,第72页)后经查证,其中一具为为督辕巡捕跟丁,另葬一处。(《七十二人之墓》,《民立报》1911年5月9日)又有谓革命党实死去百余人,湮没其名者数十人,经当时报馆调查,可考者有五十六人:江苏二人,赵珊耀、石经武(或云石即石德宽,或云苏人);安庆二人,石庆宽薇、宋玉琳(字建侯);四川三人,喻云纪、姚国樑、秦炳;广东二十人,罗节军(即仲霍)、周华、王鹤明、李文楷、马吕、罗坤、李子奎(?)、李文甫、饶可权、李雁南、陈文波、杜君、李庆孙、陈文有、严确廷、黎开、庞雄、陈少若(或云闽人)、罗联、罗裕光;福建二十六人,林时爽、林觉民、陈可钦、陈与新(云即陈与燊)、刘六湖、刘元栋、陈更新、吴任之、冯郁庄、林尹民、郭炎利、郭增兴、郭铺官、邹天财、翁长祥、陈孝文、陈大发、林茂增、王文达、曾显、虞金鼎、周团生、吴顺利、方声洞、韦云兴(据报上自供闽人,而调查为粤人),不知姓名者一人。此外,福建女党二人,吴炎妹、林三妹;不知籍贯者刘枕玉、陈志二人。此不含广东花县革命党人,故合计所谓"花县人死难者三十人,则百余人之说确矣"。(《黄花冈中之革党》,《香港华字日报》1911年6月26日)不久,香港拟建立革命党纪念塔,亦称"广东之变,黄花冈埋战死党人以百计,南洋华侨以此百余人者,牺牲其个人之身家性命,为国而死,不可无以表彰,于是发起追悼会于新嘉坡,到者数百人",有富商捐款五千,派人到香港莫罗山下动工建立纪念塔。(《革党纪念塔》,《民立报》1911年7月2日,"天声人语")

三、起事仓猝,新军未能响应,诸同志亦多奔赴不及。"①(《黄花岗起义周年纪念会演说辞》,陈旭麓主编:《宋教仁集》上册,第397页)

此举对国内局势的影响深远,"一、此番死难诸人,如此猛烈,可使一般人知同盟会非徒空谈,实有牺牲性命的精神;二、此番死义,多属青年,易激起人痛惜之心,而生倾向革命之热诚;三、政府对于此举毫无悔心,人愈恨旧政府而争欲推翻之。有此种种,故武昌一起,天下从风,岂偶然哉?"后孙中山亦称:"是役也,碧血横飞,浩气四塞,草木为之含悲,风云因而变色。全国久蛰之人心,乃大兴奋。怨愤所积,如怒涛排壑,不可遏抑,不半载而武昌之大革命以成。则斯役之价值,直可惊天地、泣鬼神,与武昌革命之役并寿。"(《黄花岗起义周年纪念会演说辞》,陈旭麓主编:《宋教仁集》上册,第397页;《〈黄花岗烈士事略〉序》,《孙中山全集》第6卷,第50页)

当日,两广总督张鸣岐致电军机处,报告黄兴等人在广州城起事及应对情形。次日,清廷获电。越日,上谕以为"广东省城猝有匪徒多人轰击督署,殊堪诧异",然该督张鸣岐与提督李准饬防营迅速办理,未致蔓延,"所有文武各员着照所请,免其置议"。"广东为沿海重要地方,屡有乱党勾结滋事,实属不成事体,倘不严加防缉,诚恐酿成大变,不可收拾",此次张鸣岐防范于事前,临时布置亦尚周妥,事后仍应认真督饬所属文武搜捕余党,从严惩治,以靖匪氛而保治安。(《两广总督张鸣岐致军机处电报》《奉旨》,中国第一历史档案馆等编:《清宫辛亥革命档案汇编》第61册,第97—98、100页)

革命军广州起义,与南美、非洲的革命活动交相呼应,引起欧洲舆论的关注,称"近数月间,世界其多事之秋乎? 麦西哥之革命,起于南美。摩洛哥抗法人之羁绊,旗翻于斐洲之野。无何而我广东亦应时而崛起,大有后先辉映之概。使欧洲各国莫不预备广幅登载而飨

---

① 又有一说:时任广东谘议局副议长的丘逢甲,虽主张革命,亦与督臣往还,有传闻黄花岗七十二烈士之死,因丘氏告密。辛亥年作为广东代表赴南京参加临时政府组建会议,"为黄兴所痛斥,呕血而死"。(朱希祖:《朱希祖日记》上册,第160页)

阅者"。

　　欧洲各报对广州革命活动的关注点,约有数端:一、革命的性质。"该军性质,大概持民族主义,反对满洲政府。数周前,广州将军之被刺,即其例也。《太晤士报》评曰:今日满汉官吏,配置不均。其结果遂有革命军起,即民族思潮之发达。而清政府腐败情形,大暴露于世界而不可复掩矣。"

　　二、国民程度的进步。"支那人民之进步,与官吏之退步,成为反比例。伦敦《每日邮报》载北京电,即言及此。且云民德民智,皆大有一日千里之势。今日视之,已非昨比。夫支那人既负若是之民德民智,今惟待罕婆登(英伦十七世纪之雄主,即兴议军与查尔士第一战者)或华盛顿之出现耳。"

　　三、首领的人格。"伦敦《每日电邮》所接纽约转来之电,称革命军首领曰黄兴,为留东学生。学成归国,且富欧化思想,长于兵法,故其军容甚整齐,高出官军万万,徒以党人为清官所困,众寡不敌,功败垂成耳。"

　　四、中国必不免革命。"英国苏格兰有一新闻曾著论,题为'支那方在过渡时代,革命为必经之阶'",略谓:"支那自欧风东渐,日盛一日。当此时代,民权澎湃,何容恶劣之政府,又重以官吏之不职,肆残人命。革命之事,尤为急切。迩来支那地方革命迭起,前赴后继,其革命之宗旨,何莫非反抗官吏之专横。今日该国之南方革命,殆亦由此。南方广东一省,在支那行省中为最早开通之区。寰球各国大学,其有中国学生肄业者,亦以广东人为最多。且支那历史中,广东以民气最盛见称。今日之事,求其革命之故,略有数端:(一)满洲官吏之腐败。(二)民族主义之发达。(三)日俄最近之压迫。国民愤政府之庸懦,思起而推倒之。"

　　五、文明的革命。"支那暴动,必不免于仇洋,已成我英人之常识。而此次竟出意外,广东省城,外人教士丛居华人中,曾无丝毫之损。真文明之举动矣。"(《欧洲对于岭南革命观》,《少年中国晨报》1911 年 8

月 18 日)

4 月 28 日（三月三十日）　抵芝加哥，致电香港询问起义善后情形。

是晚，偕朱卓文抵芝加哥。西报遍传起义消息，乃致电香港机关询问：听闻事败，各同志如何？何以善后？（《胡汉民自传》，《近代史资料》总 45 号）

△　顺德民军首领谭义等在乐从墟举旗起义，谋攻佛山，以应省城，旋败。（曹亚伯：《武昌革命真史前编》，第 291、315—316 页；邹鲁：《中国国民党史稿》，第 819、834—835 页）

4 月 29 日（四月初一日）　黄兴在徐宗汉的掩护下，由广州乘船赴香港①。

黄兴以灰长衫改装，由徐宗汉送赴港，乘哈德安轮，"轮已无房，坐厅中梳化椅装睡，徐坐以身障之，船中固多党人。到港，指伤不减其痛，且有一指将断未断，乃入雅丽氏医院割治"，黄、徐姻缘即由此结。赵声、胡汉民等亦继至，遂议善后，派人上省抚恤，保存军械，迁易旧时机关。新军及巡警所，留作后图。到港者酌送川资分散，赴南洋者多由刘芷芬照料。（曹亚伯：《武昌革命真史前编》，第 324—327 页）

△　广州起义后，清政府上下各思应对之策。

军机处所议对付党人办法，"用招摇撞骗、煽惑滋事及暗通匪人、扰害治安等字样，或逮捕，或驱逐，意在禁人与闻国事"。字寄两广总督张鸣岐，令其认真督饬文武官员搜捕余党，从严惩治，勿任漏网，嗣后加意防查，以靖匪氛而保治安。张鸣岐颁布告示：若革命党自首，一律赦免其罪。湖广总督瑞澂则担忧革命党"难保不窜入长江各省，肆其密谋。武汉素来匪类众多，人心浮动，最易煽惑滋事，亟应严为戒备，以遏乱萌"，札饬巡警道遴派探警分途密查，亦多派军队，沿各街衢严加梭巡。（《广州三月二十九日之役清方档案》，中国史学会主编：《辛

---

①　《孙中山年谱长编》原系 4 月 28 日（三月三十日），今改系于此。

亥革命》第4册,第324页;《鄂督防范革党倡乱之周密》,《时报》1911年5月5日,"专电""地方要闻")

4月30日(四月初二日) 出席同盟会芝加哥分会的欢迎会,在中华会馆演说革命救国的道理,与会者踊跃捐款。此后数日内,天天应邀至各处演说,然香港方面迄无复电,不禁忧形于色。(罗刚编著:《中华民国国父实录》第2册,第1402页)

是月(三月) 蒋翊武、孙武等商议起义督抚人选,时已提议由黎元洪任都督之说。

据万迪麻称,三月间,洪山宝通寺各标营队代表会召开,讨论及起义后都督人选问题。刘九穗曾对万迪麻称:"革命党人均士兵或副目,下级官不多,中级无人。前蓝天蔚任三十二标统带时,曾推渠为都督,现蓝远隔奉天;吴禄贞最为适当,但一时不能南下。党人知识不是不如黎元洪,但不够号召天下,诚恐清廷加以叛兵或土匪罪名,各省不明真象,响应困难。且黎平日待兵较厚,又属鄂籍将领,只要推翻满清,似无不可。"蒋翊武虽为文学社首领,文学社人数又多,但亦提议推举黎元洪,以"在湖北举义,自以湖北人为领袖适宜"。(张国淦:《辛亥革命史料》,第86—87页)因此,武昌起义后,黎元洪被拥为都督,并非偶然。

是年春 先前在雅丽氏医院读书的同学郑汉淇联络同志,在马尼拉成立中国同盟会菲律宾分会。(冯自由:《华侨革命开国史》,中国社会科学院近代史研究所近代史资料编辑组编:《华侨与辛亥革命》,第89页)

5月

5月3日(四月初五日) 广州举事失败后,两湖革命党人召开会议,筹划起义。

据《辛亥革命先著记》称:广州举事失败的消息传至武汉,湖北、湖南共进会革命党人居正、刘公、杨时杰、李作栋、胡祖舜、邓玉麟、查光佛、刘英、宋镇华、焦达峰、杨晋康、杨玉如等在胭脂巷二十四号机关内召开紧急会议,决定此后运动方案:1. 两广总督张鸣岐必密电湖广总督瑞澂防范革命党,"我们革命正到了低潮,宜严加戒备。本会各标营同志星期日例会,自即日起一律停开,武汉各机关亦暂时停止活动",分途通知相关人员。2. "中国革命以两湖为主动:如湖北首先起义,则湖南即日响应;湖南首先起义,则湖北即日响应;两湖同时举义更好",由焦达峰、杨晋康负责湖南革命事宜。3. 应以武昌新军为起义主力,"如襄樊一带会党同志先行发动,武昌新军必继起应之;若新军先行举义,襄樊会党同志亦当即日来援",派专人赴襄河一带积极筹备。4. 因文学社的革命宗旨与本会一致,"我们向认为友党,宜将本会议决事项争取文学社同志赞助。务期同舟共济,严防两败俱伤",并派专员与文学社沟通联络,谋求合作。(杨玉如:《辛亥革命先著记》,第35—36页)

5月4日(四月初六日) 接胡汉民复电,知黄兴无恙。

得胡汉民复电后,即命梅乔林译电文,文称"克伯展归",又称"克夫、克武、执信力战出清,佛山起毅或在彼,死者姓名后报"。乃现笑容,称:"天下事尚可为也",并即于是日通电全世界,布告革命宗旨。翌日,胡汉民又来电云:"恤死救亡,善后费重,奈何?"答:惟筹善后费,努力筹款接济。(李绮庵、梅乔林:《开国前美洲华侨革命史略(节录)》,中国社会科学院近代史研究所近代史资料编辑组编:《华侨与辛亥革命》,第284—285页)

5月5日(四月初七日) 拟在芝加哥组织组织革命公司,以作募款机构。

时以筹款为急务,指示芝加哥同志筹款办法,告以各处筹饷方法不同,"南洋筹饷,多为地方政府所限制,秘密而行。美国是自由之邦,筹饷公开,做事较为容易",并提出筹款目标,暂以二百万美金,即可分途发难,筹款之法则各处不同。于是,梅乔林提议设革命公司,每股收美金一百元,以万股为数已足。民国成立后,股票倍价收回①。此办法获其许可,并亲撰《缘起》。后以认股者甚少,乃作罢。(《与梅乔林等的谈话》,《孙中山全集》第 1 卷,第 517－518 页;李绮庵、梅乔林:《开国前美洲华侨革命史略(节录)》,中国社会科学院近代史研究所近代史资料编辑组编:《华侨与辛亥革命》,第 285－286 页)

5 月 7 日(四月初九日)　自芝加哥赴波士顿。(李绮庵、梅乔林:《开国前美洲华侨革命史略(节录)》,中国社会科学院近代史研究所近代史资料编辑组编:《华侨与辛亥革命》,第 285 页)

△　函告谢秋,广州起义失败实由资金不足,故当下急务,必当筹足大款,乃能速收成效,此次限于资财,不能经营北方,只能就广州入手。因此,欲在芝加哥设中华实业公司,拟筹款百万元,专门供应革命。公司每股百元,以一万股为限,将来革命成功后,专门承办开矿,专利十年,可为侨民求利的一大法门。将来可在旧金山设一总机关,承担联络美洲各埠华侨,实行担任革命的义务。(《复谢秋函》,《孙中山全集》第 1 卷,第 518－519 页)

5 月 8 日(四月初十日)　清政府批准成立"皇族内阁",由庆亲王奕劻任总理大臣。

时已由官转绅的恽毓鼎对清廷此举不满,称内阁"十三人中,而满人居其九。九人中宗室居其六,觉罗居其一,亦一家也。宗室中,王、贝勒、贝子、公,又居六七。处群情离叛之秋,有举火积薪之势,而犹常以少数控制全局,天下乌有是理! 其不亡何待?"(恽毓鼎著、史晓风整理:《恽毓鼎澄斋日记》2,第 532 页)实际上十三名内阁成员,满人九名,皇族有五人,而非六人,恽毓鼎后亦更正此数字。

---

①　《开国前美洲华侨革命史略(节录)》记述称,每股二百元,共发行万股。(《开国前美洲华侨革命史略(节录)》,《华侨与辛亥革命》第 285、286 页)但梅乔林《广州"三二九"举义前后》则记为每股一百元,共万股。(《孙中山全集》第 1 卷,第 517－518 页)另据 5 月 7 日孙中山致谢秋函,亦称每股一百元,共万股。(《孙中山全集》第 1 卷,第 517－518 页)因此,似应为每股百元,共万股。(《孙中山全集》第 1 卷,第 519 页)

12 日,各省谘议局国会请愿代表团诸人在北京开会讨论国事,要求请廷改组新内阁,收回亲贵充任总理大臣的成命,否则各省谘议局将联合宣告各邻邦,举凡清廷对外借款概不承认。

5 月 9 日(四月十一日)　清政府宣布将川汉、粤汉铁路干路收归国有。

上谕:邮传部复议给事中石长信奏铁路亟宜明定干路枝路办法一折,所奏尚属妥协。"国家必待有纵横四境诸大干路,方足以资行政而握中央之枢纽。从前规画未善,并无一定办法。以致全国路政错乱纷歧,不分枝干,不量民力,一纸呈请,辄行批准。商办数年以来,粤则收股及半,道路无多;川则倒账甚巨,参追无著;鄂则开局多年,徒资坐耗。竭万民之脂膏,或以虚糜,或以侵蚀。旷时愈久,民困愈深,上下交受其害,贻误何堪设想。用特明白晓谕,昭示天下,干路均归国有,定为政策。所有宣统三年以前各省分设公司,集股商办之干路,延误已久,应即由国家收回,赶紧兴筑。"至于收回的详细章程,由度支部、邮传悉心筹画。凡有不顾大局,故意扰乱路政、煽惑抵抗者,照违制论。(中国第一历史档案馆编:《光绪宣统两朝上谕档》第 37 册,第 92—93 页)不久,两湖、四川、广东等地民众掀起保路风潮。

5 月 18 日(四月二十日)　赵声在香港病故。民元追赠上将军,并归葬镇江南郊竹林寺①。(邹鲁:《中国国民党史稿》,第 1390 页)

5 月 20 日(四月二十二日)　致函萱野长知,询问可否返日居住。

函谓:"前数周弟道过芝加哥,曾访贵亲戚大塚(犬塚——引者注)太郎,甚蒙欢迎。惟弟尚未谈及款事,因见彼甚为匆忙,无机言之。""弟明日往美京,见彼外部大臣并一二元老及其他政界之有势力者。此间人士,渐留意于支那问题矣,想不日必能得其实力之助也。"又称:"弟回日

① 另据 5 月底黄兴、胡汉民致函孙中山等关于广州起义的报告,称赵声至 5 月 17 日(四月十九日)长逝。(黄彦、李伯新选编:《孙中山藏档选编(辛亥革命前后)》,第 37 页)

本之问题,何时可以办到? 现闻内阁已更变,其后之对支那政策如何?"(《复萱野长知函》,《孙中山全集》第1卷,第519—520页)

△　又致函宫崎寅藏,询问能否向新内阁谈判进入日本居住问题,并询东亚大势及日本人心趋向,且欲了解犬养、头山等所组织之东亚义会进展如何。(《致宫崎寅藏函》,《孙中山全集》第1卷,第520页)

5月21日(四月二十三日)　自纽约启程赴华盛顿。(《复萱野长知函》,《孙中山全集》第1卷,第520页)

5月31日(五月初四日)　复函李绮庵,谓飞船(即飞机)习练为革命党人才中不可无,其为用自有其不能预料之处,既有志此道,则宜努力。又谓上海敢死团之宗旨,一概不知,幸勿造次通信,此类团体多属纯盗虚名、揣摩风气之士所为,不能持久。关于革命公司问题,不必急于收股金,总要认购及半,否则"急收则令人生疑,且阻进步;况股分未及半数,则收股金亦无济于金"。(《复李绮庵函》,《孙中山全集》第1卷,第521页)

△　胡汉民来函,报告广州起义失败之原因。

赵声病故后,曾由黄兴命意、胡汉民属稿,以黄兴、胡汉民的名义发来长函,向其及北美同志报告广州起义的计划、进展及失败,内容包括:综述军事部分科担任情形,破坏粤城计划,预算支出大略,预算收入大略,事前暗杀李准之无成,惠州事件之失败,时期展缓理由,选锋召集,器械运送接收,定期及廿七日改期退师原因,廿八日重定廿九日时期原故,临时改变任务情形,黄兴独攻督署情形,以后巷战情形及党人死事之勇烈,失败之原因及担任者之不力,以及预算不足之原因等。(《黄兴胡汉民致孙中山等报告"三·二九"之役始末书》,黄彦、李伯新选编:《孙中山藏档选编(辛亥革命前后)》,第22—38页)

由于黄兴在函中不讳其败,勇于承担责任,但恐于以后海外之运动不无妨阻。同日,胡汉民又来函补充说明,总结失败之主客观原因,略谓:"机事不密,军界无切实之运动,选锋多非其人,合此数者,铸成大错。至于临事张皇者,非曰无过,然于胜败之数,关系已较薄

矣。且(一)军事不得言共和,时期既定而复改,若知改期非策,不能
徇众议也;(二)选锋各个独立而不统一,临时安得并力照应(此两节
则弟事前亦未虑及)。此则不能无责于任总指挥者。"函中又告广东
新军情形,以及李煜堂将赴美洲运动,且附上何克夫及直隶刘捷三
书,谓"观此则北方军界亦非无是思想,不止可为外间运动之资料
也"。(《胡汉民致孙中山冯自由函》,黄彦、李伯新选编:《孙中山藏档选编(辛
亥革命前后)》,第38-40页)

是月(四月)　中国同盟会加拿大支部在温哥华成立,以冯自由
为支部长。

1910年夏间,冯自由抵温哥华后,"有志青年多以发起同盟分会
为请"。但冯自由此行最大目的在于募集革命款项,不得不倚助当地
致公堂,"若一旦另立门户,殊易惹起洪门人士之误解,故不欲公开组
织同盟会",以免影响未来筹饷大计。冯自由遂以《大汉报》为中心,
秘密收容有志青年二十余人。

本年正月,孙中山赴温哥华筹款,"同盟会员假座周连盛所设纺
织公司开欢迎会"。在孙离开后,因洪门筹饷局将结束,冯自由遂着
手组织同盟会,先后加盟者,温哥华约有百数十人,维多利有十余人。
四月,开成立大会,"众举冯自由为支部长,周连盛为副部长,黄希纯
为中文书记,会所设于唐人埠以外之区域。盖是时仍属秘密的组织,
不欲公开活动,以免招致洪门会员中顽固派之反感"。(冯自由:《华侨
革命开国史》,中国社会科学院近代史研究所近代史资料编辑组编:《华侨与辛
亥革命》,第83-84页)

6月

6月1日(五月初五日)　武汉文学社召开代表会议,决议创建
阳夏支部,由驻汉阳、夏口的四十二标胡玉珍任支部长,并正式决定

与共进会联合。14 日,两会代表刘复基、邓玉麟等在武昌长湖西街八号龚霞初家中举行会议,协商两会合作事宜。

6 月 4 日（五月初八日）　各省谘议局联合会国会请愿同志会首脑孙洪伊、雷奋、汤化龙、谭延闿、林长民、蒲殿俊等在北京组织宪友会。

关于该会成立过程,据报载:谘议局联合会发起组织政党,将帝国统一会改组,推定黄为基、雷奋、张国溶、徐佛苏四君为起草员,拟定章程二十九条,政纲六条,定名为宪友会,初三日假松筠庵开发起会。本日,开成立大会,公推萧湘、袁金铠、康士铎、梁善济、陈登山、孙洪伊六人为临时干事。其会章略谓:以发展民权、完成宪政为目的,主张尊重君主立宪政体、督促联责内阁、清理行省政务、开发社会经济、讲求国民外交、提倡尚武教育等等,总部设于京师,于各省设立支部,所有具备选民资格、赞成本会宗旨的中国人,皆可为本会会员。（《宪友会政党开幕纪》,《申报》1911 年 6 月 7 日,"紧要新闻一"）

6 月 8 日（五月十二日）　自纽约抵洛杉矶。（《致旧金山致公总堂职员函》,《孙中山全集》第 1 卷,第 522 页）

6 月 9 日（五月十三日）　致函旧金山致公总堂职员,表彰其赞助中华革命事业,并通知将于 11 或 12 日动身赴旧金山①,到时再行电告车期。（《致旧金山致公总堂职员函》,《孙中山全集》第 1 卷,第 522 页）

6 月 13 日（五月十七日）　驻新加坡总领事苏锐钊电告革命党在南洋活动情形。

苏锐钊称,近逢广州省城革命党起事,"风闻有革党多名在新嘉坡内渡者",故细心调查革命党在新加坡等地的活动情形,"始悉该党由坡赴省者,实无多人,大半皆是荷兰属爪哇一带,该处于革命问题

---

①　有一说是孙中山于 6 月 18 日抵达旧金山,（罗家伦主编、黄季陆增订:《国父年谱（增订本）》上册,第 339 页）然而另有一说是于 6 月 10 日（五月十四日）抵旧金山。（罗刚编者:《中华民国国父实录》第 2 册,第 1437 页）

几成普通宗旨,富商输款接济者实繁有徒,尤以泗水为最。新嘉坡一埠去华较近,其宗旨似稍纯正,惟是人数较多,良莠不齐,保无有被其煽惑者"。然而,领事无究办之权,英政府除于有碍其地方治安外,亦不过问。领事惟有劝谕侨民,雇用侦探密查输运军火等事。(《驻新加坡总领事苏锐钊致外务部禀文》,中国第一历史档案馆等编:《清宫辛亥革命档案汇编》第 62 册,第 5—6 页)

6 月 17 日(五月二十一日)　四川保路同志会在成都成立,在各州县设分会,与清廷抗争。党人乘机激扬民气,导以革命。(隗瀛涛等编:《四川辛亥革命史料》上册,第 433 页)

△　黄兴、胡汉民致函加拿大同志,通报国内革命形势。

函称:广州举事失败以后,各处以保存实力,养其全锋为重。关于国内军界之进步情形,"今云南、广西干部将弁学校俱已毕业,更加入同志数十人为新军将领。直隶第六镇有吴六徵为镇统,密召其心腹同志于各省,使到其军为臂助。江南闻广东事起,有数营露甲欲起,幸为标统某同志婉止。广西同志蔡松坡调往云南,总揽新军之事"。而国内大势情形,"铁路国有问题激动民心,更使广东、两湖、浙江、四川五省反对政府之气益炽。从此港、澳两处密接省城,我党只利用为秘密办事之地,不为显扬之运动"。(《与胡汉民致加拿大同志书》,湖南省社会科学院编:《黄兴集》,第 60—61 页)

6 月 18 日(五月二十二日)　倡议旧金山致公总堂与同盟会实行组织联合,刊广告于《大同日报》及《少年中国晨报》。

此次广州起义,因致公堂与同盟会未能合作,在美国仅由李是男等捐得一万余元。故抵旧金山后,决心改变现状,与致公堂大佬黄三德、《大同日报》司理唐琼昌商议合作方法,欲令同盟会员一律加入致公堂,而致公堂则开特别会,删除繁文缛礼,以优待同盟会员之加入,获黄、唐等人赞成。遂由双方各在《大同日报》与《少年中国晨报》刊登联合布告,以示合作。

同盟会布告称:"洪门为中国提倡排满革命之元祖,而大埠致公总堂之改良新章,更与本会三民宗旨相合,原可互相提携,共图进取,惟洪门内容含有秘密性质,而本会会员尚多未入洪门者,故不免窒碍。今得孙总理驾抵金山,主张联合,而致公总堂专开特别会,以招纳本会会员之未入洪门者,本会集议,全体赞成。特此布告各埠会员一体遵照,以成大群合大力而共图光复之大业,是为厚望。”

致公总堂布告称:“孙文大哥痛祖国沉沦,抱革命真理,遍游五洲,驾抵金门,与众义兄聚集,倡议与同盟会联合,结大团体,匡扶革命事业,同盟会员热心祖国,全体公认其未进洪门者一律入围,联成一气。本总堂叔父大佬义兄等,备极欢迎。开特别招贤之礼,以示优遇,尽释从前门户之分别,冀赞将来光复之伟业,扫虏廷专制恶毒,复汉家自由幸福。仰我洪门人士,一体知悉。”

两组织既经联合,又提议设立洪门筹饷局,以资筹款。(《美洲致公堂与大同报》,冯自由:《革命逸史》初集,第 156—157 页)

6 月 21 日(五月二十五日)　胡汉民来函,报告活动计划及国内运动情形。

函谓:广东军界之不能发起,究因主持运动者非人(指姚雨平),临时不敢到场,尤为无用,今后应在军界选择如倪映典之流的人物,“前寄上直隶刘君捷三书,具征北省军人之心思。现吴六澂已任六镇镇统,将来或有可为。广西兵虽少,而将领程度颇高,此回本约与东粤先后起者,东事败于仓猝,故西亦不果发。以形势论,虽得桂亦无可恃为根据地,但于攻取一面则亦为形胜”。其他各省新军,俱有同志在内,若得款巨,以拔十得五之计,则可成蜂起之势。“至专就粤东一省而言,则能十万左右仍可大做。其做法,先将广府会党提摄整理(三邑为一路,恩、开、新为一路,东莞、花县为一路),选其精锐,因地取材,不假外师,则募集之费省,而风声亦密。先期购械,专用驳壳,约最少得三百枝,为款约三万左右,而于战斗上之武力则当远在此回百倍之上。新军不必再加运动,防营则直须行贿收买。出不意而袭

之,为多方以乱之。此则不得巨款而可以行之次策也。"又称"克强兄
伤感愤恨,必欲为个人对待之举,经多同志劝阻不止",深忧其蹈汪精
卫覆辙,须设法挽回。(《胡汉民致孙中山函》,黄彦、李伯新选编:《孙中山藏
档选编(辛亥革命前后)》,第41—42页)

　　6月25日(五月二十九日)　出席同盟会葛仑(Courtland)分会
的成立典礼,并发表演说。

　　略谓:"金山堂号林立,皆以保护本堂手足为宗旨;然同盟之设,
非与堂号比,非与同胞作敌,实与满洲作敌,愿同胞勿误会之。同盟
会组织一大团体与满洲对敌,非与同胞争意气。"今华侨背井离乡,远
渡重洋,"然而外人迭生苛例,闭门拒我;以吾人为亡国人,亡国人世
界无位置也。美国生计虽好,非吾人久住之区,况中国地大物博,优
于万国实万万。炼铁之矿遍地皆是,宁拱手让于外人,不与民间开
采;满政府立心之狠毒,无一不欲绝汉民之生计","所以吾人今日出
外,受种种之困苦、之苛辱,无非清政府为之"。(《在中国同盟会葛仑分
会成立大会的演说》,《孙中山全集》第1卷,第522—523页)

　　6月中下旬,在赵昱、张蔼蕴等陪同下,赴加州之沙加免度、土
得顿、埃仑顿、汪古鲁(Walnut Grove)、葛仑等埠活动。各埠致函
《少年中国晨报》报告情形:抵土得顿埠时,正值萃胜堂开周月纪
念,并欢迎孙公大会。出席并发表演说,大意谓:"堂号有合群之性
质,有保护同群抵抗外侮之勇敢,更宜本其爱群之心,以爱四万万
之同胞,本其抵抗外侮之心,以抵抗异族专制政府。"次日,又往渴
市地臣演说。在埃仑顿,洪门会员在会新楼接待,"孙公接见各同
志,大有应接不暇之势"。当晚在致公堂讲演三民主义及革命难易
问题,听者座为之满,并多愿担任劝捐军费值理。在葛仑,该埠"同
盟会开幕,并欢迎孙先生,濒行时全埠梓里请宴,备极欢迎,可见该
埠全体趋向革命矣"。由葛仑至活吾埠,各团体轮流开欢迎会,甚
至一日赴欢迎会数次。后至二埠(沙加免度埠),该埠同盟会开欢
迎会,后各团体又假座会宴楼开欢迎会,"孙先生演说革命免瓜分

问题、易问题,兼痛论革命流血之少,而不革命遭清政府有形或无形之杀戮流血之多,何止百数十倍"。演说毕听众欢呼而散。(张蔼蕴:《辛亥前美洲华侨革命运动纪事》,中国人民政治协商会议广东省委员会文史资料研究委员会编:《孙中山与辛亥革命史料专辑》,第 67—68 页)

7 月

7 月 4 日(六月初九日)　奉天、吉林、黑龙江、直隶、江苏、安徽、山东、山西、河南、陕西、福建、浙江、江西、湖北、湖南、四川、广西、云南等省谘议局议长、议员四十余人,认为皇族内阁不合君主立宪的公例,失臣民立宪之希望,联名呈请取消内阁暂行章程,请另简大员组织内阁。略谓:"君主不担负责任,皇族不组织内阁,为君主立宪国唯一之原则,世界各国苟号称立宪,即无一不求此与原则相吻合。今中国之改设内阁,变旧内阁之官制而另定官制,改军机处之旧名而更定新名,其为实行宪政特设之机关,固天下臣民所共见,而第一次组织内阁之总理,适与立宪国之原则相违反。国外报纸屡肆讥评,以全国政治之中枢而受外论之抨击,已有妨于国体,犹曰外人不知内情,可以置之不论也。"而中国臣民"求实行宪政之心日积日高,希望政府之心即日益日炽,挟最高最炽之希望,一睹新发布之内阁组织之总理,乃于东西各立宪国外开一未有之创例,方疑朝廷于立宪之旨有根本取消之意,希望之隐变为疑阻,政府之信用一失,宪政之进行益难,未识朝廷何以处之"。(故宫博物院明清档案部编:《清末筹备立宪档案史料》上册,第 577—579 页)

次日,上谕饬责各省谘议局呈请另组内阁之语近嚣张,以后不得率行干请,称:"兹预备立宪之时,凡我君民上下,何得稍出乎大纲范围之外,乃议员等一再陈请,议论渐近嚣张,若不亟为申明,日久恐滋流弊。朝廷用人,审时度势,一秉大公,尔臣民等均当凛遵钦定宪法大纲,不得率行干请,以符君主立宪之本旨。"(故宫博物院明清档案部编:《清末筹备立宪档案史料》上册,第 579 页)然而,谘议局联合会无视朝廷禁令,仍然再次上书反对皇族内阁。

　　△　函告胡毅生、朱执信等同志,嘱托设法搜集清政府在各省军事设备、将校倾向革命的调查表,并在冬季之前寄往美国,以及设法派人运动内地新军。

　　8 月 6 日,胡毅生、朱执信复函称,"现在能身进内地者无几人,房之防备较前更密,倘无人引进,则新军之路亦未易通",故赴内地运动新军之事,"一时未能着手,尚须看机会"。至于所嘱绘制各表,"则非联络其参谋处人员,不能办到。其功程须在新军运动有效之时,始可着手。冬前寄美,恐不可得。据仲实兄之意,则谓调查此等事,向军咨处为之,事半功倍,而军谘处仲兄亦有路可通。将来如决定办法,则由仲兄介绍一行,调查当非甚难,时候亦可缩短。然最可虑者,此种表册,各项皆可据实登载,惟将校之人格思想,皆须从好一边说去,倘彼资本家接表后立发人调查,此方运动不能急速如期,反有不利。则不如逐省做工夫,看准某人思想较好,再行作表,则彼照表调查,亦无大碍,然时日不免拖长"。

　　现在所能办到的事,"大约不过得数省军队中有一小部分人赞成,多数人不反对而止。至于发动之力,概不可望,即办到此地位,恐亦非有一年以上之运动不为功"。关键在于,"运动不全关于钱,仍系于人才也。然今日人才尤难,欲得其人,势不许十省同时运动,故此期限仍须放长一年半载。即欲真得十省军队赞同,须一年以上至二年之工夫也。如此逐省办去,得有成效,再行借款,然后聚全力于一省以发动(大概仍在广东为有利),即不得甚大之款,亦无大碍。如东美之款,能有一百或数十万,则似亦可足用,不必再求借大款"。(《胡毅生朱执信致孙中山函》,黄彦、李伯新选编:《孙中山藏档选编(辛亥革命前后)》,第 44—45 页)

　　7 月 8 日(六月十三日)　杨笃生在英国利物浦投海自尽,孙中山闻讯为之大憾。

同盟会会员杨笃生(毓麟)在英格兰之爱伯汀留学,广州起义后讹闻黄兴战死,深受刺激;未几又听闻列强将瓜分中国之说,因而神气沮丧,头痛浮肿,忽投利物浦海岸自尽。死前致函吴稚晖等,托以所积一百英镑交黄兴作军费,三十镑交其母。(《新湖南作者杨笃生》,冯自由:《革命逸史》第2集,第116—119页)

8 月 31 日,在复函吴稚晖时称:"弟观笃生君尝具一种悲观恳挚之气,然不期生出此等结果也。夫人生世间,对于一己方面,此身似属我有,行动似可自由;然对于社会方面,此身即社会之一份子,亦不尽为我所有也,倘牺牲此身不有大造于社会者,决不应为也。杨君之死,弟实为之大憾焉!"(《复吴稚晖函》,《孙中山全集》第1卷,第536页)

7 月 16 日(六月二十一日)　复函宗方小太郎,盼联合日本人士,启导舆论,游说当局,支持中国革命。

宗方小太郎时任上海同文书院监督,曾于本年 6 月 21 日来函,希望为他介绍上海的革命党人。([日]宗方小太郎《辛壬日记》,《近代稗海》第12辑)本日,复函称:"近日支那革命风潮飞胜千丈,大非昔年之比,实堪告慰于表同情者。而弟所交流者以贵国人为多,则日本人之对于支那之革命事业必较他国人为更关切,为吾人喜慰者必更深也。他日唇齿之交,将基于是。弟之视日本,无异第二母邦,独惜近日吾国少年志士,每多误会贵国之经营满洲为不利于支那,此种舆情殊非将来两国之福也。弟每辩解,莫释疑团。是以去年六月亲回日本,欲有所献议于贵国在野人士,以联两国民党之交,提携共图亚东之进步。乃甫抵江户,则为贵国政府所挠,不克久居,有志未果,不胜浩叹!"

函告在欧美多处设机关以来,彼都人士已渐同情中国革命,可保他日无藉端干涉者。"然犹有所憾者,则尚未得贵国政府之同情,此为弟每念而不能自安者也。此事必当仗我东方故人之力,乃能转移。君者吾故人之一也,深望结合所识名士,发起提倡日本、支那人民之联络,启导贵国之舆论,游说贵国之政府,使表同情于支那革命事业,俾支那能复立于世界之上,与列国平等,则吾党受日本之赐多矣,汉族子孙百代必永志大德不忘也。幸为图之。"又告,近来进北洋陆军的吴禄贞及现任海军提督的程璧光,均系昔年同谋之人,可以会见。(《复宗方小太郎函》,《孙中山全集》第1卷,第523—525页)宗方小太郎于8月22日收到此信,两天后,将此信函邮寄给日本海军军令部。(〔日〕宗方小太郎《辛壬日记》,《近代稗海》第12辑)

7月18日(六月二十三日)　函告邓泽如等,广州起义已产生巨大影响,促尽力筹款供内地发动,且盼解决家属在庇能之生活费用。

函谓:广州起义在海内外的影响巨大,"现在开始经营数路,想当有一可成";"外交亦易入手","如是吾党今日可决英、美、法三国政府必乐吾党之成事,则再举之日,必无藉端干涉之举"。又告美洲已组织洪门筹饷局,南洋则望合大群、集大力,以济内地同志之所需。至家属生活问题,谓"弟家人住椰,家费向由椰城同志醵资供给,每月百元。自弟离椰之后,两女读书,家人多病,医药之费常有不给,故前后两次向港部请拨公款,然此殊属非宜,实不得已也。自港款拨后,则向无椰城同志取费,盖每月由金庆君散向同志收集,亦殊非易事,常有过期收不齐者,此亦长贫难顾之实情也。虽曰为天下者不顾家,然弟于万里奔驰之中,每见家书一至,亦不能置之度外,常以此萦扰心神,纷乱志气,于进取前途殊多窒碍。敢请兄于椰城外之各埠,邀合着实同志十余二十人,每月每人任五元或十元,按月协助家属,以纾弟内顾之忧,而减椰城同志之担任。以椰城同志之供给已过半载,未免疲劳,倘兄与他埠同志能分担,实为至感"。(邓泽如:《中国国民党二十年史迹》,第72—74页)

南洋同志收到此函后,9月9日由李孝章来函称:"至先生家费事,泽如、金庆亦曾有信来商。先生嘱合十余二十同志中稍妥者担任接济,本无不可。然想先生提倡民族,为救同胞,凡有血气者应认为万家生佛、亿兆慈航,矧吾同志与先生有特别之感情,密切关系者,而可不担认维持家费之责哉!故弟与此间同志及芙蓉之泽如诸君、槟城之金庆诸君商议,与其各埠分担零星,集合以接济先生家中月用,屡误时期,不如由弟处先行拨出款项按月照缴百元为愈。盖先生为吾党众之代表,为全体之公仆,区区家费应由公众供给者,槟城、吡叻、芙蓉三方面俱认可,他方面又有何反对者哉!纵有不明事体者从中反对,亦无碍于事也。惟弟处已出之数当如何,一俟先生今冬由美南来时一商可也"。"先生其专心为前途努力,切勿断断以内顾是忧为幸。东奔西走,伏祈为国珍重焉。"(《李孝章致孙中山函》,黄彦、李伯新选编:《孙中山藏档选编(辛亥革命前后)》,第48页)

7月21日(六月二十二日)　在旧金山公布洪门筹饷章程,并决定分南北两路筹款。

在致公堂与同盟会联合后,提议设立洪门筹饷局(又名美洲中华革命军筹饷局,对外则称美洲金山国民救济局),并为之手订洪门筹饷局缘起、章程及革命军筹饷约章。"缘起"内称:革命党在国内举事数起,至今尚未成功,在于财力不足、布置未周。然而"内地同胞久在苛政之下,横征暴敛,剥皮及骨,遂至民穷财尽,固无从厚集资财而为万全之布置也。故输财助饷,以补内地同胞之所不逮,实为我海外华侨之责任,义不能辞也。内地同胞舍命,海外同胞出财,各尽所长,互相为用,则革命大业之成,可指日而定"。洪门在美洲创设已数十年,本为合大群、集大力,待机光复,今"本总堂兹承孙大哥指示,设立筹饷局于金山大埠,妥订章程,务期完善无弊,以收效果"。

章程规定:"革命军之宗旨,为废灭鞑虏清朝,创立中华民国,实行民生主义,使我同胞共享自由平等博爱之幸福。"筹饷局分董事部与办事部,各定职能。所有收捐,"除经费外,一概存入银行,以备孙大哥有事随时调用"。

"筹饷约章"凡四款,规定"凡认任军饷至美金五元以上,发回中华民国金币票数双倍之数收执,民国成立之日作民国通宝用,交纳税课,兑换实银"。凡认百元以上,除照第一款之外,每百元记功一次,每千元记大功一次,民国成立后,论功行赏。记大功者,可向民国政府请领一切实业优先利权。(《洪门筹饷局缘起》,《孙中山全集》第1卷,第527—528页)

筹饷局对外称国民救济局,办事处设于旧金山士波福街三十八号致公堂二楼。总办朱三进、罗敦怡,监督黄三德,会计李是男,并以黄芸苏、张蔼蕴、赵昱为演说员,另设核数、司数、中西文书记、董事等。

是日,筹饷局议决,由其及黄芸苏等三人分途在南北各埠演说筹饷,并向各埠洪门通告,务祈优礼欢迎,慷慨捐助。(《美洲致公堂与大同报》,冯自由:《革命逸史》初集,第158—161页)

7月22日(六月二十七日)　函告李是男,筹饷局开办已有眉目,宜速将旧数清结,立即开办新局。新局虽仍由李是男为管库,但必须将新旧两局分清,切勿迟延。(《致李是男函》,《孙中山全集》第1卷,第530页)

7月26日(闰六月初一日)　胡汉民在越南西贡扩充党务,成立兴仁社,筹措款项。(蒋永敬:《胡汉民先生年谱》,第119页)

7月28日(闰六月初三日)　函告越南刘易初,广州起义失败对于大局无碍,嘱协助胡汉民在越南筹款,以济军需。

函称:广州起义失败不影响大局,"海内外之同胞,无不以此而大生奋感。且粤省不过一部分谋泄,迫动军界、会党,我之势力依然"。"弟由美东赴来美西之金山大埠以联络洪门,今由致公总堂发起设立筹饷局,一切经营已定,成效大有可观,数十万款当非所难。"现胡汉民将赴越南,"汉民兄与弟同事最久,今春筹款,弟任美洲,汉民即任南洋","此次再来越南,系专筹划军费"。(《刘易初函》,《孙中山全集》第1卷,第530—531页)

7月31日(闰六月初六日)　中国同盟会中部总会在上海成立。

　　上年 5 月,东京同志以同盟会总部全力集中于南部举事,本部涣散,遂有居正、谭人凤、宋教仁、林时塽、张兰亭等图谋振作。时值赵声从南洋来日,欲图振作本部。宋教仁称在中央革命为上策,然运动不易,其次为长江流域,边地实为下策。后由谭人凤邀集十一省同盟会分会会长开会,通过宋教仁提议,组织中部同盟会以谋长江革命,又名曰"同盟会中部总机关"。旋派谭人凤往香港,商诸黄兴。(《湖北革命知之录》,严昌洪、张铭玉、傅螣珍编:《张难先文集》,第232 页)

　　黄兴别无意见,惟谓须有款项方可;胡汉民则不赞成。广州起义失败后,谭人凤返上海,嘱宋教仁起草中部同盟会简章,分总务、党务、财务、文务、评议五部,假北四川湖北小学校开成立会。(《石叟牌词》,石芳勤编:《谭人凤集》第 373－374 页)出席者有宋教仁、陈其美、谭人凤等二十余人,所选职员中,庶务陈其美,财务潘祖彝,文事宋教仁,交通谭人凤,会计杨谱笙;候补人,庶务史家麟,财务吕天民,文事范鸿仙,交通谭毅君,会计史家麟。在初八日会议上,选谭人凤为总务会议长。

　　中部总会发表宣言,叙述组织原由,因"现政府之不足以救中国,除丧心病狂之宪政党外,贩夫牧竖,皆能洞知,何况忧时之志士？ 故自同盟会提倡种族主义以来,革命之思潮,统政界、学界、军界,以及工商各界,皆大有人在"。然革命党屡举义旗,终不能战胜政府之原因,一在有共同之宗旨,无共同之计划,二在于有切实之人才,无切实之组织。于是在沪同志遂组织同盟会中部总会,"奉东京本部为主体,认南部分会为友邦"。"总机关设于上海,取交通便利,可以联络各省统筹办法。"此外,各省设分部,收揽人才,分担责任,决议采取合议形式,可以救偏弊,防专制。

　　同盟会中部总会章程二十三条、暂行章程七条、分会章程八条。其宗旨与主义在于,"推覆清政府,建设民主的立宪政体"。(《中国同盟会中部总会史料》,上海社会科学院历史研究所编:《辛亥革命在上海史料选

辑（增订版）》，第 99—103 页）

中部总会既成立，相继在长江流域之湖北、湖南、安徽、四川、江西等省设分会，总部设上海。该会之设，系谭、宋等人对孙中山之领导与策略不满所致。后，孙中山称谭人凤等因"广州既一败再败，乃转谋武汉"。（《建国方略》，《孙中山全集》第 6 卷，第 242 页）

是月（六月）　以同盟会总理名义，向旧金山总支部提议开除崔通约会籍[①]。

崔通约原系康梁党徒，后加入同盟会，任《少年中国晨报》编辑。广州起义失败后，疑崔通约为内奸，曾与伍平一谈起如何处理崔通约，称："崔通约为清领事作报告，实难释疑。其与三月廿九日事前泄漏机密有关，盖是役之前，上海《民立报》有载北京清廷电致粤督张鸣岐严防前山陆军，何以北京得知粤中党人之消息，必系数月前在会仙楼叙宴时，将香港同盟会统筹部之函泄漏。""若崔君果有其事，殊堪痛恨。但以崔君虽阅该函，究未能实证其为此报告，不过是一种怀疑而已。吾人对于怀疑之人，即当去之，此为革命应有之果断也。何则，吾纵怀疑错了，结果不过失了一个党员；若怀疑不错而不去之，因此而牺牲多数同志，陷革命之全局，殊非计也。"（《与伍平一的谈话》，陈旭麓等主编：《孙中山集外集》，第 151 页）

至此，命伍平一通知同盟会书记林朝汉，即刻发出同盟会开紧急会议之通告。会上通过以同盟会总理名义之提案，发布《同盟会革出崔通约布告》，文称"崔通约近有为清领事报告员之嫌疑，故本会机密，不令伊预闻。而各会员心存忠厚，不即发布，冀伊悔悟悛改。乃彼不惟不自修省，反以佞诗登报，明攻本党，欲图破坏大局，立心至不可问。此等反复之人，显背本党盟章，本会万难容忍，故将崔通约革

———————

[①]　三藩市同盟会布告革出崔通约一事，《孙中山集外集》据《伍平一先生革命言行录》记为"1911 年 7 月"。《孙中山年谱长编》原据《辛亥前美洲华侨革命运动纪事》系于"8 月底"。两说虽不一致，但可能存在一种可能，即开会拟出布告 7 月，而正式刊布在 8 月，这有待直接资料的佐证。暂系于此。

出会外,以示薄惩。特此布告,俾众周知。三藩市中国同盟会布告"。上述布告亲笔签交《少年中国晨报》刊布。以后崔氏恨党人益深,辛亥革命后曾刊《崔通约与孙文绝交原因》,为自己辩解。(张蔼蕴:《辛亥前美洲华侨革命运动纪事》,中国人民政治协商会广东省委员会文史资料研究委员会编:《孙中山与辛亥革命史料专辑》,第57—60页)

9月14日,函告萧汉卫:"通约之事,如此办法,实出弟意。因此时其奸据尚未露,然以其与领事往来之情节推之,无论其有心无心,皆必至流为侦探之结果,则势固然也。且其人文足以饰非,态足以惑众,就其恶未成而远之,则彼此俱受其利;若俟其恶成而除之,则为害恐不堪设想矣。故办法不得不如此。然如此办法尚有同志为之右者,若只暗中削去公权而不明正其罪,同志中自多不服,而彼之能为患于吾党之能力犹未除也。"(《复萧汉卫函》,《孙中山全集》第1卷,第539页)

8 月

8月1日(闰六月初七日)　致函孙昌,以其父(孙眉)在广州湾开设店铺,家事须人料理,谓前信征求其母返唐山,意见如何?(《致孙昌函》,《孙中山全集》第1卷,第531页)

8月4日(闰六月初十日)　四川党人刘鸣剑、王天杰等,联合哥老会首领,成立保路同志军,发动反清起义。(吴玉章:《吴玉章回忆录》,第66页)

8月10日(闰六月十六日)　函告咸马里,国内运动新军大有希望,并评论英日续订同盟。

不久前,咸马里从华盛顿、威斯巴登来函,谓"在政府和国会的努力获得巨大成就"。本日,函告国内消息,称"在北京以外的新军有十余镇以上确有把握,而首都的所有各镇亦皆大有希望",同志吴禄贞已被任为第六镇统制。又称,"近日我收到大量来函,催促我尽快东返并从速发动起义。当前未办之唯一急务仍在设法为起义筹集必要的资金"。

至于英日同盟的续订与否,则认为,它对中国革命党事业无影响。续订同盟(英日于7月13日签订第三次同盟条约),表明日本迄今仍未做好准备,以在决定远东事务上采取适应自己目标的独立行动。(《复咸马里函》,《孙中山全集》第1卷,第532—533页)

8月11日(闰六月十七日)　函告郑泽生①,国内时机已经成熟,仍将赴美东筹款。

函谓:"吾人不避艰险,出万死一生之计,力行此事二十余年,功夫已算完满,时机亦已成熟。"此前数起举事,已足彰显党人英勇,本年广州举事,若非欠缺军财,恐大事已事。"新军败后,党力愈穷,故不得不求于海外华侨之助",因"吾辈发起之人多已倾家舍命,其尚不死者已一贫如洗"。"今只听海外同胞外援助,筹集资财,以济军用。倘能人人协力,能集足发难之经费,则可一战成功也。现时各省民心之望革命军起,以救彼等脱离清朝之苛政者,已若大旱之望云霓。而十八省之新军,亦多欲倒戈,故此时只有财政一难题"。在旧金山已发起筹饷局,且将派人往各埠演说劝捐。(《复郑泽生函》,《孙中山全集》第1卷,第533—534页)

8月13日(闰六月十九日)　革命党人林冠慈、陈敬岳在广州双门底行刺水师提督李准。李准受重伤。冠慈被卫队击杀,敬岳被捕牺牲。(邹鲁:《中国国民党史稿》,第887—890页;《香港支那暗杀团成立始末》,冯自由:《革命逸史》第4集,第196—197页)

8月17日(闰六月二十三日)　委托旧金山同盟会书记林朝汉,复函古巴华侨黄鼎之,委任黄为当地组织之主盟人。黄将"三民阅书报社"改组,同盟会古巴分会于是成立。(黄鼎之:《古巴的三民阅书报

---

① 郑(或作梁)泽生为旅美华侨,曾函孙中山,有所建议。(陈锡祺主编:《孙中山年谱长编》上册,第543页)

社》,中国社会科学院近代史研究所近代史资料编辑组编:《华侨与辛亥革命》,
第 327—328 页)

8 月 19 日(闰六月二十五日) 致函孙眉夫人,询是否决定回国
料理家务。(《致孙眉妻函》,《孙中山全集》第 1 卷,第 535 页)

8 月 22 日(闰六月二十八日) 日本驻香港官员呈报香港的革
命党状况,及下一步举事的地点。

日本驻香港总领事代理船津辰一郎向小村寿太郎外相呈报
《从香港观察所得的清国革命党》,认为中国的民众对现状异常不
满,企图改变现有的统治形态,应可视为民众的普遍心声。鉴于地
方官吏的腐败,民众生活的困苦,以及突发性的暴动,应会层出不
穷。这种形势是革命党势力茁壮成长的温床。目前,中国革命
党人已经遍布全国,主力集中在长江流域以南,特别是以广东、广
西为主。按照目前革命党人的发展趋势,下一次的革命活动,可能
移师湖南举事。(段云章编著:《孙中山与日本史事编年(增订本)》,第 194
页)

8 月 24 日(七月初一日) 四川形势迅速发展,成都保路同志会
扩为民众大会,经议决,于本日全川罢市、罢课。党人杨庶堪等谋重
庆起义。(熊克武等撰、张颐眉批:《蜀党史稿》,《辛亥革命史丛刊》第 2 辑;向
楚:《重庆蜀军政府成立亲历记》,中国人民政治协商会议全国委员会文史资料
研究委员会编:《辛亥革命回忆录》第 3 集,第 75—76 页)

△ 《民立报》刊发宋教仁的时评,抨击清朝的最新举措。

该论批评清朝现行的四项政策:1. 大借外债,外债而不能偿,则
国家破产;2. 扩张军备,军备而不能养,则士卒枵腹;3. 尊奉皇室,皇
室因尊奉至极,则安而忘危,亦为独夫;4. 压制国民,国民因压制过
甚,则铤而走险,成为敌国。总之,"吾不知朝廷将来统破产之国家,
率枵腹之士卒,以孤立之独夫,当亿兆之敌国,果何为乎"?(渔父:《将
来之朝廷》,《民立报》1911 年 8 月 24 日,"大陆春秋")

8 月 27 日(七月初四日) 四川荣县党人王天杰,促县人罢市、

罢课,停止纳赋税,接收经征局,率民军训练所学生百余人,拘留县局委员。(熊克武等撰、张颐眉批:《蜀党史稿》,《辛亥革命史丛刊》第2辑,第170页)

8月28日(七月初五日)　函告同盟会葛仑分会负责人郑占南,已收到来函及一千五百元,"礼拜四即初九日动程往砵仑并东方一带,不日或或由纽约往英京"。(《复郑占南函》,《孙中山全集》第1卷,第535页)

8月29日(七月初六日)　致函林喜智,劝返国后做生意以维持生计①。

函谓:"来信收悉。问致大同日报招牌纸,都可以不必。因兄定于本礼拜六离大埠而往东方各埠游行,或回大埠,或不回大埠,现尚未定也。此后可以不必写信来大埠,如有要事欲达我知,可着舍姪亚昌通传于我可也。亚昌前在大埠医学堂学医,近又去做工,若想寻他,可以问士泽顿街门牌一千零十六号二楼头房,一问□□□便知也。我亦写落弟之地步交亚昌,与弟通信息。前日我与弟言,回唐须找些生意来做,庶不至坐吃山崩。近来日本货物颇可做,在近处则如石岐、澳门、香港等处,远则如广州湾、广西梧州等处皆可。我在日本有一朋友,系代人购□□货物者,今寄上信代〔袋〕一个,弟可以照此地步,到日本横滨时,上岸去寻此人。同他商量,问他何等货合唐山销路,想火柴、毛布、毛巾、笠衫、纺布、漆器、瓷器等日本货销香港、澳门、广州湾□□□觅利也。此二埠系外国人地方,皆无入口税,做生意甚方便也。初可择一地从少而做可也。"(《孙中山先生诞辰120周年纪念专刊》,《香山》第19—20期合刊,1987年11月)

---

①　原函日期不明。据8月1日孙中山致孙昌函,嘱孙昌复信林喜智,宜写明地址。8月28日先生致郑占南函,告礼拜四往美东;实未成行。8月31日复函吴稚晖,告9月2日离金山赴他处活动;果成行,与致林函相合。故此函应写于28日至31日之间,今酌置于此。(陈锡祺主编:《孙中山年谱长编》上册,第544页)

△　给事中陈庆桂奏陈广东局势危迫,民心惶惶,请简疆臣维持局势。

陈庆桂奏称,广东自本年三月二十日革命党肇衅以来,阖境仓皇,营勇以搜捕为名,肆行抢掠,"凡总督衙署、水师行台邻近街道,枪弹横飞,行人裹足",侦探亦时作危言,"或云某日革党起事,或云某处私藏炸药",几无宁日。究其因,一是自禁赌议起,只知筹款以补帑项,未设法以安赌徒。粤省借赌糊口者,有十余万人,失此权利,难免为革命党乘机煽惑,无不为之效命。二是广东财赋向不如前,经此剧变,富户、商人不能安居乐业,市面萧条,藉此谋食者可能流为匪徒。三是自新年新军构乱以来,视防勇为仇雠,日思报复,又有新调广西九营驻观音山一带。省城集中了巡警、防营、新军、客兵,猝然生变,其祸较革命党为烈。四是现任总督张鸣岐资望较浅,遇事不免张皇,人心易浮动,无法维系大局。因此,请简一位为粤人信服者为总督,"藉其威望以资坐镇,则乱党可散,民心可安,地方自治"。(《给事中陈庆桂奏折》,中国第一历史档案馆等编:《清宫辛亥革命档案汇编》第 63 册,第 11—14 页)

8 月 30 日(七月初七日)　应黄兴要求,经洪门筹饷局汇去一万港元,以供暗杀机关经费。(《复吴稚晖函》,《孙中山全集》第 1 卷,第 537 页)

香港暗杀团成立于宣统二年(1910 年)三月,定名为支那暗杀团,由刘思复起草章程,起初有刘思复、谢英伯、朱述堂、陈自觉、高剑父、程克、陈炯明、李熙斌八人。后又增设一普通机关,以为预备团员集会及驻所。该暗杀团曾有谋炸摄政王载沣的筹备,以及炸伤广东水师提督李准等事。(《香港支那暗杀团成立始末》,冯自由:《革命逸史》第 4 集,第 191—194 页)

在广州起义之前,黄兴就曾称若起义失败,今后或持个人主义,即暗杀活动。在起义失败后,黄兴"亦生一愤愤不平之气,决欲行个人主义",对于暗杀团的经营与活动颇为热衷,与两广总督张鸣岐、广东水师提督李准拼命。"吾党同人闻之,无不大惊失色,恐再演精卫君之悲剧",纷纷去电劝阻。后黄兴来电称:"少年学社及中山、致公堂并转芝加古:弟行此,以粤事非先破坏,急难下手,且不足壮党气、酬死友。今遵谕,先组织四队,按次进行。惟设机关及养恤费甚巨。兹李准虽伤,须再接再厉,恳助五千元,电《中国报》收。"

接电后,知黄兴态度转变,甚感安慰,以"黄君一身为同人之所望,亦革命成败之关键也。彼之职务,盖可为更大之事业,则此个人主义事非彼所宜为也。故未接此电之前,此间已有两同志赶回,欲代彼行此也。今彼欲组织四队,按次进行,大为同志所赞成",遂于是日电汇一万元,另发函檀香山请将余款电汇。此外,还函告吴稚晖有关黄兴等人现状及联系地址。(《复吴稚晖函》,《孙中山全集》第1卷,第536—537页)

其对于暗杀问题,秉持一原则,即"暗杀须顾当时革命之情形,与敌我两者损害孰甚:若以暗杀而阻我他种运动之进行,则虽死敌之渠,亦为不值;敌之势力未破,其造恶不过个人甲乙之更替,而我以党人之良搏之,其代价实不相当;惟与革命进行事机相应,及不至动摇我根本计划者,乃可行耳"。(《胡汉民自传》,《近代史资料》总45号)

是月下旬(约七月上旬)　湖北文学社、共进会在武昌举行联席会议,成立统一指挥机构,推蒋翊武为临时总司令,孙武为参谋长,策划起义。

湖北共进会与文学社,随着形势发展,为领导起义,有统一事权之必要,两组织领导人经过协议,至是意见归于一致,开联合会,议决推蒋翊武为革命军临时总司令,孙武为参谋长,刘尧澂等为参谋,内政、秘书、交通、财政等,各有负责。决定武昌小朝街八十五号张廷辅寓组织临时司令部。制作星旗。又赁汉口宝善里十四号,制造炸弹,由孙武等主其事。由牟鸿勋等办理起义时一切文告,限9月12日以前完成。以后又于9月16日派居正、杨玉如赴上海购置手枪,并促黄兴、宋教仁、谭人凤莅鄂主持。(《湖北革命知之录》,严昌洪、张铭玉、傅

蟾珍编:《张难先文集》,第265页)

9月

9月1日(七月初九日) 湖北道监察御史温肃奏请剔除新军中的革命党,以肃军政。

温肃奏称,国家岁縻巨饷以养新军,原欲收干城腹心之寄,自革命党肇乱以来,军界中多为其党羽。六月间,广东搜出新军通匪凭据。又每有乱事,先缴新军军械,以免助乱。"以广东三月之变言之,赵声、黄兴逆党头目也,赵声曾任广东新军标统,黄兴亦两湖武备学生,击毙之陈更新则日本炮术学堂学生,曾考试授协军校者也。其余如林时塽、林尹民、冯敬、刘元栋、林觉民、陈兴燊、方声洞、陈可钧诸匪,皆出洋学生,曾习武备,以身受教育之人,而行此大逆不道之事,其故可思矣。"若不速为整顿,不止縻饷费时,且养虎自卫,故请饬军谘府、陆军部会同督抚破除畛域,设法善后。(《监察御史温肃奏折》,中国第一历史档案馆等编:《清宫辛亥革命档案汇编》第63册,第42—44页)

9月2日(七月初十日) 偕黄芸苏离旧金山,赴美国北部名埠筹饷[①]。

是日,与黄芸苏,张蔼蕴与赵昱,分北南两路,由西往东,在美国各埠筹饷。出发前,致公总堂通告各埠,务祈优礼欢迎,慷慨捐助。

所负责之路的计划是先往砵仑,继赴舍路、士卜顿、抓李抓罐、迫加斯地、抗定顿、南巴、贝士、卜提、爹罐、恶顿、梳力、洛士丙、典化、恳士斯地、圣垒、芝加哥、先洪拿打、必珠卜、波地么、华盛顿、费利爹化、

---

① 孙中山此行出发日期,冯自由《美洲致公堂与大同报》、廖平子《孙总理三度游美事略》及赵昱《辛亥革命与海外洪门》,均作七月初二日。据8月31日(七月初八)孙中山仍在旧金山,且在致吴稚晖函中称西九月二日赴美北,中各省,可见"七月初二日"出发之说有误。(陈锡祺主编:《孙中山年谱长编》上册,第546页)

纽约、哈佛、士丙非、波士顿、杭面顿、保夫卢、企李仑、地彩、乜地慎、胜普、棉答步路、柯未贺、地高打掌慎、积活、比利、立必斯地、气连打、猫斯地、委林墨、我利古、李糯,至卟慎而返。

所到之处,均受到热情接待。抵砵仑时,"致公堂备车欢迎,先到致公堂稍憩,随往拜客,各同胞相见甚欢。在西人亚伦可跳舞堂演说,听者五百余人,为埠中空前之大会集"。在演说中痛陈亡国之悲惨,及谈革命之利益,略谓"美国之如此富豪,亦革命之良好成果,而华人且受其赐,以美国之革命尚可以惠及华人。吾国地内之蕴蓄,地皮之生产,皆胜于美,倘吾中国能革命,开浚财源,到其时美人且往中国觅食,吾人尚何须作外人篱下之寄耶"。当晚致公堂宴请,后复在该处演说。

在舍路,演说后"人心倾向革命,如水就下,即平时最不喜谈革命者,至今亦连声诺诺,以革命之事业,为救国之唯一上策"。后又连演说两次,"将历年革命之历史,及将来革命之方法,解释无遗义,听者均为感动,且担任力助革命事业,以期速成"。

在市卟顿埠,"无论农工商界,皆热心以趋于革命之途,今回捐款,尤以工人为尤多,且有无工栖身,而借债捐助者,人心足见一斑"。

抵抓李抓鑵之际,"各商家备车多乘,到站迎迓,且备宴洗尘,宾主甚欢;连晚开演说会,一般老农老圃,均辍耕来听",其演说"以保皇譬之孝敬仇敌,革命譬之孝敬父母,听者于革命、保皇之是非,如豁然领悟。无不欢忭鼓舞,担任赞助革命事业"。

在恶顿,"洪门各手足赴站迎迓,先到公堂,随到本访员小店畅谈。翌日会见各手足,晚后演说,洪门西人转市密尤为欢迎,街上西人闻其事,亦踊跃观望,详细询问;西官派差保护","西人各界,皆盛传此事,刮目相待"。

在李糯,致公堂、同盟会成员预先到站迎接,同到哥路顿大旅馆憩息,"翌朝各同志备自由车几乘,到旅馆迎二君往公堂叙谈少顷,随往各商店拜客。各商家欢迎之色,溢于眉宇,大有识荆恨晚之慨"。

"下午三点钟，本埠市长车厘非劳与警察长戾，到访二君，嗣与各同志及各商家同乘自由车周游本埠名胜，至晚六点设西餐于大餐馆，中西来宾满堂。席次各西报访员次第到访，探问中国现在情形。"

16 日，抵卡臣埠，获致公堂成员欢迎，"一点钟在公堂演说革命真理，听者满座，踊跃非常。先生以埠多路长，只勾留一日，即晚返李糯。同胞间有为工羁身，不及一瞻风采，莫不太息缘悭。自兹以后，虽平日反对革命者，亦转而归化，人心大有可为也"。

在波士顿，埠商到站迎迓，"该埠除少数热心革命外，余均属保党，故是晚在保皇会所演说革命"。因见会所内壁县挂数百数十幅保皇党员照片，每幅必以光绪帝之像冠其上，且题"保救大清光绪皇帝"字样，"大生种族恶感，知彼等无知，为康、梁、徐等所卖。即将种族问题，痛加发挥，良心尚在者，正若一棒当头，豁然省悟。而一般死心大清皇帝者，聆排满之论不悦。孙先生以彼等奴根牢不可拔，益痛责之，彼等垂头丧气，目瞪口呆，没精打采的暗暗地乘机遁去，呜呼！真奴隶之现形也"。

此次筹款，两路进行，一个月后"国内武昌革命爆发，翌日两路筹饷员不期而遇于恳士斯地（Kansa City 美国南部都市）。总理则不沿途下车，而直往纽约办理外交事宜[1]。黄芸苏等三人则仍按路程由恳士斯地，而圣垒（St. Lovis），而芝加哥，而纽约"。此次募捐，从开始到 12 月接电令结束，"公布进款总数为美金一十四万四千一百三十元四毫一先，皆汇交香港《中国日报》金利源商店等机关（见美洲金山国民救济局革命军筹饷征信录）"。（张蔼蕴：《辛亥前美洲华侨革命运动纪事》，中国人民政治协商会议广东省委员会文史资料研究委员会编：《孙中山与辛亥革命史料专辑》，第 70—71、80—84、86 页）

9 月 4 日（七月十二日） 作为美洲同盟会的机关报，《少年中国

[1]　此外记载，与孙中山在《孙文学说》中所述至典华城（即丹佛）从报上获悉武昌起义之说不同。堪萨斯（即恳士斯地）去丹佛甚远，二说必有一误。（陈锡祺主编：《孙中山年谱长编》上册，第 548 页）

晨报》以宣扬革命和驳斥保皇言论为己任,为配合孙中山等人分途筹饷进程,刊发一连串的筹饷宣传文告。

本日以"风云急矣! 时机熟矣! 赵张二君去矣! 孙黄二君又行矣"口号呼吁洪门诸人捐助革命款项,于头版刊发《普告洪门为筹饷劝捐事》,告洪门诸君子:

"粤自夷狄乱华,中原涂炭,禹鼎迁移,江山破碎。犬羊奔突于上国,豕蛇横噬于中原。神明华胄,沦为异族之奴;锦绣河山,尽为游牧之场。于斯时也,有慨乎种族之歼灭,民生于水火,秉大义以号召,持正言以鼓吹。联盟结社,苦心戮力,秘密运动,集合群志,以成一数千年来空前绝后之大团体,为绝厚极坚之势力。隐潜于国内,历劫不废。日日思拒除丑虏,光复汉鼎,非我洪门者耶? 饱吸文明空气,亲尝共和幸福。历万难,排万险,横太平洋而达美洲。被人凌,为人辱,深受亡国之痛,目触亡国之惨,养成热血救国观念,众达数万。财力雄厚,具救国资格者,又非我美洲洪门者耶?

"夫以我族亡国若是惨,若是其痛,而我洪门团体若是其大,势力若是其厚,主义则光明磊落,能力则倒海移山。以若是之团体、若是之势力,而雪数百年亡国之惨之痛,又非我洪门人士之责,其谁责欤?

"洪门兄弟其亦知责无旁贷乎! 反清复明,载在柬册,著为训典矣。故自满房窃鼎以来,吾族义旗时揭,无日能已。山东之王伦,直隶之林清,川陕之白莲教,固无待论。及后洪王继崛起,揭义旗于广西,悉有汀淮以南,建都金陵。徒以汉奸媚异戕同,终成画饼。后此而甲午广州之革命军,庚子惠州之革命军,甲辰广州之革命军,长沙之革命军,丙午之萍醴,丁未之饶平,丁未之惠州、之钦州防城、之惠州汕尾、之广西镇南关,戊申之钦州马笃山、之云南河口,凡此何莫有我洪门人士。慷慨赴义,从戎临阵,蹈汤赴火,履险如夷。挟万死一生之志,与清军对抗也者,是则我洪门人士之在内地,其勉尽天职,为种族捐躯,流血不顾。尤若是其热忱致志。我海外洪门,既留异国,天涯相隔,既不能荷戈从戎,以踵其后,可无赞助以肩其任耶?

"于是乎风起矣,水涌矣。再接再厉,重张旗鼓矣。一倡百和,攘臂奋起。而我洪门筹饷局由斯而成。遂乃如空谷一声,万山响应。南北美洲,闻风投袂。函询章程者有人,电促演说者有人,因是而集议争先者有人,因是而报效军费者有人。风云变幻,时局催人。革命思想,播满华侨。如狂风怒涛,澎湃汹涌。民族大义,深入其脑。大有跃跃欲动,刻不容缓之势。汉家复兴,胡运将终,其今日之秋乎!其今日之秋乎!是故遂派员游埠演说,筹饷而布告曰:我洪门人士,虽羁身海外,二百六十余年,亡国之惨痛,刻不去怀。今者风云急矣,时机熟矣,筹饷之议,全体赞成,同肩责任矣。现经印就捐册,寄呈各埠。复派演说员两队:孙大哥、黄魂苏君一队,周流美国之北;张蔼蕴君、赵昱君为一队,周流美国之南。分途遍游全美,演说助捐,发挥本堂宗旨,务达实行目的。该员等所到各埠,凡我同志,务优礼欢迎。并望各埠职员叔父,鼓励同胞,慷慨捐助。巨资齐集,大举义旗。十代之仇,指日可复。不特我洪门之光,亦已汉族之幸也。"(《普告洪门为筹饷劝捐事》,《少年中国晨报》1911 年 9 月 4 日)

9 月 7 日(七月十五日)　署理川督赵尔丰在成都逮捕立宪派蒲殿俊、罗纶等,又屠杀请愿民众数十人,"自是西南附近数十州县,更迭起民团赴省营救。防军与战,颇杀伤,革命党人遂结合同志军呼号而起"。(隗瀛涛、赵清主编:《四川辛亥革命史料》上册,第 449—450 页)

9 月 9 日(七月十七日)　李孝章来函,报告南洋筹款困难等情形:"过后二三月,俟衙门稽查渐弛,同志经济渐裕,当如命奉行,协美洲两方面而并进焉。"(《李孝章致孙中山函》,黄彦、李伯新选编:《孙中山藏档选编(辛亥革命前后)》,第 47—48 页)

9 月 12 日(七月二十日)　函告宫崎寅藏,已抵西雅图,询西园寺内阁对中国革命党之方针,并托犬养毅与当局交涉,允在日本居留。(《致宫崎寅藏函》,《孙中山全集》第 1 卷,第 538 页)

宫崎得函后,于 27 日复函,略谓:"桂内阁于前月底既倒,西园寺内阁次起。因会到贵书,访木堂翁示之。翁曰:'往日公布桂、西二卿之情意投合者,即政变之前提也。而桂退西出,虽交代阁员不变更政策,情意投合之妙,即野合政治耳。但西侯头脑比桂文明的,而部下之警保局长古贺廉造君者,能解浪人趣味,君亦知其人。试依此人动西侯,亦一手段也。'弟即时访古贺君,谈以此事。君曰:'交代阁员而不变更政策,不如不交代也。鄙见如此,故既于内阁组织前,书改革意见二十一条,以上西侯。对支那革命党意见,固在其内。想西侯之意见,与鄙见相距不远。但内田外务大臣(米国大使)未到,虽其意未可知,我誓努力贯彻该君之意志矣'云云。头山翁与古贺君好友也,翁亦誓努力。概括而言之,木堂翁者悲观此问题,而古贺君即乐观之。虽不可逆睹成败,非绝望,弟亦期努力必成,伏请暂俟之。""(木堂)翁又传意曰:'广东之举,虽壮即壮,出牺牲过多。乞暂隐忍,待至大机,取一举必成之法'云云。弟为之辨曰:'虽事败,士气为之昂胜,人民之信用为之益加,不可谓无用之举'云云。翁默然首肯。盖殉难学生中,翁之知人有二三,特为之悲耳,可以见其情也。康有为现在东京,诸新闻一齐攻击其不浹无为,可谓痛快也。"(《宫崎寅藏致孙中山函》,黄彦、李伯新选编:《孙中山藏档选编(辛亥革命前后)》,第 451—452 页)

与孙中山、宫崎尚对西园寺内阁抱有幻想不同,宋教仁撰《日本内阁更迭感言》,指出新旧内阁并无二致,"自桂太郎执政,以大陆帝国主义为国是,故始虽标榜非增税非募债政策,而近来则力图扩张军备,改良军用铁路,虽舆论不服,而彼以既招降多数党之政友会之故,悍然决定实行。今政友会之西园寺既执政,又与桂情投意合,则此后尤可直接倚政友会之后援,而继续行其武断的政策,所谓大陆帝国主义者,必更益实现,而与之有密切关系之中国,自是将益无宁日,此又意中事也"。(《日本内阁更迭感言》,陈旭麓主编:《宋教仁集》上册,第 306—307 页)

9 月 13 日(七月二十一日)　以"中华革命党本部用笺"函告希炉埠林志有关汇集筹款一事:"贵埠同志热心赞助义举者甚多,此皆由阁下提倡之力, 至于汇款一节, 因本部前已规定一切统一于金山筹饷总局, 以便将来易于整理确目。汇水料折, 不无亏损, 但仍以不更上文为宜, 请为各同志言之。"(马衮生:《孙中山在夏威夷: 活动和追随者》, 第 112 页)

9 月 14 日 (七月二十二日)　函告萧汉卫, 目前革命党对于飞机之使用, 尚非其时; 国内形势日急, 四川已动, 若能得手, 则两广、云贵、三江、闽浙等地必须急起响应, 可能不待完成筹款即回国。(《复萧汉卫函》,《孙中山全集》第 1 卷, 第 538—539 页)

△　以 "美洲金山国民救济局" 信笺函告希炉埠同志:"希炉同志列位仁兄公鉴: 八月廿一号来函已得收读, 欣悉各同志对于革命不计难易, 毅力坚持, 诚可为吾等前途贺也。弟于九月二号由金山大埠起程, 绕游美北、美中而出美东, 十月底当可到纽约埠。抵该埠然后再定方针, 或往欧洲而回南洋, 或再回西美取道檀山、日本而回东方, 皆未可定。刻下风云日急, 日来四川已起事, 其成败如何, 未可得知。若四川得手, 则两广、云贵、三江、福建等省不得不急起相应也。所以弟之回国缓急, 皆未定也。望各同志努力前途, 速合大群、集大力以为进行之援助, 是为切祷。他日事势如何, 另行详报。此致, 即候, 大安不一。弟孙文谨启　西九月十四号。"(致希炉同志亲笔信照片, 马衮生:《孙中山在夏威夷: 活动和追随者》, 第 110 页)

9 月 24 日 (八月初三日)　武昌党人在胭脂巷机关开会, 决定行动计划及发难日期。

共进会与文学社联合后, 添设机关数处, 武昌胭脂巷十一号即其一。(邓玉麟:《辛亥武昌起义经过》, 中国史学会主编:《辛亥革命》第 5 册, 第 100 页) 先是, 武汉党人以风潮日急, 新军调驻各处, 曾于 9 月 16 日讨论对策, 决定起事之日, 调驻各处之同志即时响应。以蒋翊武随四十一标调往岳州, 其职务由王宪章、刘复基分担。三日, 孙武、刘复基等在胭脂巷机关开会, 由孙武主持, 决定 10 月 6 日起事, 并议定具体计划。开会当日, 发生南湖炮队暴动, 幸未扩大事态。但经此变, 总督瑞澂始加注意，并置行辕于楚同兵舰[①]，且夜宿其中，严加巡查，多收军队兵械置楚望台军械局；又与驻汉德国领事交涉，求调兵舰来汉作后援。刘公、孙武等以形势恶劣，议定改至 10 月 9 日夜间发难[②]，其余均依原定计划进行。当派李肇甫赴岳州促蒋翊武返汉主持军事，派谢远达赴襄郧荆宜传达如期举义，致电居正促谭人凤、宋教仁同来。(《湖北革命知之录》，严昌洪、张铭玉、傅蟾珍编：《张难先文集》，第 272、274 页)

9 月 25 日（八月初四日）　函告咸马里，近期行动计划，并预计国内形势发展。

函称：已抵爱达荷州，拟在伦敦或巴黎建立总部，纽约之行后，即往欧洲。“近日四川省起大风潮，为民众与政府之间发生铁路争端所引起。我党在华南的总部诸君大为激动，因为谣传四川军队已卷入纷争。如所传属实，则我党人拟策动云南军队首先响应，而广东军队亦将继起。但我不相信此一传闻，因我们从未打算让四川军队在国民运动中起首倡作用，这方面它尚毫无准备。据官方报道，四川新军拒不服从总督的作战命令，但亦未加入民众一边，即持中立态度，我认为此与事实相符。”(《复咸马里函》，《孙中山全集》第 1 卷，第 540 页)

△　四川党人吴玉章、王天杰等在荣县宣布独立，一时成为成都东南反清武装斗争之中心。(吴玉章：《吴玉章回忆录》，第 72—73 页)

9 月 26 日（八月初五日）　京畿道监察御史麦秩严奏陈广东革命党窥伺煽惑，请严治盗贼以防彼此勾结。

麦秩严奏称，广东自三月革命党肇衅未逞，蓄谋以谣言煽惑勾结土匪，互为奥援，“当督署被焚时，顺德乐从墟有匪徒千余人进攻佛山，一败而散，事后官兵四出搒捕，又在附城河南地方搒出炸弹、洋枪甚多，皆书有土匪姓名为记，证据显然。夫革党不过百十成

---

① 另有一说谓“楚豫兵舰”。

② 改期八月十八日发难之说，张难先系据李西屏（翊东）《武昌首义纪事》，为其他记载所未见。(陈锡祺主编：《孙中山年谱长编》上册，第 550 页)

群,暗中布置,但得巡警严密侦探,便能发觉,不至成事。若各乡盗匪党羽众多,蔓延全境,一经联合,为患更大"。欲防革命党,首在清盗贼,现在各属已陆续开办,惟广东水陆交错,省城以北则万山重叠,贼巢潜伏;其东西南三路,临河滨海,盗贼出没便利,往往兵来贼散,兵去贼还。故请饬两广总督于所属抽调劲兵,分驻要地,多购眼线,常年缉拿,务使盗匪肃清,革命党孤立无援。(《监察御史麦秩严奏折》,中国第一历史档案馆等编:《清宫辛亥革命档案汇编》第 64 册,第 24－29 页)

9 月 26 日(八月初五日)　英使致清外务部函称,粤督与港督所陈革命党在香港情形不同,须探明再报。

略称:贵部前送来两广总督六月初十日电报称"革党在香港密谋及制造炸弹,为苦力失手碰发",转达港督后,据复称"此事情形与粤督电报所陈不同,嗣后如有此项情事,须先向驻粤英总领事探询明确,再行电京"。(《英国使馆致外务部庆亲王节略》,中国第一历史档案馆等编:《清宫辛亥革命档案汇编》第 64 册,第 52 页)

10 月

10 月 2 日至 7 日(八月十一至十六日)　黄兴在香港会见湖北代表吕天民、刘芷芬,致函同盟会中部总会同志,支持武昌起义计划,并告知已要求美洲同志筹款。(杨玉如:《辛亥革命先著记》,第 52 页)

3 日,函谓:"迩者蜀中风云激发,人心益愤,得公等规画一切,长江上下自可联贯一气,更能力争武汉","光复之基,即肇于此"。自广州起义败后,一度专意于复仇之计划,"蜀事起,回念蜀同志死事之烈,已灰之心复燃,是以有电公等求商响应之举。初念云南方面较他处稍有把握,且能速发,于川蜀亦有犄角之势。及天民、芷芬两兄来,始悉鄂中情势更好,且势在必行,弟敢不从公等后以谋进取耶? 惟念鄂中款虽有着,恐亦不敷,宁、皖、湘各处需用亦巨,非先向海外筹集多款,势难联络办去。今日与朱君执信等商议电告中山先生(汉民现赴西贡亦电知)及南洋各埠,请先筹款救济"。(《致武汉同志书》,湖南省社会科学院编:《黄兴集》,第63—64页)

5日,黄兴函告加拿大冯自由:鄂、蜀近势与革命力量,"前吾人之纯然注重于两粤而不注意于此者,以长江一带,吾人不易飞入,后来输运亦不便,且无确有可靠之军队,故不欲令为主动耳。今既有如此之实力,则以武昌为中枢,湘、粤为后劲,宁、皖、陕(前本有陕西人井勿幕君在此运动,今已得有多数,势亦足自动,熊克武君已驰赴该处为之协助),蜀亦同时响应以牵制之,大事不难一举而定也"。不日或将赴长江之游,或赴南洋筹款,"故特由尊处转电中山,想我兄接阅,必为竭力援助"。(《致冯自由书》,湖南省社会科学院编:《黄兴集》,第66—67页)

10月8日(八月十七日)　晚上赴旧金山《大同日报》编辑部,"似乎很快乐,但是很镇静",告知刘成禺、蒋梦麟,"据他从某方面得到的消息,一切似乎很顺利,计划在武汉起义的一群人已经完成布置,随时可以采取行动"。两天后,武昌起义爆发的消息传至旧金山①。(蒋梦麟:《西潮·新潮》,第87页)

10月9日(八月十八日)　函告李是男,如筹得款项过万元,则当照原议办理,"用弟名付入银行";并告近日拟赴欧洲办重要外交事务。又询"昱堂翁何时能到金埠? 祈为示知"。(《致李是男函》,《孙中山全集》第1卷,第541页)

△　汉口俄租界宝善里机关失事②,各秘密机关相继被破。原定发难计划未能执行。

---

①　此次谈话日期及内容,颇有可疑之处。揆诸前后行踪,似不可能于此日抵旧金山《大同日报》馆。蒋梦麟回忆的可靠性,似尚需要其他资料印证。暂系于此。

②　汉口宝善里机关失事,原有八月十七日、十八日两种说法。经学者详加考证,认为事在十八日(9日)下午1—4时之间。(贺觉非、冯天瑜:《辛亥武昌首义史》,第169—170页)《年谱长编》采十八日说,史实则兼采各家。(陈锡祺主编:《孙中山年谱长编》上册,第551页)

先是,清方风闻革命党起事消息,要求驻汉俄领予以协助,俄国总领事敖康夫在致瑞澂文件中所"指出的住宅,正如后来表明的,就是革命党人的住宅"。(贺觉非、冯天瑜:《辛亥武昌首义史》,第172页)

是日,孙武与邓玉麟在汉口俄租界宝善里十四号机关配制炸弹,十一号则为刘公寓所。下午3点,刘公之弟刘同至十四号,吸纸烟,落火星,引起爆炸,烧伤孙武。时邓玉麟外出,同志丁笏堂急将孙武送往同仁里日本医院,该院不收,转送共和里十一号。爆炸事发,洋务公所会同俄领事率捕警,捕去刘公夫人及刘同等,搜去黄星旗多件,以及中华民国军政府鄂省大都督之印、告示、入会志愿书、往来函件、党人名册、密册等物。(《辛亥武昌起义经过》《八月二十日汉口快信》《辛亥革命征信录》,中国史学会主编:《辛亥革命》第5册,第101—102、188页)

至夜12时,蒋翊武等仍在机关二楼等候发难,楼下则开留声机以作掩护;忽大队军警至,扣门急,刘复基开门,自楼口掷炸弹,误触楼梯,弹片反射,刘负伤,被捕。翊武、楚藩等欲从邻舍登屋顶逃,未遂,亦被捕。楼下张廷辅妻、仆亦被捕去。在押送途中,方兴、蒋翊武、陈磊相继逸去。当晓,彭楚藩、刘复基及杨洪胜为鄂督瑞澂杀于督署门外。(李廉方编:《辛亥武昌首义纪》,第81—84页)是夜各处同志枕戈待旦,但因交通阻滞,命令未能送达。被捕者有畏刑吐实,于是谋大泄。

10月10日(八月十九日)　武昌起义爆发。

彭、刘、杨三烈士就义后,各机关先后被破,名册被搜去,军警学校严禁出入,清吏继续捕人,人不自保,群具死里求活之心。

是日天明,工程营总代表熊秉坤派李泽乾到各机关接洽,据报五处机关被封。熊决计首难,复派泽乾往三十标联系,但不得进门。早饭毕,秉坤集合各队诸同志密议,谓此刻安能顾虑许多,已奉部命,着工程营首先发难,占军械所。又以势成骑虎,"今日反亦死,不反亦死,大丈夫能惊天动地,虽死犹烈",激励士气。乃约午后3时晚操毕举事。当时天雨,秉坤嘱于郁文盗腰牌号簿各二份往三十标联系响应。

同排吕功超从其兄处盗得子弹两盒计五十发,张胜恺、于郁文亦从其排长处盗来两盒。至 3 时,通湖北全军停晚操,秉坤计不得行。适三十标派来谢涌泉问讯,因得复与谢约晚 7 时至 9 时,由秉坤带队出向三十标西营门时发三枪。请即响应。将夜,工程营后队队官罗子清召问秉坤:今外风声甚紧,汝知之乎? 秉坤诳以三十标友人告余是晚大举。问果孙党乎? 答以派别虽有,主盟者非孙逸仙而谁? 罗欣然而去。秉坤乃嘱棚副下士临动作时,督率兵夫,守卫造饭,如官长有出者,即扣押,勿令其逸,亦勿加害,俟事成还彼自由。忽有二排长陶启胜闯入一排,欲先发制人,与下士金兆龙冲突扭打,"同棚程定国以枪托击陶,陶释金逃,程继射一枪中陶腰部,此即首义第一声也"①。"此时全营轰动,枪声隆隆亘半时。"秉坤率队兵临楼门,击杀反抗之工程营代理管带阮某等三人,即鸣笛集众。至营库取子弹,仅得军刀二十柄;至军需房,只见银钱等物,韩似信将火油灯推下,火起。秉坤率队出营,过十五协西门,发三枪。此时城北火起,二十一混成协辎重工程营李选皋等发难,亦奔楚望台。

　　当秉坤计划发难时,曾与楚望台军械所罗炳顺、马荣二人接洽,及秉坤率队至,略施布置,方维亦带队来会;旋工程营同志拥左队队官吴兆麟来,共推之为临时指挥。吴即命左队原排长邝名功带队,经王府口攻督署;前队原排长伍正林带队,经金水闸、保安门,攻督署前。少顷,二十九标代表蔡济民带队会战,循革命党所定计划攻督署。不利,分队守官钱、银元两局。金兆龙接炮队八标进城,邓玉麟、李作栋随炮来。(《武昌起义谈》,中国史学会主编:《辛亥革命》第 5 册,第 87—92 页)

　　当熊秉坤等占领军械所,正部署间,十五协、测绘学堂俱已响应。

---

　　① 《孙中山年谱长编》:"关于首义第一枪,1914 年先生在东京指着熊秉坤向同志介绍,'这就是武昌首义放第一枪的熊秉坤同志啊!'后在《孙文学说》中,又称'熊秉坤首先开枪发难'。'熊一枪'之说因是流传。(《辛亥武昌首义史》,第 183 页)"(陈锡祺主编:《孙中山年谱长编》上册,第 553 页)

三十标方维、谢涌泉等率百余人,测绘学堂方兴、李翊东、向许谟、王经武、甘绩熙、李华模等百余人先后至。三十标排长马明熙,四十一标阙龙、郑继周等越营垣来会,其他如杜武库、吴醒汉、高尚志、徐达明、故效骞、彭纪麟、徐绍孺、杨选青等,亦各带一部集楚望台。城外辎工两队,由代表李鹏昇等带来七十余人;三十标代表张鹏程奉命守通湘门,见塘角火起,亦整队至。

其时督署原调有陈得龙所部巡防队三营,督练队二营,机关枪一队,武装消防队一队,宪兵一队,水机关枪四挺,以前二十九标统带李襄邻及曾任统带之白寿铭为两路指挥,分防各要道。蔡济民等攻督辕前门,不能下;陈国桢置山炮于保安门城墙施放,亦未奏效。济民令督署附近居民迁出,浇煤油焚浇;张鹏程则烧王府口一带民房;吴兆麟等于水陆街、保安门、王府口三路放火,瞬息间火光烛天,等于白昼。蔡汉卿、孟华臣在楚望台、蛇山两处放炮,无不命中。蔡济民、熊秉坤等各率所部冲东辕门,迫敌至西辕门。纪鸿钧冲入西辕门内,放火,延至大堂,鸿钧以身殉。鄂督瑞澂落胆,命将署后围墙打穿,带卫兵由吴家巷潜逃,出文昌门,上楚豫兵舰。督署遂下。第八镇统制张彪逃往汉口刘家庙。混战协协统黎元洪潜避至黄土坡其参谋刘文吉寓所。(《湖北革命知之录》,严昌洪、张铭玉、傅螳珍编:《张难先文集》,第280—284 页)

督署既下,武昌清吏或逃或避。后称:"按武昌之成功,乃成于意外。其主因则在瑞澂一逃。倘瑞澂不逃,则张彪断不走,而彼之统驭必不失,秩序必不乱也。以当时武昌之新军,其赞成革命者之大部分,已由端方调往四川;其尚留武昌者,只炮兵及工程营之小部分耳。其他留武昌之新军,尚毫无成见者也。乃此小部分,以机关破坏而自危,决冒险以图功,成败在所不计,初不意一击而中也。此殆天心助汉而亡胡者欤!"(《建国方略》,《孙中山全集》第 6 卷,第243—244 页)

10 月 11 日(八月二十日)　抵科罗拉多州之丹佛市,获悉黄兴十余日前电文内容:"居正由武昌到港,报告新军必动,请速汇款应急",思无法可得款,随欲拟电复之,令勿动。惟时已入夜,终日在车中体倦神疲,思虑纷乱,乃止。欲于明朝睡醒精神清爽时,再详思审度而后复之。(《建国方略》,《孙中山全集》第 6 卷,第 244 页)

　　△　摄政王载沣阅庆亲王奕劻送来的电报,"关鄂事也,时事日亟"。(爱新觉罗·载沣:《醇亲王载沣日记》,第 413 页)

　　△　革命军占领武昌,推黎元洪为都督。汉口、汉阳相继为革命军占领。

　　瑞澂逃往兵舰后,要求驻汉德国领事如约炮击革命军。德领事以事关条约,一国不能单独行动;各国领事对此并无成见。法国领事罗氏以起义第一日即揭橥孙中山之名,称既奉孙中山之命发难,故为以改良政治为目的的革命党,不能援义和团之例干涉。俄国领事与法国领事意见一致,乃决定不加干涉。

　　督署既下,藩署尚由清兵守卫,四十一标胡廷佐、蔡济民、吴醒汉往会攻;占领凤凰山及蛇山之炮队,亦加轰击。藩司联甲逃往柯逢时宅,卫队星散。各部队对顽抗之旗兵施打击,旗兵或死或逃。正午,武昌全城为革命军占领。各部领导集阅马厂谘议局,商组军政府及推举都督。

　　当时,原定之都督刘公隔在汉口,孙武受伤,蒋翊武出亡,副都督刘英在京山,詹大悲、胡瑛在狱,居正等在上海,各起义军领袖,资望均浅,仓卒不得人选,乃临时推第二十一混成协协统黎元洪为都督[①]。时谘议局长汤化龙、副议长张国溶、夏寿康俱先后被邀至局,议大计。鄂军都督府组织,以汤化龙长民政,吴兆麟、蔡济民、吴醒汉

---

　　①　学者指出:"推黎元洪为都督,《辛亥革命先著记》《武昌革命真史》记,由吴兆麟提议。《湖北革命知之录》记为省议员刘赓满所主张。黎被迫出任,有多种说法,自刘文吉宅寻出较可信。1923 年 10 月 10 日孙中山《在广州国民党党务会议的讲话》中说:'时干部尚在上海,乏人主持,黎元洪见事急,匿屋中床下,党人搜索得之,以其协统也,劫之以兵,使权都督篆。'"(陈锡祺主编:《孙中山年谱长编》上册,第 556 页)

等十三人组成谋略处,以张景良为参谋长。称国号为中华民国,年号改用黄帝纪元四千六百零九年,用黎都督名义通电全国,革命军旗为十八星旗。设招贤馆以延揽军政人才。黎元洪坚不承认都督,亦拒绝在预写之安民告示(即《中华民国军政府鄂军都督布告》)上签字;由李翊东代写一黎字,余由书记缮写,遍贴全城。

　　先是,二十一混成协之四十二标一营驻汉阳,二营及标本部驻汉口,三营驻信阳。该标党代表为胡玉珍、邱文彬。一营后队代表过江探实后,汉阳党人决定当晚八点半起事,并约定汉口九点发动。8 时许,胡玉珍等发难,队官宋锡全被迫参加。起义军占领钢药、兵工两厂,在汉阳狱释出李亚东,推为汉阳知府。到时在硚口放信号,汉口亦起,张步瀛、温楚珩到礼智司迎詹大悲、何海鸣出狱。随后成立汉口军政分府,由詹、何主事。(李廉方编:《辛亥武昌首义纪》,第 104 页;《湖北革命知之录》,严昌洪、张铭玉、傅蟾珍编:《张难先文集》,第 301－302 页;王缵丞:《辛亥首义阳夏光复纪实》,中国人民政治协商会议全国委员会文史资料研究委员会编:《辛亥革命回忆录》第 2 集,第 24－30 页)

　　△　英国驻华大使朱尔典称:"据说在武昌进行的,纯粹是反清运动,战斗还在继续着。今天报纸刊载了起义军统帅所发表的宣言,禁止伤害外国人和骚扰租界区。"(《朱尔典爵士致格雷爵士电》,章开沅等主编:《辛亥革命史资料新编》第 8 卷,第 86 页)

　　△　武昌起义的消息传至美国。

《旧金山观察家报》(San Francisco Examiner)是日载北京、汉口及重庆等地电讯。北京 10 月 11 日讯:"经十天激战,中国革命军已占领湖北省首府,武昌。据报城内数天仍有骚乱。守城司令官被炸死,总督逃离。五艘外国战船沿长江驶往汉口保卫。"汉口 10 日讯:"武昌方向枪声不断,今日下午通讯中断,时有浓烟烈火可见。4 名'阴谋'分子(反叛者)今日在武昌被处决。军队已加入革命军行列。28 名革命军战士在湖北首府被捕,其中 4 名在总督府衙门前被

斩首。"重庆 10 日讯："反抗军坚守四个小镇。四川省的革命运动并
未被完全镇压。反抗军仍控制四小镇,铁路联盟正以付款的方式保
护教堂免遭破坏。"([美]方李邦琴主编:《孙中山与少年中国——从美国当
年的报纸看辛亥革命》,第 248 页)

　　旧金山《呼声报》(*The San Francisco Call*)报道称:汉口 10 月
10 日讯:"今日下午来自武昌方向枪声不断,通讯中断。多处有浓烟
烈火可见。显然,四名反清义士今日在武昌被处决后,满清军队已倒
戈加入革命军。一枚炸弹爆炸,经调查,一家制造炸药的工厂和准备
袭击武昌的计划被查获。中国战舰已巡航港口。来自重庆的消息
称:为抗议清政府用外国资金建筑铁路,革命运动领袖正在对反抗军
采取作战行动的区域加以保护。"([美]方李邦琴主编:《孙中山与少年中
国——从美国当年的报纸看辛亥革命》,第 251 页)

　　10 月 12 日(八月二十一日)　清政府接瑞澂电奏后,派陆军大
臣荫昌迅即督率陆军两镇前往,并派海军部加派兵轮,饬萨镇冰督率
前进,又饬程允和率长江水师即日赴援。(中国第一历史档案馆编:《光
绪宣统两朝上谕档》第 37 册,第 243—244 页)

　　△　从报纸得知武昌起义,即赴纽约活动。

　　十一时,到旅馆膳堂用餐后,从报上看到"武昌已为革命党占领"
消息,"乃拟电致克强,申说复电迟延之由,及予以后之行踪"。"时予
本可由太平洋潜回,则二十余日可到上海,亲与革命之战,以快生平。
乃以此时吾当尽力于革命事业者,不在疆场之上,而在樽俎之间,所
得效力为更大也。故决意先从外交方面致力,俟此问题解决而后回
国。按当时各国情形,美国政府对于中国则取门户开放、机会均等、
领土保全,而对于革命则尚无成见,而美国舆论则大表同情于我。法
国则政府、民间之对于革命皆有好意。英国则民间多表同情,而政府
之对中国政策,则惟日本之马首是瞻。德、俄两国当时之趋势,则多
倾向于清政府;而吾党之与彼政府民间皆向少交际,故其政策无法转
移。惟日本则与中国最密切,而其民间志士不独表同情于我,且尚有

舍身出力以助革命者。惟其政府之方针实在不可测,按之往事,彼曾一次逐予出境,一次拒我之登陆,则其对于中国之革命事业可知;但以庚子条约之后,彼一国不能在中国单独自由行动。要而言之,列强之与中国最有关系者有二焉:美、法二国,则当表同情革命者也;德、俄二国,则当反对革命者也;日本则民间表同情,而其政府反对者也;英国则民间同情,而其政府未定者也。是故吾之外交关键,可以举足轻重为我成败存亡所系者,厥为英国;倘英国右我,则日本不能为患矣。""予于是乃起程赴纽约,觅船渡英。"(《建国方略》,《孙中山全集》第 6 卷,第 244—245 页)

因当时未在武昌起义的现场,后来引发部分人非议,如日本人北一辉称"与武汉革命无关之孙逸仙君不过是翻美国之报纸表示惊愕而已"。段祺瑞、章太炎后来均以政敌的对立面否认孙中山对辛亥革命的贡献。(李吉奎:《孙中山的生平及其事业》,第 21 页)孙中山曾于 1913 年对黄芸苏称:"前年之革命,武昌一起,各省响应,其成功多不在吾党。弟亦不过因依其间,而吾党之三民主义只达其一,其余两主义未能施行。"(章开沅:《孙中山致黄芸苏亲笔函》,《实斋笔记》,第 164 页)

△　鄂军都督府通电全国,告武昌光复,推黎元洪为都督,及电上海,促居正、黄兴、宋教仁等人来鄂;并请转电孙中山从速归国,主持大计。"深望于十八省父老兄弟,戮力共进,相与同仇,还我邦基,雪我国耻,永久建立共和政体。"又派代表携带照会,递交汉口各领事馆,申明七条外交政策。(《湖北革命知之录》,严昌洪、张铭玉、傅蟾珍编:《张难先文集》,第 296—298 页)

10 月 13 日(八月二十二日)　经圣路易抵芝加哥,为该埠同盟会分会代拟召开预祝中华民国成立大会通告。

赴纽约途中,"道过圣路易城时,购报读之,则有'武昌革命军为奉孙逸仙命令而起者,拟建共和国体,其首任总统,当属之孙逸仙'云云。得此报,于途中格外慎密,避却一切报馆访员。过芝加哥,带朱

卓文一同赴英"。(《建国方略》,《孙中山全集》第6卷,第245页)

因芝加哥同盟会分会同志预定15日举行预祝中华民国成立大会,为之撰写通告,内称:"武昌已于本月十九日光复,义声所播,国人莫不额手相庆,而房运行将告终。本会谨择于二十四日开预祝中华民国成立大会,仰各界侨胞届期踊跃齐临庆祝,以壮声威。有厚望焉。"(《中国同盟会芝加古分会预祝中华民国成立大会布告》,《孙中山全集》第1卷,第542页)

△　革命军占领京山、天门、监利及汉川等处,并炮击楚豫、楚材、江清等舰。下午,都督府开军事会议,黎元洪始表示革命决心。会议决定:一、从速广招新兵,加紧训练;二、成立五协新军,以熊秉坤等人为协统。(《湖北革命知之录》,严昌洪、张铭玉、傅蟾珍编:《张难先文集》,第304—311页)

△　英人巴卡(J. Ellis Barker)从宪法俱乐部寄信给英首相阿斯匹夫(Herry Herber Asquith)称:"几个月前,我与孙逸仙医生和他的朋友们有过多次详尽细致的谈话",他们给我留下的深刻印象:1.正义在革命党人那边;2.他们的运动是广大民众支持的民主运动,值得我们同情;3.革命成功的机会极高;4.欧洲列强绝对不宜干预中国革命。因此,希望英国华华各级军事指挥官不要对革命党人采取任何敌对行动,否则本国在华利益将会遭到损害。

当天深夜,英驻华公使致电英外交部称:英驻汉口总领事已经接到革命军首领的照会,他命驻汉口总领事"在接到外交部指示之前,你必须避免与革命军首领有任何来往,甚至不能对他说你已经收到他的照会。但如果为了保护英国人的性命财产而绝对免不了与他通声气的话,则当别论"。英外交部同意此指示,并称"我们必须尽一切力量保护受到威胁的英国人的性命和财产。而我们所做的一切,都必须局限于这个目标。若其他外国人的性命财产受到威胁而得不到应有的保护时,我们在能力范围内也给予援手"。(黄宇和:《中山先生与英国》,第298、302—303页)

△ 美国科罗拉多州《丹佛日报》报道:"反抗军宣布中国为共和国","黎元洪当选总统",称"若消息无误,革命者将于今日使中国成为共和国,政体为共和体制早已宣布。革命党人将担任要职"。至于革命的对立方,则有"在汉口的满清家属遭屠杀,革命迅速扩散,中国(满清)灭亡在即"的言论。与此同时,该报还向美国民众介绍了中国的国情,称"中国现有人口 433,553,030,生活在 4,277,170 平方英里的土地上。最早可追溯到五皇朝代,他们在公元前二十九至三十世纪统治着中国"。([美]方李邦琴主编:《孙中山与少年中国——从美国当年的报纸看辛亥革命》,第251页)

10 月 14 日(八月二十三日) 此前致英国金融界代表函件在德国、美国报纸上刊出,认为武昌举事非偶然,而是在其领导下的革命团体精心策划和秘密组织的结果。

致英国金融家们的信函表明他和革命同志们一直秘密往返于清国、英国、美国之间,努力筹集一笔数额巨大的资金,为在大清国进行一场大规模的军事起义提供帮助。函称:"非常遗憾我未能实现我们在伦敦俱乐部所商定的会面计划,我来得太迟以至于未能在纽约见到你。关于为发动清国革命而用海外华商资产担保以募集政治贷款事,我已找到了愿意提供担保的一家清国银行、三家在暹罗曼谷的米厂、一些新加坡商人以及马来亚的三个煤矿主。他们的资产合计共2000 万美元,折合 400 万英镑。"谋求以此为抵押贷款 50 万英镑,从而"完善我们的组织,使我们能够在第一次突然行动中就夺取到至少两个富裕的省份",然后建立一个临时政府。如果能够有更多贷款,"就能给这次民族革命予以更重要的保证,以扩大我们的行动直至取得全面的胜利"。

据称,伦敦银行家曾回信(由纽约一个中国商人公司转交),要求孙提供那家清国银行的名字,以及新加坡、曼谷以及其他处中国商人的名字,乃至有关中国当前形势的完整叙述。"在他们看来,假如把这个情况提供给他们,并且让出资人最详细地知道细节,以及事态发展能证明孙中山的说法正确无误的话,筹集到一笔 50 万英镑的资金应该不成困难。"

　　孙中山在复函中告知革命形势:首先,清朝新军力量,其中长江以南的新军,约有五个师,"大部分已由革命党人指挥和操纵",一旦革命军在南方举事成功,他们即会加入进来。北京周围有七个师,由袁世凯创立,因袁被黜,他们对北京政府的忠诚度大打折扣。其次,革命势力已在中国南方部署好一场全面的武装起义,在广东、广西、湖南募集到最有战斗力的武装力量,"大清国目前改革运动的形势就好比是一座全部由干柴组成的森林。仅仅需要一点火花就能让这座森林燃起冲天的大火。而这火花就是我所要求的 50 万英镑"。最后,孙中山拒绝立即提供愿为贷款担保的海外华商名单,或许"一旦到合适时候,确定了担保商人的名单,我会把他们所有人的姓名和财产状况都告诉你们",由于这笔贷款由财产状况良好的华商提供,所以不存在风险问题。此外,如果英国金融家和资本家愿意,可以直接参与到革命运动中来,"方法是通过委派他们自己的人员来控制支出以及与我们的领导者合作。当然,这样做金融家需要承担额外风险"。不过,这个答复并未说服英国金融家们,他们再次写信要求孙"秘密提供那些通过钱财和权势在背后支持他的人员名单"。

　　与此同时,他给金融家们发去一封短函,"这封信让人得出的印象是他已经成功地从别处筹集到了贷款"。另外,还公布了一份向世界各国和民族的宣言,称"我们,整个中华民族的子民们,正在开展一场反对满清政权的战争,为的是通过推翻腐败的独裁统治,建立起一个共和政权,以彻底摆脱鞑靼统治者对我们的奴役。同时,为了维护世界和平和增进人类的幸福,我们愿意同世界上所有友好国家建立更密切的外交关系",革命党的立场和行动宗旨包括:一、"于今天之前生效的、由满清政府与任何其他国家缔结的所有条约,将继续有效,直到条约期满之日为止";二、"于今天之前由满清政府引入的任何外国贷款或由其招致的任何国家贷款,将继续被没有任何变更地承认,并按以前的规定由海关支付";三、"于今天之前由满清政府批准生效的所有外国在华租界,将继续受到尊重";四、"在革命军占领范围之内的所有外国人的人身和财产完全受到保护";五、"于今天之后生效的、由满清政府和外国达成的任何条约、特权、贷款、赔款等,我们概不承认";六、"不管具有任何外国国籍,只要其站在满清政府一边反对革命军,都将被视为敌人";七、"由任何外国提供给满清政府的所有物资,一经缴获即全部没收充公"。

他曾向其中一个英国金融家透露,"他革命的目的除了'驱除鞑虏,恢复中华'外,还有就是要从根本上改变中国的政治基础,将中国改造成一个自由、平等和博爱的国家。在达到这个目的之前,要先实行一段军政时期。他说,中国将会变成由中国人自己当家作主的中国;在中国,将建立共和政体,将通过全民投票选举出一位总统。除此之外,整个社会的基础就是要让人人都拥有平等的土地权,废除地主对土地的垄断。奴役、裹脚、吸食鸦片等恶习将会被制止,过三年之后或在更早些时候,如果情况需要,军政将被宪政所取代"。孙中山还提出,"人民的自治将通过国民大会来实现,总统将成为保护和推动民权的中心人物",革命对于在华的外国人无敌意,并保证外国与中国的正当贸易。(郑曦原等编译:《帝国的回忆——〈纽约时报〉晚清观察记(修订本)》,第334—339页;[苏]齐赫文斯基:《孙中山的外交观点与实践(1905—1912)》,《国外中国近代史研究》第4辑)

△ 报载其在芝加哥的活动。

抵芝加哥后,当地成为中国革命活动的临时中心。今晨与一群对中国有使命感的追随者会晤,被寄望成为中国大总统。"由孙博士亲自签发的电报已传至设在旧金山的《少年中国晨报》总部,定于明日下午在全国举行群众集会。电报称中国革命军队的伟大胜利应该庆祝,指示旧金山最高总部向全国各城市翌日同步举行盛大庆祝活动。"此外,在昨晚与今天上午,美国政府方面表示与革命党人进行了秘密会谈,孙博士在芝加哥逗留可能受到暴力威胁。孙博士目前正在美国各地募集钱财与争取各方力量支持新中国。"五十位充满美国民主精神的青年华侨,联合芝加哥大学和伊利诺依大学的学生,准备随孙博士一起回国。一位中国商人承认,学生一行已准备就绪,陪同革命领袖回国,而欢迎孙逸仙博士的接待工作早已筹备六个月之久。他说,在芝加哥的中国革命的拥护者期盼推翻满清王朝,建立临时共和政府,其他反满清政府的中国侨胞也普遍认为在中国建立共和国已迫在眉睫。"孙博士今晚向旧金山的朋友发出电报后,其行踪随即杳无音讯,朋友们也不知道他的去向,他应该正在去往纽约的途中①。(Sun Yat-sen In Chicago, *New York Times*, 14 October 1911)

△ 居正、谭人凤抵汉口,参与军政府布置一切。(《湖北革命知之录》,严昌洪、张铭玉、傅蟾珍编:《张难先文集》,第 312 页)

△ 清政府补授袁世凯为湖广总督,并"督办剿抚事宜"。(《军机处现月档》,中国史学会主编:《辛亥革命》第 5 册,第 293 页)英国政府对此表示支持,认为"此项任命或许将保证北方军队的忠诚,因为他们的忠诚是令人怀疑的;它还将大大加强清政府处理这次危机的力量"。(《朱尔典爵士致格雷爵士电》,胡滨译:《英国蓝皮书有关辛亥革命资料选译》上册,第 4 页)

△ 日本人士南方熊楠获知武昌起义的消息后,十分兴奋。他在本日致函柳田国男称:如孙中山的地位稍微稳定,想去他的国家。因此前他们曾约定,如孙中山的革命事业获得成功,可把广东的罗浮山办成世界性的植物园。(段云章编著:《孙文与日本史事编年(增订本)》,第 199 页)

10 月 15 日(八月二十四日) 近期在美言行被外电密集披露。

旧金山电称:"旅美华侨已捐集美金洋二十万,以济革命军,孙逸仙现在美国召集大会议,定明日(二十五日)庆祝革命之成功。"又称"中国革命党首领孙逸仙声言,必须推翻目下之满洲政府以组成共和

---

① 另参阅[美]方李邦琴主编:《孙中山与少年中国——从美国当年的报纸看辛亥革命》第 252 页所译,文字与标点有所调整。

国,彼将有为将来共和总统之希望。孙已于西十月十六号由丹佛起程赴太平洋海滨,并在该处募集捐款以助革命党,旧金山华侨已捐集三十万元"。"孙逸仙声称彼将在中国邻近之处,以便乘机与革命军会合,又声言美国加拿大英属巫来由,美属菲律宾群岛,及其他各处之华侨,不特赞成革命党,且与在中国境内之革命团体,常通声气。孙逸仙又声言,此次革命党起事,一切体置,均谨慎将事。目下中国新军,人人心中皆有革命之思想,一旦与革命军相遇,即可投降革党,即凡有新知识之官员,亦皆俟有时机,即投效革党。"

东京电云:"闻孙逸仙已由美国挟有巨资,起程回国。"(《辛亥革命征信录》,中国史学会主编:《辛亥革命》第5册,第199—200页)

英国《每日电讯报》称其"正在美国旅行,筹集资金,谋求财政支持的孙逸仙博士,现在芝加哥。昨天,他致电旧金山和纽约,今晚召开群众大会,庆祝中国革命军的胜利"。"中国人士在旧金山有它的最坚固的美国基地。在纽约有七千华人,而在加利福尼亚有将近五万华人。芝加哥的华人不到一千。约有五十名受到美国民主精神熏陶的中国青年人已毕业于芝加哥大学,准备随孙逸仙博士回中国。"去年4月,他在本市谈到,"他一生的使命就是推翻满清王朝,并且预计革命会早日取得成功。他说,革命有三个目的:推翻满清政府;创立共和政体和按照美国政府一样的方针组织国家"。"孙逸仙博士的信徒设在纽约的总部,昨天晚上挤满了人。据称,几乎每一个出席者都会讲流利的英语。墙上悬挂着孙逸仙博士的巨幅油画肖像,还有其他穿革命军军装的士兵和海员像。大家都在谈论革命。"(《孙逸仙在美国》,《参考消息》1981年9月24日)

△　芝加哥举行预祝中华民国成立大会。赴会者有留学界、工商界侨胞,极一时之盛。为避免西报访员探听确切消息,及避免外人应酬,匿居在萧雨滋家中。(李绮庵、梅乔林:《开国前美洲华侨革命史略(节录)》,中国社会科学院近代史研究所近代史资料编辑组编:《华侨与辛亥革命》,第288页)

△　黄三德来函,告旧金山洪门筹饷局内部斗争等情形。

函谓:筹饷局内最热心协力者,"杰亭、菊坡、琼昌、黎利、伍寅、朝汉、公侠诸君,正派人才也",而"总办三进、罗怡、刘学泽等形容怪物,种种无才无学,屡听外边奸人谣言,生事生端,欲揽财权,欲收全盘银两执掌"。"昨接得黄兴君来电六七封,催迫取款。又得先生来电,云尽将筹之款尽汇。三进、罗怡、任贤、学泽等不允,弟与自由先生舌战他几人,然后昨汇尽付二万元港银。目下他几人毁谤弟,与弟反对,多生谣言,他等想争全权也。他等想管全财政,弟对他等曰:尔为总办,不称责任,不理各事,自开办以来集议,三进并无到议。至今他等又不敢出名,现下见革命将成功,又生出异心,欲总揽全权。各人见他如此,个个不服。"昨因湖北革命军形势紧急,力行提议汇款回港,但遭朱三进等人反对,且出恶言攻击。"此等人端不能共谋大事,弟伤心矣! 所以昨二十二晚,弟请齐各董事大集议,与他几人大舌战,方能将银放出来,汇二万元也。他几人又云先生游北方,便无有银付出。又云先生平生事,许多不能尽录等之言也。祈为照鉴。此事诸人妖物,非系人也。他又夺公侠之任。弟力抗,万万不能,宁可散了此局。弟端不能任他所为也。"(《黄三德致孙中山函》,黄彦、李伯新选编《孙中山藏档选编(辛亥革命前后)》,第49—50页)

△　由居正主持,军政府通过以孙中山"预定条例"名义(实由黄中垲、汤化龙等起草)提议的《武昌军政府组织条例》,颁布施行。(逸民:《辛壬闻见录》,湖北省图书馆辑:《辛亥革命武昌首义史料辑录》,第9—11页)据时在美国的胡适称,武昌宣告独立,令北京政府震骇失措,乃起用袁世凯,然"美国报纸均袒新政府"。(曹伯言整理:《胡适日记全编》1,第144页)

△　以荫昌率第六镇及第二镇之前锋已抵武胜关,都督府会议,讨论作战计划,决定分兵渡江,开始攻击。(《湖北革命知之录》,严昌洪、张铭玉、傅蟾珍编:《张难先文集》,第315—316页)

10月16日(八月二十五日)　为鼓舞士气抵抗清军,武昌革命

军于黎明在阅马厂誓师。（《湖北革命知之录》，严昌洪、张铭玉、傅蟾珍编：《张难先文集》，第 317 页）

△　驻汉口各国领事团会议，议决承认革命军为交战团体。

武昌首义以来，执行保护外人、依条约行事措施，14 日，又派员请求俄领事赞助承认军政府为交战团体。是日，领事团会议，决定承认革命军为交战团，并于 18 日布告严守中立。（曹亚伯：《武昌革命真史正编》，第 110 页）

其时列强军舰云集江汉，包括英、美、法、德、奥地利、日等国巡洋舰、炮艇、鱼雷艇、反鱼雷艇、快艇等多种舰型，约计二十余艘[1]，且数量陆续增加，"日本第三舰队全体船只都将在中国水域重新集结"，"集结在汉口的各国海军力量目前由日本海军司令川岛统一指挥"。（《喇伯第致外交部长先生》，章开沅等主编：《辛亥革命史资料新编》第 7 卷，第 211—212 页）

然各国军舰终未进行实质性的干涉，原因固多，而法国领事罗氏（Ulysse－Raphael Reau）之反对，不为无功。1916 年夏，孙中山致函黎元洪大总统，为罗氏请勋，略谓：武昌起义后，瑞澂要求某国如约发炮。领事团依各国协定开会，"方是时也，譬诸千钧悬于一发。而惟法国领事□□，素于中国民间新派有所研究，又与文多年故交，以是深明革命党之宗旨，极有同情，当会议时，主持公道，表白革命军改良政治之目的，破彼义和团流派之说，力言干涉之非。其时各领事本无成见，遂得开悟，而干涉开炮之议以消。各国既取消开炮之议，欲表明其态度，故从速为中立之布告"。对民国建立与开不干涉先例，罗氏之功不可没。（《致黎元洪函》，《孙中山全集》第 3 卷，第 334—335 页）

----

[1]　关于集结在汉口各国军舰的数目，因数量处于一个变动状态，各方记载不一，如法方记载称，武汉被革命军占领时，只有 5 艘炮艇，后陆续抵达，至 10 月 17 日，各国军舰（含巡洋舰、炮艇等）已达 26 艘。（《辛亥革命史资料新编》第 7 卷，第 210—212 页）然而，日人记载称至 21 日，共计 17 艘军舰。（［日］内田顾一：《湖北革命战见闻日记》，《辛亥革命史丛刊》第 3 辑）

△ 袁世凯上奏,称旧患足疾,迄未大愈,仍需速加调治,方能力疾就道。(《新授湖广总督谢恩并沥陈病状折》,骆宝善、刘路生主编:《袁世凯全集》第19卷,第7页)

10月17日(八月二十六日) 黄兴在徐宗汉等陪同下离港赴沪,途中致电萱野长知,望多购炸药携往武昌。(萱野长知:《我参加了辛亥革命》,陈鹏仁译:《孙中山先生与日本友人》,第11页)

△ 宋教仁致电内田良平称:"请尽力向贵国当局者交涉,要求他们承认革命军为交战团体。"内田良平承诺尽力活动,并派北一辉、清藤幸太郎、葛生能久赴上海、武昌方面。(《致内田良平电》,陈旭麓主编:《宋教仁集》上册,第347页;段云章编著:《孙文与日本史事编年(增订本)》,第200页)

△ 宫崎寅藏在东京日比谷公园参加"浪人会",与会者尚有头山满、三浦梧楼、铃木天眼等二百余人。会上决定对中国革命态度,为"不拘于去就,促使我国严守中立,以为大局之砥柱,不误机宜,争取内外支持"。([日]近藤秀树编、禹昌夏译:《宫崎滔天年谱稿》,《辛亥革命史丛刊》第1辑)

10月18日(八月二十七日) 致函美国国务卿诺克斯(Philander C. Knox),要求秘密会晤。

在芝加哥庆祝会后,乘车赴华盛顿,用"中山"名字寓大陆旅社(Hotel Continental)。本日,致函国务卿诺克斯,内称:"我曾于上次访华府时,尝试拜访你,但没有如愿。今冒昧再致信你希望和你作一秘密会晤。若你能允许给我这一要求,我将非常感谢。"并无任何文献记载实现了此一要求。(吴相湘编撰:《孙逸仙先生传》下册,第981页)

原以为美国、法国会对中国革命表示同情,故提出会见诺克斯的请求,但遭到拒绝。诺克斯将此事告知法国驻美大使朱塞龙。朱塞龙向法国外交部报告称:"孙逸仙经过华盛顿时曾要求乘这个机会晤诺克斯先生,诺克斯先生叫人答复说他到乡下去了,不能接见。"而朱塞龙也没有会见孙中山。([法]巴斯蒂:《法国的影响及各国共和主义者团结一致:论孙中山与法国政界的关系》,中国孙中山研究学会编:《孙中山和他的时代——孙中山研究国际学术讨论会文集》上册,第 420 页)

△ 内田良平游说日本外务省、内阁官员,希望能够援助革命党。同时,内田通过宫崎寅藏促使孙中山和黄兴向西园寺首相、井上馨和桂太郎发出表示适当希望的电报。(段云章编著:《孙中山与日本史事编年(增订本)》,第 201 页)

10 月 19 日(八月二十八日) 美报载中国汉口战斗情形,以及北京政情内幕。

旧金山《呼声报》(*The Call*)本日刊载题为《共和军打响第一枪》(Republican Force Is First to Fire)的报道:"满清军队和革命军在汉口开打,战斗迄今胜负仍然不明朗。北京政府声称大捷。政府军仍在汉口固守壕沟和车站,等待将在数小时内抵达的增援部队。反抗军成功设防,数天后从武昌后撤。"双方伤亡惨重,一度刺刀见红。双方陆军交战中,清军舰曾炮击反抗军阵地,而碉堡内反抗军也进行了有力的回击,至少两艘清战船遭重创。"美国军舰已奉命开赴南京、上海和天津。驶往天津的'ABERENDA'号战舰正运载分遣部队以增援驻北京的美国公使馆人员。首都有重兵把守。目前似乎尚无秩序混乱的迹象。"

"据传,摄政王已屈从袁世凯的要求,将增加一万军队以控制湖北和湖南省。此外,已同意袁从衙门提款二百万美元。汉口郊区战况激烈,整日战斗,胜负未分。"([美]方李邦琴主编:《孙中山与少年中国——从美国当年的报纸看辛亥革命》,第 256—257 页)

10 月 20 日(八月二十九日) 离芝加哥赴纽约①。

据在美革命党人称"经过为期一周的动员同胞、募集资金以维持当前中国的暴动,昨天,中国革命家孙逸仙博士离开芝加哥时随身带走了一万美元。这些钱是以现金形式给了孙博士,如果革命成功,不

---

① 《年谱长编》原作"离华盛顿赴纽约",(陈锡祺主编:《孙中山年谱长编》上册,第563 页)似将"芝加哥"误作"华盛顿"。

用返还借据上的票面价值。借据是用来在必要时换取捐助"。(*New York Times*, 22 October 1911)

抵纽约时①，即致电张鸣岐，敦促其反正，献城归降，又命同志全其性命。后此目的果达。(《建国方略》,《孙中山全集》第 6 卷，第 245 页)

抵纽约后，黄芸苏等继至，会议计划如下：(一)关于武昌革命之进行，由黄克强率领同志前进。(二)于广东反正之进行，由胡汉民、朱执信等相机而发。(三)对华侨演说共和政治，以固民国之基础。(四)对外宣扬中国革命，以博美国朝野上下之同情。(五)谋借外款以为军事及建设之用途。惟因中华民国政府未成立，且未经列强承认，故未成议。(张蔼蕴：《辛亥前美洲华侨革命运动纪事》,中国人民政治协商会议广东省委员会文史资料研究委员会编：《孙中山与辛亥革命史料选辑》,第 85 页)

在纽约时，化名"番名'作打荣'"，住"西边二十五街的夏令顿旅馆 502 号房"，为保密，除同志每日因事谒见外，侨界无一人知之，"独每日则有不知国籍之西人数名"到寓所倾谈而已。与同志论此次革命进展及隐患称："这回革命一起，不旬日已有十三省次第响应独立。独立如斯，太过迅速、容易，未曾见有若何牺牲及流血，更不知前仆后继之人及共和之价值，而满清遗留下之恶劣军阀、贪污官僚及土豪地痞等之势力依然潜伏，今日不能将此等余毒铲除，正所谓养痈贻患，将来遗害民国之种种祸患未有穷期，所以正为此忧虑也。"(吴朝晋口述、李滋汉笔记：《孙中山三赴纽约》,《近代史资料》总 64 号)

---

①　关于抵纽约的具体时间不详。据一位名为 Moy Kan 的年老华人透露，10 月 22 日，"社会改革家孙博士正在纽约"，并称"他今天将在一个唐人街的会议上讲话，大家还会举行庆祝"。但是经《纽约时报》的记者追问，该人又纠正称"我们听说他在纽约"，对此消息并不充分确定。值得注意的是，"唐人街的人们说孙博士本应昨天(注：22 日)下午在旧中国剧院的一个会议上发表演说。但是，他没有出现，而且没人知道他是不是被耽搁了，或被何事耽搁了"。(*New York Times*, 22 October 1911)显然，似未出席 22 日在纽约的活动。

　　△　《申报》以《孙逸仙之言》为题,刊出其 1905 年在东京中国留学生欢迎大会上关于"民族主义"和"共和"的演说辞。(《申报》1911 年 10 月 20 日,"纪言")

　　△　据英国驻秘鲁大使称,该地中国革命党人已从华侨募集了将近 100 万英镑,拟电汇至檀香山。英国外交部批文称:将此消息函送北京,此款数额巨大,可能是美金,而非英镑,"我们有兴趣知道,在秘鲁的华人献出多少钱给革命分子",此类消息可快信通知,不必电报。(《英驻秘鲁大使杰罗姆致格雷爵士电》,章开沅等主编:《辛亥革命史资料新编》第 8 卷,第 86 页)

　　10 月 21 日(八月三十日)　英驻华公使朱尔典致电本国称:清政府一片混乱,给人的印象是帝国事业在此地已失去优势,没有财政资助它就不能维持下去。它要求给予支持,"作为必要的保证",各省主要使用借款的部门也像北京一样雇佣海关外国职员担任监督或助理,他们服从于一个财政大臣属下的审核部门,所有成员均为外国人,按照统一制度办法,而且要求中国立即停止阻挠河道测量。英国方面支持由载泽和袁世凯等能人领导的改革政府掌握北京政权。(《朱尔典爵士致格雷爵士电》,章开沅等主编:《辛亥革命史资料新编》第 8 卷,第 89 页)

　　10 月 22 日(九月初一日)　函告芝加哥犬塚太郎,"萱野先生来电收到,至感"。(《致犬塚太郎函》,《孙中山全集》第 1 卷,第 543 页)据萱野回忆,此电系受黄兴之托,催其赶紧返国。(陈锡祺主编:《孙中山年谱长编》上册,第 563 页)

　　△　檀香山《星期日广告》(*Sunday Advertiser*)周刊刊文,题为《孙逸仙——火奴鲁鲁男孩成为世界焦点》(*Sun Yat-sen—The Honolulu Boy Now in World's Limelight*),并配以孙"世界伟人""中华民国金币"钞票等照。

　　次日,此文的剪报被清朝驻檀香山领署翻译官李光享转呈外务部(九月二十四日收到)。(《火奴鲁鲁〈星期日广告〉周刊文章》《驻檀香山领署翻译官李光亨致外务部禀文》,中国第一历史档案馆等编:《清宫辛亥革命档案汇编》第65册,第363—364页;第66册,第19—25页)

　△　革命军占领长沙。巡抚余诚格逃走,防军统领黄忠浩被杀。焦达峰、陈作新分别被推为湖南正副都督。至31日,发生兵变,陈、焦二人先后被戕。谭延闿继任都督。(曹亚伯:《武昌革命真史正编》,第137—140页)

　△　起义军占领西安。护理陕西巡抚钱能训潜匿民家,前陕甘总督升允逃往甘肃。将军文瑞逃入满城(次日自杀)。次日,张凤翙以"秦陇复汉军"大统领名义发布布告,分传各州县。(朱叙五等:《陕西辛亥革命回忆》,中国人民政治协商会议陕西省委员会文史资料研究委员会编:《陕西辛亥革命回忆录》,第30—42页)

10月23日(九月初二日)　黄兴抵上海,与宋教仁商议策动南京新军反正。翌日启程赴武昌。(毛注青编著:《黄兴年谱长编》,第206页)

　△　英驻华公使认为清政府惟一可以凭藉的是清兵的忠诚度和袁世凯的行动,但袁与清室的矛盾已有很多报道,"袁世凯的儿子向我保证说,他的父亲一定不会到武昌去,除非摄政王让他直接统率一支远征军",摄政王想利用袁,又担心衷。清室已岌岌可危,亲贵们忙着保存自己的财物与家室。(《朱尔典爵士致坎贝尔爵士函》,章开沅等主编:《辛亥革命史资料新编》第8卷,第99—100页)

10月24日(九月初三日)　英德两国就向清政府提供贷款问题交换意见,均认为提供新贷款必须慎重,由于中国内部的混乱局面,"与此事有重大关系的各家银行,似也不大倾向同意此类贷款"。"德国银行团也许准备在可靠的抵押品和度支部担保的条件下向北京政府提供一定贷款,但这要以其他三国银行团同意和参加此事为条件。德国政府不会反对这种财政交易,因为列强具有一种手段,万一革命成功,可通过给与或撤销承认来诱使新政府承担它前任的债务。"德国政府希望与英政府联合行动。(《格兰里奥勒勋爵致格雷爵士电》,章开

沅等主编:《辛亥革命史资料新编》第 8 卷,第 91 页)

10 月 26 日(九月初五日)　与鹤冈永太郎谈话,透露近期外交活动计划,希望前往日本。

日本驻纽约总领事水野幸吉,致电外务大臣内田康哉称:日前由欧洲到达此地的鹤冈永太郎与萱野长知素有交谊,"通过此种关系,本职使其秘密往访孙逸仙"。孙氏谈话如下:(一)目前华中起义,系由他本人指挥。(二)当此之际,他无论如何亦愿前往日本一行,为此曾致电宫崎探询日本政府意向。本月 24 日接到萱野复电,略谓:如肯更名,则登陆或停留均无妨碍。但他总愿以公开身份停留,无论时间如何短促。如是,则日本方面所寄予之同情态度既可鼓舞革命军之士气,又可消除外界认为日本政府暗中庇护北京政府之疑虑,对双方均为有利。(三)他将于近期经由伦敦转赴欧洲,此行目的地是德国。因德国留学生中有不少革命同志,尤以日前德皇曾通过留学生暗示对中国革命运动怀有好意。此次前往,意在取得协助。(四)预定自欧洲经印度洋返归亚洲。日本国政府如能同意他不更姓名而登陆,则将再度取道美国,经西雅图前往日本。(五)俄国官员表示意外宽宏,故曾计划在哈尔滨建立据点指挥同志,但不便之处殊多,终恐难于实现。(六)日前曾赴华盛顿,意在探视美国政府的态度,并藉以疏通感情。美国政府曾向德国政府征询意见,故决定此次欧洲之行。

关于不更姓名登陆日本一事,"孙氏曾委鹤冈转告我驻美临时代理大使电请帝国政府考虑。孙氏此次来本地,其住址秘而不宣,杜门谢客,任何人均不接见,而独不避与鹤冈氏往还",其主要目的应在于此。本电已抄送日本驻美大使。(《水野驻纽约总领事致内田外务大臣电》,邹念之编译:《日本外交文书选译·关于辛亥革命》,第 181—182 页)

△　英国外相格雷爵士从日本驻英代办处获知孙中山已通知在美国的日本友人,"他即将前往欧洲,此行的主要目的是代表革命党激励中国留德学生",又听说德皇已表示赞成革命,"山座先生不能判

断孙中山的话有几分可信,但他一定讲了这些事"。格雷爵士告诉日方,目前英国在华采取了一种自我克制的态度,将继续克制,如有新情况,希望与日本政府保持联系。至于贷款一事,"正与其他三国政府协商。英国政府肯定不愿借钱或担保贷款,我认为,目前尚非英国银行团贷款的良机,但他们很难与其他三国银行团分道扬镳。不过,据我推测,没有哪个银行团渴望贷款"。(《格雷爵士致宴纳乐爵士电》,章开沅等主编:《辛亥革命史资料新编》第 8 卷,第 95 页)

△　蔡元培来函,论及从德国购炮,以作攻打北京之用,但需筹款十万美金。如慨允,则运输之事,由克虏伯炮厂任之;选购、验收及军中运用,由刘庆恩与周树廉任之,"至炮价则由中山与炮厂银行直接交涉,此间毫不干与"。(高平叔、王世儒编注:《蔡元培书信集》上册,第 113-114 页)此事最终未成。

10 月 27 日(九月初六日)　黄三德来函,告汇款港银八万等情。(《黄三德致孙中山函》,黄彦、李伯新选编:《孙中山藏档选编(辛亥革命前后)》,第 50-51 页)

10 月 28 日(九月初七日)　黄兴抵武昌,被推为革命军总司令,即日渡江到汉口前线督师。(毛注青编著:《黄兴年谱长编》,第 208 页)

△　宋教仁、张知本等在武昌开始起草《鄂州约法》,规定"人民一律平等"。(李西屏:《武昌首义纪事》,中国人民政治协商会议湖北省委员会编:《辛亥首义回忆录》第 4 辑,第 56 页)

△　驻华公使伊集院建议内田外相承认南方为一个国家,"在华中、华南建立两个独立国家,而使满清朝廷偏安华北,继续维持其统治"。参谋本部第二部部长宇都宫太郎也认为将中国分为满汉两个国家,对清廷予以援助,对南方也秘密援助,其中一个作为保护国,一个作为同盟国,从而将获取满蒙作为调和南北的代价。(俞辛焯:《孙中山与日本关系研究》,第 390 页)

10 月 29 日(九月初八日)　革命军占领太原,同盟会员、新军二标标统阎锡山被推为都督,温寿泉为副都督,姚以价为全省总司令。

(王用宾:《记山西在辛亥革命前后的几件事》,中国人民政治协商会议全国委员会文史资料研究委员会编:《辛亥革命回忆录》第 5 集,第 117、119－120 页)

△　梁启超致函徐勤,论述政治计划及孙、黄关系。

函称:现已拟定"用北军倒政府,立开国会,挟以抚革党,国可救,否必亡"。"天祸中国,糜烂遂至今日,夫复何言。使革党而可以奠国家于治安,则吾党袖手以听其所为,亦复何恤,无奈其必不能也。彼先有割据之心,不能乘机直捣北京,令彼有从容请外兵之余地,已为失计。今各国号称中立,然以吾所知者,则既磨刀霍霍以俟矣。就令目前幸免此难,及其成功之后,而所忧正有大者。"

有关革命党与武昌起义,梁启超以为"幸此次叛军非由中山发动,不纯然为种族革命","黄兴稍有运动之力,然非由彼主动,事权已不能出黄手,黄、黎龃龉,破裂之势一也。孙、黄不睦久矣,黄慓悍实行,而孙巧滑卷望,黄党极恨之。去年曾决议除孙名,赖有刘揆一者,谓方当患难之时,不宜内讧,授人口实,仅乃无事。今日彼此互相利用,而实有相仇之心,破裂之势二也。各省响应者皆煽动军队,而军队各有所拥戴,不能相下,破裂之势三也"。中国政治秩序一破之后,非数年不能勘定,卒让外国坐享渔人之利。"革命军杀尽满人之时,即中国瓜分之时也。夫痛恨满人之心,吾辈又岂让革党?而无如此附骨之疽,骤去之而身且不保,故不能不暂借为过渡,但使立宪实行,政权全归国会,则皇帝不过坐支乾修之废物耳。国势既定,存之废之,无关大计,岂虑其长能为虐哉?吾党所坚持立宪主义者,凡以此也。"(丁文江、赵丰田编:《梁启超年谱长编》,第 552－553 页)

康有为甚至称"所幸武汉之事,出自将军黎元洪,而汤化龙参之,皆士夫也,或可改为政治革命"。(丁文江、赵丰田编:《梁启超年谱长编》,第 557 页)在对外言论上,他拒不承认革命党在武昌起义中的主导作用。

△　英驻华公使朱尔典爵士致电外交部称,清政府似不可能妥协,"没有任何一位起义领导人被看成是整个革命党的代表。随

着斗争的发展,也许会出现某种调停机会。据说袁世凯有充分地自决权提出可诱使起义者放下武器的条款","在袁世凯到达汉口和革命运动的力量得到充分检验前,外国的调停是得不偿失的"。(《朱尔典爵士致格雷爵士电》,章开沅等主编:《辛亥革命史资料新编》第8卷,第95页)

10 月 30 日(九月初九日)　康德黎夫人来函,告知英国方面有人传话,如孙到英国,可安排与英国外交大臣爱德华·格雷会面。此外,她还写信给《泰晤士报》,抗议该报将孙及革命党称为"叛乱者"。然而,当孙中山抵英后,这位传话者并未能促成孙与格雷的会面。格雷请人转话给孙称:"请求容许这种外交上的沉默。"(邓丽兰编著:《临时大总统和他的支持者——孙中山英文藏档透视》,第85、86页)

△　《中华民国公报》假借其名,以"总统"之名刊发两件布告。

《中华民国公报》为武昌军政府机关报,本月16日出版。本日所发布告,虽借其名,实为查光佛撰,称:"往年本总统以民族主义提倡我中华全部,遂至捐弃家人,沉沦异域,投艰蹈险,虽屡濒于死而大声疾呼之气不少衰。然当时之应而和者,只会党一部分,余则犹尚酣睡沉醉而未醒。曾不几时,民族主义之进步日速一日。今则统中国皆国民矣,我鄂军代表竟首举义旗矣,我各省同胞竟同声响附,殆无不认革命为现今必要之举矣。同胞!同胞!何幸而文明若此也,此必我黄帝列圣在天之灵,佑助我同胞,故能成此兴汉之奇功,盖可以决满贼之必无噍类矣。虽然,本总统窃有不能已于言者,夫人无远虑,必有近忧,事不图终,曷克有济。倘行事或虎头鼠尾,而存心复狼顾狐疑;或生猜忌之私,自相鱼肉;或萌退缩之态,坐失事机,则后祸之来,何堪设想。所以曩者欲图大事,而往往功败于垂成者,其遗〔贻〕误大都如是也。今特布告我大汉同胞,共鉴前车,牢持来轸,再接再厉,全始全终,勿畏葸,勿偷安,勿事徘徊,勿相推诿。纵使百战百胜而勿骄,即令小败小伤而勿馁。凡我各省义军代表,同心戮力,率众前驱,效诸葛一生惟谨慎之行,守吕端大事不糊涂之旨。运筹宜决而密,用兵贵速而神,自能唾手燕云,复仇报国,直抵黄龙府,与同胞痛饮策勋,建立共和国,使异族帖耳俯首,此固本总统中心之所切切,而群策群力,实所望于同胞。"(刘望龄:《黑血·金鼓——辛亥前后湖北报刊史事长编》,第 263—264 页)

△　清朝开党禁。

先是,资政院于 27 日集汪荣宝等三数人讨论"弭乱策",议决三事:"一罢亲贵内阁,二将宪法交院协赞,三解除党禁",同日呈递。(韩策、崔学森整理,王晓秋审订:《汪荣宝日记》,第 310 页)本日,上谕:"资政院奏请速开党禁,以示宽大而固人心一折。党禁之祸,自古垂为炯戒,不独戕贼人才,抑且消沮士气。况时事日有变迁,政治随之递嬗,往往所持政见,在昔日为罪言,而在今日则为谠论者。虽或逋亡海外,放言肆论,不无微瑕,究因热心政治,以致逾越范围,其情不无可原。兹特明白宣示,特沛恩纶,与民更始。所有戊戌以来因政变获咎,与先后因犯政治革命嫌疑惧罪逃匿,以及此次乱事被胁,自拔来归者,悉皆赦其既往,俾齿齐民。嗣后大清帝国臣民,苟不越法律范围,均享国家保护之权利,非据法律不得擅以嫌疑逮捕。至此次被赦人等,尤当深自拔濯,抒发忠爱,同观宪政之成,以示朝廷咸与维新之至意。钦此。"此外,尚以宣统皇帝名义颁"罪己诏","期可挽回时局,以安人心"。(中国第一历史档案馆编:《光绪宣统两朝上谕档》第 37 册,第 280—281 页;爱新觉罗·载沣:《醇亲王载沣日记》,第 415 页)。据英驻华公使朱尔典称:"值得注意的是,大赦并未包括孙中山,孙氏无疑是整个叛乱运动的主要推动者,他有关这方面的积极表现,可追溯到 1905 年(按:应为 1895 年)的广州暴动。"(《朱尔典爵士致格雷爵士函》,章开沅等主编:《辛亥革命史资料新编》第 8 卷,第 112 页)

△　昆明新军起义,云贵总督李经羲逃走。11 月 1 日,新军协统蔡锷任大汉军政府都督。(曹亚伯:《武昌革命真史正编》,第 184—188 页)

△　清军第一军总统冯国璋到达汉口,命所部纵火焚烧市区,市内重要地区化为焦土。(《有吉驻上海总领事致内田外务大臣电》,邹念之编译:《日本外交文书选译·关于辛亥革命》,第 15 页)11 月 9 日黄兴致函袁世凯,谴责冯部火烧汉口,又谓"人才原有高下之分,起义断无先后之别",以拿破仑、华盛顿相期许,敦促反正。(《致袁世凯书》,湖南省社会科学院编:《黄兴集》,第 81－82 页)

10 月 31 日(九月初十日)　电告咸马里,如得财力支持,绝对能控制局势。

函谓:"伦敦隆福伊旅馆咸马里:黎元洪的宣言是难以解释的,突然成功可能助长其野心,但他缺乏将才,无法久持。各地组织情况甚好,都希望我加以领导。如得财力支持,我绝对能控制局势。在我们到达之前,不可能组成强有力的政府,因此贷款是必要的。"(《致咸马里电》,《孙中山全集》第 1 卷,第 544 页)

△　南昌新军起义,江西巡抚冯汝骙以下大员逃走。次日,吴介璋被推为江西都督。(彭程万:《江西光复和光复后的政局》,中国人民政治协商会议全国委员会文史资料研究委员会编:《辛亥革命回忆录》第 4 集,第 305－306 页)

是月(八月下旬至九月上旬)　接见法国记者,对国内革命形势及前途予以估计。

据称,近日与法国朝日新闻驻美访员谈论中国革命形势,"孙曰:吾敢谓斯举当有成矣。曾徧访在美各团体同人,其所报告中国近今消息,而知□□□□①在旦夕间矣。于武汉已占有绝好地位,不啻已为扬子江主人,由此渐进,以取险要,自可得手。但必在汉口之北二百基罗迈当大战一次,以决雌雄,而后定□□之命运。自经此次战后,凡见好于□□者,其意向已多变易,使下次更获大胜,则凡有新知识者,当已尽赞同。且我有干练敏捷之人,散处重要之地,使号令一

---

①　《孙中山年谱长编》:"原件如此。复按文义,此处似为'满洲政府'。以下各处,则应为'满洲'或'满虏'。"(陈锡祺主编:《孙中山年谱长编》上册,第 567 页)

发,即可响应。今之所言,虽未决定,然已筹之熟矣。访员曰:尔何以能组织国民至此耶? 孙曰:吾在少年凡遇刑戮之事,必亲往观,因与被刑之家属交接,吾见此等家属皆有革命之念,且群怨政府之黑暗,官吏之舞弊。吾乃亟思除去之。然于初次举动,竟无效力。又尽力以谋者五年,至于不得不逸而离祖国,于是有悬赏以购吾头者,吾想今此头颅当益增价值矣。吾以此时刻慎防之,常作欧、美之游历,而经验与智识日进,今吾驱除稗政之心日益迫切矣。吾故有家资,因得遍游各地,以交通集资赞助之各会,各会之中,以在美华人所组织之规则最为精密。曩以吾主义为过高者,今则亦多从我,更有至贫困之人,亦樽节其用以助吾事者。苟有机会,吾当返国,将来如何措施,斯时不复可言矣。访员又曰:君此事果有成,则他日即以此手段排外乎? 孙曰:吾等同志及国中有新知识者,皆深明责任,且知文明来自西方,无论立宪主义、自由主义,皆借取于英法义美诸国,吾国民深负文明债于西方也。故目前举动惟对于□□而已。至一切外交,决无意外冲突。吾意拟于他日试行联邦之中国,另设中央之上、下议院,统筹全局。其于财政,决不令贪婪之吏执掌之。添设公立学堂,并图城市之改革、军事之改革、人民等级之改革,为最大之结束。此次若幸有成,当暂立军政府,然不久即许行自治。至若妇女,亦必令享有应得之权利,则家族亦大可改良也。苟吾革命之旗,飘扬于北京城内,则吾族之新花重发矣"。(《驻美使馆书记生周本培报孙中山与法记者谈话记录》,《历史档案》1985 年第 1 期)

　　△　湖北共进会鄂部总会志愿书,申明报孙中山注册。内称:"谨祈本会参谋长宋教仁保送,本会总理刘公承认,本部特派员谭人凤申报军政府大总统孙中山注册。"标注黄帝纪年①。(《中西日报》1911 年 11 月 17 日,《中山大学学报》1979 年第 4 期)

---

　　① 《孙中山年谱长编》:"《辛亥武昌首义史》第 103 页,述此'愿书'恐系某人事后杜撰,不可能是共进会当时的文件。"(陈锡祺主编:《孙中山年谱长编》上册,第 568 页)

11 月

11月1日（九月十一日）　电告咸马里："黄兴将军已安抵汉口。形势大有改善。明日可能乘毛里塔尼亚号（出发）。"（《致咸马里电》，《孙中山全集》第1卷，第546页）

△　离美之前曾发表一通"对外宣言"。

武昌起义后不久，各国驻京代表收到由旧金山邮出的革命党人宣言文本三份。在以其名义发表的第二份宣言中，阐明中国革命党人在其活动中所要遵循的原则："一、革命政府将承认条约中确定下来的外债数额，应付的利息以及预定的用途。二、革命政府不承认清政府违反上述条款规定的、非国家急需的外债。三、革命政府考虑到外国贷方的利益，要求各国代表预先通知曾向清政府贷款的资本家，及时取得革命政府对他们贷款事项的许可证。四、革命政府要求各国代表告谕各该国领事、传教士及其他国民：革命政府将采取一切措施保护他们的生命和财产安全，违令者将受到军事法庭的制裁。五、革命政府向各国代表重申：它将万分感谢予以帮助的一切国家，俟新政权建立，将力求与其建立友好邦交。六、待联邦共和政体建立，中央政府将与各国签订新的贸易条约，和建立友好邦交，消除一切误解与冲突事端。""在这个宣言中提到，对真正援助民国的国家，将给予种种优惠和荣誉。"①([苏]齐赫文斯基:《孙中山的外交观点与实践(1905—1912)》,《国外中国近代史研究》第 4 辑)

△ 宫崎寅藏所撰《孙逸仙是一个大人物》在日本《中央公论》第11 号上发表,文中称"其学问,其识见,其抱负,其胆力,其忠诚,其操守,无论何点,皆优于现代所有的日本人。即令犬养木堂,亦仅在十余年如一日以全苦节之一点上可与彼媲美。后世之史家若以成语比喻孙逸仙,吾以为当用'其仁如天,其智如地'之一语"。([日]近藤秀树编、禹昌夏译:《宫崎滔天年谱稿》,《辛亥革命史丛刊》第 1 辑;[日]宫崎龙介、小野川秀美编:《宫崎滔天全集》第 1 卷,第 504 页)

同期《中央公论》刊载一系列日本各方对孙中山的评论文章。西本愿寺中国布教僧水野梅晓撰《孙逸仙在长江一带的声望》,称作者在过去三年间,游历中国湖南、湖北及江西三省时,江西学生向他打听孙的近况,并称"他是拯救汉人的大人物。舍他,没人拯救我们汉人"。在清军中,一位毕业于日本陆军士官学校的军官称:"长江一带,民族主义思想风起云涌,他们都崇仰孙逸仙,并愿在他手下为达成汉民族的独立而奋斗。"湖北政界中热衷于地方自治的少壮派政治家认为"真正能够救清国,为汉人谋幸福的,说实在话只有孙逸仙其人"。"湖北的政界,把孙逸仙几乎当作神来尊敬。"孙在湖南,"声望

---

① 《孙中山年谱长编》:"按 1911 年 11 月 16 日上海《民立报》译载香港《南清早报》所刊《孙汶通告各国书》,与上引宣言多所不同,内容如下:'我辈中华之国民也,愤满政府之残戾,用是特起雄师与孽种战,务祈(期)推翻恶劣之政府,驱除暴戾,而建立共和国;与各友邦共结厚宜,使世界享和平之幸福,而人类跻于太平之境域,此余终日孜孜以求者。今仅宣告微意如左。一、满政府于我军起事以前与各国所有之条约,皆作为有效,至该政府倾覆之时为止。二、于我军未起事之前满政府所借之外债,一概承认偿还,决无改议,将来以海关税款抵赔。三、满政府于我军未起事之前关与各国之租界,一律保全。四、居留中国之外人及其财产,担任切实保护。五、满政府于我军起事以后与各国所订开之条约、租界及借款,一概永不承认。六、各国如有助满政府以攻我军者,即视同敌人。七、各国如有以军械供给满政府,一经查获,即行充公。'(《民立报》1911 年 11 月 16 日)以上七条与 10月 23 日英国公使致外交大臣格雷之附件戊相同,系 10 月 12 日鄂军都督黎元洪致各国驻汉领事照会之具体条款,惟前言不尽同。(见《中国近代史资料丛刊·辛亥革命》第 8 册,第 308—309 页)"(陈锡祺主编:《孙中山年谱长编》上册,第 570 页)

之高,以及革命风潮在此地之盛,实在惊人","连一般劳动者都希望革命成功,剪掉头上的辫子"。因此,"我旅行长江一带,发现学界、军界、政界,而至于贩夫走卒,都具有革命思想,尊敬孙逸仙如神如救星是事实。由于我不认识孙逸仙,所以就不敢论其人物,但我相信,孙逸仙这种声望、受尊敬,绝非来自策略,而当是孙逸仙的天爵和天位"。

小川平吉所撰《深沉大度的人物孙逸仙》称"不管遇到何种困难和迫害,九死一生,他都不屈不挠,不变初衷"。他东奔西走,纠合同志,终于达成其推翻满清、建立民国的目的,"据我个人的见解,日本没有像孙逸仙这样伟大的人物"。

然而,亦有负面评论,如大隈重信的《孙文并非大人物》一文,以及覆面道人的《孙逸仙外强中干》一文。此外,本月出版的《新日本》中亦有《乘机得手的绝好机会》一文,对孙颇有贬损。(段云章编著:《孙文与日本史事编年(增订本)》,第215—216页)

△　清朝皇族内阁辞职,任命袁世凯为内阁总理大臣。

继开党禁、袁世凯复出之后,梁启超拟起程返国,持"和袁、慰革、逼满、服汉"八字方针。在他看来,"此次政治革命之成功,颇出意外也。惟拨乱反治之大业,终未能责诸旦夕,非躬赴前敌,难奏全功。幸资政院已握一国实权,而议员大半皆同志,仆此行必当有所借手也"。后赴东北,又欲入都,且称"吾无论如何险难,必入都。都中若忽有他变,无论何国使馆皆可暂住","入都后若冢骨(即袁世凯)尚有人心,当与共勘大难,否则取而代之,取否惟我所欲耳。若天子已下堂,则又别论也"。最终在沈阳见熊希龄后,即返日本。(丁文江、赵丰田编:《梁启超年谱长编》,第558—559页)

11月2日(九月十二日)　离纽约赴英国。(《致吴稚晖函》,《孙中山全集》第1卷,第546页)

△　湖北军政府举行紧急会议,由黄兴报告军情,推黄兴为中华民国军政府战时总司令。翌日就职,即赴汉阳,指挥保卫战。(李书

城:《辛亥前后黄克强先生的革命活动》,中国人民政治协商会议全国委员会文史资料研究委员会编:《辛亥革命回忆录》第1集,第187-188页;曹亚伯:《武昌革命真史正编》,第221、223-224页)

11月3日(九月十三日)　清政府颁布宪法十九信条,规定"大清帝国皇统万世不易","皇帝神圣不可侵犯",但为缓和国内革命情绪,也在政治上作了一些让步。

第一条:大清帝国皇统万世不易。第二条:皇帝神圣不可侵犯。第三条:皇帝之权以宪法所规定者为限。第四条:皇帝继承顺序于宪法规定之。第五条:宪法由资政院起草议决,由皇帝颁布之。第六条:宪法改正提案权属于国会。第七条:上院议员由国民于有法定特别资格者公选之。第八条:总理大臣由国会公举,皇帝任命;其他国务大臣由总理大臣推举,皇帝任命。皇族不得为总理大臣及其他国务大臣并各省行政长官。第九条:总理大臣受国会弹劾时,非国会解散即内阁辞职;但一次内阁不得为两次国会之解散。第十条:陆海军直接皇帝统率;但对内使用时,应依国会议决之特别条件,此外不得调遣。第十一条:不得以命令代法律;除紧急命令应特定条件外,以执行法律及法律所委任者为限。第十二条:国际条约非经国会议决,不得缔结;但媾和、宣战不在国会期中,由国会追认。第十三条:官制官规以法律定之。第十四条:本年度预算未经国会议决者,不得照前年度预算开支。又预算案内既定之岁出预算案外,不得为非常财政之处分。第十五条:皇室经费由国会制定之。第十六条:皇室大典不得与宪法相抵触。第十七条:国务裁判机关由两院组织之。第十八条:国会议决事件由皇帝颁布之。第十九条:以上第八、九、十二、十三、十四、十五、十八各条,国会未开以前,适用于资政院。(劳祖德整理:《郑孝胥日记》第3册,第1364-1365页)

针对"十九信条",上海某报拟南北议和二十二条,假称是经清朝内阁会议决定、清廷批准,作为唐绍仪南下议和的条款:一、大清帝国改号中华联邦共和国。二、大清皇帝改号中华联邦共和国王。三、各省改为中华联邦,组织共和政府;蒙古、青海、西藏亦在其内。四、由各省选举议员组织上、下两院,公选大总统作行政机关。五、国王及大总统之岁俸由国会议定,但其额务从优厚。六、满、蒙、汉各旗特权一律废除。七、行政之权统归大总统总揽,国王属宪法上特别地位,不得干预政事。八、满、汉人权利全为平等。九、国王例为世袭,但大总统以四年为任期。十、国王及大总统之待遇共为同等。十一、国王所自使用之人得由国王任用,惟此项人员与政事无关系。十二、国王为万世一系。十三、如有加害于国王或谋危害国王者,皆处死刑。十四、除大总统外,所有国民皆为臣民。十五、国王及大总统均受同等之尊称。十六、凡与国王为敌之国家或其君主或大总统,吾大总统亦视之为仇敌。十七、国会为立法机关,无论大总统及国王均不得干预。十八、司法机关为独立,归裁判所管辖。十九、宣战、媾和及缔结国际条约并颁布法律等权,操自大总统。二十、宪法上关于国王权限事宜之改订,须候国王同意。二十一、宪法之改订专由国会决议。二十二、除以上各款外,资政院已表决的信条均采用。(劳祖德整理:《郑孝胥日记》第 3 册,第 1370—1372 页)

后来,袁世凯称"此次议和不成,因'十九信条'颁布太早,民权之予畀太易,致使民党要求不留余地,虽虚君政体亦不承认,除要求君主退位,别无条件"。(劳祖德整理:《郑孝胥日记》第 3 册,第 1379 页)

11 月 4 日(九月十四日)　光复会李燮和与同盟会陈其美在上海发动起义。翌日,革命党人在南市教育会开会,举陈其美为沪军都督。6 日,李燮和率所部在吴淞称吴淞都督。(章天觉:《回忆辛亥》,《辛亥革命史丛刊》第 2 辑)两部不合,后陈其美相继派刺客暗杀光复会会员、镇江军政府参谋陶骏葆及光复会副会长陶成章。(胡国枢:《光复会与浙江辛亥革命》,第 246 页)

△　贵州独立,设大汉军政府。杨荩诚、赵德全为正副都督。(周素园:《贵州民党痛史》,中国史学会主编:《辛亥革命》第 6 册,第 445—448 页)

11 月 5 日（九月十五日）　蒋介石奉陈其美之命率敢死队至杭州举事，俘浙江巡抚增韫，旋推新军周承菼为浙军总司令，9 日选汤寿潜任浙江军政府都督。（黄元秀：《辛亥浙江光复回忆录》，《辛亥革命浙江史料选辑》，第 516—519 页）

△　苏州独立，原巡抚程德全任都督。（郭孝成：《江苏光复纪事》，中国史学会主编：《辛亥革命》第 7 册，第 5—6 页）

△　安徽寿州、颍上相继独立。（邹鲁：《中国国民党史稿》，第 948—950 页）

11 月 6 日（九月十六日）　清军第六镇统制、革命党人吴禄贞，新授为山西巡抚。在娘子关与山西都督阎锡山会晤，决定组织燕晋联军进行反清，返回石家庄后，当晚遇害。（曹亚伯：《武昌革命真史正编》，第 235 页）

△　章太炎致电沪军都督陈其美，称"探悉大革命家孙君逸仙已于前日乘船回国，不日即可抵埠。请贵处派员妥为招待，以便与之协商北伐攻宁之策，俾得早定大局，以苏民困"。（汤志钧编：《章太炎年谱长编》上册，第 360—361 页）

△　清官员①提议"现惟有起汪兆铭，与推诚细商办法，派赴革军，融洽一切。此人素为该党所信任也，理解沉细，不尚意气，必能挽回大局"。清政府以党禁既开，释放汪精卫、黄复生、罗世勋等人，发往广东，交张鸣岐差委。（《谕旨》《致东三省总督赵尔巽电报》，中国第一历史档案馆等编：《清宫辛亥革命档案汇编》第 67 册，第 364 页；第 68 册第 32—33 页）

11 月 7 日（九月十七日）　广西独立，原巡抚沈秉堃为都督，王芝祥、陆荣廷为副都督。后沈王"援鄂"离桂，陆任都督。（李任仁：《同盟会在桂林平乐的活动与广西宣布独立的回忆》，中国人民政治协商会议全国委员会文史资料研究委员会编：《辛亥革命回忆录》第 2 集，第 463—465 页）

---

①　据称，时任资政院议员的汪荣宝较早提议释放汪精卫。（芸生：《忆汪衮甫先生》，《国闻周报》第 10 卷第 30 期）

11月8日（九月十八日）　法英德美四国银行团在巴黎东方汇理银行开会,会议关于清政府贷款的申请,通过决议:1. 由于目前中国局势不明朗,银行团暂不接受清政府财政援助的申请;2. 银行团不接受以湖广合同名义要求汇款的申请,除非证实北京有一个可信赖的政府,并与之打交道;3. 银行团不在货币改革借款合同名义下提供更多贷款或支付款,直到证实中国有可信赖的政府。(《1911年11月8日在巴黎东方汇理银行召开的法英德美银行团会议记录》,章开沅等主编:《辛亥革命史资料新编》第8卷,第97页)

　　△　外务部照会英公使等迅饬驻沪领事扣留革命党运进的大宗军火。

　　外务部接报,"革命党在外国订购廿四生的、十五生的要塞炮及机关炮等,约一礼拜后可运到"。"查前项军火及该党在外洋购买他项军火,必是由上海进口,现在各国已注意维持上海公安,自未便听该党接济军火,更滋扰乱。"特照会各国驻京大臣迅电饬驻沪各国领事团,如有此项军火入境,即行扣留。(《外务部致英公使等照会》,中国第一历史档案馆等编:《清宫辛亥革命档案汇编》第68册,第73页)

　　△　镇江独立。原十八协营官林述庆任都督。南洋海军舰支十二艘由上游来,经晓以利害亦起义,由原统领宋文翙任海军总司令。(许崇灏:《记镇江独立及克复南京之事实》,曹亚伯:《武昌革命真史正编》,第247—248页;张怿伯:《海军辛亥革命纪实》,中国人民政治协商会议全国委员会文史资料研究委员会编:《辛亥革命回忆录》第6集,第105页)

　　△　福州新军起义,次日占领福州,总督松寿自戕,将军朴寿被杀,10日原新军统制孙道仁被举为都督。(刘通:《辛亥福建光复回忆》,《文史资料选辑》第2辑,第154—164页)

11月9日（九月十九日）　广东独立。当时陈炯明、王和顺起义于东江,附省及省外各处纷纷起事,李准通款投降。8日晚,张鸣岐匿沙面,各司道、一府两县俱逃。是日,绅商各界代表在谘议局开会,选胡汉民为都督,胡到省前,由蒋尊簋任临时都督。(邹鲁:《中国国民

党史稿》,第 956—959 页)

△ 安徽省城士绅促巡抚朱家宝援苏抚程德全例宣告独立,袁世凯亦电朱"宜顺应时势,静候变化"。是日,朱家宝宣告安徽独立,自任都督。(孙传瑗:《安徽革命纪略》,中国史学会主编:《辛亥革命》第 7 册,第 180—188 页)

△ 袁世凯所派代表道员刘承恩、海军正参领蔡廷干抵武昌,与黎元洪会谈。

先是,10 月 19 日,袁世凯电召幕客刘承恩自襄阳赴彰德,令其利用与黎元洪之旧谊,代为游说。刘通过张伯烈(由京返汉之湖北争路代表)转告黎,谓袁可与革命军合作,不久当可和议。(梁钟汉:《我参加革命的经过》,中国人民政治协商会议湖北省委员会编:《辛亥首义回忆录》第 2 辑,第 26 页)此为袁氏首次传出和议信息。刘复多次函黎,但均未达黎手。迨黎收刘氏 10 月 29 日函后,"问大家应如何答复,一般同志均主张置之不理"。(曹亚伯:《武昌革命真史正编》,第 174 页)袁自彰德南下督师,又亲函致黎,"诱降民军"。(李西屏:《武昌首义纪事》,中国人民政治协商会议湖北省委员会编:《辛亥首义回忆录》第 4 辑,第 52 页)

是日,刘承恩、蔡廷干至武昌,提出和平方案,要求承认"君主立宪",与黎元洪代表汤化龙等议和。黎致袁世凯信函,由刘、蔡带去。(曹亚伯:《武昌革命真史正编》,第 263—267 页)此为南北议和正式开始接触。据蔡廷干返回北京后对莫理循所述,黎函后由袁世凯交给摄政王,"这封信措辞激烈、苛刻、傲慢,用无比激烈的词句表示了再也不让清廷在中国大地上为害的决心,谴责清廷将国家引入屈辱的境地;称颂袁世凯,谴责皇室对袁世凯的待遇;但是保证如果皇帝逊位,将得到年金和体面的待遇"。对于孙中山在武昌起义中的作用,"蔡廷干说,在武昌时他曾问孙中山在这场革命中起了什么作用?人们告诉他,孙中山在起义中没有起任何作用,起义纯粹是军事行动。与蔡廷干会见的革命者以几分蔑视谈到他不过是一个革命的吹鼓手,没有参加过任何实际行动,为了保住性命总是躲到一边。他们说尽管在日本受过训练的人当中有一些曾是孙中山的党人,但不能说孙中山在当前这场革命中起过任何作用"。(《蔡廷干上校来访接谈记录》,[澳]骆惠敏等编校:《清末民初政情内幕——〈泰晤士报〉驻北京记者袁世凯政治顾问乔·厄·莫理循书信集》上卷,第794、795页)

11月11日(九月二十一日)　抵伦敦①。

来英国目的,据自述称:"到英国时,由美人同志咸马里代约四国银行团主任会谈,磋商停止清廷借款之事。先清廷与四国银行团结约,订有川汉铁路借款一万万元,又币制借款一万万元。此两宗借款,一则已发行债票,收款存备待付者;一则已签约而未发行债票者。予之意则欲银行团已备之款停止交付,于未备之款停止发行债票。乃银行主干答以对于中国借款之进止,悉由外务大臣主持,此事本主干当惟外务大臣之命是听,不能自由作主也云云。予于是乃委托维加炮厂总理②为予代表,往与外务大臣磋商,向英政府要求三事:一、止绝清廷一切借款;二、制止日本援助清廷;三、取消各处英属政府之放逐令,以便予取道回国。三事皆得英政府允许。予乃再与银行团主任开商革命政府借款之事。该主干曰:'我政府既允君之请而停止吾人借款清廷,则此后银行团借款与中国,只有与新政府交涉耳。然必君回中国成立正式政府之后,乃能开议也。本团今拟派某行长与君同行归国,如正式政府成立之日,就近与之磋商可也。'时以予在英国个人所能尽之义务已尽于此矣,乃取道法国而东归。"(《建国方略》,《孙中山全集》第6卷,第245—246页)

抵伦敦后住佛里街萨福伊旅馆,旋访吴稚晖,未遇,留函约晤,内

---

①　孙中山抵伦敦日期,《国父年谱》记为九月初(十月下旬),《孙中山年谱》记为11月10日(九月二十日)。《孙中山年谱长编》据《孙中山全集》定作11月11日(九月二十一日)。(陈锡祺主编:《孙中山年谱长编》上册,第574页)

②　有学者指出,此"维加炮厂经理"似即14日受委托会见格雷之马克沁枪厂主人道生(T. Dawson)。(陈锡祺主编:《孙中山年谱长编》上册,第575页)

谓：“弟今午从美抵英，行动主极端秘密。今晚8点到访，闻先生与张君出外，不遇为怅。明晚此时（8点）再来访，请留寓一候为幸。”“近日中国之事，真是央央〔泱泱〕大国民之风，从此列强必当刮目相看，凡我同胞，自为喜而不寐也。今后之策，只有各省同心同德，协力于建设，则吾党所持民权、民生之目的，指日可达矣。”（《致吴稚晖函》，《孙中山全集》第1卷，第546页）

　　△　英国独立工党秘书致函英外相称：独立工党近期召开会议，通过决议：“我们十分同意，中国人民正在奋斗，从事民主立宪，我们祝他们得到充分而完全的成功，并相信英国政府不会采取任何举动，去妨碍中国人为实现比较合乎现代化理想的政府所作的努力。”[1]（《英国独立工党秘书霍尔姆斯致格雷爵士函》，章开沅等主编：《辛亥革命史资料新编》第8卷，第99页）

　　△　熊希龄致函赵凤昌，建议独立各省速组织临时政府，作为统一机关。

　　函谓：在外交上，“各省虽皆宣告独立，然均属响应，实未能有统一机关。存亡绝续之交，必须组织临时政府，方得外交团之承认”。在财政方面，非有筹统一财政之法，民军亦不足以支持。此外，“东三省本国家政府之附属品，有连带之影响，国家政府无论为新为旧，而东三省均视之以卜安危”，若新旧政府交替不及时，东三省无以抵制日、俄两强。（国家图书馆善本部编：《赵凤昌藏札》第10册，第465—468页）

　　赵凤昌遂告某公转告各处：“业经宣告独立之各省，宜商议组织临时政府”，统一外交行动，各省军政、财政宜互相联络，“务使长江一带布置完密，可守可战，为进规北方之计”。（国家图书馆善本部编：《赵凤昌藏札》第10册，第462页）

　　12日，为江、浙二省都督府代表雷奋、沈恩孚、姚桐豫、高尔登四

　　①　有学者认为，此函适值孙中山抵伦敦当天呈递英外相，似为孙预先动员他英国朋友运作的结果。（黄宇和：《中山先生与英国》，第304页）

人即致电各省都督府、谘议局(无都督府者,只电谘议局),请派代表赴上海,商组临时政府①。

电谓:"鄂省起义一月以来,各省响应,现在光复省分已十有四,尚无结合办法。外交迫逼,对外举动,急须统一。"各省即设政府,应派代表仿美国独立后第一、二次会议筹划结合办法,"即将来国体政体根本计议,亦有联络之道"。当下国际交涉为急务,故联合之地以上海为便,江浙两省公推伍廷芳、温宗尧为临时外交代表,以便与外交团正式交涉。各省乞即日派员到沪,或先电致各省在沪人士加以委任,令其暂行代理。(国家图书馆善本部编:《赵凤昌藏札》第 10 册,第 498—503 页)

11 月 12 日(九月二十二日)　晤吴稚晖,开始在伦敦开展寻求贷款等项活动。

据吴稚晖《留英日记》,他于 11 日晚"回寓所看到国父留下的信条,第二天晚上便在寓所等候,国父果然再度来访。'纵谈以往筹款接济革命经过,研究将来建设国家大计。并商请先生(按指吴氏)每日至旅社,为其处理文件,故嗣后先生每日均与国父晤见。当时国父与国内来往函电,由先生与李晓生为之传递处理,文稿中大部为先生手笔。'国父在伦敦停留十天,邀请吴稚晖权充临时秘书,协助处理中文的文书事宜,英文文书则请薛仙舟协助"。(项定荣:《国父七访美檀考述》,第 263 页)

抵伦敦后,当地英文报载华中革命军多用五色旗,大不以为然,急欲纠正,遂走访吴稚晖计议,一方面通过国内各省更正,并手绘青天白日旗,在伦敦城东唐人街悬挂。同时手绘青天白日国徽,存吴稚晖处。(李纾:《辛亥年间同盟会员在伦敦活动补录》,《史学月刊》

---

①　关于此电缘起,另有一说:"11 月 10 日,黎元洪通电独立各省组织临时中央政府。(《武昌革命真史》正编,第 262 页)江、浙二省尚未收到黎电,于 11 日联合致电沪军都督陈其美,倡各省公举代表赴沪开会,陈赞许,故有 12 日之电。"(陈锡祺主编:《孙中山年谱长编》上册,第 575 页)

2001 年第 6 期)

△　汪荣宝、杨度等人在天津商议组织"国事共济会"。

11 月 12 日,汪荣宝与杨度商议发起国民议会,决定先组织一团体,名"国事共济会","由会中提出一陈请书于资政院,请召集国民议会,解决近日纷争之问题"。(韩策、崔学森整理,王晓秋审订:《汪荣宝日记》,第 315 页)后由汪精卫与杨度出面组建"国事共济会",以保持全国领土(各省及各藩属)的统一,调和君主立宪、民主立宪之分歧为宗旨,主张南北停战,召开临时国民会议,解决政体问题。参与其事者,还有汪荣宝、黄为基、范源濂、陆宗舆、李焜瀛、李煜瀛、李景和、李景圻、江翊云、金邦平、林志钧、章宗祥等人,包括君主立宪党和民主立宪党两派。除天津外,奉天、吉林亦成立分会。主张君主立宪的国事共济会成员先后向资政院、内阁陈情主张,未果。该会民主立宪党成员向南方革命政府陈情,亦未获结果。国事共济会两面碰壁,遂于 12 月 4 日发布解散宣言书。该会虽然解散,但其主张以国民会议表决国体政体成为南北议和的重要议案,也是清政府和民党持续争执的焦点;其成员也介入南北和谈,并发挥作用。(桑兵:《辛亥国事共济会与国民会议》,《近代史研究》2015 年第 2 期)

《民立报》对国事共济会攻击称:"近闻北京共和党人汪兆铭与立宪党人杨度组织共济会,欲各省派代表至京,议决君主、民主两大问题。记者闻之而疑,以为或舆论猜测之辞,不必见有实事。而今复见其布告书及草章,始知北京党人竟有此无聊之举动。其根本上见解已属荒谬无理。"该评论认为"今后之中国,为君主,为民主,尚欲开议解决耶?"该会之成立,意欲消弭南北之战祸,"然所谓消弭战祸者,岂在君主、民主两问题之解决哉,亦不过曰共和目的达,则战祸弭;共和目的一日不达,则战祸一日不得弭而已。在京党人既恐战祸之延长,即当于各种方面尽力使共和目的早日得达","甚望吾全国同胞不承认此种荒唐之共济会,而并力于共和之建设,使君主之不祥物,永远不存留于二十世纪之新中国"。(血儿:《无聊之共济会》,《民立报》"社论",

1911 年 11 月 22 日）

  武昌起事后,国家应建立何种政体,再次引发争议。针对此前孙中山在《革命方略》中规划的政体问题,各派人士或隐或显提出异议。梁启超作《新中国建设问题》①,剖析中国应择何种政体为宜,对联邦国体与单一国体、六种不同共和政体详分缕析。他主张采用单一国体,至于政体的选择,"必以民众意向为归,民之所厌,虽与之天下,岂能一朝居？呜呼！以万国经验最良之虚君共和制,吾国民熟知之,而今日殆无道以适用之,谁之罪也？""夫民主共和制之种种不可行也既如彼,虚君共和制之种种不能行也又如此,于是乎吾新中国建设之良法殆穷。夫吾国民终不能以其穷焉而弃不建设也,必当思所以通之者。吾思之思之,既竭吾才矣,而迄未能断也。吾只能尽举其所见,胪陈利病于国民之前,求全国民之慎思审择而已。夫决定一国建设之大问题,惟全国民能有此权,决非一私人所能为役也。若曰一私人应出其意见,以供全国民之参考乎,则吾待吾再苦思有得,乃更以献也。"（梁启超:《新中国建设问题》,《法政浅说报》第 27—28 期）

  11 月 14 日（九月二十四日）　委托英马沁机枪(Maxim)制造厂主人道森(Sir Trevor Dawson of Vickers,Sons and Maxim)会见英外相格雷,表示希望联合英美。

  在抵伦敦前,已由咸马里在伦敦活动,寻求政治支持人。后咸马里与道森相谈,道森认为孙将为未来中华民国大总统,故企盼他能订购若干武器及军火,故愿受托与英国政界联络。（吴相湘编撰:《孙逸仙先生传》下册,第 983—984 页）

  本日,道森会见英外相格雷,呈送一份由孙中山与咸马里 11 月

---

  ①　关于此文的发表时间,《梁启超年谱长编》记为本年"九十月间发表",或不确。作者自注作于"辛亥九月"。现所见最早于天津《大公报》1911 年 12 月 28 日开始连载,后《法政浅说报》第 27、28 期进行刊载（1912 年 1 月 9 日、1 月 19 日）、沈阳《盛京时报》1912 年 1 月 26 日开始连载。

13日签署的短笺,希望成立一盎格鲁撒克逊联盟。内称:革命党希望与大英帝国及美利坚合众国结成联盟,现通过美参议员鲁特(Root)与诺克斯,与美国政府作亲密接触。咸马里将军现为参谋总长,专对孙中山负责。目前中国现有二十一师新军,其中十二师在其掌握下,三师为敌对者,六师为中立者。有三至四万名受过最高教育的中国学生誓愿为孙效命,几个秘密会党的三千五百万人亦宣誓为革命党效命,推举孙中山为总统。他期望英国政府的友谊与支持,愿意接受一名英国官员担任参谋,听取英国政府的意见。一旦他的政党获取政权,而他担任总统——相信已成定局,届时将与英、美政府签订优惠国家条约。他将聘请英国海军官员,依照他的命令,训练指挥新中国海军。至于中国与日本达成的任何协议,亦照英国政府的建议行事。

此短笺之外,还附上三份中国国内致孙中山归国担任领导人的电报。

道森向格雷另示一则孙中山的声明,希望英政府能同意使其得到贷款一百万镑,又谓可向华盛顿方面调查,当能确知他与美国参议员鲁特及诺克斯的友谊。

格雷对道森称:"我们不可能插手中国革命事业,且亦不信诺克斯参议员正如此为之。曾有人问我对有关贷款给满清政府之意见——该政府系与我国有正式关系者①——我答称目前似不宜贷款给中国政府。鉴于此,本人尤其认为不宜贷款给中国革命领导者。我们一向极为审慎,迄未资助任何一方,因为支持任何一方,皆可能导致另一方的中国人产生排外暴动,而此乃中国革命至目前幸能自由的原因。"格雷希望中国"终能建立一个使中国强大起来之政府,能够处理万事,免于外国干涉。此一政府不但能为我们所承认,且能获得我们的友谊及一般性的支持,我们但愿见到强大

---

① 即日本。

而维持通商门户开放之中国政府,并不在乎此政府由何人组成。不过,袁世凯乃是我们所敬重之反革命的好官,我们相信,在满清政府未将他解职前,中国在他领导下是有进步的"。格雷同意道森将此看法转告孙中山,"不希望我被误认为接见他,是专为了解有关孙中山之事,但我不反对他向人表示他已来见过我,而知道我大致之见解"。(《格雷爵士致朱尔典爵士函》《道森先生交麦肯纳君之短笺(关于孙逸仙博士和荷马李将军)》,章开沅等主编:《辛亥革命史资料新编》第8卷,第102—104页)

　　△ 摄政王载沣于勤政殿召见袁世凯。袁称:"此次乱党起于鄂,其宗旨在改革政治",故各省响应,自朝廷下罪己诏、开党禁、组织责任内阁之后,革命党人已首先宣言停战,"若朝廷体恤民意,立即召集国会,实行宪法,各省变乱将消弭,故"欲消弭此巨乱,惟须立即召集国会"。(《摄政王载沣召见时之奏对》,骆宝善、刘路生主编:《袁世凯全集》第19卷,第49页)

　　△ 袁世凯原定次日下午会见英驻华公使朱尔典,其子袁克定于本日提前来见,称:"他父亲原本希望挽救清廷,现在却似乎已再不可能扮演此一忠贞角色,不知究竟应采取何种路线,实在极感困惑",中国民意要求废除王朝,湖北革命党人已促请袁出任中华民国总统,相信上海、广州及其他革命党人亦会予以支持。在废弃王朝制度后,拟在热河或蒙古安置清朝皇族。袁希望在清廷下成立立宪政府,但遭到唐绍仪及其他旧友的反对。朱尔典称:"最好的解决办法是,保留满清王朝作为国家的象征元首,而同时如所承诺地作立宪的改革。共和体的政府在我看来仍不适合于中国,而是一项冒险的尝试。"袁克定称革命党人拥袁为统治者,"可能被拥立为皇帝,而共和可能只是个过渡阶段"。并请将此事秘密转告美使。(《朱尔典爵士致格雷爵士电》,章开沅等主编:《辛亥革命史资料新编》第8卷,第100—101页)

　　袁克定又派同盟会员朱芾煌为代表赴武汉,欲与黄兴有所接洽。清军第一军总统冯国璋不明真相,执朱;袁克定驰书营救,获免①。(胡适:《跋中央研究院历史语言研究所〈藏毅军函札〉中的袁克定给冯国璋手札》,吴相湘主编:《中国现代史丛刊》第1册,第2—4页)

据英国驻华公使朱尔典报告外交大臣格雷,英国驻汉口总领事葛福介入南北两方"居间调停进行谈判",是在11月26日朱尔典会见袁世凯之后。(胡滨译:《英国蓝皮书有关辛亥革命资料选译》上册,第207页)11月28日莫理循致达·狄·布拉姆函,称此际"朱尔典爵士几乎每天见到袁世凯,而袁世凯的机要秘书蔡廷干也几乎每天来看我"。(《致达·狄·布拉姆函》,[澳]骆惠敏等编校:《清末民初政情内幕——〈泰晤士报〉驻北京记者袁世凯政治顾问乔·厄·莫理循书信集》上卷,第802页)

△　江苏都督程德全致电各省都督,主张恳请孙中山返国组织临时政府。

电称:"大局粗定,军政、民政亟须统一,拟联合东南各军政府公电恳请孙中山先生迅速回国组织临时政府,以一事权。中山先生为首创革命之人,中外人民皆深信仰,组织临时政府,舍伊莫属。我公力顾大局,想亦无不赞成,即祈速复。"(《程德全致各省公请总理返国组织临时政府电》,《革命文献》第1辑,第4页)11月17日,又通电各处:"敝处前日通电请中山先生回国组织临时政府,计邀明察。惟事机急迫,未能久待。中山未回以前,拟认武昌黎都督为临时政

---

①　1912年12月5日,留学美国的胡适在任鸿隽处读《朱芾煌日记》,"知南北之统一、清廷之退位、孙之逊位、袁之被选,数十万生灵之得免于涂炭,其最大之功臣,乃一无名之英雄朱芾煌也。朱君在东京闻革命军兴,乃东渡冒险北上,往来彰德、京、津之间,三上书于项城,兼说其子克定,克定介绍之于唐少川、梁士诒诸人,许项城以总统之位。一面结客炸刺良弼、载泽。任刺良弼者彭君,功成而死。任刺载泽者三人,其一人为税绍圣,亦旧日同学也。时汪兆铭已在南京,函电往来,协商统一之策,卒成统一之功。朱君曾冒死至武昌报命,途中为北军所获,几死者数次。其所上袁项城书,皆痛切洞中利害,宜其动人也。"(《胡适日记汇编》1,第187—188页)但此与王锡彤《抑斋自述》所记有异。(桑兵:《走进新时代:进入民国之共和元年——日记所见亲历者的心路历程》,《华中师范大学学报(人文社会科学版)》2012年第1期)

府,至孙都督所称,电清内阁一节,鄙意宜声明,如清廷不私君位,宣布共和,可派袁世凯赴鄂会议,即请黎都督主稿挈衔电清内阁,各省如表同意,迄径电武昌为感。"(《江苏巡抚程德全致盛京保安会电报》,中国第一历史档案馆等编:《清宫辛亥革命档案汇编》第 68 册,第 300－301 页)

贵州军政府枢密院认为"组织临时政府,自不可无代表之人。推孙逸仙总统,敝处赞成。但中央政府所在地亦须虑及,就目前形势而论,总以广东为宜,立不拔之基于南海,北向以定中原"。(陈恒安:《贵州军政府枢密院电稿摘述》,中国人民政治协商会议全国委员会文史资料研究委员会编:《辛亥革命回忆录》第 6 集,第 271 页)

11 月 15 日(九月二十五日)　道森向英外交部提出撤销禁止孙中山到香港的命令。

道森先是致一短笺表达此意,但英外相格雷告知他:"必须书面提出此项请求,然后我方开始调查以前决定发布此禁令之理由,并审视该理由是否仍适合。"道森遂拟一份申请书称:"昨晚有幸就孙中山事,与阁下会谈,本人现遵照指示,代表孙中山先生,正式请求撤销 1896 年香港总督所批准之禁令,该禁令规定五年内孙先生不准返港居住。孙先生已告诉本人,他不会在香港长久居住,但短期停留对他是方便的,他尤其盼望能就中国问题,与英国政府之意见取得一致;他被禁止返港,实感难过。"同时,道森函称:"孙中山行将成为中国总统,若使其对英国政府有不满,实不利于英国",请赐予其访港权利。

格雷并未立即同意,而是 17 日致电驻华公使朱尔典称:"孙中山请求撤销禁止其入港之命令。准其入港,你有何异议?局势已大为改变,目前排斥他似乎不仁,且可能亦属不智。禁令不必公开撤销,只要当他抵港时,莫将其逐出,即可。"此可与香港方面商议此事,"若无异议,我即告知孙中山,他将于一两日内动身回中国"。

20 日,朱尔典复电称:"本人与香港总督皆认为,鉴于局势变化,我们无法阻止孙中山过境香港，但必须警告他不可停留香港从事革命活动，他若欲协助革命运动，只宜回到中国本土才是。本人有理由相信，革命党视孙中山为懦夫，而不急盼其回国。”

22 日，英外交部致英殖民部函：“格雷爵士有意准许孙中山过境香港，据其了解，孙氏既未获准将香港作为他在中国从事政治或军事活动之根据地，自必不会久居香港。”但殖民部认为“无论孙氏是否利用香港作为根据地，我们皆不要他成为该地居留者”。

29 日，英外交部致函道森称：“关于您本月 15 日来信中要求撤销 1906 年香港总督禁止孙逸仙过境的命令一事，格雷大臣指示我通知您，已经电示港督，大意是：如孙逸仙保证不发表任何公开言论，并只是暂时逗留，即可允许其在该殖民地登陆。”英殖民部致香港、新加坡总督电称：孙想在该地登陆，如果他保证不发表公开言论，并且只是暂时逗留，即可同意。（《格雷爵士致朱尔典爵士电》等，章开沅等主编：《辛亥革命史资料新编》第 8 卷，第 104－107、117、118 页）

△　江苏、沪军、福建三都督府代表在上海开会，议决定名为各省都督府代表联合会。17 日，该会获悉湖北都督亦曾通电各省，请派代表赴鄂组织临时政府，乃议决致电黎元洪、黄兴，以上海交通便利，仍请派代表来沪与会。20 日，又电黎、黄，承认武昌为民国中央军政府，以鄂军都督执行中央政务，并请委任伍廷芳、温宗尧为民国外交总、副长[①]。（刘星楠：《辛亥各省代表会议日志》，中国人民政治协商会议全国委员会文史资料研究委员会编：《辛亥革命回忆录》第 6 集，第 241－242 页）

△　袁世凯与英驻华公使朱尔典见面，其本人表达的意见，与其

---

① 《孙中山年谱长编》：“据张振鹍《辛亥革命期间的孙中山与法国》介绍，先生在伦敦时收到国内电报，告诉他上海正在成立临时政府，伍廷芳掌管外交，中四省的代表即将到达那里，等等，电报敦请先生尽快回国和他们合到一起。（《辛亥革命七十周年学术讨论会论文集》中册，第 1470 页）张文系据查平《咸马里与中国革命》，电报为‘攻克上海、苏州和杭州的将军’所发；咸马里则记先生在伦敦收到的是十四省代表的电报。”（陈锡祺主编：《孙中山年谱长编》上册，第 577 页）

子所作揣测有别,称:"黎元洪坚持废除满清,而反对其所有建议。上海与南方革命军皆支持成立民国,然北方民意则赞成君主立宪",其意在于领导赞同后项政策的党派,因资政院已不足代表全国民意,"建议于上海或天津召开各省代表大会,将其本人计划交由大会通过。袁氏以为若能结合北方各省支持其政策,将可形成一政府核心,借以终将赢得南方支持,或以武力收取"。袁氏亦面临困难:旧幕僚四散,不易与他结合;国库空虚,政务之执行与军队之补给,均无法推展,现惟有妥协辅之以武力,确实把握民意,而据此策定计划。袁询问能否取得英国政界中有实际经验的人,以朋友而非顾问的身份辅助之?(《朱尔典爵士致格雷爵士电》,章开沅等主编:《辛亥革命史资料新编》第 8 卷,第 102 页)

△ 宫崎寅藏在日本有邻会的经费资助下①,由何天炯陪同,离东京赴上海。([日]近藤秀树编、禹昌夏译:《宫崎滔天年谱稿》,《辛亥革命史丛刊》第 1 辑)在此之前,萱野长知已偕金子克己、三原千寻、岩田爱之助、龟井一郎等十余人,驰赴武昌,追随黄兴左右,参赞戎机。(萱野长知:《我参加了辛亥革命》,陈鹏仁译:《孙中山先生与日本友人》,第 16 页)

11 月 16 日(九月二十六日) 致电《民立报》馆,表达对民国总统人选的态度②。

转民国政府鉴:"今闻已有上海议会之组织,欣慰。总统自当推定黎君。闻黎有请推袁之说,合宜亦善。总之,随宜推定,但求早巩国基。满清时代权势利禄之争,吾人必久厌簿。此后社会当

---

① 亦有说是丸祐正、井上敬次郎或梅屋庆吉的经费。

② 该电原注"二十六日得自法京巴黎发",即阴历九月二十六日。但核查相关史实,当时孙仍在伦敦,故所谓"法京巴黎"应系"英京伦敦"之误。据李晓生回忆,此电实由吴稚晖提议发出,故孙从道森处获知英政府倾向袁世凯掌握中国政权,故吴提出应抢先由孙公开表露让袁之意,反维护孙中山的威信。李晓生称"后闻国内士大夫阶级得见此电大加钦服。以为我国数千年前之揖让古风复见于今日。再不敢毁革命党为乱党。吴此电发生效力之大,实无可估计"。(李纾:《辛亥年间同盟会员在伦敦活动补录》,《史学月刊》2001年第 6 期)

以工商实业为竞点,为新中国开一新局面。至于政权,皆以服务视之为要领。"(《本馆接孙君逸仙自巴黎来电》,《民立报》"专电",1911 年 11 月 17 日)

关于自己对未来的政治出处,他在与康德黎谈话中称:"志不急在作中国之总理大臣,惟作此官,苟有益于中国,亦所不辞。中国此时分崩离析,渠甚以为荒谬。盖中国人民万不可无一良善中央政府也。"(《路透社关于孙中山与英人康德黎谈话电》,《历史档案》1985 年第 1 期)另据英国某记者称:"倘国人召彼前往组织中央政府,以总理一席属之,彼必乐为效力。孙已早定一共和宪法条文,据云当先请其友商校,然后呈诸国会,彼固自称其中条文当为全国所赞许也。此次前往上海,专为联合各省回复秩序,当其抵中国海之前,革命必早告成功。彼但尽力劝阻胜利者一面之过于激烈,他非所有事矣。"又认为,今清政府忽有议和之意,但已无谈判之价值。(《与英国记者的谈话》,《孙中山全集》第 1 卷,第 559 页)

在伦敦,又与《滨海杂志》记者谈话,概述了革命的经历,最后指出:"不论我将成为全中国名义上的元首,还是与别人或那个袁世凯合作,对我都无关紧要。我已做成了我的工作,启蒙和进步的浪潮业已成为不可阻挡的。中国,由于它的人民性格勤劳和驯良,是全世界最适宜建立共和政体的国家。在短期间内,它将跻身于世界上文明和爱好自由国家的行列。"他认为目前中国革命运动的状况,恰似一座干燥树木的丛林,只需星星之火,就能腾起熊熊烈焰。"这火星便是我所希望得到的五十万英镑。"中国革命的领导者没有一个人拥有大量资产,虽然有些人曾经有过。他们全都富有才干,足可与世界上同类人物中的任何一个相比而毫不逊色。(《我的回忆——与伦敦〈滨海杂志〉记者的谈话》,《孙中山全集》第 1 卷,第 547-558 页)

在伦敦期间,亲自驳斥欧洲学者质疑在中国建立共和政体的主张。"民国建元前一年,予过伦敦。有英国名士加尔根者,曾遍游中土,深悉吾国风土人情,著书言中国事甚多,其《中国变化》一书尤为中肯。彼闻予提倡改中国为共和,怀疑满腹,以为万不可能之事,特来旅馆与予辩论者,数日不能释焉。迨予示以革命方略之三时期,彼乃涣然冰释,欣然折服,喟然而叹曰:'有如此计划,当然可免武人专制,政客捣乱于民权青黄不接之际也。而今而后,吾当助子鼓吹。'故于武昌起义之后,东方之各西文报,皆盛传吾于民国建设之计划,满盘筹备,成竹在胸,不日当可见之施行,凡同情于中国之良友,当拭目以观其成也云云。此皆加尔根氏在伦敦各报为吾游扬之言论也。"(《建国方略》,《孙中山全集》第6卷,第208-209页)

　　△ 黄兴下令反攻汉口,并亲临前线指挥。次日,反攻失利,退守汉阳。(曹亚伯:《武昌革命真史正编》,第267-301页)

　　△ 袁世凯在北京组织责任内阁,推举国务大臣,以梁敦彦为外务大臣、赵秉钧为民政大臣、严修为度支大臣、唐景崇为学务大臣、王士珍为陆军大臣、萨镇冰为海军大臣、沈家本为司法大臣、张謇为农工商大臣、杨士琦署邮传大臣、达寿为理藩大臣。梁、严、王、萨、张未到任前,分别由胡惟德、绍英、寿勋、谭学衡、熙彦暂行署理。此外,并面奏简任各部次官,以胡惟德为外务部副大臣、乌珍为民政部副大臣、陈锦涛为度支部副大臣、杨度为学部副大臣、田文烈为陆军部副大臣、谭学衡为海军部副大臣、梁启超为法部副大臣、熙彦为农工商部副大臣、梁如浩为邮传部副大臣、荣勋为理藩部副大臣。胡惟德、熙彦因署国务大臣,外务部副大臣由曹汝霖暂行署理,农工商部副大臣由祝瀛元暂行署理,梁启超、梁如浩未到任以前,法部副大臣由定成暂行署理、邮传部副大臣由梁士诒暂行署理。(中国第一历史档案馆编:《光绪宣统两朝上谕档》第37册,第304页)

　　18日,梁启超致电袁世凯,请辞法部副大臣之任,并谓"今惟有于北京、武昌两地之外,别择要区,如上海之类,速开国民会议,合全国人民代表,以解决联邦国体、单一国体、立君政体、共和政体之各大问题,及其统一组织之方法条理。会议结果,绝对服从,庶几交让精神得发生,分裂之祸可免"。(丁文江、赵丰田编:《梁启超年谱长编》,第563页)

因续接催促返就任之电,梁启超遂致函在京与袁世凯方面接洽的潘博(字若海),请转达其辞任的理由,称:"鄙人既确信共和政体为万不可行于中国,始终抱定君主立宪宗旨;欲求此宗旨之实现,端赖项城,然则,鄙人不助项城,更复助谁? 至旁观或疑为大势已去,引身规避,此则鄙人平生所决不屑者。鄙人既抱一主义,必以身殉之,向不知有强御之可畏。昔者与不法之政府斗,率此精神;今日与不正之舆论斗,亦同此精神。项城若真知我,当不至以此等卑劣怯根性疑我也。至此次所以坚辞不就职者,凡办事贵期于有成,当不惟其名,而惟其实;当用所长,而不当用所短。"梁以为当时形势急剧变动之际,"急激派之所忌者",惟梁与袁二人,"骤然相合,则是并为一的,以待万矢之集,是所谓以名妨实也"。又"共和之病,今已见端,不出三月,国民必将厌破坏事业若蛇蝎,渴思所以治之"。在此三月内,"最要者需保京师无恙,其下手在调和亲贵,支持财政,项城当优为之。次则因势利导,转变舆论,鄙人不敏,窃以自任。鄙人无他长处,然察国民心理之微,发言抓着痒处,使人移情于不觉,窃谓举国中无人能逮我者。今所为文已成者不少,惟当分先后,择时然后布之。如用兵然,前锋主力相机而进,攻瑕不攻坚,避其朝往,击其暮归"。(丁文江、赵丰田编:《梁启超年谱长编》,第569-570页)但潘因母病南下,此函由罗敦曧(号瘿公)保存。此后,袁内阁一再敦促梁回国,罗亦设法寻求与袁会面。12月21日,罗在梁士诒的安排下见到袁,并略陈梁的政见。次日,又将梁启超致潘函转交袁。(李永胜:《清帝退位前夕梁启超与袁世凯关系》,《历史研究》2000年第6期)

袁世凯见罗惇曧时,听取梁启超的政体主张后,袁称:"我总抱定十九条宗旨;我自出山即抱定君主立宪,此时亦无可改变。"罗称："按十九条,便非立宪,纯是共和,南军既要求共和,我当允其共和,但当仍留君位,可名为君位共和。"袁言："我主张系君主立宪共和政体。"罗以不便驳之,但答称："不如君位共和之直截了当,君主无否决之权,无调海陆军之权,但当名为君位。"袁"颔之而已"。罗后告梁士诒,"请其将君位共和名义电告唐,私向彼党密商,谓君主不过装饰品,何必流无数血以争此虚名。我既承认共和,彼许留虚君,则和成矣"①。(丁文江、赵丰田编:《梁启超年谱长编》,第567—568页)

11月18日(九月二十八日)　袁世凯会见日本驻华公使伊集院,谈两国关系及日本政府对革命态度,进而袁称："始终认为中国非行君主立宪不可,而革命党及其它方面俱主张共和制或联邦制,极力抗争,本人之主张颇难贯彻。"伊集院称以中国历史及实情言之,"以君主立宪统一全国,实为万全之策",至于欧美诸国对于中国政体问题并不关心,所关心者"惟其自国人民生命财产之保全、通商贸易之发展及利权范围之扩大等等"。袁称《十九条》,本人最为不满。按该条文决定政治,绝不可能,但目前又不能遽然更改,只得暂守缄默,本人立场确甚困难"。(《与日本公使伊集院的谈话》,骆宝善、刘路生主编:《袁世凯全集》第19卷,第59—60页)

11月19日(九月二十九日)　湖北都督黎元洪通电独立各省,请速电举中央临时政府各部首长人选。

电称："现大局粗定,非组织临时政府,内政外交,均无主体,极为可危。前经迭次电请速派员会议组织,已达尊鉴。惟各省全权委员一时未能全到,拟变通办法,先由各省电举各部政务长,择其得多数票者,聘请来鄂,以政府成立,照会各国领事转各公使,请各国承认,庶国基可以粗定。"所拟中央临时政府暂分七部:内务、外交、教育、财政、交通、军政、司法,各部首长之条件,以声望素著、中外咸知、并能

---

①　关于此事,罗惇曧有复梁启超一函,原署"十月三日",经李永胜考证,应为"十一月三日"之误。

出任者为必要,以昭吾国信用。除外交首长多数省分已举伍廷芳、温宗尧外,"其余各首长,应饬协举电知,敝省俟汇齐后,其得多数当选者,一面电聘,一面通告"。湖北推举张謇任财政首长。(《黎元洪为请独立各省组织临时中央政府致各省都督通电》,辛亥革命武昌起义纪念馆等合编:《湖北军政府文献资料汇编》,第 185—186 页)

△　据英驻华公使朱尔典称,唐绍仪告诉他,袁世凯内阁的政策在目前舆论中被视为毫无希望,故已婉拒与袁内阁合作。唐期望的最终解决办法是成立民国,由袁世凯担任总统,目前正致力于此,而资政院阁员与归国留学生多数赞成建立民国,与唐的目标一致,"可能亦为袁氏本人所默许"。(《朱尔典爵士致格雷爵士电》,章开沅等主编:《辛亥革命史资料新编》第 8 卷,第 107—108 页)

11 月 20 日(九月三十日)　浙江代表朱福铣、江苏代表雷奋、山东代表雷光宇、谢鸿焘、福建代表林长民、潘祖彝、湖南代表宋教仁、上海代表朱葆康、俞寰澄、袁希洛等独立各省代表通电:承认武昌军政府为民国中央军政府,以黎元洪为中央军政府大都督,并请以中央军政府名义委派伍廷芳、温宗尧为外交总副长,驻沪办理交涉事宜。(《浙江等省代表致黎元洪黄兴承认鄂军为民国中央军政府并请委任伍廷芳温宗尧驻沪办理交涉电》,《革命文献》第 1 辑,第 4 页)

11 月 21 日(十月初一日)　抵达巴黎。

在英任务完成后,取道法国东归。在巴黎期间,见法国若干政界、财界人士,并访问下议院及报馆,"皆极表同情于我,而尤以现任首相格利门梳为最恳挚"①。(《建国方略》,《孙中山全集》第 6 卷,第 246 页)

---

①　《孙中山年谱长编》:"据法国外交部档案,先生'同一些政界以及同东方汇理银行的经理进行了交谈'。(见《辛亥革命期间的孙中山与法国》,《纪念辛亥革命七十周年学术讨论会论文集》中册,第 1457—1458 页)格利门梳又译作克列孟梭(Georges Clemenceau),当时系法国参议院议员,参议院外交委员会及军事委员会委员,是在野人士;先生与他会晤情形,迄无材料说明。1918 年《孙文学说》撰写时,克氏任法国政府总理。"(陈锡祺主编:《孙中山年谱长编》上册,第 579 页)

在巴黎会晤文学家、名记者米尔（Pierre Mille）及前外长、参议员毕盛（Stephen Pichon）。先是，米尔的朋友皮西爱（Charles Pa'x Seailles）告之曰："孙逸仙现在巴黎，予特邀友设宴，彼仅擅英语，汝为予翻译可乎？"米尔允诺。席间宾主对中国问题进行交流与辩难，孙称："外人之不识中国，因中国较西方国家多四千余年之历史。"晤谈历四五小时，给予米尔以深刻的印象，又赠其签名相片一桢，并请其介绍于法国外交部长毕盛。米尔往见毕氏，代达求见之意，毕应曰："予岂有不接见孙逸仙之理？中国现处如此状况，无论何事，皆可猝发。孙氏计划，汝疑其空泛？此实无关重要。要之彼已有一政党，而此政党即足以推翻满清政府。"毕氏曾任法国驻北京公使，知中国事变甚详，"与先生相晤，双方对语，颇饶趣味，亦甚投契"，相互问答皆甚确切。后又请米尔代为联络时在巴黎的俄国外交部长柴苏诺夫（S. D. Sazonov）①。（罗家伦主编、黄季陆增订：《国父年谱（增订本）》上册，第393—394页）

离巴黎前，又通过法国米尔转交一封信给俄国外交部长柴苏诺夫，称：中国革命势在必行，目前主要两个敌手，一是日本，一是俄国。我们永不能和日本人融洽相处。而与俄国的分歧只是由于目前中国外交界总是悬而未解的某些争端。只要俄国支持我们反抗日本，我们便答应用对俄有利的方法去解决中俄之间的争端。（［法］巴斯蒂：《法国的影响及各国共和主义者团结一致：论孙中山与法国政界的关系》，中国孙中山研究学会编：《孙中山和他的时代—— 孙中山研究国际学术讨论会文集》上册，第464—465页）

11月22日（十月初二日）　因此前黄兴鉴于革命阵营内部意见分歧，莫衷一是，托萱野长知转请在芝加哥的犬塚太郎来电称：单靠

---

①　据《国父年谱（增订本）》称："民国二十二年八月十四日驻里昂办事处搜集先生旅法史料，转录米尔《关于孙逸仙先生的回忆》。按毕恭生于一八五七年，其故乡为亚尼来特（Army le Due），一八九七年始为驻北京法使，历任克里孟梭及白里安（Briand）内阁之外长。据米尔记载，先生与毕氏相晤，为大战前数年，证以毕氏小史，则必在此时无疑。""毕恭"即"毕盛"。

黄、黎,无统帅,大事难成,须早日归国收拾局面。本日,复电犬塚称萱野的电报确已收到。(段云章编著:《孙文与日本史事编年(增订本)》,第211—212 页)

△　入川鄂军第三十一标一营督队官陈镇藩自任大汉国民革命军统领,誓师"恪遵孙中山先生使命,抱定革命宗旨,打倒专制淫威,达到排满目的",在资州天后宫行辕杀钦差大臣、川汉铁路督办端方。(丁振华:《记鄂军杀端方与回援武昌》,中国人民政治协商会议全国委员会文史资料研究委员会编:《辛亥革命回忆录》第 2 集,第 97—105 页)

11 月 23 日(十月初三日)　赴法国下院访问议员马塞等人。

在阿尔贝·米约(Albert Milhaud)、陈尔贝·梅崩(Albert Maybon)陪同下,赴法国下院,访问法国议员阿尔弗雷德·马塞(Alfred Masse)①、吕西安·于贝尔(Lucien Hubert)及博雷尔(Borel)等,谈话极为和洽。至于所提法国愿意承认中华民国与否一事,各议员均答以自当竭力为之。在巴黎期间,还走访《欧洲信使报》(Le Courrer Européen)馆,并接受巴黎《日报》(Le Journal)记者的访问②,称:(一)中国同欧洲一般大,不适合中央集权,拟仿照美国实行联邦制。(二)欢迎外国资本及工程师为中国开矿及筑路等。(三)将在中国实行五权宪法③。(四)尊重清政府与外国所缔结的条约及借款。(张馥蕊原著、何珍蕙摘译:《辛亥革命时的法国舆

---

①　《孙中山年谱长编》:"社会党议员阿·马塞于 1912 年 1 月 3 日在《灯笼报》(Le Journal Lanterne)刊出一篇文章,述及先生过巴黎时,曾与之交谈一小时(见前引张振鹍文,第 1459 页)。"(陈锡祺主编:《孙中山年谱长编》上册,第 581 页)

②　《孙中山年谱长编》:"巴黎《日报》于 11 月 24 日发表该报记者访问记,《欧洲信使报》则于 11 月 26 日作报导,并发表先生声明一则。广东省社会科学院历史研究室等编:《孙中山全集》第一卷,第 560 页《在欧洲的演说》一文,底本来源是《欧洲邮报》译录(中文为据《孙中山回国始末记》),即《欧洲信使报》所刊声明。广东省社会科学院历史研究室等编:《孙中山全集》第一卷,第 561 页《与巴黎〈政治星期报〉记者的谈话》,实系该声明之摘要。同书第 563 页《在巴黎的谈话》,似系对巴黎《日报》记者谈话之摘要。"(陈锡祺主编:《孙中山年谱长编》上册,第 581 页)

③　《孙中山年谱长编》:"据《欧洲信使报》、巴黎《日报》的中文译件,均未见'将在中国实行五权宪法'内容。"(陈锡祺主编:《孙中山年谱长编》上册,第 581 页)

论》，吴相湘主编：《中国现代史丛刊》第 3 册，第 57 页）

与某报记者谈话时指出："于海关税则须有自行管理之权柄，盖此乃所以保其本国实业之发达，当视中国之利益为本位"；"共和政府之精神，决无帝国派之野心，决不扩张军备，但欲保其独立及领土完全而已"。（《在欧洲的演说》，《孙中山全集》第 1 卷，第 560－561 页）

△　与法国东方汇理银行经理西蒙会晤，谈论借款、取消厘金等五项问题①。

双方以英语进行了短暂的交谈，所提出的借款问题，希望西蒙能够坦率回答，如果不能坦率作答，亦请告知。第一个问题是"您能立刻或者在最短期间内借钱给临时政府吗？"西蒙称不能，至少不能立即借款。因为"四国银行团——它们在这方面意见完全一致——和它们的政府已经决定从财政金融的观点最严格地遵守中立，在当前的情况下既不发行债票，也不实行预付款。它们不帮助临时政府，同样也不帮助现存政府。反过来，一旦革命者们建立起一个为全中国所接受并得到列强承认的合法政府时，它们将毫不反对在金钱上给这些革命者以帮助"。

之后，西蒙亦向孙提出一个问题："您肯定共和派会取得最后胜利。但是，您能不能肯定，一省接受了共和制，其他各省也同样会接受。各省之间是否会发生一些分歧，以致不可避免地要造成整个帝国的分崩离析。"孙回答称："对这种可能性不必担心。运动在全国各地自发兴起并迅猛展开，清楚地表明这不是一些局部性的叛乱，而是一个事先经过长期准备、有完善的组织、以建立联邦共和国为目的的起义。照他看来，成功是毫无疑问的，袁世凯的机灵狡猾也许能推迟，但决不能阻挡这种成功。而且，袁世凯还是因为表现得过于机灵

———————

①　《孙中山年谱长编》："此谈话纪要，据陈三井《法文资料中所见的孙中山先生》考定，系西蒙于 1911 年 11 月 23 日送交法国外交部的，谈话当在此日期之前。今酌置于此。"（陈锡祺主编：《孙中山年谱长编》上册，第 582 页）

狡猾,反而害了自己;他在开始时推托搪塞,企图即使把满洲王朝的作用降低到有空名而无实权,也仍然要保持这个王朝,这一切已确定无疑地使他失去了中国有识之士的心。"

第二个问题是"您是否同意商谈一笔借款,使中国能够偿还庚子赔款"。因为中国在支付这笔赔款时,除了蒙受汇率的亏损外,还容易令中国政府和人民回想起那段屈辱的往事。西蒙回答称:"我不太明白你们从这种做法中能得到什么实际的好处;尽管如此,就我们来说,在这点上我们丝毫也不反对使您得到满足。当然,条件是借款的担保要充分令人满意。"

第三个问题是"您是否反对,以及您是否认为贵国政府会反对,用其他等价的担保去代替关税作为现有借款的担保品"。西蒙反问道:"您要说的大概是用来作为最近各项借款担保的厘金吧。"孙予以否认,并表示:"我们很想取消厘金,而且我们也会毫无困难地用足以使我们的债主们满意的担保去代替厘金。但我要说的是海关。为了适应已经表现出来的民族感情,我们希望收回海关的征税及控制权,用其他担保品,例如矿税、一部分土地税等等,去取替由海关所设立的担保。"

西蒙指出:"正是在这点上,那是绝对不可能的。即使签订借款合同的各个银行及其政府自己同意遵照共和政府的这个办法,但千万不要忘记,公众认购这些债票是因为相信那些明确的、任何人都无权去加以改变的合同。这里存在的是一种双务合同。""一旦中国的信用足够牢固地建立起来,能够允许它去考虑对它的债务加以变换时,为了偿还有关的借款,也许可以发行一种新的债票,不用关税作担保,而用其他担保,甚至也许有朝一日可以向公众发出呼吁,以中国的预算为他们提供一般性的担保。但在这一天到来之前,对于目前现有借款的条件,不能作任何改变。"这令孙深感失望。

第四个问题:"假如我和贵国政府的某个成员取得了联系,我就会要求贵国政府，现在请您代我转告贵国政府，对它的朋友俄国施加一切影响，阻止俄国去同日本沆瀣一气。我们对于这两个国家紧密结盟感到十分担心。反之，我们深信日本单独一国丝毫也不会来反对我们。而且在这方面我们已得到美国政府给以保护的诺言。万一我们同日本发生纠葛，我们认为这种保护是靠得住的。但如果美国所面对的是同俄国结盟的日本，我们对这种保护就不那么放心了。因此，我们希望法国对俄国能发挥有利于我们的影响；而对俄国，我们是很想和它和好相处的。"

西蒙称："在这个问题上我无权给他以任何答复。这个问题完全超出了我的职权范围。""据我所知，俄国很想维持它在满洲和蒙古这两个地区所占有的政治地位。"孙称他并不反对俄国的利益问题，只要俄国的野心不超出它已得到的范围。西蒙建议称："在这种情况下，你们应尽力使俄国相信，你们丝毫无意改变已有的状况；而我不明白您有什么理由可以怀疑我国的诚意。"

最后，孙向西蒙宣称："他的朋友们和他对于组成一个与各有关政府支持下的四国银行团一样强大的财团可能给将来中国的借款谈判造成的种种危险非常忧虑。他担心这样一个财团的目的是把一种可能违背中国真正利益的既定金融政策强加于中国，也许是控制中国的债务和财政。"

西蒙告知孙不必担心这个问题，"中国为安排和装备自己而需要的款项数量巨大，这就需要巨大的帮助。为了向天朝帝国提供它势将要求的资金，各主要金融列强的支持将不会是过多的。所以，对这个财团不应感到害怕，人们本来是要使它的规模同预定要做出的努力能够相称的。因为，并不是为了前此已经实现的小额借款才组成这个财团，而是着眼于将来大规模的业务活动"。

双方会谈结束时，互相致意。在分手时，孙告知西蒙："希望看到在他要去的那些法属殖民地撤销有关他停留的禁令。"（张振鹍《孙中山对外关系中的几件史料》，《历史研究》1981 年第 4 期）

△　此前在伦敦的活动情况于本日被路透社电告清政府。

路透社电称:"孙逸仙博士,著名革命家,在英京勾留一星期后,现已启程回华,曾与旧友甘特理(即康德黎——编选者注)博士言:渠志不急在作中国之总理大臣,惟作此官,苟有益于中国,亦所不辞。中国此时分崩离析,渠甚以为荒谬。盖中国人民万不可无一良善中央政府也。"(《路透社关于孙中山与英人康德黎谈话电》,《历史档案》1985 年第 1 期)

同时,路透社亦电告:英京《泰晤士报》北京访事员莫理循往见袁世凯,闻袁言欲尽力重设一坚固政府,保全中国,不致离拆,"力言大清万世一系为宜,惟限制君权,拥君主为大权之表,方可保瓜分之患"。袁又称,"中国人民守旧者,有十之七,革命党人已见互相离异之象。北方人民见识与南方不同,若南北革命互相抵触,则本朝危矣。乱势若此,恐数十年内中国无宁日矣"。(《路透社电报》,中国第一历史档案馆等编:《清宫辛亥革命档案汇编》第 69 册,第 185—187 页)

△　康德黎夫人来函,告知自他离开后,有一个《神户先驱报》的驻英记者向康德黎打听其人的一切,该报主编斥资要搜寻孙在英国的每一个细节,还称"您是日本在中国唯一要支持的人,所以,您若有了美国、日本、我们的支持,您就会成功"。还有一个美国记者向康德黎询问孙是否安全回去,"因伍廷芳曾致电请求美国力促列强承认革命党"。康德黎告诉这个美国记者,必须电告伍廷芳组织内阁时,要使孙就任总理一职,才能令列强支持革命党人。此外,《评论之回顾》(*Review of Reviews*)将孙中山比作中国的加里波的。(邓丽兰编著:《临时大总统和他的支持者——孙中山英文藏档透视》,第 87 页)

11 月 24 日(十月初四日)　由马赛搭乘马尔瓦号邮轮回国。(《道森爵士致格雷爵士函》,章开沅等主编:《辛亥革命史资料新编》第 8 卷,第 107 页)

△　临行前派胡秉柯为代表,访问法国外交部。

在巴黎期间,"尝邀各种专门毕业之同志归国参加组织共和政府事宜。故民元南京政府成立,各部次长及总统府参军以留欧学生为多,如外交次长魏宸组,财政次长王鸿猷,实业次长马君武,海军次长汤芗铭,及总统府参军黄大伟、喻毓西、陈宽沆诸人是也"。(《留欧学界与同盟会》,冯自由:《革命逸史》第2集,第125页)

留法学生胡秉柯受委托,经法国总理兼内政及宗教部长秘书处副秘书长贡蒂埃(Andre' Gontier),访问法国外交部,见到该部亚洲处处长贝特洛(Philippe Berthelot),询问法国政府对革命的态度。法国方面表示,"法国人的安全问题是首要的问题。正是现在需要估计一下中国当局给予我国国民的保证"。(张振鹍:《孙中山对外关系中的几件史料》,《历史研究》1981年第4期)

△　清朝驻法使馆电告法报载中国民主党宗旨及清朝国库空虚事。

驻法使馆译巴黎《哈谛喀报》称,11月7日,中国民主党在巴黎设一分会,于该报刊载告示:一、中国百姓久苦虐政,故全国奋起伐暴。一、中国民主党之宗旨,为以民治民。一、民主之中国,应行社会主义,确查土地之价值,以所涨之价酌提归公,为公益之用。一、革命军恪守《革命方略》,将来必照此方略施诸行政。一、满政府虚糜财力,以致吃亏订借,生中外之恶感。故君主立宪党主张不借外债,以为补救。至于民主立宪党则以开辟利源为宗旨,必欢迎外国人财之来助也。一、民主党所不甘忍受者,为外国之干预内政。

又译巴黎《西格尔报》称,中国国库空虚,上月赔款尚未交付,驻京各使筹议请示政府为监督财政之计。(《驻法使馆译报》,中国第一历史档案馆等编:《清宫辛亥革命档案汇编》第69册,第218—220页)

11月25日(十月初五日)　上海方面致清政府电,宣称各省已承认共和政体。

电称:各省都督府代表联合会会议,"已一律承认共和国体,无庸至北京取决",资政院已不能代表民意,各省概不承认其议,"请万勿再持君主立宪与共和立宪之歧说,以救全国舆论之敌"。共和政府待平定后建设,现以武昌军政府为首府,统辖各省军政及民政,已特选使节赴各国说明革命主义,以求承认为交战团体。但清政府于 12 月 1 日始获得此电内容。(《上海探电》《上海来电》,中国第一历史档案馆等编:《清宫辛亥革命档案汇编》第 69 册,第 267、269、272 页)

11 月 27 日(十月初七日) 汉阳失守。黄兴退回武昌,即参加军事会议,报告失利经过,主张放弃武昌,进取南京,南京得手后,再规复武汉。与会者反对。当夜黄兴赴汉口,次日乘船东下。(胡祖舜:《武昌开国实录》,第 108-110 页)

11 月 28 日(十月初八日) 电告宫崎寅藏:"乘丹佛轮归国,预定 12 月 22 日抵香港,请偕池到港接。"([日]近藤秀树编、禹昌夏译:《宫崎滔天年谱稿》,《辛亥革命史丛刊》第 1 辑)

当时宫崎已来华,于 27 日由上海赴武昌,在镇江与黄兴相遇,同船返沪。抵沪后住虹口西华德路胜田馆,获来电后(由东京转来),于 12 月 15 日赴港,19 日抵达。同行者有诸方二三(东亚同志会)、郡岛忠次郎(高田商会)、山田纯三郎(山田良政之弟、满铁株式会社)、池亨吉(振中义会)、太田三次郎(退役海军大佐、振中义会)五个日本人。([日]近藤秀树编、禹昌夏译:《宫崎滔天年谱稿》,《辛亥革命史丛刊》第 1 辑)

△ 清内阁收到日本神户华侨电报,"祈竭力设法即行组织共和政体,以便保护满汉人民"。(《日本神户华侨致内阁电报》,中国第一历史档案馆等编:《清宫辛亥革命档案汇编》第 70 册,第 1 页)

11 月 29 日(十月初九日) 抵埃及塞得港,电告国内行止:明日可离苏伊士运河入红海,12 月 3 日可至亚丁湾,9 日可至可仑坡(锡兰岛南端),再于抵曼给换船。14 日可至槟榔屿,16 日可至新加坡,22 日可至香港。(《民立报》1911 年 11 月 30 日,"专电")

道森转告英国政府允许其在新加坡、槟榔屿、香港等地登陆的来函,按照预定行程,"应在亚丁接到"①。(《道森致伦敦外交部副大臣函》,章开沅等主编:《辛亥革命史资料新编》第 8 卷,第 119 页)

11 月 30 日(十月初十日)　报载刘揆一主张新政府应采法国共和制。

略谓:今日中国宜采共和政体,自不待论,惟取法法国制度,抑美国制度,应当注意。他认为:"美国各州由分而合,故各为风气,未有整齐画一之观,法则以民主国体行中央集权政治,有统一国家之长,而无事权散乱之弊。我中国自鄂省倡义以来,各省乘时反正,百凡政治,任意更张,使非采取法国制度以谋统一,恐各省政俗日趋歧异,转有四分五裂之虞。况今日对外情势,尤利于合而不利于分,故即美国近亦采用帝国主义,以谋进取,诚事势所趋,不得不如此也。"(刘揆一:《组织中央政府意见书》,《民立报》1911 年 11 月 30 日,"要件")

12 月

12 月 1 日(十月十一日)　康德黎夫妇来函称:英国海军大臣易人,"已由弗兰西斯·本杰明爵士代替。故您应请他给您推介一名海军人才"。(邓丽兰编著:《临时大总统和他的支持者——孙中山英文藏档透视》,第 90 页)

△　日本驻英代办告知英国外相格雷:"日本政府认为,清军攻陷汉阳成功,并无多大意义;值得注意的危险是,可能会在北京发生满人与汉人之间的破裂,接着还可能会发生满人反对袁世凯政权的叛乱。"在目前中国人讨论究竟建立君主制还是共和制的政府之间,日方认为"共和制度不但就传统条件看来,在原则上对中国不实际,

---

①　此前谓其离开马赛返国时,收到道森来电:英国政府不反对孙先生在回国途中,经过英属殖民地以及香港等地,得作短暂的停留。(吴相湘:《孙逸仙先生传》下册,第 984 页)实误,因英外交部于 11 月 29 日始函告道森此消息,而孙已乘船离法。

而且就目前环境而言,中国要把这个理想付诸实行,根本也未准备就绪",同时清朝也已完全丧失权威,挽救中国局势的惟一最好办法是:"一方面放弃空洞而不切合实际的共和制度理想,另一方面要满清废除独裁制度,开始尊重汉人的权利,建立一个实际由汉人治理的政府,但名义上仍在清朝的统治之下。"(《格雷爵士致窦纳乐爵士函》,章开沅等主编:《辛亥革命史资料新编》第 8 卷,第 119—121 页)

△　中国同盟会京津保支部在天津成立,推汪精卫为支部长①。(胡鄂公:《辛亥革命北方实录》,中国史学会主编:《辛亥革命》第 6 册,第 284 页)

12 月 2 日(十月十二日)　以徐绍桢为总司令的江浙联军占领南京。两江总督张人骏、将军铁良、江防军统领张勋等逃亡。(郭孝成:《江苏光复纪事》,中国史学会主编:《辛亥革命》第 7 册,第 16—17 页)

12 月 3 日(十月十三日)　樊棻致函赵尔巽禀报西报所载孙中山回国。

樊棻称:"西报载孙汶业已由美起程来华,有人询以回国拟如何布置,孙氏答称:须旋国后察阅情形,再定藉手方法。至总统一席,尤当视吾才力能否胜任,临时决定去留。"(《樊棻致赵尔巽信函》,中国第一历史档案馆等编:《清宫辛亥革命档案汇编》第 70 册,第 288—289 页)

△　各省代表在承认鄂军都督府执行中央政要之后,除一人留沪,其余陆续赴武昌,11 月 30 日假汉口英租界顺昌洋行开会。本日,通过"临时政府组织大纲",并议决:如袁世凯反正,公举为临时大总统。(《湖北革命知之录》,严昌洪、张铭玉、傅蟾珍编:《张难先文集》,第 438 页)

△　经英国驻华公使及领事居中调解,南北双方宣布停战 3 日,准备启动和谈。

---

①　《中华民国国父实录》称,11 月 15 日,汪精卫、黄复生、李石曾、赵铁桥、黄以镛、易昌楣、杜黄、黄君欣、黄慎义、袁羽仪、罗伟章、陈宪民、程克等人,在天津租界成立同盟会京津分会。(罗刚编著:《中华民国国父实录》第 2 册,第 1548 页)

11月27日,英国驻汉口代理总领事葛福报告英驻华公使朱尔典称:革命军失守汉阳后,退居武昌,士气低落,黎元洪都督准备接受立宪政府,拟提出的停战条款。28日,葛福将黎元洪所提条款告知北京:一、停战十五天,在停战期内,双方各自驻守所占领土。二、已加入革命阵营各省选派代表在上海集会,将选出全权代表与袁世凯所指派的代表进行谈判。三、如有必要,停战继续延长十五天。(胡滨译:《英国蓝皮书有关辛亥革命资料选译》上册,第94、96页)

12月1日,袁世凯提出:一、双方各自驻守现领地,不得秘密进行侦察活动。二、停战期限定为三天。三、在停战期内,军舰不得利用停战的机会在武昌或汉口南北两岸停泊,从而获得一个更有利的地位。在停战期满以前,军舰必须退往武昌下游若干距离的地方。四、在停战期内,双方不得增调援军、修建炮台,或在其他方面增加军事力量。五、为了防止对这些条件的违犯行为,英国驻汉口总领事应作为证人在停战协定上签字。3日,在葛福的见证下,双方同意无条件地停战三天。目前形势与袁世凯所要求的完全一致。但革命军攻克南京后增长的信心,可能会为谈判增加困难。朱尔典指示葛福:"从现在到12月6日晨八时停战终止的这段期间内,利用他的斡旋,在武昌召集各省代表会议讨论条款。袁世凯很想为这一会议作出安排。"4日,袁世凯向朱尔典提议:停战届满后延长十五天,包括武昌与南京,南军(不包括秦晋及北方义军)不北上,北军不南下,双方各指派代表商讨大局,袁指派唐绍仪为其代表南下议和。(胡滨译:《英国蓝皮书有关辛亥革命资料选译》上册,第103、105、133页)

黎元洪于3日迁入武昌城内昙华林办公。停战延至12月10日止。8日,黎元洪与唐绍仪会晤。因伍廷芳不能到鄂,唐即乘轮去沪,遂有上海南北议和之举。(曹亚伯:《武昌革命真史正编》,第401页)

12月4日(十月十四日)　各省驻沪代表会议,决定暂在南京组织临时政府,举黄兴为假定大元帅,黎元洪为副元帅。(《选举假定大元帅》,《时报》1911年12月5日,"专电")

次日,黄兴辞假定大元帅,不获准。(《黄大元帅万岁》,《民立报》"新闻一",1911 年 12 月 6 日)陈其美将决议电黎元洪,8 日,黎通电各省都督,内称:"各省代表均到鄂,议定临时政府组织大纲,并订期在南京公举临时大总统组织临时政府,经敝处通告各省,谅已达览。现忽据来电称,沪上有十四省代表,推举黄兴为大元帅,元洪为副元帅之说,情节甚为支离。如实有其事,请设法声明取消,以免混淆耳目。"(曹亚伯:《武昌革命真史正编》,第 404 页)

12 月 5 日(十月十五日)① 黄兴委任何天炯赴日活动,希望日本提供军费、武器等,"所有订立条件悉有全权,但不能损害国权及私利等弊"。何于 12 日抵东京,通过友邻会组织拜访犬养毅等日方要人。至孙中山回国后,28 日,何天炯又秉承孙中山、黄兴的指示,由山田裕次郎海军大佐陪同,携大隈重信的介绍信,拜访日本财政专家、原大藏省大臣阪谷芳郎商建中央银行事,旋又与遁居神户的盛宣怀商谈通过汉冶萍公司筹借日款。同时,受孙中山委托从中斡旋的原口要博士(曾任日本铁道部建设局长、湖广总督张之洞的顾问)亦打电话给阪谷,询问此事。后革命党各组赴日筹款人士于 1912 年 1 月 14 日成立了相当于临时政府驻日使馆的机构。(段云章编著:《孙中山与日本史事编年(增订本)》,第 217—218 页;陈旭麓主编:《辛亥革命前后·盛宣怀档案资料选辑之一》,第 233 页)

△ 英国外交部致日本驻英使馆备忘录,申明在中国问题上的看法。

在接到日方意见看,英外交部询问驻华公使朱尔典的看法。3 日,朱尔典将其意见呈报外交部。本日,英外交部据此向日本使馆提交备忘录,称:"看来所有最有能力形成一个主张的人都同意,在清王朝名义的统治权之下的立宪政府,将为目前危机提供最佳解决办法,

---

① 《辛亥革命前后·盛宣怀档案资料选辑之一》中将黄兴委派何天炯赴日时间记为 12 月 17 日,似误。《孙中山与日本史事编年(增订本)》的编者根据日本外务部档案订正为 12 月 5 日。

而共和制则是行不通的,可能引起中国的全面分裂。所以,乍一看,列强似应支持现存王朝。"英方认为外国暂不宜干涉中国革命,这样会损害而不是促进君宪制度,故目前最迫切的是促成摄政王退位及延长停火,"英王陛下政府准备指示驻华公使与其日本同僚合作,给与袁世凯他们认为是得当的和可能的援助,以实现摄政王退位"。袁世凯的代表将与革命党在汉口举行会谈,列强将根据和谈结果拟定下一步行动计划。(《致日本代办备忘录》,章开沅等主编:《辛亥革命史资料新编》第8卷,第114—115页)

12月6日(十月十六日) 常熟民政局等致电清内阁:"人民渴望共和政体,请速定大计,以免生灵涂炭"。(《常熟民政局致内阁电报》,中国第一历史档案馆等编:《清宫辛亥革命档案汇编》第71册,第108页)后江苏他府县亦陆续电请实行共和政体。

12月7日(十月十七日) 英国驻日公使窦纳乐称日本外务大臣已收到英方备忘录,"对于英国政府赞成君主立宪是解决中国目前困境的最好办法的观点感到十分高兴。他们完全同意,在知道袁世凯的代表与革命党即将召开的会议的结果之前,不应采取任何步骤"。在窦纳乐看来,日方对中国南北会谈达成协议不抱希望,因"革命党不像他们看来那么强大和团结,该国的真正感情是赞成君主制,""日本政府显然以极大的忧虑看待双方取得共和制的可能性"。(《窦纳乐爵士致格雷爵士电》,章开沅等主编:《辛亥革命史资料新编》第8卷,第124—125页)

12月8日(十月十八日) 英驻华公使朱尔典希望英、美、日公使馆联合促成袁世凯与革命党谈判。

朱尔典建议,"邀请日本政府与我们合作,帮助袁世凯和革命党的谈判。我确信日本公使肯定会赞同我继续担任中介人。如果人们知道其他列强和我们站在一起,就会加强我们的力量",但要三个以上公使馆联合行动,又会导致不便。"安排会议地点十分困难,但目前上海可能中选。会议十分可能以意见分歧而告结束,那时将出现难题,而列强便不得不决定施加他们准备施加的压力,以防止中国陷入完全的无政府状态。"(《朱尔典爵士致格雷爵士电》,章开沅等主编:《辛亥革命史资料新编》第 8 卷,第 114—115 页)

12 月 9 日(十月十九日)　据工部局报告,上海方面预料孙中山即将来沪,各方将采取特别保护措施。(《辛亥革命期间上海公共租界工部局警务报告》,上海社会科学院历史研究所编:《辛亥革命在上海史料选辑(增订版)》,第 1064 页)

12 月 10 日(十月二十日)　清政府收上海电称,"黄兴在沪尽力建设革命军政府,又闻三四日后赴宁拟行大元帅选举式。彼毫无媾和之思想,却有续战之意见"。(《上海电报》,中国第一历史档案馆等编:《清宫辛亥革命档案汇编》第 71 册,第 244 页)

12 月 12 日(十月二十二日)　章太炎提出"革命军起,革命党消"。

天津《大公报》刊出日前章太炎复武昌谭人凤等电,内称:"革命军起,革命党消,天下为公,乃克有济。今读来电,以革命党人召集革命党人,是欲以一党组织政府,若守此见,人心解体矣。诸君能战则战,不能战,弗以党见破坏大局。"(汤志钧编:《章太炎年谱长编》上册,第 367 页)

孙中山返国后,听闻此言论,深表不满。30 日,他在上海主持召开中国同盟会本部临时会议,制订《中国同盟会意见书》,内谓:"吾党偏怯者流,乃唱为'革命事起,革命党消'之言,公然登诸报纸,至可怪也。此不特不明乎利害之势,于本会所持之主义而亦蕾之,是儒生阘茸之言,无一粲之值。"(《中国同盟会意见书》,《孙中山全集》第 1 卷,第 578 页)

△　寅崎寅藏家信中谈及中国革命党人及现状。

宫崎称:两三天前,黄兴以"革命前辈有孙逸仙,武人前辈有黎元洪",故而再三辞大元帅。经宫崎再三劝说,黄兴始答应暂时担任。宫崎认为,目前革命军占优,革命党人尤其是主要人物皆不可能与袁世凯两立。在上海、镇江或武昌担任书记、参谋乃至外交人员皆为留日学生,"谁说孙、黄这次没有参加革命?其主要人物都可以说是他俩培养出来的革命健儿"。"今日中国,是青年的天下,孙、黄的天下。多用旧官员是多祸之源。"宫崎认为日本应该援助革命军。(段云章编著:《孙文与日本史事编年(增订本)》,第220页)

12月13日(十月二十三日) 罗惇曧致函梁启超,告知北京政局情形及汪精卫与袁世凯会谈详情。

函称:袁世凯入都后,"秩序全恢复,各部司员照常入署办事","北省一般舆论有不满意于袁者,甚盼康、梁内阁,谓继袁非康不可"。袁通过军事调动与人事调整,尽收满人兵权,乃迫使摄政王退位。"北军将领多袁旧人,甚为固结,只知听袁号令,不知满洲,更不知革命,袁足以自固。"议和一事,系由英国商界请其政府调停,遂"由英领介绍停战,十五日开议解决君主民主问题"。

汪精卫自组织国事共济会后,"时来往京津之间,先由严修介绍见袁。袁谓:'国民会议,我极赞成,惟我站之地位,不便主张民主,仍系主君主立宪,万一议决后,仍系君主多数,君当如何?'汪答:'议决后我必服从多数;惟以我观察时论之趋向,必系民主多数。如议决民主,公当如何?'袁谓:'既经议决,王室一面我不敢知,我个人必服从多数。'汪复至津见唐,唐言此事是我发起,必以多数为服从"。此次议和,北以唐绍仪为主体,杨士琦、严修副之,"南中以汪为重要枢纽,议决后战事当可望和平"。(丁文江、赵丰田编《梁启超年谱长编》,第576—577页)

两日后,罗又告称,议和已移至上海,唐、杨、严之外,加派杨度为参赞,范源濂由严修邀请同行。"时论谓君主一层,大有希望,而梁燕孙谓不过有三成把握而已。汪兆铭同时南行有黄为基者,与其发起共济会,则谓汪宗旨极和平,而沪中各报已攻击之。汪力调停于官革两方面,而革一边不甚有势力。南中各省代表多系宪友会人",其中浙省陈敬第来函称"大势已趋共和,君位一层,开口即遭诟詈,恐不能不并入共和,将来解决民主,必举项城为总统"。

至于各报纷言唐绍仪力主共和,梁士诒谓绝无此事,并称袁、唐均主君位共和,"惟察南中情形,似非民主不可,若决定民主,则项城不知如何处置。有言俄、日、德三国断不容中国出于民主,必出而干涉,以兵力压制革党,此后隐忧方大,深望南中有深识之士,早为解决"。梁又称,"大众商量,亦以公(按指梁启超)为君主立宪主持最力之人,得公主持于下,必可渐转舆论",意欲由袁世凯出资办一机关报。(丁文江、赵丰田编:《梁启超年谱长编》,第578页)

后来,"虚君共和"名称为袁世凯及各报所采,"其字面则同,其内容绝非,盖宣布共和后,仍留此虚君号以存旧君名义耳,非虚君共和政体也。不意长者(按指康有为)费多少心血,供他人涂饰耳目之用"。(丁文江、赵丰田编:《梁启超年谱长编》,第591页)

△ 《香港华字日报》刊出《孙逸仙与〈铁笔氏报〉记者言政治革命理由》的译文。

文称:"予欲穷诘我华人,何以素富于革命思想,而屡发难乎? 今吾语汝,使居文明政治下之英人,得一时所未闻之奇事,使知我数万万同胞,现居于清政府之下,与夫数千之志士,遁迹外国者,均不喜清政府,亦非一朝之愤,有以致之,实二百余年之专制毒有以孕成也。"

文中历数清政府之过,其一,满人人数不及一兆,汉人不下四百兆余,而满人秉大权居高位者,竟占多数。其二,清廷并无正式政府,所颁政令无一不苛,贿赂公行。清朝无正式律例,每省设一督抚,各自定律以行,无论其如何不公、残虐,均不能上控。其三,清朝税饷混乱,与欧美列国不同,只有虚名,毫无实际,花样繁多。其四,任人唯私。凡督抚莅任后,第一政策即是调查属员,谁与之善,谁与之不善。善者私庇之,不善者除之。其五,平民深受其害,有至倾家破产、典妻鬻子者,至于平民与执法官善者,其狼狈为奸之毒手段,亦与官无异。其六,清廷委任大臣,亦贿赂以进,凡大臣之下欲得一官一职,舍贿赂无以进阶。彼此沆瀣一气,朋比为奸,官官相卫。

又称"吾侪游历欧美,目击文化,回顾祖国之专制黑暗,宁忍置诸

脑后,而漠然视之乎?且近年欧风美雨,渐被亚洲,睡狮已醒,四百兆
民,居于苛政之下,宁立以待毙乎?抑俯首贴耳以待变迁乎?将要求
立宪以改革乎?由此观之,毋怪乎革命之潮流日盛也。逸仙所深望
者,则他时一旦功成,拯同胞于水深火热之中,共处于文明政治之下,
则平素之志愿,始可谓之大偿"。(《孙逸仙与〈铁笔氏报〉记者言政治革命
理由》,《香港华字日报》1911 年 12 月 13 日,"言论")

12 月 14 日(十月二十四日) 抵槟城。

抵槟城时,"一大群中国人目迎孙先生与咸马里登陆。但没有一
个人被警察允许与孙交谈。孙被严密保卫着。他谢却访问,意图保
留他自己的意见。他不愿在未获得自国内革命党干部有关事件的全
部真相报告以前,即置身于任何一定方针以评断中国的问题"。(吴
相湘编撰:《孙逸仙先生传》下册,第 991－992 页)槟城华侨回忆称:"英政府
保护甚力,码头布满警察,凡同志欲访孙先生,必由该警察长持名片
向孙先生呈问许可,方许进内接见。孙先生上岸与家人会晤,该警察
长鹄立庭中,保护十分周至。迨孙先生下船启行,警察方收队而散。
于此可见文明国待人之道,而能尽其保护矣。"(《槟榔屿华侨革命回忆
录》,《近代史资料》总 77 号)

据新加坡《叻报》称,抵槟城,所陪同的李君系美国人,向在美充
当上级军官,曾久游中国,熟悉华情。此次,孙特聘来华,以为贤助。
抵槟城后,当地华人纷纷到船迎接,均未蒙接见,"盖孙君此行拥护异
常慎重,故未敢轻于见客"。(《叻报》1911 年 12 月 15 日)

△ 电告邓泽如:"今日下午,地湾夏邮船出星加坡,乞兄明日到
星,登船面商。秘勿扬。"(邓泽如:《中国国民党二十年史迹》,第 82 页)

12 月 15 日(十月二十五日) 抵新加坡①。

---

① 《孙中山年谱长编》:"据罗记瑞《南洋华侨与辛亥革命》称:先生此次经过新加坡,
上岸住陈武烈(按即陈楚楠)寓,会见张永福、林义顺、邓泽如、陈武烈、陈嘉庚等,谈了建设
新国家的主张。越日,乘原船往上海。(《纪念辛亥革命七十周年史料专辑》下册第 241
页,广东人民出版社 1981 年出版)"(陈锡祺主编:《孙中山年谱长编》上册,第 590 页)

上午九时,乘英轮抵港。新加坡总巡捕官李夏密君、华民政务司泽文君上船欢迎,在铁桥上有西差、巫差及侦探多名守护。该埠绅商及革命同志多人及孙中山的夫人、女儿亦上船欢迎。登岸后,总巡捕官预备一摩多加电车,由总巡捕官等陪同乘坐,沿途为之保护照料,送到孙夫人所居之处。孙先生与各绅商、同志等叙谈良久。十二点后,船将启行,仍由护司、巡捕官护送,乘原车回船。同行回国诸人,除咸马里及孙夫人外,有留英学生朱卓文(香山人)、李晓生(番禺人)、张大椿(浙江人,美国耶鲁大学机器毕业生)等人。(《叻报》1911年 12 月 18 日)

《海峡时报》以《孙逸仙博士将组织政府,攻击北京,绝无妥协可言》作大字标题,记载孙中山登岸后即赴摩尔斯路陈武烈寓所。"孙对人言,即往上海组织临时政府。欧洲银行团允许:如孙获得独立十四省一致举为大总统,即可贷款协助中国建设。孙对北伐力主坚持,惟一妥协即皇室完全退出中国政治及北京,作普通公民。如不同意这点,即不惜流血牺牲直至攻下北京。"(吴相湘编撰:《孙逸仙先生传》下册,第 992 页)

12 月 16 日(十月二十六日)　在船上与邓泽如谈借款等问题。

谓:"因迟迟而归国者,要在欧洲破坏满清之借外债,又谋新政府之借入。此次直返上海,解释借洋债之有万利,而无一害。中国今日非五万万不能建设裕如。船行匆匆,限于时刻,尚未得图快晤,俟抵沪后,当再为详知云云。"(邓泽如:《中国国民党二十年史迹》,第 82 页)

△　在新加坡时曾询问陈嘉庚等人,能否帮助解决私人需款,陈许筹五万元。后在从上海赴南京时电告陈需费,陈如数汇寄。(陈嘉庚:《南侨回忆录》,第 3 页)

12 月 17 日(十月二十七日)　黄兴力辞大元帅职,转推黎元洪为大元帅。

12 月 10 日,各省在鄂代表同赴南京,12 日假南京江苏谘议局开会,14 日议决于 16 日开会选举临时大总统。15 日,浙江代表陈毅由鄂来宁,报告唐绍仪已在武昌接洽,据称:袁内阁亦主张共和,但须由国民会议议决后,袁内阁据以告清廷,即可实行逊位,并谓伍代表廷芳如不能来鄂,可移在上海开会。于是决议缓举临时大总统,承认上海所举大元帅、副元帅,并在"临时政府组织大纲"追加一条:"大总统未举定以前,其职权由大元帅暂任之。"16日,又追加一条:"大元帅不能在临时政府所在地时,以副元帅代行其职权。"

本日,全体代表会议,报告黄兴来电力辞大元帅之职,并推举黎大都督为大元帅。当经改举黎元洪为大元帅,黄兴为副元帅。同时议决黎暂驻武昌,由副元帅代行大元帅职权,组织临时政府。23日,黎元洪电告各省代表会议,承受大元帅名义,并委任副元帅代行其职务。(《辛亥各省代表会议日志》,中国人民政治协商会议全国委员会文史资料研究委员会编:《辛亥革命回忆录》第6集,第249—251页)

12月18日(十月二十八日)　临时政府议和全权代表伍廷芳、中央军政府代表王正廷及总代表参赞温宗尧、王宠惠、汪精卫、纽永建,与清内阁全权代表唐绍仪及随员欧赓祥、许鼎霖、冯懿同、赵椿年,在上海市政厅举行第一次议和会议,双方由两代表换验文凭。决定双方切实执行停战,方可开议,约定电告各处停战,定于20日再议。(观渡庐编:《共和关键录》,第3—8页)

12月19日(十月二十九日)　陈其美在都督府召开会议,出席者有以伍廷芳为首的议和会议代表。因是上海各报登载议和消息,略谓英、日两国正竭力促成双方停战,担心日本坚持保留清朝,"众所周知,日本驻京公使一直在支援清廷"。会议决定:清室必须退位,在此问题上绝不妥协,不论何国为清廷说项,国人均将永记不忘。(《辛亥革命期间上海公共租界工部局警务报告》,上海社会科学院历史研究所编:《辛亥革命在上海史料选辑(增订版)》,第1079—1080页)

12月20日(十一月初一日)　函告邓泽如,明日过香港,并希望回国帮助。(邓泽如:《中国国民党二十年史迹》,第82—83页)

△　黄兴任命顾忠琛为代表,与直隶陆军学堂总办廖宇春等人

密商中国政治前途问题，原定：（一）优待皇室。（二）组织共和政体，公举袁世凯为大总统。（三）优待满汉两方面将士，并不负战时害敌之责任。（四）开临时国会，恢复各省秩序。后决议袁世凯一层无须明言，改为五条：（一）确定共和政体。（二）优待清帝。（三）先推复清政府者为大总统。（四）南北满汉出力将士，各享其应得之优待，并不负战时害敌之责任。（五）同时组织临时议会，恢复各省秩序。（廖少游：《新中国武装解决和平记》，中国社会科学院近代史研究所近代史资料编辑组编：《辛亥革命资料类编》，第 351—366 页）

△ 上海南北和谈举行第二次会议。

在此之前，英、美、日、法、俄、德六国驻沪领事奉各该国政府之命，分别会见伍、唐二代表，希望和平解决局势①。会议拟订停战条规，并规定停战延长七日。在会议过程中，伍、唐交换关于君主立宪、共和政体及国民大会等看法。

伍称："我初亦以为中国应君主立宪，共和立宪尚未及时。惟今中国情形与前大异，今日中国人之程度可以为共和民主矣，人心如此，不独留学生为然。即如老师宿儒素以顽固称者，亦众口一词。问其原因，则言：可以立宪，即可以共和，所差者只选举大总统耳。今各省谘议局、北京资政院皆已由民选，则选举大总统何难之有？我甚以此说为然。今时局变迁，清廷君主专制二百余年，今日何以必须保存君位，且清帝本非中国之人，据君位已二百余年，使中国败坏至于如此。譬如银行总办，任事十余年，败坏信用，尚须辞职，况于国家乎？中国之可收拾，人所同知。立宪云云，皆涂饰耳目之事，如何整顿？为今之计，中国必须民主，由百姓公举大总统，重新缔造。我意以此说为确不可易。今日尔我所争者，一国之事，非一民族、一省、一县之事，且改为民主，于满洲人甚有利益，不过须令君主逊位，其他满人皆可优待，皇位尤然。现时规制，满人株守京师，无贸易之自由，改革之

---

① 据《六国代表致上海和谈委员的备忘录》称此为"非正式建议"。（章开沅等主编：《辛亥革命史资料新编》第 8 卷，第 167 页）

后,满人与汉人必无歧视,将来满人亦可被举为大总统,是满人何损而必保存君位?故此次改革,必须完成为民主,不可如庚子拳匪之后为有名无实之改革也。今日代表各位皆系汉人,应赞成此议,不独望各位赞成此议,且望袁氏亦赞成也。不然,流血愈多,于人道何忍?今日各国领事已奉其国家之命,欲和平了结,然则中国之力有人心者,当求从速解决之法也。"

唐言:"但此为同胞之事,今日若无清廷,即可实行。既有清廷,则我等欲为共和立宪,必须完全无缺之共和立宪,方为妥善。黄兴有电致袁内阁云:若能赞成共和,必可举为总统。此电由汪君转杨度代达袁氏。袁氏谓此事我不能为,应让黄兴为之。是袁氏亦赞成,不过不出口耳。共和立宪,万众一心,我等汉人无不赞成,不过宜筹一善法,使和平解决,免致清廷横生阻力。且我共和思想尚早于君,因我在美国留学,素受共和思想故也。今所议者,非反对共和宗旨,但求和平达到之办法而已,请示办法。"

唐还称:"自武昌起事之后,我曾拟一折,请国民大会决定君主、民主问题,服从多数之取决,清廷不允。现时我尚持此宗旨。盖此办法对,于袁氏非此法不行也。其军队必如此,乃可解散。开国会之后,必为民主,而又和平解决,使清廷易于下台,袁氏易于转移,军队易于收速。窃以为和平解决之法,无逾于此也。"(观渡庐编:《共和关键录》,第9—16页)

据英国驻上海领事电称,袁世凯答复唐绍仪时,"进一步说六个列强不会承认共和,而愿坚持维护君主制"。而"唐绍仪激烈反对列强调停,因为那将使全中国各阶层和各党派团结起来反对外国人,并将对中国及外国利益产生极大的损害"。因此,唐绍仪要朱尔典催袁世凯接受12月20日会议上声明中的有关建议。

英外交部批示称,不知袁世凯有何根据持此说,"我们只希望有个强大而统一的中国,并不想过问中国人愿意采取何种政体"。由于上海舆论亦称袁世凯公开宣称英、日决定支持中国实行君主制,"必要时愿借用武力"。英外交部希望朱尔典询问袁世凯凭什么向唐绍仪说那句话,甚至要强烈驳斥袁世凯所发表的言论,"因为他的言论是有害的,而且至少就英国人来说,也是极不真实的",这种宣称将使中国问题复杂化。(《朱尔典爵士致格雷爵士电》,章开沅等主编:《辛亥革命史资料新编》第 8 卷,第 146—147 页)

△ 以章太炎、程德全、赵凤昌、张謇、唐文治等人为首的"中华民国联合会"在外滩二十九号成立,"以联合全国扶助完全共和政府之成立为宗旨",设《大共和日报》为言论机关,待"完全共和政府"成立后,即改为政党。

章太炎在第一次大会上演说称,本会对于政府处于监督补助的地位,其具体主张则与孙中山的政治主张有所不同:一、中国政治制度不宜一味模仿法国、美国,"惟置大总统,限制其权,以防民主专制之弊,宜与法之制度稍近",行政部应对议院负责,除大总统外的行政官不由人民选举;"至美之联邦制,尤与中国格不相入,盖美之各州,本殖民地,各有特权,与吾各省之为行政区划统一已久者不同,故不能破坏统一而效美之分离",所谓独立,系对清廷而言,非对于新建民国而言。

二、三权分立之说,已成各国定制,中国于三权之外,应将教育、纠察二权独立,"盖教育与他之行政,关系甚少,且教育宗旨定后,不宜常变,而任教授者,又须专门学识,故不应随内阁为进退。纠察院自大总统、议院以至齐民,皆能弹劾,故不宜任大总统随意更换"。至于考选考绩之权,此前孙中山主张独立,"然就法理上言之,究属一部分之事,无可独立之理由,故仍宜于内阁之内设立专局以管辖之"。

三、关于民生,不应实施纯粹社会主义,此主义在欧洲程度较高之国尚不适用,何况中国。但中国应仿行国家社会主义,诸如限制田产、行累进税、限制财产继承。

四、其他内政,如"共产主义之限制军备,只可就兵力充足之国言之,而非适应于今日之中国";当下只宜整理财政,不宜增加;金融机关宜整理,统一币制,设立国家银行。

五、对外则主张国际和平,不执侵略政策,"此事洵为吾国特有之国家道德,高出于各国者也"。若受他国侵略,为自卫计,当以适应之法维持国权。(《辛亥革命期间上海公共租界工部局警务报告》,上海社会科学院历史研究所编:《辛亥革命在上海史料选辑(增订版)》,第 1080－1082 页)

时在上海的郑孝胥,素以通晓国内外时务著称,对孙中山、章太炎两种五权分立的主张均不以为然,谓"纠察、考选、教育皆行政内事,愈分析愈纠缠耳。孙、章等之不达治理如此"。(劳祖德整理:《郑孝胥日记》第 3 册,第 1378－1379 页)

12 月 21 日(十一月初二日)　抵香港,在船上与胡汉民讨论赴沪宁问题,当晚赴沪。

"乘英邮船(Devanha)抵香港,九时船泊码头,即有广东都督胡汉民、廖仲恺、谢良牧等乘小轮到邮船谒见,随即有同盟会会员李杞堂、陈少白、容星桥等也乘小轮至船先后晤谈十时余,始偕粤都督胡汉民乘坐来港迎接之江固兵轮。众人谈至十二时半,时因有日本人到英邮船候见,皆与孙历年交好者,旋即复回邮船与之接晤。少顷,乃乘广州小轮由三角码头登岸,相约至兰室公司聚话,午后三时接见粤省七十二行、九善堂、总商会所派来港迎接的代表孙中山。席间,历言灭除满虏、建设共和,并及各省财政与外债问题。谈次有省城某代表起言粤事者,经孙一一答复。又有恳孙挽留黄士龙回粤者,孙略谓为时仓卒,如黄允行回粤最好。孙复言是日下午即将乘原船并挈粤都督胡汉民同赴沪。众闻之有愕然者。孙续言粤都督由副都督陈炯明署理,将来以汪精卫回粤任都督。是时闻者皆拍掌,欢呼不止。

至四点半孙中山仍步行至三角码头乘顺利小轮而去,众人送至邮船乃还。"①(《中国革命元祖孙逸仙抵港谈话及离港时期纪略》,《香港华字日报》1911 年 12 月 22 日,"香港新闻")

抵香港前,已决定北上,故极力说服亲信同志,一道赴沪。而胡汉民、陈炯明、朱执信等人主张均留广东。于是对胡等人论称:"以形势论,沪宁在前方,不以身当其冲,而退就粤中,以修战备,此为避难就易,四方同志正引领属望,至此其谓我何? 我恃人心,敌恃兵力,既如所云,何故不善用所长,而用我所短? 鄂既稍萌歧趋,宁复有内部之纷纠,以之委敌,所谓赵举而秦强,形势益失,我然后举兵以图恢复,岂云得计? 朱明末局,正坐东南不守,而粤桂遂不能支,何能蹈此覆辙? 革命军骤起,有不可响迩之势,列强仓猝,无以为计,故只得守其向来局外中立之惯例,不事干涉。然若我方形势顿挫,则此事正未可深恃;戈登、白齐文之于太平天国,此等手段正多,胡不可虑? 谓袁世凯不可信,诚然;但我因而利用之,使推翻二百六十余年贵族专制之满洲,则贤于用兵十万。纵其欲继满洲以为恶,而其基础已远不如,覆之自易。故今日可先成一圆满之段落。我若不至沪宁,则此一切对内对外大计主持,决非他人所能任,子宜从我即行。"胡汉民记:"先生持之甚坚,余亦觉所见不如先生之远大,乃服从先生主张,立为书分致竞存、执信、毅生诸人,使竞存代理都督事,并以命令饬各军服从竞存,皆以授仲恺,使返省,与诸人布置一切。余则与先生同舟而行。"(《胡汉民自传》,《近代史资料》总 45 号)

在香港时,还与胡汉民、廖仲恺二人谈及政治、借款、筑路各事。

---

①　关于孙中山登岸一事,黄宇和在《中山先生与英国》一书中认为此次孙中山为了躲避港英政府关于允许他"路过"香港的政治风险,并未登岸,且通过 1912 年 4 月 24 日港英政府不允许孙中山在香港登岸一事,认定孙中山在 1911 年 12 月并未上岸的决定是正确的选择。然而揆诸 1911 年 12 月香港中英文报道,孙中山确实在三角码头上岸,并在干诺(Connaught Road)一家华人会馆(Chinese Club)中与欢迎谈话,并发表提倡借用外债的演说。《德臣西报》甚至称这是"孙逸仙医生在香港短暂停留时最引人注意的事情"。(*China Mail* 1911.12.22)

谓"政主共和,及以战事驱除满虏为目的"。至于财政问题,目前各省财政都很困难,云南尤其,"一俟临时共和政府成立,则财政无忧不继,因有外债可借,不用抵押,但出四厘半之息,已借不胜借。就现时情形言之,必须借外债。因满清借债之弊窦,第一则丧失主权,第二浪用无度,第三必须抵押。若新政府借外债,则一不失主权,二不用抵押,三利息甚轻"。"至就中国目前而论,则必须各省府州县皆筑有铁路,以利便交通,使土地出产可以输出。借债筑路之便宜,以借债则可以分段而筑,易于告成,计六年之内自可以本利清还,路为我有矣。若以我之资本,则十数年后可筑成,吃亏必大。至还债之法,则道路一经开通,物产既销流,田土必涨价,将来由新政府征取,民必不以为病,而债可立还矣。"(《中国革命元祖孙逸仙抵港谈话及离港时期纪略》,《香港华字日报》1911年12月22日,"香港新闻";《与胡汉民廖仲恺的谈话》,《孙中山全集》第1卷,第568—569页)

△　函告龙济光,因急需赴沪,不能会见,望能率兵北伐。

函谓:"现在各国政府士夫,均望文速归,组织中央政府。此事一成,则财政、外交皆有头绪,此外问题亦因之迎刃而解。当今政策,莫大乎此。故强约汉民同行,襄助一切。粤事,竞存、毅生、执信、君佩诸兄之支持,与汉民躬身执行无异。闻公有北伐雄心,此乃绝大快事。倘高、廉一带稍靖,务请督师至沪,共捣虏巢,文当亲率同志为公清道也。"(《致龙济光函》,《孙中山全集》第1卷,第570—571页)

△　日本驻香港船津代总领事致电外相,报告孙中山对日态度。

该电称,孙中山与广东党人在船上会面,且拟于今日下午与香港总督会晤,后因时间紧迫未果。陈少白初拟陪同赴沪,后改由胡汉民同船前往。至对外态度,"据池言称:孙文很担心日、英、俄三国联合起来对革命党进行压迫或牵制,经本职秘密向其说明,日本国不仅绝无此意,且对革命党抱有颇大同情,孙文闻此言始觉宽慰。又据山田言称:广东新政府刻下拟购买步枪一万支、机枪三十挺及其它武器弹药等,但苦于经费支绌,现正与三井商谈,尚未谈洽"。(《船津驻香港代总领事致内田外务大臣电》,邹念之编译:《日本外交文书选译·关于辛亥革命》,第 193 页)孙中山希望山田斡旋向三井物产会社借款一或二千万日元,山田初尚犹豫,孙勉以"干革命工作,任何事都不能有所踌躇"。当 25 日抵上海后,山田即向该会社上海分店店长藤濑政次郎汇报了此事。(段云章编著:《孙文与日本史事编年(增订本)》,第 225—226 页)

12 月 23 日(十一月初四日) 头山满离日本赴上海,以镇慑浪人①。

头山满在古岛一雄、美和作次郎、浦上正孝、松平康国、柏原文太郎、藤井种太郎、柴田麟次郎、小川运平、中野正刚、山本贞美(倬也)等陪同下,离东京赴上海。27 日抵沪。此行系为镇慑在华日本浪人,抵沪后居丰阳馆,接待各方来客。这种坐镇,被犬养毅称为"安宅之关"。其后除被允许经过此途径之外,不许浪人去南京会见孙、黄,从消极方面说已充分起到了援助孙、黄的作用。(陈锡祺主编:《孙中山年谱长编》上册,第 595 页)

12 月 24 日(十一月初五日) 各省代表会议在南京开会,"报告接到沪电,称孙中山先生将到沪,请派代表欢迎。由代理议长指定马伯援、王有兰、许冠尧三君赴沪欢迎"。(《辛亥各省代表会议日志》,中国人民政治协商会议全国委员会文史资料研究委员会编:《辛亥革命回忆录》第 6 集,第 251 页)

先是,胡汉民电告黄兴、陈其美:"汉民到港接孙先生,同坐英邮船来申,乞招待。"(《广东胡都督由香港来电》,《申报》1911 年 12 月 23 日,"公电")陈其美电告代表团,请派代表赴沪欢迎。本日,各省代表会议

---

① 另有说:"在野政治党首领头山满氏欲与归国之孙逸仙一见,特偕玄洋社志士六名,于初六日正午乘北野丸由门司出发,直赴上海。"("东京电报",《民立报》1911 年 12 月 26 日)

选派代表,"并授权欢迎代表①,表示将选举中山先生为临时政府大
元帅。因当时黄、黎大元帅、副元帅之争,尚未结局,同人颇感进退维
谷,兹闻中山先生返国,皆欣然色喜,以为此问题可顺利解决也"。
(王有兰:《迎孙中山先生选举总统副总统亲历记》,尚明轩、王学庄、陈崧编:《孙
中山生平事业追忆录》,第 779 页)

12 月 25 日(十一月初六日)　抵上海,受到热烈欢迎。

上午 9 点 3 刻,乘船(Devanha)抵沪。沪军都督府派参谋沈虬
斋乘建威兵轮往吴淞口迎接。在租界码头登岸后,乘 176 号汽车赴
静安寺路哈同花园,由黄宗仰接待。咸马里夫妇、六名日本人,以及
胡汉民、谢良牧、李晓生、黄子荫、陈琴舫、朱本富、余森郎、朱卓文、陆
文辉及黄菊生,亦同船到达。随后,在哈同花园会见了伍廷芳、黄兴、
陈其美、汪精卫等多人。下午 2 时 30 分,由伍廷芳邀至爱文义路
100 号伍宅会谈,黄兴等参加。至 4 点 20 分,住住所宝昌路 408 号
(法国人屠榭产业,沪军都督府安排)。法国工部局派员护卫住所。
在住所,法总巡麦兰及陈其美、李平书等均往拜谒。晚上,赴戈登路
7 号庞济时(青城)家就餐,晚 11 时始告别。(《军政纪事》《孙中山归国记
(一)》、《民立报》1911 年 12 月 25、26 日,"新闻三";邓云鹏、李雪云、陆森年:《辛
亥革命时期上海公共租界工部局警务报告(三)》,《历史档案》1981 年第 4 期)

抵上海后,各报记者纷纷要求采访。在答《民立报》记者时称:
"武昌举师以来,即由美旅欧,奔走于外交、财政二事。今归海上,得
睹国内近状,从前种种困难虽幸破除,而来日大难尤甚于昔。今日非
我同人持一真精神,真力量,以与此困难战,则过去之辛劳将归于无
效。"并言破坏清政府借款一事。(《访问孙中山先生》,《民立报》1911 年 12
月 26 日,"上海春秋")对美国在华报纸称:"革命不在金钱,而全在热
心。吾此次回国,未带金钱,所带者精神而已。"至对外关系,则称"吾

---

①　据王有兰称,当时选派的代表有六人:广西马君武、山西景耀月、安徽王竹怀及王
有兰,余二人忘其名。

辈将与各国政府皆有关系。吾辈将建设新政府,岂不愿修好于各国政府?"至于是否大总统候选人,不置一词,且否认党内内讧之事。(《与上海〈大陆报〉主笔的谈话》,《孙中山全集》第 1 卷,第 572—573 页)章太炎称:"逸仙返,甫达岸,自谓携兵舰四艘至,且挟多金。"(汤志钧编:《章太炎年谱长编》上册,第 350 页)吴景濂亦谓孙抵沪,"乃与党人协商,并自谓伊在美募有美金千万元,兵船十支"。(《组织南京临时政府的亲身经历》,中国人民政治协商会议全国委员会文史资料研究委员会编:《辛亥革命回忆录》第 8 集,第 407 页)谭人凤记称"迨中山到沪,大开宴会,侈谈清廷借款已被破坏,民军方面如何可望列强投资。而其代为吹拍者,又谓业带款项若干,且有外国兵船许与帮助"。(《石叟牌词》,石芳勤编:《谭人凤集》,第 371—372 页)故所谓携带多金之说,应为同仁的鼓吹与期望。后自称:"当予未到上海之前,中外各报皆多传布谓予带有巨款回国,以助革命军。予甫抵上海之日,同志之所望我者以此,中外各报馆访员之所问者亦以此。予答之曰:'予不名一钱也,所带回者,革命之精神耳! 革命之目的不达,无和议之可言也'。"(《建国方略》,《孙中山全集》第 6 卷,第 246 页)

中国同盟会代表黄兴及光复各省军政首脑纷纷来电欢迎回国。黄兴来电称:"闻驾抵沪,同志欢忻无极。兹特派时功玖、田桐雨君前来接待,以表同人敬意。"①(《致孙中山胡汉民书》,湖南省社会科学院编:《黄兴集》,第 97 页)湖南都督谭延闿、安徽都督孙毓筠、广西都督陆荣廷、王芝祥、江浙联军总司令徐绍桢、江西军政府及全军、绅、商、学各界、浙江省议会、福建许崇智等来电欢迎回国主持中国大局、中华民国的前途及共和的实现。(吴相湘编撰:《孙逸仙先生传》下册,第 994—995 页)

---

① 黄兴原拟 24 日赴南京组织临时政府,23 日晚得悉孙中山将抵沪,即取消行期,并谓:"孙先生是同盟会的总理,他未回国时我可代表同盟会;现在他已在回国途中,我若不等待他到沪,抢先一步到南京就职,将使他感到不快,并使党内同志发生猜疑。"(《辛亥前后黄克强先生的革命活动》,《辛亥革命回忆录》第 1 集,第 196 页)

《民立报》刊发评论称:"孙中山先生今日至沪,凡我之国民俱当以热忱欢迎。先生归来,国基可定,新上海光复后一月,当以此日为最荣。欧美人之崇拜英雄,凡英雄到处,人民欢迎者数十万,诚以英雄为国勋劳,人民对之宜若是也。我同胞崇拜英雄之心,当不让欧美后耳,况孙先生为革命家之泰斗乎。孙先生者,中国之福星也,我同胞曷速欢迎此福星。孙先生者,中国之救世主也,我同胞曷速欢迎此救世主。欢迎……欢迎,升国旗,奏国乐,率数十万长兄弱弟,欢迎于黄浦之滨,以待先生之至。"(血儿:《欢迎……欢迎》,《民立报》1911 年 12 月 25 日,"上海春秋")

△　抵达上海时,犬养毅等日本人士亦前往欢迎。([日]近藤秀树编、禹昌夏译:《宫崎滔天年谱稿》,《辛亥革命史丛刊》第 1 辑)日本外相内田康哉即密电指示在上海的日本浪人乘机混入革命党中,缓和革命军意见,继续协商建立立宪君主制为佳。日本本土亦将派一二与政府无关,且较有影响力的日本人士赴上海劝告革命军。其中,结成善邻同志会的东亚同文会干事根津一,由外务省利用以同文会的名义进行谍报活动。谍报人员还有从武昌起义以来紧随黄兴的太原武庆。此外,驻上海的宗方小太郎亦积极收集有关孙中山的消息,向日本军方汇报。"晨闻绪方自香港归,往访之。至领事馆与有吉、松井稍谈。访加藤,拍电报至军令部。"次日上午,绪方、平山、宫崎、山田访宗方,宗方于当天下午发出致海军部的报告。(段云章编著:《孙文与日本史事编年(增订本)》,第 231 页)

△　报载列强态度渐转向赞成中国实行共和。

据日本《朝日新闻》称:某大政治家称:"据各种情报,当两星期之前,各国及侨居中国各国人民,信为中国可行共和政治者甚少。然近日以来,各国之态度全变,大势所趋,皆谓除行共和政治外,无他办法。又凡有关系之各国,已无欲排斥共和而到底赞成君主政体者。"(《东京电报》,《民立报》1911 年 12 月 25 日,"专电")

12 月 26 日(十一月初七日) 在寓所召开同盟会最高干部会议①,讨论总统制与内阁制之取舍以及总统人选问题。

抵沪后,各方请谒,日不暇给。黄兴、陈英士朝夕不离。本日,众人假哈同花园设宴,因选举及组织政府问题,黄、陈及宋教仁于席间商议举其为大总统,并向各代表示意,马君武建议由《民立报》唤起舆论。因选举及组织政府问题,应由党议而决,遂于晚间在其寓所开最高干部会议,会商组织政府方案。

出席者有孙中山、胡汉民、汪精卫、黄兴、陈其美、宋教仁、张静江、马君武、居正等人。宋教仁主内阁制,孙力持不可,谓:"内阁制乃平时不使元首当政治之冲,故以总理对国会负责,断非此非常时代所宜。吾人不能对于惟一置信推举之人,而复设防制之法度。余亦不肯徇诸人之意见,自居于神圣赘疣,以误革命之大计。"张静江率先赞成,曰:"善!先生而外无第二人能为此言者,吾等唯有遵先生之意而行耳。"众皆翕然。黄兴劝宋取消提议,宋初犹未允。黄兴、宋教仁遂赴南京与各代表会商。(《胡汉民自传》,《近代史资料》总 45 号;《辛亥札记》,罗福惠、萧怡编:《居正文集》上册,第 71—72 页)

△ 在住所会见上海法文报纸《中法新汇报》总编辑莫耐斯梯埃(Monestier)。

莫耐斯梯埃来访,表达了对中国革命成功的祝贺,并用英文称"我们仅仅为了立即向你转达,你们的事业在法国人中产生的极大热情"。

答:"谢谢。我十分了解你们对我们事业的真挚感情。我刚刚离开法国,对在那里所受到的欢迎感到十分高兴。我知道,在那里,会有许多人支持我的事业,我同时也希望伟大、美丽的法兰西共和国将成为第一个承认中华民国的国家。"

① 最高干部会议开会日期,一般记为 12 月 26 日。徐血儿《宋教仁先生传略》及《辛亥革命革命在上海史料选辑》附大事记,则记为 27 日。因黄兴在会议次日赴南京,似 26 日会议之说较为合理。(陈锡祺主编:《孙中山年谱长编》上册,第 598 页)

问："法兰西共和国一定会热诚地向在远东诞生的一个姊妹共和国表示祝贺。""你对所立的那种共和体制有明确方向了吗？"

答："我个人赞同汲取美利坚合众国和法兰西共和国的各自长处，选择一种间于二者的共和体制。我们很想借鉴其他民族的经验。""大家必须目标一致是重新协调的条件，我将尽心尽力地为这一事业奋斗。否则，我们将看到的是互相诽谤的情景。如此情况，我宁愿离开国土。而现在，我们已经胜利在望。所有的个人利益必须服从共同利益。"

问："你打算提出社会政治纲领吗？"

答："有这打算。但必须先提交给为我们铺平道路的军事权力。"

在莫耐斯梯埃看来，"孙中山并不是一位缅于沉思的人，也不完全是一位能'呼风唤雨'的组织者。从他的仪态，他的表情看来，他属于坚强、果断的人。不远的将来，他在迎接艰难困境之中便一定会表现出他那真正的素质。"（［法］莫耐斯梯埃著、王国静译：《孙中山采访记》，《近代史资料》总68号）

△　在惜阴堂会见赵凤昌等人。

惜阴堂在上海南阳路，本系赵凤昌的寓所，时为各界名流政要聚会之处。本日，在出席哈同花园欢迎宴会后，即赴惜阴堂与赵凤昌等会见，征询对当前时局看法。赵"遂一一陈述沪汉情事，其后孙中山多次找赵凤昌商统一建国诸要端，尤以网罗英贤及国家财政事"。赵主张"建府开基，既须兼纳兼流，更当克副民望"。（赵尊岳：《惜阴堂革命记》，《近代史资料》总53号）

△　函告沈剑侯（玄庐），将派代表出席张园学生集会。

当时上海学生团体颇多，其中有组织名中华民国学生军团者，拟开赴杭州西湖练习战事，并于是日在《民立报》刊登广告，订于12月27日在张园开演说大会，欢迎各界人士参加。其团长沈剑侯来函，邀请出席。本日，复函称："来翰奖饰逾量，何以克当？学子莘莘，亦矢国民皆民之义务，并得人为之管长，可望速成劲旅无疑。明日张园之会,当谨托代表到聆伟论。"到开会时,又致函该团:"兹托陈君宽沆为弟代表赴会场,敬盼伟论。即颂学生军团万岁!"(《复□剑侯函》,《孙中山全集》第 1 卷,第 573—574 页)

27 日开会时,陈宽沆代表讲话,略谓:"孙逸仙博士在国外旅行时,曾要求外国承认中华民国,这些国家对孙说,如果中国人民建立稳固而安定的政府,则他们甚愿照办。"陈又说:"一俟临时政府成立,孙博士即能从外国传教士那里获得大笔借款。"(《辛亥革命期间上海公共租界工部局警务报告(三)》,《历史档案》1981 年第 4 期)

△ 各省代表会议在南京开会,"王正廷报告,前数日黄克强君已允来宁组织政府,迨孙中山先生抵沪后,黄君又变更主张,请速由代表会议选举临时大总统。议决:十一月初十日,开会选举临时大总统"。同时议决作战计划继续进行。(《辛亥各省代表会议日志》,中国人民政治协商会议全国委员会文史资料研究委员会编:《辛亥革命回忆录》第 6 集,第 251—252 页)

△ 针对日方希望英国向南北双方表示倾向君主立宪制,英外相格雷称:"我们应谨慎行事,不可企图强迫革命党人或袁世凯接受他们双方都未准备接受的方案;我们应相信我们迄今为止的调停行为应明确表明这一点,即我们期望看到,在中国人民愿意采取的无论什么政体下,有一个统一和强大的中国。"如果向革命党表示偏好君主立宪制,只能有待同其他列强共同磋商并取得一致意见之后,"否则列强态度不同,在中国人和外国人之间也会出现种种纠纷。在所有强国一致表示其衷好或施加压力之前,确实应当考虑到这一巨大危险"。后来日本驻英代办称,鉴于英方意见及中国政府的意图"将未来的政体问题留待国民会议决定",日本政府将不采取任何行动,静观其变。(《格雷爵士致朱尔典爵士电》,章开沅等主编:《辛亥革命史资料新编》第 8 卷,第 155—156 页)

12 月 27 日(十一月初八日) 会见各省代表会议赴沪代表,商谈组织临时政府问题。

在静安寺路斜桥总会后小洋房内会见由南京而来的欢迎代表，先听取马君武中述欢迎之意，而后彼此会谈组织政府问题。代表问："代表团拟举先生为临时政府大元帅，先生之意如何？"答称："要选举，就选举大总统，不必选举大元帅，因为大元帅的名称，在外国并非国家之元首。"代表称："在代表会所议决的临时政府组织大纲，本规定选举临时大总统，但袁世凯的代表唐绍仪，到汉口试探议和时，曾表示如南方能举袁为大总统，则袁亦可赞成共和。因此代表会又决议此职暂时留以有待。"答："那不要紧，只要袁真能拥护共和，我就让给他。不过，总统就是总统，临时字样，可以不要。"代表称："这要发生修改组织大纲问题，俟回南京与代表会商量。"询问代表："本月十三日（农历十一日）为阳历一月一日，如诸君举我为大总统，我就打算在那天就职，同时宣布中国改用阳历，是日为中华民国元旦，诸君以为如何？"代表答："此问题关系甚大，因中国用阴历，已有数千年的历史习惯，如毫无准备，骤然改用，必多窒碍，似宜慎重。"遂谓："从前换朝代，必改正朔、易服色，现在推倒专制政体，改建共和，与从前换朝代不同，必须学习西洋，与世界文明各国从同，改用阳历一事，即为我们革命成功第一件最重大的改革，必须办到。"代表答："兹事体大，当将先生建议，报告代表团决定。"此次谈话，约三小时，并尝就其他重要问题，交换意见，大都得到结论，遂辞出。（王有兰：《迎中山先生选举总统副总统亲历记》，尚明轩、王学庄、陈崧编：《孙中山生平事业追忆录》，第779—780页）

△　会见由南京来沪的广东北伐军总司令姚雨平。

询问姚雨平广东军有多少兵员和枪弹，姚如实以告，并请设法补充。答称：革命军队，有这样的实力，可算是很充裕的了。并举出欧美各国革命史实，说明都是以少胜多的，指出部队要训练得好，提高作战能力。（《与姚雨平的谈话》，陈旭麓等主编：《孙中山集外集》，第157页）

△　报载致横滨华侨电，感谢同情革命，并告国内和议情形。

电谓："诸君乡里自余统监之革命军旗飘扬以来，大寄热心与真率之同情,此吾党及余所深谢者也。余自动乱发生以来,至今未通告诸君吾之居处,罪甚罪甚,甚希诸君谅恕。顾吾党组织之革命军,今对于满朝已经休战,将移而至媾和谈判。吾党之希望虽素不在媾和,而亦并非全不欲和,战亦非吾目的也。吾党素志之共和政体,近已由议和谈判之结果,可见其成立矣。更望诸君大表同情,注视其成行。余不日当可与诸君相见,以谢至今所蒙恩谊,并亲与诸君协议吾国将来一切,请自重自爱。"(《孙中山之联络情谊》,《申报》1911 年 12 月 27 日,"要闻")

△　黄兴、宋教仁赴南京出席各省代表会议,提议组织政府采取总统制,获通过。

昨晚,同盟会最高干部会议讨论组织政府大纲,宋教仁主内阁制,孙力持总统制,几至不欢。黄兴调解其间,称"俟至宁后,决于全体各省代表"。本日,黄、宋抵南京后,赴江苏谘议局参加各省代表会议。黄提议:一、改正朔,用阳历;二、起义时以黄帝纪元,今应改为中华民国纪元;三、组织政府采用总统制。前两条合并讨论,全体赞成通过,并尊重民间习惯,可于阳历下注明阴历节候。至于采用总统制,宋教仁仍反对甚力,主张内阁制,历数总统制之弊。讨论颇久,最后众议表决,多数赞同总统制,照案通过。又"提议按照政府组织大纲,应即选举临时大总统,拟即日举行,由代表会准备一切,众无异议"。(章天觉:《回忆辛亥》,《辛亥革命史丛刊》第 2 辑)

赴沪欢迎代表亦于本日晚返南京,28 日晨 8 时抵达,10 时赴代表会开会,由马君武报告在沪与孙中山接洽经过。因孙既决定于中华民国元年 1 月 1 日(农历十一月十三日)就总统职,是总统选举必于 1 月 1 日以前办竣。"代表会对于保留总统位置予袁一节,认为不必要,惟临时大总统名称,除去临时字样,因各省有未独立者,正式宪法,尚未制定,正式总统亦无从产生,认为仍须冠以临时字样。于改用阳历一节,主张暂时不改者为多,辩论甚久,莫衷一是,最后君武强调中山先生于此事持之甚坚,甚望同人勉予赞同,始获通过。"又决定于 29 日举行总统选举会。(王有兰:《迎中山先生选举总统副总统亲历记》,尚明轩、王学庄、陈崧编:《孙中山生平事业追忆录》,第 780 页)

△　获美洲全体同盟会同志来电请举为总统,内慰舆望,外镇强邻。(《美洲电报》,《民立报》1911 年 12 月 27 日,"专电")

△　获共和建设会致电南京十四省代表团请举为总统。电谓:"组织临时政府,请举孙中山先生为总统,以救国民。兆众一志,全体欢迎。"(《共和建设会致代表团电》,《民立报》1911 年 12 月 28 日,"新闻二")

共和建设会,又称共和讨论会、共和建设讨论会,由旧宪友会汤化龙、林长民、刘崇佑、刘柏森、张嘉森等人所组成。其会虽推举孙中山为总统,而其宗旨主张仍在于联合袁世凯。据张嘉森致梁启超函称,"窃谓今后中分天下者,袁、孙二党而已。吾党处此时代,所以待之者有二:超然独立,另标政纲,与天下共见一也;与两党之一相提携,以行吾辈所怀抱二也。如第一法之立身高洁,不斤斤于政权,以静待舆论之归,以极正大,且袁、孙二派皆非能建设今后之国家者,虽合无益",然而"目前舍择二派而提携之,别无他法。此二者比较的适于建设之业者,实在北方,故森以为下手之力,在联袁而已"。宪友会组织共和建设讨论之初,颇属望于梁启超,"惟革党反对之气焰犹昔,故不敢即提及此。中国南北情形迥异,比较的易着手者,实在北方,如欲进行,亦应先北而后南,所以应与袁合者,此亦其一因也。此大结合如能成功,再将大党之必要,建设之困难,鼓吹一年半载,吾党势力必弥漫全国,则左右天下不难"。(丁文江、赵丰田编:《梁启超年谱长编》,第 600—601 页)后共和建设会改组为民主党,于 1913 年和共和党合并为进步党。

△　唐绍仪致电清内阁,请尽早召集国会,公议君主、民主问题。

电称:自充议和总代表赴沪与各省民军总代表伍廷芳议和,"查民军宗旨以改建共和政体为目的,若我不认共和,即不允再行开议。默察东南各省民情,主张共和已成一往莫遏之势。近因新制飞船二艘,又值孙文来沪,挈带巨赀,并偕同泰西水陆兵官数十员,声势愈大,正议组织临时政府,为巩固根本之计"。此外,"闻中国商借外款,皆为孙文说止各国,以致阻抑不成"。在会议时,曾议及召集国会,举君主、民主问题付之公议,但伍廷芳以各省在沪代表多数赞成共和,何必再行召集国会。眼下情形,"惟有呈请即日明降谕旨,命总理大臣颁布阁令,召集临时国会,以君主、民主付之公议,征集意见,以定指归"。

次日,清廷降谕称:"我国今日于君主立宪、共和立宪二者,以何为宜,此为对内实际利害问题,固非一部分人民所得而私,亦非朝廷一方面所能专决,自应召集临时国会,付之公决。兹据国务大臣等奏请,召集近支王公会议,面加询问,皆无异词,着内阁即以此意电令诏绍怡转告民军代表,预为宣示。一面由内阁迅将选举法妥拟,协定施行,克期召集国会。"(《唐绍怡致内阁请代奏电》《谕旨》,中国第一历史档案馆等编:《清宫辛亥革命档案汇编》第 73 册,第 129-131、142-143 页)

下午 5 时,袁世凯会见日本驻华公使伊集院称:至此上谕,"皇室对于共和政体已有所认识,并已宣明国体问题交由国会讨论决定,这就与本人一向坚持之君主立宪主张不能相容",本拟辞职,未得准许,遂暂时留任。"皇室意向,仅能对贵公使一人实说,皇室方面对万事俱已放手,已决心在不得已情况下听任采用共和政体,毫无其它办法。"(《与日本公使伊集院的谈话另一版本》,骆宝善、刘路生主编:《袁世凯全集》第 19 卷,第 212 页)

12 月 28 日(十一月初九日) 在寓所会见中外人士。

抵上海后,中外人士皆欲一睹其面,故投刺相访者络绎不绝。原定会客时间为下午二时至五时,不能因无谓之应酬致误他事。但来访者太多,不能不一一接洽,常自晨至暮无休息。(《孙中山之一刻千金》,《申报》1911 年 12 月 29 日,"要闻")上午,在法租界大马路 408 号会见宗方小太郎、绪方、平山等人,彼此不相见已十二年,谈话少时即别。([日]宗方小太郎:《辛壬日记》,荣孟源主编:《近代稗海》第 12 辑)

△　随从来沪的外国人士颇受各界关注。

当时美国在华官员,对于咸马里参加中国革命,认为系违背美国当局所宣布之中立态度。荷马李闻悉是项宣布后,立即向《大陆报》发表义正辞严之宣言,略谓:"我来中国参加中国革命是我个人的行动,与美国政府毫无关系。外间称我为大将,不过因为我曾为中国的康有为、梁启超等改良派人物组织过保皇军,并不是美国的现役军官","美国军官之参加墨西哥革命的人数很多,美国政府从来未加干涉,我今次来华参加革命,岂有可以干涉之理"。(黄季陆:《国父军事顾问荷马李将军》,《革命文献》第66辑,第462—473页)

先是,《大陆报》访员曾询问随行日本人的姓氏、职业及彼等与革命运动的关系,希望究明他们与民军组织政府的关系。(《与上海〈大陆报〉主笔的谈话》,《孙中山全集》第1卷,第572—573页)28日,《大陆报》访员又于访日本领事馆时,询问孙中山所偕的日本人士,为民军办事是否合法?日领事称:"按万国公法,凡人民以个人名义协助交战团国家不能阻之。查各国近尝照会寓华本国人民,戒其不可违背中立,然吾人遵依此旨,但可阻止日人执戈临阵,而不能阻止个人非临战之协助,且不能阻止各公司以军械售于清军或民军,惟装载军火轮船者为一交战团拘获,可以将其货物充公。"(《从孙中山而来者》,《申报》1911年12月29日,"要闻")

△　本日晚,各省代表会举行临时大总统选举预备会,投票选举临时大总统候选人。投票后,并未开箱,决定次日举行正式选举时,采用无记名投票法。(许师慎:《国父当选临时大总统实录》上册,第47页)

12月29日(十一月初十日)　当选为中华民国临时大总统。

各省代表会议在南京召开正式选举总统会议。到会代表有:山西代表景耀月、李素、刘懋赏,陕西代表张蔚森、马步云、赵世钰,江苏代表袁希洛、陈陶遗、雷奋、马良,安徽代表许冠尧、王竹怀、赵斌,江西代表林森、赵士北、俞应麓、王有兰、汤漪,浙江代表汤尔和、黄群、陈时夏、陈毅、屈映光,福建代表潘祖彝,广东代表王宠惠、邓宪甫,广西代表马君武、章勤士，湖南代表谭人凤、廖名搢、邹代藩、刘揆一、欧阳振声，湖北代表马伯援、杨时杰、王正廷、胡瑛、居正，四川代表萧湘、周代本，云南代表吕志伊、段宇清、张一鹏，山东代表谢鸿焘、雷光宇，河南代表李磐、黄可权，直隶代表谷钟秀，奉天代表吴景濂到会。议长汤尔和担任主席，刘之洁任监选员，候选人为孙文、黎元洪、黄兴。

到会十七省代表，每省一票。最终以十六票当选。众即直立欢呼中华共和国万岁三声。"会中复以组织临时政府，刻不容缓，即推正副议长汤尔和、王宠惠等赴沪恭迓孙中山。并由代表会将选举结果，电告孙中山及各省。"（《辛亥各省代表会议日志》，中国人民政治协商会议全国委员会文史资料研究委员会编：《辛亥革命回忆录》第 6 集，第 252－253页；许师慎：《国父当选临时大总统实录》上册，第 47－50 页）

电由《民立报》转来："今日十七省代表在南京举行选举临时大总统典礼，先生当选，乞即日移驾来宁，组织临时政府，并由本会议长汤尔和、副议长王宠惠至沪欢迎，特此奉告。"（《民立报》1911 年 12 月 30日，"南京电报"）

南京各省代表会即向各省都督府、谘议局及《民立报》《天铎报》《新闻报》《神州日报》《中外日报》《时事新报》《时报》《申报》各报馆发电，告知选举结果："在宁开临时大总统选举会，到者十七省，孙中山先生当选为临时大总统，特此布告。"（《民立报》1911 年 12 月 30 日，"南京紧要电报"）

此次选举大总统办法，也招致他人非议，如有谓"革党自谓文明，实乃极端专制"，"此次选举总统，止十七人，孙文得十六票，黄兴得一票，遂自称全国公举，真可笑杀人也"。（劳祖德整理：《郑孝胥日记》第 3册，第 1382 页）显然将"十七省"代表票误认为"十七人"。

既当选临时大总统，收到黎元洪及各省代表之贺电，于是复电各省代表、各省都督军司令长及黎元洪。同时致电袁世凯，表示作国民公仆之至意，"文虽暂时承乏，而虚位以待之心，终可大白于将来。望早定大计,以慰四万万人之渴望"。汪荣宝认为该电所言,"盖孙固以国家为前提,非必有自居成功之意"。(《复南京各省代表电》《致各省督抚军司令长电》《致黎元洪电》《致袁世凯电》,《孙中山全集》第 1 卷,第 576 页;韩策、崔学森整理,王晓秋审订:《汪荣宝日记》,第 330 页)

△ 《中华民国公报》刊载主笔张祝南的论说《中华民国大总统当推孙逸仙论》。

论称:"革命军持共和主义,已义播寰宇矣。人具知发乱者,非有帝制自为之心,故鄂省首倡,全国响应,破坏之神速,亘古所无,独是已极。破坏必速谋建设,建设之始,吾人所当研究者,非大总统之职任乎! 大总统得人,庶政就理,自有条而不紊,居今日之中国,其能负此重大之责任而具有此完全之资格者,其谁乎? 虽不敢谓草泽中必无其人,然开创之初,欲尽适于吾人心目中圆满之希望,旷观民族,舍孙逸仙外,匪异人任也。"且孙任大总统之任,于国而言,其利有四:

其一,政治上之解决。"政治之敷设,固待多数人之表决,始有效用可言,而总理其纲,则在能深明共和之旨者。孙逸仙非推到满洲政府,建立共和民国之原动力乎! 具此心胸,富此魄力,而其创始之经营与夫最后之计划,当不知费几许心血。以研究实在之精神,而望收其善良之结果,则共和政体固当未破坏时所深维者也。此种政体,虽甚简单,然非出入其间,终形隔阂,脱有窒碍,就吾人眼光所至,未有不演成第二次革命之风潮者,是谋吾民之幸福,转贻吾民以奇祸,乌用是改革为哉。孙逸仙既为革命家之代表,树建共和国之先声,则革命家所欲建立之共和国,即无不可以其代表者而代表之,况素所挟持之政策,尤为今日所必须者耶!"

其二,声望上之解决。"名者实之宾也,天下断无无实力之人,而能负天下之巨望。孙逸仙为倡始革命之人,人具知之,凡中国后来之秀,无不受其学说所嘉惠,今日全国革命家之爱戴,已早以大总统暗推许矣。革命之事业成,若舍而他求,无论不能符革命家之冀望,即中外人心亦未能偿还其满足,闻其往来于东西各国,无不崇奉为中华第一伟人,而在吾国庸俗妇孺,大都目熟其名,群相讴歌颂俦,就前日舆论之一般,深望早日归来,底定大业,可想见人心之趋向矣"。

其三,权利上之解决。"中国人心之不良,首在争权争利,数千年专制政体之酿造,无怪其然。今立共和民国矣,断不能独享权利之心,为天下蠹。孙逸仙而有念恋权位之心,去国之后,何弗大张君主立宪之旗帜,迎合满廷,以图见用,而必持民族主义,大触清政府之忌妬乎。既提倡民族主义,拒抗满廷,困苦流离,日以铁血之苦心唤醒我民族,甘自刻厉,可断言无系念权利之心。惟其不趋重权利,以大总统归之,微特可以革除吾国之旧弊,而凡杂有君主性质之举动,无以复思于今日,即大总统之任,亦必视若倍屣,无留连护惜之心,以开未来之新,共和民国可以永保无破坏之虞矣。"

其四,报酬之解决。"有其施之,必有报也,亦人情之常耳。孙逸仙飘流海外,数十年如一日,而其苦心孤诣,无非为救我民族脱异种无理之专横,不惜一己之身家性命,以求达其目的,讵其才智之可矜,而实精诚之可爱,今日革命军之克奏敷功也,出吾民于水火,登吾民于衽席,令人人皆享自由平等之幸福,孰不当馨香默祝,拜受彼一人之赐,在彼既功成志遂,未必甘受此虚名,而吾民族饮水思源,亦不得不以最可宝贵之荣名,为其相当之酬报,如美利坚人之推选华盛顿,其成例可援也。"

总之,以孙任大总统,"虽为理想上之解决,抑亦事实上有不得不然者,吾民族中其别具有此适合之资格乎? 其别具有此资格足以圆满吾人心目中之希望乎? 吾不敢言。吾故不能不崇拜孙逸仙,吾不能不以新立民国之第一次大总统企望之,我中华国民当亦深表同情而嘉纳予言为不谬"。(刘望龄:《黑血·金鼓——辛亥前后湖北报刊史事长编》,第 270—272 页)

　　△　张謇向临时政府提出《对于新政府财政之意见书》。

略谓:设立临时政府之目的,在于能够使各国承认共和,而各国承认与否，又视政府之权力巩固与否。政府巩固，首在财政，"孙中山先生久在外洋，信用素著，又为理财专家。能否于新政府成立后，担任募债一万万两，或至少五千两"。(《张謇函稿(选录)》，上海社会科学院历史研究所编：《辛亥革命在上海史料选辑(增订版)》，第908页)

△　电告美国旧金山中华会馆筹款。

电谓："现为组织中央政府需款甚巨，委任公等向贵埠华侨征集大款。先由贵处给收据，国债票日间附上，祈速电应用。同埠有大资望，须特别委任者，即电示。"(《世界日报》1911年12月29日)

出任总统的消息，在美国华侨界引起一系列影响，特别是刺激了此前对立革命、保皇的两大阵营。不久，美国旧金山市得顿保皇会遭受冲击。此前，华侨界革命党人已"屡次迫令本会悬革党旗帜，以为公贺孙文总统及补祝改用阳历纪元之政策，经从权悬挂后，又云本会之扁额有帝国二字，不合今孙文为总统，驱逐满政府，则帝国二字犯讳，须要即刻落此额"。至此，"本会所被孙文党人拆废一空，所有什物相架门口扁额对联全行拆废，抛之街外，有中立人见而不平，公论一二句，即被他党人随街驱逐殴打，曾打四五人不堪者，幸各同志知机，无与其争论，故无损伤，然亦受辱不少矣。事因前数月孙文到处混骗军饷，曾到本埠演说，力攻保皇党，据说者除毁谤本党外，则无一言别事宗旨者，其□情可知矣。至今闻他登任总统，美国各埠张灯结彩，庆贺孙文，故声言我保皇党显系与其反对，一唱百和，故有此事"。"目下祖国之风潮如何，果系属于何党之力，抑实系孙文为总统，究竟内容如何，本党尚有雪耻之一日否？""倘实系孙文为总统，本党必无望之期，且防回唐仍恐被其加害。"(丁文江、赵丰田编：《梁启超年谱长编》，第602—603页)

△　通过美国《赫斯特报业》(Hearst Newspaper)呼吁美国关注在远东的国家利益。

在接受总统职务时，发表声明称："接受总统职务我责无旁贷，我的政策乃是以最快的方式确保和平与政府稳定。我最简要的目标是保证千百万祖国同胞的和平与满足。"(《旧金山观察家报》1911 年 12 月 31 日,〔美〕方李邦琴主编:《孙中山与少年中国——从美国当年的报纸看辛亥革命》,第 258 页)

△　下午出席同盟会本部欢迎会,发表演说。

中国同盟会本部于午后在在黄浦滩汇中旅馆发起欢迎大会,各界名士及本部职员均与会。下午 4 时半,到会,先由本部职员述开会词及欢迎词毕,即起立演说。略谓:本会持三大主义倡导于世,今民族主义、民权主义虽已将达,而欲告大成,尚须多人之努力;民生主义至今尚未着手,今后首须在此处着力。演说毕,以有要务,遂即归。(《欢迎孙中山先生记》,《民立报》1911 年 12 月 30 日,"新闻三")

△　由咸马里电告伦敦的道森爵士,请其向英国外相格雷提出借款。

电称:"孙(中山)已由十八省一致推行为总统。清廷已退位。我们现急需筹借英国贷款。谨向政府致意。"道森遂致函格雷函称:"我今晚正式得到孙中山先生通知,说他已被十八省推选为中华民国总统,而清王朝政府已退位",希望现在立刻募集一笔英国贷款。英外交部表示,"未得到正式的证实,不需采取任何行动",可向道森表示"我们尚未从中国方面得到有关此事的证实,并说:革命领导人曾与本政府作一协议,表示在接见国家代表团之前,不得洽谈外国贷款"。(《道森致英国外交部蒙哥马利函》《道森爵士致格雷爵士函》,章开沅等主编:《辛亥革命史资料新编》第 8 卷,第 161—162 页)

△　南北停战议和会议举行第三次会议,决议召开国民会议,以决定君主民主之国体问题。(观渡庐编:《共和关键录》,第 16—19 页)

此事对梁启超一派党人颇有影响,1912 年 1 月 2 日徐佛苏致函梁启超、汤觉顿称:和议就绪,"由国民会议决定君民问题,则将来民胜自无待论。根本既已决定,其他之重要问题虽多,然南北两面,以后只有协议而无戎机矣"。和议既成,应"注重联络各党派,建组一大政党而已","联建党基以北方为较要,盖南方汲汲组织临时政府,以统一目前,而善后事宜端绪千万,不暇与吾辈议党。若北方则秩序渐复,舆情又极钦倚项城,将来之大党必以项城为中枢,吾辈亦不能不挟引此公以弥补各种之危机。若最近时间,项城能大立党,则国势可以转危,而后来贤豪乃有恢恢厝布之余地"。(丁文江、赵丰田编:《梁启超年谱长编》,第597页)

△　南京各省代表会议决:各省代表具签名书,交正副议长,到沪欢迎临时大总统来宁。

通电各省都督府,请每省选派参议员三人来宁组织参议院;参议员未到院以前,由本省代表暂留一人乃至三人,代行参议员职务。照临时政治组织大纲,参议员系由各省都督府所派,至各省谘议局所派代表,仍称某省代表,得列席于参议院。(《辛亥各省代表会议日志》,中国人民政治协商会议全国委员会文史资料研究委员会编:《辛亥革命回忆录》第6集,第252—253页)

12月30日(十一月十一日)　召开中国同盟会本部临时会议,改订同盟会暂行章程,发布《中国同盟会意见书》。

"意见书"首叙本会进行民族革命之必要,指出"吾党之责任盖不卒于民族主义,而实卒于民权、民生主义,前者为之始端,后者其究极也"。又指出八年以来,分会成者数十,其党足迹遍于天下,武汉事兴,全国响应,风云泱动,天下昭苏。但"吾党气息隔阂,不能自为联系","意见不相统属",致使"贪夫败类""汉奸满奴"得以乘间莠言鼓簧,或冒托虚声,混迹枢要,恐怕成星火燎原之势,"则本会之造成灵敏机关,剔弃败类,图与吾军政府切实联络者,固今日之急务也"。此为暂行章程,待民国成立和全局大定之后,再召开全体大会,改为最大的政党,仍其主义,别草新制。(《中国同盟会意见书》,《孙中山全集》第1卷,第577—579页)

△　电告邓泽如、陆弼臣、谭扬:"现为组织中央政府,需款甚巨,委任阁下等向南洋侨商征集大款,国债票日间付上。"(邓泽如:《中国国民党二十年史迹》,第82页)

△　与《大陆报》记者谈组织新政府等问题。

告知即将赴南京组织新政府，就任大总统职。记者问及中国尚须几时能恢复旧观，答称："只须数月而已。国会将必赞成民主，固不容疑。现在伍、唐两君之会议，已非议和，盖满廷必须完全服从民军也。全国商务即日可望恢复，尤以外国商务较为神速。"并可望增加百倍。又回顾二十余年来之革命活动。至新政府将拟何种新政问题，告以新内阁成立后，自有明文。又称："南京新政府无庸建设华丽宫殿，昔日有在旷野树下组织新政府者。今吾中华民国如无合宜房宇组织新政府，则盖设棚厂以代之，亦无不可也。"（《与上海〈大陆报〉记者的谈话》，《孙中山全集》第 1 卷，第 580—581 页）

△　与江亢虎谈论社会主义问题。

午后 2 时，在寓所会见社会党本部长江亢虎，听江氏介绍社会党组织、历史及近况后，谓："余对此主义必竭力赞成之。此主义向无系统的学说，近三五年来研究日精，进步极速，所惜吾国人知其名者已鲜，解其意者尤稀。贵党提倡良可佩慰，余意必广为鼓吹，使其理论普及全国人心目中。至于方法，原非一成不变者，因时制宜可耳。"江氏称："前读先生民生主义、平均地权、专征地税之说，实与本党宗旨相同。"答称："不但此一端而已。余实完全社会主义家也，此一端较为易行，故先宣布，其余需与贵党讨论者尚甚夥。余此次携来欧美最新社会主义名著多种，愿贵党之精晓西文者代为译述，刊行为鼓吹之材料。一俟军事粗定，吾辈尚当再作长谈。"4 时许，握手而别。其所携来的社会主义书籍四种为《社会主义》《社会主义之历史》《社会主义之理想与实行》《单税制》，并赠与中国社会党。（《大总统与社会党》《大总统与社会党（二）》，《民立报》1912 年 1 月 1、2 日，"新闻三"）

△　出席广东旅沪各团体宴会。

傍晚，与伍廷芳、温宗尧赴旅沪粤人在靶子路 111 号所设宴会，约有四十位旅沪粤商参加。晚 9 时 5 分乘坐 345 号汽车离去。（《辛

亥革命时期上海公共租界工部局警务报告(三)》,《历史档案》1981年第4期)

△　南北停战议和代表举行第四次会议,决定国民会议组织、名额及召集办法。(观渡庐编:《共和关键录》,第19—26页)

△　会见在沪日本人士,宣布当选中华民国临时大总统。

是日晚,在璇宫旅馆招待在沪日本人,称将任临时大总统。来宾约百人,自犬养氏以下各公司代表、新闻记者皆出席。在致辞中表示:中华民国将成立,今日开始与各国名流交往。本人亲身游历欧美各国,注意到各国人民均同情革命党。今后由各位的努力,得与日本政府越来越亲密,更进而密切与欧美各国的关系,系我等真正希望所在。犬养毅致答辞,再三表示祝贺。当日早晨,头山满曾乘马车来访。此次招待会,黄兴、汤化龙、张继等出席陪客。(陈锡祺主编:《孙中山年谱长编》上册,第608页)

△　海内外纷纷来电,贺当选临时大总统。

安徽都督孙毓筠、福建都督孙道仁、江西都督马毓宝、广西都督陆荣廷、四川都督尹昌衡、蜀军都督张培爵、芜湖军政分府吴振黄、黄洋庇能全体华侨、美洲同盟总会、旧金山国民会、葛仑同盟会、旧金山少年中国晨报、旅港商会商务公所、旅港番禺工商公所、旅港银业行、福建商业研究所、江苏临时省议会、杭州总商会、浙江省议会、清江保安公所、通州各法团代表总司令张謇,以及江北北伐军司令正长徐怀礼、各地军事将领林述庆、柏文蔚、李竟成等,来电贺当选临时大总统。(《民立报》1911年12月31日,"专电")

31日,温哥华致公堂《大汉报》来电:"孙大总统鉴:闻君获中华民国第一任总统之举,同人欢极道贺,全境庆祝。"温哥华加拿大致公堂筹饷局亦来电恭贺,并奉缴筹款:"孙大总统鉴:闻君被举为中华民国大总统,阖境华侨欢极,庆国得人,齐祝万岁。款缴筹。"①(《少年中

---

①　两电所署日期为"文",揆诸电报韵目代日表为"十二日",却载于《少年中国晨报》1912年1月10日。故"文"应为阴历"十一月十二日"(1911年12月31日),即孙中山当选中华民国总统的次日。

国晨报》1912 年 1 月 10 日）

　　△　传教士山雅各(Jas Sadler)①来函，希望得到一些资料代为在英国宣传。

　　山雅各在厦门传教四十五年，很理解中国南方人士对孙中山革命工作的热情，"中国所有的基督徒都支持你，整个基督教界都会为你殷勤地祈祷"。因现在英国，"如你给我一些你愿意宣传的观点之类的材料在国外散发，我会以能为你效劳而倍感荣幸"。此外，山雅各在英、法报纸上读到孙中山有关女性地位的言论，"当共和国的旗帜飘扬在北京上空，妇女将有合法身份，其地位将普遍提高"。长期以来一直致力于提高中国妇女素质的山雅各对孙的言论很感兴趣，"现在我正为建一所女子大学与将在中国中部建立的威廉姆爵士大学联系。如果你能给我有关这方面的介绍或其他影响中国妇女利益的东西，将是非常有价值的"。（桑兵主编、赵立彬编：《各方致孙中山函电汇编》第 1 卷，第 65—66 页）

　　△　报载德国部分官员倡议抵制中国革命。

　　美国保皇派主持的《世界日报》本日译柏林电讯，称"德人又倡黄祸之说"："德国官员团体会，今日会议以中国改民主国，诚恐将来累及欧洲，多生变故。若八国协谋，将中国瓜分，每国分管一处，压制中国人民，实为当务之急，而免日后之祸。发此言者，乃一德国大员。彼之所言，如奥德政府之势力无异，足以动人听闻。该员又云：今中国之内乱，人心趋向于革命，力图维新进步，日臻强盛，冀与列强争胜。凡官场中人，及当任外交官者，亟宜阻止中国之革命，以免为祸欧人。"（《世界日报》1911 年 12 月 30 日）

　　12 月 31 日（十一月十二日）　宫崎寅藏与末永节等人应邀来访。

　　宫崎还介绍三井物产会社上海支店长藤濑政次郎，交涉借款事

---

　　①　山雅各全名应为 James Sadler，英国伦敦会传教士，1867 年被派往中国厦门。

宜。([日]近藤秀树编、禹昌夏译:《宫崎滔天年谱稿》,《辛亥革命史丛刊》第1辑)藤濑答称:"一周时间太紧了。眼下是正月,那些绅士们因为这里吵闹都避到乡下去了,叫做什么'近县旅行';而且也不一定有希望,不过我尽力而为吧。"据称,"后来,藤濑拿到了五十万元钱便马上给孙送去。孙说:暗地里借钱用,会遗留恶例的。好意我心领了,不胜感谢。所以,钱还是还给了藤濑"。(《与宫崎寅藏的谈话》,陈旭麓等主编:《孙中山集外集》,第157—158页)

△　在当选临时大总统后,令胡汉民"急就旅沪之广、肇、潮、嘉同乡,募捐得军资七十余万"。(《胡汉民自传》,《近代史资料》总45号)

△　赴南京就职前,在沪就中国政局问题答记者问。要点:一、深望全球各国予中国革命以同情;二、满政府属下官员,除实在不堪录用之外,其余拟酌予保留;三、厘金须立即废除。币制之改革亦当于最短期内实行;四、各种改革完成时,政府当立即取消领事裁判权;五、政府军队方面,广州现有军队十万人,虽未久经训练,然均若殖民南非洲婆尔人之善战;六、至于列强态度,英国或不至追随日本之后,深信日本不久反将追随英国,对于中华共和政体表示友谊。(《与驻沪外国记者的谈话》,《孙中山全集》第1卷,第582页)

△　为《民立报》所撰题词于本日刊出,中文题词为"戮力同心",英文题词为"Unityis our watch word"(合之一字最足为吾人警惕)。(《民立报》1911年12月31日)

△　应唐文治之邀,在上海南洋大学堂发表演说。

在赴南京就任临时总统前夕,莅临该校用英语发表演说,称:"交通建设对于振兴我国实业,巩固我国国防的重要性。革命胜利以后,百废待举,勉励大家要立志献身于国家的建设事业,并成为将来建设事业的中坚。欧美科学发展日新月异,而我国远远落在他国之后,要求同学们在校之日,奋发学习,掌握科学技术,以期在不远的将来,在科学上迎头赶上欧美强国。"(《在上海南洋大学堂的演说》,陈旭麓等主编:《孙中山集外集》,第47—48页)

△　出席香山同乡欢迎宴会。

是晚,其同乡旅沪人士假老靶子路戾虹园设宴欢迎,以表桑梓之谊。下午六时,偕随员朱、谢诸君莅会,与同乡数十人一一握手。席间由王云五代表全体致颂词,遂亲作答词。（《欢迎大总统补志》,《民立报》1912 年 1 月 2 日,"新闻三"）

△　派黄兴赴南京,要求各省代表会议改用阳历,并以中华民国纪元,以及修改临时政府组织大纲。

是日,黄兴受特派参加各省代表会议,议改用阳历,并以中华民国纪元,称中华民国元年一月一日。云南、湖南、湖北三省代表吕志伊、宋教仁、居正又提出临时政府组织大纲修正案。经议决如下:一、原文第一章"临时大总统"下加"临时副总统"五字。二、原文第一条,修正为:"临时大总统,副总统,皆由各省代表选举之,代表投票权,每省以一票为限。"三、原文第五条修正为:"临时大总统制定官制官规,并任免文武职员,但任命国务各员,须得参议院之同意。"（《辛亥各省代表会议日志》,中国人民政治协商会议全国委员会文史资料研究委员会编:《辛亥革命回忆录》第 6 集,第 253 页）此外,据谷钟秀记述,尚有决议四,即"原文第十七条全删。按第十七条规定各部为一外交部、二内务部、三财政部、四军务部、五交通部"。（谷钟秀:《中华民国开国史》,第 52页）

黄兴致电各省都督:今日参议院决议改用阳历,并以中华民国纪元,明日即为中华民国元年正月一日。请公布。（毛注青编著:《黄兴年谱长编》,第 254 页）

因各商号均以阴历作为年底结算依据,故改用阳历会带来的问题。代理广东都督陈炯明来电询问:"中华民国改用阳历,以黄帝纪元四千六百九年十一月十三日为中华民国元年,希速宣布各局号数及册款均结至本日为止。"因"此间未奉明文,是否属实? 即刻电复,以便宣布"。（《南京总统府电信汇纪》,《时报》1912 年 1 月 9 日,"来件"）

改元之举还有来革命内部的阻力,徐血儿评论此举不当,谓:"我军之兴,即以黄帝为纪元,行之且久,则今日断无改元之事,必自可知。而况改元为君主旧习,第一任总统就任之日,可著为民国国家之纪念日,又何必改元乎?"又称"阳历之行否,关系重大,断非仓猝所能定,更非一隅之意见,而足以支配全国也。若以仓猝之时间,又以少数之意见,忽行宣示改元,举动轻易,不可异乎?"最后称"国家大权极宜尊重,吾望此后军政府诸公对于重要问题,宜慎重行事,幸勿轻易发表,贻国民讥刺为无识也"。(《改元抗议》,《民立报》1912 年 1 月 2 日,"大陆春秋")

△　南北停战议和代表举行第五次会议。

会议决定:"一、山西、陕西两政府派员会同前往申明和约;二、张勋屡次违约,且纵兵烧杀奸掳,大悖人道,唐代表允电达袁内阁查办;三、皖、鄂、山、陕各处,清军五日之内退出原驻防地方百里以外,只留巡警保卫地方,民军亦不得追袭,须由两方军队签字遵守;四、伍代表提议国民会议在上海开会,日期定十一月二十日[①],唐代表允电达袁内阁,请其从速电复;五、上海通商银行日前收存南京解来银约一百万元,现在两代表拟定将此项拨出银二十万元,交与华洋义赈会,为各处灾区义赈之需。"(观渡庐编:《共和关键录》,第 26—37 页)

南北议和代表会议期间,传闻皇室派出杀手暗杀共和国领袖。美国《旧金山观察家报》报道,根据上海和北京电讯,在上海会议期间,北京革命党总部曾电告,有数名来自皇室派出的杀手,企图暗杀新任职的共和国领袖。"政府代表团否认知晓这一阴谋。与此同时,数名革命军特工赶往火车站待命'迎候'杀手到来。"而"一则

---

①　12 月 30 日各省代表会议决:"清内阁代表唐绍仪要求开国民会议一节,应由本会致电伍廷芳代表,请其答复唐代表:本月初十日十七省代表在宁开会,选举临时大总统,已足见国民多数赞成共和,毋庸再开国民会议。"(《辛亥革命回忆录》第 6 集,第 253 页)开会时,伍廷芳似未接到此项通知。(陈锡祺主编:《孙中山年谱长编》上册,第 611 页)

来自汉口的政府公文称,三名士兵因涉嫌企图暗杀革命军总司令黎元洪将军被斩首。当时他们手持左轮手枪贴近黎元洪而被捕"。

([美]方李邦琴主编:《孙中山与少年中国——从美国当年的报纸看辛亥革命》,第 248 页)